Demographic, Social, Education, and Economic Data for

France, 1833-1921:

VITAL STATISTICS FOR FRANCE: 1836-1925

* * * * * * * * * * * *

Donnees Sur La Demographie, le Contexte Social,

l'Education, et l'Economie en France, 1833-1921:

STATISTIQUES SUR LE MOUVEMENT DE LA

POPULATION EN FRANCE, 1836-1925

Inter-university Consortium for Political and Social Research
P.O. Box 1248
Ann Arbor, Michigan 48106

HA1225
I56

Library of Congress number: 79-63207

ISBN: 0-89138-979-2

© 1979   The University of Michigan, all rights reserved
First Published 1979
Printed in the United States of America

ACKNOWLEDGMENT OF ASSISTANCE

All manuscripts utilizing the French vital statistics data should acknowledge that these data were made available through the ICPSR, by adopting some form of the citation presented below.

The data utilized in this (publication) were made available by the Inter-university Consortium for Political and Social Research. The data were originally collected and processed by the ICPSR from published reports of the vital statistics for France. The Consortium bears no responsibility for the analyses or interpretations presented here.

In order to provide funding agencies with essential information about the use of archival resources, and to facilitate the exchange of information about ICPSR participants' research activities, each user of the ICPSR data facilities is expected to send two copies of each completed manuscript to the Consortium. Please indicate in the cover letter which data were used.

INDICATION D'AIDE RECUE

Tous les manuscripts utilisant les donnees sur le mouvement de la population francaise doivent reconnaitre que ces donnees ont ete rendues disponibles grace a l'ICPSR, en adoptant sous une forme appropriee la citation presentee ci-dessous.

Les donnees utilisees dans cette (publication) ont ete mises a disposition par "The Inter-university Consortium for Political and Social Research". A l'origine les donnees etaient recueillies et traitees par l' "ICPSR", a partir des rapports sur le mouvement de la population. Le Consortium n'assume aucune responsabilite dans les analyses ou interpretations ici presentees.

Pour fournir aux agences de fonds les informations essentielles quant a l'utilisation des ressources des archives, et pour faciliter les echanges d'informations portant sur les activites de recherche des participants de l'ICPSR, il est attendu de tout utilisateur du systeme de donnees de l'ICPSR qu'il envoie au Consortium deux copies de tout manuscript acheve. On est prie d'indiquer sur la couverture les donnees utilisees.

TABLE OF CONTENTS
TABLE DES MATIERES

INTRODUCTION

The following pages contain an introduction to this volume. The text is presented in both English and French on alternative pages.

Les pages suivantes comprennent l'introduction de ce volume. Le texte est presente alternativement en anglais et en francais.

INTRODUCTION

This ICPSR collection of French vital statistics data for the years 1900-1925 is a continuation of a similar data collection for the years 1801-1897 prepared in 1972. Materials from the vital statistics series were prepared for selected years rather than for each year in the period from 1900-1925. The years that were chosen clustered around the quinquennial censuses and also included (because of the violent demographic dislocations produced by World War I) each year in the 1914-1919 period. In addition, some vital statistics for the nineteenth century (1836-50, 1880 and 1892) obtained from fugitive published volumes which could not be located during the course of the earlier project were prepared. The project to collect and prepare these data was sponsored by two French and two American groups: the Center for Western European Studies at The University of Michigan; the Inter-university Consortium for Political and Social Research, a section of the Center for Political Studies, Institute for Social Research at the University of Michigan; the Fourth and Sixth Sections of the Ecole Pratique des Hautes Etudes and Conseil National de la Recherches Scientifique in France. All data processing work in connection with the project was carried out by the Inter-university Consortium in Ann Arbor, Michigan, with the consultation and assistance of members of the Center for Western European Studies and of the Ecole Pratique. The work at Ann Arbor was carried out in collaboration with a closely related project under way in France; French scholars are conducting limited but systematic comparisons of the published data with original unpublished materials preserved in local archives. This work will contribute to assessing the quality of the published data and will lead to the preparation of guides for using the automated collection. The collection and processing of data were supported by National Science Foundation grant and by National Endowment for the Humanities grant RC 22826-76-118.

INTRODUCTION

Ce recueil des donnees, effectue par l'ICPSR, sur le mouvement de la
population en France pour les annees allant de 1900 a 1925 fait suite a un
recueil des donnees semblable pour les annees de 1801 a 1897 qui etait
prepare en 1972. On a prepare les materiaux de la serie du mouvement de
la population pour quelques annees choisies plutot que pour tous les ans
entre 1900 et 1925. Les annees choisies se sont groupees autour des annees
des recensements quinquennaux et ont compris (au cause de la dislocation
demographique violente produite par la premiere guerre mondiale) chaque
annee dans la periode de 1914 a 1919. En plus, quelques donnees du mouvement de la population pour le dix-neuvieme siecle (1836-50, 1889 et 1892)
obtenues des tomes publies fugitives qu'on ne pouvait pas trouver dans
le cours du premier projet etaient preparees. Ce projet de recueillement
et de preparation des donnees fut parraine par deux groupes americains et
deux groupes francais: "The Center for Western European Studies of the
University of Michigan"; "The Inter-university Consortium for Political and
Social Research," section du centre de "Political Studies, Institute for Social
Research at the University of Michigan", les quatrieme et sixieme sections
de "l'Ecole Pratique des Hautes Etudes" et le "Conseil National de la
Recherche Scientifique" en France. En rapport avec le projet, la technique
de traitement des donnees fut mise a execution par "The Inter-university
Consortium" a Ann Arbor, Michigan, et ce en deliberation et avec l'assistance
des membres du "Center for Western European Studies" et de ceux de "L'Ecole
Pratique". A Ann Arbor meme, c'est en collaboration avec un projet tres
etroitment lie, en cours de realisation en France que le travail fut execute.
Les savants francais dressent des comparaisons limitees mais systematiques
entre les donnees publiees et les materiaux d'origine, non publies et con-
serves dans des archives locales. Ce travail contribuera a porter des
jugements sur la qualite des donnees publiees et menera a l'elaboration de
guides facilitant l'utilisation des donnees dechiffrables par la machine. Le
recueil et la technique de traitement des donnees furent finances par
"The National Endowment for the Humanities Grant RC 22826-76-118."

In addition to these data obtained from the reports of vital statistics
of France, the ICPSR has collected and prepared industrial census data
for the years 1861-1896, data on primary, secondary and higher education in
France for the years 1833-1906, as well as data from the quinquennial
censuses of population covering essentially the years between 1901 and 1921.
The 1972 ICPSR project also contained supplementary data on primary education for the years 1827-1897, as well as census data for the years 1801-
1896. Separate descriptions of these data are being prepared and are available upon request.

Storage Format of French Vital Statistics Data

The annual data recording French vital statistics are presently organized
in the form of 45 data sets; the collection contains information recorded
for all departements (ca. 90) in France, as well as some data for the more
than 350 arrondissements and approximately the same number of cities (chef-
lieux and villes). Included in the collection are approximately 180,000
card-images of data. Arrondissement-level data can be aggregated to the
departement level, and both arrondissement and departement-level data can be
aggregated to the national level; in addition, for most data sets a national-
level record which appeared in the original sources was also processed.
Variables identifying the geographical units have been standardized across
data sets to permit the merging of information from more than one data set.
Thus it is possible to supply only portions of particular data sets (e.g.,
selected variables) merged with specific variables from other census data
sets. It is also possible to routinely merge these data with the primary,
secondary and higher education materials, with the industrial census data
and with the data obtained from the series of quinquennial censuses of population.

Processing Procedures

The data were keypunched and verified and a limited amount of systematic
proofreading of the data was carried out after keypunching. Although
these procedures indicated a low rate of error in the transcription of the

En plus de ces donnees obtenues a partir des rapports sur le mouvement de la population francaise, l'ICPSR a egalement recueilli et prepare des donnees portant sur le recensement des industries pour les annees 1861 a 1896, des donnees portant sur l'enseignement primaire, secondaire et superieure en France pour les annees 1833 a 1906, de meme que des donnees aux recensements quinquennaux de la population recouvrant les annees comprises entre 1901 et 1921. Le projet de l'ICPSR prepare en 1972 a compris aussi des donnees supplementaires portant sur l'enseignement primaire pour les annees 1827 a 1897, aussi bien que des donnees portant sur les recensements quinquennaux pour les annees entre 1801 et 1896. Des descriptions separees de ces donnees sont en prepartion dt disponibles sur demand.

Facon dont sont conservees les donnees sur le mouvement de la population

Les donnees dues aux recensements francais sont actuellement presentees sous la forme de 45 groupes de donnees; la collection renferme des informations enregistrees pour tous les departements francais (environ 90), ainsi que des donnees pour les quelques 350 arrondissements et pour, approximativement, le meme nombre de villes (chefs-lieux ou non). Sont inclues dans la collection, environ 180,000 "cartes images" des donnees. Les donnees au niveau departmental, et tant les donnees au niveau de l'arrondissement qu'au niveau du departement se combinent pour aboutir au niveau national; de plus, dans la plupart des groupes de donnees un enregistrement au niveau national, apparu dans les sources originales, fut traite. Les variables identifiant les unites geographiques furent "codees" dans les collections de donnees, afin de permettre l'amalgame d'informations provenant de plus d'un groupe de donnees. Ainsi est il possible de ne fournir que des portions de collections de donnees particulieres (e.g., des variables choisies) avec des variables specifiques provenant d'autres ensembles de donnees sur l'enseignement. Il est egalement assez facile de reunir ces donnees a celles de l'enseignement primaire, secondaire, et superieure, a celles du recensement des industries et a celles des donnees obtenues a partir de la serie: des recensements quinquennaux de la population.

Procedes utilises

Les donnees ont ete perforees et verifiees, et apres perforation, il a ete procede dans une certaine mesure, a une correction systematique des donnees. Neanmoins, bien que ces procedures aient montre un faible pourcentage d'erreurs

data, nevertheless a comprehensive series of manual and machine-aided
error checks was performed, to assess the fidelity of the keypunched
materials to the original sources, as well as to identify discrepancies
in the original sources themselves. Errors discovered through these
procedures were corrected; in addition to keypunch errors, small numbers
of obvious errors in the original sources were also corrected. The
latter corrections, along with notations of errors indicated by the correction procedures but which could not be located, are noted in the
machine-readable codebooks which accompany the data sets. No further systematic error checks are planned, although errors discovered through use
of the data will be corrected as they are reported to the ICPSR. Some
documentation on the quality of the data is being prepared by cooperating
French scholars at the Ecole Pratique, and will provide additional information on the manner in which the data were collected as well as indications
of the errors and shortcomings known to be characteristic of the data.

Sources of the Data

Sources consulted for the preparation of the population and social data
are published volumes. The results of the quinquennial censuses of population, 1901-1921, were published by the Statistique generale de la France.
The data on primary, secondary and higher education were also prepared from
the published reports, of the series entitled Statique de l'enseignement
primaire, Statistique de l'enseignement secondaire or Statistique de
l'enseignement superieur, and covering certain years between 1833 and 1906.
The demographic data were obtained from the series Mouvement de la population,
also published by the Statistique generale de la France. The industrial
census data were obtained from volumes entitled Resultats statistiques du
recensement des industries et professions published by the Service du
recensement professionnel. For the detailed source citation of each of the
bodies of French demographic data, see the enclosed listing of variables;
for the sources of the education, population and industrial data, consult
the separate documentation of variables prepared for those collections.

dans la transcription des donnees, toute une serie de verifications tant
manuelle que par machine a ete effectuee afin de s'assurer que les cartes
perforees etaient fideles aux donnees originales, de meme que pour relever
d'eventuelles contradictions dans les sources originales. Les erreurs decouvertes par de tels procedes ont ete corrigees; en plus des erreurs de perforation, un petit nombre d'erreurs assez evidentes, apparues dans les donnees
originales a egalement ete corrige. Ces dernieres corrections, ainsi que la
notation des erreurs montrees par les procedes de detection, mais impossibles
a localiser, sont signalees dans les livres de code dechiffrables par la
machine, qui accompagnent les collections de donnees. Il n'est pas prevu de
verification plus poussee des erreurs, cependant celles decouvertes a l'usage
seront corrigees comme elles seront reportees a l'ICPSR. A l'Ecole Pratique,
un group de savants francais qui coopere, prepare une documentation sur la
qualite des donnees, ces reseignements fourniront des precisions supplementaires quant a la maniere dont les donnees ont ete recueillies, ainsi que des
indications quant aux erreurs dt defauts connus pour etre caracteristiques
des donnees.

Sources des donnees

Les sources consultees pour la preparation des donnees sur la population
et le contexte social sont des ouvrages publies. Les resultats des recensements quinquennaux de la population, 1901-1921, ont ete publies par la
"Statistique generale de la France".

Les donnees sur l'enseignement primaire, secondaire et superieure ont ete
egalement preparees a partir d'une serie de rapports publies sous le titre:
"Statistique de l'enseignement primaire", "Statistique de l'enseignement secondaire" ou "Statistique de l'enseignement superieure", portant sur quelques annees
entre 1833 et 1906.

Les donnees demographiques ont ete empruntees a la serie "Mouvement de la
population" egalement publiee par la "Statistique generale de la France." Les
donnees du recensement des industries ont ete empruntees des ouvrages intitules
"Resultats statistiques du recensement des industries et professions" publies
par le "Service du recensement professional". Pour une source precise et detaillee de chacun des groupes de donnees demographiques voyez la liste jointe
des variables; pour celle des donnees sur l'enseignement et l'industrie et des
recensements consultez la documentation, donnee a part, des variables utilisees
pour ces recueillments.

In general, the data included in this collection replicate the statistical portions of the volumes consulted. Some data could not be prepared for ready inclusion into these data sets; they included data available only for the nation as a whole, or recorded by diseases, years of age, etc. Data of the latter type are therefore not included in the machine-readable data sets.

Technical Format of the Data

Each data variable contains the actual values presented in the published volume, and is stored as a five- to nine-column number. When an actual data value could not be transcribed for a particular variable (e.g., when a number was printed illegibly, or data were not presented for a particular departement or other geographical unit), a "missing data code" was entered instead. The missing data codes used are -0001 (for variables which are five columns wide), -00001 (for six-column variables), -000001 (for variables which are seven columns wide), -0000001 (used with eight-column variables) and -00000001 (for nine-column variables). Also, in some cases, a series of 9's, i.e. "9999999" is used as a missing data code. This occurs when there are negative numbers in the data in order to differentiate the missing data code. No decimal points (as, for example, in ratios, percentages or variables recording francs and centimes) have been recorded in the actual data themselves. Instead, decimals are implied and are described in the machine-readable documentation which accompanies each body of data. This documentation (called the "codebook") contains all the descriptive information necessary for interpreting and using the data variables, including the name and location of each variable, its field width, number of implied decimal places (if applicable), and the missing data codes employed.

Also described in the codebook are the variables used to identify each of the geographical units for which data are stored. These include the name of the separate areas (departements, arrondissements, chef-lieux or villes), and numeric codes identifying the type of unit as well as the specific units recorded in the data set. The appropriate code values are supplied with each data set requested; in addition, code values for the

Dans l'ensemble, les donnees contenues dans cette collection sont une replique des parties statistiques contenues dans les ouvrages consultes. Certaines donnees n'ont pu etre preparees pour s'inclure facilement dans ces collections de donnees; ce sont des donnees portant uniquement sur la nation entiere, ou des donnees compilees par maladies, age de personnes, etc. Les donnees de ce type ne sont donc pas comprises dans les collections de donnees dechiffrables par la machine.

Organisation technique des donnees

Chaque variable contient les valeurs reelles presentees dans le volume publie, et est enregistree sous un nombre qui occupe entre cinq et neuf colonnes. Quand la valeur reelle d'une variable particuliere n'a pu etre inscrite (e.g., nombre illisiblement imprime, donnee non inscrite pour un departement precis ou quelque autre unite geographique), un code des donnees absentes a alors ete introduit. Le code de donnees absente utilise est exprime par -0001 (pour les variables de cinq colonnes), -00001 (pour celles de six colonnes), -000001 (pour les variables de sept colonnes), -0000001 (pour celles de huit colonnes) et -00000001 (pour celles de neuf colonnes). En plus, on a parfois exprime le code de donnees absentes par un serie de neufs (9999999). On l'a fait pour differencier le code de donnees absentes quand il y a quelques nombres moins que zero indiques dans les donnees elles-memes. Aucune virgule pour indiquer la decimale (comme dans les rapports, proportions ou pour les variables exprimees en francs et en centimes) n'a ete enregistree dans les donnees elles-memes. Cependant, les decimales sont in-diquees et decrites dans la documentation dechiffrable par la machine, qui accompagne chaque collection de donnees. Cette documentation (appelee "livre code") renferme tous les renseignements descriptifs necessaires a l'interpre-tation et a l'utilisation des variables, ainsi que le nom et la situation de chaque variable, l'entendue de son domaine, le nombre de decemales (si neces-saire) et le code des donnees absentes utilise.

Sont egalement decrites dans le livre de code les variables utilisees pour identifier chacune des unites geographiques pour lesquelles il y a des donnees. Celles-ci comprennent les noms des differents types d'unites geographiques (departements, arrondissements, chefs-lieux ou villes), et des codes chiffres identifiant le type d'unite ainsi que les unites specifiques enregistrees dans la collection de donnees. Les valeurs appropriees du code sont fournies avec chaque collection de donnees requise, de plus, les valeurs

<u>departements</u> of France precede the description of the data variables
below.

The codebooks also contain precise source citations for each of
the variables contained in the data set. The introduction to each
codebook lists the published volume or volumes which served as sources
of the data stored in that data set. Attached to each variable description is a reference to the table in the volume from which that variable
was taken. Use of these two types of source reference will allow users
of the data to locate and consult the volume in which particular data items
were originally found. Because of the detailed nature of many of the tab-
ulation categories, and the varying definitions of categories over time,
users of the French vital statistics data should refer to the original
volumes for further descriptions of the data items contained in the machine-
readable data sets.

Additional French Data Available From the ICPSR

The pages that follow describe the variables obtained from the published
reports of vital statistics for France in the twentieth century. As men-
tioned above, additional data in the ICPSR include information from the
reports on primary, secondary and higher education, on industry and from
the quinquennial censuses of population for approximately the same period.
Summary documents describing these collections have also been prepared and
are available on request.

du code des department francais precedent la description des variables de
donnees.

   Les livres codes citent egalement de facon assez precise la source de
chacune des variables contenues dans la collection des donnees. L'introduction
a chaque livre de code donne la liste du ou des volumes ayant servis de source
aux donnees compilees dans la collection des donnees. Pour toute variable
decrite il est fait une breve reference au tableau du volume d'ou cette variable
a ete extraite. L'utilisation de ces deux types de reference quant aux sources
devra permettre aux utilisateurs des donnees de situer et de consulter le
volume dans lequel les rubriques particulieres des donnees ont ete originale-
ment trouvees. Du fait de la nature detaillee d'un bon nombre de categories
de tableaux et de la variation au cours du temps des definitions des categories,
les utilisateurs des donnees dues sur le mouvement de la population francais
devront se referer aux volumes originaux pour de plus amples descriptions des
rubriques des donnees contenues dans les collections de donnees dechiffrables
par la machine.

Autres donnees francaises disponibles aupres de l'ICPSR

   Les pages suivantes decrivent les variables obtenues a partir de rapports
publies portant sur le mouvement de la population francais au vingtieme siecle.
Comme il en est fait mention ci-dessus, des donnees supplementaires dans l'ICPSR
contiennent des renseignments provennant des rapports sur l'enseignement primaire, secondaire et superiere, des rapports sur l'industrie et des rapports
des recensements quinquennaux sur le mouvement de la population, pour environ
la meme periode. Des abreges decrivant ces recueillements on de meme ete pre-
pares, et sont disponibles sur demande.

Variables Contained in French Vital Statistics

Data Sets

A listing of the data variables contained in the French vital statistics sets is presented on the following pages. The first six variables in each data set are identification variables common to all sets; they are:

Variable Number	Description of Variable
1	Code for type of geographical unit. A unique code number has been assigned to each type of geographical unit (nation, departement, arrondissement, etc.) for which data have been prepared. This code allows the user to distinguish the different types of geographical units that may be contained in a single data set.

Code
Value   Geographical Unit
0   Nation
1   Departement
2   Arrondissement
3   Chef-lieu
4   Ville

| 2 | Year to which the data pertain. The year of the volume from which data in this set were obtained is supplied in coded form (i.e., the last three digits of the year are presented). In instances where several volumes were consulted, the value appearing for this variable refers to the first volume utilized. |

Variables contenues dans les collections de donnees

sur le mouvement de la population en France

La liste des variables contenues dans les collections de donnees sur le mouvement de la population francaise est donnee dans les pages qui suivent. Les six premieres variables dans les collections de donnees, communes a toutes les collections, sont decrites ci-dessous:

Nombre de La Variable	Description de la variable
1	Code de l'unite geographique. Un code numberique a un chiffre a ete assigne a chaque type d'unite geographique (nation, departement, arrondissement, etc.) pour lequel les donnees ont ete preparees. Ce code permet a l'utilisateur de distinguer les differents types d'unites gegraphiques pouvant se presenter dans une seule collection de donnees.

Valeur du code	Unite Geographique
0	Nation
1	Departement
2	Arrondissement
3	Chef-lieu
4	Ville

2	L'annee laquelle les donnees se rapportent. L'annee du volume d'ou les donnees de cette collection proviennent est exprimee sous forme codee (i.e., les trois derniers chiffres de l'annee sont inscrits). Dans les cas ou plusieurs volumes ont ete consultes, la valeur apparaissant pour cette variable renvoie au premier volume utilise.

Variable

Number   Description of Variable

3   Departement code. A unique identification number has

been assigned to each <u>departement</u> in France.

01	Ain	47	Lot-et-Garonne
02	Aisne	48	Lozere
03	Allier	49	Maine-et-Loire
04	Alpes (Basses-)	50	Manche
05	Alpes (Hautes-)	51	Marne
06	Alpes-Maritimes	52	Marne (Haute-)
07	Ardeche	53	Mayenne
08	Ardennes	55	Meuse
09	Ariege	56	Morbihan
10	Aube	57	Moselle
11	Aude	58	Nievre
12	Aveyron	59	Nord
13	Bouches-du-Rhone	60	Oise
14	Calvados	61	Orne
15	Cantal	62	Pas-de-Calais
16	Charente	63	Puy-de-Dome
17	Charente-Inferieure	64	Pyrenees (Basses-)
18	Cher	65	Pyrenees (Hautes-)
19	Correze	66	Pyrenees-Orientales
20	Corse	67	Rhin (Bas-)
21	Cote-d'Or	68	Belfort
22	Cotes-du-Nord	69	Rhone
23	Creuse	70	Saone (Haute-)
24	Dordogne	71	Saone-et-Loire
25	Doubs	72	Sarthe
26	Drome	73	Savoie
27	Eure	74	Savoie (Haute-)
28	Eure-et-Loir	75	Seine
29	Finistere	77	Seine-et-Marne
30	Gard	78	Seine-et-Oise
31	Garonne (Haute-)	79	Sevres (Deux-)
32	Gers	80	Somme
33	Gironde	81	Tarn
34	Herault	82	Tarn-et-Garonne
35	Ille-et-Vilaine	83	Var
36	Indre	84	Vaucluse
37	Indre-et-Loire	85	Vendee
38	Isere	86	Vienne
39	Jura	87	Vienne (Haute-)
40	Landes	88	Vosges
41	Loir-et-Cher	89	Yonne
42	Loire	90	Rhin (Haut-)
43	Loire (Haute-)	91	Meurthe
44	Loire-Inferieure	92	Meurthe-et-Moselle
45	Loiret	93	Seine-Inferieure
46	Lot		

Nombre de

la Variable

3

Description de la variable

Code du departement. Un nombre unique d'identification

a ete assigne a chaque departement en France.

01	Ain	47	Lot-et-Garonne
02	Aisne	48	Lozere
03	Allier	49	Maine-et-Loire
04	Alpes (Basses-)	50	Manche
05	Alpes (Hautes-)	51	Marne
06	Alpes-Maritimes	52	Marne (Haute-)
07	Ardeche	53	Mayenne
08	Ardennes	55	Meuse
09	Ariege	56	Morbihan
10	Aube	57	Moselle
11	Aude	58	Nievre
12	Aveyron	59	Nord
13	Bouches-du-Rhone	60	Oise
14	Calvados	61	Orne
15	Cantal	62	Pas-de-Calais
16	Charente	63	Puy-de-Dome
17	Charente-Inferieure	64	Pyrenees (Basses-)
18	Cher	65	Pyrenees (Hautes-)
19	Correze	66	Pyrenees-Orientales
20	Corse	67	Rhin (Bas-)
21	Cote-d'Or	68	Belfort
22	Cotes-du-Nord	69	Rhone
23	Creuse	70	Saone (Haute-)
24	Dordogne	71	Saone-et-Loire
25	Doubs	72	Sarthe
26	Drome	73	Savoie
27	Eure	74	Savoie (Haute-)
28	Eure-et-Loir	75	Seine
29	Finistere	77	Seine-et-Marne
30	Gard	78	Seine-et-Oise
31	Garonne (Haute-)	79	Sevres (Deux-)
32	Gers	80	Somme
33	Gironde	81	Tarn
34	Herault	82	Tarn-et-Garonne
35	Ille-et-Vilaine	83	Var
36	Indre	84	Vaucluse
37	Indre-et-Loire	85	Vendee
38	Isere	86	Vienne
39	Jura	87	Vienne (Haute-)
40	Landes	88	Vosges
41	Loir-et-Cher	89	Yonne
42	Loire	90	Rhin (Haut-)
43	Loire (Haute-)	91	Meurthe
44	Loire-Inferieure	92	Meurthe-et-Moselle
45	Loiret	93	Seine-Inferieure
46	Lot		

Variable Number	Description of Variable
4	Arrondissement code. An identification number has been assigned to each arrondissement in a departement. When used in conjunction with the departement code, this code number identifies each arrondissement in a unique manner. (Lists of these code values will be furnished in the codebooks of arrondissement-level data sets.)
5	Chef-lieu or ville code. An identification number has been assigned to each chef-lieu, as well as to each city (ville) that was not designated as a chef-lieu. When used in conjunction with the codes for departement and arrondissement, this code number identifies each chef-lieu or ville in a unique manner. (Lists of these code values will be furnished in the codebooks of the chef-lieu and ville-level data sets.)
6	Name of the unit of analysis. Recorded here is the complete alphabetic name of the specific unit of analysis (departement, arrondissement, etc.); names which exceeded seventeen letter have been abbreviated.

| Nombre de la Variable | Description de la variable |

4

Code de l'arrondissement. Un nombre d'identification a ete assigne a chaque arrondissement de departement. Conjointement utilise avec le code du departement, ce nombre identifie chaque arrondissement de facon unique. (Les listes des valeurs de ce code seront fournies dans les livres de codes des collections de donnees au niveau de l'arrondissement).

5

Code du chef-lieu ou de la ville. Un nombre d'identification a ete assigne a chaque chef-lieu, ainsi qu'a chaque ville qui n'etait pas designee en tant que chef-lieu ou ville de facon unique. Conjointement utilise avec les codes pour le departement et l'arrondissement, ce nombre identifie chaque chef-lieu ou ville de facon unique. (Les listes des valeurs de ce code seront fournies dans les livres de codes des collections de donnees au niveau du chef-lieu et de la ville).

6

Nom de l'unite d'analyse. Le nom complet de l'unite d'analyse est ici exprime (departement, arrondissement, etc.); les noms de plus de dix-sept lettres ont ete abreges.

DATA SET 170:   MOUVEMENT DE LA POPULATION 1836-1850 (DEPARTEMENT)

SOURCE: STATISTIQUE DE LA FRANCE, TERRITOIRE ET POPULATION,
          ANNEES 1836-1850, DEUXIEME SERIE, TOME II (PARIS, 1855)

          VARIABLES 7-618:   TABLEAU NO. 43

NUMERO DE LA VARIABLE	NOM DE LA VARIABLE
7	MOUVEMENTS DE LA POPULATION, 1836: NAISSANCES: ENFANTS LEGITIMES: GARCONS
8	MOUVEMENTS DE LA POPULATION, 1836: NAISSANCES: ENFANTS LEGITIMES: FILLES
9	MOUVEMENTS DE LA POPULATION, 1836: NAISSANCES: ENFANTS LEGITIMES: TOTAL
10	MOUVEMENTS DE LA POPULATION, 1836: NAISSANCES: ENFANTS NATURELS: GARCONS
11	MOUVEMENTS DE LA POPULATION, 1836: NAISSANCES: ENFANTS NATURELS: FILLES
12	MOUVEMENTS DE LA POPULATION, 1836: NAISSANCES: ENFANTS NATURELS: TOTAL
13	MOUVEMENTS DE LA POPULATION, 1836: NAISSANCES: TOTAL GENERAL: GARCONS
14	MOUVEMENTS DE LA POPULATION, 1836: NAISSANCES: TOTAL GENERAL: FILLES
15	MOUVEMENTS DE LA POPULATION, 1836: NAISSANCES: TOTAL GENERAL: TOTAL
16	MOUVEMENTS DE LA POPULATION, 1836: DECES: SEXE MASCULIN: GARCONS
17	MOUVEMENTS DE LA POPULATION, 1836: DECES: SEXE MASCULIN: HOMMES MARIES
18	MOUVEMENTS DE LA POPULATION, 1836: DECES: SEXE MASCULIN: VEUFS
19	MOUVEMENTS DE LA POPULATION, 1836: DECES: SEXE MASCULIN: TOTAL
20	MOUVEMENTS DE LA POPULATION, 1836: DECES: SEXE FEMININ: FILLES
21	MOUVEMENTS DE LA POPULATION, 1836: DECES: SEXE FEMININ: FEMMES MARIEES
22	MOUVEMENTS DE LA POPULATION, 1836: DECES: SEXE FEMININ: VEUVES
23	MOUVEMENTS DE LA POPULATION, 1836: DECES: SEXE FEMININ: TOTAL
24	MOUVEMENTS DE LA POPULATION, 1836: DECES: TOTAL GENERAL
25	MOUVEMENTS DE LA POPULATION, 1836: ACCROISSEMENT DE LA POPULATION PAR L'EXCEDANT DES NAISSANCES
26	MOUVEMENTS DE LA POPULATION, 1836: DIMINUTION DE LA POPULATION PAR L'EXCEDANT DES DECES
27	MOUVEMENTS DE LA POPULATION, 1836: MORT-NES ET ENFANTS MORTS AVANT LA DECLARATION DE NAISSANCE. (ILS NE FIGURENT NI AUX NAISSANCES NI AUX DECES): ENFANTS LEGITIMES: GARCONS
28	MOUVEMENTS DE LA POPULATION, 1836: MORT-NES ET ENFANTS MORTS AVANT LA DECLARATION DE NAISSANCE. (ILS NE FIGURENT NI AUX NAISSANCES NI AUX DECES): ENFANTS LEGITIMES: FILLES
29	MOUVEMENTS DE LA POPULATION, 1836: MORT-NES ET ENFANTS MORTS AVANT LA DECLARATION DE NAISSANCE. (ILS NE FIGURENT NI AUX NAISSANCES NI AUX DECES): ENFANTS LEGITIMES: TOTAL
30	MOUVEMENTS DE LA POPULATION, 1836: MORT-NES ET ENFANTS MORTS AVANT LA DECLARATION DE NAISSANCE. (ILS NE FIGURENT NI AUX NAISSANCES NI AUX DECES): ENFANTS NATURELS: GARCONS
31	MOUVEMENTS DE LA POPULATION, 1836: MORT-NES ET ENFANTS MORTS AVANT LA DECLARATION DE NAISSANCE. (ILS NE FIGURENT NI AUX NAISSANCES NI AUX DECES): ENFANTS NATURELS: FILLES
32	MOUVEMENTS DE LA POPULATION, 1836: MORT-NES ET ENFANTS MORTS AVANT LA DECLARATION DE NAISSANCE. (ILS NE FIGURENT NI AUX NAISSANCES NI AUX DECES): ENFANTS NATURELS: TOTAL

DATA SET 170: MOUVEMENT DE LA POPULATION 1836-1850 (DEPARTEMENT)

NUMERO DE
LA VARIABLE   NOM DE LA VARIABLE

33   MOUVEMENTS DE LA POPULATION, 1836: MORT-NES ET ENFANTS MORTS AVANT LA DECLARATION DE
        NAISSANCE. (ILS NE FIGURENT NI AUX NAISSANCES NI AUX DECES): TOTAL GENERAL: GARCONS

34   MOUVEMENTS DE LA POPULATION, 1836: MORT-NES ET ENFANTS MORTS AVANT LA DECLARATION DE
        NAISSANCE. (ILS NE FIGURENT NI AUX NAISSANCES NI AUX DECES): TOTAL GENERAL: FILLES

35   MOUVEMENTS DE LA POPULATION, 1836: MORT-NES ET ENFANTS MORTS AVANT LA DECLARATION DE
        NAISSANCE. (ILS NE FIGURENT NI AUX NAISSANCES NI AUX DECES): TOTAL GENERAL: TOTAL

36   MOUVEMENTS DE LA POPULATION, 1836: MARIAGES: ENTRE GARCONS ET FILLES

37   MOUVEMENTS DE LA POPULATION, 1836: MARIAGES: ENTRE GARCONS ET VEUVES

38   MOUVEMENTS DE LA POPULATION, 1836: MARIAGES: ENTRE VEUFS ET FILLES

39   MOUVEMENTS DE LA POPULATION, 1836: MARIAGES: ENTRE VEUFS ET VEUVES

40   MOUVEMENTS DE LA POPULATION, 1836: MARIAGES: TOTAL

41   MOUVEMENTS DE LA POPULATION, 1837: NAISSANCES: ENFANTS LEGITIMES: GARCONS

42   MOUVEMENTS DE LA POPULATION, 1837: NAISSANCES: ENFANTS LEGITIMES: FILLES

43   MOUVEMENTS DE LA POPULATION, 1837: NAISSANCES: ENFANTS LEGITIMES: TOTAL

44   MOUVEMENTS DE LA POPULATION, 1837: NAISSANCES: ENFANTS NATURELS: GARCONS

45   MOUVEMENTS DE LA POPULATION, 1837: NAISSANCES: ENFANTS NATURELS: FILLES

46   MOUVEMENTS DE LA POPULATION, 1837: NAISSANCES: ENFANTS NATURELS: TOTAL

47   MOUVEMENTS DE LA POPULATION, 1837: NAISSANCES: TOTAL GENERAL: GARCONS

48   MOUVEMENTS DE LA POPULATION, 1837: NAISSANCES: TOTAL GENERAL: FILLES

49   MOUVEMENTS DE LA POPULATION, 1837: NAISSANCES: TOTAL GENERAL: TOTAL

50   MOUVEMENTS DE LA POPULATION, 1837: DECES: SEXE MASCULIN: GARCONS

51   MOUVEMENTS DE LA POPULATION, 1837: DECES: SEXE MASCULIN: HOMMES MARIES

52   MOUVEMENTS DE LA POPULATION, 1837: DECES: SEXE MASCULIN: VEUFS

53   MOUVEMENTS DE LA POPULATION, 1837: DECES: SEXE MASCULIN: TOTAL

54   MOUVEMENTS DE LA POPULATION, 1837: DECES: SEXE FEMININ: FILLES

55   MOUVEMENTS DE LA POPULATION, 1837: DECES: SEXE FEMININ: FEMMES MARIEES

56   MOUVEMENTS DE LA POPULATION, 1837: DECES: SEXE FEMININ: VEUVES

57   MOUVEMENTS DE LA POPULATION, 1837: DECES: SEXE FEMININ: TOTAL

58   MOUVEMENTS DE LA POPULATION, 1837: DECES: TOTAL GENERAL

59   MOUVEMENTS DE LA POPULATION, 1837: ACCROISSEMENT DE LA POPULATION PAR L'EXCEDANT DES
        NAISSANCES

60   MOUVEMENTS DE LA POPULATION, 1837: DIMINUTION DE LA POPULATION PAR L'EXCEDANT DES
        DECES

61   MOUVEMENTS DE LA POPULATION, 1837: MORT-NES ET ENFANTS MORTS AVANT LA DECLARATION DE
        NAISSANCE. (ILS NE FIGURENT NI AUX NAISSANCES NI AUX DECES): ENFANTS LEGITIMES:
        GARCONS

62   MOUVEMENTS DE LA POPULATION, 1837: MORT-NES ET ENFANTS MORTS AVANT LA DECLARATION DE
        NAISSANCE. (ILS NE FIGURENT NI AUX NAISSANCES NI AUX DECES): ENFANTS LEGITIMES:
        FILLES

63   MOUVEMENTS DE LA POPULATION, 1837: MORT-NES ET ENFANTS MORTS AVANT LA DECLARATION DE
        NAISSANCE. (ILS NE FIGURENT NI AUX NAISSANCES NI AUX DECES): ENFANTS LEGITIMES:
        TOTAL

DATA SET 170: MOUVEMENT DE LA POPULATION 1836-1850 (DEPARTEMENT)

NUMERO DE
LA VARIABLE   NOM DE LA VARIABLE

64   MOUVEMENTS DE LA POPULATION, 1837: MORT-NES ET ENFANTS MORTS AVANT LA DECLARATION DE
            NAISSANCE. (ILS NE FIGURENT NI AUX NAISSANCES NI AUX DECES): ENFANTS NATURELS:
            GARCONS

65   MOUVEMENTS DE LA POPULATION, 1837: MORT-NES ET ENFANTS MORTS AVANT LA DECLARATION DE
            NAISSANCE. (ILS NE FIGURENT NI AUX NAISSANCES NI AUX DECES): ENFANTS NATURELS:
            FILLES

66   MOUVEMENTS DE LA POPULATION, 1837: MORT-NES ET ENFANTS MORTS AVANT LA DECLARATION DE
            NAISSANCE. (ILS NE FIGURENT NI AUX NAISSANCES NI AUX DECES): ENFANTS NATURELS: TOTAL

67   MOUVEMENTS DE LA POPULATION, 1837: MORT-NES ET ENFANTS MORTS AVANT LA DECLARATION DE
            NAISSANCE. (ILS NE FIGURENT NI AUX NAISSANCES NI AUX DECES): TOTAL GENERAL: GARCONS

68   MOUVEMENTS DE LA POPULATION, 1837: MORT-NES ET ENFANTS MORTS AVANT LA DECLARATION DE
            NAISSANCE. (ILS NE FIGURENT NI AUX NAISSANCES NI AUX DECES): TOTAL GENERAL: FILLES

69   MOUVEMENTS DE LA POPULATION, 1837: MORT-NES ET ENFANTS MORTS AVANT LA DECLARATION DE
            NAISSANCE. (ILS NE FIGURENT NI AUX NAISSANCES NI AUX DECES): TOTAL GENERAL: TOTAL

70   MOUVEMENTS DE LA POPULATION, 1837: MARIAGES: ENTRE GARCONS ET FILLES

71   MOUVEMENTS DE LA POPULATION, 1837: MARIAGES: ENTRE GARCONS ET VEUVES

72   MOUVEMENTS DE LA POPULATION, 1837: MARIAGES: ENTRE VEUFS ET FILLES

73   MOUVEMENTS DE LA POPULATION, 1837: MARIAGES: ENTRE VEUFS ET VEUVES

74   MOUVEMENTS DE LA POPULATION, 1837: MARIAGES: TOTAL

75   MOUVEMENTS DE LA POPULATION, 1838: NAISSANCES: ENFANTS LEGITIMES: GARCONS

76   MOUVEMENTS DE LA POPULATION, 1838: NAISSANCES: ENFANTS LEGITIMES: FILLES

77   MOUVEMENTS DE LA POPULATION, 1838: NAISSANCES: ENFANTS LEGITIMES: TOTAL

78   MOUVEMENTS DE LA POPULATION, 1838: NAISSANCES: ENFANTS NATURELS: GARCONS

79   MOUVEMENTS DE LA POPULATION, 1838: NAISSANCES: ENFANTS NATURELS: FILLES

80   MOUVEMENTS DE LA POPULATION, 1838: NAISSANCES: ENFANTS NATURELS: TOTAL

81   MOUVEMENTS DE LA POPULATION, 1838: NAISSANCES: TOTAL GENERAL: GARCONS

82   MOUVEMENTS DE LA POPULATION, 1838: NAISSANCES: TOTAL GENERAL: FILLES

83   MOUVEMENTS DE LA POPULATION, 1838: NAISSANCES: TOTAL GENERAL: TOTAL

84   MOUVEMENTS DE LA POPULATION, 1838: DECES: SEXE MASCULIN: GARCONS

85   MOUVEMENTS DE LA POPULATION, 1838: DECES: SEXE MASCULIN: HOMMES MARIES

86   MOUVEMENTS DE LA POPULATION, 1838: DECES: SEXE MASCULIN: VEUFS

87   MOUVEMENTS DE LA POPULATION, 1838: DECES: SEXE MASCULIN: TOTAL

88   MOUVEMENTS DE LA POPULATION, 1838: DECES: SEXE FEMININ: FILLES

89   MOUVEMENTS DE LA POPULATION, 1838: DECES: SEXE FEMININ: FEMMES MARIEES

90   MOUVEMENTS DE LA POPULATION, 1838: DECES: SEXE FEMININ: VEUVES

91   MOUVEMENTS DE LA POPULATION, 1838: DECES: SEXE FEMININ: TOTAL

92   MOUVEMENTS DE LA POPULATION, 1838: DECES: TOTAL GENERAL

93   MOUVEMENTS DE LA POPULATION, 1838: ACCROISSEMENT DE LA POPULATION PAR L'EXCEDANT DES
            NAISSANCES

94   MOUVEMENTS DE LA POPULATION, 1838: DIMINUTION DE LA POPULATION PAR L'EXCEDANT DES
            DECES

DATA SET 170: MOUVEMENT DE LA POPULATION 1836-1850 (DEPARTEMENT)

NUMERO DE
LA VARIABLE   NOM DE LA VARIABLE

95   MOUVEMENTS DE LA POPULATION, 1838: MORT-NES ET ENFANTS MORTS AVANT LA DECLARATION DE
          NAISSANCE. (ILS NE FIGURENT NI AUX NAISSANCES NI AUX DECES): ENFANTS LEGITIMES:
          GARCONS

96   MOUVEMENTS DE LA POPULATION, 1838: MORT-NES ET ENFANTS MORTS AVANT LA DECLARATION DE
          NAISSANCE. (ILS NE FIGURENT NI AUX NAISSANCES NI AUX DECES): ENFANTS LEGITIMES:
          FILLES

97   MOUVEMENTS DE LA POPULATION, 1838: MORT-NES ET ENFANTS MORTS AVANT LA DECLARATION DE
          NAISSANCE. (ILS NE FIGURENT NI AUX NAISSANCES NI AUX DECES): ENFANTS LEGITIMES:
          TOTAL

98   MOUVEMENTS DE LA POPULATION, 1838: MORT-NES ET ENFANTS MORTS AVANT LA DECLARATION DE
          NAISSANCE. (ILS NE FIGURENT NI AUX NAISSANCES NI AUX DECES): ENFANTS NATURELS:
          GARCONS

99   MOUVEMENTS DE LA POPULATION, 1838: MORT-NES ET ENFANTS MORTS AVANT LA DECLARATION DE
          NAISSANCE. (ILS NE FIGURENT NI AUX NAISSANCES NI AUX DECES): ENFANTS NATURELS:
          FILLES

100   MOUVEMENTS DE LA POPULATION, 1838: MORT-NES ET ENFANTS MORTS AVANT LA DECLARATION DE
          NAISSANCE. (ILS NE FIGURENT NI AUX NAISSANCES NI AUX DECES): ENFANTS NATURELS: TOTAL

101   MOUVEMENTS DE LA POPULATION, 1838: MORT-NES ET ENFANTS MORTS AVANT LA DECLARATION DE
          NAISSANCE. (ILS NE FIGURENT NI AUX NAISSANCES NI AUX DECES): TOTAL GENERAL: GARCONS

102   MOUVEMENTS DE LA POPULATION, 1838: MORT-NES ET ENFANTS MORTS AVANT LA DECLARATION DE
          NAISSANCE. (ILS NE FIGURENT NI AUX NAISSANCES NI AUX DECES): TOTAL GENERAL: FILLES

103   MOUVEMENTS DE LA POPULATION, 1838: MORT-NES ET ENFANTS MORTS AVANT LA DECLARATION DE
          NAISSANCE. (ILS NE FIGURENT NI AUX NAISSANCES NI AUX DECES): TOTAL GENERAL: TOTAL

104   MOUVEMENTS DE LA POPULATION, 1838: MARIAGES: ENTRE GARCONS ET FILLES

105   MOUVEMENTS DE LA POPULATION, 1838: MARIAGES: ENTRE GARCONS ET VEUVES

106   MOUVEMENTS DE LA POPULATION, 1838: MARIAGES: ENTRE VEUFS ET FILLES

107   MOUVEMENTS DE LA POPULATION, 1838: MARIAGES: ENTRE VEUFS ET VEUVES

108   MOUVEMENTS DE LA POPULATION, 1838: MARIAGES: TOTAL

109   MOUVEMENTS DE LA POPULATION, 1839: NAISSANCES: ENFANTS LEGITIMES: GARCONS

110   MOUVEMENTS DE LA POPULATION, 1839: NAISSANCES: ENFANTS LEGITIMES: FILLES

111   MOUVEMENTS DE LA POPULATION, 1839: NAISSANCES: ENFANTS LEGITIMES: TOTAL

112   MOUVEMENTS DE LA POPULATION, 1839: NAISSANCES: ENFANTS NATURELS: GARCONS

113   MOUVEMENTS DE LA POPULATION, 1839: NAISSANCES: ENFANTS NATURELS: FILLES

114   MOUVEMENTS DE LA POPULATION, 1839: NAISSANCES: ENFANTS NATURELS: TOTAL

115   MOUVEMENTS DE LA POPULATION, 1839: NAISSANCES: TOTAL GENERAL: GARCONS

116   MOUVEMENTS DE LA POPULATION, 1839: NAISSANCES: TOTAL GENERAL: FILLES

117   MOUVEMENTS DE LA POPULATION, 1839: NAISSANCES: TOTAL GENERAL: TOTAL

118   MOUVEMENTS DE LA POPULATION, 1839: DECES: SEXE MASCULIN: GARCONS

119   MOUVEMENTS DE LA POPULATION, 1839: DECES: SEXE MASCULIN: HOMMES MARIES

120   MOUVEMENTS DE LA POPULATION, 1839: DECES: SEXE MASCULIN: VEUFS

121   MOUVEMENTS DE LA POPULATION, 1839: DECES: SEXE MASCULIN: TOTAL

122   MOUVEMENTS DE LA POPULATION, 1839: DECES: SEXE FEMININ: FILLES

123   MOUVEMENTS DE LA POPULATION, 1839: DECES: SEXE FEMININ: FEMMES MARIEES

5

NUMERO DE
LA VARIABLE   NOM DE LA VARIABLE

124   MOUVEMENTS DE LA POPULATION, 1839: DECES: SEXE FEMININ: VEUVES

125   MOUVEMENTS DE LA POPULATION, 1839: DECES: SEXE FEMININ: TOTAL

126   MOUVEMENTS DE LA POPULATION, 1839: DECES: TOTAL GENERAL

127   MOUVEMENTS DE LA POPULATION, 1839: ACCROISSEMENT DE LA POPULATION PAR L'EXCEDANT DES
           NAISSANCES

128   MOUVEMENTS DE LA POPULATION, 1839: DIMINUTION DE LA POPULATION PAR L'EXCEDANT DES
           DECES

129   MOUVEMENTS DE LA POPULATION, 1839: MORT-NES ET ENFANTS MORTS AVANT LA DECLARATION DE
           NAISSANCE. (ILS NE FIGURENT NI AUX NAISSANCES NI AUX DECES): ENFANTS LEGITIMES:
           GARCONS

130   MOUVEMENTS DE LA POPULATION, 1839: MORT-NES ET ENFANTS MORTS AVANT LA DECLARATION DE
           NAISSANCE. (ILS NE FIGURENT NI AUX NAISSANCES NI AUX DECES): ENFANTS LEGITIMES:
           FILLES

131   MOUVEMENTS DE LA POPULATION, 1839: MORT-NES ET ENFANTS MORTS AVANT LA DECLARATION DE
           NAISSANCE. (ILS NE FIGURENT NI AUX NAISSANCES NI AUX DECES): ENFANTS LEGITIMES:
           TOTAL

132   MOUVEMENTS DE LA POPULATION, 1839: MORT-NES ET ENFANTS MORTS AVANT LA DECLARATION DE
           NAISSANCE. (ILS NE FIGURENT NI AUX NAISSANCES NI AUX DECES): ENFANTS NATURELS:
           GARCONS

133   MOUVEMENTS DE LA POPULATION, 1839: MORT-NES ET ENFANTS MORTS AVANT LA DECLARATION DE
           NAISSANCE. (ILS NE FIGURENT NI AUX NAISSANCES NI AUX DECES): ENFANTS NATURELS:
           FILLES

134   MOUVEMENTS DE LA POPULATION, 1839: MORT-NES ET ENFANTS MORTS AVANT LA DECLARATION DE
           NAISSANCE. (ILS NE FIGURENT NI AUX NAISSANCES NI AUX DECES): ENFANTS NATURELS: TOTAL

135   MOUVEMENTS DE LA POPULATION, 1839: MORT-NES ET ENFANTS MORTS AVANT LA DECLARATION DE
           NAISSANCE. (ILS NE FIGURENT NI AUX NAISSANCES NI AUX DECES): TOTAL GENERAL: GARCONS

136   MOUVEMENTS DE LA POPULATION, 1839: MORT-NES ET ENFANTS MORTS AVANT LA DECLARATION DE
           NAISSANCE. (ILS NE FIGURENT NI AUX NAISSANCES NI AUX DECES): TOTAL GENERAL: FILLES

137   MOUVEMENTS DE LA POPULATION, 1839: MORT-NES ET ENFANTS MORTS AVANT LA DECLARATION DE
           NAISSANCE. (ILS NE FIGURENT NI AUX NAISSANCES NI AUX DECES): TOTAL GENERAL: TOTAL

138   MOUVEMENTS DE LA POPULATION, 1839: MARIAGES: ENTRE GARCONS ET FILLES

139   MOUVEMENTS DE LA POPULATION, 1839: MARIAGES: ENTRE GARCONS ET VEUVES

140   MOUVEMENTS DE LA POPULATION, 1839: MARIAGES: ENTRE VEUFS ET FILLES

141   MOUVEMENTS DE LA POPULATION, 1839: MARIAGES: ENTRE VEUFS ET VEUVES

142   MOUVEMENTS DE LA POPULATION, 1839: MARIAGES: TOTAL

143   MOUVEMENTS DE LA POPULATION, 1840: NAISSANCES: ENFANTS LEGITIMES: GARCONS

144   MOUVEMENTS DE LA POPULATION, 1840: NAISSANCES: ENFANTS LEGITIMES: FILLES

145   MOUVEMENTS DE LA POPULATION, 1840: NAISSANCES: ENFANTS LEGITIMES: TOTAL

146   MOUVEMENTS DE LA POPULATION, 1840: NAISSANCES: ENFANTS NATURELS: GARCONS

147   MOUVEMENTS DE LA POPULATION, 1840: NAISSANCES: ENFANTS NATURELS: FILLES

148   MOUVEMENTS DE LA POPULATION, 1840: NAISSANCES: ENFANTS NATURELS: TOTAL

149   MOUVEMENTS DE LA POPULATION, 1840: NAISSANCES: TOTAL GENERAL: GARCONS

150   MOUVEMENTS DE LA POPULATION, 1840: NAISSANCES: TOTAL GENERAL: FILLES

151   MOUVEMENTS DE LA POPULATION, 1840: NAISSANCES: TOTAL GENERAL: TOTAL

DATA SET 170: MOUVEMENT DE LA POPULATION 1836-1850 (DEPARTEMENT)

NUMERO DE LA VARIABLE	NOM DE LA VARIABLE
152	MOUVEMENTS DE LA POPULATION, 1840: DECES: SEXE MASCULIN: GARCONS
153	MOUVEMENTS DE LA POPULATION, 1840: DECES: SEXE MASCULIN: HOMMES MARIES
154	MOUVEMENTS DE LA POPULATION, 1840: DECES: SEXE MASCULIN: VEUFS
155	MOUVEMENTS DE LA POPULATION, 1840: DECES: SEXE MASCULIN: TOTAL
156	MOUVEMENTS DE LA POPULATION, 1840: DECES: SEXE FEMININ: FILLES
157	MOUVEMENTS DE LA POPULATION, 1840: DECES: SEXE FEMININ: FEMMES MARIEES
158	MOUVEMENTS DE LA POPULATION, 1840: DECES: SEXE FEMININ: VEUVES
159	MOUVEMENTS DE LA POPULATION, 1840: DECES: SEXE FEMININ: TOTAL
160	MOUVEMENTS DE LA POPULATION, 1840: DECES: TOTAL GENERAL
161	MOUVEMENTS DE LA POPULATION, 1840: ACCROISSEMENT DE LA POPULATION PAR L'EXCEDANT DES NAISSANCES
162	MOUVEMENTS DE LA POPULATION, 1840: DIMINUTION DE LA POPULATION PAR L'EXCEDANT DES DECES
163	MOUVEMENTS DE LA POPULATION, 1840: MORT-NES ET ENFANTS MORTS AVANT LA DECLARATION DE NAISSANCE. (ILS NE FIGURENT NI AUX NAISSANCES NI AUX DECES): ENFANTS LEGITIMES: GARCONS
164	MOUVEMENTS DE LA POPULATION, 1840: MORT-NES ET ENFANTS MORTS AVANT LA DECLARATION DE NAISSANCE. (ILS NE FIGURENT NI AUX NAISSANCES NI AUX DECES): ENFANTS LEGITIMES: FILLES
165	MOUVEMENTS DE LA POPULATION, 1840: MORT-NES ET ENFANTS MORTS AVANT LA DECLARATION DE NAISSANCE. (ILS NE FIGURENT NI AUX NAISSANCES NI AUX DECES): ENFANTS LEGITIMES: TOTAL
166	MOUVEMENTS DE LA POPULATION, 1840: MORT-NES ET ENFANTS MORTS AVANT LA DECLARATION DE NAISSANCE. (ILS NE FIGURENT NI AUX NAISSANCES NI AUX DECES): ENFANTS NATURELS: GARCONS
167	MOUVEMENTS DE LA POPULATION, 1840: MORT-NES ET ENFANTS MORTS AVANT LA DECLARATION DE NAISSANCE. (ILS NE FIGURENT NI AUX NAISSANCES NI AUX DECES): ENFANTS NATURELS: FILLES
168	MOUVEMENTS DE LA POPULATION, 1840: MORT-NES ET ENFANTS MORTS AVANT LA DECLARATION DE NAISSANCE. (ILS NE FIGURENT NI AUX NAISSANCES NI AUX DECES): ENFANTS NATURELS: TOTAL
169	MOUVEMENTS DE LA POPULATION, 1840: MORT-NES ET ENFANTS MORTS AVANT LA DECLARATION DE NAISSANCE. (ILS NE FIGURENT NI AUX NAISSANCES NI AUX DECES): TOTAL GENERAL: GARCONS
170	MOUVEMENTS DE LA POPULATION, 1840: MORT-NES ET ENFANTS MORTS AVANT LA DECLARATION DE NAISSANCE. (ILS NE FIGURENT NI AUX NAISSANCES NI AUX DECES): TOTAL GENERAL: FILLES
171	MOUVEMENTS DE LA POPULATION, 1840: MORT-NES ET ENFANTS MORTS AVANT LA DECLARATION DE NAISSANCE. (ILS NE FIGURENT NI AUX NAISSANCES NI AUX DECES): TOTAL GENERAL: TOTAL
172	MOUVEMENTS DE LA POPULATION, 1840: MARIAGES: ENTRE GARCONS ET FILLES
173	MOUVEMENTS DE LA POPULATION, 1840: MARIAGES: ENTRE GARCONS ET VEUVES
174	MOUVEMENTS DE LA POPULATION, 1840: MARIAGES: ENTRE VEUFS ET FILLES
175	MOUVEMENTS DE LA POPULATION, 1840: MARIAGES: ENTRE VEUFS ET VEUVES
176	MOUVEMENTS DE LA POPULATION, 1840: MARIAGES: TOTAL
177	MOUVEMENTS DE LA POPULATION, MOYENNE QUINQUENNALE 1836-1840: NAISSANCES: ENFANTS LEGITIMES: GARCONS
178	MOUVEMENTS DE LA POPULATION, MOYENNE QUINQUENNALE 1836-1840: NAISSANCES: ENFANTS LEGITIMES: FILLES

DATA SET 170: MOUVEMENT DE LA POPULATION 1836-1850 (DEPARTEMENT)

NUMERO DE
LA VARIABLE   NOM DE LA VARIABLE

179   MOUVEMENTS DE LA POPULATION, MOYENNE QUINQUENNALE 1836-1840: NAISSANCES: ENFANTS
         LEGITIMES: TOTAL

180   MOUVEMENTS DE LA POPULATION, MOYENNE QUINQUENNALE 1836-1840: NAISSANCES: ENFANTS
         NATURELS: GARCONS

181   MOUVEMENTS DE LA POPULATION, MOYENNE QUINQUENNALE 1836-1840: NAISSANCES: ENFANTS
         NATURELS: FILLES

182   MOUVEMENTS DE LA POPULATION, MOYENNE QUINQUENNALE 1836-1840: NAISSANCES: ENFANTS
         NATURELS: TOTAL

183   MOUVEMENTS DE LA POPULATION, MOYENNE QUINQUENNALE 1836-1840: NAISSANCES: TOTAL
         GENERAL: GARCONS

184   MOUVEMENTS DE LA POPULATION, MOYENNE QUINQUENNALE 1836-1840: NAISSANCES: TOTAL
         GENERAL: FILLES

185   MOUVEMENTS DE LA POPULATION, MOYENNE QUINQUENNALE 1836-1840: NAISSANCES: TOTAL
         GENERAL: TOTAL

186   MOUVEMENTS DE LA POPULATION, MOYENNE QUINQUENNALE 1836-1840: DECES: SEXE MASCULIN:
         GARCONS

187   MOUVEMENTS DE LA POPULATION, MOYENNE QUINQUENNALE 1836-1840: DECES: SEXE MASCULIN:
         HOMMES MARIES

188   MOUVEMENTS DE LA POPULATION, MOYENNE QUINQUENNALE 1836-1840: DECES: SEXE MASCULIN:
         VEUFS

189   MOUVEMENTS DE LA POPULATION, MOYENNE QUINQUENNALE 1836-1840: DECES: SEXE MASCULIN:
         TOTAL

190   MOUVEMENTS DE LA POPULATION, MOYENNE QUINQUENNALE 1836-1840: DECES: SEXE FEMININ:
         FILLES

191   MOUVEMENTS DE LA POPULATION, MOYENNE QUINQUENNALE 1836-1840: DECES: SEXE FEMININ:
         FEMMES MARIEES

192   MOUVEMENTS DE LA POPULATION, MOYENNE QUINQUENNALE 1836-1840: DECES: SEXE FEMININ:
         VEUVES

193   MOUVEMENTS DE LA POPULATION, MOYENNE QUINQUENNALE 1836-1840: DECES: SEXE FEMININ:
         TOTAL

194   MOUVEMENTS DE LA POPULATION, MOYENNE QUINQUENNALE 1836-1840: DECES: TOTAL GENERAL

195   MOUVEMENTS DE LA POPULATION, MOYENNE QUINQUENNALE 1836-1840: ACCROISSEMENT DE LA
         POPULATION PAR L'EXCEDANT DES NAISSANCES

196   MOUVEMENTS DE LA POPULATION, MOYENNE QUINQUENNALE 1836-1840: DIMINUTION DE LA
         POPULATION PAR L'EXCEDANT DES DECES

197   MOUVEMENTS DE LA POPULATION, MOYENNE QUINQUENNALE 1836-1840: MORT-NES ET ENFANTS
         MORTS AVANT LA DECLARATION DE NAISSANCE. (ILS NE FIGURENT NI AUX NAISSANCES NI AUX
         DECES): ENFANTS LEGITIMES: GARCONS

198   MOUVEMENTS DE LA POPULATION, MOYENNE QUINQUENNALE 1836-1840: MORT-NES ET ENFANTS
         MORTS AVANT LA DECLARATION DE NAISSANCE. (ILS NE FIGURENT NI AUX NAISSANCES NI AUX
         DECES): ENFANTS LEGITIMES: FILLES

199   MOUVEMENTS DE LA POPULATION, MOYENNE QUINQUENNALE 1836-1840: MORT-NES ET ENFANTS
         MORTS AVANT LA DECLARATION DE NAISSANCE. (ILS NE FIGURENT NI AUX NAISSANCES NI AUX
         DECES): ENFANTS LEGITIMES: TOTAL

200   MOUVEMENTS DE LA POPULATION, MOYENNE QUINQUENNALE 1836-1840: MORT-NES ET ENFANTS
         MORTS AVANT LA DECLARATION DE NAISSANCE. (ILS NE FIGURENT NI AUX NAISSANCES NI AUX
         DECES): ENFANTS NATURELS: GARCONS

201   MOUVEMENTS DE LA POPULATION, MOYENNE QUINQUENNALE 1836-1840: MORT-NES ET ENFANTS
         MORTS AVANT LA DECLARATION DE NAISSANCE. (ILS NE FIGURENT NI AUX NAISSANCES NI AUX
         DECES): ENFANTS NATURELS: FILLES

8

NUMERO DE
LA VARIABLE   NOM DE LA VARIABLE

202   MOUVEMENTS DE LA POPULATION, MOYENNE QUINQUENNALE 1836-1840: MORT-NES ET ENFANTS
           MORTS AVANT LA DECLARATION DE NAISSANCE. (ILS NE FIGURENT NI AUX NAISSANCES NI AUX
           DECES): ENFANTS NATURELS: TOTAL

203   MOUVEMENTS DE LA POPULATION, MOYENNE QUINQUENNALE 1836-1840: MORT-NES ET ENFANTS
           MORTS AVANT LA DECLARATION DE NAISSANCE. (ILS NE FIGURENT NI AUX NAISSANCES NI AUX
           DECES) TOTAL GENERAL: GARCONS

204   MOUVEMENTS DE LA POPULATION, MOYENNE QUINQUENNALE 1836-1840: MORT-NES ET ENFANTS
           MORTS AVANT LA DECLARATION DE NAISSANCE. (ILS NE FIGURENT NI AUX NAISSANCES NI AUX
           DECES) TOTAL GENERAL: FILLES

205   MOUVEMENTS DE LA POPULATION, MOYENNE QUINQUENNALE 1836-1840: MORT-NES ET ENFANTS
           MORTS AVANT LA DECLARATION DE NAISSANCE. (ILS NE FIGURENT NI AUX NAISSANCES NI AUX
           DECES) TOTAL GENERAL: TOTAL

206   MOUVEMENTS DE LA POPULATION, MOYENNE QUINQUENNALE 1836-1840: MARIAGES: ENTRE GARCONS
           ET FILLES

207   MOUVEMENTS DE LA POPULATION, MOYENNE QUINQUENNALE 1836-1840: MARIAGES: ENTRE GARCONS
           ET VEUVES

208   MOUVEMENTS DE LA POPULATION, MOYENNE QUINQUENNALE 1836-1840: MARIAGES: ENTRE VEUFS
           ET FILLES

209   MOUVEMENTS DE LA POPULATION, MOYENNE QUINQUENNALE 1836-1840: MARIAGES: ENTRE VEUFS
           ET VEUVES

210   MOUVEMENTS DE LA POPULATION, MOYENNE QUINQUENNALE 1836-1840: MARIAGES: TOTAL

211   MOUVEMENTS DE LA POPULATION, 1841: NAISSANCES: ENFANTS LEGITIMES: GARCONS

212   MOUVEMENTS DE LA POPULATION, 1841: NAISSANCES: ENFANTS LEGITIMES: FILLES

213   MOUVEMENTS DE LA POPULATION, 1841: NAISSANCES: ENFANTS LEGITIMES: TOTAL

214   MOUVEMENTS DE LA POPULATION, 1841: NAISSANCES: ENFANTS NATURELS: GARCONS

215   MOUVEMENTS DE LA POPULATION, 1841: NAISSANCES: ENFANTS NATURELS: FILLES

216   MOUVEMENTS DE LA POPULATION, 1841: NAISSANCES: ENFANTS NATURELS: TOTAL

217   MOUVEMENTS DE LA POPULATION, 1841: NAISSANCES: TOTAL GENERAL: GARCONS

218   MOUVEMENTS DE LA POPULATION, 1841: NAISSANCES: TOTAL GENERAL: FILLES

219   MOUVEMENTS DE LA POPULATION, 1841: NAISSANCES: TOTAL GENERAL: TOTAL

220   MOUVEMENTS DE LA POPULATION, 1841: DECES: SEXE MASCULIN: GARCONS

221   MOUVEMENTS DE LA POPULATION, 1841: DECES: SEXE MASCULIN: HOMMES MARIES

222   MOUVEMENTS DE LA POPULATION, 1841: DECES: SEXE MASCULIN: VEUFS

223   MOUVEMENTS DE LA POPULATION, 1841: DECES: SEXE MASCULIN: TOTAL

224   MOUVEMENTS DE LA POPULATION, 1841: DECES: SEXE FEMININ: FILLES

225   MOUVEMENTS DE LA POPULATION, 1841: DECES: SEXE FEMININ: FEMMES MARIEES

226   MOUVEMENTS DE LA POPULATION, 1841: DECES: SEXE FEMININ: VEUVES

227   MOUVEMENTS DE LA POPULATION, 1841: DECES: SEXE FEMININ: TOTAL

228   MOUVEMENTS DE LA POPULATION, 1841: DECES: TOTAL GENERAL

229   MOUVEMENTS DE LA POPULATION, 1841: ACCROISSEMENT DE LA POPULATION PAR L'EXCEDANT DES
           NAISSANCES

230   MOUVEMENTS DE LA POPULATION, 1841: DIMINUTION DE LA POPULATION PAR L'EXCEDANT DES
           DECES

DATA SET 170:   MOUVEMENT DE LA POPULATION 1836-1850 (DEPARTEMENT)

NUMERO DE LA VARIABLE	NOM DE LA VARIABLE
231	MOUVEMENTS DE LA POPULATION, 1841: MORT-NES ET ENFANTS MORTS AVANT LA DECLARATION DE NAISSANCE. (ILS NE FIGURENT NI AUX NAISSANCES NI AUX DECES): ENFANTS LEGITIMES: GARCONS
232	MOUVEMENTS DE LA POPULATION, 1841: MORT-NES ET ENFANTS MORTS AVANT LA DECLARATION DE NAISSANCE. (ILS NE FIGURENT NI AUX NAISSANCES NI AUX DECES): ENFANTS LEGITIMES: FILLES
233	MOUVEMENTS DE LA POPULATION, 1841: MORT-NES ET ENFANTS MORTS AVANT LA DECLARATION DE NAISSANCE. (ILS NE FIGURENT NI AUX NAISSANCES NI AUX DECES): ENFANTS LEGITIMES: TOTAL
234	MOUVEMENTS DE LA POPULATION, 1841: MORT-NES ET ENFANTS MORTS AVANT LA DECLARATION DE NAISSANCE. (ILS NE FIGURENT NI AUX NAISSANCES NI AUX DECES): ENFANTS NATURELS: GARCONS
235	MOUVEMENTS DE LA POPULATION, 1841: MORT-NES ET ENFANTS MORTS AVANT LA DECLARATION DE NAISSANCE. (ILS NE FIGURENT NI AUX NAISSANCES NI AUX DECES): ENFANTS NATURELS: FILLES
236	MOUVEMENTS DE LA POPULATION, 1841: MORT-NES ET ENFANTS MORTS AVANT LA DECLARATION DE NAISSANCE. (ILS NE FIGURENT NI AUX NAISSANCES NI AUX DECES): ENFANTS NATURELS: TOTAL
237	MOUVEMENTS DE LA POPULATION, 1841: MORT-NES ET ENFANTS MORTS AVANT LA DECLARATION DE NAISSANCE. (ILS NE FIGURENT NI AUX NAISSANCES NI AUX DECES): TOTAL GENERAL: GARCONS
238	MOUVEMENTS DE LA POPULATION, 1841: MORT-NES ET ENFANTS MORTS AVANT LA DECLARATION DE NAISSANCE. (ILS NE FIGURENT NI AUX NAISSANCES NI AUX DECES): TOTAL GENERAL: FILLES
239	MOUVEMENTS DE LA POPULATION, 1841: MORT-NES ET ENFANTS MORTS AVANT LA DECLARATION DE NAISSANCE. (ILS NE FIGURENT NI AUX NAISSANCES NI AUX DECES): TOTAL GENERAL: TOTAL
240	MOUVEMENTS DE LA POPULATION, 1841: MARIAGES: ENTRE GARCONS ET FILLES
241	MOUVEMENTS DE LA POPULATION, 1841: MARIAGES: ENTRE GARCONS ET VEUVES
242	MOUVEMENTS DE LA POPULATION, 1841: MARIAGES: ENTRE VEUFS ET FILLES
243	MOUVEMENTS DE LA POPULATION, 1841: MARIAGES: ENTRE VEUFS ET VEUVES
244	MOUVEMENTS DE LA POPULATION, 1841: MARIAGES: TOTAL
245	MOUVEMENTS DE LA POPULATION, 1842: NAISSANCES: ENFANTS LEGITIMES: GARCONS
246	MOUVEMENTS DE LA POPULATION, 1842: NAISSANCES: ENFANTS LEGITIMES: FILLES
247	MOUVEMENTS DE LA POPULATION, 1842: NAISSANCES: ENFANTS LEGITIMES: TOTAL
248	MOUVEMENTS DE LA POPULATION, 1842: NAISSANCES: ENFANTS NATURELS: GARCONS
249	MOUVEMENTS DE LA POPULATION, 1842: NAISSANCES: ENFANTS NATURELS: FILLES
250	MOUVEMENTS DE LA POPULATION, 1842: NAISSANCES: ENFANTS NATURELS: TOTAL
251	MOUVEMENTS DE LA POPULATION, 1842: NAISSANCES: TOTAL GENERAL: GARCONS
252	MOUVEMENTS DE LA POPULATION, 1842: NAISSANCES: TOTAL GENERAL: FILLES
253	MOUVEMENTS DE LA POPULATION, 1842: NAISSANCES: TOTAL GENERAL: TOTAL
254	MOUVEMENTS DE LA POPULATION, 1842: DECES: SEXE MASCULIN: GARCONS
255	MOUVEMENTS DE LA POPULATION, 1842: DECES: SEXE MASCULIN: HOMMES MARIES
256	MOUVEMENTS DE LA POPULATION, 1842: DECES: SEXE MASCULIN: VEUFS
257	MOUVEMENTS DE LA POPULATION, 1842: DECES: SEXE MASCULIN: TOTAL
258	MOUVEMENTS DE LA POPULATION, 1842: DECES: SEXE FEMININ: FILLES
259	MOUVEMENTS DE LA POPULATION, 1842: DECES: SEXE FEMININ: FEMMES MARIEES

DATA SET 170:   MOUVEMENT DE LA POPULATION 1836-1850 (DEPARTEMENT)

NUMERO DE
LA VARIABLE   NOM DE LA VARIABLE

260   MOUVEMENTS DE LA POPULATION, 1842:   DECES: SEXE FEMININ: VEUVES

261   MOUVEMENTS DE LA POPULATION, 1842:   DECES: SEXE FEMININ: TOTAL

262   MOUVEMENTS DE LA POPULATION, 1842:   DECES: TOTAL GENERAL

263   MOUVEMENTS DE LA POPULATION, 1842:   ACCROISSEMENT DE LA POPULATION PAR L'EXCEDANT DES
           NAISSANCES

264   MOUVEMENTS DE LA POPULATION, 1842:   DIMINUTION DE LA POPULATION PAR L'EXCEDANT DES
           DECES

265   MOUVEMENTS DE LA POPULATION, 1842:   MORT-NES ET ENFANTS MORTS AVANT LA DECLARATION DE
           NAISSANCE. (ILS NE FIGURENT NI AUX NAISSANCES NI AUX DECES):   ENFANTS LEGITIMES:
           GARCONS

266   MOUVEMENTS DE LA POPULATION, 1842:   MORT-NES ET ENFANTS MORTS AVANT LA DECLARATION DE
           NAISSANCE. (ILS NE FIGURENT NI AUX NAISSANCES NI AUX DECES):   ENFANTS LEGITIMES:
           FILLES

267   MOUVEMENTS DE LA POPULATION, 1842:   MORT-NES ET ENFANTS MORTS AVANT LA DECLARATION DE
           NAISSANCE. (ILS NE FIGURENT NI AUX NAISSANCES NI AUX DECES):   ENFANTS LEGITIMES:
           TOTAL

268   MOUVEMENTS DE LA POPULATION, 1842:   MORT-NES ET ENFANTS MORTS AVANT LA DECLARATION DE
           NAISSANCE. (ILS NE FIGURENT NI AUX NAISSANCES NI AUX DECES):   ENFANTS NATURELS:
           GARCONS

269   MOUVEMENTS DE LA POPULATION, 1842:   MORT-NES ET ENFANTS MORTS AVANT LA DECLARATION DE
           NAISSANCE. (ILS NE FIGURENT NI AUX NAISSANCES NI AUX DECES):   ENFANTS NATURELS:
           FILLES

270   MOUVEMENTS DE LA POPULATION, 1842:   MORT-NES ET ENFANTS MORTS AVANT LA DECLARATION DE
           NAISSANCE. (ILS NE FIGURENT NI AUX NAISSANCES NI AUX DECES):   ENFANTS NATURELS: TOTAL

271   MOUVEMENTS DE LA POPULATION, 1842:   MORT-NES ET ENFANTS MORTS AVANT LA DECLARATION DE
           NAISSANCE. (ILS NE FIGURENT NI AUX NAISSANCES NI AUX DECES):   TOTAL GENERAL: GARCONS

272   MOUVEMENTS DE LA POPULATION, 1842:   MORT-NES ET ENFANTS MORTS AVANT LA DECLARATION DE
           NAISSANCE. (ILS NE FIGURENT NI AUX NAISSANCES NI AUX DECES):   TOTAL GENERAL: FILLES

273   MOUVEMENTS DE LA POPULATION, 1842:   MORT-NES ET ENFANTS MORTS AVANT LA DECLARATION DE
           NAISSANCE. (ILS NE FIGURENT NI AUX NAISSANCES NI AUX DECES):   TOTAL GENERAL: TOTAL

274   MOUVEMENTS DE LA POPULATION, 1842:   MARIAGES: ENTRE GARCONS ET FILLES

275   MOUVEMENTS DE LA POPULATION, 1842:   MARIAGES: ENTRE GARCONS ET VEUVES

276   MOUVEMENTS DE LA POPULATION, 1842:   MARIAGES: ENTRE VEUFS ET FILLES

277   MOUVEMENTS DE LA POPULATION, 1842:   MARIAGES: ENTRE VEUFS ET VEUVES

278   MOUVEMENTS DE LA POPULATION, 1842:   MARIAGES: TOTAL

279   MOUVEMENTS DE LA POPULATION, 1843:   NAISSANCES: ENFANTS LEGITIMES: GARCONS

280   MOUVEMENTS DE LA POPULATION, 1843:   NAISSANCES: ENFANTS LEGITIMES: FILLES

281   MOUVEMENTS DE LA POPULATION, 1843:   NAISSANCES: ENFANTS LEGITIMES: TOTAL

282   MOUVEMENTS DE LA POPULATION, 1843:   NAISSANCES: ENFANTS NATURELS: GARCONS

283   MOUVEMENTS DE LA POPULATION, 1843:   NAISSANCES: ENFANTS NATURELS: FILLES

284   MOUVEMENTS DE LA POPULATION, 1843:   NAISSANCES: ENFANTS NATURELS: TOTAL

285   MOUVEMENTS DE LA POPULATION, 1843:   NAISSANCES: TOTAL GENERAL: GARCONS

286   MOUVEMENTS DE LA POPULATION, 1843:   NAISSANCES: TOTAL GENERAL: FILLES

287   MOUVEMENTS DE LA POPULATION, 1843:   NAISSANCES: TOTAL GENERAL: TOTAL

DATA SET 170: MOUVEMENT DE LA POPULATION 1836-1850 (DEPARTEMENT)

NUMERO DE
LA VARIABLE   NOM DE LA VARIABLE

288   MOUVEMENTS DE LA POPULATION, 1843: DECES: SEXE MASCULIN: GARCONS

289   MOUVEMENTS DE LA POPULATION, 1843: DECES: SEXE MASCULIN: HOMMES MARIES

290   MOUVEMENTS DE LA POPULATION, 1843: DECES: SEXE MASCULIN: VEUFS

291   MOUVEMENTS DE LA POPULATION, 1843: DECES: SEXE MASCULIN: TOTAL

292   MOUVEMENTS DE LA POPULATION, 1843: DECES: SEXE FEMININ: FILLES

293   MOUVEMENTS DE LA POPULATION, 1943: DECES: SEXE FEMININ: FEMMES MARIEES

294   MOUVEMENTS DE LA POPULATION, 1843: DECES: SEXE FEMININ: VEUVES

295   MOUVEMENTS DE LA POPULATION, 1843: DECES: SEXE FEMININ: TOTAL

296   MOUVEMENTS DE LA POPULATION, 1843: DECES: TOTAL GENERAL

297   MOUVEMENTS DE LA POPULATION, 1843: ACCROISSEMENT DE LA POPULATION PAR L'EXCEDANT DES
             NAISSANCES

298   MOUVEMENTS DE LA POPULATION, 1843: DIMINUTION DE LA POPULATION PAR L'EXCEDANT DES
             DECES

299   MOUVEMENTS DE LA POPULATION, 1843: MORT-NES ET ENFANTS MORTS AVANT LA DECLARATION DE
             NAISSANCE. (ILS NE FIGURENT NI AUX NAISSANCES NI AUX DECES): ENFANTS LEGITIMES:
             GARCONS

300   MOUVEMENTS DE LA POPULATION, 1843: MORT-NES ET ENFANTS MORTS AVANT LA DECLARATION DE
             NAISSANCE. (ILS NE FIGURENT NI AUX NAISSANCES NI AUX DECES): ENFANTS LEGITIMES:
             FILLES

301   MOUVEMENTS DE LA POPULATION, 1843: MORT-NES ET ENFANTS MORTS AVANT LA DECLARATION DE
             NAISSANCE. (ILS NE FIGURENT NI AUX NAISSANCES NI AUX DECES): ENFANTS LEGITIMES: TOTAL

302   MOUVEMENTS DE LA POPULATION, 1843: MORT-NES ET ENFANTS MORTS AVANT LA DECLARATION DE
             NAISSANCE. (ILS NE FIGURENT NI AUX NAISSANCES NI AUX DECES): ENFANTS NATURELS:
             GARCONS

303   MOUVEMENTS DE LA POPULATION, 1843: MORT-NES ET ENFANTS MORTS AVANT LA DECLARATION DE
             NAISSANCE. (ILS NE FIGURENT NI AUX NAISSANCES NI AUX DECES): ENFANTS NATURELS:
             FILLES

304   MOUVEMENTS DE LA POPULATION, 1843: MORT-NES ET ENFANTS MORTS AVANT LA DECLARATION DE
             NAISSANCE. (ILS NE FIGURENT NI AUX NAISSANCES NI AUX DECES): ENFANTS NATURELS: TOTAL

305   MOUVEMENTS DE LA POPULATION, 1843: MORT-NES ET ENFANTS MORTS AVANT LA DECLARATION DE
             NAISSANCE. (ILS NE FIGURENT NI AUX NAISSANCES NI AUX DECES): TOTAL GENERAL: GARCONS

306   MOUVEMENTS DE LA POPULATION, 1843: MORT-NES ET ENFANTS MORTS AVANT LA DECLARATION DE
             NAISSANCE. (ILS NE FIGURENT NI AUX NAISSANCES NI AUX DECES): TOTAL GENERAL: FILLES

307   MOUVEMENTS DE LA POPULATION, 1843: MORT-NES ET ENFANTS MORTS AVANT LA DECLARATION DE
             NAISSANCE. (ILS NE FIGURENT NI AUX NAISSANCES NI AUX DECES): TOTAL GENERAL: TOTAL

308   MOUVEMENTS DE LA POPULATION, 1843: MARIAGES: ENTRE GARCONS ET FILLES

309   MOUVEMENTS DE LA POPULATION, 1843: MARIAGES: ENTRE GARCONS ET VEUVES

310   MOUVEMENTS DE LA POPULATION, 1843: MARIAGES: ENTRE VEUFS ET FILLES

311   MOUVEMENTS DE LA POPULATION, 1843: MARIAGES: ENTRE VEUFS ET VEUVES

312   MOUVEMENTS DE LA POPULATION, 1843: MARIAGES: TOTAL

313   MOUVEMENTS DE LA POPULATION, 1844: NAISSANCES: ENFANTS LEGITIMES: GARCONS

314   MOUVEMENTS DE LA POPULATION, 1844: NAISSANCES: ENFANTS LEGITIMES: FILLES

315   MOUVEMENTS DE LA POPULATION, 1844: NAISSANCES: ENFANTS LEGITIMES: TOTAL

DATA SET 170: MOUVEMENT DE LA POPULATION 1836-1850 (DEPARTEMENT)

NUMERO DE LA VARIABLE	NOM DE LA VARIABLE
316	MOUVEMENTS DE LA POPULATION, 1844: NAISSANCES: ENFANTS NATURELS: GARCONS
317	MOUVEMENTS DE LA POPULATION, 1844: NAISSANCES: ENFANTS NATURELS: FILLES
318	MOUVEMENTS DE LA POPULATION, 1844: NAISSANCES: ENFANTS NATURELS: TOTAL
319	MOUVEMENTS DE LA POPULATION, 1844: NAISSANCES: TOTAL GENERAL: GARCONS
320	MOUVEMENTS DE LA POPULATION, 1844: NAISSANCES: TOTAL GENERAL: FILLES
321	MOUVEMENTS DE LA POPULATION, 1844: NAISSANCES: TOTAL GENERAL: TOTAL
322	MOUVEMENTS DE LA POPULATION, 1844: DECES: SEXE MASCULIN: GARCONS
323	MOUVEMENTS DE LA POPULATION, 1844: DECES: SEXE MASCULIN: HOMMES MARIES
324	MOUVEMENTS DE LA POPULATION, 1844: DECES: SEXE MASCULIN: VEUFS
325	MOUVEMENTS DE LA POPULATION, 1844: DECES: SEXE MASCULIN: TOTAL
326	MOUVEMENTS DE LA POPULATION, 1844: DECES: SEXE FEMININ: FILLES
327	MOUVEMENTS DE LA POPULATION, 1844: DECES: SEXE FEMININ: FEMMES MARIEES
328	MOUVEMENTS DE LA POPULATION, 1844: DECES: SEXE FEMININ: VEUVES
329	MOUVEMENTS DE LA POPULATION, 1844: DECES: SEXE FEMININ: TOTAL
330	MOUVEMENTS DE LA POPULATION, 1844: DECES: TOTAL GENERAL
331	MOUVEMENTS DE LA POPULATION, 1844: ACCROISSEMENT DE LA POPULATION PAR L'EXCEDANT DES NAISSANCES
332	MOUVEMENTS DE LA POPULATION, 1844: DIMINUTION DE LA POPULATION PAR L'EXCEDANT DES DECES
333	MOUVEMENTS DE LA POPULATION, 1844: MORT-NES ET ENFANTS MORTS AVANT LA DECLARATION DE NAISSANCE. (ILS NE FIGURENT NI AUX NAISSANCES NI AUX DECES): ENFANTS LEGITIMES: GARCONS
334	MOUVEMENTS DE LA POPULATION, 1844: MORT-NES ET ENFANTS MORTS AVANT LA DECLARATION DE NAISSANCE. (ILS NE FIGURENT NI AUX NAISSANCES NI AUX DECES): ENFANTS LEGITIMES: FILLES
335	MOUVEMENTS DE LA POPULATION, 1844: MORT-NES ET ENFANTS MORTS AVANT LA DECLARATION DE NAISSANCE. (ILS NE FIGURENT NI AUX NAISSANCES NI AUX DECES): ENFANTS LEGITIMES: TOTAL
336	MOUVEMENTS DE LA POPULATION, 1844: MORT-NES ET ENFANTS MORTS AVANT LA DECLARATION DE NAISSANCE. (ILS NE FIGURENT NI AUX NAISSANCES NI AUX DECES): ENFANTS NATURELS: GARCONS
337	MOUVEMENTS DE LA POPULATION, 1844: MORT-NES ET ENFANTS MORTS AVANT LA DECLARATION DE NAISSANCE. (ILS NE FIGURENT NI AUX NAISSANCES NI AUX DECES): ENFANTS NATURELS: FILLES
338	MOUVEMENTS DE LA POPULATION, 1844: MORT-NES ET ENFANTS MORTS AVANT LA DECLARATION DE NAISSANCE. (ILS NE FIGURENT NI AUX NAISSANCES NI AUX DECES): ENFANTS NATURELS: TOTAL
339	MOUVEMENTS DE LA POPULATION, 1844: MORT-NES ET ENFANTS MORTS AVANT LA DECLARATION DE NAISSANCE. (ILS NE FIGURENT NI AUX NAISSANCES NI AUX DECES): TOTAL GENERAL: GARCONS
340	MOUVEMENTS DE LA POPULATION, 1844: MORT-NES ET ENFANTS MORTS AVANT LA DECLARATION DE NAISSANCE. (ILS NE FIGURENT NI AUX NAISSANCES NI AUX DECES): TOTAL GENERAL: FILLES
341	MOUVEMENTS DE LA POPULATION, 1844: MORT-NES ET ENFANTS MORTS AVANT LA DECLARATION DE NAISSANCE. (ILS NE FIGURENT NI AUX NAISSANCES NI AUX DECES): TOTAL GENERAL: TOTAL
342	MOUVEMENTS DE LA POPULATION, 1844: MARIAGES: ENTRE GARCONS ET FILLES
343	MOUVEMENTS DE LA POPULATION, 1844: MARIAGES: ENTRE GARCONS ET VEUVES

DATA SET 170:   MOUVEMENT DE LA POPULATION 1836-1850 (DEPARTEMENT)

NUMERO DE
LA VARIABLE   NOM DE LA VARIABLE

344   MOUVEMENTS DE LA POPULATION, 1844:   MARIAGES: ENTRE VEUFS ET FILLES

345   MOUVEMENTS DE LA POPULATION, 1844:   MARIAGES: ENTRE VEUFS ET VEUVES

346   MOUVEMENTS DE LA POPULATION, 1844:   MARIAGES: TOTAL

347   MOUVEMENTS DE LA POPULATION, 1845:   NAISSANCES: ENFANTS LEGITIMES: GARCONS

348   MOUVEMENTS DE LA POPULATION, 1845:   NAISSANCES: ENFANTS LEGITIMES: FILLES

349   MOUVEMENTS DE LA POPULATION, 1845:   NAISSANCES: ENFANTS LEGITIMES: TOTAL

350   MOUVEMENTS DE LA POPULATION, 1845:   NAISSANCES: ENFANTS NATURELS: GARCONS

351   MOUVEMENTS DE LA POPULATION, 1845:   NAISSANCES: ENFANTS NATURELS: FILLES

352   MOUVEMENTS DE LA POPULATION, 1845:   NAISSANCES: ENFANTS NATURELS: TOTAL

353   MOUVEMENTS DE LA POPULATION, 1845:   NAISSANCES: TOTAL GENERAL: GARCONS

354   MOUVEMENTS DE LA POPULATION, 1845:   NAISSANCES: TOTAL GENERAL: FILLES

355   MOUVEMENTS DE LA POPULATION, 1845:   NAISSANCES: TOTAL GENERAL: TOTAL

356   MOUVEMENTS DE LA POPULATION, 1845:   DECES: SEXE MASCULIN: GARCONS

357   MOUVEMENTS DE LA POPULATION, 1845:   DECES: SEXE MASCULIN: HOMMES MARIES

358   MOUVEMENTS DE LA POPULATION, 1845:   DECES: SEXE MASCULIN: VEUFS

359   MOUVEMENTS DE LA POPULATION, 1845:   DECES: SEXE MASCULIN: TOTAL

360   MOUVEMENTS DE LA POPULATION, 1845:   DECES: SEXE FEMININ: FILLES

361   MOUVEMENTS DE LA POPULATION, 1845:   DECES: SEXE FEMININ: FEMMES MARIEES

362   MOUVEMENTS DE LA POPULATION, 1845:   DECES: SEXE FEMININ: VEUVES

363   MOUVEMENTS DE LA POPULATION, 1845:   DECES: SEXE FEMININ: TOTAL

364   MOUVEMENTS DE LA POPULATION, 1845:   DECES: TOTAL GENERAL

365   MOUVEMENTS DE LA POPULATION, 1845:   ACCROISSEMENT DE LA POPULATION PAR L'EXCEDANT DES
           NAISSANCES

366   MOUVEMENTS DE LA POPULATION, 1845:   DIMINUTION DE LA POPULATION PAR L'EXCEDANT DES
           DECES

367   MOUVEMENTS DE LA POPULATION, 1845:   MORT-NES ET ENFANTS MORTS AVANT LA DECLARATION DE
           NAISSANCE. (ILS NE FIGURENT NI AUX NAISSANCES NI AUX DECES):   ENFANTS LEGITIMES:
           GARCONS

368   MOUVEMENTS DE LA POPULATION, 1845:   MORT-NES ET ENFANTS MORTS AVANT LA DECLARATION DE
           NAISSANCE. (ILS NE FIGURENT NI AUX NAISSANCES NI AUX DECES):   ENFANTS LEGITIMES:
           FILLES

369   MOUVEMENTS DE LA POPULATION, 1845:   MORT-NES ET ENFANTS MORTS AVANT LA DECLARATION DE
           NAISSANCE. (ILS NE FIGURENT NI AUX NAISSANCES NI AUX DECES):   ENFANTS LEGITIMES:
           TOTAL

370   MOUVEMENTS DE LA POPULATION, 1845:   MORT-NES ET ENFANTS MORTS AVANT LA DECLARATION DE
           NAISSANCE. (ILS NE FIGURENT NI AUX NAISSANCES NI AUX DECES):   ENFANTS NATURELS:
           GARCONS

371   MOUVEMENTS DE LA POPULATION, 1845:   MORT-NES ET ENFANTS MORTS AVANT LA DECLARATION DE
           NAISSANCE. (ILS NE FIGURENT NI AUX NAISSANCES NI AUX DECES):   ENFANTS NATURELS:
           FILLES

372   MOUVEMENTS DE LA POPULATION, 1845:   MORT-NES ET ENFANTS MORTS AVANT LA DECLARATION DE
           NAISSANCE. (ILS NE FIGURENT NI AUX NAISSANCES NI AUX DECES):   ENFANTS NATURELS: TOTAL

DATA SET 170: MOUVEMENT DE LA POPULATION 1836-1850 (DEPARTEMENT)

NUMERO DE LA VARIABLE	NOM DE LA VARIABLE
373	MOUVEMENTS DE LA POPULATION, 1845: MORT-NES ET ENFANTS MORTS AVANT LA DECLARATION DE NAISSANCE. (ILS NE FIGURENT NI AUX NAISSANCES NI AUX DECES): TOTAL GENERAL: GARCONS
374	MOUVEMENTS DE LA POPULATION, 1845: MORT-NES ET ENFANTS MORTS AVANT LA DECLARATION DE NAISSANCE. (ILS NE FIGURENT NI AUX NAISSANCES NI AUX DECES): TOTAL GENERAL: FILLES
375	MOUVEMENTS DE LA POPULATION, 1845: MORT-NES ET ENFANTS MORTS AVANT LA DECLARATION DE NAISSANCE. (ILS NE FIGURENT NI AUX NAISSANCES NI AUX DECES): TOTAL GENERAL: TOTAL
376	MOUVEMENTS DE LA POPULATION, 1845: MARIAGES: ENTRE GARCONS ET FILLES
377	MOUVEMENTS DE LA POPULATION, 1845: MARIAGES: ENTRE GARCONS ET VEUVES
378	MOUVEMENTS DE LA POPULATION, 1845: MARIAGES: ENTRE VEUFS ET FILLES
379	MOUVEMENTS DE LA POPULATION, 1845: MARIAGES: ENTRE VEUFS ET VEUVES
380	MOUVEMENTS DE LA POPULATION, 1845: MARIAGES: TOTAL
381	MOUVEMENTS DE LA POPULATION, MOYENNE QUINQUENNALE 1841-1845: NAISSANCES: ENFANTS LEGITIMES: GARCONS
382	MOUVEMENTS DE LA POPULATION, MOYENNE QUINQUENNALE 1841-1845: NAISSANCES: ENFANTS LEGITIMES: FILLES
383	MOUVEMENTS DE LA POPULATION, MOYENNE QUINQUENNALE 1841-1845: NAISSANCES: ENFANTS LEGITIMES: TOTAL
384	MOUVEMENTS DE LA POPULATION, MOYENNE QUINQUENNALE 1841-1845: NAISSANCES: ENFANTS NATURELS: GARCONS
385	MOUVEMENTS DE LA POPULATION, MOYENNE QUINQUENNALE 1841-1845: NAISSANCES: ENFANTS NATURELS: FILLES
386	MOUVEMENTS DE LA POPULATION, MOYENNE QUINQUENNALE 1841-1845: NAISSANCES: ENFANTS NATURELS: TOTAL
387	MOUVEMENTS DE LA POPULATION, MOYENNE QUINQUENNALE 1841-1845: NAISSANCES: TOTAL GENERAL: GARCONS
388	MOUVEMENTS DE LA POPULATION, MOYENNE QUINQUENNALE 1841-1845: NAISSANCES: TOTAL GENERAL: FILLES
389	MOUVEMENTS DE LA POPULATION, MOYENNE QUINQUENNALE 1841-1845: NAISSANCES: TOTAL GENERAL: TOTAL
390	MOUVEMENTS DE LA POPULATION, MOYENNE QUINQUENNALE 1841-1845: DECES: SEXE MASCULIN: GARCONS
391	MOUVEMENTS DE LA POPULATION, MOYENNE QUINQUENNALE 1841-1845: DECES: SEXE MASCULIN: HOMMES MARIES
392	MOUVEMENTS DE LA POPULATION, MOYENNE QUINQUENNALE 1841-1845: DECES: SEXE MASCULIN: VEUFS
393	MOUVEMENTS DE LA POPULATION, MOYENNE QUINQUENNALE 1841-1845: DECES: SEXE MASCULIN: TOTAL
394	MOUVEMENTS DE LA POPULATION, MOYENNE QUINQUENNALE 1841-1845: DECES: SEXE FEMININ: FILLES
395	MOUVEMENTS DE LA POPULATION, MOYENNE QUINQUENNALE 1841-1845: DECES: SEXE FEMININ: FEMMES MARIEES
396	MOUVEMENTS DE LA POPULATION, MOYENNE QUINQUENNALE 1841-1845: DECES: SEXE FEMININ: VEUVES
397	MOUVEMENTS DE LA POPULATION, MOYENNE QUINQUENNALE 1841-1845: DECES: SEXE FEMININ: TOTAL
398	MOUVEMENTS DE LA POPULATION, MOYENNE QUINQUENNALE 1841-1845: DECES: TOTAL GENERAL

DATA SET 170:   MOUVEMENT DE LA POPULATION 1836-1850 (DEPARTEMENT)

NUMERO DE
LA VARIABLE   NOM DE LA VARIABLE

399   MOUVEMENTS DE LA POPULATION, MOYENNE QUINQUENNALE 1841-1845: ACCROISSEMENT DE LA
            POPULATION PAR L'EXCEDENT DES NAISSANCES

400   MOUVEMENTS DE LA POPULATION, MOYENNE QUINQUENNALE 1841-1845: DIMINUTION DE LA
            POPULATION PAR L'EXCEDENT DES DECES

401   MOUVEMENTS DE LA POPULATION, MOYENNE QUINQUENNALE 1841-1845: MORT-NES ET ENFANTS
            MORTS AVANT LA DECLARATION DE NAISSANCE. (ILS NE FIGURENT NI AUX NAISSANCES NI AUX
            DECES): ENFANTS LEGITIMES: GARCONS

402   MOUVEMENTS DE LA POPULATION, MOYENNE QUINQUENNALE 1841-1845: MORT-NES ET ENFANTS
            MORTS AVANT LA DECLARATION DE NAISSANCE. (ILS NE FIGURENT NI AUX NAISSANCES NI AUX
            DECES): ENFANTS LEGITIMES: FILLES

403   MOUVEMENTS DE LA POPULATION, MOYENNE QUINQUENNALE 1841-1845: MORT-NES ET ENFANTS
            MORTS AVANT LA DECLARATION DE NAISSANCE. (ILS NE FIGURENT NI AUX NAISSANCES NI AUX
            DECES): ENFANTS LEGITIMES: TOTAL

404   MOUVEMENTS DE LA POPULATION, MOYENNE QUINQUENNALE 1841-1845: MORT-NES ET ENFANTS
            MORTS AVANT LA DECLARATION DE NAISSANCE. (ILS NE FIGURENT NI AUX NAISSANCES NI AUX
            DECES): ENFANTS NATURELS: GARCONS

405   MOUVEMENTS DE LA POPULATION, MOYENNE QUINQUENNALE 1841-1845: MORT-NES ET ENFANTS
            MORTS AVANT LA DECLARATION DE NAISSANCE. (ILS NE FIGURENT NI AUX NAISSANCES NI AUX
            DECES): ENFANTS NATURELS: FILLES

406   MOUVEMENTS DE LA POPULATION, MOYENNE QUINQUENNALE 1841-1845: MORT-NES ET ENFANTS
            MORTS AVANT LA DECLARATION DE NAISSANCE. (ILS NE FIGURENT NI AUX NAISSANCES NI AUX
            DECES): ENFANTS NATURELS: TOTAL

407   MOUVEMENTS DE LA POPULATION, MOYENNE QUINQUENNALE 1841-1845: MORT-NES ET ENFANTS
            MORTS AVANT LA DECLARATION DE NAISSANCE. (ILS NE FIGURENT NI AUX NAISSANCES NI AUX
            DECES): TOTAL GENERAL: GARCONS

408   MOUVEMENTS DE LA POPULATION, MOYENNE QUINQUENNALE 1841-1845: MORT-NES ET ENFANTS
            MORTS AVANT LA DECLARATION DE NAISSANCE. (ILS NE FIGURENT NI AUX NAISSANCES NI AUX
            DECES): TOTAL GENERAL: FILLES

409   MOUVEMENTS DE LA POPULATION, MOYENNE QUINQUENNALE 1841-1845: MORT-NES ET ENFANTS
            MORTS AVANT LA DECLARATION DE NAISSANCE. (ILS NE FIGURENT NI AUX NAISSANCES NI AUX
            DECES): TOTAL GENERAL: TOTAL

410   MOUVEMENTS DE LA POPULATION, MOYENNE QUINQUENNALE 1841-1845: MARIAGES: ENTRE GARCONS
            ET FILLES

411   MOUVEMENTS DE LA POPULATION, MOYENNE QUINQUENNALE 1841-1845: MARIAGES: ENTRE GARCONS
            ET VEUVES

412   MOUVEMENTS DE LA POPULATION, MOYENNE QUINQUENNALE 1841-1845: MARIAGES: ENTRE VEUFS
            ET FILLES

413   MOUVEMENTS DE LA POPULATION, MOYENNE QUINQUENNALE 1841-1845: MARIAGES: ENTRE VEUFS
            ET VEUVES

414   MOUVEMENTS DE LA POPULATION, MOYENNE QUINQUENNALE 1841-1845: MARIAGES: TOTAL

415   MOUVEMENTS DE LA POPULATION, 1846: NAISSANCES: ENFANTS LEGITIMES: GARCONS

416   MOUVEMENTS DE LA POPULATION, 1846: NAISSANCES: ENFANTS LEGITIMES: FILLES

417   MOUVEMENTS DE LA POPULATION, 1846: NAISSANCES: ENFANTS LEGITIMES: TOTAL

418   MOUVEMENTS DE LA POPULATION, 1846: NAISSANCES: ENFANTS NATURELS: GARCONS

419   MOUVEMENTS DE LA POPULATION, 1846: NAISSANCES: ENFANTS NATURELS: FILLES

420   MOUVEMENTS DE LA POPULATION, 1846: NAISSANCES: ENFANTS NATURELS: TOTAL

421   MOUVEMENTS DE LA POPULATION, 1846: NAISSANCES: TOTAL GENERAL: GARCONS

422   MOUVEMENTS DE LA POPULATION, 1846: NAISSANCES: TOTAL GENERAL: FILLES

16

DATA SET 170:   MOUVEMENT DE LA POPULATION 1836-1850 (DEPARTEMENT)

NUMERO DE
LA VARIABLE   NOM DE LA VARIABLE

423   MOUVEMENTS DE LA POPULATION, 1846: NAISSANCES: TOTAL GENERAL: TOTAL

424   MOUVEMENTS DE LA POPULATION, 1846: DECES: SEXE MASCULIN: GARCONS

425   MOUVEMENTS DE LA POPULATION, 1846: DECES: SEXE MASCULIN: HOMMES MARIES

426   MOUVEMENTS DE LA POPULATION, 1846: DECES: SEXE MASCULIN: VEUFS

427   MOUVEMENTS DE LA POPULATION, 1846: DECES: SEXE MASCULIN: TOTAL

428   MOUVEMENTS DE LA POPULATION, 1846: DECES: SEXE FEMININ: FILLES

429   MOUVEMENTS DE LA POPULATION, 1846: DECES: SEXE FEMININ: FEMMES MARIEES

430   MOUVEMENTS DE LA POPULATION, 1846: DECES: SEXE FEMININ: VEUVES

431   MOUVEMENTS DE LA POPULATION, 1846: DECES: SEXE FEMININ: TOTAL

432   MOUVEMENTS DE LA POPULATION, 1846: DECES: TOTAL GENERAL

433   MOUVEMENTS DE LA POPULATION, 1846: ACCROISSEMENT DE LA POPULATION PAR L'EXCEDANT DES
           NAISSANCES

434   MOUVEMENTS DE LA POPULATION, 1846: DIMINUTION DE LA POPULATION PAR L'EXCEDANT DES
           DECES

435   MOUVEMENTS DE LA POPULATION, 1846: MORT-NES ET ENFANTS MORTS AVANT LA DECLARATION DE
           NAISSANCE. (ILS NE FIGURENT NI AUX NAISSANCES NI AUX DECES): ENFANTS LEGITIMES:
           GARCONS

436   MOUVEMENTS DE LA POPULATION, 1846: MORT-NES ET ENFANTS MORTS AVANT LA DECLARATION DE
           NAISSANCE. (ILS NE FIGURENT NI AUX NAISSANCES NI AUX DECES): ENFANTS LEGITIMES:
           FILLES

437   MOUVEMENTS DE LA POPULATION, 1846: MORT-NES ET ENFANTS MORTS AVANT LA DECLARATION DE
           NAISSANCE. (ILS NE FIGURENT NI AUX NAISSANCES NI AUX DECES): ENFANTS LEGITIMES:
           TOTAL

438   MOUVEMENTS DE LA POPULATION, 1846: MORT-NES ET ENFANTS MORTS AVANT LA DECLARATION DE
           NAISSANCE. (ILS NE FIGURENT NI AUX NAISSANCES NI AUX DECES): ENFANTS NATURELS:
           GARCONS

439   MOUVEMENTS DE LA POPULATION, 1846: MORT-NES ET ENFANTS MORTS AVANT LA DECLARATION DE
           NAISSANCE. (ILS NE FIGURENT NI AUX NAISSANCES NI AUX DECES): ENFANTS NATURELS:
           FILLES

440   MOUVEMENTS DE LA POPULATION, 1846: MORT-NES ET ENFANTS MORTS AVANT LA DECLARATION DE
           NAISSANCE. (ILS NE FIGURENT NI AUX NAISSANCES NI AUX DECES): ENFANTS NATURELS: TOTAL

441   MOUVEMENTS DE LA POPULATION, 1846: MORT-NES ET ENFANTS MORTS AVANT LA DECLARATION DE
           NAISSANCE. (ILS NE FIGURENT NI AUX NAISSANCES NI AUX DECES): TOTAL GENERAL: GARCONS

442   MOUVEMENTS DE LA POPULATION, 1846: MORT-NES ET ENFANTS MORTS AVANT LA DECLARATION DE
           NAISSANCE. (ILS NE FIGURENT NI AUX NAISSANCES NI AUX DECES): TOTAL GENERAL: FILLES

443   MOUVEMENTS DE LA POPULATION, 1846: MORT-NES ET ENFANTS MORTS AVANT LA DECLARATION DE
           NAISSANCE. (ILS NE FIGURENT NI AUX NAISSANCES NI AUX DECES): TOTAL GENERAL: TOTAL

444   MOUVEMENTS DE LA POPULATION, 1846: MARIAGES: ENTRE GARCONS ET FILLES

445   MOUVEMENTS DE LA POPULATION, 1846: MARIAGES: ENTRE GARCONS ET VEUVES

446   MOUVEMENTS DE LA POPULATION, 1846: MARIAGES: ENTRE VEUFS ET FILLES

447   MOUVEMENTS DE LA POPULATION, 1846: MARIAGES: ENTRE VEUFS ET VEUVES

448   MOUVEMENTS DE LA POPULATION, 1846: MARIAGES: TOTAL

449   MOUVEMENTS DE LA POPULATION, 1847: NAISSANCES: ENFANTS LEGITIMES: GARCONS

450   MOUVEMENTS DE LA POPULATION, 1847: NAISSANCES: ENFANTS LEGITIMES: FILLES

DATA SET 170: MOUVEMENT DE LA POPULATION 1836-1850 (DEPARTEMENT)

NUMERO DE LA VARIABLE	NOM DE LA VARIABLE
451	MOUVEMENTS DE LA POPULATION, 1847: NAISSANCES: ENFANTS LEGITIMES: TOTAL
452	MOUVEMENTS DE LA POPULATION, 1847: NAISSANCES: ENFANTS NATURELS: GARCONS
453	MOUVEMENTS DE LA POPULATION, 1847: NAISSANCES: ENFANTS NATURELS: FILLES
454	MOUVEMENTS DE LA POPULATION, 1847: NAISSANCES: ENFANTS NATURELS: TOTAL
455	MOUVEMENTS DE LA POPULATION, 1847: NAISSANCES: TOTAL GENERAL: GARCONS
456	MOUVEMENTS DE LA POPULATION, 1847: NAISSANCES: TOTAL GENERAL: FILLES
457	MOUVEMENTS DE LA POPULATION, 1847: NAISSANCES: TOTAL GENERAL: TOTAL
458	MOUVEMENTS DE LA POPULATION, 1847: DECES: SEXE MASCULIN: GARCONS
459	MOUVEMENTS DE LA POPULATION, 1847: DECES: SEXE MASCULIN: HOMMES MARIES
460	MOUVEMENTS DE LA POPULATION, 1847: DECES: SEXE MASCULIN: VEUFS
461	MOUVEMENTS DE LA POPULATION, 1847: DECES: SEXE MASCULIN: TOTAL
462	MOUVEMENTS DE LA POPULATION, 1847: DECES: SEXE FEMININ: FILLES
463	MOUVEMENTS DE LA POPULATION, 1847: DECES: SEXE FEMININ: FEMMES MARIEES
464	MOUVEMENTS DE LA POPULATION, 1847: DECES: SEXE FEMININ: VEUVES
465	MOUVEMENTS DE LA POPULATION, 1847: DECES: SEXE FEMININ: TOTAL
466	MOUVEMENTS DE LA POPULATION, 1847: DECES: TOTAL GENERAL
467	MOUVEMENTS DE LA POPULATION, 1847: ACCROISSEMENT DE LA POPULATION PAR L'EXCEDANT DES NAISSANCES
468	MOUVEMENTS DE LA POPULATION, 1847: DIMINUTION DE LA POPULATION PAR L'EXCEDANT DES DECES
469	MOUVEMENTS DE LA POPULATION, 1847: MORT-NES ET ENFANTS MORTS AVANT LA DECLARATION DE NAISSANCE. (ILS NE FIGURENT NI AUX NAISSANCES NI AUX DECES): ENFANTS LEGITIMES: GARCONS
470	MOUVEMENTS DE LA POPULATION, 1847: MORT-NES ET ENFANTS MORTS AVANT LA DECLARATION DE NAISSANCE. (ILS NE FIGURENT NI AUX NAISSANCES NI AUX DECES): ENFANTS LEGITIMES: FILLES
471	MOUVEMENTS DE LA POPULATION, 1847: MORT-NES ET ENFANTS MORTS AVANT LA DECLARATION DE NAISSANCE. (ILS NE FIGURENT NI AUX NAISSANCES NI AUX DECES): ENFANTS LEGITIMES: TOTAL
472	MOUVEMENTS DE LA POPULATION, 1847: MORT-NES ET ENFANTS MORTS AVANT LA DECLARATION DE NAISSANCE. (ILS NE FIGURENT NI AUX NAISSANCES NI AUX DECES): ENFANTS NATURELS: GARCONS
473	MOUVEMENTS DE LA POPULATION, 1847: MORT-NES ET ENFANTS MORTS AVANT LA DECLARATION DE NAISSANCE. (ILS NE FIGURENT NI AUX NAISSANCES NI AUX DECES): ENFANTS NATURELS: FILLES
474	MOUVEMENTS DE LA POPULATION, 1847: MORT-NES ET ENFANTS MORTS AVANT LA DECLARATION DE NAISSANCE. (ILS NE FIGURENT NI AUX NAISSANCES NI AUX DECES): ENFANTS NATURELS: TOTAL
475	MOUVEMENTS DE LA POPULATION, 1847: MORT-NES ET ENFANTS MORTS AVANT LA DECLARATION DE NAISSANCE. (ILS NE FIGURENT NI AUX NAISSANCES NI AUX DECES): TOTAL GENERAL: GARCONS
476	MOUVEMENTS DE LA POPULATION, 1847: MORT-NES ET ENFANTS MORTS AVANT LA DECLARATION DE NAISSANCE. (ILS NE FIGURENT NI AUX NAISSANCES NI AUX DECES): TOTAL GENERAL: FILLES
477	MOUVEMENTS DE LA POPULATION, 1847: MORT-NES ET ENFANTS MORTS AVANT LA DECLARATION DE NAISSANCE. (ILS NE FIGURENT NI AUX NAISSANCES NI AUX DECES): TOTAL GENERAL: TOTAL
478	MOUVEMENTS DE LA POPULATION, 1847: MARIAGES: ENTRE GARCONS ET FILLES

DATA SET 170:   MOUVEMENT DE LA POPULATION 1836-1850 (DEPARTEMENT)

NUMERO DE
LA VARIABLE   NOM DE LA VARIABLE

479   MOUVEMENTS DE LA POPULATION, 1847: MARIAGES: ENTRE GARCONS ET VEUVES

480   MOUVEMENTS DE LA POPULATION, 1847: MARIAGES: ENTRE VEUFS ET FILLES

481   MOUVEMENTS DE LA POPULATION, 1847: MARIAGES: ENTRE VEUFS ET VEUVES

482   MOUVEMENTS DE LA POPULATION, 1847: MARIAGES: TOTAL

483   MOUVEMENTS DE LA POPULATION, 1848: NAISSANCES: ENFANTS LEGITIMES: GARCONS

484   MOUVEMENTS DE LA POPULATION, 1848: NAISSANCES: ENFANTS LEGITIMES: FILLES

485   MOUVEMENTS DE LA POPULATION, 1848: NAISSANCES: ENFANTS LEGITIMES: TOTAL

486   MOUVEMENTS DE LA POPULATION, 1848: NAISSANCES: ENFANTS NATURELS: GARCONS

487   MOUVEMENTS DE LA POPULATION, 1848: NAISSANCES: ENFANTS NATURELS: FILLES

488   MOUVEMENTS DE LA POPULATION, 1848: NAISSANCES: ENFANTS NATURELS: TOTAL

489   MOUVEMENTS DE LA POPULATION, 1848: NAISSANCES: TOTAL GENERAL: GARCONS

490   MOUVEMENTS DE LA POPULATION, 1848: NAISSANCES: TOTAL GENERAL: FILLES

491   MOUVEMENTS DE LA POPULATION, 1848: NAISSANCES: TOTAL GENERAL: TOTAL

492   MOUVEMENTS DE LA POPULATION, 1848: DECES: SEXE MASCULIN: GARCONS

493   MOUVEMENTS DE LA POPULATION, 1848: DECES: SEXE MASCULIN: HOMMES MARIES

494   MOUVEMENTS DE LA POPULATION, 1848: DECES: SEXE MASCULIN: VEUFS

495   MOUVEMENTS DE LA POPULATION, 1848: DECES: SEXE MASCULIN: TOTAL

496   MOUVEMENTS DE LA POPULATION, 1848: DECES: SEXE FEMININ: FILLES

497   MOUVEMENTS DE LA POPULATION, 1848: DECES: SEXE FEMININ: FEMMES MARIEES

498   MOUVEMENTS DE LA POPULATION, 1848: DECES: SEXE FEMININ: VEUVES

499   MOUVEMENTS DE LA POPULATION, 1848: DECES: SEXE FEMININ: TOTAL

500   MOUVEMENTS DE LA POPULATION, 1848: DECES: TOTAL GENERAL

501   MOUVEMENTS DE LA POPULATION, 1848: ACCROISSEMENT DE LA POPULATION PAR L'EXCEDANT DES
           NAISSANCES

502   MOUVEMENTS DE LA POPULATION, 1848: DIMINUTION DE LA POPULATION PAR L'EXCEDANT DES
           DECES

503   MOUVEMENTS DE LA POPULATION, 1848: MORT-NES ET ENFANTS MORTS AVANT LA DECLARATION DE
           NAISSANCE. (ILS NE FIGURENT NI AUX NAISSANCES NI AUX DECES): ENFANTS LEGITIMES:
           GARCONS

504   MOUVEMENTS DE LA POPULATION, 1848: MORT-NES ET ENFANTS MORTS AVANT LA DECLARATION DE
           NAISSANCE. (ILS NE FIGURENT NI AUX NAISSANCES NI AUX DECES): ENFANTS LEGITIMES:
           FILLES

505   MOUVEMENTS DE LA POPULATION, 1848: MORT-NES ET ENFANTS MORTS AVANT LA DECLARATION DE
           NAISSANCE. (ILS NE FIGURENT NI AUX NAISSANCES NI AUX DECES): ENFANTS LEGITIMES:
           TOTAL

506   MOUVEMENTS DE LA POPULATION, 1848: MORT-NES ET ENFANTS MORTS AVANT LA DECLARATION DE
           NAISSANCE. (ILS NE FIGURENT NI AUX NAISSANCES NI AUX DECES): ENFANTS NATURELS:
           GARCONS

507   MOUVEMENTS DE LA POPULATION, 1848: MORT-NES ET ENFANTS MORTS AVANT LA DECLARATION DE
           NAISSANCE. (ILS NE FIGURENT NI AUX NAISSANCES NI AUX DECES): ENFANTS NATURELS:
           FILLES

19

DATA SET 170:   MOUVEMENT DE LA POPULATION 1836-1850 (DEPARTEMENT)

NUMERO DE
LA VARIABLE   NOM DE LA VARIABLE

508   MOUVEMENTS DE LA POPULATION, 1848: MORT-NES ET ENFANTS MORTS AVANT LA DECLARATION DE
           NAISSANCE. (ILS NE FIGURENT NI AUX NAISSANCES NI AUX DECES): ENFANTS NATURELS: TOTAL

509   MOUVEMENTS DE LA POPULATION, 1848: MORT-NES ET ENFANTS MORTS AVANT LA DECLARATION DE
           NAISSANCE. (ILS NE FIGURENT NI AUX NAISSANCES NI AUX DECES): TOTAL GENERAL: GARCONS

510   MOUVEMENTS DE LA POPULATION, 1848: MORT-NES ET ENFANTS MORTS AVANT LA DECLARATION DE
           NAISSANCE. (ILS NE FIGURENT NI AUX NAISSANCES NI AUX DECES): TOTAL GENERAL: FILLES

511   MOUVEMENTS DE LA POPULATION, 1848: MORT-NES ET ENFANTS MORTS AVANT LA DECLARATION DE
           NAISSANCE. (ILS NE FIGURENT NI AUX NAISSANCES NI AUX DECES): TOTAL GENERAL: TOTAL

512   MOUVEMENTS DE LA POPULATION, 1848: MARIAGES: ENTRE GARCONS ET FILLES

513   MOUVEMENTS DE LA POPULATION, 1848: MARIAGES: ENTRE GARCONS ET VEUVES

514   MOUVEMENTS DE LA POPULATION, 1848: MARIAGES: ENTRE VEUFS ET FILLES

515   MOUVEMENTS DE LA POPULATION, 1848: MARIAGES: ENTRE VEUFS ET VEUVES

516   MOUVEMENTS DE LA POPULATION, 1848: MARIAGES: TOTAL

517   MOUVEMENTS DE LA POPULATION, 1849: NAISSANCES: ENFANTS LEGITIMES: GARCONS

518   MOUVEMENTS DE LA POPULATION, 1849: NAISSANCES: ENFANTS LEGITIMES: FILLES

519   MOUVEMENTS DE LA POPULATION, 1849: NAISSANCES: ENFANTS LEGITIMES: TOTAL

520   MOUVEMENTS DE LA POPULATION, 1849: NAISSANCES: ENFANTS NATURELS: GARCONS

521   MOUVEMENTS DE LA POPULATION, 1849: NAISSANCES: ENFANTS NATURELS: FILLES

522   MOUVEMENTS DE LA POPULATION, 1849: NAISSANCES: ENFANTS NATURELS: TOTAL

523   MOUVEMENTS DE LA POPULATION, 1849: NAISSANCES: TOTAL GENERAL: GARCONS

524   MOUVEMENTS DE LA POPULATION, 1849: NAISSANCES: TOTAL GENERAL: FILLES

525   MOUVEMENTS DE LA POPULATION, 1849: NAISSANCES: TOTAL GENERAL: TOTAL

526   MOUVEMENTS DE LA POPULATION, 1849: DECES: SEXE MASCULIN: GARCONS

527   MOUVEMENTS DE LA POPULATION, 1849: DECES: SEXE MASCULIN: HOMMES MARIES

528   MOUVEMENTS DE LA POPULATION, 1849: DECES: SEXE MASCULIN: VEUFS

529   MOUVEMENTS DE LA POPULATION, 1849: DECES: SEXE MASCULIN: TOTAL

530   MOUVEMENTS DE LA POPULATION, 1849: DECES: SEXE FEMININ: FILLES

531   MOUVEMENTS DE LA POPULATION, 1849: DECES: SEXE FEMININ: FEMMES MARIEES

532   MOUVEMENTS DE LA POPULATION, 1849: DECES: SEXE FEMININ: VEUVES

533   MOUVEMENTS DE LA POPULATION, 1849: DECES: SEXE FEMININ: TOTAL

534   MOUVEMENTS DE LA POPULATION, 1849: DECES: TOTAL GENERAL

535   MOUVEMENTS DE LA POPULATION, 1849: ACCROISSEMENT DE LA POPULATION PAR L'EXCEDANT DES
           NAISSANCES

536   MOUVEMENTS DE LA POPULATION, 1849: DIMINUTION DE LA POPULATION PAR L'EXCEDANT DES
           DECES

537   MOUVEMENTS DE LA POPULATION, 1849: MORT-NES ET ENFANTS MORTS AVANT LA DECLARATION DE
           NAISSANCE. (ILS NE FIGURENT NI AUX NAISSANCES NI AUX DECES): ENFANTS LEGITIMES:
           GARCONS

538   MOUVEMENTS DE LA POPULATION, 1849: MORT-NES ET ENFANTS MORTS AVANT LA DECLARATION DE
           NAISSANCE. (ILS NE FIGURENT NI AUX NAISSANCES NI AUX DECES): ENFANTS LEGITIMES:
           FILLES

DATA SET 170: MOUVEMENT DE LA POPULATION 1836-1850 (DEPARTEMENT)

NUMERO DE LA VARIABLE	NOM DE LA VARIABLE
539	MOUVEMENTS DE LA POPULATION, 1849: MORT-NES ET ENFANTS MORTS AVANT LA DECLARATION DE NAISSANCE. (ILS NE FIGURENT NI AUX NAISSANCES NI AUX DECES): ENFANTS LEGITIMES: TOTAL
540	MOUVEMENTS DE LA POPULATION, 1849: MORT-NES ET ENFANTS MORTS AVANT LA DECLARATION DE NAISSANCE. (ILS NE FIGURENT NI AUX NAISSANCES NI AUX DECES): ENFANTS NATURELS: GARCONS
541	MOUVEMENTS DE LA POPULATION, 1849: MORT-NES ET ENFANTS MORTS AVANT LA DECLARATION DE NAISSANCE. (ILS NE FIGURENT NI AUX NAISSANCES NI AUX DECES): ENFANTS NATURELS: FILLES
542	MOUVEMENTS DE LA POPULATION, 1849: MORT-NES ET ENFANTS MORTS AVANT LA DECLARATION DE NAISSANCE. (ILS NE FIGURENT NI AUX NAISSANCES NI AUX DECES): ENFANTS NATURELS: TOTAL
543	MOUVEMENTS DE LA POPULATION, 1849: MORT-NES ET ENFANTS MORTS AVANT LA DECLARATION DE NAISSANCE. (ILS NE FIGURENT NI AUX NAISSANCES NI AUX DECES): TOTAL GENERAL: GARCONS
544	MOUVEMENTS DE LA POPULATION, 1849: MORT-NES ET ENFANTS MORTS AVANT LA DECLARATION DE NAISSANCE. (ILS NE FIGURENT NI AUX NAISSANCES NI AUX DECES): TOTAL GENERAL: FILLES
545	MOUVEMENTS DE LA POPULATION, 1849: MORT-NES ET ENFANTS MORTS AVANT LA DECLARATION DE NAISSANCE. (ILS NE FIGURENT NI AUX NAISSANCES NI AUX DECES): TOTAL GENERAL: TOTAL
546	MOUVEMENTS DE LA POPULATION, 1849: MARIAGES: ENTRE GARCONS ET FILLES
547	MOUVEMENTS DE LA POPULATION, 1849: MARIAGES: ENTRE GARCONS ET VEUVES
548	MOUVEMENTS DE LA POPULATION, 1849: MARIAGES: ENTRE VEUFS ET FILLES
549	MOUVEMENTS DE LA POPULATION, 1849: MARIAGES: ENTRE VEUFS ET VEUVES
550	MOUVEMENTS DE LA POPULATION, 1849: MARIAGES: TOTAL
551	MOUVEMENTS DE LA POPULATION, 1850: NAISSANCES: ENFANTS LEGITIMES: GARCONS
552	MOUVEMENTS DE LA POPULATION, 1850: NAISSANCES: ENFANTS LEGITIMES: FILLES
553	MOUVEMENTS DE LA POPULATION, 1850: NAISSANCES: ENFANTS LEGITIMES: TOTAL
554	MOUVEMENTS DE LA POPULATION, 1850: NAISSANCES: ENFANTS NATURELS: GARCONS
555	MOUVEMENTS DE LA POPULATION, 1850: NAISSANCES: ENFANTS NATURELS: FILLES
556	MOUVEMENTS DE LA POPULATION, 1850: NAISSANCES: ENFANTS NATURELS: TOTAL
557	MOUVEMENTS DE LA POPULATION, 1850: NAISSANCES: TOTAL GENERAL: GARCONS
558	MOUVEMENTS DE LA POPULATION, 1850: NAISSANCES: TOTAL GENERAL: FILLES
559	MOUVEMENTS DE LA POPULATION, 1850: NAISSANCES: TOTAL GENERAL: TOTAL
560	MOUVEMENTS DE LA POPULATION, 1850: DECES: SEXE MASCULIN: GARCONS
561	MOUVEMENTS DE LA POPULATION, 1850: DECES: SEXE MASCULIN: HOMMES MARIES
562	MOUVEMENTS DE LA POPULATION, 1850: DECES: SEXE MASCULIN: VEUFS
563	MOUVEMENTS DE LA POPULATION, 1850: DECES: SEXE MASCULIN: TOTAL
564	MOUVEMENTS DE LA POPULATION, 1850: DECES: SEXE FEMININ: FILLES
565	MOUVEMENTS DE LA POPULATION, 1850: DECES: SEXE FEMININ: FEMMES MARIEES
566	MOUVEMENTS DE LA POPULATION, 1850: DECES: SEXE FEMININ: VEUVES
567	MOUVEMENTS DE LA POPULATION, 1850: DECES: SEXE FEMININ: TOTAL
568	MOUVEMENTS DE LA POPULATION, 1850: DECES: TOTAL GENERAL
569	MOUVEMENTS DE LA POPULATION, 1850: ACCROISSEMENTS DE LA POPULATION PAR L'EXCEDANT DES NAISSANCES

DATA SET 170:   MOUVEMENT DE LA POPULATION 1836-1850 (DEPARTEMENT)

NUMERO DE
LA VARIABLE   NOM DE LA VARIABLE

570   MOUVEMENTS DE LA POPULATION, 1850: DIMINUTION DE LA POPULATION PAR L'EXCEDANT DES
           DECES

571   MOUVEMENTS DE LA POPULATION, 1850: MORT-NES ET ENFANTS MORTS AVANT LA DECLARATION DE
           NAISSANCE. (ILS NE FIGURENT NI AUX NAISSANCES NI AUX DECES): ENFANTS LEGITIMES:
           GARCONS

572   MOUVEMENTS DE LA POPULATION, 1850: MORT-NES ET ENFANTS MORTS AVANT LA DECLARATION DE
           NAISSANCE. (ILS NE FIGURENT NI AUX NAISSANCES NI AUX DECES): ENFANTS LEGITIMES:
           FILLES

573   MOUVEMENTS DE LA POPULATION, 1850: MORT-NES ET ENFANTS MORTS AVANT LA DECLARATION DE
           NAISSANCE. (ILS NE FIGURENT NI AUX NAISSANCES NI AUX DECES): ENFANTS LEGITIMES:
           TOTAL

574   MOUVEMENTS DE LA POPULATION, 1850: MORT-NES ET ENFANTS MORTS AVANT LA DECLARATION DE
           NAISSANCE. (ILS NE FIGURENT NI AUX NAISSANCES NI AUX DECES): ENFANTS NATURELS:
           GARCONS

575   MOUVEMENTS DE LA POPULATION, 1850: MORT-NES ET ENFANTS MORTS AVANT LA DECLARATION DE
           NAISSANCE. (ILS NE FIGURENT NI AUX NAISSANCES NI AUX DECES): ENFANTS NATURELS:
           FILLES

576   MOUVEMENTS DE LA POPULATION, 1850: MORT-NES ET ENFANTS MORTS AVANT LA DECLARATION DE
           NAISSANCE. (ILS NE FIGURENT NI AUX NAISSANCES NI AUX DECES): ENFANTS NATURELS: TOTAL

577   MOUVEMENTS DE LA POPULATION, 1850: MORT-NES ET ENFANTS MORTS AVANT LA DECLARATION DE
           NAISSANCE. (ILS NE FIGURENT NI AUX NAISSANCES NI AUX DECES): TOTAL GENERAL: GARCONS

578   MOUVEMENTS DE LA POPULATION, 1850: MORT-NES ET ENFANTS MORTS AVANT LA DECLARATION DE
           NAISSANCE. (ILS NE FIGURENT NI AUX NAISSANCES NI AUX DECES): TOTAL GENERAL: FILLES

579   MOUVEMENTS DE LA POPULATION, 1850: MORT-NES ET ENFANTS MORTS AVANT LA DECLARATION DE
           NAISSANCE. (ILS NE FIGURENT NI AUX NAISSANCES NI AUX DECES): TOTAL GENERAL: TOTAL

580   MOUVEMENTS DE LA POPULATION, 1850: MARIAGES: ENTRE GARCONS ET FILLES

581   MOUVEMENTS DE LA POPULATION, 1850: MARIAGES: ENTRE GARCONS ET VEUVES

582   MOUVEMENTS DE LA POPULATION, 1850: MARIAGES: ENTRE VEUFS ET FILLES

583   MOUVEMENTS DE LA POPULATION, 1850: MARIAGES: ENTRE VEUFS ET VEUVES

584   MOUVEMENTS DE LA POPULATION, 1850: MARIAGES: TOTAL

585   MOUVEMENTS DE LA POPULATION, MOYENNE QUINQUENNALE, 1846-1850: NAISSANCES: ENFANTS
           LEGITIMES: GARCONS

586   MOUVEMENTS DE LA POPULATION, MOYENNE QUINQUENNALE, 1846-1850: NAISSANCES: ENFANTS
           LEGITIMES: FILLES

587   MOUVEMENTS DE LA POPULATION, MOYENNE QUINQUENNALE, 1846-1850: NAISSANCES: ENFANTS
           LEGITIMES: TOTAL

588   MOUVEMENTS DE LA POPULATION, MOYENNE QUINQUENNALE, 1846-1850: NAISSANCES: ENFANTS
           NATURELS: GARCONS

589   MOUVEMENTS DE LA POPULATION, MOYENNE QUINQUENNALE, 1846-1850: NAISSANCES: ENFANTS
           NATURELS: FILLES

590   MOUVEMENTS DE LA POPULATION, MOYENNE QUINQUENNALE, 1846-1850: NAISSANCES: ENFANTS
           NATURELS: TOTAL

591   MOUVEMENTS DE LA POPULATION, MOYENNE QUINQUENNALE, 1846-1850: NAISSANCES: TOTAL
           GENERAL: GARCONS

592   MOUVEMENTS DE LA POPULATION, MOYENNE QUINQUENNALE, 1846-1850: NAISSANCES: TOTAL
           GENERAL: FILLES

593   MOUVEMENTS DE LA POPULATION, MOYENNE QUINQUENNALE, 1846-1850: NAISSANCES: TOTAL
           GENERAL: TOTAL

DATA SET 170:   MOUVEMENT DE LA POPULATION 1836-1850 (DEPARTEMENT)

NUMERO DE
LA VARIABLE   NOM DE LA VARIABLE

594   MOUVEMENTS DE LA POPULATION, MOYENNE QUINQUENNALE, 1846-1850: DECES: SEXE MASCULIN:
           GARCONS

595   MOUVEMENTS DE LA POPULATION, MOYENNE QUINQUENNALE, 1846-1850: DECES: SEXE MASCULIN:
           HOMMES MARIES

596   MOUVEMENTS DE LA POPULATION, MOYENNE QUINQUENNALE, 1846-1850: DECES: SEXE MASCULIN:
           VEUFS

597   MOUVEMENTS DE LA POPULATION, MOYENNE QUINQUENNALE, 1846-1850: DECES: SEXE MASCULIN:
           TOTAL

598   MOUVEMENTS DE LA POPULATION, MOYENNE QUINQUENNALE, 1846-1850: DECES: SEXE FEMININ:
           FILLES, 1850

599   MOUVEMENTS DE LA POPULATION, MOYENNE QUINQUENNALE, 1846-1850: DECES: SEXE FEMININ:
           FEMMES MARIEES

600   MOUVEMENTS DE LA POPULATION, MOYENNE QUINQUENNALE, 1846-1850: DECES: SEXE FEMININ:
           VEUVES

601   MOUVEMENTS DE LA POPULATION, MOYENNE QUINQUENNALE, 1846-1850: DECES: SEXE FEMININ:
           TOTAL

602   MOUVEMENTS DE LA POPULATION, MOYENNE QUINQUENNALE, 1846-1850: DECES: TOTAL GENERAL

603   MOUVEMENTS DE LA POPULATION, MOYENNE QUINQUENNALE, 1846-1850: ACCROISSEMENT DE LA
           POPULATION PAR L'EXCEDANT DES NAISSANCES

604   MOUVEMENTS DE LA POPULATION, MOYENNE QUINQUENNALE, 1846-1850: DIMINUTION DE LA
           POPULATION PAR L'EXCEDANT DES DECES

605   MOUVEMENTS DE LA POPULATION, MOYENNE QUINQUENNALE, 1846-1850: MORT-NES ET ENFANTS
           MORTS AVANT LA DECLARATION DE NAISSANCE. (ILS NE FIGURENT NI AUX NAISSANCES NI AUX
           DECES): ENFANTS LEGITIMES: GARCONS

606   MOUVEMENTS DE LA POPULATION, MOYENNE QUINQUENNALE, 1846-1850: MORT-NES ET ENFANTS
           MORTS AVANT LA DECLARATION DE NAISSANCE. (ILS NE FIGURENT NI AUX NAISSANCES NI AUX
           DECES): ENFANTS LEGITIMES: FILLES

607   MOUVEMENTS DE LA POPULATION, MOYENNE QUINQUENNALE, 1846-1850: MORT-NES ET ENFANTS
           MORTS AVANT LA DECLARATION DE NAISSANCE. (ILS NE FIGURENT NI AUX NAISSANCES NI AUX
           DECES): ENFANTS LEGITIMES: TOTAL

608   MOUVEMENTS DE LA POPULATION, MOYENNE QUINQUENNALE, 1846-1850: MORT-NES ET ENFANTS
           MORTS AVANT LA DECLARATION DE NAISSANCE. (ILS NE FIGURENT NI AUX NAISSANCES NI AUX
           DECES): ENFANTS NATURELS: GARCONS

609   MOUVEMENTS DE LA POPULATION, MOYENNE QUINQUENNALE, 1846-1850: MORT-NES ET ENFANTS
           MORTS AVANT LA DECLARATION DE NAISSANCE. (ILS NE FIGURENT NI AUX NAISSANCES NI AUX
           DECES): ENFANTS NATURELS: FILLES

610   MOUVEMENTS DE LA POPULATION, MOYENNE QUINQUENNALE, 1846-1850: MORT-NES ET ENFANTS
           MORTS AVANT LA DECLARATION DE NAISSANCE. (ILS NE FIGURENT NI AUX NAISSANCES NI AUX
           DECES): ENFANTS NATURELS: TOTAL

611   MOUVEMENTS DE LA POPULATION, MOYENNE QUINQUENNALE, 1846-1850: MORT-NES ET ENFANTS
           MORTS AVANT LA DECLARATION DE NAISSANCE. (ILS NE FIGURENT NI AUX NAISSANCES NI AUX
           DECES): TOTAL GENERAL: GARCONS

612   MOUVEMENTS DE LA POPULATION, MOYENNE QUINQUENNALE, 1846-1850: MORT-NES ET ENFANTS
           MORTS AVANT LA DECLARATION DE NAISSANCE. (ILS NE FIGURENT NI AUX NAISSANCES NI AUX
           DECES): TOTAL GENERAL: FILLES

613   MOUVEMENTS DE LA POPULATION, MOYENNE QUINQUENNALE, 1846-1850: MORT-NES ET ENFANTS
           MORTS AVANT LA DECLARATION DE NAISSANCE. (ILS NE FIGURENT NI AUX NAISSANCES NI AUX
           DECES): TOTAL GENERAL: TOTAL

614   MOUVEMENTS DE LA POPULATION, MOYENNE QUINQUENNALE, 1846-1850: MARIAGES: ENTRE
           GARCONS ET FILLES

DATA SET 170: MOUVEMENT DE LA POPULATION 1836-1850 (DEPARTEMENT)

NUMERO DE LA VARIABLE	NOM DE LA VARIABLE
615	MOUVEMENTS DE LA POPULATION, MOYENNE QUINQUENNALE, 1846-1850: MARIAGES: ENTRE GARCONS ET VEUVES
616	MOUVEMENTS DE LA POPULATION, MOYENNE QUINQUENNALE, 1846-1850: MARIAGES: ENTRE VEUFS ET FILLES
617	MOUVEMENTS DE LA POPULATION, MOYENNE QUINQUENNALE, 1846-1850: MARIAGES: ENTRE VEUFS ET VEUVES
618	MOUVEMENTS DE LA POPULATION, MOYENNE QUINQUENNALE, 1846-1850: MARIAGES: TOTAL

DATA SET 171:   MOUVEMENT DE LA POPULATION 1836-1850 (CHEF-LIEU)

SOURCE: STATISTIQUE DE LA FRANCE, TERRITOIRE ET POPULATION,
          ANNEES 1836-1850, DEUXIEME SERIE, TOME II (PARIS, 1855)

          VARIABLES 7-63:   TABLEAU NO. 35

NUMERO DE
LA VARIABLE   NOM DE LA VARIABLE

7	MOUVEMENT DE LA POPULATION, NAISSANCES: ENFANTS LEGITIMES: GARCONS (AVEC UNE DECIMALE), 1836-40
8	MOUVEMENT DE LA POPULATION, NAISSANCES: ENFANTS LEGITIMES: FILLES (AVEC UNE DECIMALE), 1836-40
9	MOUVEMENT DE LA POPULATION, NAISSANCES: ENFANTS LEGITIMES: TOTAL (AVEC UNE DECIMALE), 1836-40
10	MOUVEMENT DE LA POPULATION, NAISSANCES: ENFANTS NATURELS: GARCONS (AVEC UNE DECIMALE), 1836-40
11	MOUVEMENT DE LA POPULATION, NAISSANCES: ENFANTS NATURELS: FILLES (AVEC UNE DECIMALE), 1836-40
12	MOUVEMENT DE LA POPULATION, NAISSANCES: ENFANTS NATURELS: TOTAL (AVEC UNE DECIMALE), 1836-40
13	MOUVEMENT DE LA POPULATION, NAISSANCES: TOTAL GENERAL: GARCONS (AVEC UNE DECIMALE), 1836-40
14	MOUVEMENT DE LA POPULATION, NAISSANCES: TOTAL GENERAL: FILLES (AVEC UNE DECIMALE), 1836-40
15	MOUVEMENT DE LA POPULATION, NAISSANCES: TOTAL GENERAL: TOTAL (AVEC UNE DECIMALE), 1836-40
16	MOUVEMENT DE LA POPULATION, DECES: SEXE MASCULIN (AVEC UNE DECIMALE), 1836-40
17	MOUVEMENT DE LA POPULATION, DECES: SEXE FEMININ (AVEC UNE DECIMALE), 1836-40
18	MOUVEMENT DE LA POPULATION, DECES: TOTAL (AVEC UNE DECIMALE), 1836-40
19	MOUVEMENT DE LA POPULATION, MORT-NES (AVEC UNE DECIMALE), 1836-40
20	MOUVEMENT DE LA POPULATION, MARIAGES (AVEC UNE DECIMALE), 1836-40
21	MOUVEMENT DE LA POPULATION, ACCROISSEMENT OU DIMINUTION DE LA POPULATION DES VILLES CHEFS-LIEUX D'ARRONDISSEMENTS PAR L'EXCEDANT DU TOTAL DES NAISSANCES OU DES DECES POUR CHAQUE PERIODE QUINQUENNALE: ACCROISSEMENT, 1836-40
22	MOUVEMENT DE LA POPULATION, ACCROISSEMENT OU DIMINUTION DE LA POPULATION DES VILLES CHEFS-LIEUX D'ARRONDISSEMENTS PAR L'EXCEDANT DU TOTAL DES NAISSANCES OU DES DECES POUR CHAQUE PERIODE QUINQUENNALE: DIMINUTION, 1836-40
23	MOUVEMENT DE LA POPULATION, ACCROISSEMENT OU DIMINUTION DE LA POPULATION DES VILLES CHEFS-LIEUX D'ARRONDISSEMENTS D'APRES LES DENOMBREMENTS DE 1841: POPULATION
24	MOUVEMENT DE LA POPULATION, ACCROISSEMENT OU DIMINUTION DE LA POPULATION DES VILLES CHEFS-LIEUX D'ARRONDISSEMENTS D'APRES LES DENOMBREMENTS DE 1841: ACCROISSEMENT, 1836-40
25	MOUVEMENT DE LA POPULATION, ACCROISSEMENT OU DIMINUTION DE LA POPULATION DES VILLES CHEFS-LIEUX D'ARRONDISSEMENTS D'APRES LES DENOMBREMENTS DE 1841: DIMINUTION, 1836-40
26	MOUVEMENT DE LA POPULATION, NAISSANCES: ENFANTS LEGITIMES: GARCONS (AVEC UNE DECIMALE), 1841-45
27	MOUVEMENT DE LA POPULATION, NAISSANCES: ENFANTS LEGITIMES: FILLES (AVEC UNE DECIMALE), 1841-45
28	MOUVEMENT DE LA POPULATION, NAISSANCES: ENFANTS LEGITIMES: TOTAL (AVEC UNE DECIMALE), 1841-45
29	MOUVEMENT DE LA POPULATION, NAISSANCES: ENFANTS NATURELS: GARCONS (AVEC UNE DECIMALE), 1841-45

DATA SET 171:   MOUVEMENT DE LA POPULATION 1836-1850 (CHEF-LIEU)

NUMERO DE LA VARIABLE	NOM DE LA VARIABLE
30	MOUVEMENT DE LA POPULATION, NAISSANCES: ENFANTS NATURELS: FILLES (AVEC UNE DECIMALE), 1841-45
31	MOUVEMENT DE LA POPULATION, NAISSANCES: ENFANTS NATURELS: TOTAL (AVEC UNE DECIMALE), 1841-45
32	MOUVEMENT DE LA POPULATION, NAISSANCES: TOTAL GENERAL: GARCONS (AVEC UNE DECIMALE), 1841-45
33	MOUVEMENT DE LA POPULATION, NAISSANCES: TOTAL GENERAL: FILLES (AVEC UNE DECIMALE), 1841-45
34	MOUVEMENT DE LA POPULATION, NAISSANCES: TOTAL GENERAL: TOTAL (AVEC UNE DECIMALE), 1841-45
35	MOUVEMENT DE LA POPULATION, DECES: SEXE MASCULIN (AVEC UNE DECIMALE), 1841-45
36	MOUVEMENT DE LA POPULATION, DECES: SEXE FEMININ (AVEC UNE DECIMALE), 1841-45
37	MOUVEMENT DE LA POPULATION, DECES: TOTAL (AVEC UNE DECIMALE), 1841-45
38	MOUVEMENT DE LA POPULATION, MORT-NES (AVEC UNE DECIMALE), 1841-45
39	MOUVEMENT DE LA POPULATION, MARIAGES (AVEC UNE DECIMALE), 1841-45
40	MOUVEMENT DE LA POPULATION, ACCROISSEMENT OU DIMINUTION DE LA POPULATION DES VILLES CHEFS-LIEUX D'ARRONDISSEMENTS PAR L'EXCEDANT DU TOTAL DES NAISSANCES OU DES DECES POUR CHAQUE PERIODE QUINQUENNALE: ACCROISSEMENT, 1841-45
41	MOUVEMENT DE LA POPULATION, ACCROISSEMENT OU DIMINUTION DE LA POPULATION DES VILLES CHEFS-LIEUX D'ARRONDISSEMENTS PAR L'EXCEDANT DU TOTAL DES NAISSANCES OU DES DECES POUR CHAQUE PERIODE QUINQUENNALE: DIMINUTION, 1841-45
42	MOUVEMENT DE LA POPULATION, ACCROISSEMENT OU DIMINUTION DE LA POPULATION DES VILLES CHEFS-LIEUX D'ARRONDISSEMENTS D'APRES LES DENOMBREMENTS DE 1846: POPULATION
43	MOUVEMENT DE LA POPULATION, ACCROISSEMENT OU DIMINUTION DE LA POPULATION DES VILLES CHEFS-LIEUX D'ARRONDISSEMENTS D'APRES LES DENOMBREMENTS DE 1846: ACCROISSEMENT, 1841-45
44	MOUVEMENT DE LA POPULATION, ACCROISSEMENT OU DIMINUTION DE LA POPULATION DES VILLES CHEFS-LIEUX D'ARRONDISSEMENTS D'APRES LES DENOMBREMENTS DE 1846: DIMINUTION, 1841-45
45	MOUVEMENT DE LA POPULATION, NAISSANCES: ENFANTS LEGITIMES: GARCONS (AVEC UNE DECIMALE), 1846-50
46	MOUVEMENT DE LA POPULATION, NAISSANCES: ENFANTS LEGITIMES: FILLES (AVEC UNE DECIMALE), 1846-50
47	MOUVEMENT DE LA POPULATION, NAISSANCES: ENFANTS LEGITIMES: TOTAL (AVEC UNE DECIMALE), 1846-50
48	MOUVEMENT DE LA POPULATION, NAISSANCES: ENFANTS NATURELS: GARCONS (AVEC UNE DECIMALE), 1846-50
49	MOUVEMENT DE LA POPULATION, NAISSANCES: ENFANTS NATURELS: FILLES (AVEC UNE DECIMALE), 1846-50
50	MOUVEMENT DE LA POPULATION, NAISSANCES: ENFANTS NATURELS: TOTAL (AVEC UNE DECIMALE), 1846-50
51	MOUVEMENT DE LA POPULATION, NAISSANCES: TOTAL GENERAL: GARCONS (AVEC UNE DECIMALE), 1846-50
52	MOUVEMENT DE LA POPULATION, NAISSANCES: TOTAL GENERAL: FILLES (AVEC UNE DECIMALE), 1846-50
53	MOUVEMENT DE LA POPULATION, NAISSANCES: TOTAL GENERAL: TOTAL (AVEC UNE DECIMALE), 1846-50
54	MOUVEMENT DE LA POPULATION, DECES: SEXE MASCULIN (AVEC UNE DECIMALE), 1846-50

DATA SET 171:   MOUVEMENT DE LA POPULATION 1836-1850 (CHEF-LIEU)

NUMERO DE LA VARIABLE	NOM DE LA VARIABLE
55	MOUVEMENT DE LA POPULATION, DECES: SEXE FEMININ (AVEC UNE DECIMALE), 1846-50
56	MOUVEMENT DE LA POPULATION, DECES: TOTAL (AVEC UNE DECIMALE), 1846-50
57	MOUVEMENT DE LA POPULATION, MORT-NES (AVEC UNE DECIMALE), 1846-50
58	MOUVEMENT DE LA POPULATION, MARIAGES (AVEC UNE DECIMALE), 1846-50
59	MOUVEMENT DE LA POPULATION, ACCROISSEMENT OU DIMINUTION DE LA POPULATION DES VILLES CHEFS-LIEUX D'ARRONDISSEMENTS PAR L'EXCEDANT DU TOTAL DES NAISSANCES OU DES DECES POUR CHAQUE PERIODE QUINQUENNALE: ACCROISSEMENT, 1846-50
60	MOUVEMENT DE LA POPULATION, ACCROISSEMENT OU DIMINUTION DE LA POPULATION DES VILLES CHEFS-LIEUX D'ARRONDISSEMENTS PAR L'EXCEDANT DU TOTAL DES NAISSANCES OU DES DECES POUR CHAQUE PERIODE QUINQUENNALE: DIMINUTION, 1846-50
61	MOUVEMENT DE LA POPULATION, ACCROISSEMENT OU DIMINUTION DE LA POPULATION DES VILLES CHEFS-LIEUX D'ARRONDISSEMENTS D'APRES LES DENOMBREMENTS DE 1851: POPULATION
62	MOUVEMENT DE LA POPULATION, ACCROISSEMENT OU DIMINUTION DE LA POPULATION DES VILLES CHEFS-LIEUX D'ARRONDISSEMENTS D'APRES LES DENOMBREMENTS DE 1851: ACCROISSEMENT, 1846-50
63	MOUVEMENT DE LA POPULATION, ACCROISSEMENT OU DIMINUTION DE LA POPULATION DES VILLES CHEFS-LIEUX D'ARRONDISSEMENTS D'APRES LES DENOMBREMENTS DE 1851: DIMINUTION, 1846-50

DATA SET 172: MOUVEMENT DE LA POPULATION 1889 (CHEF-LIEU ET VILLE)

SOURCE: STATISTIQUE GENERALE DE LA FRANCE, STATISTIQUE ANNUELLE,
          ANNEE 1889, TOME XIX, PREMIERE SECTION (PARIS, 1890)

VARIABLES 7-21: TABLEAUX NOS. 17 ET 18

NUMERO DE LA VARIABLE	NOM DE LA VARIABLE
7	MOUVEMENT DE LA POPULATION, MARIAGES, 1889
8	MOUVEMENT DE LA POPULATION, DIVORCES, 1889
9	MOUVEMENT DE LA POPULATION, NAISSANCES: ENFANTS LEGITIMES: GARCONS, 1889
10	MOUVEMENT DE LA POPULATION, NAISSANCES: ENFANTS LEGITIMES: FILLES, 1889
11	MOUVEMENT DE LA POPULATION, NAISSANCES: ENFANTS NATURELS: GARCONS, 1889
12	MOUVEMENT DE LA POPULATION, NAISSANCES: ENFANTS NATURELS: FILLES, 1889
13	MOUVEMENT DE LA POPULATION, NAISSANCES: TOTAUX, 1889
14	MOUVEMENT DE LA POPULATION, MORT-NES: GARCONS, 1889
15	MOUVEMENT DE LA POPULATION, MORT-NES: FILLES, 1889
16	MOUVEMENT DE LA POPULATION, MORT-NES: TOTAUX, 1889
17	MOUVEMENT DE LA POPULATION, DECES: SEXE MASCULIN, 1889
18	MOUVEMENT DE LA POPULATION, DECES: SEXE FEMININ, 1889
19	MOUVEMENT DE LA POPULATION, DECES: TOTAUX, 1889
20	MOUVEMENT DE LA POPULATION, EXCEDENT: DES NAISSANCES SUR LES DECES, 1889
21	MOUVEMENT DE LA POPULATION, EXCEDENT: DES DECES SUR LES NAISSANCES, 1889

DATA SET 173:   MOUVEMENT DE LA POPULATION 1889 (DEPARTEMENT)

SOURCE: STATISTIQUE GENERALE DE LA FRANCE, STATISTIQUE ANNUELLE,
          ANNEES 1888 ET 1889, TOMES XVIII ET XIX (PARIS, 1890)

```
VARIABLES 7-30:      TABLEAUX NOS. 1 ET 2
VARIABLES 31-43:     TABLEAU NO. 3
VARIABLES 44-70:     TABLEAU NO. 4
VARIABLES 71-79:     TABLEAU NO. 5
VARIABLES 80-103:    TABLEAU NO. 6
VARIABLES 104-111:   TABLEAU NO. 7
VARIABLES 112-138:   TABLEAU NO. 8
VARIABLES 139-164:   TABLEAU NO. 9
VARIABLES 165-190:   TABLEAU NO. 10
VARIABLES 191-215:   TABLEAU NO. 11
VARIABLES 216-253:   TABLEAU NO. 12
VARIABLES 254-284:   TABLEAU NO. 13
VARIABLES 285-315:   TABLEAU NO. 14
VARIABLES 316-340:   TABLEAU NO. 15
```

NUMERO DE
LA VARIABLE   NOM DE LA VARIABLE

7   MARIAGES PAR ETAT CIVIL: GARCONS: AVEC FILLES, 1889

8   MARIAGES PAR ETAT CIVIL: GARCONS: AVEC VEUVES, 1889

9   MARIAGES PAR ETAT CIVIL: GARCONS: AVEC DIVORCEES, 1889

10   MARIAGES PAR ETAT CIVIL: VEUFS: AVEC FILLES, 1889

11   MARIAGES PAR ETAT CIVIL: VEUFS: AVEC VEUVES, 1889

12   MARIAGES PAR ETAT CIVIL: VEUFS: AVEC DIVORCEES, 1889

13   MARIAGES PAR ETAT CIVIL: DIVORCES: AVEC FILLES, 1889

14   MARIAGES PAR ETAT CIVIL: DIVORCES: AVEC VEUVES, 1889

15   MARIAGES PAR ETAT CIVIL: DIVORCES: AVEC DIVORCEES, 1889

16   MARIAGES PAR ETAT CIVIL: TOTAL, 1889

17   DIVORCES, 1889

18   DETAILS RELATIFS AUX MARIAGES: HOMMES MARIES: QUI ONT SIGNE LEUR NOM, 1889

19   DETAILS RELATIFS AUX MARIAGES: HOMMES MARIES: QUI ONT SIGNE D'UNE CROIX, 1889

20   DETAILS RELATIFS AUX MARIAGES: FEMMES MARIEES: QUI ONT SIGNE LEUR NOM, 1889

21   DETAILS RELATIFS AUX MARIAGES: FEMMES MARIEES: QUI ONT SIGNE D'UNE CROIX, 1889

22   DETAILS RELATIFS AUX MARIAGES: NOMBRE DES MARIAGES PRECEDES D'ACTES RESPECTUEUX, 1889

23   DETAILS RELATIFS AUX MARIAGES: NOMBRE DE MARIAGES AYANT ETE L'OBJET D'OPPOSITIONS, 1889

24   DETAILS RELATIFS AUX MARIAGES: NOMBRE DE MARIAGES QUI ONT DONNE LIEU A LA REDACTION D'UN CONTRAT, 1889

25   DETAILS RELATIFS AUX MARIAGES: MARIAGES ENTRE PARENTS: NEVEUX ET TANTES, 1889

26   DETAILS RELATIFS AUX MARIAGES: MARIAGES ENTRE PARENTS: ONCLES ET NIECES, 1889

27   DETAILS RELATIFS AUX MARIAGES: MARIAGES ENTRE PARENTS: BEAUX-FRERES ET BELLES-SOEURS, 1889

28   DETAILS RELATIFS AUX MARIAGES: MARIAGES ENTRE PARENTS: COUSINES ET COUSINS GERMAINS, 1889

29   DETAILS RELATIFS AUX MARIAGES: NOMBRE DE MARIAGES PAR LESQUELS DES ENFANTS NATURELS ONT ETE LEGITIMES, 1889

30   DETAILS RELATIFS AUX MARIAGES: NOMBRE D'ENFANTS LEGITIMES PAR LE MARIAGE DES PARENTS, 1889

DATA SET 173: MOUVEMENT DE LA POPULATION 1889 (DEPARTEMENT)

NUMERO DE
LA VARIABLE   NOM DE LA VARIABLE

31	MARIAGES PAR MOIS: JANVIER, 1889
32	MARIAGES PAR MOIS: FEVRIER, 1889
33	MARIAGES PAR MOIS: MARS, 1889
34	MARIAGES PAR MOIS: AVRIL, 1889
35	MARIAGES PAR MOIS: MAI, 1889
36	MARIAGES PAR MOIS: JUIN, 1889
37	MARIAGES PAR MOIS: JUILLET, 1889
38	MARIAGES PAR MOIS: AOUT, 1889
39	MARIAGES PAR MOIS: SEPTEMBRE, 1889
40	MARIAGES PAR MOIS: OCTOBRE, 1889
41	MARIAGES PAR MOIS: NOVEMBRE, 1889
42	MARIAGES PAR MOIS: DECEMBRE, 1889
43	MARIAGES PAR MOIS: TOTAL, 1889
44	AGE AU MARIAGE: GARCONS: AU-DESSOUS DE 20 ANS, 1889
45	AGE AU MARIAGE: GARCONS: DE 20 A 25 ANS, 1889
46	AGE AU MARIAGE: GARCONS: DE 25 A 30 ANS, 1889
47	AGE AU MARIAGE: GARCONS: DE 30 A 35 ANS, 1889
48	AGE AU MARIAGE: GARCONS: DE 35 A 40 ANS, 1889
49	AGE AU MARIAGE: GARCONS: DE 40 A 50 ANS, 1889
50	AGE AU MARIAGE: GARCONS: DE 50 A 60 ANS, 1889
51	AGE AU MARIAGE: GARCONS: DE 60 ANS ET AU-DESSUS, 1889
52	AGE AU MARIAGE: GARCONS: TOTAL, 1889
53	AGE AU MARIAGE: VEUFS: AU-DESSOUS DE 20 ANS, 1889
54	AGE AU MARIAGE: VEUFS: DE 20 A 25 ANS, 1889
55	AGE AU MARIAGE: VEUFS: DE 25 A 30 ANS, 1889
56	AGE AU MARIAGE: VEUFS: DE 30 A 35 ANS, 1889
57	AGE-AU MARIAGE: VEUFS: DE 35 A 40 ANS, 1889
58	AGE AU MARIAGE: VEUFS: DE 40 A 50 ANS, 1889
59	AGE AU MARIAGE: VEUFS: DE 50 A 60 ANS, 1889
60	AGE AU MARIAGE: VEUFS: DE 60 ANS ET AU-DESSUS, 1889
61	AGE AU MARIAGE: VEUFS: TOTAL, 1889
62	AGE AU MARIAGE: DIVORCES: AU-DESSOUS DE 20 ANS, 1889
63	AGE AU MARIAGE: DIVORCES: DE 20 A 25 ANS, 1889
64	AGE AU MARIAGE: DIVORCES: DE 25 A 30 ANS, 1889
65	AGE AU MARIAGE: DIVORCES: DE 30 A 35 ANS, 1889
66	AGE AU MARIAGE: DIVORCES: DE 35 A 40 ANS, 1889

DATA SET 173: MOUVEMENT DE LA POPULATION 1889 (DEPARTEMENT)

NUMERO DE
LA VARIABLE   NOM DE LA VARIABLE

67	AGE AU MARIAGE: DIVORCES: DE 40 A 50 ANS, 1889
68	AGE AU MARIAGE: DIVORCES: DE 50 A 60 ANS, 1889
69	AGE AU MARIAGE: DIVORCES: DE 60 ANS ET AU-DESSUS, 1889
70	AGE AU MARIAGE: DIVORCES: TOTAL, 1889
71	AGE AU MARIAGE: GARCONS, VEUFS ET DIVORCES REUNIS: AU-DESSOUS DE 20 ANS, 1889
72	AGE AU MARIAGE: GARCONS, VEUFS ET DIVORCES REUNIS: DE 20 A 25 ANS, 1889
73	AGE AU MARIAGE: GARCONS, VEUFS ET DIVORCES REUNIS: DE 25 A 30 ANS, 1889
74	AGE AU MARIAGE: GARCONS, VEUFS ET DIVORCES REUNIS: DE 30 A 35 ANS, 1889
75	AGE AU MARIAGE: GARCONS, VEUFS ET DIVORCES REUNIS: DE 35 A 40 ANS, 1889
76	AGE AU MARIAGE: GARCONS, VEUFS ET DIVORCES REUNIS: DE 40 A 50 ANS, 1889
77	AGE AU MARIAGE: GARCONS, VEUFS ET DIVORCES REUNIS: DE 50 A 60 ANS, 1889
78	AGE AU MARIAGE: GARCONS, VEUFS ET DIVORCES REUNIS: DE 60 ANS ET AU-DESSUS, 1889
79	AGE AU MARIAGE: GARCONS, VEUFS ET DIVORCES REUNIS: TOTAL, 1889
80	AGE AU MARIAGE: FILLES: AU-DESSOUS DE 20 ANS, 1889
81	AGE AU MARIAGE: FILLES: DE 20 A 25 ANS, 1889
82	AGE AU MARIAGE: FILLES: DE 25 A 30 ANS, 1889
83	AGE AU MARIAGE: FILLES: DE 30 A 35 ANS, 1889
84	AGE AU MARIAGE: FILLES: DE 35 A 40 ANS, 1889
85	AGE AU MARIAGE: FILLES: DE 40 A 50 ANS, 1889
86	AGE AU MARIAGE: FILLES: DE 50 ANS ET AU-DESSUS, 1889
87	AGE AU MARIAGE: FILLES: TOTAL, 1889
88	AGE AU MARIAGE: VEUVES: AU-DESSOUS DE 20 ANS, 1889
89	AGE AU MARIAGE: VEUVES: DE 20 A 25 ANS, 1889
90	AGE AU MARIAGE: VEUVES: DE 25 A 30 ANS, 1889
91	AGE AU MARIAGE: VEUVES: DE 30 A 35 ANS, 1889
92	AGE AU MARIAGE: VEUVES: DE 35 A 40 ANS, 1889
93	AGE AU MARIAGE: VEUVES: DE 40 A 50 ANS, 1889
94	AGE AU MARIAGE: VEUVES: DE 50 ANS ET AU-DESSUS, 1889
95	AGE AU MARIAGE: VEUVES: TOTAL, 1889
96	AGE AU MARIAGE: DIVORCEES: AU-DESSOUS DE 20 ANS, 1889
97	AGE AU MARIAGE: DIVORCEES: DE 20 A 25 ANS, 1889
98	AGE AU MARIAGE: DIVORCEES: DE 25 A 30 ANS, 1889
99	AGE AU MARIAGE: DIVORCEES: DE 30 A 35 ANS, 1889
100	AGE AU MARIAGE: DIVORCEES: DE 35 A 40 ANS, 1889
101	AGE AU MARIAGE: DIVORCEES: DE 40 A 50 ANS, 1889
102	AGE AU MARIAGE: DIVORCEES DE 50 ANS ET AU-DESSUS, 1889

DATA SET 173: MOUVEMENT DE LA POPULATION 1889 (DEPARTEMENT)

NUMERO DE
LA VARIABLE   NOM DE LA VARIABLE

103   AGE AU MARIAGE: DIVORCEES: TOTAL, 1889

104   AGE AU MARIAGE: FILLES, VEUVES ET DIVORCEES REUNIES: AU-DESSOUS DE 20 ANS, 1889

105   AGE AU MARIAGE: FILLES, VEUVES ET DIVORCEES REUNIES: DE 20 A 25 ANS, 1889

106   AGE AU MARIAGE: FILLES, VEUVES ET DIVORCEES REUNIES: DE 25 A 30 ANS, 1889

107   AGE AU MARIAGE: FILLES, VEUVES ET DIVORCEES REUNIES: DE 30 A 35 ANS, 1889

108   AGE AU MARIAGE: FILLES, VEUVES ET DIVORCEES REUNIES: DE 35 A 40 ANS, 1889

109   AGE AU MARIAGE: FILLES, VEUVES ET DIVORCEES REUNIES: DE 40 A 50 ANS, 1889

110   AGE AU MARIAGE: FILLES, VEUVES ET DIVORCEES REUNIES: DE 50 ANS ET AU-DESSUS, 1889

111   AGE AU MARIAGE: FILLES, VEUVES ET DIVORCEES REUNIES: TOTAL, 1889

112   ENFANTS NES VIVANTS: ENFANTS LEGITIMES: GARCONS, 1889

113   ENFANTS NES VIVANTS: ENFANTS LEGITIMES: FILLES, 1889

114   ENFANTS NES VIVANTS: ENFANTS LEGITIMES: TOTAUX, 1889

115   ENFANTS NES VIVANTS: ENFANTS NATURELS: RECONNUS: GARCONS, 1889

116   ENFANTS NES VIVANTS: ENFANTS NATURELS: RECONNUS: FILLES, 1889

117   ENFANTS NES VIVANTS: ENFANTS NATURELS: RECONNUS: TOTAUX, 1889

118   ENFANTS NES VIVANTS: ENFANTS NATURELS: NON-RECONNUS: GARCONS, 1889

119   ENFANTS NES VIVANTS: ENFANTS NATURELS: NON-RECONNUS: FILLES, 1889

120   ENFANTS NES VIVANTS: ENFANTS NATURELS: NON-RECONNUS: TOTAUX, 1889

121   ENFANTS NES VIVANTS: ENFANTS NATURELS: TOTAUX: GARCONS, 1889

122   ENFANTS NES VIVANTS: ENFANTS NATURELS: TOTAUX: FILLES, 1889

123   ENFANTS NES VIVANTS: ENFANTS NATURELS: TOTAUX: TOTAUX, 1889

124   ENFANTS NES VIVANTS: TOTAUX DES ENFANTS NES VIVANTS: GARCONS, 1889

125   ENFANTS NES VIVANTS: TOTAUX DES ENFANTS NES VIVANTS: FILLES, 1889

126   ENFANTS NES VIVANTS: TOTAUX DES ENFANTS NES VIVANTS: TOTAUX, 1889

127   MORT-NES ET ENFANTS MORTS AVANT LA DECLARATION DE NAISSANCE: ENFANTS LEGITIMES:
           GARCONS, 1889

128   MORT-NES ET ENFANTS MORTS AVANT LA DECLARATION DE NAISSANCE: ENFANTS LEGITIMES:
           FILLES, 1889

129   MORT-NES ET ENFANTS MORTS AVANT LA DECLARATION DE NAISSANCE: ENFANTS LEGITIMES:
           TOTAUX, 1889

130   MORT-NES ET ENFANTS MORTS AVANT LA DECLARATION DE NAISSANCE: ENFANTS NATURELS:
           GARCONS, 1889

131   MORT-NES ET ENFANTS MORTS AVANT LA DECLARATION DE NAISSANCE: ENFANTS NATURELS:
           FILLES, 1889

132   MORT-NES ET ENFANTS MORTS AVANT LA DECLARATION DE NAISSANCE: ENFANTS NATURELS:
           TOTAUX, 1889

133   MORT-NES ET ENFANTS MORTS AVANT LA DECLARATION DE NAISSANCE: TOTAUX DES MORT-NES:
           GARCONS, 1889

134   MORT-NES ET ENFANTS MORTS AVANT LA DECLARATION DE NAISSANCE: TOTAUX DES MORT-NES:
           FILLES, 1889

DATA SET 173:   MOUVEMENT DE LA POPULATION 1889 (DEPARTEMENT)

NUMERO DE
LA VARIABLE   NOM DE LA VARIABLE

135   MORT-NES ET ENFANTS MORTS AVANT LA DECLARATION DE NAISSANCE: TOTAUS DES MORT-NES:
           TOTAUX, 1889

136   TOTAUX GENERAUX DES NAISSANCES (MORT-NES COMPRIS) CONCEPTIONS: GARCONS, 1889

137   TOTAUX GENERAUX DES NAISSANCES (MORT-NES COMPRIS) CONCEPTIONS: FILLES, 1889

138   TOTAUX GENERAUX DES NAISSANCES (MORT-NES COMPRIS) CONCEPTIONS: TOTAUX, 1889

139   NAISSANCES PAR MOIS: ENFANTS NES VIVANTS: JANVIER, 1889

140   NAISSANCES PAR MOIS: ENFANTS NES VIVANTS: FEVRIER, 1889

141   NAISSANCES PAR MOIS: ENFANTS NES VIVANTS: MARS, 1889

142   NAISSANCES PAR MOIS: ENFANTS NES VIVANTS: AVRIL, 1889

143   NAISSANCES PAR MOIS: ENFANTS NES VIVANTS: MAI, 1889

144   NAISSANCES PAR MOIS: ENFANTS NES VIVANTS: JUIN, 1889

145   NAISSANCES PAR MOIS: ENFANTS NES VIVANTS: JUILLET, 1889

146   NAISSANCES PAR MOIS: ENFANTS NES VIVANTS: AOUT, 1889

147   NAISSANCES PAR MOIS: ENFANTS NES VIVANTS: SEPTEMBRE, 1889

148   NAISSANCES PAR MOIS: ENFANTS NES VIVANTS: OCTOBRE, 1889

149   NAISSANCES PAR MOIS: ENFANTS NES VIVANTS: NOVEMBRE, 1889

150   NAISSANCES PAR MOIS: ENFANTS NES VIVANTS: DECEMBRE, 1889

151   NAISSANCES PAR MOIS: ENFANTS NES VIVANTS: TOTAL, 1889

152   NAISSANCES PAR MOIS: ENFANTS MORT-NES: JANVIER, 1889

153   NAISSANCES PAR MOIS: ENFANTS MORT-NES: FEVRIER, 1889

154   NAISSANCES PAR MOIS: ENFANTS MORT-NES: MARS, 1889

155   NAISSANCES PAR MOIS: ENFANTS MORT-NES: AVRIL, 1889

156   NAISSANCES PAR MOIS: ENFANTS MORT-NES: MAI, 1889

157   NAISSANCES PAR MOIS: ENFANTS MORT-NES: JUIN, 1889

158   NAISSANCES PAR MOIS: ENFANTS MORT-NES: JUILLET, 1889

159   NAISSANCES PAR MOIS: ENFANTS MORT-NES: AOUT, 1889

160   NAISSANCES PAR MOIS: ENFANTS MORT-NES: SEPTEMBRE, 1889

161   NAISSANCES PAR MOIS: ENFANTS MORT-NES: OCTOBRE, 1889

162   NAISSANCES PAR MOIS: ENFANTS MORT-NES: NOVEMBRE, 1889

163   NAISSANCES PAR MOIS: ENFANTS MORT-NES: DECEMBRE, 1889

164   NAISSANCES PAR MOIS: ENFANTS MORT-NES: TOTAL, 1889

165   ACCOUCHEMENTS DOUBLES: NOMBRE DES ACCOUCHEMENTS AYANT PRODUIT: DEUX GARCONS, 1889

166   ACCOUCHEMENTS DOUBLES: NOMBRE DES ACCOUCHEMENTS AYANT PRODUIT: DEUX FILLES, 1889

167   ACCOUCHEMENTS DOUBLES: NOMBRE DES ACCOUCHEMENTS AYANT PRODUIT: UN GARCON ET UNE
           FILLE, 1889

168   ACCOUCHEMENTS DOUBLES: NOMBRE DES ACCOUCHEMENTS AYANT PRODUIT: TOTAL, 1889

169   ACCOUCHEMENTS DOUBLES: NOMBRE DES ENFANTS ISSUS DE CES ACCOUCHEMENTS: NES-VIVANTS:
           GARCONS, 1889

DATA SET 173: MOUVEMENT DE LA POPULATION 1889 (DEPARTEMENT)

DATA SET 173:   MOUVEMENT DE LA POPULATION 1889 (DEPARTEMENT)

NUMERO DE
LA VARIABLE   NOM DE LA VARIABLE

196   DECES PAR ETAT CIVIL: CELIBATAIRES: ADULTES: TOTAL, 1889

197   DECES PAR ETAT CIVIL: CELIBATAIRES: TOTAL: SEXE MASCULIN, 1889

198   DECES PAR ETAT CIVIL: CELIBATAIRES: TOTAL: SEXE FEMININ, 1889

199   DECES PAR ETAT CIVIL: CELIBATAIRES: TOTAL: TOTAL, 1889

200   DECES PAR ETAT CIVIL: MARIES: SEXE MASCULIN, 1889

201   DECES PAR ETAT CIVIL: MARIES: SEXE FEMININ, 1889

202   DECES PAR ETAT CIVIL: MARIES: TOTAL, 1889

203   DECES PAR ETAT CIVIL: VEUFS: SEXE MASCULIN, 1889

204   DECES PAR ETAT CIVIL: VEUFS: SEXE FEMININ, 1889

205   DECES PAR ETAT CIVIL: VEUFS: TOTAL, 1889

206   DECES PAR ETAT CIVIL: DIVORCES: SEXE MASCULIN, 1889

207   DECES PAR ETAT CIVIL: DIVORCES: SEXE FEMININ, 1889

208   DECES PAR ETAT CIVIL: DIVORCES: TOTAL, 1889

209   TOTAL GENERAL DES DECES: SEXE MASCULIN, 1889

210   TOTAL GENERAL DES DECES: SEXE FEMININ, 1889

211   TOTAL GENERAL DES DECES: TOTAL, 1889

212   ETAT DU PERSONNEL MEDICAL AYANT EXERCE DANS L'ANNEE: DOCTEURS EN MEDECINE, 1889

213   ETAT DU PERSONNEL MEDICAL AYANT EXERCE DANS L'ANNEE: OFFICIERS DE SANTE, 1889

214   ETAT DU PERSONNEL MEDICAL AYANT EXERCE DANS L'ANNEE: SAGES-FEMMES, 1889

215   ETAT DU PERSONNEL MEDICAL AYANT EXERCE DANS L'ANNEE: PHARMACIENS, 1889

216   DECES DE LA PREMIERE ANNEE: GARCONS: DE 0 A 4 JOURS: ENFANTS: LEGITIMES, 1889

217   DECES DE LA PREMIERE ANNEE: GARCONS: DE 0 A 4 JOURS: ENFANTS: NATURELS, 1889

218   DECES DE LA PREMIERE ANNEE: GARCONS: DE 5 A 9 JOURS: ENFANTS: LEGITIMES, 1889

219   DECES DE LA PREMIERE ANNEE: GARCONS: DE 5 A 9 JOURS: ENFANTS: NATURELS, 1889

220   DECES DE LA PREMIERE ANNEE: GARCONS: DE 10 A 14 JOURS: ENFANTS: LEGITIMES, 1889

221   DECES DE LA PREMIERE ANNEE: GARCONS: DE 10 A 14 JOURS: ENFANTS: NATURELS, 1889

222   DECES DE LA PREMIERE ANNEE: GARCONS: DE 15 A 30 JOURS: ENFANTS: LEGITIMES, 1889

223   DECES DE LA PREMIERE ANNEE: GARCONS: DE 15 A 30 JOURS: ENFANTS: NATURELS, 1889

224   DECES DE LA PREMIERE ANNEE: GARCONS: DE 1 A 2 MOIS: ENFANTS: LEGITIMES, 1889

225   DECES DE LA PREMIERE ANNEE: GARCONS: DE 1 A 2 MOIS: ENFANTS: NATURELS, 1889

226   DECES DE LA PREMIERE ANNEE: GARCONS: DE 2 A 3 MOIS: ENFANTS: LEGITIMES, 1889

227   DECES DE LA PREMIERE ANNEE: GARCONS: DE 2 A 3 MOIS: ENFANTS: NATURELS, 1889

228   DECES DE LA PREMIERE ANNEE: GARCONS: DE 3 A 6 MOIS: ENFANTS: LEGITIMES, 1889

229   DECES DE LA PREMIERE ANNEE: GARCONS: DE 3 A 6 MOIS: ENFANTS: NATURELS, 1889

230   DECES DE LA PREMIERE ANNEE: GARCONS: DE 6 A 12 MOIS: ENFANTS: LEGITIMES, 1889

231   DECES DE LA PREMIERE ANNEE: GARCONS: DE 6 A 12 MOIS: ENFANTS: NATURELS, 1889

DATA SET 173: MOUVEMENT DE LA POPULATION 1889 (DEPARTEMENT)

NUMERO DE LA VARIABLE	NOM DE LA VARIABLE
232	DECES DE LA PREMIERE ANNEE: GARCONS: TOTAUX: ENFANTS: LEGITIMES, 1889
233	DECES DE LA PREMIERE ANNEE: GARCONS: TOTAUX: ENFANTS: NATURELS, 1889
234	DECES DE LA PREMIERE ANNEE: GARCONS: TOTAUX: TOTAL 1889
235	DECES DE LA PREMIERE ANNEE: FILLES: DE 0 A 4 JOURS: ENFANTS: LEGITIMES, 1889
236	DECES DE LA PREMIERE ANNEE: FILLES: DE 0 A 4 JOURS: ENFANTS: NATURELS, 1889
237	DECES DE LA PREMIERE ANNEE: FILLES: DE 5 A 9 JOURS: ENFANTS: LEGITIMES, 1889
238	DECES DE LA PREMIERE ANNEE: FILLES: DE 5 A 9 JOURS: ENFANTS: NATURELS, 1889
239	DECES DE LA PREMIERE ANNEE: FILLES: DE 10 A 14 JOURS: ENFANTS: LEGITIMES, 1889
240	DECES DE LA PREMIERE ANNEE: FILLES: DE 10 A 14 JOURS: ENFANTS: NATURELS, 1889
241	DECES DE LA PREMIERE ANNEE: FILLES: DE 15 A 30 JOURS: ENFANTS: LEGITIMES, 1889
242	DECES DE LA PREMIERE ANNEE: FILLES: DE 15 A 30 JOURS: ENFANTS: NATURELS, 1889
243	DECES DE LA PREMIERE ANNEE: FILLES: DE 1 A 2 MOIS: ENFANTS: LEGITIMES, 1889
244	DECES DE LA PREMIERE ANNEE: FILLES: DE 1 A 2 MOIS: ENFANTS: NATURELS, 1889
245	DECES DE LA PREMIERE ANNEE: FILLES: DE 2 A 3 MOIS: ENFANTS: LEGITIMES, 1889
246	DECES DE LA PREMIERE ANNEE: FILLES: DE 2 A 3 MOIS: ENFANTS: NATURELS, 1889
247	DECES DE LA PREMIERE ANNEE: FILLES: DE 3 A 6 MOIS: ENFANTS: LEGITIMES, 1889
248	DECES DE LA PREMIERE ANNEE: FILLES: DE 3 A 6 MOIS: ENFANTS: NATURELS, 1889
249	DECES DE LA PREMIERE ANNEE: FILLES: DE 6 A 12 MOIS: ENFANTS: LEGITIMES, 1889
250	DECES DE LA PREMIERE ANNEE: FILLES: DE 6 A 12 MOIS: ENFANTS: NATURELS, 1889
251	DECES DE LA PREMIERE ANNEE: FILLES: TOTAUX: ENFANTS: LEGITIMES, 1889
252	DECES DE LA PREMIERE ANNEE: FILLES: TOTAUX: ENFANTS: NATURELS, 1889
253	DECES DE LA PREMIERE ANNEE: FILLES: TOTAUX: TOTAUX, 1889
254	DECES PAR AGE (SEXE MASCULIN): AU-DESSOUS DE 1 AN, 1889
255	DECES PAR AGE (SEXE MASCULIN): DE 1 A 2 ANS, 1889
256	DECES PAR AGE (SEXE MASCULIN): DE 2 A 3 ANS, 1889
257	DECES PAR AGE (SEXE MASCULIN): DE 3 A 4 ANS, 1889
258	DECES PAR AGE (SEXE MASCULIN): DE 4 A 5 ANS, 1889
259	DECES PAR AGE (SEXE MASCULIN): DE 1 A 5 ANS, 1889
260	DECES PAR AGE (SEXE MASCULIN): DE 5 A 10 ANS, 1889
261	DECES PAR AGE (SEXE MASCULIN): DE 10 A 15 ANS, 1889
262	DECES PAR AGE (SEXE MASCULIN): DE 15 A 18 ANS, 1889
263	DECES PAR AGE (SEXE MASCULIN): DE 18 A 20 ANS, 1889
264	DECES PAR AGE (SEXE MASCULIN): DE 5 A 20 ANS, 1889
265	DECES PAR AGE (SEXE MASCULIN): DE 20 A 25 ANS, 1889
266	DECES PAR AGE (SEXE MASCULIN): DE 25 A 30 ANS, 1889
267	DECES PAR AGE (SEXE MASCULIN): DE 30 A 35 ANS, 1889

DATA SET 173: MOUVEMENT DE LA POPULATION 1889 (DEPARTEMENT)

NUMERO DE LA VARIABLE	NOM DE LA VARIABLE
268	DECES PAR AGE (SEXE MASCULIN): DE 35 A 40 ANS, 1889
269	DECES PAR AGE (SEXE MASCULIN): DE 40 A 45 ANS, 1889
270	DECES PAR AGE (SEXE MASCULIN): DE 45 A 50 ANS, 1889
271	DECES PAR AGE (SEXE MASCULIN): DE 50 A 55 ANS, 1889
272	DECES PAR AGE (SEXE MASCULIN): DE 55 A 60 ANS, 1889
273	DECES PAR AGE (SEXE MASCULIN): DE 20 A 60 ANS, 1889
274	DECES PAR AGE (SEXE MASCULIN): DE 60 A 65 ANS, 1889
275	DECES PAR AGE (SEXE MASCULIN): DE 65 A 70 ANS, 1889
276	DECES PAR AGE (SEXE MASCULIN): DE 70 A 75 ANS, 1889
277	DECES PAR AGE (SEXE MASCULIN): DE 75 A 80 ANS, 1889
278	DECES PAR AGE (SEXE MASCULIN): DE 80 A 85 ANS, 1889
279	DECES PAR AGE (SEXE MASCULIN): DE 85 A 90 ANS, 1889
280	DECES PAR AGE (SEXE MASCULIN): DE 90 A 95 ANS, 1889
281	DECES PAR AGE (SEXE MASCULIN): DE 95 A 100 ANS, 1889
282	DECES PAR AGE (SEXE MASCULIN): CENTENAIRES, 1889
283	DECES PAR AGE (SEXE MASCULIN): DE 60 ANS ET AU-DESSUS, 1889
284	DECES PAR AGE (SEXE MASCULIN): TOTAL, 1889
285	DECES PAR AGE (SEXE FEMININ): AU-DESSOUS DE 1 AN, 1889
286	DECES PAR AGE (SEXE FEMININ): DE 1 A 2 ANS, 1889
287	DECES PAR AGE (SEXE FEMININ): DE 2 A 3 ANS, 1889
288	DECES PAR AGE (SEXE FEMININ): DE 3 A 4 ANS, 1889
289	DECES PAR AGE (SEXE FEMININ): DE 4 A 5 ANS, 1889
290	DECES PAR AGE (SEXE FEMININ): DE 1 A 5 ANS, 1889
291	DECES PAR AGE (SEXE FEMININ): DE 5 A 10 ANS, 1889
292	DECES PAR AGE (SEXE FEMININ): DE 10 A 15 ANS, 1889
293	DECES PAR AGE (SEXE FEMININ): DE 15 A 18 ANS, 1889
294	DECES PAR AGE (SEXE FEMININ): DE 18 A 20 ANS, 1889
295	DECES PAR AGE (SEXE FEMININ): DE 5 A 20 ANS, 1889
296	DECES PAR AGE (SEXE FEMININ): DE 20 A 25 ANS, 1889
297	DECES PAR AGE (SEXE FEMININ): DE 25 A 30 ANS, 1889
298	DECES PAR AGE (SEXE FEMININ): DE 30 A 35 ANS, 1889
299	DECES PAR AGE (SEXE FEMININ): DE 35 A 40 ANS, 1889
300	DECES PAR AGE (SEXE FEMININ): DE 40 A 45 ANS, 1889
301	DECES PAR AGE (SEXE FEMININ): DE 45 A 50 ANS, 1889
302	DECES PAR AGE (SEXE FEMININ): DE 50 A 55 ANS, 1889
303	DECES PAR AGE (SEXE FEMININ): DE 55 A 60 ANS, 1889

DATA SET 173:   MOUVEMENT DE LA POPULATION 1889 (DEPARTEMENT)

NUMERO DE
LA VARIABLE   NOM DE LA VARIABLE

304   DECES PAR AGE (SEXE FEMININ):   DE 20 A 60 ANS, 1889

305   DECES PAR AGE (SEXE FEMININ):   DE 60 A 65 ANS, 1889

306   DECES PAR AGE (SEXE FEMININ):   DE 65 A 70 ANS, 1889

307   DECES PAR AGE (SEXE FEMININ):   DE 70 A 75 ANS, 1889

308   DECES PAR AGE (SEXE FEMININ):   DE 75 A 80 ANS, 1889

309   DECES PAR AGE (SEXE FEMININ):   DE 80 A 85 ANS, 1889

310   DECES PAR AGE (SEXE FEMININ):   DE 85 A 90 ANS, 1889

311   DECES PAR AGE (SEXE FEMININ):   DE 90 A 95 ANS, 1889

312   DECES PAR AGE (SEXE FEMININ):   95 A 100 ANS, 1889

313   DECES PAR AGE (SEXE FEMININ):   CENTENAIRES, 1889

314   DECES PAR AGE (SEXE FEMININ):   DE 60 ANS ET AU-DESSUS, 1889

315   DECES PAR AGE (SEXE FEMININ):   TOTAL, 1889

316   DECES PAR MOIS: JANVIER, 1889

317   DECES PAR MOIS: FEVRIER, 1889

318   DECES PAR MOIS: MARS, 1889

319   DECES PAR MOIS: AVRIL, 1889

320   DECES PAR MOIS: MAI, 1889

321   DECES PAR MOIS: JUIN, 1889

322   DECES PAR MOIS: JUILLET, 1889

323   DECES PAR MOIS: AOUT, 1889

324   DECES PAR MOIS: SEPTEMBRE, 1889

325   DECES PAR MOIS: OCTOBRE, 1889

326   DECES PAR MOIS: NOVEMBRE, 1889

327   DECES PAR MOIS: DECEMBRE, 1889

328   DECES PAR MOIS: TOTAL, 1889

329   ACCROISSEMENT DE LA POPULATION: NAISSANCES. POPULATION URBAINE, 1889

330   ACCROISSEMENT DE LA POPULATION: NAISSANCES. POPULATION RURALE, 1889

331   ACCROISSEMENT DE LA POPULATION: NAISSANCES. TOTAL, 1889

332   ACCROISSEMENT DE LA POPULATION: DECES. POPULATION URBAINE, 1889

333   ACCROISSEMENT DE LA POPULATION: DECES. POPULATION RURALE, 1889

334   ACCROISSEMENT DE LA POPULATION: DECES. TOTAL, 1889

335   ACCROISSEMENT DE LA POPULATION: POPULATION URBAINE. ACCROISSEMENT, 1889

336   ACCROISSEMENT DE LA POPULATION: POPULATION URBAINE. DIMINUTION, 1889

337   ACCROISSEMENT DE LA POPULATION: POPULATION RURALE. ACCROISSEMENT, 1889

338   ACCROISEMENT DE LA POPULATION: POPULATION RURALE. DIMINUTION, 1889

339   ACCROISSEMENT DE LA POPULATION: POPULATIONS URBAINE ET RURALE REUNIES:
           ACCROISSEMENT, 1889

DATA SET 173: MOUVEMENT DE LA POPULATION 1889 (DEPARTEMENT)

NUMERO DE LA VARIABLE	NOM DE LA VARIABLE
340	ACCROISSEMENT DE LA POPULATION: POPULATIONS URBAINE ET RURALE REUNIES: DIMINUTION, 1889

DATA SET 174:   MOUVEMENT DE LA POPULATION 1892 (DEPARTEMENT)

SOURCE: STATISTIQUE GENERALE DE LA FRANCE, STATISTIQUE ANNUELLE,
          ANNEE 1892, TOME XXII, PREMIERE PARTIE (PARIS, 1895)

```
VARIABLES 7-35:      TABLEAU NO. 13
VARIABLES 36-42:     TABLEAU NO. 14
VARIABLES 43-58:     TABLEAU NO. 15
VARIABLES 59-89:     TABLEAUX NOS. 1 ET 2
VARIABLES 90-102:    TABLEAU NO. 3
VARIABLES 103-129:   TABLEAU NO. 4
VARIABLES 130-138:   TABLEAU NO. 5
VARIABLES 139-162:   TABLEAU NO. 6
VARIABLES 163-170:   TABLEAU NO. 7
VARIABLES 171-197:   TABLEAU NO. 8
VARIABLES 198-223:   TABLEAU NO. 9
VARIABLES 224-249:   TABLEAUX NO. 10
VARIABLES 250-270:   TABLEAU NO. 11
```

NUMERO DE
LA VARIABLE   NOM DE LA VARIABLE

7   MOUVEMENT GENERAL DE LA POPULATION.   CHIFFRES ABSOLUS. MARIAGES, 1892

8   MOUVEMENT GENERAL DE LA POPULATION.   CHIFFRES ABSOLUS. DIVORCES, 1892

9   MOUVEMENT GENERAL DE LA POPULATION.   CHIFFRES ABSOLUS. ENFANTS NES VIVANTS.
           LEGITIMES. GARCONS, 1892

10   MOUVEMENT GENERAL DE LA POPULATION.   CHIFFRES ABSOLUS. ENFANTS NES VIVANTS.
           LEGITIMES. FILLES, 1892

11   MOUVEMENT GENERAL DE LA POPULATION.   CHIFFRES ABSOLUS. ENFANTS NES VIVANTS.
           LEGITIMES. TOTAL, 1892

12   MOUVEMENT GENERAL DE LA POPULATION.   CHIFFRES ABSOLUS. ENFANTS NES VIVANTS.
           NATURELS. GARCONS, 1892

13   MOUVEMENT GENERAL DE LA POPULATION.   CHIFFRES ABSOLUS. ENFANTS NES VIVANTS.
           NATURELS. FILLES, 1892

14   MOUVEMENT GENERAL DE LA POPULATION.   CHIFFRES ABSOLUS. ENFANTS NES VIVANTS.
           NATURELS. TOTAL, 1892

15   MOUVEMENT GENERAL DE LA POPULATION.   CHIFFRES ABSOLUS. ENFANTS NES VIVANTS.   TOTAL
           DES NAISSANCES, 1892

16   MOUVEMENT GENERAL DE LA POPULATION.   CHIFFRES ABSOLUS. ENFANTS MORT-NES OU MORTS
           AVANT LA DECLARATION DE NAISSANCE. LEGITIMES. GARCONS, 1892

17   MOUVEMENT GENERAL DE LA POPULATION.   CHIFFRES ABSOLUS. ENFANTS MORT-NES OU MORTS
           AVANT LA DECLARATION DE NAISSANCE. LEGITIMES. FILLES, 1892

18   MOUVEMENT GENERAL DE LA POPULATION.   CHIFFRES ABSOLUS. ENFANTS MORT-NES OU MORTS
           AVANT LA DECLARATION DE NAISSANCE. LEGITIMES. TOTAL, 1892

19   MOUVEMENT GENERAL DE LA POPULATION.   CHIFFRES ABSOLUS. ENFANTS MORT-NES OU MORTS
           AVANT LA DECLARATION DE NAISSANCE. NATURELS. GARCONS, 1892

20   MOUVEMENT GENERAL DE LA POPULATION.   CHIFFRES ABSOLUS. ENFANTS MORT-NES OU MORTS
           AVANT LA DECLARATION DE NAISSANCE. NATURELS. FILLES, 1892

21   MOUVEMENT GENERAL DE LA POPULATION.   CHIFFRES ABSOLUS. ENFANTS MORT-NES OU MORTS
           AVANT LA DECLARATION DE NAISSANCE. NATURELS. TOTAL, 1892

22   MOUVEMENT GENERAL DE LA POPULATION.   CHIFFRES ABSOLUS. ENFANTS MORT-NES OU MORTS
           AVANT LA DECLARATION DE NAISSANCE. TOTAL DES MORT-NES, 1892

23   MOUVEMENT GENERAL DE LA POPULATION.   CHIFFRES ABSOLUS. DECES. SEXE MASCULIN.
           GARCONS, 1892

24   MOUVEMENT GENERAL DE LA POPULATION.   CHIFFRES ABSOLUS. DECES. SEXE MASCULIN.
           MARIES, 1892

25   MOUVEMENT GENERAL DE LA POPULATION.   CHIFFRES ABSOLUS. DECES. SEXE MASCULIN. VEUFS,
           1892

DATA SET 174: MOUVEMENT DE LA POPULATION 1892 (DEPARTEMENT)

NUMERO DE
LA VARIABLE   NOM DE LA VARIABLE

26   MOUVEMENT GENERAL DE LA POPULATION. CHIFFRES ABSOLUS. DECES. SEXE MASCULIN.
        DIVORCES, 1892

27   MOUVEMENT GENERAL DE LA POPULATION. CHIFFRES ABSOLUS. DECES. SEXE MASCULIN. TOTAL,
        1892

28   MOUVEMENT GENERAL DE LA POPULATION. CHIFFRES ABSOLUS. DECES. SEXE FEMININ. FILLES,
        1892

29   MOUVEMENT GENERAL DE LA POPULATION. CHIFFRES ABSOLUS. DECES. SEXE FEMININ.
        MARIEES, 1892

30   MOUVEMENT GENERAL DE LA POPULATION. CHIFFRES ABSOLUS. DECES. SEXE FEMININ. VEUVES,
        1892

31   MOUVEMENT GENERAL DE LA POPULATION. CHIFFRES ABSOLUS. DECES. SEXE FEMININ.
        DIVORCEES, 1892

32   MOUVEMENT GENERAL DE LA POPULATION. CHIFFRES ABSOLUS. DECES. SEXE FEMININ. TOTAL,
        1892

33   MOUVEMENT GENERAL DE LA POPULATION. CHIFFRES ABSOLUS. DECES. TOTAL, 1892

34   MOUVEMENT GENERAL DE LA POPULATION. CHIFFRES ABSOLUS. EXCEDENT DES NAISSANCES, 1892

35   MOUVEMENT GENERAL DE LA POPULATION. CHIFFRES ABSOLUS. EXCEDENT DES DECES, 1892

36   MOUVEMENT DE LA POPULATION. MARIAGES. PROPORTION POUR 1,000 HABITANTS. (AVEC 2
        DECIMALES), 1892

37   MOUVEMENT DE LA POPULATION. DIVORCES. PROPORTION POUR 100,000 MENAGES. (NEUF
        ANNEES ACCUMULEES), 1892

38   MOUVEMENT DE LA POPULATION. NAISSANCES. PROPORTION POUR 1,000 HABITANTS. (AVEC 1
        DECIMALE), 1892

39   MOUVEMENT DE LA POPULATION. NAISSANCES LEGITIMES POUR 100 FEMMES MARIEES DE MOINS DE
        45 ANS (AVEC 1 DECIMALE), 1892

40   MOUVEMENT DE LA POPULATION. NAISSANCES NATURELLES POUR 100 NAISSANCES TOTALES (AVEC
        1 DECIMALE), 1892

41   MOUVEMENT DE LA POPULATION. DECES POUR 1,000 HABITANTS (AVEC 1 DECIMALE), 1892

42   MOUVEMENT DE LA POPULATION. EXCEDENT DES NAISSANCES OU DES DECES. NOMBRE DES
        NAISSANCES POUR 100 DECES, 1892

43   MOUVEMENT DE LA POPULATION. TOTAL DES MARIAGES, 1892

44   MOUVEMENT DE LA POPULATION. MARIAGES PAR ETAT CIVIL. CELIBATAIRES. GARCONS, 1892

45   MOUVEMENT DE LA POPULATION. MARIAGES PAR ETAT CIVIL. CELIBATAIRES. FILLES, 1892

46   MOUVEMENT DE LA POPULATION. MARIAGES PAR ETAT CIVIL. VEUFS. VEUFS, 1892

47   MOUVEMENT DE LA POPULATION. MARIAGES PAR ETAT CIVIL. VEUFS. VEUVES, 1892

48   MOUVEMENT DE LA POPULATION. MARIAGES PAR ETAT CIVIL. DIVORCES. DIVORCES, 1892

49   MOUVEMENT DE LA POPULATION. MARIAGES PAR ETAT CIVIL. DIVORCES. DIVORCEES, 1892

50   MOUVEMENT DE LA POPULATION. DEGRE D'INSTRUCTION DES EPOUX. HOMMES QUI ONT SIGNE LEUR
        NOM, 1892

51   MOUVEMENT DE LA POPULATION. DEGRE D'INSTRUCTION DES EPOUX. HOMMES QUI ONT SIGNE
        D'UNE CROIX, 1892

52   MOUVEMENT DE LA POPULATION. DEGRE D'INSTRUCTION DES EPOUX. FEMMES QUI ONT SIGNE LEUR
        NOM, 1892

53   MOUVEMENT DE LA POPULATION. DEGRE D'INSTRUCTION DES EPOUX. FEMMES QUI ONT SIGNE
        D'UNE CROIX, 1892

DATA SET 174:   MOUVEMENT DE LA POPULATION 1892 (DEPARTEMENT)

NUMERO DE LA VARIABLE	NOM DE LA VARIABLE
54	MOUVEMENT DE LA POPULATION. PROPORTION POUR 100 EPOUX DE CEUX QUI N'ONT PU SIGNER LEUR ACTE. HOMMES (AVEC 1 DECIMALE), 1892
55	MOUVEMENT DE LA POPULATION. PROPORTION POUR 100 EPOUX DE CEUX QUI N'ONT PU SIGNER LEUR ACTE. FEMMES (AVEC 1 DECIMALE), 1892
56	MOUVEMENT DE LA POPULATION. MARIAGES. NOMBRE DE CONTRATS. 1892
57	MOUVEMENT DE LA POPULATION. LEGITIMATIONS. NOMBRE DE MARIAGES REPARATEURS, 1892
58	MOUVEMENT DE LA POPULATION. LEGITIMATIONS. NOMBRE DES ENFANTS LEGITIMES, 1892
59	MOUVEMENT DE LA POPULATION. MARIAGES PAR ETAT CIVIL. GARCONS AVEC FILLES, 1892
60	MOUVEMENT DE LA POPULATION. MARIAGES PAR ETAT CIVIL. GARCONS AVEC VEUVES, 1892
61	MOUVEMENT DE LA POPULATION. MARIAGES PAR ETAT CIVIL. GARCONS AVEC DIVORCEES, 1892
62	MOUVEMENT DE LA POPULATION. MARIAGES PAR ETAT CIVIL. VEUFS AVEC FILLES, 1892
63	MOUVEMENT DE LA POPULATION. MARIAGES PAR ETAT CIVIL. VEUFS AVEC VEUVES, 1892
64	MOUVEMENT DE LA POPULATION. MARIAGES PAR ETAT CIVIL. VEUFS AVEC DIVORCEES, 1892
65	MOUVEMENT DE LA POPULATION. MARIAGES PAR ETAT CIVIL. DIVORCES AVEC FILLES, 1892
66	MOUVEMENT DE LA POPULATION: MARIAGES PAR ETAT CIVIL. DIVORCES AVEC VEUVES, 1892
67	MOUVEMENT DE LA POPULATION. MARIAGES PAR ETAT CIVIL. DIVORCES AVEC DIVORCEES, 1892
68	MOUVEMENT DE LA POPULATION. MARIAGES PAR ETAT CIVIL. TOTAL, 1892
69	MOUVEMENT DE LA POPULATION. DIVORCES, 1892
70	MOUVEMENT DE LA POPULATION: DETAILS RELATIFS AUX MARIAGES. HOMMES MARIES QUI ONT SIGNE LEUR NOM, 1892
71	MOUVEMENT DE LA POPULATION: DETAILS RELATIFS AUX MARIAGES. HOMMES MARIES QUI ONT SIGNE D'UNE CROIX, 1892
72	MOUVEMENT DE LA POPULATION: DETAILS RELATIFS AUX MARIAGES. FEMMES MARIEES QUI ONT SIGNE LEUR NOM, 1892
73	MOUVEMENT DE LA POPULATION: DETAILS RELATIFS AUX MARIAGES. FEMMES MARIEES QUI ONT SIGNE D'UNE CROIX, 1892
74	MOUVEMENT DE LA POPULATION: DETAILS RELATIFS AUX MARIAGES. NOMBRE DES MARIAGES PRECEDES D'ACTES RESPECTUEUX, 1892
75	MOUVEMENT DE LA POPULATION: DETAILS RELATIFS AUX MARIAGES. NOMBRE DES MARIAGES AYANT ETE L'OBJET D'OPPOSITIONS, 1892
76	MOUVEMENT DE LA POPULATION: DETAILS RELATIFS AUX MARIAGES. NOMBRE DES MARIAGES QUI ONT DONNE LIEU A LA REDACTION D'UN CONTRAT, 1892
77	MOUVEMENT DE LA POPULATION: DETAILS RELATIFS AUX MARIAGES. MARIAGES ENTRE PARENTS. NEVEUX ET TANTES, 1892
78	MOUVEMENT DE LA POPULATION: DETAILS RELATIFS AUX MARIAGES. MARIAGES ENTRE PARENTS. ONCLES ET NIECES, 1892
79	MOUVEMENT DE LA POPULATION: DETAILS RELATIFS AUX MARIAGES. MARIAGES ENTRE PARENTS. BEAUX-FRERES ET BELLES-SOEURS, 1892
80	MOUVEMENT DE LA POPULATION: DETAILS RELATIFS AUX MARIAGES. MARIAGE ENTRE PARENTS. COUSINES ET COUSINS GERMAINS, 1892
81	MOUVEMENT DE LA POPULATION: DETAILS RELATIFS AUX MARIAGES. NOMBRE DES MARIAGES PAR LESQUELS DES ENFANTS NATURELS ONT ETE LEGITIMES, 1892

DATA SET 174:   MOUVEMENT DE LA POPULATION 1892 (DEPARTEMENT)

NUMERO DE
LA VARIABLE   NOM DE LA VARIABLE

82   MOUVEMENT DE LA POPULATION: DETAILS RELATIFS AUX MARIAGES. NOMBRE DES ENFANTS
            LEGITIMES PAR LE MARIAGE DES PARENTS, 1892

83   MOUVEMENT DE LA POPULATION. ENFANTS LEGITIMES PAR LE MARIAGE DES PARENTS.
            AU-DESSOUS DE 4 ANS, 1892

84   MOUVEMENT DE LA POPULATION. ENFANTS LEGITIMES PAR LE MARIAGE DES PARENTS.   DE 5 A 9
            ANS, 1892

85   MOUVEMENT DE LA POPULATION. ENFANTS LEGITIMES PAR LE MARIAGE DES PARENTS.   DE 10 A
            14 ANS, 1892

86   MOUVEMENT DE LA POPULATION. ENFANTS LEGITIMES PAR LE MARIAGE DES PARENTS.   DE 15 A
            19 ANS, 1892

87   MOUVEMENT DE LA POPULATION: ENFANTS LEGITIMES PAR LE MARIAGE DES PARENTS.   20 ANS ET
            AU-DESSUS, 1892

88   MOUVEMENT DE LA POPULATION: ENFANTS LEGITIMES PAR LE MARIAGE DES PARENTS.   AGE
            INCONNU, 1892

89   MOUVEMENT DE LA POPULATION: ENFANTS LEGITIMES PAR LE MARIAGE DES PARENTS.   TOTAL,
            1892

90   MOUVEMENT DE LA POPULATION: MARIAGES PAR MOIS. JANVIER, 1892

91   MOUVEMENT DE LA POPULATION: MARIAGES PAR MOIS. FEVRIER, 1892

92   MOUVEMENT DE LA POPULATION: MARIAGES PAR MOIS. MARS, 1892

93   MOUVEMENT DE LA POPULATION: MARIAGES PAR MOIS. AVRIL, 1892

94   MOUVEMENT DE LA POPULATION: MARIAGES PAR MOIS. MAI, 1892

95   MOUVEMENT DE LA POPULATION: MARIAGES PAR MOIS. JUIN, 1892

96   MOUVEMENT DE LA POPULATION: MARIAGES PAR MOIS. JUILLET, 1892

97   MOUVEMENT DE LA POPULATION: MARIAGES PAR MOIS. AOUT, 1892

98   MOUVEMENT DE LA POPULATION: MARIAGES PAR MOIS. SEPTEMBRE, 1892

99   MOUVEMENT DE LA POPULATION: MARIAGES PAR MOIS. OCTOBRE, 1892

100   MOUVEMENT DE LA POPULATION: MARIAGES PAR MOIS. NOVEMBRE, 1892

101   MOUVEMENT DE LA POPULATION: MARIAGES PAR MOIS. DECEMBRE, 1892

102   MOUVEMENT DE LA POPULATION: MARIAGES PAR MOIS. TOTAL, 1892

103   MOUVEMENT DE LA POPULATION: AGE AU MARIAGE (HOMMES). GARCONS AU-DESSOUS DE 20 ANS,
            1892

104   MOUVEMENT DE LA POPULATION: AGE AU MARIAGE (HOMMES). GARCONS DE 20 A 25 ANS, 1892

105   MOUVEMENT DE LA POPULATION: AGE AU MARIAGE (HOMMES). GARCONS DE 25 A 30 ANS, 1892

106   MOUVEMENT DE LA POPULATION: AGE AU MARIAGE (HOMMES). GARCONS DE 30 A 35 ANS, 1892

107   MOUVEMENT DE LA POPULATION: AGE AU MARIAGE (HOMMES). GARCONS DE 35 A 40 ANS, 1892

108   MOUVEMENT DE LA POPULATION: AGE AU MARIAGE (HOMMES). GARCONS DE 40 A 50 ANS, 1892

109   MOUVEMENT DE LA POPULATION: AGE AU MARIAGE (HOMMES). GARCONS DE 50 A 60 ANS, 1892

110   MOUVEMENT DE LA POPULATION: AGE AU MARIAGE (HOMMES). GARCONS DE 60 ANS ET AU-DESSUS,
            1892

111   MOUVEMENT DE LA POPULATION: AGE AU MARIAGE (HOMMES). GARCONS TOTAL, 1892

112   MOUVEMENT DE LA POPULATION: AGE AU MARIAGE (HOMMES). VEUFS AU-DESSOUS DE 20 ANS, 1892

DATA SET 174: MOUVEMENT DE LA POPULATION 1892 (DEPARTEMENT)

NUMERO DE
LA VARIABLE   NOM DE LA VARIABLE

113   MOUVEMENT DE LA POPULATION: AGE AU MARIAGE (HOMMES). VEUFS DE 20 A 25 ANS, 1892

114   MOUVEMENT DE LA POPULATION: AGE AU MARIAGE (HOMMES). VEUFS DE 25 A 30 ANS, 1892

115   MOUVEMENT DE LA POPULATION: AGE AU MARIAGE (HOMMES). VEUFS DE 30 A 35 ANS, 1892

116   MOUVEMENT DE LA POPULATION: AGE AU MARIAGE (HOMMES). VEUFS DE 35 A 40 ANS, 1892

117   MOUVEMENT DE LA POPULATION: AGE AU MARIAGE (HOMMES). VEUFS DE 40 A 50 ANS, 1892

118   MOUVEMENT DE LA POPULATION: AGE AU MARIAGE (HOMMES). VEUFS DE 50 A 60 ANS, 1892

119   MOUVEMENT DE LA POPULATION: AGE AU MARIAGE (HOMMES). VEUFS DE 60 ANS ET AU-DESSUS,
           1892

120   MOUVEMENT DE LA POPULATION: AGE AU MARIAGE (HOMMES). VEUFS TOTAL, 1892

121   MOUVEMENT DE LA POPULATION: AGE AU MARIAGE (HOMMES). DIVORCES AU-DESSOUS DE 20 ANS,
           1892

122   MOUVEMENT DE LA POPULATION: AGE AU MARIAGE (HOMMES). DIVORCES DE 20 A 25 ANS, 1892

123   MOUVEMENT DE LA POPULATION: AGE AU MARIAGE (HOMMES). DIVORCES DE 25 A 30 ANS, 1892

124   MOUVEMENT DE LA POPULATION: AGE AU MARIAGE (HOMMES). DIVORCES DE 30 A 35 ANS, 1892

125   MOUVEMENT DE LA POPULATION: AGE AU MARIAGE (HOMMES). DIVORCES DE 35 A 40 ANS, 1892

126   MOUVEMENT DE LA POPULATION: AGE AU MARIAGE (HOMMES). DIVORCES DE 40 A 50 ANS, 1892

127   MOUVEMENT DE LA POPULATION: AGE AU MARIAGE (HOMMES). DIVORCES DE 50 A 60 ANS, 1892

128   MOUVEMENT DE LA POPULATION: AGE AU MARIAGE (HOMMES). DIVORCES DE 60 ANS ET
           AU-DESSUS, 1892

129   MOUVEMENT DE LA POPULATION: AGE AU MARIAGE (HOMMES). DIVORCES TOTAL, 1892

130   MOUVEMENT DE LA POPULATION: AGE AU MARIAGE (HOMMES). GARCONS, VEUFS, ET DIVORCES
           REUNIS AU-DESSOUS DE 20 ANS, 1892

131   MOUVEMENT DE LA POPULATION: AGE AU MARIAGE (HOMMES). GARCONS, VEUFS, ET DIVORCES
           REUNIS DE 20 A 25 ANS, 1892

132   MOUVEMENT DE LA POPULATION: AGE AU MARIAGE (HOMMES). GARCONS, VEUFS, ET DIVORCES
           REUNIS DE 25 A 30 ANS, 1892

133   MOUVEMENT DE LA POPULATION: AGE AU MARIAGE (HOMMES). GARCONS, VEUFS, ET DIVORCES
           REUNIS DE 30 A 35 ANS, 1892

134   MOUVEMENT DE LA POPULATION: AGE AU MARIAGE (HOMMES). GARCONS, VEUFS, ET DIVORCES
           REUNIS DE 35 A 40 ANS, 1892

135   MOUVEMENT DE LA POPULATION: AGE AU MARIAGE (HOMMES). GARCONS, VEUFS, ET DIVORCES
           REUNIS DE 40 A 50 ANS, 1892

136   MOUVEMENT DE LA POPULATION: AGE AU MARIAGE (HOMMES). GARCONS, VEUFS, ET DIVORCES
           REUNIS DE 50 A 60 ANS, 1892

137   MOUVEMENT DE LA POPULATION: AGE AU MARIAGE (HOMMES). GARCONS, VEUFS, ET DIVORCES
           REUNIS DE 60 ANS ET AU-DESSUS, 1892

138   MOUVEMENT DE LA POPULATION: AGE AU MARIAGE (HOMMES). GARCONS, VEUFS, ET DIVORCES
           REUNIS. TOTAL, 1892

139   MOUVEMENT DE LA POPULATION: AGE AU MARIAGE (FEMMES). FILLES AU-DESSOUS DE 20 ANS,
           1892

140   MOUVEMENT DE LA POPULATION: AGE AU MARIAGE (FEMMES). FILLES DE 20 A 25 ANS, 1892

141   MOUVEMENT DE LA POPULATION: AGE AU MARIAGE (FEMMES). FILLES DE 25 A 30 ANS, 1892

DATA SET 174: MOUVEMENT DE LA POPULATION 1892 (DEPARTEMENT)

NOM DE LA VARIABLE

142   MOUVEMENT DE LA POPULATION: AGE AU MARIAGE (FEMMES). FILLES DE 30 A 35 ANS, 1892

143   MOUVEMENT DE LA POPULATION: AGE AU MARIAGE (FEMMES). FILLES DE 35 A 40 ANS, 1892

144   MOUVEMENT DE LA POPULATION: AGE AU MARIAGE (FEMMES). FILLES DE 40 A 50 ANS, 1892

145   MOUVEMENT DE LA POPULATION: AGE AU MARIAGE (FEMMES). FILLES DE 50 ANS ET AU-DESSUS, 1892

146   MOUVEMENT DE LA POPULATION: AGE AU MARIAGE (FEMMES). FILLES TOTAL, 1892

147   MOUVEMENT DE LA POPULATION: AGE AU MARIAGE (FEMMES). VEUVES AU-DESSOUS DE 20 ANS, 1892

148   MOUVEMENT DE LA POPULATION: AGE AU MARIAGE (FEMMES). VEUVES DE 20 A 25 ANS, 1892

149   MOUVEMENT DE LA POPULATION: AGE AU MARIAGE (FEMMES). VEUVES DE 25 A 30 ANS, 1892

150   MOUVEMENT DE LA POPULATION: AGE AU MARIAGE (FEMMES). VEUVES DE 30 A 35 ANS, 1892

151   MOUVEMENT DE LA POPULATION: AGE AU MARIAGE (FEMMES). VEUVES DE 35 A 40 ANS, 1892

152   MOUVEMENT DE LA POPULATION: AGE AU MARIAGE (FEMMES). VEUVES DE 40 A 50 ANS, 1892

153   MOUVEMENT DE LA POPULATION: AGE AU MARIAGE (FEMMES). VEUVES DE 50 ANS ET AU-DESSUS, 1892

154   MOUVEMENT DE LA POPULATION: AGE AU MARIAGE (FEMMES). VEUVES TOTAL, 1892

155   MOUVEMENT DE LA POPULATION: AGE AU MARIAGE (FEMMES). DIVORCEES AU-DESSOUS DE 20 ANS, 1892

156   MOUVEMENT DE LA POPULATION: AGE AU MARIAGE (FEMMES). DIVORCEES DE 20 A 25 ANS, 1892

157   MOUVEMENT DE LA POPULATION: AGE AU MARIAGE (FEMMES). DIVORCEES DE 25 A 30 ANS, 1892

158   MOUVEMENT DE LA POPULATION: AGE AU MARIAGE (FEMMES). DIVORCEES DE 30 A 35 ANS, 1892

159   MOUVEMENT DE LA POPULATION: AGE AU MARIAGE (FEMMES). DIVORCEES DE 35 A 40 ANS, 1892

160   MOUVEMENT DE LA POPULATION: AGE AU MARIAGE (FEMMES). DIVORCEES DE 40 A 50 ANS, 1892

161   MOUVEMENT DE LA POPULATION: AGE AU MARIAGE (FEMMES). DIVORCEES DE 50 ANS ET AU-DESSUS, 1892

162   MOUVEMENT DE LA POPULATION: AGE AU MARIAGE (FEMMES). DIVORCEES TOTAL, 1892

163   MOUVEMENT DE LA POPULATION: AGE AU MARIAGE (FEMMES). FILLES, VEUVES, ET DIVORCEES REUNIES AU-DESSOUS DE 20 ANS, 1892

164   MOUVEMENT DE LA POPULATION: AGE AU MARIAGE (FEMMES). FILLES, VEUVES, ET DIVORCEES REUNIES DE 20 A 25 ANS, 1892

165   MOUVEMENT DE LA POPULATION: AGE AU MARIAGE (FEMMES). FILLES, VEUVES, ET DIVORCEES REUNIES DE 25 A 30 ANS, 1892

166   MOUVEMENT DE LA POPULATION: AGE AU MARIAGE (FEMMES). FILLES, VEUVES, ET DIVORCEES REUNIES DE 30 A 35 ANS, 1892

167   MOUVEMENT DE LA POPULATION: AGE AU MARIAGE (FEMMES). FILLES, VEUVES, ET DIVORCEES REUNIES DE 35 A 40 ANS, 1892

168   MOUVEMENT DE LA POPULATION: AGE AU MARIAGE (FEMMES). FILLES, VEUVES, ET DIVORCEES REUNIES DE 40 A 50 ANS, 1892

169   MOUVEMENT DE LA POPULATION: AGE AU MARIAGE (FEMMES). FILLES, VEUVES, ET DIVORCEES REUNIES DE 50 ANS ET AU-DESSUS, 1892

170   MOUVEMENT DE LA POPULATION: AGE AU MARIAGE (FEMMES). FILLES, VEUVES, ET DIVORCEES REUNIES TOTAL, 1892

DATA SET 174: MOUVEMENT DE LA POPULATION 1892 (DEPARTEMENT)

NUMERO DE
LA VARIABLE   NOM DE LA VARIABLE

171   NAISSANCES PAR ETAT CIVIL ET PAR SEXE. ENFANTS VIVANTS AU MOMENT DE LA DECLARATION
             DE NAISSANCE. ENFANTS LEGITIMES. GARCONS, 1892

172   NAISSANCES PAR ETAT CIVIL ET PAR SEXE. ENFANTS VIVANTS AU MOMENT DE LA DECLARATION
             DE NAISSANCE. ENFANTS LEGITIMES. FILLES, 1892

173   NAISSANCES PAR ETAT CIVIL ET PAR SEXE. ENFANTS VIVANTS AU MOMENT DE LA DECLARATION
             DE NAISSANCE. ENFANTS LEGITIMES. TOTAUX, 1892

174   NAISSANCES PAR ETAT CIVIL ET PAR SEXE. ENFANTS VIVANTS AU MOMENT DE LA DECLARATION
             DE NAISSANCE. ENFANTS NATURELS RECONNUS. GARCONS, 1892

175   NAISSANCES PAR ETAT CIVIL ET PAR SEXE. ENFANTS VIVANTS AU MOMENT DE LA DECLARATION
             DE NAISSANCE. ENFANTS NATURELS RECONNUS. FILLES, 1892

176   NAISSANCES PAR ETAT CIVIL ET PAR SEXE. ENFANTS VIVANTS AU MOMENT DE LA DECLARATION
             DE NAISSANCE. ENFANTS NATURELS RECONNUS. TOTAUX, 1892

177   NAISSANCES PAR ETAT CIVIL ET PAR SEXE. ENFANTS VIVANTS AU MOMENT DE LA DECLARATION
             DE NAISSANCE. ENFANTS NATURELS NON RECONNUS. GARCONS, 1892

178   NAISSANCES PAR ETAT CIVIL ET PAR SEXE. ENFANTS VIVANTS AU MOMENT DE LA DECLARATION
             DE NAISSANCE. ENFANTS NATURELS NON RECONNUS. FILLES, 1892

179   NAISSANCES PAR ETAT CIVIL ET PAR SEXE. ENFANTS VIVANTS AU MOMENT DE LA DECLARATION
             DE NAISSANCE. ENFANTS NATURELS NON RECONNUS. TOTAUX, 1892

180   NAISSANCES PAR ETAT CIVIL ET PAR SEXE. ENFANTS VIVANTS AU MOMENT DE LA DECLARATION
             DE NAISSANCE. ENFANTS NATURELS TOTAUX. GARCONS, 1892

181   NAISSANCES PAR ETAT CIVIL ET PAR SEXE. ENFANTS VIVANTS AU MOMENT DE LA DECLARATION
             DE NAISSANCE. ENFANTS NATURELS TOTAUX. FILLES, 1892

182   NAISSANCES PAR ETAT CIVIL ET PAR SEXE. ENFANTS VIVANTS AU MOMENT DE LA DECLARATION
             DE NAISSANCE. ENFANTS NATURELS TOTAUX. TOTAUX, 1892

183   NAISSANCES PAR ETAT CIVIL ET PAR SEXE. ENFANTS VIVANTS AU MOMENT DE LA DECLARATION
             DE NAISSANCE. TOTAL. GARCONS, 1892

184   NAISSANCES PAR ETAT CIVIL ET PAR SEXE. ENFANTS VIVANTS AU MOMENT DE LA DECLARATION
             DE NAISSANCE. TOTAL. FILLES, 1892

185   NAISSANCES PAR ETAT CIVIL ET PAR SEXE. ENFANTS VIVANTS AU MOMENT DE LA DECLARATION
             DE NAISSANCE. TOTAL. TOTAUX, 1892

186   NAISSANCES PAR ETAT CIVIL ET PAR SEXE. MORT-NES ET ENFANTS MORTS AVANT LA
             DECLARATION DE NAISSANCE. ENFANTS LEGITIMES. GARCONS, 1892

187   NAISSANCES PAR ETAT CIVIL ET PAR SEXE. MORTS-NES ET ENFANTS MORTS AVANT LA
             DECLARATION DE NAISSANCE. ENFANTS LEGITIMES. FILLES, 1892

188   NAISSANCES PAR ETAT CIVIL ET PAR SEXE. MORTS-NES ET ENFANTS MORTS AVANT LA
             DECLARATION DE NAISSANCE. ENFANTS LEGITIMES. TOTAUX, 1892

189   NAISSANCES PAR ETAT CIVIL ET PAR SEXE. MORTS-NES ET ENFANTS MORTS AVANT LA
             DECLARATION DE NAISSANCE. ENFANTS NATURELS. GARCONS, 1892

190   NAISSANCES PAR ETAT CIVIL ET PAR SEXE. MORTS-NES ET ENFANTS MORTS AVANT LA
             DECLARATION DE NAISSANCE. ENFANTS NATURELS. FILLES, 1892

191   NAISSANCES PAR ETAT CIVIL ET PAR SEXE. MORTS-NES ET ENFANTS MORTS AVANT LA
             DECLARATION DE NAISSANCE. ENFANTS NATURELS. TOTAUX, 1892

192   NAISSANCES PAR ETAT CIVIL ET PAR SEXE. MORTS-NES ET ENFANTS MORTS AVANT LA
             DECLARATION DE NAISSANCE. TOTAL. GARCONS, 1892

193   NAISSANCES PAR ETAT CIVIL ET PAR SEXE. MORTS-NES ET ENFANTS MORTS AVANT LA
             DECLARATION DE NAISSANCE. TOTAL. FILLES, 1892

194   NAISSANCES PAR ETAT CIVIL ET PAR SEXE. MORTS-NES ET ENFANTS MORTS AVANT LA
             DECLARATION DE NAISSANCE. TOTAL. TOTAUX, 1892

DATA SET 174:   MOUVEMENT DE LA POPULATION 1892 (DEPARTEMENT)

NUMERO DE LA VARIABLE	NOM DE LA VARIABLE
195	NAISSANCES PAR ETAT CIVIL ET PAR SEXE. TOTAUX GENERAUX. GARCONS, 1892
196	NAISSANCES PAR ETAT CIVIL ET PAR SEXE. TOTAUX GENERAUX. FILLES, 1892
197	NAISSANCES PAR ETAT CIVIL ET PAR SEXE. TOTAUX GENERAUX. TOTAUX, 1892
198	NAISSANCES PAR MOIS. ENFANTS VIVANTS (AU MOMENT DE LA DECLARATION DE NAISSANCE). JANVIER, 1892
199	NAISSANCES PAR MOIS. ENFANTS VIVANTS (AU MOMENT DE LA DECLARATION DE NAISSANCE). FEVRIER, 1892
200	NAISSANCES PAR MOIS. ENFANTS VIVANTS (AU MOMENT DE LA DECLARATION DE NAISSANCE). MARS, 1892
201	NAISSANCES PAR MOIS. ENFANTS VIVANTS (AU MOMENT DE LA DECLARATION DE NAISSANCE). AVRIL, 1892
202	NAISSANCES PAR MOIS. ENFANTS VIVANTS (AU MOMENT DE LA DECLARATION DE NAISSANCE). MAI, 1892
203	NAISSANCES PAR MOIS. ENFANTS VIVANTS (AU MOMENT DE LA DECLARATION DE NAISSANCE). JUIN, 1892
204	NAISSANCES PAR MOIS. ENFANTS VIVANTS (AU MOMENT DE LA DECLARATION DE NAISSANCE). JUILLET, 1892
205	NAISSANCES PAR MOIS. ENFANTS VIVANTS (AU MOMENT DE LA DECLARATION DE NAISSANCE). AOUT, 1892
206	NAISSANCES PAR MOIS. ENFANTS VIVANTS (AU MOMENT DE LA DECLARATION DE NAISSANCE). SEPTEMBRE, 1892
207	NAISSANCES PAR MOIS. ENFANTS VIVANTS (AU MOMENT DE LA DECLARATION DE NAISSANCE). OCTOBRE, 1892
208	NAISSANCES PAR MOIS. ENFANTS VIVANTS (AU MOMENT DE LA DECLARATION DE NAISSANCE). NOVEMBRE, 1892
209	NAISSANCES PAR MOIS. ENFANTS VIVANTS (AU MOMENT DE LA DECLARATION DE NAISSANCE). DECEMBRE, 1892
210	NAISSANCES PAS MOIS. ENFANTS VIVANTS (AU MOMENT DE LA DECLARATION DE NAISSANCE). TOTAL, 1892
211	NAISSANCES PAR MOIS. ENFANTS MORT-NES. JANVIER, 1892
212	NAISSANCES PAR MOIS. ENFANTS MORT-NES. FEVRIER, 1892
213	NAISSANCES PAR MOIS. ENFANTS MORT-NES. MARS, 1892
214	NAISSANCES PAR MOIS. ENFANTS MORT-NES. AVRIL, 1892
215	NAISSANCES PAR MOIS. ENFANTS MORT-NES. MAI, 1892
216	NAISSANCES PAR MOIS. ENFANTS MORT-NES. JUIN, 1892
217	NAISSANCES PAR MOIS. ENFANTS MORTS-NES JUILLET, 1892
218	NAISSANCES PAR MOIS. ENFANTS MORT-NES. AOUT, 1892
219	NAISSANCES PAR MOIS. ENFANTS MORT-NES. SEPTEMBRE, 1892
220	NAISSANCES PAR MOIS. ENFANTS MORT-NES. OCTOBRE, 1892
221	NAISSANCES PAR MOIS. ENFANTS MORT-NES. NOVEMBRE, 1892
222	NAISSANCES PAR MOIS. ENFANTS MORT-NES. DECEMBRE, 1892
223	NAISSANCES PAR MOIS. ENFANTS MORT-NES. TOTAL, 1892

51

NUMERO DE
LA VARIABLE   NOM DE LA VARIABLE

224   NAISSANCES OU ACCOUCHEMENTS MULTIPLES. ACCOUCHEMENTS DOUBLES. NOMBRE DES
           ACCOUCHEMENTS AYANT PRODUIT DEUX GARCONS, 1892

225   NAISSANCES OU ACCOUCHEMENTS MULTIPLES. ACCOUCHEMENTS DOUBLES. NOMBRE DES
           ACCOUCHEMENTS AYANT PRODUIT DEUX FILLES, 1892

226   NAISSANCES OU ACCOUCHEMENTS MULTIPLES. ACCOUCHEMENTS DOUBLES. NOMBRE DES
           ACCOUCHEMENTS AYANT PRODUIT UN GARCON ET UNE FILLE, 1892

227   NAISSANCES OU ACCOUCHEMENTS MULTIPLES. ACCOUCHEMENTS DOUBLES. NOMBRE DES
           ACCOUCHEMENTS TOTAL, 1892

228   NAISSANCES OU ACCOUCHEMENTS MULTIPLES. ACCOUCHEMENTS DOUBLES. NOMBRE DES ENFANTS
           ISSUS DE CES ACCOUCHEMENTS NES VIVANTS. GARCONS, 1892

229   NAISSANCES OU ACCOUCHEMENTS MULTIPLES. ACCOUCHEMENTS DOUBLES. NOMBRE DES ENFANTS
           ISSUS DE CES ACCOUCHEMENTS NES VIVANTS. FILLES, 1892

230   NAISSANCES OU ACCOUCHEMENTS MULTIPLES. ACCOUCHEMENTS DOUBLES. NOMBRE DES ENFANTS
           ISSUS DE CES ACCOUCHEMENTS NES VIVANTS. TOTAL, 1892

231   NAISSANCES OU ACCOUCHEMENTS MULTIPLES. ACCOUCHEMENTS DOUBLES. NOMBRE DES ENFANTS
           ISSUS DE CES ACCOUCHEMENTS MORT-NES. GARCONS, 1892

232   NAISSANCES OU ACCOUCHEMENTS MULTIPLES. ACCOUCHEMENTS DOUBLES. NOMBRE DES ENFANTS
           ISSUS DE CES ACCOUCHEMENTS MORT-NES. FILLES, 1892

233   NAISSANCES OU ACCOUCHEMENTS MULTIPLES. ACCOUCHEMENTS DOUBLES. NOMBRE DES ENFANTS
           ISSUS DE CES ACCOUCHEMENTS MORT-NES. TOTAL, 1892

234   NAISSANCES OU ACCOUCHEMENTS MULTIPLES. ACCOUCHEMENTS DOUBLES. NOMBRE DES ENFANTS
           ISSUS DE CES ACCOUCHEMENTS TOTAL. GARCONS, 1892

235   NAISSANCES OU ACCOUCHEMENTS MULTIPLES. ACCOUCHEMENTS DOUBLES. NOMBRE DES ENFANTS
           ISSUS DE CES ACCOUCHEMENTS TOTAL. FILLES, 1892

236   NAISSANCES OU ACCOUCHEMENTS MULTIPLES. ACCOUCHEMENTS DOUBLES. NOMBRE DES ENFANTS
           ISSUS DE CES ACCOUCHEMENTS TOTAL. TOTAL, 1892

237   NAISSANCES OU ACCOUCHEMENTS MULTIPLES. ACCOUCHEMENTS TRIPLES (Y COMPRIS UN
           ACCOUCHEMENT QUADRUPLE DANS LE JURA.) NOMBRE DES ACCOUCHEMENTS AYANT PRODUIT
           EXCLUSIVEMENT DES GARCONS, 1892

238   NAISSANCES OU ACCOUCHEMENTS MULTIPLES. ACCOUCHEMENTS TRIPLES (Y COMPRIS UN
           ACCOUCHEMENT QUADRUPLE DANS LE JURA.) NOMBRE DES ACCOUCHEMENTS AYANT PRODUIT
           EXCLUSIVEMENT DES FILLES, 1892

239   NAISSANCES OU ACCOUCHEMENTS MULTIPLES. ACCOUCHEMENTS TRIPLES (Y COMPRIS UN
           ACCOUCHEMENT QUADRUPLE DANS LE JURA.) NOMBRE DES ACCOUCHEMENTS AYANT PRODUIT DES
           ENFANTS DES DEUX SEXES, 1892

240   NAISSANCES OU ACCOUCHEMENTS MULTIPLES. ACCOUCHEMENTS TRIPLES (Y COMPRIS UN
           ACCOUCHEMENT QUADRUPLE DANS LE JURA.) NOMBRE DES ACCOUCHEMENTS TOTAL, 1892

241   NAISSANCES OU ACCOUCHEMENTS MULTIPLES. ACCOUCHEMENTS TRIPLES (Y COMPRIS UN
           ACCOUCHEMENT QUADRUPLE DANS LE JURA.) NOMBRE DES ENFANTS ISSUS DE CES ACCOUCHEMENTS
           NES VIVANTS. GARCONS, 1892

242   NAISSANCES OU ACCOUCHEMENTS MULTIPLES. ACCOUCHEMENTS TRIPLES (Y COMPRIS UN
           ACCOUCHEMENT QUADRUPLE DANS LE JURA.) NOMBRE DES ENFANTS ISSUS DE CES ACCOUCHEMENTS
           NES VIVANTS. FILLES, 1892

243   NAISSANCES OU ACCOUCHEMENTS MULTIPLES. ACCOUCHEMENTS TRIPLES (Y COMPRIS UN
           ACCOUCHEMENT QUADRUPLE DANS LE JURA.) NOMBRE DES ENFANTS ISSUS DE CES ACCOUCHEMENTS
           NES VIVANTS. TOTAL, 1892

244   NAISSANCES OU ACCOUCHEMENTS MULTIPLES. ACCOUCHEMENTS TRIPLES (Y COMPRIS UN
           ACCOUCHEMENT QUADRUPLE DANS LE JURA.) NOMBRE DES ENFANTS ISSUS DE CES ACCOUCHEMENTS
           MORT-NES. GARCONS, 1892

DATA SET 174: MOUVEMENT DE LA POPULATION 1892 (DEPARTEMENT)

NUMERO DE
LA VARIABLE   NOM DE LA VARIABLE

245   NAISSANCES OU ACCOUCHEMENTS MULTIPLES. ACCOUCHEMENTS TRIPLES (Y COMPRIS UN
           ACCOUCHEMENT QUADRUPLE DANS LE JURA.) NOMBRE DES ENFANTS ISSUS DE CES ACCOUCHEMENTS
           MORT-NES. FILLES, 1892

246   NAISSANCES OU ACCOUCHEMENTS MULTIPLES. ACCOUCHEMENTS TRIPLES (Y COMPRIS UN
           ACCOUCHEMENT QUADRUPLE DANS LE JURA.) NOMBRE DES ENFANTS ISSUS DE CES ACCOUCHEMENTS
           MORT-NES. TOTAL, 1892

247   NAISSANCES OU ACCOUCHEMENTS MULTIPLES. ACCOUCHEMENTS TRIPLES (Y COMPRIS UN
           ACCOUCHEMENT QUADRUPLE DANS LE JURA.) NOMBRE DES ENFANTS ISSUS DE CES ACCOUCHEMENTS
           TOTAL. GARCONS, 1892

248   NAISSANCES OU ACCOUCHEMENTS MULTIPLES. ACCOUCHEMENTS TRIPLES (Y COMPRIS UN
           ACCOUCHEMENT QUADRUPLE DANS LE JURA.) NOMBRE DES ENFANTS ISSUS DE CES ACCOUCHEMENTS
           TOTAL. FILLES, 1892

249   NAISSANCES OU ACCOUCHEMENTS MULTIPLES. ACCOUCHEMENTS TRIPLES (Y COMPRIS UN
           ACCOUCHEMENT QUADRUPLE DANS LE JURA.) NOMBRE DES ENFANTS ISSUS DE CES ACCOUCHEMENTS
           TOTAL. TOTAL, 1892

250   DECES PAR ETAT CIVIL. CELIBATAIRES.   ENFANTS. SEXE MASCULIN, 1892

251   DECES PAR ETAT CIVIL. CELIBATAIRES.   ENFANTS. SEXE FEMININ, 1892

252   DECES PAR ETAT CIVIL. CELIBATAIRES.   ENFANTS. TOTAL, 1892

253   DECES PAR ETAT CIVIL. CELIBATAIRES.   ADULTES. SEXE MASCULIN, 1892

254   DECES PAR ETAT CIVIL. CELIBATAIRES.   ADULTES. SEXE FEMININ, 1892

255   DECES PAR ETAT CIVIL. CELIBATAIRES.   ADULTES. TOTAL, 1892

256   DECES PAR ETAT CIVIL. CELIBATAIRES.   TOTAL. SEXE MASCULIN, 1892

257   DECES PAR ETAT CIVIL. CELIBATAIRES.   TOTAL. SEXE FEMININ, 1892

258   DECES PAR ETAT CIVIL. CELIBATAIRES.   TOTAL. 1892

259   DECES PAR ETAT CIVIL. MARIES. SEXE MASCULIN, 1892

260   DECES PAR ETAT CIVIL. MARIES. SEXE FEMININ, 1892

261   DECES PAR ETAT CIVIL. MARIES. TOTAL, 1892

262   DECES PAR ETAT CIVIL. VEUFS. SEXE MASCULIN, 1892

263   DECES PAR ETAT CIVIL. VEUFS. SEXE FEMININ, 1892

264   DECES PAR ETAT CIVIL. VEUFS. TOTAL, 1892

265   DECES PAR ETAT CIVIL. DIVORCES. SEXE MASCULIN, 1892

266   DECES PAR ETAT CIVIL. DIVORCES. SEXE FEMININ, 1892

267   DECES PAR ETAT CIVIL. DIVORCES. TOTAL, 1892

268   DECES PAR ETAT CIVIL. TOTAL GENERAL DES DECES. SEXE MASCULIN, 1892

269   DECES PAR ETAT CIVIL. TOTAL GENERAL DES DECES. SEXE FEMININ, 1892

270   DECES PAR ETAT CIVIL. TOTAL GENERAL DES DECES. TOTAL, 1892

53

DATA SET 175: MOUVEMENT DE LA POPULATION 1889 ET 1892 (ARRONDISSEMENT)

SOURCE: STATISTIQUE GENERALE DE LA FRANCE, STATISTIQUE ANNUELLE,
         ANNEE 1889, TOME XIX, PREMIERE SECTION (PARIS, 1890)

              VARIABLES 7-21: TABLEAU NO. 16

SOURCE: STATISTIQUE GENERALE DE LA FRANCE, STATISTIQUE ANNUELLE,
         ANNEE 1892, TOME XXII, PREMIERE PARTIE (PARIS, 1895)

              VARIABLES 22-36: TABLEAU NO. 21

NUMERO DE
LA VARIABLE   NOM DE LA VARIABLE

7   MOUVEMENT DE LA POPULATION: MARIAGES, 1889

8   MOUVEMENT DE LA POPULATION: DIVORCES, 1889

9   MOUVEMENT DE LA POPULATION: NAISSANCES: ENFANTS LEGITIMES: GARCONS, 1889

10   MOUVEMENT DE LA POPULATION: NAISSANCES: ENFANTS LEGITIMES: FILLES, 1889

11   MOUVEMENT DE LA POPULATION: NAISSANCES: ENFANTS NATURELS: GARCONS, 1889

12   MOUVEMENT DE LA POPULATION: NAISSANCES: ENFANTS NATURELS: FILLES, 1889

13   MOUVEMENT DE LA POPULATION: NAISSANCES: TOTAUX, 1889

14   MOUVEMENT DE LA POPULATION: MORT-NES: GARCONS, 1889

15   MOUVEMENT DE LA POPULATION: MORT-NES: FILLES, 1889

16   MOUVEMENT DE LA POPULATION: MORT-NES: TOTAUX, 1889

17   MOUVEMENT DE LA POPULATION: DECES: SEXE MASCULIN, 1889

18   MOUVEMENT DE LA POPULATION: DECES: SEXE FEMININ, 1889

19   MOUVEMENT DE LA POPULATION: DECES: TOTAUX, 1889

20   MOUVEMENT DE LA POPULATION: EXCEDENT DES NAISSANCES SUR LES DECES, 1889

21   MOUVEMENT DE LA POPULATION: EXCEDENT DES DECES SUR LES NAISSANCES, 1889

22   MOUVEMENT DE LA POPULATION PENDANT L'ANNEE 1892: MARIAGES

23   MOUVEMENT DE LA POPULATION PENDANT L'ANNEE 1892: DIVORCES

24   MOUVEMENT DE LA POPULATION PENDANT L'ANNEE 1892: NAISSANCES: ENFANTS LEGITIMES:
         GARCONS

25   MOUVEMENT DE LA POPULATION PENDANT L'ANNEE 1892: NAISSANCES: ENFANTS LEGITIMES:
         FILLES

26   MOUVEMENT DE LA POPULATION PENDANT L'ANNEE 1892: NAISSANCES: ENFANTS NATURELS:
         GARCONS

27   MOUVEMENT DE LA POPULATION PENDANT L'ANNEE 1892: NAISSANCES: ENFANTS NATURELS:
         FILLES

28   MOUVEMENT DE LA POPULATION PENDANT L'ANNEE 1892: NAISSANCES: TOTAUX

29   MOUVEMENT DE LA POPULATION PENDANT L'ANNEE 1892: MORT-NES: GARCONS

30   MOUVEMENT DE LA POPULATION PENDANT L'ANNEE 1892: MORT-NES: FILLES

31   MOUVEMENT DE LA POPULATION PENDANT L'ANNEE 1892: MORT-NES: TOTAUX

32   MOUVEMENT DE LA POPULATION PENDANT L'ANNEE 1892: DECES: SEXE MASCULIN

33   MOUVEMENT DE LA POPULATION PENDANT L'ANNEE 1892: DECES: SEXE FEMININ

34   MOUVEMENT DE LA POPULATION PENDANT L'ANNEE 1892: DECES: TOTAUX

DATA SET 175: MOUVEMENT DE LA POPULATION 1889 ET 1892 (ARRONDISSEMENT)

NUMERO DE LA VARIABLE	NOM DE LA VARIABLE
35	MOUVEMENT DE LA POPULATION PENDANT L'ANNEE 1892: EXCEDENT DES NAISSANCES SUR LES DECES
36	MOUVEMENT DE LA POPULATION PENDANT L'ANNEE 1892: EXCEDENT DES DECES SUR LES NAISSANCES

DATA SET 176:   MOUVEMENT DE LA POPULATION 1892 (DEPARTEMENT)

SOURCE: STATISTIQUE GENERALE DE LA FRANCE, STATISTIQUE ANNUELLE,
          ANNEE 1892, TOME XXII, PREMIERE PARTIE (PARIS, 1895)

VARIABLES 7-44:	TABLEAU NO. 12
VARIABLES 45-74:	TABLEAU NO. 13
VARIABLES 75-104:	TABLEAU NO. 14
VARIABLES 105-117:	TABLEAU NO. 15
VARIABLES 118-130:	TABLEAU NO. 16
VARIABLES 131-143:	TABLEAU NO. 17
VARIABLES 144-157:	TABLEAU NO. 18
VARIABLES 158-169:	TABLEAU NO. 19
VARIABLES 170-194:	TABLEAU NO. 20

NUMERO DE
LA VARIABLE   NOM DE LA VARIABLE

7	DECES DE LA PREMIERE ANNEE: GARCONS DE 0 A 4 JOURS: ENFANTS LEGITIMES, 1892
8	DECES DE LA PREMIERE ANNEE: GARCONS DE 0 A 4 JOURS: ENFANTS NATURELS, 1892
9	DECES DE LA PREMIERE ANNEE: GARCONS DE 5 A 9 JOURS: ENFANTS LEGITIMES, 1892
10	DECES DE LA PREMIERE ANNEE: GARCONS DE 5 A 9 JOURS: ENFANTS NATURELS, 1892
11	DECES DE LA PREMIERE ANNEE: GARCONS DE 10 A 14 JOURS: ENFANTS LEGITIMES, 1892
12	DECES DE LA PREMIERE ANNEE: GARCONS DE 10 A 14 JOURS: ENFANTS NATURELS, 1892
13	DECES DE LA PREMIERE ANNEE: GARCONS DE 15 A 30 JOURS: ENFANTS LEGITIMES, 1892
14	DECES DE LA PREMIERE ANNEE: GARCONS DE 15 A 30 JOURS: ENFANTS NATURELS, 1892
15	DECES DE LA PREMIERE ANNEE: GARCONS DE 1 A 2 MOIS: ENFANTS LEGITIMES, 1892
16	DECES DE LA PREMIERE ANNEE: GARCONS DE 1 A 2 MOIS: ENFANTS NATURELS, 1892
17	DECES DE LA PREMIERE ANNEE: GARCONS DE 2 A 3 MOIS: ENFANTS LEGITIMES, 1892
18	DECES DE LA PREMIERE ANNEE: GARCONS DE 2 A 3 MOIS: ENFANTS NATURELS, 1892
19	DECES DE LA PREMIERE ANNEE: GARCONS DE 3 A 6 MOIS: ENFANTS LEGITIMES, 1892
20	DECES DE LA PREMIERE ANNEE: GARCONS DE 3 A 6 MOIS: ENFANTS NATURELS, 1892
21	DECES DE LA PREMIERE ANNEE: GARCONS DE 6 A 12 MOIS: ENFANTS LEGITIMES, 1892
22	DECES DE LA PREMIERE ANNEE: GARCONS DE 6 A 12 MOIS: ENFANTS NATURELS, 1892
23	DECES DE LA PREMIERE ANNEE: GARCONS. TOTAUX: ENFANTS LEGITIMES, 1892
24	DECES DE LA PREMIERE ANNEE: GARCONS. TOTAUX: ENFANTS NATURELS, 1892
25	DECES DE LA PREMIERE ANNEE: GARCONS. TOTAUX: ENFANTS TOTAL, 1892
26	DECES DE LA PREMIERE ANNEE: FILLES DE 0 A 4 JOURS: ENFANTS LEGITIMES, 1892
27	DECES DE LA PREMIERE ANNEE: FILLES DE 0 A 4 JOURS: ENFANTS NATURELS, 1892
28	DECES DE LA PREMIERE ANNEE: FILLES DE 5 A 9 JOURS: ENFANTS LEGITIMES, 1892
29	DECES DE LA PREMIERE ANNEE: FILLES DE 5 A 9 JOURS: ENFANTS NATURELS, 1892
30	DECES DE LA PREMIERE ANNEE: FILLES DE 10 A 14 JOURS: ENFANTS LEGITIMES, 1892
31	DECES DE LA PREMIERE ANNEE: FILLES DE 10 A 14 JOURS: ENFANTS NATURELS, 1892
32	DECES DE LA PREMIERE ANNEE: FILLES DE 15 A 30 JOURS: ENFANTS LEGITIMES, 1892
33	DECES DE LA PREMIERE ANNEE: FILLES DE 15 A 30 JOURS: ENFANTS NATURELS, 1892
34	DECES DE LA PREMIERE ANNEE: FILLES DE 1 A 2 MOIS: ENFANTS LEGITIMES, 1892
35	DECES DE LA PREMIERE ANNEE: FILLES DE 1 A 2 MOIS: ENFANTS NATURELS, 1892

DATA SET 176: MOUVEMENT DE LA POPULATION 1892 (DEPARTEMENT)

NUMERO DE LA VARIABLE	NOM DE LA VARIABLE
36	DECES DE LA PREMIERE ANNEE: FILLES DE 2 A 3 MOIS: ENFANTS LEGITIMES, 1892
37	DECES DE LA PREMIERE ANNEE: FILLES DE 2 A 3 MOIS: ENFANTS NATURELS, 1892
38	DECES DE LA PREMIERE ANNEE: FILLES DE 3 A 6 MOIS: ENFANTS LEGITIMES, 1892
39	DECES DE LA PREMIERE ANNEE: FILLES DE 3 A 6 MOIS: ENFANTS NATURELS, 1892
40	DECES DE LA PREMIERE ANNEE: FILLES DE 6 A 12 MOIS: ENFANTS LEGITIMES, 1892
41	DECES DE LA PREMIERE ANNEE: FILLES DE 6 A 12 MOIS: ENFANTS NATURELS, 1892
42	DECES DE LA PREMIERE ANNEE: FILLES. TOTAUX: ENFANTS LEGITIMES, 1892
43	DECES DE LA PREMIERE ANNEE: FILLES. TOTAUX: ENFANTS NATURELS, 1892
44	DECES DE LA PREMIERE ANNEE: FILLES. TOTAUX: ENFANTS TOTAL, 1892
45	DECES PAR AGE: SEXE MASCULIN: AU-DESSOUS DE 1 AN, 1892
46	DECES PAR AGE: SEXE MASCULIN: DE 1 A 2 ANS, 1892
47	DECES PAR AGE: SEXE MASCULIN: DE 2 A 3 ANS, 1892
48	DECES PAR AGE: SEXE MASCULIN: DE 3 A 5 ANS, 1892
49	DECES PAR AGE: SEXE MASCULIN: DE 1 A 5 ANS, 1892
50	DECES PAR AGE: SEXE MASCULIN: DE 5 A 10 ANS, 1892
51	DECES PAR AGE: SEXE MASCULIN: DE 10 A 15 ANS, 1892
52	DECES PAR AGE: SEXE MASCULIN: DE 15 A 18 ANS, 1892
53	DECES PAR AGE: SEXE MASCULIN: DE 18 A 20 ANS, 1892
54	DECES PAR AGE: SEXE MASCULIN: DE 5 A 20 ANS, 1892
55	DECES PAR AGE: SEXE MASCULIN: DE 20 A 25 ANS, 1892
56	DECES PAR AGE: SEXE MASCULIN: DE 25 A 30 ANS, 1892
57	DECES PAR AGE: SEXE MASCULIN: DE 30 A 35 ANS, 1892
58	DECES PAR AGE: SEXE MASCULIN: DE 35 A 40 ANS, 1892
59	DECES PAR AGE: SEXE MASCULIN: DE 40 A 45 ANS, 1892
60	DECES PAR AGE: SEXE MASCULIN: DE 45 A 50 ANS, 1892
61	DECES PAR AGE: SEXE MASCULIN: DE 50 A 55 ANS, 1892
62	DECES PAR AGE: SEXE MASCULIN: DE 55 A 60 ANS, 1892
63	DECES PAR AGE: SEXE MASCULIN: DE 20 A 60 ANS, 1892
64	DECES PAR AGE: SEXE MASCULIN: DE 60 A 65 ANS, 1892
65	DECES PAR AGE: SEXE MASCULIN: DE 65 A 70 ANS, 1892
66	DECES PAR AGE: SEXE MASCULIN: DE 70 A 75 ANS, 1892
67	DECES PAR AGE: SEXE MASCULIN: DE 75 A 80 ANS, 1892
68	DECES PAR AGE: SEXE MASCULIN: DE 80 A 85 ANS, 1892
69	DECES PAR AGE: SEXE MASCULIN: DE 85 A 90 ANS, 1892
70	DECES PAR AGE: SEXE MASCULIN: DE 90 A 95 ANS, 1892
71	DECES PAR AGE: SEXE MASCULIN: DE 95 A 100 ANS, 1892

DATA SET 176:   MOUVEMENT DE LA POPULATION 1892 (DEPARTEMENT)

NUMERO DE
LA VARIABLE   NOM DE LA VARIABLE

72	DECES PAR AGE: SEXE MASCULIN:	CENTENAIRES, 1892
73	DECES PAR AGE: SEXE MASCULIN:	DE 60 ANS ET AU-DESSUS, 1892
74	DECES PAR AGE: SEXE MASCULIN:	TOTAL, 1892
75	DECES PAR AGE: SEXE FEMININ:	AU-DESSOUS DE 1 AN, 1892
76	DECES PAR AGE: SEXE FEMININ:	DE 1 A 2 ANS, 1892
77	DECES PAR AGE: SEXE FEMININ:	DE 2 A 3 ANS, 1892
78	DECES PAR AGE: SEXE FEMININ:	DE 3 A 5 ANS, 1892
79	DECES PAR AGE: SEXE FEMININ:	DE 1 A 5 ANS, 1892
80	DECES PAR AGE: SEXE FEMININ:	DE 5 A 10 ANS, 1892
81	DECES PAR AGE: SEXE FEMININ:	DE 10 A 15 ANS, 1892
82	DECES PAR AGE: SEXE FEMININ:	DE 15 A 18 ANS, 1892
83	DECES PAR AGE: SEXE FEMININ:	DE 18 A 20 ANS, 1892
84	DECES PAR AGE: SEXE FEMININ:	DE 5 A 20 ANS, 1892
85	DECES PAR AGE: SEXE FEMININ:	DE 20 A 25 ANS, 1892
86	DECES PAR AGE: SEXE FEMININ:	DE 25 A 30 ANS, 1892
87	DECES PAR AGE: SEXE FEMININ:	DE 30 A 35 ANS, 1892
88	DECES PAR AGE: SEXE FEMININ:	DE 35 A 40 ANS, 1892
89	DECES PAR AGE: SEXE FEMININ:	DE 40 A 45 ANS, 1892
90	DECES PAR AGE: SEXE FEMININ:	DE 45 A 50 ANS, 1892
91	DECES PAR AGE: SEXE FEMININ:	DE 50 A 55 ANS, 1892
92	DECES PAR AGE: SEXE FEMININ:	DE 55 A 60 ANS, 1892
93	DECES PAR AGE: SEXE FEMININ:	DE 20 A 60 ANS, 1892
94	DECES PAR AGE: SEXE FEMININ:	DE 60 A 65 ANS, 1892
95	DECES PAR AGE: SEXE FEMININ:	DE 65 A 70 ANS, 1892
96	DECES PAR AGE: SEXE FEMININ:	DE 70 A 75 ANS, 1892
97	DECES PAR AGE: SEXE FEMININ:	DE 75 A 80 ANS, 1892
98	DECES PAR AGE: SEXE FEMININ:	DE 80 A 85 ANS, 1892
99	DECES PAR AGE: SEXE FEMININ:	DE 85 A 90 ANS, 1892
100	DECES PAR AGE: SEXE FEMININ:	DE 90 A 95 ANS, 1892
101	DECES PAR AGE: SEXE FEMININ:	DE 95 A 100 ANS, 1892
102	DECES PAR AGE: SEXE FEMININ:	CENTENAIRES, 1892
103	DECES PAR AGE: SEXE FEMININ:	DE 60 ANS ET AU-DESSUS, 1892
104	DECES PAR AGE: SEXE FEMININ:	TOTAL, 1892
105	DECES PAR MOIS (0 A 1 AN):	POPULATION TOTALE: JANVIER, 1892
106	DECES PAR MOIS (0 A 1 AN):	POPULATION TOTALE: FEVRIER, 1892
107	DECES PAR MOIS (0 A 1 AN):	POPULATION TOTALE: MARS, 1892

DATA SET 176: MOUVEMENT DE LA POPULATION 1892 (DEPARTEMENT)

NUMERO DE LA VARIABLE	NOM DE LA VARIABLE
108	DECES PAR MOIS (0 A 1 AN): POPULATION TOTALE: AVRIL, 1892
109	DECES PAR MOIS (0 A 1 AN): POPULATION TOTALE: MAI, 1892
110	DECES PAR MOIS (0 A 1 AN): POPULATION TOTALE: JUIN, 1892
111	DECES PAR MOIS (0 A 1 AN): POPULATION TOTALE: JUILLET, 1892
112	DECES PAR MOIS (0 A 1 AN): POPULATION TOTALE: AOUT, 1892
113	DECES PAR MOIS (0 A 1 AN): POPULATION TOTALE: SEPTEMBRE, 1892
114	DECES PAR MOIS (0 A 1 AN): POPULATION TOTALE: OCTOBRE, 1892
115	DECES PAR MOIS (0 A 1 AN): POPULATION TOTALE: NOVEMBRE, 1892
116	DECES PAR MOIS (0 A 1 AN): POPULATION TOTALE: DECEMBRE, 1892
117	DECES PAR MOIS (0 A 1 AN): POPULATION TOTALE: TOTAL, 1892
118	DECES PAR MOIS (1 A 5 ANS): POPULATION TOTALE: JANVIER, 1892
119	DECES PAR MOIS (1 A 5 ANS): POPULATION TOTALE: FEVRIER, 1892
120	DECES PAR MOIS (1 A 5 ANS): POPULATION TOTALE: MARS, 1892
121	DECES PAR MOIS (1 A 5 ANS): POPULATION TOTALE: AVRIL, 1892
122	DECES PAR MOIS (1 A 5 ANS): POPULATION TOTALE: MAI, 1892
123	DECES PAR MOIS (1 A 5 ANS): POPULATION TOTALE: JUIN, 1892
124	DECES PAR MOIS (1 A 5 ANS): POPULATION TOTALE: JUILLET, 1892
125	DECES PAR MOIS (1 A 5 ANS): POPULATION TOTALE: AOUT, 1892
126	DECES PAR MOIS (1 A 5 ANS): POPULATION TOTALE: SEPTEMBRE, 1892
127	DECES PAR MOIS (1 A 5 ANS): POPULATION TOTALE: OCTOBRE, 1892
128	DECES PAR MOIS (1 A 5 ANS): POPULATION TOTALE: NOVEMBRE, 1892
129	DECES PAR MOIS (1 A 5 ANS): POPULATION TOTALE: DECEMBRE, 1892
130	DECES PAR MOIS (1 A 5 ANS): POPULATION TOTALE: TOTAL, 1892
131	DECES PAR MOIS (5 A 20 ANS): POPULATION TOTALE: JANVIER, 1892
132	DECES PAR MOIS (5 A 20 ANS): POPULATION TOTALE: FEVRIER, 1892
133	DECES PAR MOIS (5 A 20 ANS): POPULATION TOTALE: MARS, 1892
134	DECES PAR MOIS (5 A 20 ANS): POPULATION TOTALE: AVRIL, 1892
135	DECES PAR MOIS (5 A 20 ANS): POPULATION TOTALE: MAI, 1892
136	DECES PAR MOIS (5 A 20 ANS): POPULATION TOTALE: JUIN, 1892
137	DECES PAR MOIS (5 A 20 ANS): POPULATION TOTALE: JUILLET, 1892
138	DECES PAR MOIS (5 A 20 ANS): POPULATION TOTALE: AOUT, 1892
139	DECES PAR MOIS (5 A 20 ANS): POPULATION TOTALE: SEPTEMBRE, 1892
140	DECES PAR MOIS (5 A 20 ANS): POPULATION TOTALE: OCTOBRE, 1892
141	DECES PAR MOIS (5 A 20 ANS): POPULATION TOTALE: NOVEMBRE, 1892
142	DECES PAR MOIS (5 A 20 ANS): POPULATION TOTALE: DECEMBRE, 1892
143	DECES PAR MOIS (5 A 20 ANS): POPULATION TOTALE: TOTAL, 1892

DATA SET 176:   MOUVEMENT DE LA POPULATION 1892 (DEPARTEMENT)

NUMERO DE
LA VARIABLE   NOM DE LA VARIABLE

144   DECES PAR MOIS (20 A 60 ANS): POPULATION TOTALE: JANVIER, 1892

145   DECES PAR MOIS (20 A 60 ANS): POPULATION TOTALE: FEVRIER, 1892

146   DECES PAR MOIS (20 A 60 ANS): POPULATION TOTALE: MARS, 1892

147   DECES PAR MOIS (20 A 60 ANS): POPULATION TOTALE: AVRIL, 1892

148   DECES PAR MOIS (20 A 60 ANS): POPULATION TOTALE: MAI, 1892

149   DECES PAR MOIS (20 A 60 ANS): POPULATION TOTALE: JUIN, 1892

150   DECES PAR MOIS (20 A 60 ANS): POPULATION TOTALE: JUILLET, 1892

151   DECES PAR MOIS (20 A 60 ANS): POPULATION TOTALE: AOUT, 1892

152   DECES PAR MOIS (20 A 60 ANS): POPULATION TOTALE: SEPTEMBRE, 1892

153   DECES PAR MOIS (20 A 60 ANS): POPULATION TOTALE: OCTOBRE, 1892

154   DECES PAR MOIS (20 A 60 ANS): POPULATION TOTALE: NOVEMBRE, 1892

155   DECES PAR MOIS (20 A 60 ANS): POPULATION TOTALE: DECEMBRE, 1892

156   DECES PAR MOIS (20 A 60 ANS): POPULATION TOTALE: TOTAL, 1892

157   DECES PAR MOIS (DE 60 ANS ET AU-DESSUS): POPULATION TOTALE: JANVIER, 1892

158   DECES PAR MOIS (DE 60 ANS ET AU-DESSUS): POPULATION TOTALE: FEVRIER, 1892

159   DECES PAR MOIS (DE 60 ANS ET AU-DESSUS): POPULATION TOTALE: MARS, 1892

160   DECES PAR MOIS (DE 60 ANS ET AU-DESSUS): POPULATION TOTALE: AVRIL, 1892

161   DECES PAR MOIS (DE 60 ANS ET AU-DESSUS): POPULATION TOTALE: MAI, 1892

162   DECES PAR MOIS (DE 60 ANS ET AU-DESSUS): POPULATION TOTALE: JUIN, 1892

163   DECES PAR MOIS (DE 60 ANS ET AU-DESSUS): POPULATION TOTALE: JUILLET, 1892

164   DECES PAR MOIS (DE 60 ANS ET AU-DESSUS): POPULATION TOTALE: AOUT, 1892

165   DECES PAR MOIS (DE 60 ANS ET AU-DESSUS): POPULATION TOTALE: SEPTEMBRE, 1892

166   DECES PAR MOIS (DE 60 ANS ET AU-DESSUS): POPULATION TOTALE: OCTOBRE, 1892

167   DECES PAR MOIS (DE 60 ANS ET AU-DESSUS): POPULATION TOTALE: NOVEMBRE, 1892

168   DECES PAR MOIS (DE 60 ANS ET AU-DESSUS): POPULATION TOTALE: DECEMBRE, 1892

169   DECES PAR MOIS (DE 60 ANS ET AU-DESSUS): POPULATION TOTALE: TOTAL, 1892

170   DECES PAR MOIS: JANVIER, 1892

171   DECES PAR MOIS: FEVRIER, 1892

172   DECES PAR MOIS: MARS, 1892

173   DECES PAR MOIS: AVRIL, 1892

174   DECES PAR MOIS: MAI, 1892

175   DECES PAR MOIS: JUIN, 1892

176   DECES PAR MOIS: JUILLET, 1892

177   DECES PAR MOIS: AOUT, 1892

178   DECES PAR MOIS: SEPTEMBRE, 1892

179   DECES PAR MOIS: OCTOBRE, 1892

DATA SET 176:   MOUVEMENT DE LA POPULATION 1892 (DEPARTEMENT)

NUMERO DE
LA VARIABLE   NOM DE LA VARIABLE

180   DECES PAR MOIS: NOVEMBRE, 1892

181   DECES PAR MOIS: DECEMBRE, 1892

182   DECES PAR MOIS: TOTAL, 1892

183   ACCROISSEMENT OU DIMINUTION DE LA POPULATION: NAISSANCES: POPULATION URBAINE, 1892

184   ACCROISSEMENT OU DIMINUTION DE LA POPULATION: NAISSANCES: POPULATION RURALE, 1892

185   ACCROISSEMENT OU DIMINUTION DE LA POPULATION: NAISSANCES: TOTAL DES NAISSANCES, 1892

186   ACCROISSEMENT OU DIMINUTION DE LA POPULATION: DECES: POPULATION URBAINE, 1892

187   ACCROISSEMENT OU DIMINUTION DE LA POPULATION: DECES: POPULATION RURALE, 1892

188   ACCROISSEMENT OU DIMINUTION DE LA POPULATION: DECES: TOTAL DES DECES, 1892

189   ACCROISSEMENT OU DIMINUTION DE LA POPULATION: POPULATION URBAINE: ACCROISSEMENT,
           1892

190   ACCROISSEMENT OU DIMINUTION DE LA POPULATION: POPULATION URBAINE: DIMINUTION, 1892

191   ACCROISSEMENT OU DIMINUTION DE LA POPULATION: POPULATION RURALE: ACCROISSEMENT, 1892

192   ACCROISSEMENT OU DIMINUTION DE LA POPULATION: POPULATION RURALE: DIMINUTION, 1892

193   ACCROISSEMENT OU DIMINUTION DE LA POPULATION: POPULATIONS URBAINE ET RURALE REUNIES:
           ACCROISSEMENT, 1892

194   ACCROISSEMENT OU DIMINUTION DE LA POPULATION: POPULATIONS URBAINE ET RURALE REUNIES:
           DIMINUTION, 1892

DATA SET 210: MOUVEMENT DE LA POPULATION 1900 (DEPARTEMENT)

SOURCE: STATISTIQUE GENERALE DE LA FRANCE, STATISTIQUE ANNUELLE DU MOUVEMENT
         DE LA POPULATION, ANNEES 1889 ET 1900, TOMES XXIX ET XXX (PARIS, 1901)

```
                    VARIABLES 7-31:      TABLEAU XXI
                    VARIABLES 32-43:     TABLEAU XXII
                    VARIABLES 44-54:     TABLEAU XXIII
                    VARIABLES 55-71:     TABLEAU XXIV
                    VARIABLES 72-110:    TABLEAU XXV
                    VARIABLES 111-137:   TABLEAU XXVI
                    VARIABLES 138-163:   TABLEAU XXVII
                    VARIABLES 164-176:   TABLEAU XXVIII
                    VARIABLES 177-266:   TABLEAU XXIX
                    VARIABLES 267-278:   TABLEAU XXX
                    VARIABLES 279-291:   TABLEAU XXXI
                    VARIABLES 292-304:   TABLEAU XXXII
```

NUMERO DE
LA VARIABLE   NOM DE LA VARIABLE

7   POPULATION LEGALE 1900 (DENOMBREMENT DE 1896)

8   MARIAGES TOTAUX 1900

9   DIVORCES TOTAUX 1900

10   NAISSANCES D'ENFANTS DECLARES VIVANTS: LEGITIMES, SEXE MASCULIN 1900

11   NAISSANCES D'ENFANTS DECLARES VIVANTS: LEGITIMES, SEXE FEMININ 1900

12   NAISSANCES D'ENFANTS DECLARES VIVANTS: LEGITIMES, TOTAUX 1900

13   NAISSANCES D'ENFANTS DECLARES VIVANTS: NATURELS, SEXE MASCULIN 1900

14   NAISSANCES D'ENFANTS DECLARES VIVANTS: NATURELS, SEXE FEMININ 1900

15   NAISSANCES D'ENFANTS DECLARES VIVANTS: NATURELS, TOTAUX 1900

16   NAISSANCES D'ENFANTS DECLARES VIVANTS: TOTAUX, SEXE MASCULIN 1900

17   NAISSANCES D'ENFANTS DECLARES VIVANTS: TOTAUX, SEXE FEMININ 1900

18   NAISSANCES D'ENFANTS DECLARES VIVANTS: TOTAUX, GENERAUX 1900

19   MORT-NES: LEGITIMES, SEXE MASCULIN 1900

20   MORT-NES: LEGITIMES, SEXE FEMININ 1900

21   MORT-NES: NATURELS, SEXE MASCULIN 1900

22   MORT-NES: NATURELS, SEXE FEMININ 1900

23   MORT-NES: TOTAUX 1900

24   DECES: SEXE MASCULIN 1900

25   DECES: SEXE FEMININ 1900

26   DECES: TOTAUX 1900

27   EXCEDENT DES NAISSANCES 1900

28   EXCEDENT DES DECES 1900

29   PROPORTION POUR 1000 HABITANTS: DES MARIAGES 1900

30   PROPORTION POUR 1000 HABITANTS: DES NAISSANCES 1900

31   PROPORTION POUR 1000 HABITANTS: DES DECES 1900

32   MARIAGES DE GARCONS 1900

33   MARIAGES DE VEUFS 1900

DATA SET 210:   MOUVEMENT DE LA POPULATION 1900 (DEPARTEMENT)

NUMERO DE
LA VARIABLE   NOM DE LA VARIABLE

34   MARIAGES DE DIVORCES 1900

35   MARIAGES: EPOUX AU-DESSOUS DE 20 ANS 1900

36   MARIAGES: EPOUX DE 20 A 24 ANS 1900

37   MARIAGES: EPOUX DE 25 A 29 ANS 1900

38   MARIAGES: EPOUX DE 30 A 34 ANS 1900

39   MARIAGES: EPOUX DE 35 A 39 ANS 1900

40   MARIAGES: EPOUX DE 40 A 49 ANS 1900

41   MARIAGES: EPOUX DE 50 A 59 ANS 1900

42   MARIAGES: EPOUX DE 60 ANS ET AU-DESSUS 1900

43   MARIAGES TOTAUX 1900

44   MARIAGES DE FILLES 1900

45   MARIAGES DE VEUVES 1900

46   MARIAGES DE DIVORCES 1900

47   MARIAGES: EPOUSE MOINS DE 20 ANS 1900

48   MARIAGES: EPOUSE DE 20 A 24 ANS 1900

49   MARIAGES: EPOUSE DE 25 A 29 ANS 1900

50   MARIAGES: EPOUSE DE 30 A 34 ANS 1900

51   MARIAGES: EPOUSE DE 35 A 39 ANS 1900

52   MARIAGES: EPOUSE DE 40 A 49 ANS 1900

53   MARIAGES: EPOUSE DE 50 ANS ET AU-DESSUS 1900

54   MARIAGES TOTAUX 1900

55   AGE AU PREMIER MARIAGE: GARCONS AU-DESSOUS DE 20 ANS 1900

56   AGE AU PREMIER MARIAGE: GARCONS DE 20 A 24 ANS 1900

57   AGE AU PREMIER MARIAGE: GARCONS DE 25 A 29 ANS 1900

58   AGE AU PREMIER MARIAGE: GARCONS DE 30 A 34 ANS 1900

59   AGE AU PREMIER MARIAGE: GARCONS DE 35 A 39 ANS 1900

60   AGE AU PREMIER MARIAGE: GARCONS DE 40 A 49 ANS 1900

61   AGE AU PREMIER MARIAGE: GARCONS DE 50 A 59 ANS 1900

62   AGE AU PREMIER MARIAGE: GARCONS DE 60 ANS ET AU-DESSUS 1900

63   PREMIER MARIAGE: GARCONS, TOTAL 1900

64   AGE AU PREMIER MARIAGE: FILLES AU-DESSOUS DE 20 ANS 1900

65   AGE AU PREMIER MARIAGE: FILLES DE 20 A 24 ANS 1900

66   AGE AU PREMIER MARIAGE: FILLES DE 25 A 29 ANS 1900

67   AGE AU PREMIER MARIAGE: FILLES DE 30 A 34 ANS 1900

68   AGE AU PREMIER MARIAGE: FILLES DE 35 A 39 ANS 1900

69   AGE AU PREMIER MARIAGE: FILLES DE 40 A 49 ANS 1900

DATA SET 210: MOUVEMENT DE LA POPULATION 1900 (DEPARTEMENT)

NUMERO DE LA VARIABLE	NOM DE LA VARIABLE
70	AGE AU PREMIER MARIAGE: FILLES DE 50 ANS ET AU-DESSUS 1900
71	PREMIER MARIAGE: FILLES, TOTAL 1900
72	MARIAGES TOTAUX 1900
73	MARIAGES EN JANVIER 1900
74	MARIAGES EN FEVRIER 1900
75	MARIAGES EN MARS 1900
76	MARIAGES EN AVRIL 1900
77	MARIAGES EN MAI 1900
78	MARIAGES EN JUIN 1900
79	MARIAGES EN JUILLET 1900
80	MARIAGES EN AOUT 1900
81	MARIAGES EN SEPTEMBRE 1900
82	MARIAGES EN OCTOBRE 1900
83	MARIAGES EN NOVEMBRE 1900
84	MARIAGES EN DECEMBRE 1900
85	DEGRE D'INSTRUCTION DES EPOUX: HOMMES QUI ONT SIGNE D'UNE CROIX 1900
86	DEGRE D'INSTRUCTION DES EPOUX: FEMMES QUI ONT SIGNE D'UNE CROIX 1900
87	PROPORTION DES EPOUX ILLETTRES POUR 100 EPOUX 1900
88	NOMBRE DE MARIAGES AYANT ETE PRECEDES D'ACTES RESPECTUEUX 1900
89	NOMBRE DE MARIAGES AYANT ETE L'OBJECT D'OPPOSITION 1900
90	NOMBRE DE MARIAGES AYANT DONNE LIEU A UN CONTRAT 1900
91	NOMBRE DE MARIAGES ENTRE NEVEUX ET TANTES 1900
92	NOMBRE DE MARIAGES ENTRE ONCLES ET NIECES 1900
93	NOMBRE DE MARIAGES ENTRE COUSINS 1900
94	NOMBRE DE MARIAGES AYANT LEGITIME DES ENFANTS NATURELS 1900
95	ENFANTS LEGITIMES ANTERIEUREMENT RECONNUS PAR LE PERE: DE MOINS D'UN MOIS 1900
96	ENFANTS LEGITIMES ANTERIEUREMENT RECONNUS PAR LE PERE: DE 1 A 2 MOIS 1900
97	ENFANTS LEGITIMES ANTERIEUREMENT RECONNUS PAR LE PERE: DE 3 A 5 MOIS 1900
98	ENFANTS LEGITIMES ANTERIEUREMENT RECONNUS PAR LE PERE: DE 6 A 11 MOIS 1900
99	ENFANTS LEGITIMES ANTERIEUREMENT RECONNUS PAR LE PERE: DE 1 A 4 ANS 1900
100	ENFANTS LEGITIMES ANTERIEUREMENT RECONNUS PAR LE PERE: DE 5 A 19 ANS 1900
101	ENFANTS LEGITIMES ANTERIEUREMENT RECONNUS PAR LE PERE: 20 ANS ET PLUS 1900
102	ENFANTS LEGITIMES ANTERIEUREMENT RECONNUS PAR LE PERE: D'AGE INCONNU 1900
103	ENFANTS LEGITIMES NON RECONNUS ANTERIEUREMENT: DE MOINS D'UN MOIS 1900
104	ENFANTS LEGITIMES NON RECONNUS ANTERIEUREMENT: DE 1 A 2 MOIS 1900
105	ENFANTS LEGITIMES NON RECONNUS ANTERIEUREMENT: DE 3 A 5 MOIS 1900

DATA SET 210: MOUVEMENT DE LA POPULATION 1900 (DEPARTEMENT)

NUMERO DE
LA VARIABLE   NOM DE LA VARIABLE

106   ENFANTS LEGITIMES NON RECONNUS ANTERIEUREMENT: DE 6 A 11 MOIS 1900

107   ENFANTS LEGITIMES NON RECONNUS ANTERIEUREMENT: DE 1 A 4 ANS 1900

108   ENFANTS LEGITIMES NON RECONNUS ANTERIEUREMENT: DE 5 A 19 ANS 1900

109   ENFANTS LEGITIMES NON RECONNUS ANTERIEUREMENT: DE 20 ANS ET PLUS 1900

110   ENFANTS LEGITIMES NON RECONNUS ANTERIEUREMENT: D'AGE INCONNU 1900

111   NAISSANCES D'ENFANTS VIVANTS AU MOMENT DE LA DECLARATION DE NAISSANCE: LEGITIMES,
           GARCONS 1900

112   NAISSANCES D'ENFANTS VIVANTS AU MOMENT DE LA DECLARATION DE NAISSANCE: LEGITIMES,
           FILLES 1900

113   NAISSANCES D'ENFANTS VIVANTS AU MOMENT DE LA DECLARATION DE NAISSANCE: LEGITIMES,
           TOTAUX 1900

114   NAISSANCES D'ENFANTS VIVANTS AU MOMENT DE LA DECLARATION DE NAISSANCE: NATURELS,
           RECONNUS GARCONS 1900

115   NAISSANCES D'ENFANTS VIVANTS AU MOMENT DE LA DECLARATION DE NAISSANCE: NATURELS,
           RECONNUS, FILLES 1900

116   NAISSANCES D'ENFANTS VIVANTS AU MOMENT DE LA DECLARATION DE NAISSANCE: NATURELS,
           RECONNUS, TOTAUX 1900

117   NAISSANCES D'ENFANTS VIVANTS AU MOMENT DE LA DECLARATION DE NAISSANCE: NATURELS, NON
           RECONNUS, GARCONS 1900

118   NAISSANCES D'ENFANTS VIVANTS AU MOMENT DE LA DECLARATION DE NAISSANCE: NATURELS, NON
           RECONNUS, FILLES 1900

119   NAISSANCES D'ENFANTS VIVANTS AU MOMENT DE LA DECLARATION DE NAISSANCE: NATURELS, NON
           RECONNUS, TOTAUX 1900

120   NAISSANCES D'ENFANTS VIVANTS AU MOMENT DE LA DECLARATION DE NAISSANCE: NATURELS,
           GARCONS 1900

121   NAISSANCES D'ENFANTS VIVANTS AU MOMENT DE LA DECLARATION DE NAISSANCE: NATURELS,
           FILLES 1900

122   NAISSANCES D'ENFANTS VIVANTS AU MOMENT DE LA DECLARATION DE NAISSANCE: NATURELS,
           TOTAUX 1900

123   NAISSANCES D'ENFANTS VIVANTS AU MOMENT DE LA DECLARATION DE NAISSANCE: TOTAUX
           GARCONS 1900

124   NAISSANCES D'ENFANTS VIVANTS AU MOMENT DE LA DECLARATION DE NAISSANCE: TOTAUX FILLES
           1900

125   NAISSANCES D'ENFANTS VIVANTS AU MOMENT DE LA DECLARATION DE NAISSANCE: TOTAUX 1900

126   MORT-NES ET ENFANTS MORTS AVANT LA DECLARATION DE NAISSANCE: LEGITIMES, GARCONS 1900

127   MORT-NES ET ENFANTS MORTS AVANT LA DECLARATION DE NAISSANCE: LEGITIMES, FILLES 1900

128   MORT-NES ET ENFANTS MORTS AVANT LA DECLARATION DE NAISSANCE: LEGITIMES, TOTAUX 1900

129   MORT-NES ET ENFANTS MORTS AVANT LA DECLARATION DE NAISSANCE: NATURELS, GARCONS 1900

130   MORT-NES ET ENFANTS MORTS AVANT LA DECLARATION DE NAISSANCE: NATURELS, FILLES 1900

131   MORT-NES ET ENFANTS MORTS AVANT LA DECLARATION DE NAISSANCE: NATURELS TOTAUX 1900

132   MORT-NES ET ENFANTS MORTS AVANT LA DECLARATION DE NAISSANCE: TOTAUX GARCONS 1900

133   MORT-NES ET ENFANTS MORTS AVANT LA DECLARATION DE NAISSANCE: TOTAUX FILLES 1900

134   MORT-NES ET ENFANTS MORTS AVANT LA DECLARATION DE NAISSANCE: TOTAUX 1900

DATA SET 210: MOUVEMENT DE LA POPULATION 1900 (DEPARTEMENT)

NUMERO DE
LA VARIABLE   NOM DE LA VARIABLE

135	NAISSANCES TOTAUX GENERAUX: GARCONS 1900
136	NAISSANCES TOTAUX GENERAUX: FILLES 1900
137	NAISSANCES TOTAUX GENERAUX: TOTAUX 1900
138	NAISSANCES D'ENFANTS VIVANTS EN JANVIER 1900
139	NAISSANCES D'ENFANTS VIVANTS EN FEVRIER 1900
140	NAISSANCES D'ENFANTS VIVANTS EN MARS 1900
141	NAISSANCES D'ENFANTS VIVANTS EN AVRIL 1900
142	NAISSANCES D'ENFANTS VIVANTS EN MAI 1900
143	NAISSANCES D'ENFANTS VIVANTS EN JUIN 1900
144	NAISSANCES D'ENFANTS VIVANTS EN JUILLET 1900
145	NAISSANCES D'ENFANTS VIVANTS EN AOUT 1900
146	NAISSANCES D'ENFANTS VIVANTS EN SEPTEMBRE 1900
147	NAISSANCES D'ENFANTS VIVANTS EN OCTOBRE 1900
148	NAISSANCES D'ENFANTS VIVANTS EN NOVEMBRE 1900
149	NAISSANCES D'ENFANTS VIVANTS EN DECEMBRE 1900
150	NAISSANCES D'ENFANTS VIVANTS TOTAUX 1900
151	NAISSANCES D'ENFANTS MORT-NES EN JANVIER 1900
152	NAISSANCES D'ENFANTS MORT-NES EN FEVRIER 1900
153	NAISSANCES D'ENFANTS MORT-NES EN MARS 1900
154	NAISSANCES D'ENFANTS MORT-NES EN AVRIL 1900
155	NAISSANCES D'ENFANTS MORT-NES EN MAI 1900
156	NAISSANCES D'ENFANTS MORT-NES EN JUIN 1900
157	NAISSANCES D'ENFANTS MORT-NES EN JUILLET 1900
158	NAISSANCES D'ENFANTS MORT-NES EN AOUT 1900
159	NAISSANCES D'ENFANTS MORT-NES EN SEPTEMBRE 1900
160	NAISSANCES D'ENFANTS MORT-NES EN OCTOBRE 1900
161	NAISSANCES D'ENFANTS MORT-NES EN NOVEMBRE 1900
162	NAISSANCES D'ENFANTS MORT-NES EN DECEMBRE 1900
163	NAISSANCES D'ENFANTS MORT-NES TOTAUX 1900
164	NOMBRE DES ACCOUCHEMENTS DOUBLES AYANT PRODUIT EXCLUSIVEMENT DES GARCONS 1900
165	NOMBRE DES ACCOUCHEMENTS DOUBLES AYANT PRODUIT EXCLUSIVEMENT DES FILLES 1900
166	NOMBRE DES ACCOUCHEMENTS DOUBLES AYANT PRODUIT DES ENFANTS DE L'UN ET DE L'AUTRE SEX 1900
167	NOMBRE DES ACCOUCHEMENTS DOUBLES: TOTAL 1900
168	NOMBRE DES ENFANTS ISSUS DES ACCOUCHEMENTS DOUBLES: NES VIVANTS, GARCONS 1900
169	NOMBRE DES ENFANTS ISSUS DES ACCOUCHEMENTS DOUBLES: NES VIVANTS, FILLES 1900

DATA SET 210:   MOUVEMENT DE LA POPULATION 1900 (DEPARTEMENT)

<table>
<tr>
<td>NUMERO DE
LA VARIABLE</td>
<td>NOM DE LA VARIABLE</td>
</tr>
<tr><td>170</td><td>NOMBRE DES ENFANTS ISSUS DES ACCOUCHEMENTS DOUBLES: NES VIVANTS, TOTAUX 1900</td></tr>
<tr><td>171</td><td>NOMBRE DES ENFANTS ISSUS DES ACCOUCHEMENTS DOUBLES: MORT-NES GARCONS 1900</td></tr>
<tr><td>172</td><td>NOMBRE DES ENFANTS ISSUS DES ACCOUCHEMENTS DOUBLES: MORT-NES, FILLES 1900</td></tr>
<tr><td>173</td><td>NOMBRE DES ENFANTS ISSUS DES ACCOUCHEMENTS DOUBLES: MORT-NES, TOTAUX 1900</td></tr>
<tr><td>174</td><td>NOMBRE DES ENFANTS ISSUS DES ACCOUCHEMENTS DOUBLES: TOTAUX GARCONS 1900</td></tr>
<tr><td>175</td><td>NOMBRE DES ENFANTS ISSUS DES ACCOUCHEMENTS DOUBLES: TOTAUX FILLES 1900</td></tr>
<tr><td>176</td><td>NOMBRE DES ENFANTS ISSUS DES ACCOUCHEMENTS DOUBLES: TOTAL 1900</td></tr>
<tr><td>177</td><td>NAISSANCES: MERES DE MOINS DE 15 ANS, ENFANTS LEGITIMES, PERE DE MOINS DE 20 ANS 1900</td></tr>
<tr><td>178</td><td>NAISSANCES: MERES DE MOINS DE 15 ANS, ENFANTS LEGITIMES, PERE DE 20 A 29 ANS 1900</td></tr>
<tr><td>179</td><td>NAISSANCES: MERES DE MOINS DE 15 ANS, ENFANTS LEGITIMES, PERE DE 30 A 39 ANS 1900</td></tr>
<tr><td>180</td><td>NAISSANCES: MERES DE MOINS DE 15 ANS, ENFANTS LEGITIMES, PERE DE 40 A 49 ANS 1900</td></tr>
<tr><td>181</td><td>NAISSANCES: MERES DE MOINS DE 15 ANS, ENFANTS LEGITIMES, PERE DE 50 ANS ET PLUS 1900</td></tr>
<tr><td>182</td><td>NAISSANCES: MERES DE MOINS DE 15 ANS, ENFANTS LEGITIMES, PERE D'AGE INCONNU 1900</td></tr>
<tr><td>183</td><td>NAISSANCES: MERES DE MOINS DE 15 ANS, ENFANTS NATURELS 1900</td></tr>
<tr><td>184</td><td>NAISSANCES: MERES DE MOINS DE 15 ANS, MORT-NES ET ENFANTS MORTS AVANT LA DECLARATION
DE NAISSANCE, LEGITIMES 1900</td></tr>
<tr><td>185</td><td>NAISSANCES: MERES DE MOINS DE 15 ANS, MORT-NES ET ENFANTS MORTS AVANT LA DECLARATION
DE NAISSANCE, NATURELS 1900</td></tr>
<tr><td>186</td><td>NAISSANCES: MERES DE 15 A 19 ANS, ENFANTS LEGITIMES, PERE DE MOINS DE 20 ANS 1900</td></tr>
<tr><td>187</td><td>NAISSANCES: MERES DE 15 A 19 ANS, ENFANTS LEGITIMES, PERE DE 20 A 29 ANS 1900</td></tr>
<tr><td>188</td><td>NAISSANCES: MERES DE 15 A 19 ANS, ENFANTS LEGITIMES, PERE DE 30 A 39 ANS 1900</td></tr>
<tr><td>189</td><td>NAISSANCES: MERES DE 15 A 19 ANS, ENFANTS LEGITIMES, PERE DE 40 A 49 ANS 1900</td></tr>
<tr><td>190</td><td>NAISSANCES: MERES DE 15 A 19 ANS, ENFANTS LEGITIMES, PERE DE 50 ANS ET PLUS 1900</td></tr>
<tr><td>191</td><td>NAISSANCES: MERES DE 15 A 19 ANS, ENFANTS LEGITIMES, PERE D'AGE INCONNU 1900</td></tr>
<tr><td>192</td><td>NAISSANCES: MERES DE 15 A 19 ANS, ENFANTS NATURELS 1900</td></tr>
<tr><td>193</td><td>NAISSANCES: MERES DE 15 A 19 ANS, MORT-NES ET ENFANTS MORTS AVANT LA DECLARATION DE
NAISSANCE, LEGITIMES 1900</td></tr>
<tr><td>194</td><td>NAISSANCES: MERES DE 15 A 19 ANS, MORT-NES ET ENFANTS MORTS AVANT LA DECLARATION DE
NAISSANCE, NATURELS 1900</td></tr>
<tr><td>195</td><td>NAISSANCES: MERES DE 20 A 24 ANS, ENFANTS LEGITIMES, PERE DE MOINS DE 20 ANS 1900</td></tr>
<tr><td>196</td><td>NAISSANCES: MERES DE 20 A 24 ANS, ENFANTS LEGITIMES, PERE DE 20 A 29 ANS 1900</td></tr>
<tr><td>197</td><td>NAISSANCES: MERES DE 20 A 24 ANS, ENFANTS LEGITIMES, PERE DE 30 A 39 ANS 1900</td></tr>
<tr><td>198</td><td>NAISSANCES: MERES DE 20 A 24 ANS, ENFANTS LEGITIMES, PERE DE 40 A 49 ANS 1900</td></tr>
<tr><td>199</td><td>NAISSANCES: MERES DE 20 A 24 ANS, ENFANTS LEGITIMES, PERE DE 50 ANS ET PLUS 1900</td></tr>
<tr><td>200</td><td>NAISSANCES: MERES DE 20 A 24 ANS, ENFANTS LEGITIMES, PERE D'AGE INCONNU 1900</td></tr>
<tr><td>201</td><td>NAISSANCES: MERES DE 20 A 24 ANS, ENFANTS NATURELS 1900</td></tr>
<tr><td>202</td><td>NAISSANCES: MERES DE 20 A 24 ANS, MORT-NES ET ENFANTS MORTS AVANT LA DECLARATION DE
NAISSANCE, LEGITIMES 1900</td></tr>
</table>

DATA SET 210: MOUVEMENT DE LA POPULATION 1900 (DEPARTEMENT)

NUMERO DE
LA VARIABLE   NOM DE LA VARIABLE

203   NAISSANCES: MERES DE 20 A 24 ANS, MORT-NES ET ENFANTS MORTS AVANT LA DECLARATION DE
           NAISSANCE, NATURELS 1900

204   NAISSANCES: MERES DE 25 A 29 ANS, ENFANTS LEGITIMES, PERE DE MOINS DE 20 ANS 1900

205   NAISSANCES: MERES DE 25 A 29 ANS, ENFANTS LEGITIMES, PERE DE 20 A 29 ANS 1900

206   NAISSANCES: MERES DE 25 A 29 ANS, ENFANTS LEGITIMES, PERE DE 30 A 39 ANS 1900

207   NAISSANCES: MERES DE 25 A 29 ANS, ENFANTS LEGITIMES, PERE DE 40 A 49 ANS 1900

208   NAISSANCES: MERES DE 25 A 29 ANS, ENFANTS LEGITIMES, PERE DE 50 ANS ET PLUS 1900

209   NAISSANCES: MERES DE 25 A 29 ANS, ENFANTS LEGITIMES, PERE D'AGE INCONNU 1900

210   NAISSANCES: MERES DE 25 A 29 ANS, ENFANTS NATURELS 1900

211   NAISSANCES: MERE DE 25 A 29 ANS, MORT-NES ET ENFANTS MORT AVANT LA DECLARATION DE
           NAISSANCE, LEGITIMES 1900

212   NAISSANCES: MERE DE 25 A 29 ANS, MORT-NES ET ENFANTS MORT AVANT LA DECLARATION DE
           NAISSANCE, NATURELS 1900

213   NAISSANCES: MERES DE 30 A 34 ANS, ENFANTS LEGITIMES, PERE DE MOINS DE 20 ANS 1900

214   NAISSANCES: MERES DE 30 A 34 ANS, ENFANTS LEGITIMES, PERE DE 20 A 29 ANS 1900

215   NAISSANCES: MERES DE 30 A 34 ANS, ENFANTS LEGITIMES, PERE DE 30 A 39 ANS 1900

216   NAISSANCES: MERES DE 30 A 34 ANS, ENFANTS LEGITIMES, PERE DE 40 A 49 ANS 1900

217   NAISSANCES: MERES DE 30 A 34 ANS, ENFANTS LEGITIMES, PERE DE 50 ANS ET PLUS 1900

218   NAISSANCES: MERES DE 30 A 34 ANS, ENFANTS LEGITIMES, PERE D'AGE INCONNUS 1900

219   NAISSANCES: MERES DE 30 A 34 ANS, ENFANTS NATURELS 1900

220   NAISSANCES: MERES DE 30 A 34 ANS, MORT-NES ET ENFANTS MORT AVANT LA DECLARATION DE
           NAISSANCE, LEGITIMES 1900

221   NAISSANCES: MERES DE 30 A 34 ANS, MORT-NES ET ENFANTS MORT AVANT LA DECLARATION DE
           NAISSANCE, NATURELS 1900

222   NAISSANCES: MERES DE 35 A 39 ANS, ENFANTS LEGITIMES, PERE DE MOINS DE 20 ANS 1900

223   NAISSANCES: MERES DE 35 A 39 ANS, ENFANTS LEGITIMES, PERE DE 20 A 29 ANS 1900

224   NAISSANCES: MERES DE 35 A 39 ANS, ENFANTS LEGITIMES, PERE DE 30 A 39 ANS 1900

225   NAISSANCES: MERES DE 35 A 39 ANS, ENFANTS LEGITIMES, PERE DE 40 A 49 ANS 1900

226   NAISSANCES: MERES DE 35 A 39 ANS, ENFANTS LEGITIMES, PERE DE 50 ANS ET PLUS 1900

227   NAISSANCES: MERES DE 35 A 39 ANS, ENFANTS LEGITIMES, PERE D'AGE INCONNU 1900

228   NAISSANCES: MERES DE 35 A 39 ANS, ENFANTS NATURELS 1900

229   NAISSANCES: MERES DE 35 A 39 ANS, MORT-NES ET ENFANTS MORT AVANT LA DECLARATION DE
           NAISSANCE, LEGITIMES 1900

230   NAISSANCES: MERES DE 35 A 39 ANS, MORT-NES ET ENFANTS MORTS AVANT LA DECLARATION DE
           NAISSANCE, NATURELS 1900

231   NAISSANCES: MERES DE 40 A 44 ANS, ENFANTS LEGITIMES, PERE DE MOINS DE 20 ANS 1900

232   NAISSANCES: MERES DE 40 A 44 ANS, ENFANTS LEGITIMES, PERE DE 20 A 29 ANS 1900

233   NAISSANCES: MERES DE 40 A 44 ANS, ENFANTS LEGITIMES, PERE DE 30 A 39 ANS 1900

234   NAISSANCES: MERES DE 40 A 44 ANS, ENFANTS LEGITIMES, PERE DE 40 A 49 ANS 1900

DATA SET 210: MOUVEMENT DE LA POPULATION 1900 (DEPARTEMENT)

NUMERO DE
LA VARIABLE   NOM DE LA VARIABLE

235   NAISSANCES: MERES DE 40 A 44 ANS, ENFANTS LEGITIMES, PERE DE 50 ANS ET PLUS 1900

236   NAISSANCES: MERES DE 40 A 44 ANS, ENFANTS LEGITIMES, PERE D'AGE INCONNU 1900

237   NAISSANCES: MERES DE 40 A 44 ANS, ENFANTS NATURELS 1900

238   NAISSANCES: MERES DE 40 A 44 ANS, MORT-NES ET ENFANTS MORTS AVANT LA DECLARATION DE
         NAISSANCE, LEGITIMES 1900

239   NAISSANCES: MERES DE 40 A 44 ANS, MORT-NES ET ENFANTS MORTS AVANT LA DECLARATION DE
         NAISSANCE, NATURELS 1900

240   NAISSANCES: MERES DE 45 A 49 ANS, ENFANTS LEGITIMES, PERE DE MOINS DE 20 ANS 1900

241   NAISSANCES: MERES DE 45 A 49 ANS, ENFANTS LEGITIMES, PERE DE 20 A 29 ANS 1900

242   NAISSANCES: MERES DE 45 A 49 ANS, ENFANTS LEGITIMES, PERE DE 30 A 39 ANS 1900

243   NAISSANCES: MERES DE 45 A 49 ANS, ENFANTS LEGITIMES, PERE DE 40 A 49 ANS 1900

244   NAISSANCES: MERES DE 45 A 49 ANS, ENFANTS LEGITIMES, PERE DE 50 ANS ET PLUS 1900

245   NAISSANCES: MERES DE 45 A 49 ANS, ENFANTS LEGITIMES, PERE D'AGE INCONNU 1900

246   NAISSANCES: MERES DE 45 A 49 ANS, ENFANTS NATURELS 1900

247   NAISSANCES: MERES DE 45 A 49 ANS, MORT-NES ET ENFANTS MORTS AVANT LA DECLARATION DE
         NAISSANCE, LEGITIMES 1900

248   NAISSANCES: MERES DE 45 A 49 ANS, MORT-NES ET ENFANTS MORTS AVANT LA DECLARATION DE
         NAISSANCE, NATURELS 1900

249   NAISSANCES: MERES DE 50 ANS&AU-DESSUS, ENFANTS LEGITIMES, PERE DE MOINS DE 20 ANS
         1900

250   NAISSANCES: MERES DE 50 ANS&AU-DESSUS, ENFANTS LEGITIMES, PERE DE 20 A 29 ANS 1900

251   NAISSANCES: MERES DE 50 ANS&AU-DESSUS, ENFANTS LEGITIMES, PERE DE 30 A 39 ANS 1900

252   NAISSANCES: MERES DE 50 ANS&AU-DESSUS, ENFANTS LEGITIMES, PERE DE 40 A 49 ANS 1900

253   NAISSANCES: MERES DE 50 ANS&AU-DESSUS, ENFANTS LEGITIMES, PERE DE 50 ANS ET PLUS 1900

254   NAISSANCES: MERES DE 50 ANS&AU-DESSUS, ENFANTS LEGITIMES, PERE D'AGE INCONNU 1900

255   NAISSANCES: MERES DE 50 ANS ET AU-DESSUS, ENFANTS NATURELS 1900

256   NAISSANCES: MERES DE 50 ANS ET AU-DESSUS, MORT-NES ET ENFANTS MORTS AVANT LA
         DECLARATION DE NAISSANCE, LEGITIMES 1900

257   NAISSANCES: MERES DE 50 ANS ET AU-DESSUS, MORT-NES ET ENFANTS MORTS AVANT LA
         DECLARATION DE NAISSANCE, NATURELS 1900

258   NAISSANCES: MERES D'AGE INCONNU, ENFANTS LEGITIMES, PERE DE MOINS DE 20 ANS 1900

259   NAISSANCES: MERES D'AGE INCONNU, ENFANTS LEGITIMES, PERE DE 20 A 29 ANS 1900

260   NAISSANCES: MERES D'AGE INCONNU, ENFANTS LEGITIMES, PERE DE 30 A 39 ANS 1900

261   NAISSANCES: MERES D'AGE INCONNU, ENFANTS LEGITIMES, PERE DE 40 A 49 ANS 1900

262   NAISSANCES: MERES D'AGE INCONNU, ENFANTS LEGITIMES, PERE DE 50 ANS ET PLUS 1900

263   NAISSANCES: MERES D'AGE INCONNU, ENFANTS LEGITIMES, PERE D'AGE INCONNU 1900

264   NAISSANCES: MERES D'AGE INCONNU, ENFANTS NATURELS 1900

265   NAISSANCES: MERES D'AGE INCONNU, MORT-NES ET ENFANTS MORTS AVANT LA DECLARATION DE
         NAISSANCE, LEGITIMES 1900

DATA SET 210: MOUVEMENT DE LA POPULATION 1900 (DEPARTEMENT)

NUMERO DE
LA VARIABLE   NOM DE LA VARIABLE

266   NAISSANCES: MERES D'AGE INCONNU, MORT-NES ET ENFANTS MORTS AVANT LA DECLARATION DE
           NAISSANCE, NATURELS 1900

267   NAISSANCES: POPULATION URBAINE 1900

268   NAISSANCES: POPULATION RURALE 1900

269   NAISSANCES: TOTAL 1900

270   DECES: POPULATION URBAINE 1900

271   DECES: POPULATION RURALE 1900

272   DECES: TOTAL 1900

273   POPULATION URBAINE: ACCROISSEMENT 1900

274   POPULATION URBAINE: DIMINUTION 1900

275   POPULATION RURALE: ACCROISSEMENT 1900

276   POPULATION RURALE: DIMINUTION 1900

277   POPULATION URBAINE ET RURALE REUNIES: ACCROISSEMENT 1900

278   POPULATION URBAINE ET RURALE REUNIES: DIMINUTION 1900

279   DECES PAR MOIS: JANVIER 1900

280   DECES PAR MOIS: FEVRIER 1900

281   DECES PAR MOIS: MARS 1900

282   DECES PAR MOIS: AVRIL 1900

283   DECES PAR MOIS: MAI 1900

284   DECES PAR MOIS: JUIN 1900

285   DECES PAR MOIS: JUILLET 1900

286   DECES PAR MOIS: AOUT 1900

287   DECES PAR MOIS: SEPTEMBRE 1900

288   DECES PAR MOIS: OCTOBRE 1900

289   DECES PAR MOIS: NOVEMBRE 1900

290   DECES PAR MOIS: DECEMBRE 1900

291   DECES PAR MOIS: TOTAL 1900

292   DECES PAR MOIS, ENFANTS DE MOINS DE 1 AN: JANVIER 1900

293   DECES PAR MOIS, ENFANTS DE MOINS DE 1 AN: FEVRIER 1900

294   DECES PAR MOIS, ENFANTS DE MOINS DE 1 AN: MARS 1900

295   DECES PAR MOIS, ENFANTS DE MOINS DE 1 AN: AVRIL 1900

296   DECES PAR MOIS, ENFANTS DE MOINS DE 1 AN: MAI 1900

297   DECES PAR MOIS, ENFANTS DE MOINS DE 1 AN: JUIN 1900

298   DECES PAR MOIS, ENFANTS DE MOINS DE 1 AN: JUILLET 1900

299   DECES PAR MOIS, ENFANTS DE MOINS DE 1 AN: AOUT 1900

300   DECES PAR MOIS, ENFANTS DE MOINS DE 1 AN: SEPTEMBRE 1900

DATA SET 210: MOUVEMENT DE LA POPULATION 1900 (DEPARTEMENT)

NUMERO DE
LA VARIABLE   NOM DE LA VARIABLE

301   DECES PAR MOIS, ENFANTS DE MOINS DE 1 AN: OCTOBRE 1900

302   DECES PAR MOIS, ENFANTS DE MOINS DE 1 AN: NOVEMBRE 1900

303   DECES PAR MOIS, ENFANTS DE MOINS DE 1 AN: DECEMBRE 1900

304   DECES PAR MOIS, ENFANTS DE MOINS DE 1 AN: TOTAL 1900

DATA SET 213: MOUVEMENT DE LA POPULATION 1900 (DEPARTEMENT)

SOURCE: STATISTIQUE GENERALE DE LA FRANCE, STATISTIQUE ANNUELLE DU MOUVEMENT
         DE LA POPULATION, ANNEES 1899 ET 1900, TOMES XXIX ET XXX (PARIS, 1901)

VARIABLES 7-19:	TABLEAU XXXIII
VARIABLES 20-62:	TABLEAU XXXIV
VARIABLES 63-81:	TABLEAU XXXV
VARIABLES 82-97:	TABLEAU XXXVI
VARIABLES 98-113:	TABLEAU XXXVII
VARIABLES 114-132:	TABLEAU XXXVIII
VARIABLES 133-149:	TABLEAU XXXIX
VARIABLES 150-166:	TABLEAU XL

NUMERO DE
LA VARIABLE   NOM DE LA VARIABLE

7   DECES PAR MOIS: JANVIER 1900 (VIEILLARDS DE 60 ANS ET AU-DESSUS)

8   DECES PAR MOIS: FEVRIER 1900 (VIEILLARDS DE 60 ANS ET AU-DESSUS)

9   DECES PAR MOIS: MARS 1900 (VIEILLARDS DE 60 ANS ET AU-DESSUS)

10   DECES PAR MOIS: AVRIL 1900 (VIEILLARDS DE 60 ANS ET AU-DESSUS)

11   DECES PAR MOIS: MAI 1900 (VIEILLARDS DE 60 ANS ET AU-DESSUS)

12   DECES PAR MOIS: JUIN 1900 (VIEILLARDS DE 60 ANS ET AU-DESSUS)

13   DECES PAR MOIS: JUILLET 1900 (VIEILLARDS DE 60 ANS ET AU-DESSUS)

14   DECES PAR MOIS: AOUT 1900 (VIEILLARDS DE 60 ANS ET AU-DESSUS)

15   DECES PAR MOIS: SEPTEMBRE 1900 (VIEILLARDS DE 60 ANS ET AU-DESSUS)

16   DECES PAR MOIS: OCTOBRE 1900 (VIEILLARDS DE 60 ANS ET AU-DESSUS)

17   DECES PAR MOIS: NOVEMBRE 1900 (VIEILLARDS DE 60 ANS ET AU-DESSUS)

18   DECES PAR MOIS: DECEMBRE 1900 (VIEILLARDS DE 60 ANS ET AU-DESSUS)

19   DECES PAR MOIS: TOTAL POUR L'AN 1900 (VIEILLARDS DE 60 ANS ET AU-DESSUS)

20   DECES DE LA NAISSANCE A 4 JOURS DES GARCONS LEGITIMES 1900

21   DECES DE LA NAISSANCE A 4 JOURS DES GARCONS NATURELS 1900

22   DECES DE 5 A 9 JOURS DES GARCONS LEGITIMES 1900

23   DECES DE 5 A 9 JOURS DES GARCONS NATURELS 1900

24   DECES DE 10 A 14 JOURS DES GARCONS LEGITIMES 1900

25   DECES DE 10 A 14 JOURS DES GARCONS NATURELS 1900

26   DECES DE 15 A 29 JOURS DES GARCONS LEGITIMES 1900

27   DECES DE 15 A 29 JOURS DES GARCONS NATURELS 1900

28   DECES DE 1 MOIS DES GARCONS LEGITIMES 1900

29   DECES DE 1 MOIS DES GARCONS NATURELS 1900

30   DECES DE 2 MOIS DES GARCONS LEGITIMES 1900

31   DECES DE 2 MOIS DES GARCONS NATURELS   1900

32   DECES DE 3 A 5 MOIS DES GARCONS LEGITIMES 1900

33   DECES DE 3 A 5 MOIS DES GARCONS NATURELS 1900

34   DECES DE 6 A 8 MOIS DES GARCONS LEGITIMES 1900

35   DECES DE 6 A 8 MOIS DES GARCONS NATURELS 1900

DATA SET 213:   MOUVEMENT DE LA POPULATION 1900 (DEPARTEMENT)

NUMERO DE
LA VARIABLE   NOM DE LA VARIABLE

36	DECES DE 9 MOIS JUSQU'A 1 AN MOINS 1 JOUR DES GARCONS LEGITIMES 1900
37	DECES DE 9 MOIS JUSQU'A 1 AN MOINS 1 JOUR DES GARCONS NATURELS 1900
38	DECES DE LA PREMIERE ANNEE DES GARCONS LEGITIMES 1900
39	DECES DE LA PREMIERE ANNEE DES GARCONS NATURELS 1900
40	DECES DE LA PREMIERE ANNEE DES GARCONS 1900
41	DECES DE LA NAISSANCE A 4 JOURS DES FILLES LEGITIMES 1900
42	DECES DE LA NAISSANCE A 4 JOURS DES FILLES NATURELLES 1900
43	DECES DE 5 A 9 JOURS DES FILLES LEGITIMES 1900
44	DECES DE 5 A 9 JOURS DES FILLES NATURELLES 1900
45	DECES DE 10 A 14 JOURS DES FILLES LEGITIMES 1900
46	DECES DE 10 A 14 JOURS DES FILLES NATURELLES 1900
47	DECES DE 15 A 29 JOURS DES FILLES LEGITIMES 1900
48	DECES DE 15 A 29 JOURS DES FILLES NATURELLES 1900
49	DECES DE 1 MOIS DES FILLES LEGITIMES 1900
50	DECES DE 1 MOIS DES FILLES NATURELLES 1900
51	DECES DE 2 MOIS DES FILLES LEGITIMES 1900
52	DECES DE 2 MOIS DES FILLES NATURELLES 1900
53	DECES DE 3 A 5 MOIS DES FILLES LEGITIMES 1900
54	DECES DE 3 A 5 MOIS DES FILLES NATURELLES 1900
55	DECES DE 6 A 8 MOIS DES FILLES LEGITIMES 1900
56	DECES DE 6 A 8 MOIS DES FILLES NATURELLES 1900
57	DECES DE 9 MOIS JUSQU'A 1 AN MOINS 1 JOUR DES FILLES LEGITIMES 1900
58	DECES DE 9 MOIS JUSQU'A 1 AN MOINS 1 JOUR DES FILLES NATURELLES 1900
59	DECES DE LA PREMIERE ANNEE DES FILLES LEGITIMES 1900
60	DECES DE LA PREMIERE ANNEE DES FILLES NATURELLES 1900
61	DECES DE LA PREMIERE ANNEE DES FILLES 1900
62	TOTAL GENERAL DECES DE LA PREMIERE ANNEE DE LA VIE 1900
63	DECES PAR AGE - GARCONS: DE 0 A 4 ANS 1900
64	DECES PAR AGE - GARCONS: DE 5 A 9 ANS 1900
65	DECES PAR AGE - GARCONS: DE 10 A 14 ANS 1900
66	DECES PAR AGE - GARCONS: DE 15 A 19 ANS 1900
67	DECES PAR AGE - GARCONS: DE 20 A 24 ANS 1900
68	DECES PAR AGE - GARCONS: DE 25 A 29 ANS 1900
69	DECES PAR AGE - GARCONS: DE 30 A 34 ANS 1900
70	DECES PAR AGE - GARCONS: DE 35 A 39 ANS 1900
71	DECES PAR AGE - GARCONS: DE 40 A 44 ANS 1900

DATA SET 213:   MOUVEMENT DE LA POPULATION 1900 (DEPARTEMENT)

NUMERO DE
LA VARIABLE   NOM DE LA VARIABLE

72   DECES PAR AGE - GARCONS: DE 45 A 49 ANS 1900

73   DECES PAR AGE - GARCONS: DE 50 A 54 ANS 1900

74   DECES PAR AGE - GARCONS: DE 55 A 59 ANS 1900

75   DECES PAR AGE - GARCONS: DE 60 A 64 ANS 1900

76   DECES PAR AGE - GARCONS: DE 65 A 69 ANS 1900

77   DECES PAR AGE - GARCONS: DE 70 A 74 ANS 1900

78   DECES PAR AGE - GARCONS: DE 75 A 79 ANS 1900

79   DECES PAR AGE - GARCONS: DE 80 A 84 ANS 1900

80   DECES PAR AGE - GARCONS: DE 85 ANS ET AU-DESSUS 1900

81   TOTAL DES DECES - GARCONS 1900

82   DECES PAR AGE - HOMMES MARIES: DE 15 A 19 ANS 1900

83   DECES PAR AGE - HOMMES MARIES: DE 20 A 24 ANS 1900

84   DECES PAR AGE - HOMMES MARIES: DE 25 A 29 ANS 1900

85   DECES PAR AGE - HOMMES MARIES: DE 30 A 34 ANS 1900

86   DECES PAR AGE - HOMMES MARIES: DE 35 A 39 ANS 1900

87   DECES PAR AGE - HOMMES MARIES: DE 40 A 44 ANS 1900

88   DECES PAR AGE - HOMMES MARIES: DE 45 A 49 ANS 1900

89   DECES PAR AGE - HOMMES MARIES: DE 50 A 54 ANS 1900

90   DECES PAR AGE - HOMMES MARIES: DE 55 A 59 ANS 1900

91   DECES PAR AGE - HOMMES MARIES: DE 60 A 64 ANS 1900

92   DECES PAR AGE - HOMMES MARIES: DE 65 A 69 ANS 1900

93   DECES PAR AGE - HOMMES MARIES: DE 70 A 74 ANS 1900

94   DECES PAR AGE - HOMMES MARIES: DE 75 A 79 ANS 1900

95   DECES PAR AGE - HOMMES MARIES: DE 80 A 84 ANS 1900

96   DECES PAR AGE - HOMMES MARIES: DE 85 ANS ET AU-DESSUS 1900

97   TOTAL DES DECES DES HOMMES MARIES 1900

98   DECES PAR AGE - VEUFS ET DIVORCES: DE 15 A 19 ANS 1900

99   DECES PAR AGE - VEUFS ET DIVORCES: DE 20 A 24 ANS 1900

100   DECES PAR AGE - VEUFS ET DIVORCES: DE 25 A 29 ANS 1900

101   DECES PAR AGE - VEUFS ET DIVORCES: DE 30 A 34 ANS 1900

102   DECES PAR AGE - VEUFS ET DIVORCES: DE 35 A 39 ANS 1900

103   DECES PAR AGE - VEUFS ET DIVORCES: DE 40 A 44 ANS 1900

104   DECES PAR AGE - VEUFS ET DIVORCES: DE 45 A 49 ANS 1900

105   DECES PAR AGE - VEUFS ET DIVORCES: DE 50 A 54 ANS 1900

106   DECES PAR AGE - VEUFS ET DIVORCES: DE 55 A 59 ANS 1900

107   DECES PAR AGE - VEUFS ET DIVORCES: DE 60 A 64 ANS 1900

DATA SET 213:   MOUVEMENT DE LA POPULATION 1900 (DEPARTEMENT)

NUMERO DE
LA VARIABLE   NOM DE LA VARIABLE

108   DECES PAR AGE - VEUFS ET DIVORCES: DE 65 A 69 ANS 1900

109   DECES PAR AGE - VEUFS ET DIVORCES: DE 70 A 74 ANS 1900

110   DECES PAR AGE - VEUFS ET DIVORCES: DE 75 A 79 ANS 1900

111   DECES PAR AGE - VEUFS ET DIVORCES: DE 80 A 84 ANS 1900

112   DECES PAR AGE - VEUFS ET DIVORCES: DE 85 ANS ET AU-DESSUS 1900

113   TOTAL DES DECES DES VEUFS ET DIVORCES 1900

114   DECES PAR AGE - FILLES: DE 0 A 4 ANS 1900

115   DECES PAR AGE - FILLES: DE 5 A 9 ANS 1900

116   DECES PAR AGE - FILLES: DE 10 A 14 ANS 1900

117   DECES PAR AGE - FILLES: DE 15 A 19 ANS 1900

118   DECES PAR AGE - FILLES: DE 20 A 24 ANS 1900

119   DECES PAR AGE - FILLES: DE 25 A 29 ANS 1900

120   DECES PAR AGE - FILLES: DE 30 A 34 ANS 1900

121   DECES PAR AGE - FILLES: DE 35 A 39 ANS 1900

122   DECES PAR AGE - FILLES: DE 40 A 44 ANS 1900

123   DECES PAR AGE - FILLES: DE 45 A 49 ANS 1900

124   DECES PAR AGE - FILLES: DE 50 A 54 ANS 1900

125   DECES PAR AGE - FILLES: DE 55 A 59 ANS 1900

126   DECES PAR AGE - FILLES: DE 60 A 64 ANS 1900

127   DECES PAR AGE - FILLES: DE 64 A 69 ANS 1900

128   DECES PAR AGE - FILLES: DE 70 A 74 ANS 1900

129   DECES PAR AGE - FILLES: DE 75 A 79 ANS 1900

130   DECES PAR AGE - FILLES: DE 80 A 84 ANS 1900

131   DECES PAR AGE - FILLES: DE 85 ANS ET AU-DESSUS 1900

132   TOTAL DECES DES FILLES 1900

133   DECES PAR AGE - FEMMES MARIEES: DE 10 A 14 ANS 1900

134   DECES PAR AGE - FEMMES MARIEES: DE 15 A 19 ANS 1900

135   DECES PAR AGE - FEMMES MARIEES: DE 20 A 24 ANS 1900

136   DECES PAR AGE - FEMMES MARIEES: DE 25 A 29 ANS 1900

137   DECES PAR AGE - FEMMES MARIEES: DE 30 A 34 ANS 1900

138   DECES PAR AGE - FEMMES MARIEES: DE 35 A 39 ANS 1900

139   DECES PAR AGE - FEMMES MARIEES: DE 40 A 44 ANS 1900

140   DECES PAR AGE - FEMMES MARIEES: DE 45 A 49 ANS 1900

141   DECES PAR AGE - FEMMES MARIEES: DE 50 A 54 ANS 1900

142   DECES PAR AGE - FEMMES MARIEES: DE 55 A 59 ANS 1900

143   DECES PAR AGE - FEMMES MARIEES: DE 60 A 64 ANS 1900

DATA SET 213: MOUVEMENT DE LA POPULATION 1900 (DEPARTEMENT)

<table>
<tr><td>NUMERO DE
LA VARIABLE</td><td>NOM DE LA VARIABLE</td></tr>
<tr><td>144</td><td>DECES PAR AGE - FEMMES MARIEES: DE 65 A 69 ANS 1900</td></tr>
<tr><td>145</td><td>DECES PAR AGE - FEMMES MARIEES: DE 70 A 74 ANS 1900</td></tr>
<tr><td>146</td><td>DECES PAR AGE - FEMMES MARIEES: DE 75 A 79 ANS 1900</td></tr>
<tr><td>147</td><td>DECES PAR AGE - FEMMES MARIEES: DE 80 A 84 ANS 1900</td></tr>
<tr><td>148</td><td>DECES PAR AGE - FEMMES MARIEES: DE 85 ANS ET AU-DESSUS 1900</td></tr>
<tr><td>149</td><td>TOTAL DECES DES FEMMES MARIEES 1900</td></tr>
<tr><td>150</td><td>DECES PAR AGE - VEUVES ET DIVORCEES: DE 10 A 14 ANS 1900</td></tr>
<tr><td>151</td><td>DECES PAR AGE - VEUVES ET DIVORCEES: DE 15 A 19 ANS 1900</td></tr>
<tr><td>152</td><td>DECES PAR AGE - VEUVES ET DIVORCEES: DE 20 A 24 ANS 1900</td></tr>
<tr><td>153</td><td>DECES PAR AGE - VEUVES ET DIVORCEES: DE 25 A 29 ANS 1900</td></tr>
<tr><td>154</td><td>DECES PAR AGE - VEUVES ET DIVORCEES: DE 30 A 34 ANS 1900</td></tr>
<tr><td>155</td><td>DECES PAR AGE - VEUVES ET DIVORCEES: DE 35 A 39 ANS 1900</td></tr>
<tr><td>156</td><td>DECES PAR AGE - VEUVES ET DIVORCEES: DE 40 A 44 ANS 1900</td></tr>
<tr><td>157</td><td>DECES PAR AGE - VEUVES ET DIVORCEES: DE 45 A 49 ANS 1900</td></tr>
<tr><td>158</td><td>DECES PAR AGE - VEUVES ET DIVORCEES: DE 50 A 54 ANS 1900</td></tr>
<tr><td>159</td><td>DECES PAR AGE - VEUVES ET DIVORCEES: DE 55 A 59 ANS 1900</td></tr>
<tr><td>160</td><td>DECES PAR AGE - VEUVES ET DIVORCEES: DE 60 A 64 ANS 1900</td></tr>
<tr><td>161</td><td>DECES PAR AGE - VEUVES ET DIVORCEES: DE 65 A 69 ANS 1900</td></tr>
<tr><td>162</td><td>DECES PAR AGE - VEUVES ET DIVORCEES: DE 70 A 74 ANS 1900</td></tr>
<tr><td>163</td><td>DECES PAR AGE - VEUVES ET DIVORCEES: DE 75 A 79 ANS 1900</td></tr>
<tr><td>164</td><td>DECES PAR AGE - VEUVES ET DIVORCEES: DE 80 A 84 ANS 1900</td></tr>
<tr><td>165</td><td>DECES PAR AGE - VEUVES ET DIVORCEES: DE 85 ANS ET AU-DESSUS 1900</td></tr>
<tr><td>166</td><td>TOTAL DECES DES VEUVES ET DIVORCEES 1900</td></tr>
</table>

DATA SET 266: MOUVEMENT DE LA POPULATION 1901 (DEPARTEMENT)

SOURCE: STATISTIQUE GENERALE DE LA FRANCE, STATISTIQUE ANNUELLE DU MOUVEMENT
DE LA POPULATION, ANNEE 1901, TOME XXXI (PARIS, 1902)

```
VARAIBLES 7-18:     PAGES XXXVIII-XXXIX
VARIABLES 19-102:   PAGES XLVIII-XLIX
VARIABLES 103-112:  PAGES LXIV-LXV
VARIABLES 113-126:  PAGES LXXIV-LXXV
VARIABLES 127-135:  PAGES LXXVI-LXXVII
VARIABLES 136-144:  PAGES LXVIII-LXXIX
VARIABLES 145-163:  PAGES LXXX-LXXXI
VARIABLES 164-192:  PAGES LXXXVI-LXXXIX
VARIABLES 193-221:  PAGES XC-XCIII
VARIABLES 222-227:  PAGES XCVIII-XCIX
VARIABLES 228-242:  PAGES CVI-CVII
VARIABLES 243-257:  PAGES CVIII-CIX
VARIABLES 258-272:  PAGES CX-CXI
VARIABLES 273-287:  PAGES CXII-CXIII
VARIABLES 288-297:  PAGES CXVIII-CXIX
```

NUMERO DE
LA VARIABLE   NOM DE LA VARIABLE

7   1836-1861: VARIATIONS DE LA POPULATION D'APRES LES DENOMBREMENTS

8   1836-1861: VARIATIONS DE LA POPULATION D'APRES L'EXCEDENT OU LE DEFICIT DES
         NAISSANCES

9   1836-1861: EXCEDENT D'IMMIGRATION OU D'EMIGRATION

10   1876-1901: VARIATIONS DE LA POPULATION D'APRES LES DENOMBREMENTS

11   1876-1901: VARIATIONS DE LA POPULATION D'APRES L'EXCEDENT OU LE DEFICIT DES
         NAISSANCES

12   1876-1901: EXCEDENT D'IMMIGRATION OU D'EMIGRATION

13   1836-1861: VARIATION ANNUELLE MOYENNE DE LA POPULATION POUR 100 HABITANTS D'APRES
         LES DENOMBREMENTS (AVEC DEUX DECIMALES)

14   1836-1861: VARIATION ANNUELLE MOYENNE DE LA POPULATION POUR 100 HABITANTS D'APRES
         L'EXCEDENT OU LE DEFICIT DES NAISSANCES (AVEC DEUX DECIMALES)

15   1836-1861: EXCEDENT ANNUEL MOYEN D'IMMIGRATION OU D'EMIGRATION POUR 100 HABITANTS
         (AVEC DEUX DECIMALES)

16   1876-1901: VARIATION ANNUELLE MOYENNE DE LA POPULATION POUR 100 HABITANTS D'APRES
         LES DENOMBREMENTS (AVEC DEUX DECIMALES)

17   1876-1901: VARIATION ANNUELLE MOYENNE DE LA POPULATION POUR 100 HABITANTS D'APRES
         L'EXCEDENT OU LE DEFICIT DES NAISSANCES (AVEC DEUX DECIMALES)

18   1876-1901: EXCEDENT ANNUEL MOYEN D'IMMIGRATION OU D'EMIGRATION POUR 100 HABITANTS
         (AVEC DEUX DECIMALES)

19   1831-1836: VARIATIONS DE LA POPULATION D'APRES LES DENOMBREMENTS (NOMBRES ABSOLUS)

20   1831-1836: VARIATIONS DE LA POPULATION D'APRES L'EXCEDENT OU LE DEFICIT DES
         NAISSANCES (NOMBRES ABSOLUS)

21   1831-1836: EXCEDENT D'IMMIGRATION OU D'EMIGRATION (NOMBRES ABSOLUS)

22   1836-1841: VARIATIONS DE LA POPULATION D'APRES LES DENOMBREMENTS (NOMBRES ABSOLUS)

23   1836-1841: VARIATIONS DE LA POPULATION D'APRES L'EXCEDENT OU LE DEFICIT DES
         NAISSANCES (NOMBRES ABSOLUS)

24   1836-1841: EXCEDENT D'IMMIGRATION OU D'EMIGRATION (NOMBRES ABSOLUS)

25   1841-1846: VARIATIONS DE LA POPULATION D'APRES LES DENOMBREMENTS (NOMBRES ABSOLUS)

26   1841-1846: VARIATIONS DE LA POPULATION D'APRES L'EXCEDENT OU LE DEFICIT DES
         NAISSANCES (NOMBRES ABSOLUS)

DATA SET 266: MOUVEMENT DE LA POPULATION 1901 (DEPARTEMENT)

NUMERO DE
LA VARIABLE   NOM DE LA VARIABLE

27   1841-1846: EXCEDENT D'IMMIGRATION OU D'EMIGRATION (NOMBRES ABSOLUS)

28   1846-1851: VARIATIONS DE LA POPULATION D'APRES LES DENOMBREMENTS (NOMBRES ABSOLUS)

29   1846-1851: VARIATIONS DE LA POPULATION D'APRES L'EXCEDENT OU LE DEFICIT DES
          NAISSANCES (NOMBRES ABSOLUS)

30   1846-1851: EXCEDENT D'IMMIGRATION OU D'EMIGRATION (NOMBRES ABSOLUS)

31   1851-1856: VARIATIONS DE LA POPULATION D'APRES LES DENOMBREMENTS (NOMBRES ABSOLUS)

32   1851-1856: VARIATIONS DE LA POPULATION D'APRES L'EXCEDENT OU LE DEFICIT DES
          NAISSANCES (NOMBRES ABSOLUS)

33   1851-1856: EXCEDENT D'IMMIGRATION OU D'EMIGRATION (NOMBRES ABSOLUS)

34   1856-1861: VARIATIONS DE LA POPULATION D'APRES LES DENOMBREMENTS (NOMBRES ABSOLUS)

35   1856-1861: VARIATIONS DE LA POPULATION D'APRES L'EXCEDENT OU LE DEFICIT DES
          NAISSANCES (NOMBRES ABSOLUS)

36   1856-1861: EXCEDENT D'IMMIGRATION OU D'EMIGRATION (NOMBRES ABSOLUS)

37   1861-1866: VARIATIONS DE LA POPULATION D'APRES LES DENOMBREMENTS (NOMBRES ABSOLUS)

38   1861-1866: VARIATIONS DE LA POPULATION D'APRES L'EXCEDENT OU LE DEFICIT DES
          NAISSANCES (NOMBRES ABSOLUS)

39   1861-1866: EXCEDENT D'IMMIGRATION OU D'EMIGRATION (NOMBRES ABSOLUS)

40   1866-1872: VARIATIONS DE LA POPULATION D'APRES LES DENOMBREMENTS (NOMBRES ABSOLUS)

41   1866-1872: VARIATIONS DE LA POPULATION D'APRES L'EXCEDENT OU LE DEFICIT DES
          NAISSANCES (NOMBRES ABSOLUS)

42   1866-1872: EXCEDENT D'IMMIGRATION OU D'EMIGRATION (NOMBRES ABSOLUS)

43   1872-1876: VARIATIONS DE LA POPULATION D'APRES LES DENOMBREMENTS (NOMBRES ABSOLUS)

44   1872-1876: VARIATIONS DE LA POPULATION D'APRES L'EXCEDENT OU LE DEFICIT DES
          NAISSANCES (NOMBRES ABSOLUS)

45   1872-1876: EXCEDENT D'IMMIGRATION OU D'EMIGRATION (NOMBRES ABSOLUS)

46   1876-1881: VARIATIONS DE LA POPULATION D'APRES LES DENOMBREMENTS (NOMBRES ABSOLUS)

47   1876-1881: VARIATIONS DE LA POPULATION D'APRES L'EXCEDENT OU LE DEFICIT DES
          NAISSANCES (NOMBRES ABSOLUS)

48   1876-1881: EXCEDENT D'IMMIGRATION OU D'EMIGRATION (NOMBRES ABSOLUS)

49   1881-1886: VARIATIONS DE LA POPULATION D'APRES LES DENOMBREMENTS (NOMBRES ABSOLUS)

50   1881-1886: VARIATIONS DE LA POPULATION D'APRES L'EXCEDENT OU LE DEFICIT DES
          NAISSANCES (NOMBRES ABSOLUS)

51   1881-1886: EXCEDENT D'IMMIGRATION OU D'EMIGRATION (NOMBRES ABSOLUS)

52   1886-1891: VARIATIONS DE LA POPULATION D'APRES LES DENOMBREMENTS (NOMBRES ABSOLUS)

53   1886-1891: VARIATIONS DE LA POPULATION D'APRES L'EXCEDENT OU LE DEFICIT DES
          NAISSANCES (NOMBRES ABSOLUS)

54   1886-1891: EXCEDENT D'IMMIGRATION OU D'EMIGRATION (NOMBRES ABSOLUS)

55   1891-1896: VARIATIONS DE LA POPULATION D'APRES LES DENOMBREMENTS (NOMBRES ABSOLUS)

56   1891-1896: VARIATIONS DE LA POPULATION D'APRES L'EXCEDENT OU LE DEFICIT DES
          NAISSANCES (NOMBRES ABSOLUS)

57   1891-1896: EXCEDENT D'IMMIGRATION OU D'EMIGRATION (NOMBRES ABSOLUS)

DATA SET 266: MOUVEMENT DE LA POPULATION 1901 (DEPARTEMENT)

NUMERO DE
LA VARIABLE   NOM DE LA VARIABLE

58   1896-1901: VARIATIONS DE LA POPULATION D'APRES LES DENOMBREMENTS (NOMBRES ABSOLUS)

59   1896-1901: VARIATIONS DE LA POPULATION D'APRES L'EXCEDENT OU LE DEFICIT DES
            NAISSANCES (NOMBRES ABSOLUS)

60   1896-1901: EXCEDENT D'IMMIGRATION OU D'EMIGRATION (NOMBRES ABSOLUS)

61   1831-1836: VARIATION ANNUELLE MOYENNE DE LA POPULATION POUR 100 HABITANTS D'APRES
            LES DENOMBREMENTS (AVEC DEUX DECIMALES)

62   1831-1836: VARIATION ANNUELLE MOYENNE DE LA POPULATION POUR 100 HABITANTS D'APRES
            L'EXCEDENT OU LE DEFICIT DES NAISSANCES (AVEC DEUX DECIMALES)

63   1831-1836: EXCEDENT ANNUEL MOYEN D'IMMIGRATION OU D'EMIGRATION POUR 100 HABITANTS
            (AVEC DEUX DECIMALES)

64   1836-1841: VARIATION ANNUELLE MOYENNE DE LA POPULATION POUR 100 HABITANTS D'APRES
            LES DENOMBREMENTS (AVEC DEUX DECIMALES)

65   1836-1841: VARIATION ANNUELLE MOYENNE DE LA POPULATION POUR 100 HABITANTS D'APRES
            L'EXCEDENT OU LE DEFICIT DES NAISSANCES (AVEC DEUX DECIMALES)

66   1836-1841: EXCEDENT ANNUEL MOYEN D'IMMIGRATION OU D'EMIGRATION POUR 100 HABITANTS
            (AVEC DEUX DECIMALES)

67   1841-1846: VARIATION ANNUELLE MOYENNE DE LA POPULATION POUR 100 HABITANTS D'APRES
            LES DENOMBREMENTS (AVEC DEUX DECIMALES)

68   1841-1846: VARIATION ANNUELLE MOYENNE DE LA POPULATION POUR 100 HABITANTS D'APRES
            L'EXCEDENT OU LE DEFICIT DES NAISSANCES (AVEC DEUX DECIMALES)

69   1841-1846: EXCEDENT ANNUEL MOYEN D'IMMIGRATION OU D'EMIGRATION POUR 100 HABITANTS
            (AVEC DEUX DECIMALES)

70   1846-1851: VARIATION ANNUELLE MOYENNE DE LA POPULATION POUR 100 HABITANTS D'APRES
            LES DENOMBREMENTS (AVEC DEUX DECIMALES)

71   1846-1851: VARIATION ANNUELLE MOYENNE DE LA POPULATION POUR 100 HABITANTS D'APRES
            L'EXCEDENT OU LE DEFICIT DES NAISSANCES (AVEC DEUX DECIMALES)

72   1846-1851: EXCEDENT ANNUEL MOYEN D'IMMIGRATION OU D'EMIGRATION POUR 100 HABITANTS
            (AVEC DEUX DECIMALES)

73   1851-1856: VARIATION ANNUELLE MOYENNE DE LA POPULATION POUR 100 HABITANTS D'APRES
            LES DENOMBREMENTS (AVEC DEUX DECIMALES)

74   1851-1856: VARIATION ANNUELLE MOYENNE DE LA POPULATION POUR 100 HABITANTS D'APRES
            L'EXCEDENT OU LE DEFICIT DES NAISSANCES (AVEC DEUX DECIMALES)

75   1851-1856: EXCEDENT ANNUEL MOYEN D'IMMIGRATION OU D'EMIGRATION POUR 100 HABITANTS
            (AVEC DEUX DECIMALES)

76   1856-1861: VARIATION ANNUELLE MOYENNE DE LA POPULATION POUR 100 HABITANTS D'APRES
            LES DENOMBREMENTS (AVEC DEUX DECIMALES)

77   1856-1861: VARIATION ANNUELLE MOYENNE DE LA POPULATION POUR 100 HABITANTS D'APRES
            L'EXCEDENT OU LE DEFICIT DES NAISSANCES (AVEC DEUX DECIMALES)

78   1856-1861: EXCEDENT ANNUEL MOYEN D'IMMIGRATION OU D'EMIGRATION POUR 100 HABITANTS
            (AVEC DEUX DECIMALES)

79   1861-1866: VARIATION ANNUELLE MOYENNE DE LA POPULATION POUR 100 HABITANTS D'APRES
            LES DENOMBREMENTS (AVEC DEUX DECIMALES)

80   1861-1866: VARIATION ANNUELLE MOYENNE DE LA POPULATION POUR 100 HABITANTS D'APRES
            L'EXCEDENT OU LE DEFICIT DES NAISSANCES (AVEC DEUX DECIMALES)

81   1861-1866: EXCEDENT ANNUEL MOYEN D'IMMIGRATION OU D'EMIGRATION POUR 100 HABITANTS
            (AVEC DEUX DECIMALES)

DATA SET 266: MOUVEMENT DE LA POPULATION 1901 (DEPARTEMENT)

NUMERO DE
LA VARIABLE   NOM DE LA VARIABLE

82   1866-1872: VARIATION ANNUELLE MOYENNE DE LA POPULATION POUR 100 HABITANTS D'APRES
          LES DENOMBREMENTS (AVEC DEUX DECIMALES)

83   1866-1872: VARIATION ANNUELLE MOYENNE DE LA POPULATION POUR 100 HABITANTS D'APRES
          L'EXCEDENT OU LE DEFICIT DES NAISSANCES (AVEC DEUX DECIMALES)

84   1866-1872: EXCEDENT ANNUEL MOYEN D'IMMIGRATION OU D'EMIGRATION POUR 100 HABITANTS
          (AVEC DEUX DECIMALES)

85   1872-1876: VARIATION ANNUELLE MOYENNE DE LA POPULATION POUR 100 HABITANTS D'APRES
          LES DENOMBREMENTS (AVEC DEUX DECIMALES)

86   1872-1876: VARIATION ANNUELLE MOYENNE DE LA POPULATION POUR 100 HABITANTS D'APRES
          L'EXEDENT OU LE DEFICIT DES NAISSANCES (AVEC DEUX DECIMALES)

87   1872-1876: EXCEDENT ANNUEL MOYEN D'IMMIGRATION OU D'EMIGRATION POUR 100 HABITANTS
          (AVEC DEUX DECIMALES)

88   1876-1881: VARIATION ANNUELLE MOYENNE DE LA POPULATION POUR 100 HABITANTS D'APRES
          LES DENOMBREMENTS (AVEC DEUX DECIMALES)

89   1876-1881: VARIATION ANNUELLE MOYENNE DE LA POPULATION POUR 100 HABITANTS D'APRES
          L'EXCEDENT OU LE DEFICIT DES NAISSANCES (AVEC DEUX DECIMALES)

90   1876-1881: EXCEDENT ANNUEL MOYEN D'IMMIGRATION OU D'EMIGRATION POUR 100 HABITANTS
          (AVEC DEUX DECIMALES)

91   1881-1886: VARIATION ANNUELLE MOYENNE DE LA POPULATION POUR 100 HABITANTS D'APRES
          LES DENOMBREMENTS (AVEC DEUX DECIMALES)

92   1881-1886: VARIATION ANNUELLE MOYENNE DE LA POPULATION POUR 100 HABITANTS D'APRES
          L'EXCEDENT OU LE DEFICIT DES NAISSANCES (AVEC DEUX DECIMALES)

93   1881-1886: EXCEDENT ANNUEL MOYEN D'IMMIGRATION OU D'EMIGRATION POUR 100 HABITANTS
          (AVEC DEUX DECIMALES)

94   1886-1891: VARIATION ANNUELLE MOYENNE DE LA POPULATION POUR 100 HABITANTS D'APRES
          LES DENOMBREMENTS (AVEC DEUX DECIMALES)

95   1886-1891: VARIATION ANNUELLE MOYENNE DE LA POPULATION POUR 100 HABITANTS D'APRES
          L'EXCEDENT OU LE DEFICIT DES NAISSANCES (AVEC DEUX DECIMALES)

96   1886-1891: EXCEDENT ANNUEL MOYEN D'IMMIGRATION OU D'EMIGRATION POUR 100 HABITANTS
          (AVEC DEUX DECIMALES)

97   1891-1896: VARIATION ANNUELLE MOYENNE DE LA POPULATION POUR 100 HABITANTS D'APRES
          LES DENOMBREMENTS (AVEC DEUX DECIMALES)

98   1891-1896: VARIATION ANNUELLE MOYENNE DE LA POPULATION POUR 100 HABITANTS D'APRES
          L'EXCEDENT OU LE DEFICIT DES NAISSANCES (AVEC DEUX DECIMALES)

99   1891-1896: EXCEDENT ANNUEL MOYEN D'IMMIGRATION OU D'EMIGRATION POUR 100 HABITANTS
          (AVEC DEUX DECIMALES)

100   1896-1901: VARIATION ANNUELLE MOYENNE DE LA POPULATION POUR 100 HABITANTS D'APRES
          LES DENOMBREMENTS (AVEC DEUX DECIMALES)

101   1896-1901: VARIATION ANNUELLE MOYENNE DE LA POPULATION POUR 100 HABITANTS D'APRES
          L'EXCEDENT OU LE DEFICIT DES NAISSANCES (AVEC DEUX DECIMALES)

102   1896-1901: EXCEDENT ANNUEL MOYEN D'IMMIGRATION OU D'EMIGRATION POUR 100 HABITANTS
          (AVEC DEUX DECIMALES)

103   RAPPORT DU NOMBRE DES NOUVEAUX MARIES AU CHIFFRES DE LA POPULATION PAR PERIODES
          DECENNALES, DE 1801 A 1900: PROPORTIONS ANNUELLES MOYENNES POUR 100 HABITANTS: 1801 A
          1810 (AVEC DEUX DECIMALES)

104   RAPPORT DU NOMBRE DES NOUVEAUX MARIES AU CHIFFRES DE LA POPULATION PAR PERIODES
          DECENNALES, DE 1801 A 1900: PROPORTIONS ANNUELLES MOYENNES POUR 100 HABITANTS: 1811 A
          1820 (AVEC DEUX DECIMALES)

DATA SET 266: MOUVEMENT DE LA POPULATION 1901 (DEPARTEMENT)

NUMERO DE
LA VARIABLE   NOM DE LA VARIABLE

105   RAPPORT DU NOMBRE DES NOUVEAUX MARIES AU CHIFFRES DE LA POPULATION PAR PERIODES
        DECENNALES, DE 1801 A 1900: PROPORTIONS ANNUELLES MOYENNES POUR 100 HABITANTS: 1821 A
        1830 (AVEC DEUX DECIMALES)

106   RAPPORT DU NOMBRE DES NOUVEAUX MARIES AU CHIFFRES DE LA POPULATION PAR PERIODES
        DECENNALES, DE 1801 A 1900: PROPORTIONS ANNUELLES MOYENNES POUR 100 HABITANTS: 1831 A
        1840 (AVEC DEUX DECIMALES)

107   RAPPORT DU NOMBRE DES NOUVEAUX MARIES AU CHIFFRES DE LA POPULATION PAR PERIODES
        DECENNALES, DE 1801 A 1900: PROPORTIONS ANNUELLES MOYENNES POUR 100 HABITANTS: 1841 A
        1850 (AVEC DEUX DECIMALES)

108   RAPPORT DU NOMBRE DES NOUVEAUX MARIES AU CHIFFRES DE LA POPULATION PAR PERIODES
        DECENNALES, DE 1801 A 1900: PROPORTIONS ANNUELLES MOYENNES POUR 100 HABITANTS: 1851 A
        1860 (AVEC DEUX DECIMALES)

109   RAPPORT DU NOMBRE DES NOUVEAUX MARIES AU CHIFFRES DE LA POPULATION PAR PERIODES
        DECENNALES, DE 1801 A 1900: PROPORTIONS ANNUELLES MOYENNES POUR 100 HABITANTS: 1861 A
        1870 (AVEC DEUX DECIMALES)

110   RAPPORT DU NOMBRE DES NOUVEAUX MARIES AU CHIFFRES DE LA POPULATION PAR PERIODES
        DECENNALES, DE 1801 A 1900: PROPORTIONS ANNUELLES MOYENNES POUR 100 HABITANTS: 1871 A
        1880 (AVEC DEUX DECIMALES)

111   RAPPORT DU NOMBRE DES NOUVEAUX MARIES AU CHIFFRES DE LA POPULATION PAR PERIODES
        DECENNALES, DE 1801 A 1900: PROPORTIONS ANNUELLES MOYENNES POUR 100 HABITANTS: 1881 A
        1890 (AVEC DEUX DECIMALES)

112   RAPPORT DU NOMBRE DES NOUVEAUX MARIES AU CHIFFRES DE LA POPULATION PAR PERIODES
        DECENNALES, DE 1801 A 1900: PROPORTIONS ANNUELLES MOYENNES POUR 100 HABITANTS: 1891 A
        1900 (AVEC DEUX DECIMALES)

113   RAPPORT DU NOMBRE DES NOUVEAUX MARIES, A LA POPULATION MARIABLE. HOMMES NON MARIES
        DE 18 A 60 ANS, FEMMES NON MARIEES DE 15 A 50 ANS: PREMIERE PERIODE 1860-1862:
        POPULATION MARIABLE D'APRES LE DENOMBREMENT DE 1861: SEXE MASCULIN

114   RAPPORT DU NOMBRE DES NOUVEAUX MARIES, A LA POPULATION MARIABLE. HOMMES NON MARIES
        DE 18 A 60 ANS, FEMMES NON MARIEES DE 15 A 50 ANS: PREMIERE PERIODE 1860-1862:
        POPULATION MARIABLE D'APRES LE DENOMBREMENT DE 1861: SEXE FEMININ

115   RAPPORT DU NOMBRE DES NOUVEAUX MARIES, A LA POPULATION MARIABLE. HOMMES NON MARIES
        DE 18 A 60 ANS, FEMMES NON MARIEES DE 15 A 50 ANS: PREMIERE PERIODE 1860-1862:
        POPULATION MARIABLE D'APRES LE DENOMBREMENT DE 1861: TOTAL

116   RAPPORT DU NOMBRE DES NOUVEAUX MARIES, A LA POPULATION MARIABLE. HOMMES NON MARIES
        DE 18 A 60 ANS, FEMMES NON MARIEES DE 15 A 50 ANS: PREMIERE PERIODE 1860-1862:
        NOMBRE DES MARIAGES (MOYENNE DES ANNEES 1860, 1861 ET 1862)

117   RAPPORT DU NOMBRE DES NOUVEAUX MARIES, A LA POPULATION MARIABLE. HOMMES NON MARIES
        DE 18 A 60 ANS, FEMMES NON MARIEES DE 15 A 50 ANS: PREMIERE PERIODE 1860-1862:
        PROPORTION ANNUELLE DES NOUVEAUX MARIES SUR 100 MARIABLES: SEXES REUNIS (AVEC DEUX
        DECIMALES)

118   RAPPORT DU NOMBRE DES NOUVEAUX MARIES, A LA POPULATION MARIABLE. HOMMES NON MARIES
        DE 18 A 60 ANS, FEMMES NON MARIEES DE 15 A 50 ANS: PREMIERE PERIODE 1860-1862:
        PROPORTION ANNUELLE DES NOUVEAUX MARIES SUR 100 MARIABLES: SEXE MASCULIN (AVEC DEUX
        DECIMALES)

119   RAPPORT DU NOMBRE DES NOUVEAUX MARIES, A LA POPULATION MARIABLE. HOMMES NON MARIES
        DE 18 A 60 ANS, FEMMES NON MARIEES DE 15 A 50 ANS: PREMIERE PERIODE 1860-1862:
        PROPORTION ANNUELLE DES NOUVEAUX MARIES SUR 100 MARIABLES: SEXE FEMININ (AVEC DEUX
        DECIMALES)

120   RAPPORT DU NOMBRE DES NOUVEAUX MARIES, A LA POPULATION MARIABLE. HOMMES NON MARIES
        DE 18 A 60 ANS, FEMMES NON MARIEES DE 15 A 50 ANS: DEUXIEME PERIODE 1890-1892:
        POPULATION MARIABLE D'APRES LE DENOMBREMENT DE 1891: SEXE MASCULIN

121   RAPPORT DU NOMBRE DES NOUVEAUX MARIES, A LA POPULATION MARIABLE. HOMMES NON MARIES
        DE 18 A 60 ANS, FEMMES NON MARIEES DE 15 A 50 ANS: DEUXIEME PERIODE 1890-1892:
        POPULATION MARIABLE D'APRES LE DENOMBREMENT DE 1891: SEXE FEMININ

DATA SET 266:   MOUVEMENT DE LA POPULATION 1901 (DEPARTEMENT)

NUMERO DE
LA VARIABLE   NOM DE LA VARIABLE

122   RAPPORT DU NOMBRE DES NOUVEAUX MARIES, A LA POPULATION MARIABLE. HOMMES NON MARIES
           DE 18 A 60 ANS, FEMMES NON MARIEES DE 15 A 50 ANS: DEUXIEME PERIODE 1890-1892:
           POPULATION MARIABLE D'APRES LE DENOMBREMENT DE 1891: TOTAL

123   RAPPORT DU NOMBRE DES NOUVEAUX MARIES, A LA POPULATION MARIABLE. HOMMES NON MARIES
           DE 18 A 60 ANS, FEMMES NON MARIEES DE 15 A 50 ANS: DEUXIEME PERIODE 1890-1892:
           NOMBRE DES MARIAGES (MOYENNE DES ANNEES 1890, 1891 ET 1892)

124   RAPPORT DU NOMBRE DES NOUVEAUX MARIES, A LA POPULATION MARIABLE. HOMMES NON MARIES
           DE 18 A 60 ANS, FEMMES NON MARIEES DE 15 A 50 ANS: DEUXIEME PERIODE 1890-1892:
           PROPORTION ANNUELLE DES NOUVEAUX MARIES SUR 100 MARIABLES: SEXES REUNIS (AVEC DEUX
           DECIMALES)

125   RAPPORT DU NOMBRE DES NOUVEAUX MARIES, A LA POPULATION MARIABLE. HOMMES NON MARIES
           DE 18 A 60 ANS, FEMMES NON MARIEES DE 15 A 50 ANS: DEUXIEME PERIODE 1890-1892:
           PROPORTION ANNUELLE DES NOUVEAUX MARIES SUR 100 MARIABLES: SEXE MASCULIN (AVEC DEUX
           DECIMALES)

126   RAPPORT DU NOMBRE DES NOUVEAUX MARIES, A LA POPULATION MARIABLE. HOMMES NON MARIES
           DE 18 A 60 ANS, FEMMES NON MARIEES DE 15 A 50 ANS: DEUXIEME PERIODE 1890-1892:
           PROPORTION ANNUELLE DES NOUVEAUX MARIES SUR 100 MARIABLES: SEXE FEMININ (AVEC DEUX
           DECIMALES)

127   MARIAGES PAR ETAT-CIVIL: PREMIERE PERIODE 1836-1840: NOMBRE DE MARIAGES (MOYENNE DES
           ANNEES 1836 A 1840): TOTAL

128   MARIAGES PAR ETAT-CIVIL: PREMIERE PERIODE 1836-1840: NOMBRE DE MARIAGES (MOYENNE DES
           ANNEES 1836 A 1840): ENTRE GARCONS ET FILLES

129   MARIAGES PAR ETAT-CIVIL: PREMIERE PERIODE 1836-1840: NOMBRE DE MARIAGES (MOYENNE DES
           ANNEES 1836 A 1840): ENTRE GARCONS ET VEUVES

130   MARIAGES PAR ETAT-CIVIL: PREMIERE PERIODE 1836-1840: NOMBRE DE MARIAGES (MOYENNE DES
           ANNEES 1836 A 1840): ENTRE VEUFS ET FILLES

131   MARIAGES PAR ETAT-CIVIL: PREMIERE PERIODE 1836-1840: NOMBRE DE MARIAGES (MOYENNE DES
           ANNEES 1836 A 1840): ENTRE VEUFS ET VEUVES

132   MARIAGES PAR ETAT-CIVIL: PREMIERE PERIODE 1836-1840: PROPORTION POUR 100 DES
           MARIAGES ENTRE GARCONS ET FILLES (AVEC DEUX DECIMALES)

133   MARIAGES PAR ETAT-CIVIL: PREMIERE PERIODE 1836-1840: PROPORTION POUR 100 DES
           MARIAGES ENTRE GARCONS ET VEUVES (AVEC DEUX DECIMALES)

134   MARIAGES PAR ETAT-CIVIL: PREMIERE PERIODE 1836-1840: PROPORTION POUR 100 DES
           MARIAGES ENTRE VEUFS ET FILLES (AVEC DEUX DECIMALES)

135   MARIAGES PAR ETAT-CIVIL: PREMIERE PERIODE 1836-1840: PROPORTION POUR 100 DES
           MARIAGES ENTRE VEUFS ET VEUVES (AVEC DEUX DECIMALES)

136   MARIAGES PAR ETAT-CIVIL: DEUXIEME PERIODE 1866-1869: NOMBRE DE MARIAGES (MOYENNE DES
           ANNEES 1866 A 1869): TOTAL

137   MARIAGES PAR ETAT-CIVIL: DEUXIEME PERIODE 1866-1869: NOMBRE DE MARIAGES (MOYENNE DES
           ANNEES 1866 A 1869): ENTRE GARCONS ET FILLES

138   MARIAGES PAR ETAT-CIVIL: DEUXIEME PERIODE 1866-1869: NOMBRE DE MARIAGES (MOYENNE DES
           ANNEES 1866 A 1869): ENTRE GARCONS ET VEUVES

139   MARIAGES PAR ETAT-CIVIL: DEUXIEME PERIODE 1866-1869: NOMBRE DE MARIAGES (MOYENNE DES
           ANNEES 1866 A 1869): ENTRE VEUFS ET FILLES

140   MARIAGES PAR ETAT-CIVIL: DEUXIEME PERIODE 1866-1869: NOMBRE DE MARIAGES (MOYENNE DES
           ANNEES 1866 A 1869): ENTRE VEUFS ET VEUVES

141   MARIAGES PAR ETAT-CIVIL: DEUXIEME PERIODE 1866-1869: PROPORTION POUR 100 DES
           MARIAGES ENTRE GARCONS ET FILLES (AVEC DEUX DECIMALES)

142   MARIAGES PAR ETAT-CIVIL: DEUXIEME PERIODE 1866-1869: PROPORTION POUR 100 DES
           MARIAGES ENTRE GARCONS ET VEUVES (AVEC DEUX DECIMALES)

DATA SET 266: MOUVEMENT DE LA POPULATION 1901 (DEPARTEMENT)

NUMERO DE
LA VARIABLE   NOM DE LA VARIABLE

143   MARIAGES PAR ETAT-CIVIL: DEUXIEME PERIODE 1866-1869: PROPORTION POUR 100 DES
          MARIAGES ENTRE VEUFS ET FILLES (AVEC DEUX DECIMALES)

144   MARIAGES PAR ETAT-CIVIL: DEUXIEME PERIODE 1866-1869: PROPORTION POUR 100 DES
          MARIAGES ENTRE VEUFS ET VEUVES (AVEC DEUX DECIMALES)

145   MARIAGES PAR ETAT-CIVIL: TROISIEME PERIODE 1898-1901: NOMBRE DE MARIAGES (MOYENNE
          DES ANNEES 1898 A 1901): TOTAL

146   MARIAGES PAR ETAT-CIVIL: TROISIEME PERIODE 1898-1901: NOMBRE DE MARIAGES (MOYENNE
          DES ANNEES 1898 A 1901): ENTRE GARCONS ET FILLES

147   MARIAGES PAR ETAT-CIVIL: TROISIEME PERIODE 1898-1901: NOMBRE DE MARIAGES (MOYENNE
          DES ANNEES 1898 A 1901): ENTRE GARCONS ET VEUVES

148   MARIAGES PAR ETAT-CIVIL: TROISIEME PERIODE 1898-1901: NOMBRE DE MARIAGES (MOYENNE
          DES ANNEES 1898 A 1901): ENTRE GARCONS ET DIVORCEES

149   MARIAGES PAR ETAT-CIVIL: TROISIEME PERIODE 1898-1901: NOMBRE DE MARIAGES (MOYENNE
          DES ANNEES 1898 A 1901): ENTRE VEUFS ET FILLES

150   MARIAGES PAR ETAT-CIVIL: TROISIEME PERIODE 1898-1901: NOMBRE DE MARIAGES (MOYENNE
          DES ANNEES 1898 A 1901): ENTRE VEUFS ET VEUVES

151   MARIAGES PAR ETAT-CIVIL: TROISIEME PERIODE 1898-1901: NOMBRE DE MARIAGES (MOYENNE
          DES ANNEES 1898 A 1901): ENTRE VEUFS ET DIVORCEES

152   MARIAGES PAR ETAT-CIVIL: TROISIEME PERIODE 1898-1901: NOMBRE DE MARIAGES (MOYENNE
          DES ANNEES 1898 A 1901): ENTRE DIVORCES ET FILLES

153   MARIAGES PAR ETAT-CIVIL: TROISIEME PERIODE 1898-1901: NOMBRE DE MARIAGES (MOYENNE
          DES ANNEES 1898 A 1901): ENTRE DIVORCES ET VEUVES

154   MARIAGES PAR ETAT-CIVIL: TROISIEME PERIODE 1898-1901: NOMBRE DE MARIAGES (MOYENNE
          DES ANNEES 1898 A 1901): ENTRE DIVORCES ET DIVORCEES

155   MARIAGES PAR ETAT-CIVIL: TROISIEME PERIODE 1898-1901: PROPORTION POUR 100 DES
          MARIAGES ENTRE GARCONS ET FILLES (AVEC DEUX DECIMALES)

156   MARIAGES PAR ETAT-CIVIL: TROISIEME PERIODE 1898-1901: PROPORTION POUR 100 DES
          MARIAGES ENTRE GARCONS ET VEUVES (AVEC DEUX DECIMALES)

157   MARIAGES PAR ETAT-CIVIL: TROISIEME PERIODE 1898-1901: PROPORTION POUR 100 DES
          MARIAGES ENTRE GARCONS ET DIVORCEES (AVEC DEUX DECIMALES)

158   MARIAGES PAR ETAT-CIVIL: TROISIEME PERIODE 1898-1901: PROPORTION POUR 100 DES
          MARIAGES ENTRE VEUFS ET FILLES (AVEC DEUX DECIMALES)

159   MARIAGES PAR ETAT-CIVIL: TROISIEME PERIODE 1898-1901: PROPORTION POUR 100 DES
          MARIAGES ENTRE VEUFS ET VEUVES (AVEC DEUX DECIMALES)

160   MARIAGES PAR ETAT-CIVIL: TROISIEME PERIODE 1898-1901: PROPORTION POUR 100 DES
          MARIAGES ENTRE VEUFS ET DIVORCEES (AVEC DEUX DECIMALES)

161   MARIAGES PAR ETAT-CIVIL: TROISIEME PERIODE 1898-1901: PROPORTION POUR 100 DES
          MARIAGES ENTRE DIVORCES ET FILLES (AVEC DEUX DECIMALES)

162   MARIAGES PAR ETAT-CIVIL: TROISIEME PERIODE 1898-1901: PROPORTION POUR 100 DES
          MARIAGES ENTRE DIVORCES ET VEUVES (AVEC DEUX DECIMALES)

163   MARIAGES PAR ETAT-CIVIL: TROISIEME PERIODE 1898-1901: PROPORTION POUR 100 DES
          MARIAGES ENTRE DIVORCES ET DIVORCEES (AVEC DEUX DECIMALES)

164   MARIAGES PAR AGE: ENSEMBLE DES MARIAGES: PREMIERE PERIODE 1860-1862: NOMBRES
          ABSOLUS (MOYENNES DES ANNEES 1860 A 1862): NOMBRE DE MARIAGES SUIVANT L'AGE DES
          EPOUX (GARCONS ET VEUFS): AU-DESSOUS DE 20 ANS

165   MARIAGES PAR AGE: ENSEMBLE DES MARIAGES: PREMIERE PERIODE 1860-1862: NOMBRES
          ABSOLUS (MOYENNES DES ANNEES 1860 A 1862): NOMBRE DE MARIAGES SUIVANT L'AGE DES
          EPOUX (GARCONS ET VEUFS): DE 20 A 24 ANS

DATA SET 266:   MOUVEMENT DE LA POPULATION 1901 (DEPARTEMENT)

NUMERO DE LA VARIABLE	NOM DE LA VARIABLE
166	MARIAGES PAR AGE: ENSEMBLE DES MARIAGES: PREMIERE PERIODE 1860-1862: NOMBRES ABSOLUS (MOYENNES DES ANNEES 1860 A 1862): NOMBRE DE MARIAGES SUIVANT L'AGE DES EPOUX (GARCONS ET VEUFS): DE 25 A 29 ANS
167	MARIAGES PAR AGE: ENSEMBLE DES MARIAGES: PREMIERE PERIODE 1860-1862: NOMBRES ABSOLUS (MOYENNES DES ANNEES 1860 A 1862): NOMBRE DE MARIAGES SUIVANT L'AGE DES EPOUX (GARCONS ET VEUFS): DE 30 A 34 ANS
168	MARIAGES PAR AGE: ENSEMBLE DES MARIAGES: PREMIERE PERIODE 1860-1862: NOMBRES ABSOLUS (MOYENNES DES ANNEES 1860 A 1862): NOMBRE DE MARIAGES SUIVANT L'AGE DES EPOUX (GARCONS ET VEUFS): DE 35 A 39 ANS
169	MARIAGES PAR AGE: ENSEMBLE DES MARIAGES: PREMIERE PERIODE 1860-1862: NOMBRES ABSOLUS (MOYENNES DES ANNEES 1860 A 1862): NOMBRE DE MARIAGES SUIVANT L'AGE DES EPOUX (GARCONS ET VEUFS): DE 40 A 49 ANS
170	MARIAGES PAR AGE: ENSEMBLE DES MARIAGES: PREMIERE PERIODE 1860-1862: NOMBRES ABSOLUS (MOYENNES DES ANNEES 1860 A 1862): NOMBRE DE MARIAGES SUIVANT L'AGE DES EPOUX (GARCONS ET VEUFS): DE 50 ANS ET AU-DESSUS
171	MARIAGES PAR AGE: ENSEMBLE DES MARIAGES: PREMIERE PERIODE 1860-1862: NOMBRES ABSOLUS (MOYENNES DES ANNEES 1860 A 1862): NOMBRE DE MARIAGES SUIVANT L'AGE DES EPOUSES (FILLES ET VEUVES): AU-DESSOUS DE 20 ANS
172	MARIAGES PAR AGE: ENSEMBLE DES MARIAGES: PREMIERE PERIODE 1860-1862: NOMBRES ABSOLUS (MOYENNES DES ANNEES 1860 A 1862): NOMBRE DE MARIAGES SUIVANT L'AGE DES EPOUSES (FILLES ET VEUVES): DE 20 A 24 ANS
173	MARIAGES PAR AGE: ENSEMBLE DES MARIAGES: PREMIERE PERIODE 1860-1862: NOMBRES ABSOLUS (MOYENNES DES ANNEES 1860 A 1862): NOMBRE DE MARIAGES SUIVANT L'AGE DES EPOUSES (FILLES ET VEUVES): DE 25 A 29 ANS
174	MARIAGES PAR AGE: ENSEMBLE DES MARIAGES: PREMIERE PERIODE 1860-1862: NOMBRES ABSOLUS (MOYENNES DES ANNEES 1860 A 1862): NOMBRE DE MARIAGES SUIVANT L'AGE DES EPOUSES (FILLES ET VEUVES): DE 30 A 34 ANS
175	MARIAGES PAR AGE: ENSEMBLE DES MARIAGES: PREMIERE PERIODE 1860-1862: NOMBRES ABSOLUS (MOYENNES DES ANNEES 1860 A 1862): NOMBRE DE MARIAGES SUIVANT L'AGE DES EPOUSES (FILLES ET VEUVES): DE 35 A 39 ANS
176	MARIAGES PAR AGE: ENSEMBLE DES MARIAGES: PREMIERE PERIODE 1860-1862: NOMBRES ABSOLUS (MOYENNES DES ANNEES 1860 A 1862): NOMBRE DE MARIAGES SUIVANT L'AGE DES EPOUSES (FILLES ET VEUVES): DE 40 A 49 ANS
177	MARIAGES PAR AGE: ENSEMBLE DES MARIAGES: PREMIERE PERIODE 1860-1862: NOMBRES ABSOLUS (MOYENNES DES ANNEES 1860 A 1862): NOMBRE DE MARIAGES SUIVANT L'AGE DES EPOUSES (FILLES ET VEUVES): DE 50 ANS ET AU-DESSUS
178	MARIAGES PAR AGE: ENSEMBLE DES MARIAGES: PREMIERE PERIODE 1860-1862: NOMBRES ABSOLUS (MOYENNES DES ANNEES 1860 A 1862): TOTAL DES MARIAGES
179	MARIAGES PAR AGE: ENSEMBLE DES MARIAGES: PREMIERE PERIODE 1860-1862: PROPORTION POUR 100 DES MARIAGES: SUIVANT L'AGE DES EPOUX (GARCONS ET VEUFS): AU-DESSOUS DE 20 ANS (AVEC DEUX DECIMALES)
180	MARIAGES PAR AGE: ENSEMBLE DES MARIAGES: PREMIERE PERIODE 1860-1862: PROPORTION POUR 100 DES MARIAGES: SUIVANT L'AGE DES EPOUX (GARCONS ET VEUFS): DE 20 A 24 ANS (AVEC DEUX DECIMALES)
181	MARIAGES PAR AGE: ENSEMBLE DES MARIAGES: PREMIERE PERIODE 1860-1862: PROPORTION POUR 100 DES MARIAGES: SUIVANT L'AGE DES EPOUX (GARCONS ET VEUFS): DE 25 A 29 ANS (AVEC DEUX DECIMALES)
182	MARIAGES PAR AGE: ENSEMBLE DES MARIAGES: PREMIERE PERIODE 1860-1862: PROPORTION POUR 100 DES MARIAGES: SUIVANT L'AGE DES EPOUX (GARCONS ET VEUFS): DE 30 A 34 ANS (AVEC DEUX DECIMALES)
183	MARIAGES PAR AGE: ENSEMBLE DES MARIAGES: PREMIERE PERIODE 1860-1862: PROPORTION POUR 100 DES MARIAGES: SUIVANT L'AGE DES EPOUX (GARCONS ET VEUFS): DE 35 A 39 ANS (AVEC DEUX DECIMALES)

DATA SET 266: MOUVEMENT DE LA POPULATION 1901 (DEPARTEMENT)

NUMERO DE
LA VARIABLE   NOM DE LA VARIABLE

184   MARIAGES PAR AGE: ENSEMBLE DES MARIAGES: PREMIERE PERIODE 1860-1862: PROPORTION
           POUR 100 DES MARIAGES: SUIVANT L'AGE DES EPOUX (GARCONS ET VEUFS): DE 40 A 49 ANS
           (AVEC DEUX DECIMALES)

185   MARIAGES PAR AGE: ENSEMBLE DES MARIAGES: PREMIERE PERIODE 1860-1862: PROPORTION
           POUR 100 DES MARIAGES: SUIVANT L'AGE DES EPOUX (GARCONS ET VEUFS): DE 50 ANS ET
           AU-DESSUS (AVEC DEUX DECIMALES)

186   MARIAGES PAR AGE: ENSEMBLE DES MARIAGES: PREMIERE PERIODE 1860-1862: PROPORTION
           POUR 100 DES MARIAGES: SUIVANT L'AGE DES EPOUSES (FILLES ET VEUVES): AU-DESSOUS DE
           20 ANS (AVEC DEUX DECIMALES)

187   MARIAGES PAR AGE: ENSEMBLE DES MARIAGES: PREMIERE PERIODE 1860-1862: PROPORTION
           POUR 100 DES MARIAGES: SUIVANT L'AGE DES EPOUSES (FILLES ET VEUVES): DE 20 A 24 ANS
           (AVEC DEUX DECIMALES)

188   MARIAGES PAR AGE: ENSEMBLE DES MARIAGES: PREMIERE PERIODE 1860-1862: PROPORTION
           POUR 100 DES MARIAGES: SUIVANT L'AGE DES EPOUSES (FILLES ET VEUVES): DE 25 A 29 ANS
           (AVEC DEUX DECIMALES)

189   MARIAGES PAR AGE: ENSEMBLE DES MARIAGES: PREMIERE PERIODE 1860-1862: PROPORTION
           POUR 100 DES MARIAGES: SUIVANT L'AGE DES EPOUSES (FILLES ET VEUVES): DE 30 A 34 ANS
           (AVEC DEUX DECIMALES)

190   MARIAGES PAR AGE: ENSEMBLE DES MARIAGES: PREMIERE PERIODE 1860-1862: PROPORTION
           POUR 100 DES MARIAGES: SUIVANT L'AGE DES EPOUSES (FILLES ET VEUVES): DE 35 A 39 ANS
           (AVEC DEUX DECIMALES)

191   MARIAGES PAR AGE: ENSEMBLE DES MARIAGES: PREMIERE PERIODE 1860-1862: PROPORTION
           POUR 100 DES MARIAGES: SUIVANT L'AGE DES EPOUSES (FILLES ET VEUVES): DE 40 A 49 ANS
           (AVEC DEUX DECIMALES)

192   MARIAGES PAR AGE: ENSEMBLE DES MARIAGES: PREMIERE PERIODE 1860-1862: PROPORTION
           POUR 100 DES MARIAGES: SUIVANT L'AGE DES EPOUSES (FILLES ET VEUVES): DE 50 ANS ET
           AU-DESSUS (AVEC DEUX DECIMALES)

193   MARIAGES PAR AGE: ENSEMBLE DES MARIAGES: DEUXIEME PERIODE 1890-1892: NOMBRES
           ABSOLUS (MOYENNES DES ANNEES 1890 A 1892): NOMBRE DE MARIAGES SUIVANT L'AGE DES
           EPOUX (GARCONS, VEUFS, ET DIVORCES): AU-DESSOUS DE 20 ANS

194   MARIAGES PAR AGE: ENSEMBLE DES MARIAGES: DEUXIEME PERIODE 1890-1892: NOMBRES
           ABSOLUS (MOYENNES DES ANNEES 1890 A 1892): NOMBRE DE MARIAGES SUIVANT L'AGE DES
           EPOUX (GARCONS, VEUFS, ET DIVORCES): DE 20 A 24 ANS

195   MARIAGES PAR AGE: ENSEMBLE DES MARIAGES: DEUXIEME PERIODE 1890-1892: NOMBRES
           ABSOLUS (MOYENNES DES ANNEES 1890 A 1892): NOMBRE DE MARIAGES SUIVANT L'AGE DES
           EPOUX (GARCONS, VEUFS, ET DIVORCES): DE 25 A 29 ANS

196   MARIAGES PAR AGE: ENSEMBLE DES MARIAGES: DEUXIEME PERIODE 1890-1892: NOMBRES
           ABSOLUS (MOYENNES DES ANNEES 1890 A 1892): NOMBRE DE MARIAGES SUIVANT L'AGE DES
           EPOUX (GARCONS, VEUFS, ET DIVORCES): DE 30 A 34 ANS

197   MARIAGES PAR AGE: ENSEMBLE DES MARIAGES: DEUXIEME PERIODE 1890-1892: NOMBRES
           ABSOLUS (MOYENNES DES ANNEES 1890 A 1892): NOMBRE DE MARIAGES SUIVANT L'AGE DES
           EPOUX (GARCONS, VEUFS, ET DIVORCES): DE 35 A 39 ANS

198   MARIAGES PAR AGE: ENSEMBLE DES MARIAGES: DEUXIEME PERIODE 1890-1892: NOMBRES
           ABSOLUS (MOYENNES DES ANNEES 1890 A 1892): NOMBRE DE MARIAGES SUIVANT L'AGE DES
           EPOUX (GARCONS, VEUFS, ET DIVORCES): DE 40 A 49 ANS

199   MARIAGES PAR AGE: ENSEMBLE DES MARIAGES: DEUXIEME PERIODE 1890-1892: NOMBRES
           ABSOLUS (MOYENNES DES ANNEES 1890 A 1892): NOMBRE DE MARIAGES SUIVANT L'AGE DES
           EPOUX (GARCONS, VEUFS, ET DIVORCES): DE 50 ANS ET AU-DESSUS

200   MARIAGES PAR AGE: ENSEMBLE DES MARIAGES: DEUXIEME PERIODE 1890-1892: NOMBRES
           ABSOLUS (MOYENNES DES ANNEES 1890 A 1892): NOMBRE DE MARIAGES SUIVANT L'AGE DES
           EPOUSES (FILLES, VEUVES, ET DIVORCEES): AU-DESSOUS DE 20 ANS

201   MARIAGES PAR AGE: ENSEMBLE DES MARIAGES: DEUXIEME PERIODE 1890-1892: NOMBRES
           ABSOLUS (MOYENNES DES ANNEES 1890 A 1892): NOMBRE DE MARIAGES SUIVANT L'AGE DES
           EPOUSES (FILLES, VEUVES, ET DIVORCEES): DE 20 A 24 ANS

DATA SET 266:   MOUVEMENT DE LA POPULATION 1901 (DEPARTEMENT)

NUMERO DE
LA VARIABLE   NOM DE LA VARIABLE

202   MARIAGES PAR AGE: ENSEMBLE DES MARIAGES: DEUXIEME PERIODE 1890-1892: NOMBRES
           ABSOLUS (MOYENNES DES ANNEES 1890 A 1892): NOMBRE DE MARIAGES SUIVANT L'AGE DES
           EPOUSES (FILLES, VEUVES, ET DIVORCEES): DE 25 A 29 ANS

203   MARIAGES PAR AGE: ENSEMBLE DES MARIAGES: DEUXIEME PERIODE 1890-1892: NOMBRES
           ABSOLUS (MOYENNES DES ANNEES 1890 A 1892): NOMBRE DE MARIAGES SUIVANT L'AGE DES
           EPOUSES (FILLES, VEUVES, ET DIVORCEES): DE 30 A 34 ANS

204   MARIAGES PAR AGE: ENSEMBLE DES MARIAGES: DEUXIEME PERIODE 1890-1892: NOMBRES
           ABSOLUS (MOYENNES DES ANNEES 1890 A 1892): NOMBRE DE MARIAGES SUIVANT L'AGE DES
           EPOUSES (FILLES, VEUVES, ET DIVORCEES): DE 35 A 39 ANS

205   MARIAGES PAR AGE: ENSEMBLE DES MARIAGES: DEUXIEME PERIODE 1890-1892: NOMBRES
           ABSOLUS (MOYENNES DES ANNEES 1890 A 1892): NOMBRE DE MARIAGES SUIVANT L'AGE DES
           EPOUSES (FILLES, VEUVES, ET DIVORCEES): DE 40 A 49 ANS

206   MARIAGES PAR AGE: ENSEMBLE DES MARIAGES: DEUXIEME PERIODE 1890-1892: NOMBRES
           ABSOLUS (MOYENNES DES ANNEES 1890 A 1892): NOMBRE DE MARIAGES SUIVANT L'AGE DES
           EPOUSES (FILLES, VEUVES, ET DIVORCEES): DE 50 ANS ET AU-DESSUS

207   MARIAGES PAR AGE: ENSEMBLE DES MARIAGES: DEUXIEME PERIODE 1890-1892: NOMBRES
           ABSOLUS (MOYENNES DES ANNEES 1890 A 1892): TOTAL DES MARIAGES

208   MARIAGES PAR AGE: ENSEMBLE DES MARIAGES: DEUXIEME PERIODE 1890-1892: PROPORTION
           POUR 100 DES MARIAGES: SUIVANT L'AGE DES EPOUX (GARCONS, VEUFS, ET DIVORCES):
           AU-DESSOUS DE 20 ANS (AVEC DEUX DECIMALES)

209   MARIAGES PAR AGE: ENSEMBLE DES MARIAGES: DEUXIEME PERIODE 1890-1892: PROPORTION
           POUR 100 DES MARIAGES: SUIVANT L'AGE DES EPOUX (GARCONS, VEUFS, ET DIVORCES): DE 20
           A 24 ANS (AVEC DEUX DECIMALES)

210   MARIAGES PAR AGE: ENSEMBLE DES MARIAGES: DEUXIEME PERIODE 1890-1892: PROPORTION
           POUR 100 DES MARIAGES: SUIVANT L'AGE DES EPOUX (GARCONS, VEUFS, ET DIVORCES): DE 25
           A 29 ANS (AVEC DEUX DECIMALES)

211   MARIAGES PAR AGE: ENSEMBLE DES MARIAGES: DEUXIEME PERIODE 1890-1892: PROPORTION
           POUR 100 DES MARIAGES: SUIVANT L'AGE DES EPOUX (GARCONS, VEUFS, ET DIVORCES): DE 30
           A 34 ANS (AVEC DEUX DECIMALES)

212   MARIAGES PAR AGE: ENSEMBLE DES MARIAGES: DEUXIEME PERIODE 1890-1892: PROPORTION
           POUR 100 DES MARIAGES: SUIVANT L'AGE DES EPOUX (GARCONS, VEUFS, ET DIVORCES): DE 35
           A 39 ANS (AVEC DEUX DECIMALES)

213   MARIAGES PAR AGE: ENSEMBLE DES MARIAGES: DEUXIEME PERIODE 1890-1892: PROPORTION
           POUR 100 DES MARIAGES: SUIVANT L'AGE DES EPOUX (GARCONS, VEUFS, ET DIVORCES): DE 40
           A 49 ANS (AVEC DEUX DECIMALES)

214   MARIAGES PAR AGE: ENSEMBLE DES MARIAGES: DEUXIEME PERIODE 1890-1892: PROPORTION
           POUR 100 DES MARIAGES: SUIVANT L'AGE DES EPOUX (GARCONS, VEUFS, ET DIVORCES): DE 50
           ANS ET AU-DESSUS (AVEC DEUX DECIMALES)

215   MARIAGES PAR AGE: ENSEMBLE DES MARIAGES: DEUXIEME PERIODE 1890-1892: PROPORTION
           POUR 100 DES MARIAGES: SUIVANT L'AGE DES EPOUSES (FILLES, VEUVES, ET DIVORCEES):
           AU-DESSOUS DE 20 ANS (AVEC DEUX DECIMALES)

216   MARIAGES PAR AGE: ENSEMBLE DES MARIAGES: DEUXIEME PERIODE 1890-1892: PROPORTION
           POUR 100 DES MARIAGES: SUIVANT L'AGE DES EPOUSES (FILLES, VEUVES, ET DIVORCEES): DE
           20 A 24 ANS (AVEC DEUX DECIMALES)

217   MARIAGES PAR AGE: ENSEMBLE DES MARIAGES: DEUXIEME PERIODE 1890-1892: PROPORTION
           POUR 100 DES MARIAGES: SUIVANT L'AGE DES EPOUSES (FILLES, VEUVES, ET DIVORCEES): DE
           25 A 29 ANS (AVEC DEUX DECIMALES)

218   MARIAGES PAR AGE: ENSEMBLE DES MARIAGES: DEUXIEME PERIODE 1890-1892: PROPORTION
           POUR 100 DES MARIAGES: SUIVANT L'AGE DES EPOUSES (FILLES, VEUVES, ET DIVORCEES): DE
           30 A 34 ANS (AVEC DEUX DECIMALES)

219   MARIAGES PAR AGE: ENSEMBLE DES MARIAGES: DEUXIEME PERIODE 1890-1892: PROPORTION
           POUR 100 DES MARIAGES: SUIVANT L'AGE DES EPOUSES (FILLES, VEUVES, ET DIVORCEES): DE
           35 A 39 ANS (AVEC DEUX DECIMALES)

DATA SET 266: MOUVEMENT DE LA POPULATION 1901 (DEPARTEMENT)

NUMERO DE
LA VARIABLE   NOM DE LA VARIABLE

220   MARIAGES PAR AGE: ENSEMBLE DES MARIAGES: DEUXIEME PERIODE 1890-1892: PROPORTION
         POUR 100 DES MARIAGES: SUIVANT L'AGE DES EPOUSES (FILLES, VEUVES, ET DIVORCEES): DE
         40 A 49 ANS (AVEC DEUX DECIMALES)

221   MARIAGES PAR AGE: ENSEMBLE DES MARIAGES: DEUXIEME PERIODE 1890-1892: PROPORTION
         POUR 100 DES MARIAGES: SUIVANT L'AGE DES EPOUSES (FILLES, VEUVES, ET DIVORCEES): DE
         50 ANS ET AU-DESSUS (AVEC DEUX DECIMALES)

222   AGE MOYEN AU MARIAGE (EN ANNEES ET FRACTIONS DES ANNEES) - ENSEMBLE DES MARIAGES:
         PERIODE 1860-1862: SEXE FEMININ

223   AGE MOYEN AU MARIAGE (EN ANNEES ET FRACTIONS DES ANNEES) - ENSEMBLE DES MARIAGES:
         PERIODE 1860-1862: SEXE FEMININ

224   AGE MOYEN AU MARIAGE (EN ANNEES ET FRACTIONS DES ANNEES) - ENSEMBLE DES MARIAGES:
         PERIODE 1860-1862: DIFFERENCE

225   AGE MOYEN AU MARIAGE (EN ANNEES ET FRACTIONS DES ANNEES) - ENSEMBLE DES MARIAGES:
         PERIODE 1890-1892: SEXE MASCULIN

226   AGE MOYEN AU MARIAGE (EN ANNEES ET FRACTIONS DES ANNEES) - ENSEMBLE DES MARIAGES:
         PERIODE 1890-1892: SEXE FEMININ

227   AGE MOYEN AU MARIAGE (EN ANNEES ET FRACTIONS DES ANNEES) - ENSEMBLE DES MARIAGES:
         PERIODE 1890-1892: DIFFERENCE

228   FREQUENCE DES MARIAGES SUIVANT L'AGE (ENSEMBLE DES MARIAGES): PREMIERE PERIODE
         1860-1862: POPULATION MARIABLE DU SEXE MASCULIN (GARCONS ET VEUFS) D'APRES LE
         DENOMBREMENT DE 1861: AU-DESSOUS DE 20 ANS (18 ET 19 ANS)

229   FREQUENCE DES MARIAGES SUIVANT L'AGE (ENSEMBLE DES MARIAGES): PREMIERE PERIODE
         1860-1862: POPULATION MARIABLE DU SEXE MASCULIN (GARCONS ET VEUFS) D'APRES LE
         DENOMBREMENT DE 1861: DE 20 A 24 ANS

230   FREQUENCE DES MARIAGES SUIVANT L'AGE (ENSEMBLE DES MARIAGES): PREMIERE PERIODE
         1860-1862: POPULATION MARIABLE DU SEXE MASCULIN (GARCONS ET VEUFS) D'APRES LE
         DENOMBREMENT DE 1861: DE 25 A 29 ANS

231   FREQUENCE DES MARIAGES SUIVANT L'AGE (ENSEMBLE DES MARIAGES): PREMIERE PERIODE
         1860-1862: POPULATION MARIABLE DU SEXE MASCULIN (GARCONS ET VEUFS) D'APRES LE
         DENOMBREMENT DE 1861: DE 30 A 34 ANS

232   FREQUENCE DES MARIAGES SUIVANT L'AGE (ENSEMBLE DES MARIAGES): PREMIERE PERIODE
         1860-1862: POPULATION MARIABLE DU SEXE MASCULIN (GARCONS ET VEUFS) D'APRES LE
         DENOMBREMENT DE 1861: DE 35 A 39 ANS

233   FREQUENCE DES MARIAGES SUIVANT L'AGE (ENSEMBLE DES MARIAGES): PREMIERE PERIODE
         1860-1862: POPULATION MARIABLE DU SEXE MASCULIN (GARCONS ET VEUFS) D'APRES LE
         DENOMBREMENT DE 1861: DE 40 A 49 ANS

234   FREQUENCE DES MARIAGES SUIVANT L'AGE (ENSEMBLE DES MARIAGES): PREMIERE PERIODE
         1860-1862: POPULATION MARIABLE DU SEXE MASCULIN (GARCONS ET VEUFS) D'APRES LE
         DENOMBREMENT DE 1861: DE 50 ANS ET AU-DESSUS

235   FREQUENCE DES MARIAGES SUIVANT L'AGE (ENSEMBLE DES MARIAGES): PREMIERE PERIODE
         1860-1862: POPULATION MARIABLE DU SEXE MASCULIN (GARCONS ET VEUFS) D'APRES LE
         DENOMBREMENT DE 1861: AGE INCONNU

236   FREQUENCE DES MARIAGES SUIVANT L'AGE (ENSEMBLE DES MARIAGES): PREMIERE PERIODE
         1860-1862: PROPORTION DES NOUVEAUX MARIES POUR 100 MARIABLES DU SEXE MASCULIN DE
         CHAQUE GROUPE D'AGE AU-DESSOUS DE 20 ANS (AVEC DEUX DECIMALES)

237   FREQUENCE DES MARIAGES SUIVANT L'AGE (ENSEMBLE DES MARIAGES): PREMIERE PERIODE
         1860-1862: PROPORTION DES NOUVEAUX MARIES POUR 100 MARIABLES DU SEXE MASCULIN DE
         CHAQUE GROUPE D'AGE DE 20 A 24 ANS (AVEC DEUX DECIMALES)

238   FREQUENCE DES MARIAGES SUIVANT L'AGE (ENSEMBLE DES MARIAGES): PREMIERE PERIODE
         1860-1862: PROPORTION DES NOUVEAUX MARIES POUR 100 MARIABLES DU SEXE MASCULIN DE
         CHAQUE GROUPE D'AGE DE 25 A 29 ANS (AVEC DEUX DECIMALES)

DATA SET 266: MOUVEMENT DE LA POPULATION 1901 (DEPARTEMENT)

NUMERO DE
LA VARIABLE   NOM DE LA VARIABLE

239   FREQUENCE DES MARIAGES SUIVANT L'AGE (ENSEMBLE DES MARIAGES): PREMIERE PERIODE
           1860-1862: PROPORTION DES NOUVEAUX MARIES POUR 100 MARIABLES DU SEXE MASCULIN DE
           CHAQUE GROUPE D'AGE DE 30 A 34 ANS (AVEC DEUX DECIMALES)

240   FREQUENCE DES MARIAGES SUIVANT L'AGE (ENSEMBLE DES MARIAGES): PREMIERE PERIODE
           1860-1862: PROPORTION DES NOUVEAUX MARIES POUR 100 MARIABLES DU SEXE MASCULIN DE
           CHAQUE GROUPE D'AGE DE 35 A 39 ANS (AVEC DEUX DECIMALES)

241   FREQUENCE DES MARIAGES SUIVANT L'AGE (ENSEMBLE DES MARIAGES): PREMIERE PERIODE
           1860-1862: PROPORTION DES NOUVEAUX MARIES POUR 100 MARIABLES DU SEXE MASCULIN DE
           CHAQUE GROUPE D'AGE DE 40 A 49 ANS (AVEC DEUX DECIMALES)

242   FREQUENCE DES MARIAGES SUIVANT L'AGE (ENSEMBLE DES MARIAGES): PREMIERE PERIODE
           1860-1862: PROPORTION DES NOUVEAUX MARIES POUR 100 MARIABLES DU SEXE MASCULIN DE
           CHAQUE GROUPE D'AGE DE 50 ANS ET AU-DESSUS (AVEC DEUX DECIMALES)

243   FREQUENCE DES MARIAGES SUIVANT L'AGE (ENSEMBLE DES MARIAGES): PREMIERE PERIODE
           1860-1862: POPULATION MARIABLE DU SEXE FEMININ (FILLES ET VEUVES) D'APRES LE
           DENOMBREMENT DE 1861: AU-DESSOUS DE 20 ANS (15 A 19 ANS)

244   FREQUENCE DES MARIAGES SUIVANT L'AGE (ENSEMBLE DES MARIAGES): PREMIERE PERIODE
           1860-1862: POPULATION MARIABLE DU SEXE FEMININ (FILLES ET VEUVES) D'APRES LE
           DENOMBREMENT DE 1861: DE 20 A 24 ANS

245   FREQUENCE DES MARIAGES SUIVANT L'AGE (ENSEMBLE DES MARIAGES): PREMIERE PERIODE
           1860-1862: POPULATION MARIABLE DU SEXE FEMININ (FILLES ET VEUVES) D'APRES LE
           DENOMBREMENT DE 1861: DE 25 A 29 ANS

246   FREQUENCE DES MARIAGES SUIVANT L'AGE (ENSEMBLE DES MARIAGES): PREMIERE PERIODE
           1860-1862: POPULATION MARIABLE DU SEXE FEMININ (FILLES ET VEUVES) D'APRES LE
           DENOMBREMENT DE 1861: DE 30 A 34 ANS

247   FREQUENCE DES MARIAGES SUIVANT L'AGE (ENSEMBLE DES MARIAGES): PREMIERE PERIODE
           1860-1862: POPULATION MARIABLE DU SEXE FEMININ (FILLES ET VEUVES) D'APRES LE
           DENOMBREMENT DE 1861: DE 35 A 39 ANS

248   FREQUENCE DES MARIAGES SUIVANT L'AGE (ENSEMBLE DES MARIAGES): PREMIERE PERIODE
           1860-1862: POPULATION MARIABLE DU SEXE FEMININ (FILLES ET VEUVES) D'APRES LE
           DENOMBREMENT DE 1861: DE 40 A 49 ANS

249   FREQUENCE DES MARIAGES SUIVANT L'AGE (ENSEMBLE DES MARIAGES): PREMIERE PERIODE
           1860-1862: POPULATION MARIABLE DU SEXE FEMININ (FILLES ET VEUVES) D'APRES LE
           DENOMBREMENT DE 1861: DE 50 ANS ET AU-DESSUS

250   FREQUENCE DES MARIAGES SUIVANT L'AGE (ENSEMBLE DES MARIAGES): PREMIERE PERIODE
           1860-1862: POPULATION MARIABLE DU SEXE FEMININ (FILLES ET VEUVES) D'APRES LE
           DENOMBREMENT DE 1861: AGE INCONNU

251   FREQUENCE DES MARIAGES SUIVANT L'AGE (ENSEMBLE DES MARIAGES): PREMIERE PERIODE
           1860-1862: PROPORTION DES NOUVELLES MARIEES POUR 100 MARIABLES DU SEXE FEMININ DE
           CHAQUE GROUPE D'AGE AU-DESSOUS DE 20 ANS (AVEC DEUX DECIMALES)

252   FREQUENCE DES MARIAGES SUIVANT L'AGE (ENSEMBLE DES MARIAGES): PREMIERE PERIODE
           1860-1862: PROPORTION DES NOUVELLES MARIEES POUR 100 MARIABLES DU SEXE FEMININ DE
           CHAQUE GROUPE D'AGE DE 20 A 24 ANS (AVEC DEUX DECIMALES)

253   FREQUENCE DES MARIAGES SUIVANT L'AGE (ENSEMBLE DES MARIAGES): PREMIERE PERIODE
           1860-1862: PROPORTION DES NOUVELLES MARIEES POUR 100 MARIABLES DU SEXE FEMININ DE
           CHAQUE GROUPE D'AGE DE 25 A 29 ANS (AVEC DEUX DECIMALES)

254   FREQUENCE DES MARIAGES SUIVANT L'AGE (ENSEMBLE DES MARIAGES): PREMIERE PERIODE
           1860-1862: PROPORTION DES NOUVELLES MARIEES POUR 100 MARIABLES DU SEXE FEMININ DE
           CHAQUE GROUPE D'AGE DE 30 A 34 ANS (AVEC DEUX DECIMALES)

255   FREQUENCE DES MARIAGES SUIVANT L'AGE (ENSEMBLE DES MARIAGES): PREMIERE PERIODE
           1860-1862: PROPORTION DES NOUVELLES MARIEES POUR 100 MARIABLES DU SEXE FEMININ DE
           CHAQUE GROUPE D'AGE DE 35 A 39 ANS (AVEC DEUX DECIMALES)

256   FREQUENCE DES MARIAGES SUIVANT L'AGE (ENSEMBLE DES MARIAGES): PREMIERE PERIODE
           1860-1862: PROPORTION DES NOUVELLES MARIEES POUR 100 MARIABLES DU SEXE FEMININ DE
           CHAQUE GROUPE D'AGE DE 40 A 49 ANS (AVEC DEUX DECIMALES)

89

DATA SET 266:   MOUVEMENT DE LA POPULATION 1901 (DEPARTEMENT)

NUMERO DE
LA VARIABLE   NOM DE LA VARIABLE

257   FREQUENCE DES MARIAGES SUIVANT L'AGE (ENSEMBLE DES MARIAGES): PREMIERE PERIODE
           1860-1862: PROPORTION DES NOUVELLES MARIEES POUR 100 MARIABLES DU SEXE FEMININ DE
           CHAQUE GROUPE D'AGE DE 50 ANS ET AU-DESSUS (AVEC DEUX DECIMALES)

258   FREQUENCE DES MARIAGES SUIVANT L'AGE (ENSEMBLE DES MARIAGES): DEUXIEME PERIODE
           1890-1892: POPULATION MARIABLE DU SEXE MASCULIN (GARCONS, VEUFS, ET DIVORCES)
           D'APRES LE DENOMBREMENT DE 1891: AU-DESSOUS DE 20 ANS (18 ET 19 ANS)

259   FREQUENCE DES MARIAGES SUIVANT L'AGE (ENSEMBLE DES MARIAGES): DEUXIEME PERIODE
           1890-1892: POPULATION MARIABLE DU SEXE MASCULIN (GARCONS, VEUFS, ET DIVORCES)
           D'APRES LE DENOMBREMENT DE 1891: DE 20 A 24 ANS

260   FREQUENCE DES MARIAGES SUIVANT L'AGE (ENSEMBLE DES MARIAGES): DEUXIEME PERIODE
           1890-1892: POPULATION MARIABLE DU SEXE MASCULIN (GARCONS, VEUFS, ET DIVORCES)
           D'APRES LE DENOMBREMENT DE 1891: DE 25 A 29 ANS

261   FREQUENCE DES MARIAGES SUIVANT L'AGE (ENSEMBLE DES MARIAGES): DEUXIEME PERIODE
           1890-1892: POPULATION MARIABLE DU SEXE MASCULIN (GARCONS, VEUFS, ET DIVORCES)
           D'APRES LE DENOMBREMENT DE 1891: DE 30 A 34 ANS

262   FREQUENCE DES MARIAGES SUIVANT L'AGE (ENSEMBLE DES MARIAGES): DEUXIEME PERIODE
           1890-1892: POPULATION MARIABLE DU SEXE MASCULIN (GARCONS, VEUFS, ET DIVORCES)
           D'APRES LE DENOMBREMENT DE 1891: DE 35 A 39 ANS

263   FREQUENCE DES MARIAGES SUIVANT L'AGE (ENSEMBLE DES MARIAGES): DEUXIEME PERIODE
           1890-1892: POPULATION MARIABLE DU SEXE MASCULIN (GARCONS, VEUFS, ET DIVORCES)
           D'APRES LE DENOMBREMENT DE 1891: DE 40 A 49 ANS

264   FREQUENCE DES MARIAGES SUIVANT L'AGE (ENSEMBLE DES MARIAGES): DEUXIEME PERIODE
           1890-1892: POPULATION MARIABLE DU SEXE MASCULIN (GARCONS, VEUFS, ET DIVORCES)
           D'APRES LE DENOMBREMENT DE 1891: 50 ANS ET AU-DESSUS

265   FREQUENCE DES MARIAGES SUIVANT L'AGE (ENSEMBLE DES MARIAGES): DEUXIEME PERIODE
           1890-1892: POPULATION MARIABLE DU SEXE MASCULIN (GARCONS, VEUFS, ET DIVORCES)
           D'APRES LE DENOMBREMENT DE 1891: AGE INCONNU

266   FREQUENCE DES MARIAGES SUIVANT L'AGE (ENSEMBLE DES MARIAGES): DEUXIEME PERIODE
           1890-1892: PROPORTION DES NOUVEAUX MARIES POUR 100 MARIABLES DU SEXE MASCULIN DE
           CHAQUE GROUPE D'AGE: AU-DESSOUS DE 20 ANS (AVEC DEUX DECIMALES)

267   FREQUENCE DES MARIAGES SUIVANT L'AGE (ENSEMBLE DES MARIAGES): DEUXIEME PERIODE
           1890-1892: PROPORTION DES NOUVEAUX MARIES POUR 100 MARIABLES DU SEXE MASCULIN DE
           CHAQUE GROUPE D'AGE DE 20 A 24 ANS (AVEC DEUX DECIMALES)

268   FREQUENCE DES MARIAGES SUIVANT L'AGE (ENSEMBLE DES MARIAGES): DEUXIEME PERIODE
           1890-1892: PROPORTION DES NOUVEAUX MARIES POUR 100 MARIABLES DU SEXE MASCULIN DE
           CHAQUE GROUPE D'AGE DE 25 A 29 ANS (AVEC DEUX DECIMALES)

269   FREQUENCE DES MARIAGES SUIVANT L'AGE (ENSEMBLE DES MARIAGES): DEUXIEME PERIODE
           1890-1892: PROPORTION DES NOUVEAUX MARIES POUR 100 MARIABLES DU SEXE MASCULIN DE
           CHAQUE GROUPE D'AGE DE 30 A 34 ANS (AVEC DEUX DECIMALES)

270   FREQUENCE DES MARIAGES SUIVANT L'AGE (ENSEMBLE DES MARIAGES): DEUXIEME PERIODE
           1890-1892: PROPORTION DES NOUVEAUX MARIES POUR 100 MARIABLES DU SEXE MASCULIN DE
           CHAQUE GROUPE D'AGE DE 35 A 39 ANS (AVEC DEUX DECIMALES)

271   FREQUENCE DES MARIAGES SUIVANT L'AGE (ENSEMBLE DES MARIAGES): DEUXIEME PERIODE
           1890-1892: PROPORTION DES NOUVEAUX MARIES POUR 100 MARIABLES DU SEXE MASCULIN DE
           CHAQUE GROUPE D'AGE DE 40 A 49 ANS (AVEC DEUX DECIMALES)

272   FREQUENCE DES MARIAGES SUIVANT L'AGE (ENSEMBLE DES MARIAGES): DEUXIEME PERIODE
           1890-1892: PROPORTION DES NOUVEAUX MARIES POUR 100 MARIABLES DU SEXE MASCULIN DE
           CHAQUE GROUPE D'AGE DE 50 ANS ET AU-DESSUS (AVEC DEUX DECIMALES)

273   FREQUENCE DES MARIAGES SUIVANT L'AGE (ENSEMBLE DES MARIAGES): DEUXIEME PERIODE
           1890-1892: POPULATION MARIABLE DU SEXE FEMININ (FILLES, VEUVES, ET DIVORCEES)
           D'APRES LE DENOMBREMENT DE 1891: AU-DESSOUS DE 20 ANS (15 A 19 ANS)

274   FREQUENCE DES MARIAGES SUIVANT L'AGE (ENSEMBLE DES MARIAGES): DEUXIEME PERIODE
           1890-1892: POPULATION MARIABLE DU SEXE FEMININ (FILLES, VEUVES, ET DIVORCEES)
           D'APRES LE DENOMBREMENT DE 1891: DE 20 A 24 ANS

DATA SET 266: MOUVEMENT DE LA POPULATION 1901 (DEPARTEMENT)

<table>
<tr><td>NUMERO DE
LA VARIABLE</td><td align="center">NOM DE LA VARIABLE</td></tr>
<tr><td>275</td><td>FREQUENCE DES MARIAGES SUIVANT L'AGE (ENSEMBLE DES MARIAGES): DEUXIEME PERIODE 1890-1892: POPULATION MARIABLE DU SEXE FEMININ (FILLES, VEUVES, ET DIVORCEES) D'APRES LE DENOMBREMENT DE 1891: DE 25 A 29 ANS</td></tr>
<tr><td>276</td><td>FREQUENCE DES MARIAGES SUIVANT L'AGE (ENSEMBLE DES MARIAGES): DEUXIEME PERIODE 1890-1892: POPULATION MARIABLE DU SEXE FEMININ (FILLES, VEUVES, ET DIVORCEES) D'APRES LE DENOMBREMENT DE 1891: DE 30 A 34 ANS</td></tr>
<tr><td>277</td><td>FREQUENCE DES MARIAGES SUIVANT L'AGE (ENSEMBLE DES MARIAGES): DEUXIEME PERIODE 1890-1892: POPULATION MARIABLE DU SEXE FEMININ (FILLES, VEUVES, ET DIVORCEES) D'APRES LE DENOMBREMENT DE 1891: DE 35 A 39 ANS</td></tr>
<tr><td>278</td><td>FREQUENCE DES MARIAGES SUIVANT L'AGE (ENSEMBLE DES MARIAGES): DEUXIEME PERIODE 1890-1892: POPULATION MARIABLE DU SEXE FEMININ (FILLES, VEUVES, ET DIVORCEES) D'APRES LE DENOMBREMENT DE 1891: DE 40 A 49 ANS</td></tr>
<tr><td>279</td><td>FREQUENCE DES MARIAGES SUIVANT L'AGE (ENSEMBLE DES MARIAGES): DEUXIEME PERIODE 1890-1892: POPULATION MARIABLE DU SEXE FEMININ (FILLES, VEUVES, ET DIVORCEES) D'APRES LE DENOMBREMENT DE 1891: 50 ANS ET AU-DESSUS</td></tr>
<tr><td>280</td><td>FREQUENCE DES MARIAGES SUIVANT L'AGE (ENSEMBLE DES MARIAGES): DEUXIEME PERIODE 1890-1892: POPULATION MARIABLE DU SEXE FEMININ (FILLES, VEUVES, ET DIVORCEES) D'APRES LE DENOMBREMENT DE 1891: AGE INCONNU</td></tr>
<tr><td>281</td><td>FREQUENCE DES MARIAGES SUIVANT L'AGE (ENSEMBLE DES MARIAGES): DEUXIEME PERIODE 1890-1892: PROPORTION DES NOUVELLES MARIEES POUR 100 MARIABLES DU SEXE FEMININ DE CHAQUE GROUPE D'AGE AU-DESSOUS DE 20 ANS (AVEC DEUX DECIMALES)</td></tr>
<tr><td>282</td><td>FREQUENCE DES MARIAGES SUIVANT L'AGE (ENSEMBLE DES MARIAGES): DEUXIEME PERIODE 1890-1892: PROPORTION DES NOUVELLES MARIEES POUR 100 MARIABLES DU SEXE FEMININ DE CHAQUE GROUPE D'AGE DE 20 A 24 ANS (AVEC DEUX DECIMALES)</td></tr>
<tr><td>283</td><td>FREQUENCE DES MARIAGES SUIVANT L'AGE (ENSEMBLE DES MARIAGES): DEUXIEME PERIODE 1890-1892: PROPORTION DES NOUVELLES MARIEES POUR 100 MARIABLES DU SEXE FEMININ DE CHAQUE GROUPE D'AGE DE 25 A 29 ANS (AVEC DEUX DECIMALES)</td></tr>
<tr><td>284</td><td>FREQUENCE DES MARIAGES SUIVANT L'AGE (ENSEMBLE DES MARIAGES): DEUXIEME PERIODE 1890-1892: PROPORTION DES NOUVELLES MARIEES POUR 100 MARIABLES DU SEXE FEMININ DE CHAQUE GROUPE D'AGE DE 30 A 34 ANS (AVEC DEUX DECIMALES)</td></tr>
<tr><td>285</td><td>FREQUENCE DES MARIAGES SUIVANT L'AGE (ENSEMBLE DES MARIAGES): DEUXIEME PERIODE 1890-1892: PROPORTION DES NOUVELLES MARIEES POUR 100 MARIABLES DU SEXE FEMININ DE CHAQUE GROUPE D'AGE DE 35 A 39 ANS (AVEC DEUX DECIMALES)</td></tr>
<tr><td>286</td><td>FREQUENCE DES MARIAGES SUIVANT L'AGE (ENSEMBLE DES MARIAGES): DEUXIEME PERIODE 1890-1892: PROPORTION DES NOUVELLES MARIEES POUR 100 MARIABLES DU SEXE FEMININ DE CHAQUE GROUPE D'AGE DE 40 A 49 ANS (AVEC DEUX DECIMALES)</td></tr>
<tr><td>287</td><td>FREQUENCE DES MARIAGES SUIVANT L'AGE (ENSEMBLE DES MARIAGES): DEUXIEME PERIODE 1890-1892: PROPORTION DES NOUVELLES MARIEES POUR 100 MARIABLES DU SEXE FEMININ DE CHAQUE GROUPE D'AGE DE 50 ANS ET AU-DESSUS (AVEC DEUX DECIMALES)</td></tr>
<tr><td>288</td><td>DIVORCES: PREMIERE PERIODE 1890-1892: NOMBRE ANNUEL MOYEN DES DIVORCES (1890 A 1892)</td></tr>
<tr><td>289</td><td>DIVORCES: PREMIERE PERIODE 1890-1892: POPULATION TOTALE (DENOMBREMENT DE 1891)</td></tr>
<tr><td>290</td><td>DIVORCES: PREMIERE PERIODE 1890-1892: NOMBRE DE COUPLES MARIES (DENOMBREMENT DE 1891)</td></tr>
<tr><td>291</td><td>DIVORCES: PREMIERE PERIODE 1890-1892: PROPORTION ANNUELLE MOYENNE DES DIVORCES POUR 10,000 HABITANTS (AVEC DEUX DECIMALES)</td></tr>
<tr><td>292</td><td>DIVORCES: PREMIERE PERIODE 1890-1892: PROPORTION ANNUELLE MOYENNE DES DIVORCES POUR 1000 COUPLES (AVEC DEUX DECIMALES)</td></tr>
<tr><td>293</td><td>DIVORCES: DEUXIEME PERIODE 1895-1897: NOMBRE ANNUEL MOYEN DES DIVORCES (1895 A 1897)</td></tr>
<tr><td>294</td><td>DIVORCES: DEUXIEME PERIODE 1895-1897: POPULATION TOTALE (DENOMBREMENT DE 1896)</td></tr>
<tr><td>295</td><td>DIVORCES: DEUXIEME PERIODE 1895-1897: NOMBRE DE COUPLES MARIES (DENOMBREMENT DE 1896)</td></tr>
</table>

DATA SET 266: MOUVEMENT DE LA POPULATION 1901 (DEPARTEMENT)

NUMERO DE
LA VARIABLE   NOM DE LA VARIABLE

296   DIVORCES: DEUXIEME PERIODE 1895-1897: PROPORTION ANNUELLE MOYENNE DES DIVORCES POUR
             10,000 HABITANTS (AVEC DEUX DECIMALES)

297   DIVORCES: DEUXIEME PERIODE 1895-1897: PROPORTION ANNUELLE MOYENNE DES DIVORCES POUR
             1,000 COUPLES (AVEC DEUX DECIMALES)

DATA SET 267: MOUVEMENT DE LA POPULATION 1901 (DEPARTEMENT)

SOURCE: STATISTIQUE GENERALE DE LA FRANCE, STATISTIQUE ANNUELLE DU MOUVEMENT
DE LA POPULATION, ANNEE 1901, TOME XXXI (PARIS, 1902)

```
        VARIABLES 7-16:     PAGES CXXII-CXXIII
        VARIABLES 17-29:    PAGES CXXIV-CXXV
        VARIABLES 30-42:    PAGES CXXVI-CXXVII
        VARIABLES 43-61:    PAGES CXXXII-CXXXIII
        VARIABLES 62-80:    PAGES CXXXVI-CXXXVII
        VARIABLES 81-98:    PAGES CXLVI-CXLVII
        VARIABLES 99-108:   PAGES CLIV-CLV
        VARIABLES 109-122:  PAGES CLXII-CLXIII
        VARIABLES 123-136:  PAGES CLXIV-CLXV
        VARIABLES 137-150:  PAGES CLXVI-CLXVII
        VARIABLES 151-164:  PAGES CLXVIII-CLXIX
        VARIABLES 165-178:  PAGES CLXX-CLXXI
        VARIABLES 179-192:  PAGES CLXXII-CLXXIII
        VARIABLES 193-218:  PAGES CLXXIV-CLXXV
        VARIABLES 219-244:  PAGES CLXXVIII-CLXXIX
        VARIABLES 245-270:  PAGES CLXXXII-CLXXXIII
        VARIABLES 271-272:  PAGE CCI
        VARIABLES 273-297:  TABLEAU XXI
        VARIABLES 298-309:  TABLEAU XXII
```

NUMERO DE
LA VARIABLE   NOM DE LA VARIABLE

7   RAPPORT DU NOMBRE DES NAISSANCES, AU CHIFFRE DE LA POPULATION: PROPORTION ANNUELLE
         MOYENNE DES NAISSANCES VIVANTES POUR 100 HABITANTS: 1801 A 1810 (AVEC DEUX DECIMALES)

8   RAPPORT DU NOMBRE DES NAISSANCES, AU CHIFFRE DE LA POPULATION: PROPORTION ANNUELLE
         MOYENNE DES NAISSANCES VIVANTES POUR 100 HABITANTS: 1811 A 1820 (AVEC DEUX DECIMALES)

9   RAPPORT DU NOMBRE DES NAISSANCES AU CHIFFRE DE LA POPULATION: PROPORTION ANNUELLE
         MOYENNE DES NAISSANCES VIVANTES POUR 100 HABITANTS: 1821 A 1830 (AVEC DEUX DECIMALES)

10   RAPPORT DU NOMBRE DES NAISSANCES AU CHIFFRE DE LA POPULATION: PROPORTION ANNUELLE
         MOYENNE DES NAISSANCES VIVANTES POUR 100 HABITANTS: 1831 A 1840 (AVEC DEUX DECIMALES)

11   RAPPORT DU NOMBRE DES NAISSANCES AU CHIFFRE DE LA POPULATION: PROPORTION ANNUELLE
         MOYENNE DES NAISSANCES VIVANTES POUR 100 HABITANTS: 1841 A 1850 (AVEC DEUX DECIMALES)

12   RAPPORT DU NOMBRE DES NAISSANCES AU CHIFFRE DE LA POPULATION: PROPORTION ANNUELLE
         MOYENNE DES NAISSANCES VIVANTES POUR 100 HABITANTS: 1851 A 1860 (AVEC DEUX DECIMALES)

13   RAPPORT DU NOMBRE DES NAISSANCES AU CHIFFRE DE LA POPULATION: PROPORTION ANNUELLE
         MOYENNE DES NAISSANCES VIVANTES POUR 100 HABITANTS: 1861 A 1869 (AVEC DEUX DECIMALES)

14   RAPPORT DU NOMBRE DES NAISSANCES AU CHIFFRE DE LA POPULATION: PROPORTION ANNUELLE
         MOYENNE DES NAISSANCES VIVANTES POUR 100 HABITANTS: 1871 A 1880 (AVEC DEUX DECIMALES)

15   RAPPORT DU NOMBRE DES NAISSANCES AU CHIFFRE DE LA POPULATION: PROPORTION ANNUELLE
         MOYENNE DES NAISSANCES VIVANTES POUR 100 HABITANTS: 1881 A 1890 (AVEC DEUX DECIMALES)

16   RAPPORT DU NOMBRE DES NAISSANCES AU CHIFFRE DE LA POPULATION: PROPORTION ANNUELLE
         MOYENNE DES NAISSANCES VIVANTES POUR 100 HABITANTS: 1891 A 1900 (AVEC DEUX DECIMALES)

17   PREMIERE PERIODE 1860-1862: ENFANTS NES VIVANTS (MOYENNES DES ANNEES 1860 A 1862):
         ENFANTS LEGITIMES: GARCONS

18   PREMIERE PERIODE 1860-1862: ENFANTS NES VIVANTS (MOYENNES DES ANNEES 1860 A 1862):
         ENFANTS LEGITIMES: FILLES

19   PREMIERE PERIODE 1860-1862: ENFANTS NES VIVANTS (MOYENNES DES ANNEES 1860 A 1862):
         ENFANTS LEGITIMES: TOTAL

20   PREMIERE PERIODE 1860-1862: ENFANTS NES VIVANTS (MOYENNES DES ANNEES 1860 A 1862):
         ENFANTS NATURELS: GARCONS

21   PREMIERE PERIODE 1860-1862: ENFANTS NES VIVANTS (MOYENNES DES ANNEES 1860 A 1862):
         ENFANTS NATURELS: FILLES

22   PREMIERE PERIODE 1860-1862: ENFANTS NES VIVANTS (MOYENNES DES ANNEES 1860 A 1862):
         ENFANTS NATURELS: TOTAL

DATA SET 267: MOUVEMENT DE LA POPULATION 1901 (DEPARTEMENT)

NUMERO DE
LA VARIABLE   NOM DE LA VARIABLE

23   PREMIERE PERIODE 1860-1862: ENFANTS NES VIVANTS (MOYENNES DES ANNEES 1860 A 1862):
            TOTAL: GARCONS

24   PREMIERE PERIODE 1860-1862: ENFANTS NES VIVANTS (MOYENNES DES ANNEES 1860 A 1862):
            TOTAL: FILLES

25   PREMIERE PERIODE 1860-1862: ENFANTS NES VIVANTS (MOYENNES DES ANNEES 1860 A 1862):
            TOTAL: TOTAL

26   PREMIERE PERIODE 1860-1862: PROPORTION ANNUELLE MOYENNE DES NAISSANCES VIVANTES POUR
            100 HABITANTS: LEGITIMES (AVEC DEUX DECIMALES)

27   PREMIERE PERIODE 1860-1862: PROPORTION ANNUELLE MOYENNE DES NAISSANCES VIVANTES POUR
            100 HABITANTS: NATURELLES (AVEC DEUX DECIMALES)

28   PREMIERE PERIODE 1860-1862: PROPORTION ANNUELLE MOYENNE DES NAISSANCES VIVANTES POUR
            100 HABITANTS: TOTAL (AVEC DEUX DECIMALES)

29   PREMIERE PERIODE 1860-1862: NOMBRE DE GARCONS POUR 100 FILLES (ENSEMBLE DES
            NAISSANCES VIVANTES)

30   DEUXIEME PERIODE 1890-1892: ENFANTS NES VIVANTS (MOYENNES DES ANNEES 1890 A 1892):
            ENFANTS LEGITIMES: GARCONS

31   DEUXIEME PERIODE 1890-1892: ENFANTS NES VIVANTS (MOYENNES DES ANNEES 1890 A 1892):
            ENFANTS LEGITIMES: FILLES

32   DEUXIEME PERIODE 1890-1892: ENFANTS NES VIVANTS (MOYENNES DES ANNEES 1890 A 1892):
            ENFANTS LEGITIMES: TOTAL

33   DEUXIEME PERIODE 1890-1892: ENFANTS NES VIVANTS (MOYENNES DES ANNEES 1890 A 1892):
            ENFANTS NATURELS: GARCONS

34   DEUXIEME PERIODE 1890-1892: ENFANTS NES VIVANTS (MOYENNES DES ANNEES 1890 A 1892):
            ENFANTS NATURELS: FILLES

35   DEUXIEME PERIODE 1890-1892: ENFANTS NES VIVANTS (MOYENNES DES ANNEES 1890 A 1892):
            ENFANTS NATURELS: TOTAL

36   DEUXIEME PERIODE 1890-1892: ENFANTS NES VIVANTS (MOYENNES DES ANNEES 1890 A 1892):
            TOTAL: GARCONS

37   DEUXIEME PERIODE 1890-1892: ENFANTS NES VIVANTS (MOYENNES DES ANNEES 1890 A 1892):
            TOTAL: FILLES

38   DEUXIEME PERIODE 1890-1892: ENFANTS NES VIVANTS (MOYENNES DES ANNEES 1890 A 1892):
            TOTAL: TOTAL

39   DEUXIEME PERIODE 1890-1892: PROPORTION ANNUELLE MOYENNE DES NAISSANCES VIVANTES POUR
            100 HABITANTS: LEGITIMES (AVEC DEUX DECIMALES)

40   DEUXIEME PERIODE 1890-1892: PROPORTION ANNUELLE MOYENNE DES NAISSANCES VIVANTES POUR
            100 HABITANTS: NATURELLES, (AVEC DEUX DECIMALES)

41   DEUXIEME PERIODE 1890-1892: PROPORTION ANNUELLE MOYENNE DES NAISSANCES VIVANTES POUR
            100 HABITANTS: TOTAL (AVEC DEUX DECIMALES)

42   DEUXIEME PREIODE 1890-1892: NOMBRE DE GARCONS POUR 100 FILLES (ENSEMBLE DES
            NAISSANCES VIVANTES)

43   PREMIERE PERIODE 1860-1862: MORT-NES ET ENFANTS MORTS AVANT LA DECLARATION DE
            NAISSANCE (MOYENNES DES ANNEES 1860 A 1862): ENFANTS LEGITIMES: GARCONS

44   PREMIERE PERIODE 1860-1862: MORT-NES ET ENFANTS MORTS AVANT LA DECLARATION DE
            NAISSANCE (MOYENNES DES ANNEES 1860 A 1862): ENFANTS LEGITIMES: FILLES

45   PREMIERE PERIODE 1860-1862: MORT-NES ET ENFANTS MORTS AVANT LA DECLARATION DE
            NAISSANCE (MOYENNES DES ANNEES 1860 A 1862): ENFANTS LEGITIMES: TOTAL

46   PREMIERE PERIODE 1860-1862: MORT-NES ET ENFANTS MORTS AVANT LA DECLARATION DE
            NAISSANCE (MOYENNES DES ANNEES 1860 A 1862): ENFANTS NATURELS: GARCONS

DATA SET 267:   MOUVEMENT DE LA POPULATION 1901 (DEPARTEMENT)

NUMERO DE
LA VARIABLE   NOM DE LA VARIABLE

47   PREMIERE PERIODE 1860-1862: MORT-NES ET ENFANTS MORTS AVANT LA DECLARATION DE
          NAISSANCE (MOYENNES DES ANNEES 1860 A 1862): ENFANTS NATURELS: FILLES

48   PREMIERE PERIODE 1860-1862: MORT-NES ET ENFANTS MORTS AVANT LA DECLARATION DE
          NAISSANCE (MOYENNES DES ANNEES 1860 A 1862): ENFANTS NATURELS: TOTAL

49   PREMIERE PERIODE 1860-1862: MORT-NES ET ENFANTS MORTS AVANT LA DECLARATION DE
          NAISSANCE (MOYENNES DES ANNEES 1860 A 1862): TOTAL: GARCONS

50   PREMIERE PERIODE 1860-1862: MORT-NES ET ENFANTS MORTS AVANT LA DECLARATION DE
          NAISSANCE (MOYENNES DES ANNEES 1860 A 1862): TOTAL: FILLES

51   PREMIERE PERIODE 1860-1862: MORT-NES ET ENFANTS MORTS AVANT LA DECLARATION DE
          NAISSANCE (MOYENNES DES ANNEES 1860 A 1862): TOTAL: TOTAL

52   PREMIERE PERIODE 1860-1862: TOTAL DES NAISSANCES: ENFANTS NES VIVANTS ET MORT-NES
          (SEXE REUNIS). (MOYENNES DES ANNEES 1860 A 1862): ENFANTS LEGITIMES

53   PREMIERE PERIODE 1860-1862: TOTAL DES NAISSANCES: ENFANTS NES VIVANTS ET MORT-NES
          (SEXE REUNIS). (MOYENNES DES ANNEES 1860 A 1862): ENFANTS NATURELS

54   PREMIERE PERIODE 1860-1862: TOTAL DES NAISSANCES: ENFANTS NES VIVANTS ET MORT-NES
          (SEXE REUNIS). (MOYENNES DES ANNEES 1860 A 1862): TOTAL

55   PREMIERE PERIODE 1860-1862: PROPORTION ANNUELLE MOYENNE POUR 100 HABITANTS DES
          NAISSANCES VIVANTS (AVEC DEUX DECIMALES)

56   PREMIERE PERIODE 1860-1862: PROPORTION ANNUELLE MOYENNE POUR 100 HABITANTS DES
          MORT-NES (AVEC DEUX DECIMALES)

57   PREMIERE PERIOD 1860-1862: PROPORTION ANNUELLE MOYENNE POUR 100 HABITANTS DU TOTAL
          DES NAISSANCES (MORT-NES COMPRIS) (AVEC DEUX DECIMALES)

58   PREMIERE PERIODE 1860-1862: NOMBRE DE GARCONS POUR 100 FILLES: ENFANTS NES VIVANTS

59   PREMIERE PERIODE 1860-1862: NOMBRE DE GARCONS POUR 100 FILLES: MORT-NES

60   PREMIERE PERIODE 1860-1862: NOMBRE DE MORT-NES POUR 100 NAISSANCES (ENFANTS NES
          VIVANTS ET MORT-NES): ENFANTS LEGITIMES (AVEC DEUX DECIMALES)

61   PREMIERE PERIODE 1860-1862: NOMBRE DE MORT-NES POUR 100 NAISSANCES (ENFANTS NES
          VIVANTS ET MORT-NES): ENFANTS NATURELS (AVEC DEUX DECIMALES)

62   DEUXIEME PERIODE 1890-1892: MORT-NES ET ENFANTS MORTS AVANT LA DECLARATION DE
          NAISSANCE (MOYENNES DES ANNEES 1890 A 1892): ENFANTS LEGITIMES: GARCONS

63   DEUXIEME PERIODE 1890-1892: MORT-NES ET ENFANTS MORTS AVANT LA DECLARATION DE
          NAISSANCE (MOYENNES DES ANNEES 1890 A 1892): ENFANTS LEGITIMES: FILLES

64   DEUXIEME PERIODE 1890-1892: MORT-NES ET ENFANTS MORTS AVANT LA DECLARATION DE
          NAISSANCE (MOYENNES DES ANNEES 1890 A 1892): ENFANTS LEGITIMES: TOTAL

65   DEUXIEME PERIODE 1890-1892: MORT-NES ET ENFANTS MORTS AVANT LA DECLARATION DE
          NAISSANCE (MOYENNES DES ANNEES 1890 A 1892): ENFANTS NATURELS: GARCONS

66   DEUXIEME PERIODE 1890-1892: MORT-NES ET ENFANTS MORTS AVANT LA DECLARATION DE
          NAISSANCE (MOYENNES DES ANNEES 1890 A 1892): ENFANTS NATURELS: FILLES

67   DEUXIEME PERIODE 1890-1892: MORT-NES ET ENFANTS MORTS AVANT LA DECLARATION DE
          NAISSANCE (MOYENNES DES ANNEES 1890 A 1892: ENFANTS NATURELS: TOTAL

68   DEUXIEME PERIODE 1890-1892: MORT-NES ET ENFANTS MORTS AVANT LA DECLARATION DE
          NAISSANCE (MOYENNES DES ANNEES 1890 A 1892): TOTAL: GARCONS

69   DEUXIEME PERIODE 1890-1892: MORT-NES ET ENFANTS MORTS AVANT LA DECLARATION DE
          NAISSANCE (MOYENNES DES ANNEES 1890 A 1892): TOTAL: FILLES

70   DEUXIEME PERIODE 1890-1892: MORT-NES ET ENFANTS MORTS AVANT LA DECLARATION DE
          NAISSANCE (MOYENNES DES ANNEES 1890 A 1892): TOTAL: TOTAL

DATA SET 267:   MOUVEMENT DE LA POPULATION 1901 (DEPARTEMENT)

NUMERO DE
LA VARIABLE   NOM DE LA VARIABLE

71   DEUXIEME PERIODE 1890-1892: TOTAL DES NAISSANCES: ENFANTS NES VIVANTS ET MORT-NES
          (SEXES REUNIS), MOYENNES DES ANNEES 1890 A 1892: ENFANTS LEGITIMES

72   DEUXIEME PERIODE 1890-1892: TOTAL DES NAISSANCES: ENFANTS NES VIVANTS ET MORT-NES
          (SEXES REUNIS), MOYENNES DES ANNEES 1890 A 1892: ENFANTS NATURELS

73   DEUXIEME PERIODE 1890-1892: TOTAL DES NAISSANCES: ENFANTS NES VIVANTS ET MORT-NES
          (SEXES REUNIS), MOYENNES DES ANNEES 1890 A 1892: TOTAL

74   DEUXIEME PERIODE 1890-1892: PROPORTION ANNUELLE MOYENNE POUR 100 HABITANTS DES
          NAISSANCES VIVANTES (AVEC DEUX DECIMALES)

75   DEUXIEME PERIODE 1890-1892: PROPORTION ANNUELLE MOYENNE POUR 100 HABITANTS DES
          MORT-NES (AVEC DEUX DECIMALES)

76   DEUXIEME PERIODE 1890-1892: PROPORTION ANNUELLE MOYENNE POUR 100 HABITANTS DU TOTAL
          DES NAISSANCES (MORT-NES COMPRIS) (AVEC DEUX DECIMALES)

77   DEUXIEME PERIODE 1890-1892: NOMBRE DE GARCONS POUR 100 FILLES: ENFANTS NES VIVANTS

78   DEUXIEME PERIODE 1890-1892: NOMBRE DE GARCONS POUR 100 FILLES: MORT-NES

79   DEUXIEME PERIODE 1890-1892: NOMBRE DE MORT-NES POUR 100 NAISSANCES (ENFANTS NES
          VIVANTS ET MORT-NES): ENFANTS LEGITIMES (AVEC DEUX DECIMALES)

80   DEUXIEME PERIODE 1890-1892: NOMBRE DE MORT-NES POUR 100 NAISSANCES (ENFANTS NES
          VIVANTS ET MORT-NES): ENFANTS NATURELS (AVEC DEUX DECIMALES)

81   PREMIERE PERIODE 1860-1862: PROPORTION DES NAISSANCES POUR 100 FEMMES DE 15 A 50
          ANS: MOYENNE ANNUELLE DES NAISSANCES VIVANTES DE 1860 A 1862

82   PREMIERE PERIODE 1860-1862: PROPORTION DES NAISSANCES POUR 100 FEMMES DE 15 A 50
          ANS: NOMBRE DE FEMMES DE 15 A 50 ANS AU DENOMBREMENT DE 1861

83   PREMIERE PERIODE 1860-1862: PROPORTION DES NAISSANCES POUR 100 FEMMES DE 15 A 50
          ANS: PROPORTION ANNUELLE MOYENNE (AVEC DEUX DECIMALES)

84   PREMIERE PERIODE 1860-1862: PROPORTION DES NAISSANCES LEGITIMES VIVANTES POUR 100
          FEMMES MARIEES DE 15 A 50 ANS: MOYENNE ANNUELLE DES NAISSANCES LEGITIMES VIVANTES DE
          1860 A 1862

85   PREMIERE PERIODE 1860-1862: PROPORTION DES NAISSANCES LEGITIMES VIVANTES POUR 100
          FEMMES MARIEES DE 15 A 50 ANS: NOMBRE DE FEMMES MARIEES DE 15 A 50 ANS AU
          DENOMBREMENT DE 1861

86   PREMIERE PERIODE 1860-1862: PROPORTION DES NAISSANCES LEGITIMES VIVANTES POUR 100
          FEMMES MARIEES DE 15 A 50 ANS: PROPORTION ANNUELLE MOYENNE (AVEC DEUX DECIMALES)

87   PREMIERE PERIODE 1860-1862: PROPORTION DES NAISSANCES NATURELLES VIVANTES POUR 100
          FILLES ET VEUVES DE 15 A 50 ANS: MOYENNE ANNUELLE DES NAISSANCES NATURELLES VIVANTES
          DE 1860 A 1862

88   PREMIERE PERIODE 1860-1862: PROPORTION DES NAISSANCES NATURELLES VIVANTES POUR 100
          FILLES ET VEUVES DE 15 A 50 ANS: NOMBRE DES FILLES ET VEUVES AU DENOMBREMENT DE 1861

89   PREMIERE PERIODE 1860-1862: PROPORTION DES NAISSANCES NATURELLES VIVANTES POUR 100
          FILLES ET VEUVES DE 15 A 50 ANS: PROPORTION ANNUELLE MOYENNE (AVEC DEUX DECIMALES)

90   DEUXIEME PERIODE 1890-1892: PROPORTION DES NAISSANCES VIVANTES POUR 100 FEMMES DE 15
          A 50 ANS: MOYENNE ANNUELLE DES NAISSANCES VIVANTES DE 1890 A 1892

91   DEUXIEME PERIODE 1890-1892: PROPORTION DES NAISSANCES VIVANTES POUR 100 FEMMES DE 15
          A 50 ANS: NOMBRE DE FEMMES DE 15 A 50 ANS AU DENOMBREMENT DE 1891

92   DEUXIEME PERIODES 1890-1892: PROPORTION DES NAISSANCES VIVANTES POUR 100 FEMMES DE
          15 A 50 ANS: PROPORTION ANNUELLE MOYENNE (AVEC DEUX DECIMALES)

93   DEUXIEME PERIODE 1890-1892: PROPORTION DES NAISSANCES LEGITIMES VIVANTES POUR 100
          FEMMES MARIEES DE 15 A 50 ANS: MOYENNE ANNUELLE DES NAISSANCES LEGITIMES VIVANTES DE
          1890 A 1892

DATA SET 267:   MOUVEMENT DE LA POPULATION 1901 (DEPARTEMENT)

NUMERO DE
LA VARIABLE   NOM DE LA VARIABLE

94   DEUXIEME PERIODE 1890-1892: PROPORTION DES NAISSANCES LEGITIMES VIVANTES POUR 100
          FEMMES MARIEES DE 15 A 50 ANS: NOMBRE DE FEMMES MARIEES DE 15 A 50 ANS AU
          DENOMBREMENT DE 1891

95   DEUXIEME PERIODE 1890-1892: PROPORTION DES NAISSANCES LEGITIMES VIVANTES POUR 100
          FEMMES MARIEES DE 15 A 50 ANS: PROPORTION ANNUELLE MOYENNE (AVEC DEUX DECIMALES)

96   DEUXIEME PERIODE 1890-1892: PROPORTION DES NAISSANCES NATURELLES VIVANTES POUR 100
          FILLES, VEUVES, ET DIVORCEES DE 15 A 50 ANS: MOYENNE ANNUELLE DES NAISSANCES
          NATURELLES VIVANTES DE 1890 A 1892

97   DEUXIEME PERIODE 1890-1892: PROPORTION DES NAISSANCES NATURELLES VIVANTES POUR 100
          FILLES, VEUVES, ET DIVORCEES DE 15 A 50 ANS: NOMBRE DE FILLES, VEUVES, ET DIVORCEES
          DE 15 A 50 ANS AU DENOMBREMENT DE 1891

98   DEUXIEME PERIODE 1890-1892: PROPORTION DES NAISSANCES NATURELLES VIVANTES POUR 100
          FILLES, VEUVES, ET DIVORCEES DE 15 A 50 ANS: PROPORTION ANNUELLE MOYENNE (AVEC DEUX
          DECIMALES)

99   RAPPORT DU NOMBRE DES DECES AU CHIFFRE DE LA POPULATION (PROPORTION ANNUELLE MOYENNE
          POUR 100 HABITANTS): 1801 A 1810 (AVEC DEUX DECIMALES)

100   RAPPORT DU NOMBRE DES DECES AU CHIFFRE DE LA POPULATION (PROPORTION ANNUELLE MOYENNE
          POUR 100 HABITANTS): 1811 A 1820 (AVEC DEUX DECIMALES)

101   RAPPORT DU NOMBRE DES DECES AU CHIFFRE DE LA POPULATION (PROPORTION ANNUELLE MOYENNE
          POUR 100 HABITANTS): 1821 A 1830 (AVEC DEUX DECIMALES)

102   RAPPORT DU NOMBRE DES DECES AU CHIFFRE DE LA POPULATION (PROPORTION ANNUELLE MOYENNE
          POUR 100 HABITANTS): 1831 A 1840 (AVEC DEUX DECIMALES)

103   RAPPORT DU NOMBRE DES DECES AU CHIFFRE DE LA POPULATION (PROPORTION ANNUELLE MOYENNE
          POUR 100 HABITANTS): 1841 A 1850 (AVEC DEUX DECIMALES)

104   RAPPORT DU NOMBRE DES DECES AU CHIFFRE DE LA POPULATION (PROPORTION ANNUELLE MOYENNE
          POUR 100 HABITANTS): 1851 A 1860 (AVEC DEUX DECIMALES)

105   RAPPORT DU NOMBRE DES DECES AU CHIFFRE DE LA POPULATION (PROPORTION ANNUELLE MOYENNE
          POUR 100 HABITANTS): 1861 A 1869 (AVEC DEUX DECIMALES)

106   RAPPORT DU NOMBRE DES DECES AU CHIFFRE DE LA POPULATION (PROPORTION ANNUELLE MOYENNE
          POUR 100 HABITANTS): 1871 A 1880 (AVEC DEUX DECIMALES)

107   RAPPORT DU NOMBRE DES DECES AU CHIFFRE DE LA POPULATION (PROPORTION ANNUELLE MOYENNE
          POUR 100 HABITANTS): 1881 A 1890 (AVEC DEUX DECIMALES)

108   RAPPORT DU NOMBRE DES DECES AU CHIFFRE DE LA POPULATION (PROPORTION ANNUELLE MOYENNE
          POUR 100 HABITANTS): 1891 A 1900 (AVEC DEUX DECIMALES)

109   DECES PAR AGE: PREMIERE PERIODE 1860-1862 (MOYENNES ANNUELLES) - SEXES REUNIS: 0 A
          1 AN

110   DECES PAR AGE: PREMIERE PERIODE 1860-1862 (MOYENNES ANNUELLES) - SEXES REUNIS: 1 A
          4 ANS

111   DECES PAR AGE: PREMIERE PERIODE 1860-1862 (MOYENNES ANNUELLES) - SEXES REUNIS: 5 A
          9 ANS

112   DECES PAR AGE: PREMIERE PERIODE 1860-1862 (MOYENNES ANNUELLES) - SEXES REUNIS: 10 A
          19 ANS

113   DECES PAR AGE: PREMIERE PERIODE 1860-1862 (MOYENNES ANNUELLES) - SEXES REUNIS: 20 A
          29 ANS

114   DECES PAR AGE: PREMIERE PERIODE 1860-1862 (MOYENNES ANNUELLES) - SEXES REUNIS: 30 A
          39 ANS

115   DECES PAR AGE: PREMIERE PERIODE 1860-1862 (MOYENNES ANNUELLES) - SEXES REUNIS: 40 A
          49 ANS

116   DECES PAR AGE: PREMIERE PERIODE 1860-1862 (MOYENNES ANNUELLES) - SEXES REUNIS: 50 A
          59 ANS

DATA SET 267: MOUVEMENT DE LA POPULATION 1901 (DEPARTEMENT)

NUMERO DE LA VARIABLE	NOM DE LA VARIABLE
117	DECES PAR AGE: PREMIERE PERIODE 1860-1862 (MOYENNES ANNUELLES) - SEXES REUNIS: 60 A 69 ANS
118	DECES PAR AGE: PREMIERE PERIODE 1860-1862 (MOYENNES ANNUELLES) - SEXES REUNIS: 70 A 79 ANS
119	DECES PAR AGE: PREMIERE PERIODE 1860-1862 (MOYENNES ANNUELLES) - SEXES REUNIS: 80 A 89 ANS
120	DECES PAR AGE: PREMIERE PERIODE 1860-1862 (MOYENNES ANNUELLES) - SEXES REUNIS: 90 ANS ET AU-DESSUS
121	DECES PAR AGE: PREMIERE PERIODE 1860-1862 (MOYENNES ANNUELLES) - SEXES REUNIS: AGE INCONNU
122	DECES PAR AGE: PREMIERE PERIODE 1860-1862 (MOYENNES ANNUELLES) - SEXES REUNIS: TOTAL
123	DECES PAR AGE: PREMIERE PERIODE 1860-1862 (MOYENNES ANNUELLES) - SEXE MASCULIN: 0 A 1 AN
124	DECES PAR AGE: PREMIERE PERIODE 1860-1862 (MOYENNES ANNUELLES) - SEXE MASCULIN: 1 A 4 ANS
125	DECES PAR AGE: PREMIERE PERIODE 1860-1862 (MOYENNES ANNUELLES) - SEXE MASCULIN: 5 A 9 ANS
126	DECES PAR AGE: PREMIERE PERIODE 1860-1862 (MOYENNES ANNUELLES) - SEXE MASCULIN: 10 A 19 ANS
127	DECES PAR AGE: PREMIERE PERIODE 1860-1862 (MOYENNES ANNUELLES) - SEXE MASCULIN: 20 A 29 ANS
128	DECES PAR AGE: PREMIERE PERIODE 1860-1862 (MOYENNES ANNUELLES) - SEXE MASCULIN: 30 A 39 ANS
129	DECES PAR AGE: PREMIERE PERIODE 1860-1862 (MOYENNES ANNUELLES) - SEXE MASCULIN: 40 A 49 ANS
130	DECES PAR AGE: PREMIERE PERIODE 1860-1862 (MOYENNES ANNUELLES) - SEXE MASCULIN: 50 A 59 ANS
131	DECES PAR AGE: PREMIERE PERIODE 1860-1862 (MOYENNES ANNUELLES) - SEXE MASCULIN: 60 A 69 ANS
132	DECES PAR AGE: PREMIERE PERIODE 1860-1862 (MOYENNES ANNUELLES) - SEXE MASCULIN: 70 A 79 ANS
133	DECES PAR AGE: PREMIERE PERIODE 1860-1862 (MOYENNES ANNUELLES) - SEXE MASCULIN: 80 A 89 ANS
134	DECES PAR AGE: PREMIERE PERIODE 1860-1862 (MOYENNES ANNUELLES) - SEXE MASCULIN: 90 ANS ET AU-DESSUS
135	DECES PAR AGE: PREMIERE PERIODE 1860-1862 (MOYENNES ANNUELLES) - SEXE MASCULIN: AGE INCONNU
136	DECES PAR AGE: PREMIERE PERIODE 1860-1862 (MOYENNES ANNUELLES) - SEXE MASCULIN: TOTAL
137	DECES PAR AGE: PREMIERE PERIODE 1860-1862 (MOYENNES ANNUELLES) - SEXE FEMININ: 0 A 1 AN
138	DECES PAR AGE: PREMIERE PERIODE 1860-1862 (MOYENNES ANNUELLES) - SEXE FEMININ: 1 A 4 ANS
139	DECES PAR AGE: PREMIERE PERIODE 1860-1862 (MOYENNES ANNUELLES) - SEXE FEMININ: 5 A 9 ANS
140	DECES PAR AGE: PREMIERE PERIODE 1860-1862 (MOYENNES ANNUELLES) - SEXE FEMININ: 10 A 19 ANS

DATA SET 267: MOUVEMENT DE LA POPULATION 1901 (DEPARTEMENT)

NUMERO DE LA VARIABLE	NOM DE LA VARIABLE
141	DECES PAR AGE: PREMIERE PERIODE 1860-1862 (MOYENNES ANNUELLES) - SEXE FEMININ: 20 A 29 ANS
142	DECES PAR AGE: PREMIERE PERIODE 1860-1862 (MOYENNES ANNUELLES) - SEXE FEMININ: 30 A 39 ANS
143	DECES PAR AGE: PREMIERE PERIODE 1860-1862 (MOYENNES ANNUELLES) - SEXE FEMININ: 40 A 49 ANS
144	DECES PAR AGE: PREMIERE PERIODE 1860-1862 (MOYENNES ANNUELLES) - SEXE FEMININ: 50 A 59 ANS
145	DECES PAR AGE: PREMIERE PERIODE 1860-1862 (MOYENNES ANNUELLES) - SEXE FEMININ: 60 A 69 ANS
146	DECES PAR AGE: PREMIERE PERIODE 1860-1862 (MOYENNES ANNUELLES) - SEXE FEMININ: 70 A 79 ANS
147	DECES PAR AGE: PREMIERE PERIODE 1860-1862 (MOYENNES ANNUELLES) - SEXE FEMININ: 80 A 89 ANS
148	DECES PAR AGE: PREMIERE PERIODE 1860-1862 (MOYENNES ANNUELLES) - SEXE FEMININ: 90 ANS ET AU-DESSUS
149	DECES PAR AGE: PREMIERE PERIODE 1860-1862 (MOYENNES ANNUELLES) - SEXE FEMININ: AGE INCONNU
150	DECES PAR AGE: PREMIERE PERIODE 1860-1862 (MOYENNES ANNUELLES) - SEXE FEMININ: TOTAL
151	DECES PAR AGE: DEUXIEME PERIODE 1890-1892: (MOYENNES ANNUELLES) - SEXES REUNIS: 0 A 1 AN
152	DECES PAR AGE: DEUXIEME PERIODE 1890-1892: (MOYENNES ANNUELLES) - SEXES REUNIS: 1 A 4 ANS
153	DECES PAR AGE: DEUXIEME PERIODE 1890-1892: (MOYENNES ANNUELLES) - SEXES REUNIS: 5 A 9 ANS
154	DECES PAR AGE: DEUXIEME PERIODE 1890-1892: (MOYENNES ANNUELLES) - SEXES REUNIS: 10 A 19 ANS
155	DECES PAR AGE: DEUXIEME PERIODE 1890-1892: (MOYENNES ANNUELLES) - SEXES REUNIS: 20 A 29 ANS
156	DECES PAR AGE: DEUXIEME PERIODE 1890-1892: (MOYENNES ANNUELLES) - SEXES REUNIS: 30 A 39 ANS
157	DECES PAR AGE: DEUXIEME PERIODE 1890-1892: (MOYENNES ANNUELLES) - SEXES REUNIS: 40 A 49 ANS
158	DECES PAR AGE: DEUXIEME PERIODE 1890-1892: (MOYENNES ANNUELLES) - SEXES REUNIS: 50 A 59 ANS
159	DECES PAR AGE: DEUXIEME PERIODE 1890-1892: (MOYENNES ANNUELLES) - SEXES REUNIS: 60 A 69 ANS
160	DECES PAR AGE: DEUXIEME PERIODE 1890-1892: (MOYENNES ANNUELLES) - SEXES REUNIS: 70 A 79 ANS
161	DECES PAR AGE: DEUXIEME PERIODE 1890-1892: (MOYENNES ANNUELLES) - SEXES REUNIS: 80 A 89 ANS
162	DECES PAR AGE: DEUXIEME PERIODE 1890-1892: (MOYENNES ANNUELLES) - SEXES REUNIS: 90 ANS ET AU-DESSUS
163	DECES PAR AGE: DEUXIEME PERIODE 1890-1892: (MOYENNES ANNUELLES) - SEXES REUNIS: AGE INCONNU
164	DECES PAR AGE: DEUXIEME PERIODE 1890-1892: (MOYENNES ANNUELLES) - SEXES REUNIS: TOTAL

DATA SET 267:   MOUVEMENT DE LA POPULATION 1901 (DEPARTEMENT)

NUMERO DE
LA VARIABLE   NOM DE LA VARIABLE

165   DECES PAR AGE: DEUXIEME PERIODE 1890-1892: (MOYENNES ANNUELLES) - SEXE MASCULIN: 0
           A 1 AN

166   DECES PAR AGE: DEUXIEME PERIODE 1890-1892: (MOYENNES ANNUELLES) - SEXE MASCULIN: 1
           A 4 ANS

167   DECES PAR AGE: DEUXIEME PERIODE 1890-1892: (MOYENNES ANNUELLES) - SEXE MASCULIN: 5
           A 9 ANS

168   DECES PAR AGE: DEUXIEME PERIODE 1890-1892: (MOYENNES ANNUELLES) - SEXE MASCULIN:
           10 A 19 ANS

169   DECES PAR AGE: DEUXIEME PERIODE 1890-1892: (MOYENNES ANNUELLES) - SEXE MASCULIN:
           20 A 29 ANS

170   DECES PAR AGE: DEUXIEME PERIODE 1890-1892: (MOYENNES ANNUELLES) - SEXE MASCULIN:
           30 A 39 ANS

171   DECES PAR AGE: DEUXIEME PERIODE 1890-1892: (MOYENNES ANNUELLES) - SEXE MASCULIN:
           40 A 49 ANS

172   DECES PAR AGE: DEUXIEME PERIODE 1890-1892: (MOYENNES ANNUELLES) - SEXE MASCULIN:
           50 A 59 ANS

173   DECES PAR AGE: DEUXIEME PERIODE 1890-1892: (MOYENNES ANNUELLES) - SEXE MASCULIN:
           60 A 69 ANS

174   DECES PAR AGE: DEUXIEME PERIODE 1890-1892: (MOYENNES ANNUELLES) - SEXE MASCULIN:
           70 A 79 ANS

175   DECES PAR AGE: DEUXIEME PERIODE 1890-1892: (MOYENNES ANNUELLES) - SEXE MASCULIN:
           80 A 89 ANS

176   DECES PAR AGE: DEUXIEME PERIODE 1890-1892: (MOYENNES ANNUELLES) - SEXE MASCULIN:
           90 ANS ET AU-DESSUS

177   DECES PAR AGE: DEUXIEME PERIODE 1890-1892: (MOYENNES ANNUELLES) - SEXE MASCULIN:
           AGE INCONNU

178   DECES PAR AGE: DEUXIEME PERIODE 1890-1892: (MOYENNES ANNUELLES) - SEXE MASCULIN:
           TOTAL

179   DECES PAR AGE: DEUXIEME PERIODE 1890-1892: (MOYENNES ANNUELLES) - SEXE FEMININ: 0
           A 1 AN

180   DECES PAR AGE: DEUXIEME PERIODE 1890-1892: (MOYENNES ANNUELLES) - SEXE FEMININ: 1
           A 4 ANS

181   DECES PAR AGE: DEUXIEME PERIODE 1890-1892: (MOYENNES ANNUELLES) - SEXE FEMININ: 5
           A 9 ANS

182   DECES PAR AGE: DEUXIEME PERIODE 1890-1892: (MOYENNES ANNUELLES) - SEXE FEMININ: 10
           A 19 ANS

183   DECES PAR AGE: DEUXIEME PERIODE 1890-1892: (MOYENNES ANNUELLES) - SEXE FEMININ: 20
           A 29 ANS

184   DECES PAR AGE: DEUXIEME PERIODE 1890-1892: (MOYENNES ANNUELLES) - SEXE FEMININ: 30
           A 39 ANS

185   DECES PAR AGE: DEUXIEME PERIODE 1890-1892: (MOYENNES ANNUELLES) - SEXE FEMININ: 40
           A 49 ANS

186   DECES PAR AGE: DEUXIEME PERIODE 1890-1892: (MOYENNES ANNUELLES) - SEXE FEMININ: 50
           A 59 ANS

187   DECES PAR AGE: DEUXIEME PERIODE 1890-1892: (MOYENNES ANNUELLES) - SEXE FEMININ: 60
           A 69 ANS

188   DECES PAR AGE: DEUXIEME PERIODE 1890-1892: (MOYENNES ANNUELLES) - SEXE FEMININ: 70
           A 79 ANS

DATA SET 267: MOUVEMENT DE LA POPULATION 1901 (DEPARTEMENT)

NUMERO DE
LA VARIABLE   NOM DE LA VARIABLE

189   DECES PAR AGE: DEUXIEME PERIODE 1890-1892: (MOYENNES ANNUELLES) - SEXE FEMININ: 80
        A 89 ANS

190   DECES PAR AGE: DEUXIEME PERIODE 1890-1892: (MOYENNES ANNUELLES) - SEXE FEMININ: 90
        ANS ET AU-DESSUS

191   DECES PAR AGE: DEUXIEME PERIODE 1890-1892: (MOYENNES ANNUELLES) - SEXE FEMININ:
        AGE INCONNU

192   DECES PAR AGE: DEUXIEME PERIODE 1890-1892: (MOYENNES ANNUELLES) - SEXE FEMININ:
        TOTAL

193   PERIODE 1860-1862 (SEXES REUNIS): PROPORTION ANNUELLE MOYENNE DES DECES POUR 100
        HABITANTS APPARTENANT A CHAQUE GROUPE D'AGE 0 A 1 AN (AVEC DEUX DECIMALES)

194   PERIODE 1860-1862 (SEXES REUNIS): PROPORTION ANNUELLE MOYENNE DES DECES POUR 100
        HABITANTS APPARTENANT A CHAQUE GROUPE D'AGE 1 A 4 ANS (AVEC DEUX DECIMALES)

195   PERIODE 1860-1862 (SEXES REUNIS): PROPORTION ANNUELLE MOYENNE DES DECES POUR 100
        HABITANTS APPARTENANT A CHAQUE GROUPE D'AGE 5 A 9 ANS (AVEC DEUX DECIMALES)

196   PERIODE 1860-1862 (SEXES REUNIS): PROPORTION ANNUELLE MOYENNE DES DECES POUR 100
        HABITANTS APPARTENANT A CHAQUE GROUPE D'AGE 10 A 19 ANS (AVEC DEUX DECIMALES)

197   PERIODE 1860-1862 (SEXES REUNIS): PROPORTION ANNUELLE MOYENNE DES DECES POUR 100
        HABITANTS APPARTENANT A CHAQUE GROUPE D'AGE 20 A 29 ANS (AVEC DEUX DECIMALES)

198   PERIODE 1860-1862 (SEXES REUNIS): PROPORTION ANNUELLE MOYENNE DES DECES POUR 100
        HABITANTS APPARTENANT A CHAQUE GROUPE D'AGE 30 A 39 ANS (AVEC DEUX DECIMALES)

199   PERIODE 1860-1862 (SEXES REUNIS): PROPORTION ANNUELLE MOYENNE DES DECES POUR 100
        HABITANTS APPARTENANT A CHAQUE GROUPE D'AGE 40 A 49 ANS (AVEC DEUX DECIMALES)

200   PERIODE 1860-1862 (SEXES REUNIS): PROPORTION ANNUELLE MOYENNE DES DECES POUR 100
        HABITANTS APPARTENANT A CHAQUE GROUPE D'AGE 50 A 59 ANS (AVEC DEUX DECIMALES)

201   PERIODE 1860-1862 (SEXES REUNIS): PROPORTION ANNUELLE MOYENNE DES DECES POUR 100
        HABITANTS APPARTENANT A CHAQUE GROUPE D'AGE 60 A 69 ANS (AVEC DEUX DECIMALES)

202   PERIODE 1860-1862 (SEXES REUNIS): PROPORTION ANNUELLE MOYENNE DES DECES POUR 100
        HABITANTS APPARTENANT A CHAQUE GROUPE D'AGE 70 A 79 ANS (AVEC DEUX DECIMALES)

203   PERIODE 1860-1862 (SEXES REUNIS): PROPORTION ANNUELLE MOYENNE DES DECES POUR 100
        HABITANTS APPARTENANT A CHAQUE GROUPE D'AGE 80 A 89 ANS (AVEC DEUX DECIMALES)

204   PERIODE 1860-1862 (SEXES REUNIS): PROPORTION ANNUELLE MOYENNE DES DECES POUR 100
        HABITANTS APPARTENANT A CHAQUE GROUPE D'AGE 90 ANS ET AU-DESSUS (AVEC DEUX DECIMALES)

205   PERIODE 1860-1862 (SEXES REUNIS): PROPORTION ANNUELLE MOYENNE DES DECES POUR 100
        HABITANTS APPARTENANT A CHAQUE GROUPE D'AGE: ENSEMBLE (AVEC DEUX DECIMALES)

206   PERIODE 1890-1892 (SEXES REUNIS): PROPORTION ANNUELLE MOYENNE DES DECES POUR 100
        HABITANTS APPARTENANT A CHAQUE GROUPE D'AGE: 0 A 1 AN (AVEC DEUX DECIMALES)

207   PERIODE 1890-1892 (SEXES REUNIS): PROPORTION ANNUELLE MOYENNE DES DECES POUR 100
        HABITANTS APPARTENANT A CHAQUE GROUPE D'AGE: 1 A 4 ANS (AVEC DEUX DECIMALES)

208   PERIODE 1890-1892 (SEXES REUNIS): PROPORTION ANNUELLE MOYENNE DES DECES POUR 100
        HABITANTS APPARTENANT A CHAQUE GROUPE D'AGE: 5 A 9 ANS (AVEC DEUX DECIMALES)

209   PERIODE 1890-1892 (SEXES REUNIS): PROPORTION ANNUELLE MOYENNE DES DECES POUR 100
        HABITANTS APPARTENANT A CHAQUE GROUPE D'AGE: 10 A 19 ANS (AVEC DEUX DECIMALES)

210   PERIODE 1890-1892 (SEXES REUNIS): PROPORTION ANNUELLE MOYENNE DES DECES POUR 100
        HABITANTS APPARTENANT A CHAQUE GROUPE D'AGE: 20 A 29 ANS (AVEC DEUX DECIMALES)

211   PERIODE 1890-1892 (SEXES REUNIS): PROPORTION ANNUELLE MOYENNE DES DECES POUR 100
        HABITANTS APPARTENANT A CHAQUE GROUPE D'AGE: 30 A 39 ANS (AVEC DEUX DECIMALES)

212   PERIODE 1890-1892 (SEXES REUNIS): PROPORTION ANNUELLE MOYENNE DES DECES POUR 100
        HABITANTS APPARTENANT A CHAQUE GROUPE D'AGE: 40 A 49 ANS (AVEC DEUX DECIMALES)

DATA SET 267: MOUVEMENT DE LA POPULATION 1901 (DEPARTEMENT)

<table>
<tr><td>NUMERO DE
LA VARIABLE</td><td>NOM DE LA VARIABLE</td></tr>
</table>

213   PERIODE 1890-1892 (SEXES REUNIS): PROPORTION ANNUELLE MOYENNE DES DECES POUR 100 HABITANTS APPARTENANT A CHAQUE GROUPE D'AGE: 50 A 59 ANS (AVEC DEUX DECIMALES)

214   PERIODE 1890-1892 (SEXES REUNIS): PROPORTION ANNUELLE MOYENNE DES DECES POUR 100 HABITANTS APPARTENANT A CHAQUE GROUPE D'AGE: 60 A 69 ANS (AVEC DEUX DECIMALES)

215   PERIODE 1890-1892 (SEXES REUNIS): PROPORTION ANNUELLE MOYENNE DES DECES POUR 100 HABITANTS APPARTENANT A CHAQUE GROUPE D'AGE: 70 A 79 ANS (AVEC DEUX DECIMALES)

216   PERIODE 1890-1892 (SEXES REUNIS): PROPORTION ANNUELLE MOYENNE DES DECES POUR 100 HABITANTS APPARTENANT A CHAQUE GROUPE D'AGE: 80 A 89 ANS (AVEC DEUX DECIMALES)

217   PERIODE 1890-1892 (SEXES REUNIS): PROPORTION ANNUELLE MOYENNE DES DECES POUR 100 HABITANTS APPARTENANT A CHAQUE GROUPE D'AGE: 90 ANS ET AU-DESSUS (AVEC DEUX DECIMALES)

218   PERIODE 1890-1892 (SEXES REUNIS): PROPORTION ANNUELLE MOYENNE DES DECES POUR 100 HABITANTS APPARTENANT A CHAQUE GROUPE D'AGE: ENSEMBLE (AVEC DEUX DECIMALES)

219   PERIODE 1860-1862 (SEXE MASCULIN): PROPORTION ANNUELLE MOYENNE DES DECES POUR 100 HABITANTS APPARTENANT A CHAQUE GROUPE D'AGE: 0 A 1 AN (AVEC DEUX DECIMALES)

220   PERIODE 1860-1862 (SEXE MASCULIN): PROPORTION ANNUELLE MOYENNE DES DECES POUR 100 HABITANTS APPARTENANT A CHAQUE GROUPE D'AGE: 1 A 4 ANS (AVEC DEUX DECIMALES)

221   PERIODE 1860-1862 (SEXE MASCULIN): PROPORTION ANNUELLE MOYENNE DES DECES POUR 100 HABITANTS APPARTENANT A CHAQUE GROUPE D'AGE: 5 A 9 ANS (AVEC DEUX DECIMALES)

222   PERIODE 1860-1862 (SEXE MASCULIN): PROPORTION ANNUELLE MOYENNE DES DECES POUR 100 HABITANTS APPARTENANT A CHAQUE GROUPE D'AGE: 10 A 19 ANS (AVEC DEUX DECIMALES)

223   PERIODE 1860-1862 (SEXE MASCULIN): PROPORTION ANNUELLE MOYENNE DES DECES POUR 100 HABITANTS APPARTENANT A CHAQUE GROUPE D'AGE: 20 A 29 ANS (AVEC DEUX DECIMALES)

224   PERIODE 1860-1862 (SEXE MASCULIN): PROPORTION ANNUELLE MOYENNE DES DECES POUR 100 HABITANTS APPARTENANT A CHAQUE GROUPE D'AGE: 30 A 39 ANS (AVEC DEUX DECIMALES)

225   PERIODE 1860-1862 (SEXE MASCULIN): PROPORTION ANNUELLE MOYENNE DES DECES POUR 100 HABITANTS APPARTENANT A CHAQUE GROUPE D'AGE: 40 A 49 ANS (AVEC DEUX DECIMALES)

226   PERIODE 1860-1862 (SEXE MASCULIN): PROPORTION ANNUELLE MOYENNE DES DECES POUR 100 HABITANTS APPARTENANT A CHAQUE GROUPE D'AGE: 50 A 59 ANS (AVEC DEUX DECIMALES)

227   PERIODE 1860-1862 (SEXE MASCULIN): PROPORTION ANNUELLE MOYENNE DES DECES POUR 100 HABITANTS APPARTENANT A CHAQUE GROUPE D'AGE: 60 A 69 ANS (AVEC DEUX DECIMALES)

228   PERIODE 1860-1862 (SEXE MASCULIN): PROPORTION ANNUELLE MOYENNE DES DECES POUR 100 HABITANTS APPARTENANT A CHAQUE GROUPE D'AGE: 70 A 79 ANS (AVEC DEUX DECIMALES)

229   PERIODE 1860-1862 (SEXE MASCULIN): PROPORTION ANNUELLE MOYENNE DES DECES POUR 100 HABITANTS APPARTENANT A CHAQUE GROUPE D'AGE: 80 A 89 ANS (AVEC DEUX DECIMALES)

230   PERIODE 1860-1862 (SEXE MASCULIN): PROPORTION ANNUELLE MOYENNE DES DECES POUR 100 HABITANTS APPARTENANT A CHAQUE GROUPE D'AGE: 90 ANS ET AU-DESSUS (AVEC DEUX DECIMALES)

231   PERIODE 1860-1862 (SEXE MASCULIN): PROPORTION ANNUELLE MOYENNE DES DECES POUR 100 HABITANTS APPARTENANT A CHAQUE GROUPE D'AGE: ENSEMBLE (AVEC DEUX DECIMALES)

232   PERIODE 1890-1892 (SEXE MASCULIN): PROPORTION ANNUELLE MOYENNE DES DECES POUR 100 HABITANTS APPARTENANT A CHAQUE GROUPE D'AGE: 0 A 1 AN (AVEC DEUX DECIMALES)

233   PERIODE 1890-1892 (SEXE MASCULIN): PROPORTION ANNUELLE MOYENNE DES DECES POUR 100 HABITANTS APPARTENANT A CHAQUE GROUPE D'AGE: 1 A 4 ANS (AVEC DEUX DECIMALES)

234   PERIODE 1890-1892 (SEXE MASCULIN): PROPORTION ANNUELLE MOYENNE DES DECES POUR 100 HABITANTS APPARTENANT A CHAQUE GROUPE D'AGE: 5 A 9 ANS (AVEC DEUX DECIMALES)

235   PERIODE 1890-1892 (SEXE MASCULIN): PROPORTION ANNUELLE MOYENNE DES DECES POUR 100 HABITANTS APPARTENANT A CHAQUE GROUPE D'AGE: 10 A 19 ANS (AVEC DEUX DECIMALES)

DATA SET 267:   MOUVEMENT DE LA POPULATION 1901 (DEPARTEMENT)

NUMERO DE LA VARIABLE	NOM DE LA VARIABLE
236	PERIODE 1890-1892 (SEXE MASCULIN): PROPORTION ANNUELLE MOYENNE DES DECES POUR 100 HABITANTS APPARTENANT A CHAQUE GROUPE D'AGE: 20 A 29 ANS (AVEC DEUX DECIMALES)
237	PERIODE 1890-1892 (SEXE MASCULIN): PROPORTION ANNUELLE MOYENNE DES DECES POUR 100 HABITANTS APPARTENANT A CHAQUE GROUPE D'AGE: 30 A 39 ANS (AVEC DEUX DECIMALES)
238	PERIODE 1890-1892 (SEXE MASCULIN): PROPORTION ANNUELLE MOYENNE DES DECES POUR 100 HABITANTS APPARTENANT A CHAQUE GROUPE D'AGE: 40 A 49 ANS (AVEC DEUX DECIMALES)
239	PERIODE 1890-1892 (SEXE MASCULIN): PROPORTION ANNUELLE MOYENNE DES DECES POUR 100 HABITANTS APPARTENANT A CHAQUE GROUPE D'AGE: 50 A 59 ANS (AVEC DEUX DECIMALES)
240	PERIODE 1890-1892 (SEXE MASCULIN): PROPORTION ANNUELLE MOYENNE DES DECES POUR 100 HABITANTS APPARTENANT A CHAQUE GROUPE D'AGE: 60 A 69 ANS (AVEC DEUX DECIMALES)
241	PERIODE 1890-1892 (SEXE MASCULIN): PROPORTION ANNUELLE MOYENNE DES DECES POUR 100 HABITANTS APPARTENANT A CHAQUE GROUPE D'AGE: 70 A 79 ANS (AVEC DEUX DECIMALES)
242	PERIODE 1890-1892 (SEXE MASCULIN): PROPORTION ANNUELLE MOYENNE DES DECES POUR 100 HABITANTS APPARTENANT A CHAQUE GROUPE D'AGE: 80 A 89 ANS (AVEC DEUX DECIMALES)
243	PERIODE 1890-1892 (SEXE MASCULIN): PROPORTION ANNUELLE MOYENNE DES DECES POUR 100 HABITANTS APPARTENANT A CHAQUE GROUPE D'AGE: 90 ANS ET AU-DESSUS (AVEC DEUX DECIMALES)
244	PERIODE 1890-1892 (SEXE MASCULIN): PROPORTION ANNUELLE MOYENNE DES DECES POUR 100 HABITANTS APPARTENANT A CHAQUE GROUPE D'AGE: ENSEMBLE (AVEC DEUX DECIMALES)
245	PERIODE 1860-1862 (SEXE FEMININ): PROPORTION ANNUELLE MOYENNE DES DECES POUR 100 HABITANTS APPARTENANT A CHAQUE GROUPE D'AGE: 0 A 1 AN (AVEC DEUX DECIMALES)
246	PERIODE 1860-1862 (SEXE FEMININ): PROPORTION ANNUELLE MOYENNE DES DECES POUR 100 HABITANTS APPARTENANT A CHAQUE GROUPE D'AGE: 1 A 4 ANS (AVEC DEUX DECIMALES)
247	PERIODE 1860-1862 (SEXE FEMININ): PROPORTION ANNUELLE MOYENNE DES DECES POUR 100 HABITANTS APPARTENANT A CHAQUE GROUPE D'AGE: 5 A 9 ANS (AVEC DEUX DECIMALES)
248	PERIODE 1860-1862 (SEXE FEMININ): PROPORTION ANNUELLE MOYENNE DES DECES POUR 100 HABITANTS APPARTENANT A CHAQUE GROUPE D'AGE: 10 A 19 ANS (AVEC DEUX DECIMALES)
249	PERIODE 1860-1862 (SEXE FEMININ): PROPORTION ANNUELLE MOYENNE DES DECES POUR 100 HABITANTS APPARTENANT A CHAQUE GROUPE D'AGE: 20 A 29 ANS (AVEC DEUX DECIMALES)
250	PERIODE 1860-1862 (SEXE FEMININ): PROPORTION ANNUELLE MOYENNE DES DECES POUR 100 HABITANTS APPARTENANT A CHAQUE GROUPE D'AGE: 30 A 39 ANS (AVEC DEUX DECIMALES)
251	PERIODE 1860-1862 (SEXE FEMININ): PROPORTION ANNUELLE MOYENNE DES DECES POUR 100 HABITANTS APPARTENANT A CHAQUE GROUPE D'AGE: 40 A 49 ANS (AVEC DEUX DECIMALES)
252	PERIODE 1860-1862 (SEXE FEMININ): PROPORTION ANNUELLE MOYENNE DES DECES POUR 100 HABITANTS APPARTENANT A CHAQUE GROUPE D'AGE: 50 A 59 ANS (AVEC DEUX DECIMALES)
253	PERIODE 1860-1862 (SEXE FEMININ): PROPORTION ANNUELLE MOYENNE DES DECES POUR 100 HABITANTS APPARTENANT A CHAQUE GROUPE D'AGE: 60 A 69 ANS (AVEC DEUX DECIMALES)
254	PERIODE 1860-1862 (SEXE FEMININ): PROPORTION ANNUELLE MOYENNE DES DECES POUR 100 HABITANTS APPARTENANT A CHAQUE GROUPE D'AGE: 70 A 79 ANS (AVEC DEUX DECIMALES)
255	PERIODE 1860-1862 (SEXE FEMININ): PROPORTION ANNUELLE MOYENNE DES DECES POUR 100 HABITANTS APPARTENANT A CHAQUE GROUPE D'AGE: 80 A 89 ANS (AVEC DEUX DECIMALES)
256	PERIODE 1860-1862 (SEXE FEMININ): PROPORTION ANNUELLE MOYENNE DES DECES POUR 100 HABITANTS APPARTENANT A CHAQUE GROUPE D'AGE: 90 ANS ET AU-DESSUS (AVEC DEUX DECIMALES)
257	PERIODE 1860-1862 (SEXE FEMININ): PROPORTION ANNUELLE MOYENNE DES DECES POUR 100 HABITANTS APPARTENANT A CHAQUE GROUPE D'AGE: ENSEMBLE (AVEC DEUX DECIMALES)
258	PERIODE 1890-1892 (SEXE FEMININ): PROPORTION ANNUELLE MOYENNE DES DECES POUR 100 HABITANTS APPARTENANT A CHAQUE GROUPE D'AGE: 0 A 1 AN (AVEC DEUX DECIMALES)

DATA SET 267:   MOUVEMENT DE LA POPULATION 1901 (DEPARTEMENT)

NUMERO DE
LA VARIABLE   NOM DE LA VARIABLE

259   PERIODE 1890-1892 (SEXE FEMININ): PROPORTION ANNUELLE MOYENNE DES DECES POUR 100
           HABITANTS APPARTENANT A CHAQUE GROUPE D'AGE: 1 A 4 ANS, (AVEC DEUX DECIMALES)

260   PERIODE 1890-1892 (SEXE FEMININ): PROPORTION ANNUELLE MOYENNE DES DECES POUR 100
           HABITANTS APPARTENANT A CHAQUE GROUPE D'AGE: 5 A 9 ANS (AVEC DEUX DECIMALES)

261   PERIODE 1890-1892 (SEXE FEMININ): PROPORTION ANNUELLE MOYENNE DES DECES POUR 100
           HABITANTS APPARTENANT A CHAQUE GROUPE D'AGE: 10 A 19 ANS (AVEC DEUX DECIMALES)

262   PERIODE 1890-1892 (SEXE FEMININ): PROPORTION ANNUELLE MOYENNE DES DECES POUR 100
           HABITANTS APPARTENANT A CHAQUE GROUPE D'AGE: 20 A 29 ANS (AVEC DEUX DECIMALES)

263   PERIODE 1890-1892 (SEXE FEMININ): PROPORTION ANNUELLE MOYENNE DES DECES POUR 100
           HABITANTS APPARTENANT A CHAQUE GROUPE D'AGE: 30 A 39 ANS (AVEC DEUX DECIMALES)

264   PERIODE 1890-1892 (SEXE FEMININ): PROPORTION ANNUELLE MOYENNE DES DECES POUR 100
           HABITANTS APPARTENANT A CHAQUE GROUPE D'AGE: 40 A 49 ANS (AVEC DEUX DECIMALES)

265   PERIODE 1890-1892 (SEXE FEMININ): PROPORTION ANNUELLE MOYENNE DES DECES POUR 100
           HABITANTS APPARTENANT A CHAQUE GROUPE D'AGE: 50 A 59 ANS (AVEC DEUX DECIMALES)

266   PERIODE 1890-1892 (SEXE FEMININ): PROPORTION ANNUELLE MOYENNE DES DECES POUR 100
           HABITANTS APPARTENANT A CHAQUE GROUPE D'AGE: 60 A 69 ANS (AVEC DEUX DECIMALES)

267   PERIODE 1890-1892 (SEXE FEMININ): PROPORTION ANNUELLE MOYENNE DES DECES POUR 100
           HABITANTS APPARTENANT A CHAQUE GROUPE D'AGE: 70 A 79 ANS (AVEC DEUX DECIMALES)

268   PERIODE 1890-1892 (SEXE FEMININ): PROPORTION ANNUELLE MOYENNE DES DECES POUR 100
           HABITANTS APPARTENANT A CHAQUE GROUPE D'AGE: 80 A 89 ANS (AVEC DEUX DECIMALES)

269   PERIODE 1890-1892 (SEXE FEMININ): PROPORTION ANNUELLE MOYENNE DES DECES POUR 100
           HABITANTS APPARTENANT A CHAQUE GROUPE D'AGE: 90 ANS ET AU-DESSUS (AVEC DEUX
           DECIMALES)

270   PERIODE 1890-1892 (SEXE FEMININ): PROPORTION ANNUELLE MOYENNE DES DECES POUR 100
           HABITANTS APPARTENANT A CHAQUE GROUPE D'AGE: ENSEMBLE (AVEC DEUX DECIMALES)

271   PROPORTION ANNUELLE MOYENNE DES DECES DE LA PREMIERE ANNEE POUR 100 NAISSANCES
           VIVANTES: PERIODE 1860-1862, (AVEC DEUX DECIMALES)

272   PROPORTION ANNUELLE MOYENNE DES DECES DE LA PREMIERE ANNEE POUR 100 NAISSANCES
           VIVANTES: PERIODE 1890-1892, (AVEC DEUX DECIMALES)

273   MOUVEMENT DE LA POPULATION: POPULATION LEGALE (DENOMBREMENT DE 1901), 1901

274   MOUVEMENT DE LA POPULATION: MARIAGES, 1901

275   MOUVEMENT DE LA POPULATION: DIVORCES, 1901

276   MOUVEMENT DE LA POPULATION: NAISSANCES D'ENFANTS DECLARES VIVANTS: LEGITIMES: SEXE
           MASCULIN, 1901

277   MOUVEMENT DE LA POPULATION: NAISSANCES D'ENFANTS DECLARES VIVANTS: LEGITIMES: SEXE
           FEMININ, 1901

278   MOUVEMENT DE LA POPULATION: NAISSANCES D'ENFANTS DECLARES VIVANTS: LEGITIMES:
           TOTAL, 1901

279   MOUVEMENT DE LA POPULATION: NAISSANCES D'ENFANTS DECLARES VIVANTS: NATURELS: SEXE
           MASCULIN, 1901

280   MOUVEMENT DE LA POPULATION: NAISSANCES D'ENFANTS DECLARES VIVANTS: NATURELS: SEXE
           FEMININ, 1901

281   MOUVEMENT DE LA POPULATION: NAISSANCES D'ENFANTS   2 DECLARES VIVANTS:
           NATURELS: TOTAL, 1901

282   MOUVEMENT DE LA POPULATION: NAISSANCES D'ENFANTS DECLARES VIVANTS: TOTAL DES
           NAISSANCES MASCULINES, 1901

DATA SET 267:   MOUVEMENT DE LA POPULATION 1901 (DEPARTEMENT)

NUMERO DE
LA VARIABLE   NOM DE LA VARIABLE

283   MOUVEMENT DE LA POPULATION: NAISSANCES D'ENFANTS DECLARES VIVANTS: TOTAL DES
            NAISSANCES FEMININES, 1901

284   MOUVEMENT DE LA POPULATION: TOTAL GENERAL DES NAISSANCES, 1901

285   MOUVEMENT DE LA POPULATION: MORT-NES: LEGITIMES: SEXE MASCULIN, 1901

286   MOUVEMENT DE LA POPULATION: MORT-NES: LEGITIMES: SEXE FEMININ, 1901

287   MOUVEMENT DE LA POPULATION: MORT-NES: NATURELS: SEXE MASCULIN, 1901

288   MOUVEMENT DE LA POPULATION: MORT-NES: NATURELS: SEXE FEMININ, 1901

289   MOUVEMENT DE LA POPULATION: MORT-NES: TOTAL, 1901

290   MOUVEMENT DE LA POPULATION: DECES: SEXE MASCULIN, 1901

291   MOUVEMENT DE LA POPULATION: DECES: SEXE FEMININ, 1901

292   MOUVEMENT DE LA POPULATION: DECES: TOTAL, 1901

293   MOUVEMENT DE LA POPULATION: EXCEDENT DES NAISSANCES, 1901

294   MOUVEMENT DE LA POPULATION: EXCEDENT DES DECES, 1901

295   MOUVEMENT DE LA POPULATION: PROPORTION POUR 100 HABITANTS DES NOUVEAUX MARIES (AVEC
            DEUX DECIMALES), 1901

296   MOUVEMENT DE LA POPULATION: PROPORTION POUR 100 HABITANTS DES NAISSANCES VIVANTES,
            1901

297   MOUVEMENT DE LA POPULATION: PROPORTION POUR 100 HABITANTS DES DECES, 1901

298   MARIAGES SUIVANT L'AGE ET SUIVANT LA SITUATION DE FAMILLE DES EPOUX: GARCONS, 1901

299   MARIAGES SUIVANT L'AGE ET SUIVANT LA SITUATION DE FAMILLE DES EPOUX: VEUFS, 1901

300   MARIAGES SUIVANT L'AGE ET SUIVANT LA SITUATION DE FAMILLE DES EPOUX: HOMMES
            DIVORCES, 1901

301   MARIAGES SUIVANT L'AGE ET SUIVANT LA SITUATION DE FAMILLE DES EPOUX: AU-DESSOUS DE
            20 ANS, 1901

302   MARIAGES SUIVANT L'AGE ET SUIVANT LA SITUATION DE FAMILLE DES EPOUX: DE 20 A 24 ANS,
            1901

303   MARIAGES SUIVANT L'AGE ET SUIVANT LA SITUATION DE FAMILLE DES EPOUX: DE 25 A 29 ANS,
            1901

304   MARIAGES SUIVANT L'AGE ET SUIVANT LA SITUATION DE FAMILLE DES EPOUX: DE 30 A 34 ANS,
            1901

305   MARIAGES SUIVANT L'AGE ET SUIVANT LA SITUATION DE FAMILLE DES EPOUX: DE 35 A 39 ANS,
            1901

306   MARIAGES SUIVANT L'AGE ET SUIVANT LA SITUATION DE FAMILLE DES EPOUX: DE 40 A 49 ANS,
            1901

307   MARIAGES SUIVANT L'AGE ET SUIVANT LA SITUATION DE FAMILLE DES EPOUX: DE 50 A 59 ANS,
            1901

308   MARIAGES SUIVANT L'AGE ET SUIVANT LA SITUATION DE FAMILLE DES EPOUX: DE 60 ANS ET
            AU-DESSUS, 1901

309   MARIAGES SUIVANT L'AGE ET SUIVANT LA SITUATION DE FAMILLE DES EPOUX: TOTAL, 1901

DATA SET 268: MOUVEMENT DE LA POPULATION 1901 (DEPARTEMENT)

SOURCE: STATISTIQUE GENERALE DE LA FRANCE, STATISTIQUE ANNUELLE DU MOUVEMENT
DE LA POPULATION, ANNEE 1901, TOME XXXI (PARIS, 1902)

```
VARIABLES 7-17:      TABLEAU XXIII
VARIABLES 18-34:     TABLEAU XXIV
VARIABLES 35-73:     TABLEAU XXV
VARIABLES 74-100:    TABLEAU XXVI
VARIABLES 101-126:   TABLEAU XXVII
VARIABLES 127-139:   TABLEAU XXVIII
VARIABLES 140-229:   TABLEAU XXIX
VARIABLES 230-241:   TABLEAU XXX
VARIABLES 242-254:   TABLEAU XXXI
VARIABLES 255-267:   TABLEAU XXXII
VARIABLES 268-280:   TABLEAU XXXIII
```

NUMERO DE
LA VARIABLE   NOM DE LA VARIABLE

7   MARIAGES SUIVANT L'AGE ET SUIVANT LA SITUATION DE FAMILLE DES EPOUSES: FILLES, 1901

8   MARIAGES SUIVANT L'AGE ET SUIVANT LA SITUATION DE FAMILLE DES EPOUSES: VEUVES, 1901

9   MARIAGES SUIVANT L'AGE ET SUIVANT LA SITUATION DE FAMILLE DES EPOUSES: DIVORCEES,
         1901

10   MARIAGES SUIVANT L'AGE ET SUIVANT LA SITUATION DE FAMILLE DES EPOUSES: AU-DESSOUS DE
         20 ANS, 1901

11   MARIAGES SUIVANT L'AGE ET SUIVANT LA SITUATION DE FAMILLE DES EPOUSES: DE 20 A 24
         ANS, 1901

12   MARIAGES SUIVANT L'AGE ET SUIVANT LA SITUATION DE FAMILLE DES EPOUSES: DE 25 A 29
         ANS, 1901

13   MARIAGES SUIVANT L'AGE ET SUIVANT LA SITUATION DE FAMILLE DES EPOUSES: DE 30 A 34
         ANS, 1901

14   MARIAGES SUIVANT L'AGE ET SUIVANT LA SITUATION DE FAMILLE DES EPOUSES: DE 35 A 39
         ANS, 1901

15   MARIAGES SUIVANT L'AGE ET SUIVANT LA SITUATION DE FAMILLE DES EPOUSES: DE 40 A 49
         ANS, 1901

16   MARIAGES SUIVANT L'AGE ET SUIVANT LA SITUATION DE FAMILLE DES EPOUSES: DE 50 ANS ET
         AU-DESSUS, 1901

17   MARIAGES SUIVANT L'AGE ET SUIVANT LA SITUATION DE FAMILLE DES EPOUSES: TOTAL, 1901

18   AGE AU PREMIER MARIAGE: GARCONS: AU-DESSOUS DE 20 ANS, 1901

19   AGE AU PREMIER MARIAGE: GARCONS: DE 20 A 24 ANS, 1901

20   AGE AU PREMIER MARIAGE: GARCONS: DE 25 A 29 ANS, 1901

21   AGE AU PREMIER MARIAGE: GARCONS: DE 30 A 34 ANS, 1901

22   AGE AU PREMIER MARIAGE: GARCONS: 35 A 39 ANS, 1901

23   AGE AU PREMIER MARIAGE: GARCONS: DE 40 A 49 ANS, 1901

24   AGE AU PREMIER MARIAGE: GARCONS: DE 50 A 59 ANS, 1901

25   AGE AU PREMIER MARIAGE: GARCONS: DE 60 ANS ET AU-DESSUS, 1901

26   AGE AU PREMIERE MARIAGE: GARCONS: TOTAL, 1901

27   AGE AU PREMIER MARIAGE: FILLES: AU-DESSOUS DE 20 ANS, 1901

28   AGE AU PREMIER MARIAGE: FILLES: DE 20 A 24 ANS, 1901

29   AGE AU PREMIER MARIAGE: FILLES: DE 25 A 29 ANS, 1901

30   AGE AU PREMIER MARIAGE: FILLES: DE 30 A 34 ANS, 1901

DATA SET 268: MOUVEMENT DE LA POPULATION 1901 (DEPARTEMENT)

NUMERO DE
LA VARIABLE   NOM DE LA VARIABLE

31   AGE AU PREMIER MARIAGE: FILLES: DE 35 A 39 ANS, 1901

32   AGE AU PREMIER MARIAGE: FILLES: DE 40 A 49 ANS, 1901

33   AGE AU PREMIER MARIAGE: FILLES: DE 50 ANS ET AU-DESSUS, 1901

34   AGE AU PREMIER MARIAGE: FILLES: TOTAL, 1901

35   MARIAGES PAR MOIS: TOTAL DES MARIAGES, 1901

36   MARIAGES PAR MOIS: JANVIER, 1901

37   MARIAGES PAR MOIS: FEVRIER, 1901

38   MARIAGES PAR MOIS: MARS, 1901

39   MARIAGES PAR MOIS: AVRIL, 1901

40   MARIAGES PAR MOIS: MAI, 1901

41   MARIAGES PAR MOIS: JUIN, 1901

42   MARIAGES PAR MOIS: JUILLET, 1901

43   MARIAGES PAR MOIS: AOUT, 1901

44   MARIAGES PAR MOIS: SEPTEMBRE, 1901

45   MARIAGES PAR MOIS: OCTOBRE, 1901

46   MARIAGES PAR MOIS: NOVEMBRE, 1901

47   MARIAGES PAR MOIS: DECEMBRE, 1901

48   DETAILS DIVERS RELATIFS AUX MARIAGES: DEGRE D'INSTRUCTION DES EPOUX: HOMMES QUI ONT
            SIGNE D'UNE CROIX, 1901

49   DETAILS DIVERS RELATIFS AUX MARIAGES: DEGRE D'INSTRUCTION DES EPOUX: FEMMES QUI ONT
            SIGNE D'UNE CROIX, 1901

50   DETAILS DIVERS RELATIFS AUX MARIAGES: PROPORTION DES EPOUX ILLETTRES POUR 100 EPOUX
            (AVEC DEUX DECIMALES), 1901

51   DETAILS DIVERS RELATIFS AUX MARIAGES: NOMBRE DE MARIAGES AYANT ETE PRECEDES D'ACTES
            RESPECTUEUX, 1901

52   DETAILS DIVERS RELATIFS AUX MARIAGES: NOMBRE DE MARIAGES AYANT ETE L'OBJET
            D'OPPOSITION, 1901

53   DETAILS DIVERS RELATIFS AUX MARIAGES: NOMBRE DE MARIAGES AYANT DONNE LIEU A UN
            CONTRAT, 1901

54   DETAILS DIVERS RELATIFS AUX MARIAGES: NOMBRE DE MARIAGES ENTRE: NEVEUX ET TANTES,
            1901

55   DETAILS DIVERS RELATIFS AUX MARIAGES: NOMBRE DE MARIAGES ENTRE: ONCLES ET NIECES,
            1901

56   DETAILS DIVERS RELATIFS AUX MARIAGES: NOMBRE DE MARIAGES ENTRE: COUSINS, 1901

57   DETAILS DIVERS RELATIFS AUX MARIAGES: NOMBRE DE MARIAGES AYANT LEGITIME DES ENFANTS
            NATURELS, 1901

58   DETAILS DIVERS RELATIFS AUX MARIAGES: MARIAGES AVEC LEGITIMATION D'ENFANTS: NOMBRE
            DES ENFANTS LEGITIMES: ANTERIEUREMENT RECONNUS PAR LE PERE: DE MOINS D'UN MOIS, 1901

59   DETAILS DIVERS RELATIFS AUX MARIAGES: MARIAGES AVEC LEGITIMATION D'ENFANTS: NOMBRE
            DES ENFANTS LEGITIMES: ANTERIEUREMENT RECONNUS PAR LE PERE: DE 1 A 2 MOIS 1901

60   DETAILS DIVERS RELATIFS AUX MARIAGES: MARIAGES AVEC LEGITIMATION D'ENFANTS: NOMBRE
            DES ENFANTS LEGITIMES: ANTERIEUREMENT RECONNUS PAR LE PERE: DE 3 A 5 MOIS 1901

109

DATA SET 268:   MOUVEMENT DE LA POPULATION 1901 (DEPARTEMENT)

NUMERO DE
LA VARIABLE   NOM DE LA VARIABLE

61   DETAILS DIVERS RELATIFS AUX MARIAGES: MARIAGES AVEC LEGITIMATION D'ENFANTS: NOMBRE
          DES ENFANTS LEGITIMES: ANTERIEUREMENT RECONNUS PAR LE PERE: DE 6 A 11 MOIS 1901

62   DETAILS DIVERS RELATIFS AUX MARIAGES: MARIAGES AVEC LEGITIMATION D'ENFANTS: NOMBRE
          DES ENFANTS LEGITIMES: ANTERIEUREMENT RECONNUS PAR LE PERE: DE 1 A 4 ANS 1901

63   DETAILS DIVERS RELATIFS AUX MARIAGES: MARIAGES AVEC LEGITIMATION D'ENFANTS: NOMBRE
          DES ENFANTS LEGITIMES: ANTERIEUREMENT RECONNUS PAR LE PERE: DE 5 A 19 ANS 1901

64   DETAILS DIVERS RELATIFS AUX MARIAGES: MARIAGES AVEC LEGITIMATION D'ENFANTS: NOMBRE
          DES ENFANTS LEGITIMES: ANTERIEUREMENT RECONNUS PAR LE PERE: DE 20 ANS ET PLUS, 1901

65   DETAILS DIVERS RELATIFS AUX MARIAGES: MARIAGES AVEC LEGITIMATION D'ENFANTS: NOMBRE
          DES ENFANTS LEGITIMES: ANTERIEUREMENT RECONNUS PAR LE PERE: D'AGE INCONNU, 1901

66   DETAILS DIVERS RELATIFS AUX MARIAGES: MARIAGES AVEC LEGITIMATION D'ENFANTS: NOMBRE
          DES ENFANTS LEGITIMES: NON RECONNUS ANTERIEUREMENT: DE MOINS D'UN MOIS, 1901

67   DETAILS DIVERS RELATIFS AUX MARIAGES: MARIAGES AVEC LEGITIMATION D'ENFANTS: NOMBRE
          DES ENFANTS LEGITIMES: NON RECONNUS ANTERIEUREMENT: DE 1 A 2 MOIS, 1901

68   DETAILS DIVERS RELATIFS AUX MARIAGES: MARIAGES AVEC LEGITIMATION D'ENFANTS: NOMBRE
          DES ENFANTS LEGITIMES: NON RECONNUS ANTERIEUREMENT: DE 3 A 5 MOIS, 1901

69   DETAILS DIVERS RELATIFS AUX MARIAGES: MARIAGES AVEC LEGITIMATION D'ENFANTS: NOMBRE
          DES ENFANTS LEGITIMES: NON RECONNUS ANTERIEUREMENT: DE 6 A 11 MOIS, 1901

70   DETAILS DIVERS RELATIFS AUX MARIAGES: MARIAGES AVEC LEGITIMATION D'ENFANTS: NOMBRE
          DES ENFANTS LEGITIMES: NON RECONNUS ANTERIEUREMENT: DE 1 A 4 ANS, 1901

71   DETAILS DIVERS RELATIFS AUX MARIAGES: MARIAGES AVEC LEGITIMATION D'ENFANTS: NOMBRE
          DES ENFANTS LEGITIMES: NON RECONNUS ANTERIEUREMENTENT: DE 5 A 19 ANS, 1901

72   DETAILS DIVERS RELATIFS AUX MARIAGES: MARIAGES AVEC LEGITIMATION D'ENFANTS: NOMBRE
          DES ENFANTS LEGITIMES: NON RECONNUS ANTERIEUREMENT: DE 20 ANS ET PLUS, 1901

73   DETAILS DIVERS RELATIFS AUX MARIAGES: MARIAGES AVEC LEGITIMATION D'ENFANTS: NOMBRE
          DES ENFANTS LEGITIMES: NON RECONNUS ANTERIEUREMENT, D'AGE INCONNU, 1901

74   ENFANTS VIVANTS AU MOMENT DE LA DECLARATION DE NAISSANCE: ENFANTS LEGITIMES:
          GARCONS, 1901

75   ENFANTS VIVANTS AU MOMENT DE LA DECLARATION DE NAISSANCE: ENFANTS LEGITIMES: FILLES,
          1901

76   ENFANTS VIVANTS AU MOMENT DE LA DECLARATION DE NAISSANCE: ENFANTS LEGITIMES: TOTAUX,
          1901

77   ENFANTS VIVANTS AU MOMENT DE LA DECLARATION DE NAISSANCE: ENFANTS NATURELS:
          RECONNUS: GARCONS, 1901

78   ENFANTS VIVANTS AU MOMENT DE LA DECLARATION DE NAISSANCE: ENFANTS NATURELS:
          RECONNUS: FILLES, 1901

79   ENFANTS VIVANTS AU MOMENT DE LA DECLARATION DE NAISSANCE: ENFANTS NATURELS:
          RECONNUS: TOTAUX, 1901

80   ENFANTS VIVANTS AU MOMENT DE LA DECLARATION DE NAISSANCE: ENFANTS NATURELS: NON
          RECONNUS: GARCONS, 1901

81   ENFANTS VIVANTS AU MOMENT DE LA DECLARATION DE NAISSANCE: ENFANTS NATURELS: NON
          RECONNUS: FILLES, 1901

82   ENFANTS VIVANTS AU MOMENT DE LA DECLARATION DE NAISSANCE: ENFANTS NATURELS: NON
          RECONNUS: TOTAUX, 1901

83   ENFANTS VIVANTS AU MOMENT DE LA DECLARATION DE NAISSANCE: ENFANTS NATURELS: TOTAUX:
          GARCONS, 1901

84   ENFANTS VIVANTS AU MOMENT DE LA DECLARATION DE NAISSANCE: ENFANTS NATURELS: TOTAUX:
          FILLES, 1901

DATA SET 268: MOUVEMENT DE LA POPULATION 1901 (DEPARTEMENT)

NUMERO DE
LA VARIABLE   NOM DE LA VARIABLE

85   ENFANTS VIVANTS AU MOMENT DE LA DECLARATION DE NAISSANCE: ENFANTS NATURELS: TOTAUX:
      TOTAUX, 1901

86   ENFANTS VIVANTS AU MOMENT DE LA DECLARATION DE NAISSANCE: TOTAUX DES ENFANTS VIVANTS
      AU MOMENT DE LA DECLARATION: GARCONS, 1901

87   ENFANTS VIVANTS AU MOMENT DE LA DECLARATION DE NAISSANCE: TOTAUX DES ENFANTS VIVANTS
      AU MOMENT DE LA DECLARATION: FILLES, 1901

88   ENFANTS VIVANTS AU MOMENT DE LA DECLARATION DE NAISSANCE: TOTAUX DES ENFANTS VIVANTS
      AU MOMENT DE LA DECLARATION: TOTAUX, 1901

89   MORT-NES ET ENFANTS MORTS AVANT LA DECLARATION DE NAISSANCE: ENFANTS LEGITIMES:
      GARCONS, 1901

90   MORT-NES ET ENFANTS MORTS AVANT LA DECLARATION DE NAISSANCE: ENFANTS LEGITIMES:
      FILLES, 1901

91   MORT-NES ET ENFANTS MORTS AVANT LA DECLARATION DE NAISSANCE: ENFANTS LEGITIMES:
      TOTAUX, 1901

92   MORT-NES ET ENFANTS MORTS AVANT LA DECLARATION DE NAISSANCE: ENFANTS NATURELS:
      GARCONS, 1901

93   MORT-NES ET ENFANTS MORTS AVANT LA DECLARATION DE NAISSANCE: ENFANTS NATURELS:
      FILLES, 1901

94   MORT-NES ET ENFANTS MORTS AVANT LA DECLARATION DE NAISSANCE: ENFANTS NATURELS:
      TOTAUX, 1901

95   MORT-NES ET ENFANTS MORTS AVANT LA DECLARATION DE NAISSANCE: TOTAUX DES MORT-NES:
      GARCONS, 1901

96   MORT-NES ET ENFANTS MORTS AVANT LA DECLARATION DE NAISSANCE: TOTAUX DES MORT-NES:
      FILLES, 1901

97   MORT-NES ET ENFANTS MORTS AVANT LA DECLARATION DE NAISSANCE: TOTAUX DES MORT-NES:
      TOTAUX, 1901

98   TOTAUX GENERAUX DES NAISSANCES SUIVANT LA LEGITIMITE ET LA VITALITE: GARCONS, 1901

99   TOTAUX GENERAUX DES NAISSANCES SUIVANT LA LEGITIMITE ET LA VITALITE: FILLES, 1901

100   TOTAUX GENERAUX DES NAISSANCES SUIVANT LA LEGITIMITE ET LA VITALITE: TOTAUX, 1901

101   ENFANTS VIVANTS AU MOMENT DE LA DECLARATION DE NAISSANCE: JANVIER, 1901

102   ENFANTS VIVANTS AU MOMENT DE LA DECLARATION DE NAISSANCE: FEVRIER, 1901

103   ENFANTS VIVANTS AU MOMENT DE LA DECLARATION DE NAISSANCE: MARS, 1901

104   ENFANTS VIVANTS AU MOMENT DE LA DECLARATION DE NAISSANCE: AVRIL, 1901

105   ENFANTS VIVANTS AU MOMENT DE LA DECLARATION DE NAISSANCE: MAI, 1901

106   ENFANTS VIVANTS AU MOMENT DE LA DECLARATION DE NAISSANCE: JUIN, 1901

107   ENFANTS VIVANTS AU MOMENT DE LA DECLARATION DE NAISSANCE: JUILLET, 1901

108   ENFANTS VIVANTS AU MOMENT DE LA DECLARATION DE NAISSANCE: AOUT, 1901

109   ENFANTS VIVANTS AU MOMENT DE LA DECLARATION DE NAISSANCE: SEPTEMBRE, 1901

110   ENFANTS VIVANTS AU MOMENT DE LA DECLARATION DE NAISSANCE: OCTOBRE, 1901

111   ENFANTS VIVANTS AU MOMENT DE LA DECLARATION DE NAISSANCE: NOVEMBRE, 1901

112   ENFANTS VIVANTS AU MOMENT DE LA DECLARATION DE NAISSANCE: DECEMBRE, 1901

113   ENFANTS VIVANTS AU MOMENT DE LA DECLARATION DE NAISSANCE: TOTAL, 1901

DATA SET 268:   MOUVEMENT DE LA POPULATION 1901 (DEPARTEMENT)

NUMERO DE
LA VARIABLE   NOM DE LA VARIABLE

114   ENFANTS MORT-NES: JANVIER, 1901

115   ENFANTS MORT-NES: FEVRIER, 1901

116   ENFANTS MORT-NES: MARS, 1901

117   ENFANTS MORT-NES: AVRIL, 1901

118   ENFANTS MORT-NES: MAI, 1901

119   ENFANTS MORT-NES: JUIN, 1901

120   ENFANTS MORT-NES: JUILLET, 1901

121   ENFANTS MORT-NES: AOUT, 1901

122   ENFANTS MORT-NES: SEPTEMBRE, 1901

123   ENFANTS MORT-NES: OCTOBRE, 1901

124   ENFANTS MORT-NES: NOVEMBRE, 1901

125   ENFANTS MORT-NES: DECEMBRE, 1901

126   ENFANTS MORT-NES: TOTAL, 1901

127   NOMBRE DES ACCOUCHEMENTS DOUBLES AYANT PRODUIT: EXCLUSIVEMENT DES GARCONS, 1901

128   NOMBRE DES ACCOUCHEMENTS DOUBLES AYANT PRODUIT: EXCLUSIVEMENT DES FILLES, 1901

129   NOMBRE DES ACCOUCHEMENTS DOUBLES AYANT PRODUIT: DES ENFANTS DE L'UN ET L'AUTRE SEXE,
           1901

130   NOMBRE DES ACCOUCHEMENTS DOUBLES AYANT PRODUIT: TOTAL, 1901

131   NOMBRE DES ENFANTS ISSUS DE CES ACCOUCHEMENTS: NES VIVANTS: GARCONS, 1901

132   NOMBRE DES ENFANTS ISSUS DE CES ACCOUCHEMENTS: NES VIVANTS: FILLES, 1901

133   NOMBRE DES ENFANTS ISSUS DE CES ACCOUCHEMENTS: NES VIVANTS: TOTAL, 1901

134   NOMBRE DES ENFANTS ISSUS DE CES ACCOUCHEMENTS: MORT-NES: GARCONS, 1901

135   NOMBRE DES ENFANTS ISSUS DE CES ACCOUCHEMENTS: MORT-NES: FILLES, 1901

136   NOMBRE DES ENFANTS ISSUS DE CES ACCOUCHEMENTS: MORT-NES: TOTAL, 1901

137   NOMBRE DES ENFANTS ISSUS DE CES ACCOUCHEMENTS: TOTAL: GARCONS, 1901

138   NOMBRE DES ENFANTS ISSUS DE CES ACCOUCHEMENTS: TOTAL: FILLES, 1901

139   NOMBRE DES ENFANTS ISSUS DE CES ACCOUCHEMENTS: TOTAL: ENSEMBLE, 1901

140   MERES DE MOINS DE 15 ANS: ENFANTS LEGITIMES - AGE DU PERE: MOINS DE 20 ANS, 1901

141   MERES DE MOINS DE 15 ANS: ENFANTS LEGITIMES - AGE DU PERE: 20 A 29 ANS, 1901

142   MERES DE MOINS DE 15 ANS: ENFANTS LEGITIMES - AGE DU PERE: 30 A 39 ANS, 1901

143   MERES DE MOINS DE 15 ANS: ENFANTS LEGITIMES - AGE DU PERE: 40 A 49 ANS, 1901

144   MERES DE MOINS DE 15 ANS: ENFANTS LEGITIMES - AGE DU PERE: 50 ANS ET PLUS, 1901

145   MERES DE MOINS DE 15 ANS: ENFANTS LEGITIMES - AGE DU PERE: AGE INCONNU, 1901

146   MERES DE MOINS DE 15 ANS: ENFANTS NATURELS, 1901

147   MERES DE MOINS DE 15 ANS: MORT-NES ET ENFANTS MORTS AVANT LA DECLARATION DE
           NAISSANCE: LEGITIMES, 1901

DATA SET 268: MOUVEMENT DE LA POPULATION 1901 (DEPARTEMENT)

NUMERO DE LA VARIABLE	NOM DE LA VARIABLE
148	MERES DE MOINS DE 15 ANS: MORT-NES ET ENFANTS MORTS AVANT LA DECLARATION DE NAISSANCE: NATURELS, 1901
149	MERES DE 15 A 19 ANS: ENFANTS LEGITIMES - AGE DU PERE: MOINS DE 20 ANS, 1901
150	MERES DE 15 A 19 ANS: ENFANTS LEGITIMES - AGE DU PERE: 20 A 29 ANS, 1901
151	MERES DE 15 A 19 ANS: ENFANTS LEGITIMES - AGE DU PERE: 30 A 39 ANS, 1901
152	MERES DE 15 A 19 ANS: ENFANTS LEGITIMES - AGE DU PERE: 40 A 49 ANS, 1901
153	MERES DE 15 A 19 ANS: ENFANTS LEGITIMES - AGE DU PERE: 50 ANS ET PLUS, 1901
154	MERES DE 15 A 19 ANS: ENFANTS LEGITIMES - AGE DU PERE: AGE INCONNU, 1901
155	MERES DE 15 A 19 ANS: ENFANTS NATURELS, 1901
156	MERES DE 15 A 19 ANS: MORT-NES ET ENFANTS MORTS AVANT LA DECLARATION DE NAISSANCE: LEGITIMES, 1901
157	MERES DE 15 A 19 ANS: MORT-NES ET ENFANTS MORTS AVANT LA DECLARATION DE NAISSANCE: NATURELS, 1901
158	MERES DE 20 A 24 ANS: ENFANTS LEGITIMES - AGE DU PERE: MOINS DE 20 ANS, 1901
159	MERES DE 20 A 24 ANS: ENFANTS LEGITIMES - AGE DU PERE: 20 A 29 ANS, 1901
160	MERES DE 20 A 24 ANS: ENFANTS LEGITIMES - AGE DU PERE: 30 A 39 ANS, 1901
161	MERES DE 20 A 24 ANS: ENFANTS LEGITIMES - AGE DU PERE: 40 A 49 ANS, 1901
162	MERES DE 20 A 24 ANS: ENFANTS LEGITIMES - AGE DU PERE: 50 ANS ET PLUS, 1901
163	MERES DE 20 A 24 ANS: ENFANTS LEGITIMES - AGE DU PERE: AGE INCONNU, 1901
164	MERES DE 20 A 24 ANS: ENFANTS NATURELS, 1901
165	MERES DE 20 A 24 ANS: MORT-NES ET ENFANTS MORTS AVANT LA DECLARATION DE NAISSANCE: LEGITIMES, 1901
166	MERES DE 20 A 24 ANS: MORT-NES ET ENFANTS MORTS AVANT LA DECLARATION DE NAISSANCE: NATURELS, 1901
167	MERES DE 25 A 29 ANS: ENFANTS LEGITIMES - AGE DU PERE: MOINS DE 20 ANS, 1901
168	MERES DE 25 A 29 ANS: ENFANTS LEGITIMES - AGE DU PERE: 20 A 29 ANS, 1901
169	MERES DE 25 A 29 ANS: ENFANTS LEGITIMES - AGE DU PERE: 30 A 39 ANS, 1901
170	MERES DE 25 A 29 ANS: ENFANTS LEGITIMES - AGE DU PERE: 40 A 49 ANS, 1901
171	MERES DE 25 A 29 ANS: ENFANTS LEGITIMES - AGE DU PERE: 50 ANS ET PLUS, 1901
172	MERES DE 25 A 29 ANS: ENFANTS LEGITIMES - AGE DU PERE: AGE INCONNU, 1901
173	MERES DE 25 A 29 ANS: ENFANTS NATURELS
174	MERES DE 25 A 29 ANS: MORT-NES ET ENFANTS MORTS AVANT LA DECLARATION DE NAISSANCE: LEGITIMES, 1901
175	MERES DE 25 A 29 ANS: MORT-NES ET ENFANTS MORTS AVANT LA DECLARATION DE NAISSANCE: NATURELS, 1901
176	MERES DE 30 A 34 ANS: ENFANTS LEGITIMES - AGE DU PERE: MOINS DE 20 ANS, 1901
177	MERES DE 30 A 34 ANS: ENFANTS LEGITIMES - AGE DU PERE: 20 A 29 ANS, 1901
178	MERES DE 30 A 34 ANS: ENFANTS LEGITIMES - AGE DU PERE: 30 A 39 ANS, 1901
179	MERES DE 30 A 34 ANS: ENFANTS LEGITIMES - AGE DU PERE: 40 A 49 ANS, 1901

DATA SET 268:   MOUVEMENT DE LA POPULATION 1901 (DEPARTEMENT)

NUMERO DE
LA VARIABLE   NOM DE LA VARIABLE

180	MERES DE 30 A 34 ANS:	ENFANTS LEGITIMES - AGE DU PERE: 50 ANS ET PLUS, 1901
181	MERES DE 30 A 34 ANS:	ENFANTS LEGITIMES - AGE DU PERE: AGE INCONNU, 1901
182	MERES DE 30 A 34 ANS:	ENFANTS NATURELS, 1901
183	MERES DE 30 A 34 ANS:	MORT-NES ET ENFANTS MORTS AVANT LA DECLARATION DE NAISSANCE: LEGITIMES, 1901
184	MERES DE 30 A 34 ANS:	MORT-NES ET ENFANTS MORTS AVANT LA DECLARATION DE NAISSANCE: NATURELS, 1901
185	MERES DE 35 A 39 ANS:	ENFANTS LEGITIMES - AGE DU PERE: MOINS DE 20 ANS, 1901
186	MERES DE 35 A 39 ANS:	ENFANTS LEGITIMES - AGE DU PERE: 20 A 29 ANS, 1901
187	MERES DE 35 A 39 ANS:	ENFANTS LEGITIMES - AGE DU PERE: 30 A 39 ANS, 1901
188	MERES DE 35 A 39 ANS:	ENFANTS LEGITIMES - AGE DU PERE: 40 A 49 ANS, 1901
189	MERES DE 35 A 39 ANS:	ENFANTS LEGITIMES - AGE DU PERE: 50 ANS ET PLUS, 1901
190	MERES DE 35 A 39 ANS:	ENFANTS LEGITIMES - AGE DU PERE: AGE INCONNU, 1901
191	MERES DE 35 A 39 ANS:	ENFANTS NATURELS, 1901
192	MERES DE 35 A 39 ANS:	MORT-NES ET ENFANTS MORTS AVANT LA DECLARATION DE NAISSANCE: LEGITIMES, 1901
193	MERES DE 35 A 39 ANS:	MORT-NES ET ENFANTS MORTS AVANT LA DECLARATION DE NAISSANCE: NATURELS, 1901
194	MERES DE 40 A 44 ANS:	ENFANTS LEGITIMES - AGE DU PERE: MOINS DE 20 ANS, 1901
195	MERES DE 40 A 44 ANS:	ENFANTS LEGITIMES - AGE DU PERE: 20 A 29 ANS, 1901
196	MERES DE 40 A 44 ANS:	ENFANTS LEGITIMES - AGE DU PERE: 30 A 39 ANS, 1901
197	MERES DE 40 A 44 ANS:	ENFANTS LEGITIMES - AGE DU PERE: 40 A 49 ANS, 1901
198	MERES DE 40 A 44 ANS:	ENFANTS LEGITIMES - AGE DU PERE: 50 ANS ET PLUS, 1901
199	MERES DE 40 A 44 ANS:	ENFANTS LEGITIMES - AGE DU PERE: AGE INCONNU, 1901
200	MERES DE 40 A 44 ANS:	ENFANTS NATURELS, 1901
201	MERES DE 40 A 44 ANS:	MORT-NES ET ENFANTS MORTS AVANT LA DECLARATION DE NAISSANCE: LEGITIMES, 1901
202	MERES DE 40 A 44 ANS:	MORT-NES ET ENFANTS MORTS AVANT LA DECLARATION DE NAISSANCE: NATURELS, 1901
203	MERES DE 45 A 49 ANS:	ENFANTS LEGITIMES - AGE DU PERE: MOINS DE 20 ANS, 1901
204	MERES DE 45 A 49 ANS:	ENFANTS LEGITIMES - AGE DU PERE: 20 A 29 ANS, 1901
205	MERES DE 45 A 49 ANS:	ENFANTS LEGITIMES - AGE DU PERE: 30 A 39 ANS, 1901
206	MERES DE 45 A 49 ANS:	ENFANTS LEGITIMES - AGE DU PERE: 40 A 49 ANS, 1901
207	MERES DE 45 A 49 ANS:	ENFANTS LEGITIMES - AGE DU PERE: 50 ANS ET PLUS, 1901
208	MERES DE 45 A 49 ANS:	ENFANTS LEGITIMES - AGE DU PERE: AGE INCONNU, 1901
209	MERES DE 45 A 49 ANS:	ENFANTS NATURELS, 1901
210	MERES DE 45 A 49 ANS:	MORT-NES ET ENFANTS MORTS AVANT LA DECLARATION DE NAISSANCE: LEGITIMES, 1901
211	MERES DE 45 A 49 ANS:	MORT-NES ET ENFANTS MORTS AVANT LA DECLARATION DE NAISSANCE: NATURELS, 1901

DATA SET 268: MOUVEMENT DE LA POPULATION 1901 (DEPARTEMENT)

NUMERO DE
LA VARIABLE   NOM DE LA VARIABLE

212   MERES DE 50 ANS ET AU-DESSUS: ENFANTS LEGITIMES - AGE DU PERE: MOINS DE 20 ANS, 1901

213   MERES DE 50 ANS ET AU-DESSUS: ENFANTS LEGITIMES - AGE DU PERE: 20 A 29 ANS, 1901

214   MERES DE 50 ANS ET AU-DESSUS: ENFANTS LEGITIMES - AGE DU PERE: 30 A 39 ANS, 1901

215   MERES DE 50 ANS ET AU-DESSUS: ENFANTS LEGITIMES - AGE DU PERE: 40 A 49 ANS, 1901

216   MERES DE 50 ANS ET AU-DESSUS: ENFANTS LEGITIMES - AGE DU PERE: 50 ANS ET PLUS, 1901

217   MERES DE 50 ANS ET AU-DESSUS: ENFANTS LEGITIMES-AGE DU PERE: AGE INCONNU, 1901

218   MERES DE 50 ANS ET AU-DESSUS: ENFANTS NATURELS, 1901

219   MERES DE 50 ANS ET AU-DESSUS: MORT-NES ET ENFANTS MORTS AVANT LA DECLARATION DE
           NAISSANCE: LEGITIMES, 1901

220   MERES DE 50 ANS ET AU-DESSUS: MORT-NES ET ENFANTS MORTS AVANT LA DECLARATION DE
           NAISSANCE: NATURELS, 1901

221   MERES D'AGE INCONNU: ENFANTS LEGITIMES-AGE DU PERE: MOINS DE 20 ANS, 1901

222   MERES D'AGE INCONNU: ENFANTS LEGITIMES - AGE DU PERE: 20 A 29 ANS, 1901

223   MERES D'AGE INCONNU: ENFANTS LEGITIMES - AGE DU PERE: 30 A 39 ANS, 1901

224   MERES D'AGE INCONNU: ENFANTS LEGITIMES - AGE DU PERE: 40 A 49 ANS, 1901

225   MERES D'AGE INCONNU: ENFANTS LEGITIMES - AGE DU PERE: 50 ANS ET PLUS, 1901

226   MERES D'AGE INCONNU: ENFANTS LEGITIMES - AGE DU PERE: AGE INCONNU, 1901

227   MERES D'AGE INCONNU: ENFANTS NATURELS, 1901

228   MERES D'AGE INCONNU: MORT-NES ET ENFANTS MORTS AVANT LA DECLARATION DE NAISSANCE:
           LEGITIMES, 1901

229   MERES D'AGE INCONNU: MORT-NES ET ENFANTS MORTS AVANT LA DECLARATION DE NAISSANCE:
           NATURELS, 1901

230   EXCEDENT DES NAISSANCES OU DES DECES: NAISSANCES: POPULATION URBAINE, 1901

231   EXCEDENT DES NAISSANCES OU DES DECES: NAISSANCES: POPULATION RURALE, 1901

232   EXCEDENT DES NAISSANCES OU DES DECES: NAISSANCES: TOTAL DES NAISSANCES, 1901

233   EXCEDENT DES NAISSANCES OU DES DECES: DECES: POPULATION URBAINE, 1901

234   EXCEDENT DES NAISSANCES OU DES DECES: DECES: POPULATION RURALE, 1901

235   EXCEDENT DES NAISSANCES OU DES DECES: DECES: TOTAL DES DECES, 1901

236   EXCEDENT DES NAISSANCES OU DES DECES: POPULATION URBAINE: ACCROISSEMENT, 1901

237   EXCEDENT DES NAISSANCES OU DES DECES: POPULATION URBAINE: DIMINUTION, 1901

238   EXCEDENT DES NAISSANCES OU DES DECES: POPULATION RURALE: ACCROISSEMENT, 1901

239   EXCEDENT DES NAISSANCES OU DES DECES: POPULATION RURALE: DIMINUTION, 1901

240   EXCEDENT DES NAISSANCES OU DES DECES: POPULATIONS URBAINE ET RURALE REUNIES:
           ACCROISSEMENT, 1901

241   EXCEDENT DES NAISSANCES OU DES DECES: POPULATIONS URBAINE ET RURALE REUNIES:
           DIMINUTION, 1901

242   DECES PAR MOIS: JANVIER, 1901

243   DECES PAR MOIS: FEVRIER, 1901

244   DECES PAR MOIS: MARS, 1901

DATA SET 268: MOUVEMENT DE LA POPULATION 1901 (DEPARTEMENT)

NUMERO DE
LA VARIABLE   NOM DE LA VARIABLE

Numéro	Nom de la variable
245	DECES PAR MOIS: AVRIL, 1901
246	DECES PAR MOIS: MAI, 1901
247	DECES PAR MOIS: JUIN, 1901
248	DECES PAR MOIS: JUILLET, 1901
249	DECES PAR MOIS: AOUT, 1901
250	DECES PAR MOIS: SEPTEMBRE, 1901
251	DECES PAR MOIS: OCTOBRE, 1901
252	DECES PAR MOIS: NOVEMBRE, 1901
253	DECES PAR MOIS: DECEMBRE, 1901
254	DECES PAR MOIS: TOTAL, 1901
255	DECES PAR MOIS (ENFANTS DE MOINS DE 1 AN): JANVIER, 1901
256	DECES PAR MOIS (ENFANTS DE MOINS DE 1 AN): FEVRIER, 1901
257	DECES PAR MOIS (ENFANTS DE MOINS DE 1 AN): MARS, 1901
258	DECES PAR MOIS (ENFANTS DE MOINS DE 1 AN): AVRIL, 1901
259	DECES PAR MOIS (ENFANTS DE MOINS DE 1 AN): MAI, 1901
260	DECES PAR MOIS (ENFANTS DE MOINS DE 1 AN): JUIN, 1901
261	DECES PAR MOIS (ENFANTS DE MOINS DE 1 AN): JUILLET, 1901
262	DECES PAR MOIS (ENFANTS DE MOINS DE 1 AN): AOUT, 1901
263	DECES PAR MOIS (ENFANTS DE MOINS DE 1 AN): SEPTEMBRE, 1901
264	DECES PAR MOIS (ENFANTS DE MOINS DE 1 AN): OCTOBRE, 1901
265	DECES PAR MOIS (ENFANTS DE MOINS DE 1 AN): NOVEMBRE, 1901
266	DECES PAR MOIS (ENFANTS DE MOINS DE 1 AN): DECEMBRE, 1901
267	DECES PAR MOIS (ENFANTS DE MOINS DE 1 AN): TOTAL, 1901
268	DECES PAR MOIS (VIEILLARDS DE 60 ANS ET PLUS): JANVIER, 1901
269	DECES PAR MOIS (VIEILLARDS DE 60 ANS ET PLUS): FEVRIER, 1901
270	DECES PAR MOIS (VIEILLARDS DE 60 ANS ET PLUS): MARS, 1901
271	DECES PAR MOIS (VIEILLARDS DE 60 ANS ET PLUS): AVRIL, 1901
272	DECES PAR MOIS (VIEILLARDS DE 60 ANS ET PLUS): MAI, 1901
273	DECES PAR MOIS (VIEILLARDS DE 60 ANS ET PLUS): JUIN, 1901
274	DECES PAR MOIS (VIEILLARDS DE 60 ANS ET PLUS): JUILLET, 1901
275	DECES PAR MOIS (VIEILLARDS DE 60 ANS ET PLUS): AOUT, 1901
276	DECES PAR MOIS (VIEILLARDS DE 60 ANS ET PLUS): SEPTEMBRE, 1901
277	DECES PAR MOIS (VIEILLARDS DE 60 ANS ET PLUS): OCTOBRE, 1901
278	DECES PAR MOIS (VIEILLARDS DE 60 ANS ET PLUS): NOVEMBRE, 1901
279	DECES PAR MOIS (VIEILLARDS DE 60 ANS ET PLUS): DECEMBRE, 1901
280	DECES PAR MOIS (VIEILLARDS DE 60 ANS ET PLUS): TOTAL 1901

DATA SET 269: MOUVEMENT DE LA POPULATION 1901 (DEPARTEMENT)

SOURCE: STATISTIQUE GENERALE DE LA FRANCE, STATISTIQUE ANNUELLE DU MOUVEMENT
DE LA POPULATION, ANNEE 1901, TOME XXXI (PARIS, 1901)

VARIABLES 7-49:	TABLEAU XXXIV
VARIABLES 50-68:	TABLEAU XXXV
VARIABLES 69-84:	TABLEAU XXXVI
VARIABLES 85-100:	TABLEAU XXXVII
VARIABLES 101-119:	TABLEAU XXXVIII
VARIABLES 120-136:	TABLEAU XXXIX
VARIABLES 137-153:	TABLEAU XL

NUMERO DE
LA VARIABLE   NOM DE LA VARIABLE

7   DECES: GARCONS: DE LA NAISSANCE A 4 JOURS ACCOMPLIS: ENFANTS: LEGITIMES, 1901

8   DECES: GARCONS: DE LA NAISSANCE A 4 JOURS ACCOMPLIS: ENFANTS: NATURELS, 1901

9   DECES: GARCONS: DE 5 A 9 JOURS ACCOMPLIS: ENFANTS: LEGITIMES, 1901

10   DECES: GARCONS: DE 5 A 9 JOURS ACCOMPLIS: ENFANTS: NATURELS, 1901

11   DECES: GARCONS: DE 10 A 14 JOURS ACCOMPLIS: ENFANTS: LEGITIMES, 1901

12   DECES: GARCONS: DE 10 A 14 JOURS ACCOMPLIS: ENFANTS: NATURELS, 1901

13   DECES: GARCONS: DE 15 A 29 JOURS ACCOMPLIS: ENFANTS: LEGITIMES, 1901

14   DECES: GARCONS: DE 15 A 29 JOURS ACCOMPLIS: ENFANTS: NATURELS, 1901

15   DECES: GARCONS: DE 1 MOIS: ENFANTS: LEGITIMES, 1901

16   DECES: GARCONS: DE 1 MOIS: ENFANTS: NATURELS, 1901

17   DECES: GARCONS: DE 2 MOIS: ENFANTS: LEGITIMES, 1901

18   DECES: GARCONS: DE 2 MOIS: ENFANTS: NATURELS, 1901

19   DECES: GARCONS: DE 3,4,OU 5 MOIS: ENFANTS: LEGITIMES, 1901

20   DECES: GARCONS: DE 3,4,OU 5 MOIS: ENFANTS: NATURELS, 1901

21   DECES: GARCONS: DE 6,7,OU 8 MOIS: ENFANTS: LEGITIMES, 1901

22   DECES: GARCONS: DE 6,7,OU 8 MOIS: ENFANTS: NATURELS, 1901

23   DECES: GARCONS: DE 9 MOIS JUSQUA 1 AN MOINS 1 JOUR: ENFANTS: LEGITIMES, 1901

24   DECES: GARCONS: DE 9 MOIS JUSQUA 1 AN MOINS 1 JOUR: ENFANTS: NATURELS, 1901

25   DECES: GARCONS: TOTAUX: ENFANTS: LEGITIMES, 1901

26   DECES: GARCONS: TOTAUX: ENFANTS: NATURELS, 1901

27   DECES: GARCONS: TOTAUX: ENFANTS: TOTAL, 1901

28   DECES: FILLES: DE LA NAISSANCE A 4 JOURS ACCOMPLIS: ENFANTS: LEGITIMES, 1901

29   DECES: FILLES: DE LA NAISSANCE A 4 JOURS ACCOMPLIS: ENFANTS: NATURELS, 1901

30   DECES: FILLES: DE 5 A 9 JOURS ACCOMPLIS: ENFANTS: LEGITIMES, 1901

31   DECES: FILLES: DE 5 A 9 JOURS ACCOMPLIS: ENFANTS: NATURELS, 1901

32   DECES: FILLES: DE 10 A 14 JOURS ACCOMPLIS: ENFANTS: LEGITIMES, 1901

33   DECES: FILLES: DE 10 A 14 JOURS ACCOMPLIS: ENFANTS: NATURELS, 1901

34   DECES: FILLES: DE 15 A 29 JOURS ACCOMPLIS: ENFANTS: LEGITIMES, 1901

35   DECES: FILLES: DE 15 A 29 JOURS ACCOMPLIS: ENFANTS: NATURELS, 1901

36   DECES: FILLES: DE 1 MOIS: ENFANTS: LEGITIMES, 1901

118

DATA SET 269: MOUVEMENT DE LA POPULATION 1901 (DEPARTEMENT)

NUMERO DE
LA VARIABLE   NOM DE LA VARIABLE

37   DECES: FILLES: DE 1 MOIS: ENFANTS: NATURELS, 1901

38   DECES: FILLES: DE 2 MOIS: ENFANTS: LEGITIMES, 1901

39   DECES: FILLES: DE 2 MOIS: ENFANTS: NATURELS, 1901

40   DECES: FILLES: DE 3,4,OR 5 MOIS: ENFANTS: LEGITIMES, 1901

41   DECES: FILLES: DE 3,4,OR 5 MOIS: ENFANTS: NATURELS, 1901

42   DECES: FILLES: DE 6,7,OU 8 MOIS: ENFANTS: LEGITIMES, 1901

43   DECES: FILLES: DE 6,7,OU 8 MOIS: ENFANTS: NATURELS, 1901

44   DECES: FILLES: DE 9 MOIS JUSQUA 1 AN MOINS 1 JOUR: ENFANTS: LEGITIMES, 1901

45   DECES: FILLES: DE 9 MOIS JUSQUA 1 AN MOINS 1 JOUR: ENFANTS: NATURELS, 1901

46   DECES: FILLES: TOTAUX: ENFANTS: LEGITIMES, 1901

47   DECES: FILLES: TOTAUX: ENFANTS: NATURELS, 1901

48   DECES: FILLES: TOTAUX: ENFANTS: TOTAL, 1901

49   DECES: TOTAUX GENERAUX (DE LA PREMIERE ANNEE SUIVANT LE SEXE ET LA LEGITIMITE), 1901

50   DECES PAR AGE - GARCONS: DE 0 A 4 ANS, 1901

51   DECES PAR AGE - GARCONS: DE 5 A 9 ANS, 1901

52   DECES PAR AGE - GARCONS: DE 10 A 14 ANS, 1901

53   DECES PAR AGE - GARCONS: DE 15 A 19 ANS, 1901

54   DECES PAR AGE - GARCONS: DE 20 A 24 ANS, 1901

55   DECES PAR AGE - GARCONS: DE 25 A 29 ANS, 1901

56   DECES PAR AGE - GARCONS: DE 30 A 34 ANS, 1901

57   DECES PAR AGE - GARCONS: DE 35 A 39 ANS, 1901

58   DECES PAR AGE - GARCONS: DE 40 A 44 ANS, 1901

59   DECES PAR AGE - GARCONS: DE 45 A 49 ANS, 1901

60   DECES PAR AGE - GARCONS: DE 50 A 54 ANS, 1901

61   DECES PAR AGE - GARCONS: DE 55 A 59 ANS, 1901

62   DECES PAR AGE - GARCONS: DE 60 A 64 ANS, 1901

63   DECES PAR AGE - GARCONS: DE 65 A 69 ANS, 1901

64   DECES PAR AGE - GARCONS: DE 70 A 74 ANS, 1901

65   DECES PAR AGE - GARCONS: DE 75 A 79 ANS, 1901

66   DECES PAR AGE - GARCONS: DE 80 A 84 ANS, 1901

67   DECES PAR AGE - GARCONS: DE 85 ANS ET AU-DESSUS, 1901

68   DECES PAR AGE - GARCONS: TOTAL, 1901

69   DECES PAR AGE - HOMMES MARIES: DE 15 A 19 ANS, 1901

70   DECES PAR AGE - HOMMES MARIES: DE 20 A 24 ANS, 1901

71   DECES PAR AGE - HOMMES MARIES: DE 25 A 29 ANS, 1901

72   DECES PAR AGE - HOMMES MARIES: DE 30 A 34 ANS, 1901

DATA SET 269:   MOUVEMENT DE LA POPULATION 1901 (DEPARTEMENT)

NUMERO DE
LA VARIABLE   NOM DE LA VARIABLE

73	DECES PAR AGE - HOMMES MARIES: DE 35 A 39 ANS, 1901
74	DECES PAR AGE - HOMMES MARIES: DE 40 A 44 ANS, 1901
75	DECES PAR AGE - HOMMES MARIES: DE 45 A 49 ANS, 1901
76	DECES PAR AGE - HOMMES MARIES: DE 50 A 54 ANS, 1901
77	DECES PAR AGE - HOMMES MARIES: DE 55 A 59 ANS, 1901
78	DECES PAR AGE - HOMMES MARIES: DE 60 A 64 ANS, 1901
79	DECES PAR AGE - HOMMES MARIES: DE 65 A 69 ANS, 1901
80	DECES PAR AGE - HOMMES MARIES: DE 70 A 74 ANS, 1901
81	DECES PAR AGE - HOMMES MARIES: DE 75 A 79 ANS, 1901
82	DECES PAR AGE - HOMMES MARIES: DE 80 A 84 ANS, 1901
83	DECES PAR AGE - HOMMES MARIES: DE 85 ANS ET AU-DESSUS, 1901
84	DECES PAR AGE - HOMMES MARIES: TOTAL, 1901
85	DECES PAR AGE - VEUFS ET DIVORCES: DE 15 A 19 ANS, 1901
86	DECES PAR AGE - VEUFS ET DIVORCES: DE 20 A 24 ANS, 1901
87	DECES PAR AGE - VEUFS ET DIVORCES: DE 25 A 29 ANS, 1901
88	DECES PAR AGE - VEUFS ET DIVORCES: DE 30 A 34 ANS, 1901
89	DECES PAR AGE - VEUFS ET DIVORCES: DE 35 A 39 ANS, 1901
90	DECES PAR AGE - VEUFS ET DIVORCES: DE 40 A 44 ANS, 1901
91	DECES PAR AGE - VEUFS ET DIVORCES: DE 45 A 49 ANS, 1901
92	DECES PAR AGE - VEUFS ET DIVORCES: DE 50 A 54 ANS, 1901
93	DECES PAR AGE - VEUFS ET DIVORCES: DE 55 A 59 ANS, 1901
94	DECES PAR AGE - VEUFS ET DIVORCES: DE 60 A 64 ANS, 1901
95	DECES PAR AGE - VEUFS ET DIVORCES: DE 65 A 69 ANS, 1901
96	DECES PAR AGE - VEUFS ET DIVORCES: DE 70 A 74 ANS, 1901
97	DECES PAR AGE - VEUFS ET DIVORCES: DE 75 A 79 ANS, 1901
98	DECES PAR AGE - VEUFS ET DIVORCES: DE 80 A 84 ANS, 1901
99	DECES PAR AGE - VEUFS ET DIVORCES: DE 85 ANS ET AU-DESSUS,
100	DECES PAR AGE - VEUFS ET DIVORCES: TOTAL, 1901
101	DECES PAR AGE - FILLES: DE 0 A 4 ANS, 1901
102	DECES PAR AGE - FILLES: DE 5 A 9 ANS, 1901
103	DECES PAR AGE - FILLES: DE 10 A 14 ANS, 1901
104	DECES PAR AGE - FILLES: DE 15 A 19 ANS, 1901
105	DECES PAR AGE - FILLES: DE 20 A 24 ANS, 1901
106	DECES PAR AGE - FILLES: DE 25 A 29 ANS, 1901
107	DECES PAR AGE - FILLES: DE 30 A 34 ANS, 1901
108	DECES PAR AGE - FILLES: DE 35 A 39 ANS, 1901

DATA SET 269: MOUVEMENT DE LA POPULATION 1901 (DEPARTEMENT)

NUMERO DE
LA VARIABLE   NOM DE LA VARIABLE

109   DECES PAR AGE - FILLES: DE 40 A 44 ANS, 1901

110   DECES PAR AGE - FILLES: DE 45 A 49 ANS, 1901

111   DECES PAR AGE - FILLES: DE 50 A 54 ANS, 1901

112   DECES PAR AGE - FILLES: DE 55 A 59 ANS, 1901

113   DECES PAR AGE - FILLES: DE 60 A 64 ANS, 1901

114   DECES PAR AGE - FILLES: DE 65 A 69 ANS, 1901

115   DECES PAR AGE - FILLES: DE 70 A 74 ANS, 1901

116   DECES PAR AGE - FILLES: DE 75 A 79 ANS, 1901

117   DECES PAR AGE - FILLES: DE 80 A 84 ANS, 1901

118   DECES PAR AGE - FILLES: DE 85 ANS ET PLUS, 1901

119   DECES PAR AGE - FILLES: TOTAL, 1901

120   DECES PAR AGE - FEMMES MARIEES: DE 10 A 14 ANS, 1901

121   DECES PAR AGE - FEMMES MARIEES: DE 15 A 19 ANS, 1901

122   DECES PAR AGE - FEMMES MARIEES: DE 20 A 24 ANS, 1901

123   DECES PAR AGE - FEMMES MARIEES: DE 25 A 29 ANS, 1901

124   DECES PAR AGE - FEMMES MARIEES: DE 30 A 34 ANS, 1901

125   DECES PAR AGE - FEMMES MARIEES: DE 35 A 39 ANS, 1901

126   DECES PAR AGE - FEMMES MARIEES: DE 40 A 44 ANS, 1901

127   DECES PAR AGE - FEMMES MARIEES: DE 45 A 49 ANS, 1901

128   DECES PAR AGE - FEMMES MARIEES: DE 50 A 54 ANS, 1901

129   DECES PAR AGE - FEMMES MARIEES: DE 55 A 59 ANS, 1901

130   DECES PAR AGE - FEMMES MARIEES: DE 60 A 64 ANS, 1901

131   DECES PAR AGE - FEMMES MARIEES: DE 65 A 69 ANS, 1901

132   DECES PAR AGE - FEMMES MARIEES: DE 70 A 74 ANS, 1901

133   DECES PAR AGE - FEMMES MARIEES: DE 75 A 79 ANS, 1901

134   DECES PAR AGE - FEMMES MARIEES: DE 80 A 84 ANS, 1901

135   DECES PAR AGE - FEMMES MARIEES: DE 85 ANS ET PLUS, 1901

136   DECES PAR AGE - FEMMES MARIEES: TOTAL, 1901

137   DECES PAR AGE - VEUVES ET DIVORCEES: DE 10 A 14 ANS, 1901

138   DECES PAR AGE - VEUVES ET DIVORCEES: DE 15 A 19 ANS, 1901

139   DECES PAR AGE - VEUVES ET DIVORCEES: DE 20 A 24 ANS, 1901

140   DECES PAR AGE - VEUVES ET DIVORCEES: DE 25 A 29 ANS, 1901

141   DECES PAR AGE - VEUVES ET DIVORCEES: DE 30 A 34 ANS, 1901

142   DECES PAR AGE - VEUVES ET DIVORCEES: DE 35 A 39 ANS, 1901

143   DECES PAR AGE - VEUVES ET DIVORCEES: DE 40 A 44 ANS, 1901

144   DECES PAR AGE - VEUVES ET DIVORCEES: DE 45 A 49 ANS, 1901

DATA SET 269: MOUVEMENT DE LA POPULATION 1901 (DEPARTEMENT)

NUMERO DE
LA VARIABLE   NOM DE LA VARIABLE

145	DECES PAR AGE - VEUVES ET DIVORCEES: DE 50 A 54 ANS, 1901
146	DECES PAR AGE - VEUVES ET DIVORCEES: DE 55 A 59 ANS, 1901
147	DECES PAR AGE - VEUVES ET DIVORCEES: DE 60 A 64 ANS, 1901
148	DECES PAR AGE - VEUVES ET DIVORCEES: DE 65 A 69 ANS, 1901
149	DECES PAR AGE - VEUVES ET DIVORCEES: DE 70 A 74 ANS, 1901
150	DECES PAR AGE - VEUVES ET DIVORCEES: DE 75 A 79 ANS, 1901
151	DECES PAR AGE - VEUVES ET DIVORCEES: DE 80 A 84 ANS, 1901
152	DECES PAR AGE - VEUVES ET DIVORCEES: DE 85 ANS ET AU-DESSUS, 1901
153	DECES PAR AGE - VEUVES ET DIVORCEES: TOTAL, 1901

DATA SET 289: MOUVEMENT DE LA POPULATION 1902 (DEPARTEMENT)

SOURCE: STATISTIQUE GENERALE DE LA FRANCE, STATISTIQUE DU MOUVEMENT
DE LA POPULATION, ANNEE 1902, TOME XXXII (PARIS, 1903)

VARIABLES 7-31:	TABLEAU XXI
VARIABLES 32-47:	TABLEAU XXII
VARIABLES 48-63:	TABLEAU XXIII
VARIABLES 64-80:	TABLEAU XXIV
VARIABLES 81-119:	TABLEAU XXV
VARIABLES 120-146:	TABLEAU XXVI
VARIABLES 147-172:	TABLEAU XXVII
VARIABLES 173-185:	TABLEAU XXVIII
VARIABLES 186-275:	TABLEAU XXIX
VARIABLES 276-287:	TABLEAU XXX
VARIABLES 288-300:	TABLEAU XXXI

NUMERO DE
LA VARIABLE   NOM DE LA VARIABLE

7   MOUVEMENT DE LA POPULATION: POPULATION LEGALE (DENOMBREMENT DE 1901)

8   MOUVEMENT DE LA POPULATION: MARIAGES, 1902

9   MOUVEMENT DE LA POPULATION: DIVORCES, 1902

10   MOUVEMENT DE LA POPULATION: ENFANTS DECLARES VIVANTS: LEGITIMES: GARCONS, 1902

11   MOUVEMENT DE LA POPULATION: ENFANTS DECLARES VIVANTS: LEGITIMES: FILLES, 1902

12   MOUVEMENT DE LA POPULATION: ENFANTS DECLARES VIVANTS: LEGITIMES: TOTAUX, 1902

13   MOUVEMENT DE LA POPULATION: ENFANTS DECLARES VIVANTS: NATURELS: GARCONS, 1902

14   MOUVEMENT DE LA POPULATION: ENFANTS DECLARES VIVANTS: NATURELS: FILLES, 1902

15   MOUVEMENT DE LA POPULATION: ENFANTS DECLARES VIVANTS: NATURELS: TOTAUX, 1902

16   MOUVEMENT DE LA POPULATION: ENFANTS DECLARES VIVANTS: TOTAUX: GARCONS, 1902

17   MOUVEMENT DE LA POPULATION: ENFANTS DECLARES VIVANTS: TOTAUX: FILLES, 1902

18   MOUVEMENT DE LA POPULATION: ENFANTS DECLARES VIVANTS: TOTAL DES ENFANTS DECLARES
     VIVANTS, 1902

19   MOUVEMENT DE LA POPULATION: MORT-NES ET ENFANTS MORTS AVANT LA DECLARATION DE
     NAISSANCE: LEGITIMES: GARCONS, 1902

20   MOUVEMENT DE LA POPULATION: MORT-NES ET ENFANTS MORTS AVANT LA DECLARATION DE
     NAISSANCE: LEGITIMES: FILLES, 1902

21   MOUVEMENT DE LA POPULATION: MORT-NES ET ENFANTS MORTS AVANT LA DECLARATION DE
     NAISSANCE: NATURELS: GARCONS, 1902

22   MOUVEMENT DE LA POPULATION: MORT-NES ET ENFANTS MORTS AVANT LA DECLARATION DE
     NAISSANCE: NATURELS: FILLES, 1902

23   MOUVEMENT DE LA POPULATION: MORT-NES ET ENFANTS MORTS AVANT LA DECLARATION DE
     NAISSANCE: TOTAL, 1902

24   MOUVEMENT DE LA POPULATION: DECES: SEXE MASCULIN, 1902

25   MOUVEMENT DE LA POPULATION: DECES: SEXE FEMININ, 1902

26   MOUVEMENT DE LA POPULATION: DECES: TOTAL, 1902

27   MOUVEMENT DE LA POPULATION: EXCEDENT DES NAISSANCES, 1902

28   MOUVEMENT DE LA POPULATION: EXCEDENT DES DECES, 1902

29   MOUVEMENT DE LA POPULATION: PROPORTION POUR 100 HABITANTS DES NOUVEAUX MARIES (AVEC
     2 DECIMALES), 1902

30   MOUVEMENT DE LA POPULATION: PROPORTION POUR 100 HABITANTS DES NAISSANCES VIVANTES
     (AVEC 2 DECIMALES), 1902

DATA SET 289: MOUVEMENT DE LA POPULATION 1902 (DEPARTEMENT)

NUMERO DE LA VARIABLE	NOM DE LA VARIABLE
31	MOUVEMENT DE LA POPULATION: PROPORTION POUR 100 HABITANTS DES DECES (AVEC 2 DECIMALES), 1902
32	MARIAGES SUIVANT LA SITUATION DE FAMILLE DES EPOUX: TOTAL DES MARIAGES, 1902
33	MARIAGES SUIVANT LA SITUATION DE FAMILLE DES EPOUX: MARIAGES ENTRE GARCONS ET FILLES, 1902
34	MARIAGES SUIVANT LA SITUATION DE FAMILLE DES EPOUX: MARIAGES ENTRE GARCONS ET VEUVES, 1902
35	MARIAGES SUIVANT LA SITUATION DE FAMILLE DES EPOUX: MARIAGES ENTRE GARCONS ET DIVORCEES, 1902
36	MARIAGES SUIVANT LA SITUATION DE FAMILLE DES EPOUX: MARIAGES ENTRE VEUFS ET FILLES, 1902
37	MARIAGES SUIVANT LA SITUATION DE FAMILLE DES EPOUX: MARIAGES ENTRE VEUFS ET VEUVES, 1902
38	MARIAGES SUIVANT LA SITUATION DE FAMILLE DES EPOUX: MARIAGES ENTRE VEUFS ET DIVORCEES, 1902
39	MARIAGES SUIVANT LA SITUATION DE FAMILLE DES EPOUX: MARIAGES ENTRE DIVORCES ET FILLES, 1902
40	MARIAGES SUIVANT LA SITUATION DE FAMILLE DES EPOUX: MARIAGES ENTRE DIVORCES ET VEUVES, 1902
41	MARIAGES SUIVANT LA SITUATION DE FAMILLE DES EPOUX: MARIAGES ENTRE DIVORCES ET DIVORCEES, 1902
42	MARIAGES SUIVANT LA SITUATION DE FAMILLE DES EPOUX: TOTAL DES CONJOINTS: SEXE MASCULIN: GARCONS, 1902
43	MARIAGES SUIVANT LA SITUATION DE FAMILLE DES EPOUX: TOTAL DES CONJOINTS: SEXE MASCULIN: VEUFS, 1902
44	MARIAGES SUIVANT LA SITUATION DE FAMILLE DES EPOUX: TOTAL DES CONJOINTS: SEXE MASCULIN: DIVORCES, 1902
45	MARIAGES SUIVANT LA SITUATION DE FAMILLE DES EPOUX: TOTAL DES CONJOINTS: SEXE FEMININ: FILLES, 1902
46	MARIAGES SUIVANT LA SITUATION DE FAMILLE DES EPOUX: TOTAL DES CONJOINTS: SEXE FEMININ: VEUVES, 1902
47	MARIAGES SUIVANT LA SITUATION DE FAMILLE DES EPOUX: TOTAL DES CONJOINTS: SEXE FEMININ: DIVORCEES, 1902
48	MARIAGES SUIVANT L'AGE DES EPOUX: AGE DE L'EPOUX: MOINS DE 20 ANS, 1902
49	MARIAGES SUIVANT L'AGE DES EPOUX: AGE DE L'EPOUX: DE 20 A 24 ANS, 1902
50	MARIAGES SUIVANT L'AGE DES EPOUX: AGE DE L'EPOUX: DE 25 A 29 ANS, 1902
51	MARIAGES SUIVANT L'AGE DES EPOUX: AGE DE L'EPOUX: DE 30 A 34 ANS, 1902
52	MARIAGES SUIVANT L'AGE DES EPOUX: AGE DE L'EPOUX: DE 35 A 39 ANS, 1902
53	MARIAGES SUIVANT L'AGE DES EPOUX: AGE DE L'EPOUX: DE 40 A 49 ANS, 1902
54	MARIAGES SUIVANT L'AGE DES EPOUX: AGE DE L'EPOUX: DE 50 A 59 ANS, 1902
55	MARIAGES SUIVANT L'AGE DES EPOUX: AGE DE L'EPOUX: DE 60 ANS ET PLUS, 1902
56	MARIAGES SUIVANT L'AGE DES EPOUX: AGE DE L'EPOUSE: MOINS DE 20 ANS, 1902
57	MARIAGES SUIVANT L'AGE DES EPOUX: AGE DE L'EPOUSE: DE 20 A 24 ANS, 1902
58	MARIAGES SUIVANT L'AGE DES EPOUX: AGE DE L'EPOUSE: DE 25 A 29 ANS, 1902

DATA SET 289:   MOUVEMENT DE LA POPULATION 1902 (DEPARTEMENT)

NUMERO DE
LA VARIABLE   NOM DE LA VARIABLE

59	MARIAGES SUIVANT L'AGE DES EPOUX: AGE DE L'EPOUSE: DE 30 A 34 ANS, 1902
60	MARIAGES SUIVANT L'AGE DES EPOUX: AGE DE L'EPOUSE: DE 35 A 39 ANS, 1902
61	MARIAGES SUIVANT L'AGE DES EPOUX: AGE DE L'EPOUSE: DE 40 A 49 ANS, 1902
62	MARIAGES SUIVANT L'AGE DES EPOUX: AGE DE L'EPOUSE: DE 50 ANS ET PLUS, 1902
63	MARIAGES SUIVANT L'AGE DES EPOUX: TOTAL DES MARIAGES, 1902
64	AGE AU PREMIER MARIAGE: GARCONS AU-DESSOUS DE 20 ANS, 1902
65	AGE AU PREMIER MARIAGE: GARCONS DE 20 A 24 ANS, 1902
66	AGE AU PREMIER MARIAGE: GARCONS DE 25 A 29 ANS, 1902
67	AGE AU PREMIER MARIAGE: GARCONS DE 30 A 34 ANS, 1902
68	AGE AU PREMIER MARIAGE: GARCONS DE 35 A 39 ANS, 1902
69	AGE AU PREMIER MARIAGE: GARCONS DE 40 A 49 ANS, 1902
70	AGE AU PREMIER MARIAGE: GARCONS DE 50 A 59 ANS, 1902
71	AGE AU PREMIER MARIAGE: GARCONS DE 60 ANS ET AU-DESSUS, 1902
72	AGE AU PREMIER MARIAGE: GARCONS, TOTAL, 1902
73	AGE AU PREMIER MARIAGE: FILLES AU-DESSOUS DE 20 ANS, 1902
74	AGE AU PREMIER MARIAGE: FILLES DE 20 A 24 ANS, 1902
75	AGE AU PREMIER MARIAGE: FILLES DE 25 A 29 ANS, 1902
76	AGE AU PREMIER MARIAGE: FILLES DE 30 A 34 ANS, 1902
77	AGE AU PREMIER MARIAGE: FILLES DE 35 A 39 ANS, 1902
78	AGE AU PREMIER MARIAGE: FILLES DE 40 A 49 ANS, 1902
79	AGE AU PREMIER MARIAGE: FILLES DE 50 ANS ET AU-DESSUS, 1902
80	AGE AU PREMIER MARIAGE: FILLES, TOTAL, 1902
81	MARIAGES PAR MOIS: TOTAL DES MARIAGES, 1902
82	MARIAGES PAR MOIS: JANVIER, 1902
83	MARIAGES PAR MOIS: FEVRIER, 1902
84	MARIAGES PAR MOIS: MARS, 1902
85	MARIAGES PAR MOIS: AVRIL, 1902
86	MARIAGES PAR MOIS: MAI, 1902
87	MARIAGES PAR MOIS: JUIN, 1902
88	MARIAGES PAR MOIS: JUILLET, 1902
89	MARIAGES PAR MOIS: AOUT, 1902
90	MARIAGES PAR MOIS: SEPTEMBRE, 1902
91	MARIAGES PAR MOIS: OCTOBRE, 1902
92	MARIAGES PAR MOIS: NOVEMBRE, 1902
93	MARIAGES PAR MOIS: DECEMBRE, 1902

DATA SET 289: MOUVEMENT DE LA POPULATION 1902 (DEPARTEMENT)

NUMERO DE LA VARIABLE	NOM DE LA VARIABLE
94	DETAILS DIVERS SUR LES MARIAGES: DEGRE D'INSTRUCTION DES EPOUX: HOMMES QUI ONT SIGNE D'UNE CROIX, 1902
95	DETAILS DIVERS SUR LES MARIAGES: DEGRE D'INSTRUCTION DES EPOUX: FEMMES QUI ONT SIGNE D'UNE CROIX, 1902
96	DETAILS DIVERS SUR LES MARIAGES: PROPORTION DES EPOUX ILLETTRES POUR 100 EPOUX (AVEC 2 DECIMALES), 1902
97	DETAILS DIVERS SUR LES MARIAGES: MARIAGES AYANT DONNE LIEU A DES ACTES RESPECTUEUX, 1902
98	DETAILS DIVERS SUR LES MARIAGES: MARIAGES AYANT DONNE LIEU A OPPOSITION, 1902
99	DETAILS DIVERS SUR LES MARIAGES: MARIAGES AYANT DONNE LIEU A CONTRAT, 1902
100	DETAILS DIVERS SUR LES MARIAGES: MARIAGES ENTRE PARENTS: NEVEUX ET TANTES, 1902
101	DETAILS DIVERS SUR LES MARIAGES: MARIAGES ENTRE PARENTS: ONCLES ET NIECES, 1902
102	DETAILS DIVERS SUR LES MARIAGES: MARIAGES ENTRE PARENTS: COUSINS GERMAINS, 1902
103	DETAILS DIVERS SUR LES MARIAGES: LEGITIMATIONS PAR MARIAGE: MARIAGES AYANT LEGITIME DES ENFANTS NATURELS, 1902
104	DETAILS DIVERS SUR LES MARIAGES: LEGITIMATIONS PAR MARIAGE: ENFANTS LEGITIMES RECONNUS ANTERIEUREMENT PAR LE PERE: MOINS D'UN MOIS, 1902
105	DETAILS DIVERS SUR LES MARIAGES: LEGITIMATIONS PAR MARIAGE: ENFANTS LEGITIMES RECONNUS ANTERIEUREMENT PAR LE PERE: 1 A 2 MOIS, 1902
106	DETAILS DIVERS SUR LES MARIAGES: LEGITIMATIONS PAR MARIAGE: ENFANTS LEGITIMES RECONNUS ANTERIEUREMENT PAR LE PERE: 3 A 5 MOIS, 1902
107	DETAILS DIVERS SUR LES MARIAGES: LEGITIMATIONS PAR MARIAGE: ENFANTS LEGITIMES RECONNUS ANTERIEUREMENT PAR LE PERE: 6 A 11 MOIS, 1902
108	DETAILS DIVERS SUR LES MARIAGES: LEGITIMATIONS PAR MARIAGE: ENFANTS LEGITIMES RECONNUS ANTERIEUREMENT PAR LE PERE: 1 A 4 ANS, 1902
109	DETAILS DIVERS SUR LES MARIAGES: LEGITIMATIONS PAR MARIAGE: ENFANTS LEGITIMES RECONNUS ANTERIEUREMENT PAR LE PERE: 5 A 19 ANS, 1902
110	DETAILS DIVERS SUR LES MARIAGES: LEGITIMATIONS PAR MARIAGE: ENFANTS LEGITIMES RECONNUS ANTERIEUREMENT PAR LE PERE: 20 ANS ET PLUS, 1902
111	DETAILS DIVERS SUR LES MARIAGES: LEGITIMATIONS PAR MARIAGE: ENFANTS LEGITIMES RECONNUS ANTERIEUREMENT PAR LE PERE: AGE INCONNU, 1902
112	DETAILS DIVERS SUR LES MARIAGES: LEGITIMATIONS PAR MARIAGE: ENFANTS LEGITIMES NON RECONNUS ANTERIEUREMENT: MOINS D'UN MOIS, 1902
113	DETAILS DIVERS SUR LES MARIAGES: LEGITIMATIONS PAR MARIAGE: ENFANTS LEGITIMES NON RECONNUS ANTERIEUREMENT: 1 A 2 MOIS, 1902
114	DETAILS DIVERS SUR LES MARIAGES: LEGITIMATIONS PAR MARIAGE: ENFANTS LEGITIMES NON RECONNUS ANTERIEUREMENT: 3 A 5 MOIS, 1902
115	DETAILS DIVERS SUR LES MARIAGES: LEGITIMATIONS PAR MARIAGE: ENFANTS LEGITIMES NON RECONNUS ANTERIEUREMENT: 6 A 11 MOIS, 1902
116	DETAILS DIVERS SUR LES MARIAGES: LEGITIMATIONS PAR MARIAGE: ENFANTS LEGITIMES NON RECONNUS ANTERIEUREMENT: 1 A 4 ANS, 1902
117	DETAILS DIVERS SUR LES MARIAGES: LEGITIMATIONS PAR MARIAGE: ENFANTS LEGITIMES NON RECONNUS ANTERIEUREMENT: 5 A 19 ANS, 1902
118	DETAILS DIVERS SUR LES MARIAGES: LEGITIMATIONS PAR MARIAGE: ENFANTS LEGITIMES NON RECONNUS ANTERIEUREMENT: 20 ANS ET PLUS, 1902

DATA SET 289:   MOUVEMENT DE LA POPULATION 1902 (DEPARTEMENT)

NUMERO DE
LA VARIABLE   NOM DE LA VARIABLE

119   DETAILS DIVERS SUR LES MARIAGES: LEGITIMATIONS PAR MARIAGE: ENFANTS LEGITIMES NON
           RECONNUS ANTERIEUREMENT: AGE INCONNU, 1902

120   NAISSANCES SUIVANT LE SEXE, LA LEGITIMITE ET LA VITALITE: ENFANTS DECLARES VIVANTS:
           LEGITIMES, GARCONS, 1902

121   NAISSANCES SUIVANT LE SEXE, LA LEGITIMITE ET LA VITALITE: ENFANTS DECLARES VIVANTS:
           LEGITIMES, FILLES, 1902

122   NAISSANCES SUIVANT LE SEXE, LA LEGITIMITE ET LA VITALITE: ENFANTS DECLARES VIVANTS:
           LEGITIMES, TOTAUX, 1902

123   NAISSANCES SUIVANT LE SEXE, LA LEGITIMITE ET LA VITALITE: ENFANTS DECLARES VIVANTS:
           NATURELS, RECONNUS PAR LE PERE SUR L'ACTE DE NAISSANCE: GARCONS, 1902

124   NAISSANCES SUIVANT LE SEXE, LA LEGITIMITE ET LA VITALITE: ENFANTS DECLARES VIVANTS:
           NATURELS, RECONNUS PAR LE PERE SUR L'ACTE DE NAISSANCE: FILLES, 1902

125   NAISSANCES SUIVANT LE SEXE, LA LEGITIMITE ET LA VITALITE: ENFANTS DECLARES VIVANTS:
           NATURELS, RECONNUS PAR LE PERE SUR L'ACTE DE NAISSANCE: TOTAUX, 1902

126   NAISSANCES SUIVANT LE SEXE, LA LEGITIMITE ET LA VITALITE: ENFANTS DECLARES VIVANTS:
           NATURELS, NON RECONNUS: GARCONS, 1902

127   NAISSANCES SUIVANT LE SEXE, LA LEGITIMITE ET LA VITALITE: ENFANTS DECLARES VIVANTS:
           NATURELS, NON RECONNUS: FILLES, 1902

128   NAISSANCES SUIVANT LE SEXE, LA LEGITIMITE ET LA VITALITE: ENFANTS DECLARES VIVANTS:
           NATURELS, NON RECONNUS: TOTAUX, 1902

129   NAISSANCES SUIVANT LE SEXE, LA LEGITIMITE ET LA VITALITE: ENFANTS DECLARES VIVANTS:
           NATURELS, TOTAUX: GARCONS, 1902

130   NAISSANCES SUIVANT LE SEXE, LA LEGITIMITE ET LA VITALITE: ENFANTS DECLARES VIVANTS:
           NATURELS, TOTAUX: FILLES, 1902

131   NAISSANCES SUIVANT LE SEXE, LA LEGITIMITE ET LA VITALITE: ENFANTS DECLARES VIVANTS:
           NATURELS, TOTAUX: TOTAUX, 1902

132   NAISSANCES SUIVANT LE SEXE, LA LEGITIMITE ET LA VITALITE: ENFANTS DECLARES VIVANTS:
           TOTAUX DES ENFANTS DECLARES VIVANTS: GARCONS, 1902

133   NAISSANCES SUIVANT LE SEXE, LA LEGITIMITE ET LA VITALITE: ENFANTS DECLARES VIVANTS:
           TOTAUX DES ENFANTS DECLARES VIVANTS: FILLES, 1902

134   NAISSANCES SUIVANT LE SEXE, LA LEGITIMITE ET LA VITALITE: ENFANTS DECLARES VIVANTS:
           TOTAUX DES ENFANTS DECLARES VIVANTS: TOTAUX, 1902

135   NAISSANCES SUIVANT LE SEXE, LA LEGITIMITE ET LA VITALITE: MORT-NES ET ENFANTS MORTS
           AVANT LA DECLARATION DE NAISSANCE: ENFANTS LEGITIMES, GARCONS, 1902

136   NAISSANCES SUIVANT LE SEXE, LA LEGITIMITE ET LA VITALITE: MORT-NES ET ENFANTS MORTS
           AVANT LA DECLARATION DE NAISSANCE: ENFANTS LEGITIMES, FILLES, 1902

137   NAISSANCES SUIVANT LE SEXE, LA LEGITIMITE ET LA VITALITE: MORT-NES ET ENFANTS MORTS
           AVANT LA DECLARATION DE NAISSANCE: ENFANTS LEGITIMES, TOTAUX, 1902

138   NAISSANCES SUIVANT LE SEXE, LA LEGITIMITE ET LA VITALITE: MORT-NES ET ENFANTS MORTS
           AVANT LA DECLARATION DE NAISSANCE: ENFANTS NATURELS, GARCONS, 1902

139   NAISSANCES SUIVANT LE SEXE, LA LEGITIMITE ET LA VITALITE: MORT-NES ET ENFANTS MORTS
           AVANT LA DECLARATION DE NAISSANCE: ENFANTS NATURELS, FILLES, 1902

140   NAISSANCES SUIVANT LE SEXE, LA LEGITIMITE ET LA VITALITE: MORT-NES ET ENFANTS MORTS
           AVANT LA DECLARATION DE NAISSANCE: ENFANTS NATURELS, TOTAUX, 1902

141   NAISSANCES SUIVANT LE SEXE, LA LEGITIMITE ET LA VITALITE: MORT-NES ET ENFANTS MORTS
           AVANT LA DECLARATION DE NAISSANCE: TOTAUX DES MORT-NES, GARCONS, 1902

142   NAISSANCES SUIVANT LE SEXE, LA LEGITIMITE ET LA VITALITE: MORT-NES ET ENFANTS MORTS
           AVANT LA DECLARATION DE NAISSANCE: TOTAUX DES MORT-NES, FILLES, 1902

DATA SET 289: MOUVEMENT DE LA POPULATION 1902 (DEPARTEMENT)

NUMERO DE LA VARIABLE	NOM DE LA VARIABLE
143	NAISSANCES SUIVANT LE SEXE, LA LEGITIMITE ET LA VITALITE: MORT-NES ET ENFANTS MORTS AVANT LA DECLARATION DE NAISSANCE: TOTAUX DES MORT-NES, TOTAUX, 1902
144	NAISSANCES SUIVANT LE SEXE, LA LEGITIMITE ET LA VITALITE: TOTAUX GENERAUX: GARCONS, 1902
145	NAISSANCES SUIVANT LE SEXE, LA LEGITIMITE ET LA VITALITE: TOTAUX GENERAUX: FILLES, 1902
146	NAISSANCES SUIVANT LE SEXE, LA LEGITIMITE ET LA VITALITE: TOTAUX GENERAUX: TOTAUX, 1902
147	NAISSANCES PAR MOIS: ENFANTS DECLARES VIVANTS: JANVIER, 1902
148	NAISSANCES PAR MOIS: ENFANTS DECLARES VIVANTS: FEVRIER, 1902
149	NAISSANCES PAR MOIS: ENFANTS DECLARES VIVANTS: MARS, 1902
150	NAISSANCES PAR MOIS: ENFANTS DECLARES VIVANTS: AVRIL, 1902
151	NAISSANCES PAR MOIS: ENFANTS DECLARES VIVANTS: MAI, 1902
152	NAISSANCES PAR MOIS: ENFANTS DECLARES VIVANTS: JUIN, 1902
153	NAISSANCES PAR MOIS: ENFANTS DECLARES VIVANTS: JUILLET, 1902
154	NAISSANCES PAR MOIS: ENFANTS DECLARES VIVANTS: AOUT, 1902
155	NAISSANCES PAR MOIS: ENFANTS DECLARES VIVANTS: SEPTEMBRE, 1902
156	NAISSANCES PAR MOIS: ENFANTS DECLARES VIVANTS: OCTOBRE, 1902
157	NAISSANCES PAR MOIS: ENFANTS DECLARES VIVANTS: NOVEMBRE, 1902
158	NAISSANCES PAR MOIS: ENFANTS DECLARES VIVANTS: DECEMBRE, 1902
159	NAISSANCES PAR MOIS: ENFANTS DECLARES VIVANTS: TOTAL, 1902
160	NAISSANCES PAR MOIS: MORT-NES ET ENFANTS MORTS AVANT LA DECLARATION DE NAISSANCE: JANVIER, 1902
161	NAISSANCES PAR MOIS: MORT-NES ET ENFANTS MORTS AVANT LA DECLARATION DE NAISSANCE: FEVRIER, 1902
162	NAISSANCES PAR MOIS: MORT-NES ET ENFANTS MORTS AVANT LA DECLARATION DE NAISSANCE: MARS, 1902
163	NAISSANCES PAR MOIS: MORT-NES ET ENFANTS MORTS AVANT LA DECLARATION DE NAISSANCE: AVRIL, 1902
164	NAISSANCES PAR MOIS: MORT-NES ET ENFANTS MORTS AVANT LA DECLARATION DE NAISSANCE: MAI, 1902
165	NAISSANCES PAR MOIS: MORT-NES ET ENFANTS MORTS AVANT LA DECLARATION DE NAISSANCE: JUIN, 1902
166	NAISSANCES PAR MOIS: MORT-NES ET ENFANTS MORTS AVANT LA DECLARATION DE NAISSANCE: JUILLET, 1902
167	NAISSANCES PAR MOIS: MORT-NES ET ENFANTS MORTS AVANT LA DECLARATION DE NAISSANCE: AOUT, 1902
168	NAISSANCES PAR MOIS: MORT-NES ET ENFANTS MORTS AVANT LA DECLARATION DE NAISSANCE: SEPTEMBRE, 1902
169	NAISSANCES PAR MOIS: MORT-NES ET ENFANTS MORTS AVANT LA DECLARATION DE NAISSANCE: OCTOBRE, 1902
170	NAISSANCES PAR MOIS: MORT-NES ET ENFANTS MORTS AVANT LA DECLARATION DE NAISSANCE: NOVEMBRE, 1902

DATA SET 289:   MOUVEMENT DE LA POPULATION 1902 (DEPARTEMENT)

NUMERO DE
LA VARIABLE   NOM DE LA VARIABLE

171   NAISSANCES PAR MOIS: MORT-NES ET ENFANTS MORTS AVANT LA DECLARATION DE NAISSANCE:
              DECEMBRE, 1902

172   NAISSANCES PAR MOIS: MORT-NES ET ENFANTS MORTS AVANT LA DECLARATION DE NAISSANCE:
              TOTAL, 1902

173   ACCOUCHEMENTS MULTIPLES: NOMBRE DES ACCOUCHEMENTS DOUBLES AYANT PRODUIT DEUX
              GARCONS, 1902

174   ACCOUCHEMENTS MULTIPLES: NOMBRE DES ACCOUCHEMENTS DOUBLES AYANT PRODUIT DEUX FILLES,
              1902

175   ACCOUCHEMENTS MULTIPLES: NOMBRE DES ACCOUCHEMENTS DOUBLES AYANT PRODUIT UN GARCON ET
              UNE FILLE, 1902

176   ACCOUCHEMENTS MULTIPLES: NOMBRE DES ACCOUCHEMENTS DOUBLES TOTAL, 1902

177   ACCOUCHEMENTS MULTIPLES: NOMBRE DES ENFANTS ISSUS DE CES ACCOUCHEMENTS: DECLARES
              VIVANTS: GARCONS, 1902

178   ACCOUCHEMENTS MULTIPLES: NOMBRE DES ENFANTS ISSUS DE CES ACCOUCHEMENTS: DECLARES
              VIVANTS: FILLES, 1902

179   ACCOUCHEMENTS MULTIPLES: NOMBRE DES ENFANTS ISSUS DE CES ACCOUCHEMENTS: DECLARES
              VIVANTS: TOTAL, 1902

180   ACCOUCHEMENTS MULTIPLES: NOMBRE DES ENFANTS ISSUS DE CES ACCOUCHEMENTS: MORT-NES:
              GARCONS, 1902

181   ACCOUCHEMENTS MULTIPLES: NOMBRE DES ENFANTS ISSUS DE CES ACCOUCHEMENTS: MORT-NES:
              FILLES, 1902

182   ACCOUCHEMENTS MULTIPLES: NOMBRE DES ENFANTS ISSUS DE CES ACCOUCHEMENTS: MORT-NES:
              TOTAL, 1902

183   ACCOUCHEMENTS MULTIPLES: NOMBRE DES ENFANTS ISSUS DE CES ACCOUCHEMENTS: TOTAL:
              GARCONS, 1902

184   ACCOUCHEMENTS MULTIPLES: NOMBRE DES ENFANTS ISSUS DE CES ACCOUCHEMENTS: TOTAL:
              FILLES, 1902

185   ACCOUCHEMENTS MULTIPLES: NOMBRE DES ENFANTS ISSUS DE CES ACCOUCHEMENTS: TOTAL:
              ENSEMBLE, 1902

186   NAISSANCES D'APRES L'AGE DES PARENTS: MERES DE MOINS DE 15 ANS: ENFANTS DECLARES
              VIVANTS, LEGITIMES: AGE DU PERE, MOINS DE 20 ANS, 1902

187   NAISSANCES D'APRES L'AGE DES PARENTS: MERES DE MOINS DE 15 ANS: ENFANTS DECLARES
              VIVANTS, LEGITIMES: AGE DU PERE, 20 A 29 ANS, 1902

188   NAISSANCES D'APRES L'AGE DES PARENTS: MERES DE MOINS DE 15 ANS: ENFANTS DECLARES
              VIVANTS, LEGITIMES: AGE DU PERE, 30 A 39 ANS, 1902

189   NAISSANCES D'APRES L'AGE DES PARENTS: MERES DE MOINS DE 15 ANS: ENFANTS DECLARES
              VIVANTS, LEGITIMES: AGE DU PERE, 40 A 49 ANS, 1902

190   NAISSANCES D'APRES L'AGE DES PARENTS: MERES DE MOINS DE 15 ANS: ENFANTS DECLARES
              VIVANTS, LEGITIMES: AGE DU PERE, 50 ANS ET PLUS, 1902

191   NAISSANCES D'APRES L'AGE DES PARENTS: MERES DE MOINS DE 15 ANS: ENFANTS DECLARES
              VIVANTS, LEGITIMES: AGE DU PERE, INCONNU, 1902

192   NAISSANCES D'APRES L'AGE DES PARENTS: MERES DE MOINS DE 15 ANS: ENFANTS DECLARES
              VIVANTS, NATURELS, 1902

193   NAISSANCES D'APRES L'AGE DES PARENTS: MERES DE MOINS DE 15 ANS: MORT-NES ET ENFANTS
              MORTS AVANT LA DECLARATION DE NAISSANCE: LEGITIMES, 1902

194   NAISSANCES D'APRES L'AGE DES PARENTS: MERES DE MOINS DE 15 ANS: MORT-NES ET ENFANTS
              MORTS AVANT LA DECLARATION DE NAISSANCE: NATURELS, 1902

DATA SET 289: MOUVEMENT DE LA POPULATION 1902 (DEPARTEMENT)

NUMERO DE LA VARIABLE	NOM DE LA VARIABLE
195	NAISSANCES D'APRES L'AGE DES PARENTS: MERES DE 15 A 19 ANS: ENFANTS DECLARES VIVANTS, LEGITIMES: AGE DU PERE, MOINS DE 20 ANS, 1902
196	NAISSANCES D'APRES L'AGE DES PARENTS: MERES DE 15 A 19 ANS: ENFANTS DECLARES VIVANTS, LEGITIMES: AGE DU PERE, 20 A 29 ANS, 1902
197	NAISSANCES D'APRES L'AGE DES PARENTS: MERES DE 15 A 19 ANS: ENFANTS DECLARES VIVANTS, LEGITIMES: AGE DU PERE, 30 A 39 ANS, 1902
198	NAISSANCES D'APRES L'AGE DES PARENTS: MERES DE 15 A 19 ANS: ENFANTS DECLARES VIVANTS, LEGITIMES: AGE DU PERE, 40 A 49 ANS, 1902
199	NAISSANCES D'APRES L'AGE DES PARENTS: MERES DE 15 A 19 ANS: ENFANTS DECLARES VIVANTS, LEGITIMES: AGE DU PERE, 50 ANS ET PLUS, 1902
200	NAISSANCES D'APRES L'AGE DES PARENTS: MERES DE 15 A 19 ANS: ENFANTS DECLARES VIVANTS, LEGITIMES: AGE DU PERE, INCONNU, 1902
201	NAISSANCES D'APRES L'AGE DES PARENTS: MERES DE 15 A 19 ANS: ENFANTS DECLARES VIVANTS, NATURELS, 1902
202	NAISSANCES D'APRES L'AGE DES PARENTS: MERES DE 15 A 19 ANS: MORT-NES ET ENFANTS MORTS AVANT LA DECLARATION DE NAISSANCE: LEGITIMES, 1902
203	NAISSANCES D'APRES L'AGE DES PARENTS: MERES DE 15 A 19 ANS: MORT-NES ET ENFANTS MORTS AVANT LA DECLARATION DE NAISSANCE: NATURELS, 1902
204	NAISSANCES D'APRES L'AGE DES PARENTS: MERES DE 20 A 24 ANS: ENFANTS DECLARES VIVANTS, LEGITIMES: AGE DU PERE, MOINS DE 20 ANS, 1902
205	NAISSANCES D'APRES L'AGE DES PARENTS: MERES DE 20 A 24 ANS: ENFANTS DECLARES VIVANTS, LEGITIMES: AGE DU PERE, 20 A 29 ANS, 1902
206	NAISSANCES D'APRES L'AGE DES PARENTS: MERES DE 20 A 24 ANS: ENFANTS DECLARES VIVANTS, LEGITIMES: AGE DU PERE, 30 A 39 ANS, 1902
207	NAISSANCES D'APRES L'AGE DES PARENTS: MERES DE 20 A 24 ANS: ENFANTS DECLARES VIVANTS, LEGITIMES: AGE DU PERE, 40 A 49 ANS, 1902
208	NAISSANCES D'APRES L'AGE DES PARENTS: MERES DE 20 A 24 ANS: ENFANTS DECLARES VIVANTS, LEGITIMES: AGE DU PERE, 50 ANS ET PLUS, 1902
209	NAISSANCES D'APRES L'AGE DES PARENTS: MERES DE 20 A 24 ANS: ENFANTS DECLARES VIVANTS, LEGITIMES: AGE DU PERE, INCONNU, 1902
210	NAISSANCES D'APRES L'AGE DES PARENTS: MERES DE 20 A 24 ANS: ENFANTS DECLARES VIVANTS, NATURELS, 1902
211	NAISSANCES D'APRES L'AGE DES PARENTS: MERES DE 20 A 24 ANS: MORT-NES ET ENFANTS MORTS AVANT LA DECLARATION DE NAISSANCE: LEGITIMES, 1902
212	NAISSANCES D'APRES L'AGE DES PARENTS: MERES DE 20 A 24 ANS: MORT-NES ET ENFANTS MORTS AVANT LA DECLARATION DE NAISSANCE: NATURELS, 1902
213	NAISSANCES D'APRES L'AGE DES PARENTS: MERES DE 25 A 29 ANS: ENFANTS DECLARES VIVANTS, LEGITIMES: AGE DU PERE, MOINS DE 20 ANS, 1902
214	NAISSANCES D'APRES L'AGE DES PARENTS: MERES DE 25 A 29 ANS: ENFANTS DECLARES VIVANTS, LEGITIMES: AGE DU PERE, 20 A 29 ANS, 1902
215	NAISSANCES D'APRES L'AGE DES PARENTS: MERES DE 25 A 29 ANS: ENFANTS DECLARES VIVANTS, LEGITIMES: AGE DU PERE, 30 A 39 ANS, 1902
216	NAISSANCES D'APRES L'AGE DES PARENTS: MERES DE 25 A 29 ANS: ENFANTS DECLARES VIVANTS, LEGITIMES: AGE DU PERE, 40 A 49 ANS, 1902
217	NAISSANCES D'APRES L'AGE DES PARENTS: MERES DE 25 A 29 ANS: ENFANTS DECLARES VIVANTS, LEGITIMES: AGE DU PERE, 50 ANS ET PLUS, 1902
218	NAISSANCES D'APRES L'AGE DES PARENTS: MERES DE 25 A 29 ANS: ENFANTS DECLARES VIVANTS, LEGITIMES: AGE DU PERE, INCONNU, 1902

DATA SET 289: MOUVEMENT DE LA POPULATION 1902 (DEPARTEMENT)

NUMERO DE
LA VARIABLE   NOM DE LA VARIABLE

219   NAISSANCES D'APRES L'AGE DES PARENTS: MERES DE 25 A 29 ANS: ENFANTS DECLARES
            VIVANTS, NATURELS, 1902

220   NAISSANCES D'APRES L'AGE DES PARENTS: MERES DE 25 A 29 ANS: MORT-NES ET ENFANTS
            MORTS AVANT LA DECLARATION DE NAISSANCE: LEGITIMES, 1902

221   NAISSANCES D'APRES L'AGE DES PARENTS: MERES DE 25 A 29 ANS: MORT-NES ET ENFANTS
            MORTS AVANT LA DECLARATION DE NAISSANCE: NATURELS, 1902

222   NAISSANCES D'APRES L'AGE DES PARENTS: MERES DE 30 A 34 ANS: ENFANTS DECLARES
            VIVANTS, LEGITIMES: AGE DU PERE, MOINS DE 20 ANS, 1902

223   NAISSANCES D'APRES L'AGE DES PARENTS: MERES DE 30 A 34 ANS: ENFANTS DECLARES
            VIVANTS, LEGITIMES: AGE DU PERE, 20 A 29 ANS, 1902

224   NAISSANCES D'APRES L'AGE DES PARENTS: MERES DE 30 A 34 ANS: ENFANTS DECLARES
            VIVANTS, LEGITIMES: AGE DU PERE, 30 A 39 ANS, 1902

225   NAISSANCES D'APRES L'AGE DES PARENTS: MERES DE 30 A 34 ANS: ENFANTS DECLARES
            VIVANTS, LEGITIMES: AGE DU PERE, 40 A 49 ANS, 1902

226   NAISSANCES D'APRES L'AGE DES PARENTS: MERES DE 30 A 34 ANS: ENFANTS DECLARES
            VIVANTS, LEGITIMES: AGE DU PERE, 50 ANS ET PLUS, 1902   ·

227   NAISSANCES D'APRES L'AGE DES PARENTS: MERES DE 30 A 34 ANS: ENFANTS DECLARES
            VIVANTS, LEGITIMES: AGE DU PERE, INCONNU, 1902

228   NAISSANCES D'APRES L'AGE DES PARENTS: MERES DE 30 A 34 ANS: ENFANTS DECLARES
            VIVANTS, NATURELS, 1902

229   NAISSANCES D'APRES L'AGE DES PARENTS: MERES DE 30 A 34 ANS: MORT-NES ET ENFANTS
            MORTS AVANT LA DECLARATION DE NAISSANCE: LEGITIMES, 1902

230   NAISSANCES D'APRES L'AGE DES PARENTS: MERES DE 30 A 34 ANS: MORT-NES ET ENFANTS
            MORTS AVANT LA DECLARATION DE NAISSANCE: NATURELS, 1902

231   NAISSANCES D'APRES L'AGE DES PARENTS: MERES DE 35 A 39 ANS: ENFANTS DECLARES
            VIVANTS, LEGITIMES: AGE DU PERE, MOINS DE 20 ANS, 1902

232   NAISSANCES D'APRES L'AGE DES PARENTS: MERES DE 35 A 39 ANS: ENFANTS DECLARES
            VIVANTS, LEGITIMES: AGE DU PERE, 20 A 29 ANS, 1902

233   NAISSANCES D'APRES L'AGE DES PARENTS: MERES DE 35 A 39 ANS: ENFANTS DECLARES
            VIVANTS, LEGITIMES: AGE DU PERE, 30 A 39 ANS, 1902

234   NAISSANCES D'APRES L'AGE DES PARENTS: MERES DE 35 A 39 ANS: ENFANTS DECLARES
            VIVANTS, LEGITIMES: AGE DU PERE, 40 A 49 ANS, 1902

235   NAISSANCES D'APRES L'AGE DES PARENTS: MERES DE 35 A 39 ANS: ENFANTS DECLARES
            VIVANTS, LEGITIMES: AGE DU PERE, 50 ANS ET PLUS, 1902

236   NAISSANCES D'APRES L'AGE DES PARENTS: MERES DE 35 A 39 ANS: ENFANTS DECLARES
            VIVANTS, LEGITIMES: AGE DU PERE, INCONNU, 1902

237   NAISSANCES D'APRES L'AGE DES PARENTS: MERES DE 35 A 39 ANS: ENFANTS DECLARES
            VIVANTS, NATURELS, 1902

238   NAISSANCES D'APRES L'AGE DES PARENTS: MERES DE 35 A 39 ANS: MORT-NES ET ENFANTS
            MORTS AVANT LA DECLARATION DE NAISSANCE: LEGITIMES, 1902

239   NAISSANCES D'APRES L'AGE DES PARENTS: MERES DE 35 A 39 ANS: MORT-NES ET ENFANTS
            MORTS AVANT LA DECLARATION DE NAISSANCE: NATURELS, 1902

240   NAISSANCES D'APRES L'AGE DES PARENTS: MERES DE 40 A 44 ANS: ENFANTS DECLARES
            VIVANTS, LEGITIMES: AGE DU PERE, MOINS DE 20 ANS, 1902

241   NAISSANCES D'APRES L'AGE DES PARENTS: MERES DE 40 A 44 ANS: ENFANTS DECLARES
            VIVANTS, LEGITIMES: AGE DU PERE, 20 A 29 ANS, 1902

242   NAISSANCES D'APRES L'AGE DES PARENTS: MERES DE 40 A 44 ANS: ENFANTS DECLARES
            VIVANTS, LEGITIMES: AGE DU PERE, 30 A 39 ANS, 1902

DATA SET 289: MOUVEMENT DE LA POPULATION 1902 (DEPARTEMENT)

DATA SET 289: MOUVEMENT DE LA POPULATION 1902 (DEPARTEMENT)

NUMERO DE
LA VARIABLE   NOM DE LA VARIABLE

267   NAISSANCES D'APRES L'AGE DES PARENTS: MERES D'AGE INCONNU: ENFANTS DECLARES VIVANTS,
           LEGITIMES: AGE DU PERE, MOINS DE 20 ANS, 1902

268   NAISSANCES D'APRES L'AGE DES PARENTS: MERES D'AGE INCONNU: ENFANTS DECLARES VIVANTS,
           LEGITIMES: AGE DU PERE, 20 A 29 ANS, 1902

269   NAISSANCES D'APRES L'AGE DES PARENTS: MERES D'AGE INCONNU: ENFANTS DECLARES VIVANTS,
           LEGITIMES: AGE DU PERE, 30 A 39 ANS, 1902

270   .   NAISSANCES D'APRES L'AGE DES PARENTS: MERES D'AGE INCONNU: ENFANTS DECLARES VIVANTS,
           LEGITIMES: AGE DU PERE, 40 A 49 ANS, 1902

271   NAISSANCES D'APRES L'AGE DES PARENTS: MERES D'AGE INCONNU: ENFANTS DECLARES VIVANTS,
           LEGITIMES: AGE DU PERE, 50 ANS ET PLUS, 1902

272   NAISSANCES D'APRES L'AGE DES PARENTS: MERES D'AGE INCONNU: ENFANTS DECLARES VIVANTS,
           LEGITIMES: AGE DU PERE, INCONNU, 1902

273   NAISSANCES D'APRES L'AGE DES PARENTS: MERES D'AGE INCONNU: ENFANTS DECLARES VIVANTS,
           NATURELS, 1902

274   NAISSANCES D'APRES L'AGE DES PARENTS: MERES D'AGE INCONNU: MORT-NES ET ENFANTS MORTS
           AVANT LA DECLARATION DE NAISSANCE: LEGITIMES, 1902

275   NAISSANCES D'APRES L'AGE DES PARENTS: MERES D'AGE INCONNU: MORT-NES ET ENFANTS MORTS
           AVANT LA DECLARATION DE NAISSANCE: NATURELS, 1902

276   EXCEDENT DES NAISSANCES OU DES DECES: NAISSANCES, POPULATION URBAINE, 1902

277   EXCEDENT DES NAISSANCES OU DES DECES: NAISSANCES, POPULATION RURALE, 1902

278   EXCEDENT DES NAISSANCES OU DES DECES: NAISSANCES, TOTAL, 1902

279   EXCEDENT DES NAISSANCES OU DES DECES: DECES, POPULATION URBAINE, 1902

280   EXCEDENT DES NAISSANCES OU DES DECES: DECES, POPULATION RURALE, 1902

281   EXCEDENT DES NAISSANCES OU DES DECES: DECES, TOTAL, 1902

282   EXCEDENT DES NAISSANCES OU DES DECES: POPULATION URBAINE: ACCROISSEMENT, 1902

283   EXCEDENT DES NAISSANCES OU DES DECES: POPULATION URBAINE: DIMINUTION, 1902

284   EXCEDENT DES NAISSANCES OU DES DECES: POPULATION RURALE: ACCROISSEMENT, 1902

285   EXCEDENT DES NAISSANCES OU DES DECES: POPULATION RURALE: DIMINUTION, 1902

286   EXCEDENT DES NAISSANCES OU DES DECES: POPULATIONS URBAINE ET RURALE REUNIES:
           ACCROISSEMENT, 1902

287   EXCEDENT DES NAISSANCES OU DES DECES: POPULATIONS URBAINE ET RURALE REUNIES:
           DIMINUTION, 1902

288   DECES PAR MOIS: JANVIER, 1902

289   DECES PAR MOIS: FEVRIER, 1902

290   DECES PAR MOIS: MARS, 1902

291   DECES PAR MOIS: AVRIL, 1902

292   DECES PAR MOIS: MAI, 1902

293   DECES PAR MOIS: JUIN, 1902

294   DECES PAR MOIS: JUILLET, 1902

295   DECES PAR MOIS: AOUT, 1902

296   DECES PAR MOIS: SEPTEMBRE, 1902

DATA SET 289: MOUVEMENT DE LA POPULATION 1902 (DEPARTEMENT)

NUMERO DE
LA VARIABLE   NOM DE LA VARIABLE

297   DECES PAR MOIS: OCTOBRE, 1902

298   DECES PAR MOIS: NOVEMBRE, 1902

299   DECES PAR MOIS: DECEMBRE, 1902

300   DECES PAR MOIS: TOTAL, 1902

DATA SET 290:   MOUVEMENT DE LA POPULATION 1902 (DEPARTEMENT)

SOURCE: STATISTIQUE GENERALE DE LA FRANCE, STATISTIQUE DU MOUVEMENT
          DE LA POPULATION, ANNEE 1902, TOME XXXII (PARIS, 1903)

```
          VARIABLES 7-19:        TABLEAU XXXII
          VARIABLES 20-32:       TABLEAU XXXIII
          VARIABLES 33-75:       TABLEAU XXXIV
          VARIABLES 76-94:       TABLEAU XXXV
          VARIABLES 95-110:      TABLEAU XXXVI
          VARIABLES 111-126:     TABLEAU XXXVII
          VARIABLES 127-145:     TABLEAU XXXVIII
          VARIABLES 146-162:     TABLEAU XXXIX
          VARIABLES 163-179:     TABLEAU XL
```

NUMERO DE
LA VARIABLE   NOM DE LA VARIABLE

   7   DECES PAR MOIS (ENFANTS DE MOINS DE 1 AN). JANVIER, 1902

   8   DECES PAR MOIS (ENFANTS DE MOINS DE 1 AN). FEVRIER, 1902

   9   DECES PAR MOIS (ENFANTS DE MOINS DE 1 AN). MARS, 1902

  10   DECES PAR MOIS (ENFANTS DE MOINS DE 1 AN). AVRIL, 1902

  11   DECES PAR MOIS (ENFANTS DE MOINS DE 1 AN). MAI, 1902

  12   DECES PAR MOIS (ENFANTS DE MOINS DE 1 AN). JUIN, 1902

  13   DECES PAR MOIS (ENFANTS DE MOINS DE 1 AN). JUILLET, 1902

  14   DECES PAR MOIS (ENFANTS DE MOINS DE 1 AN). AOUT, 1902

  15   DECES PAR MOIS (ENFANTS DE MOINS DE 1 AN). SEPTEMBRE, 1902

  16   DECES PAR MOIS (ENFANTS DE MOINS DE 1 AN). OCTOBRE, 1902

  17   DECES PAR MOIS (ENFANTS DE MOINS DE 1 AN). NOVEMBRE, 1902

  18   DECES PAR MOIS (ENFANTS DE MOINS DE 1 AN). DECEMBRE, 1902

  19   DECES PAR MOIS (ENFANTS DE MOINS DE 1 AN). TOTAL, 1902

  20   DECES PAR MOIS (VIEILLARDS DE 60 ANS ET AU-DESSUS). JANVIER, 1902

  21   DECES PAR MOIS (VIEILLARDS DE 60 ANS ET AU-DESSUS). FEVRIER, 1902

  22   DECES PAR MOIS (VIEILLARDS DE 60 ANS ET AU-DESSUS). MARS, 1902

  23   DECES PAR MOIS (VIEILLARDS DE 60 ANS ET AU-DESSUS). AVRIL, 1902

  24   DECES PAR MOIS (VIEILLARDS DE 60 ANS ET AU-DESSUS). MAI, 1902

  25   DECES PAR MOIS (VIEILLARDS DE 60 ANS ET AU-DESSUS). JUIN, 1902

  26   DECES PAR MOIS (VIEILLARDS DE 60 ANS ET AU-DESSUS). JUILLET, 1902

  27   DECES PAR MOIS (VIEILLARDS DE 60 ANS ET AU-DESSUS). AOUT, 1902

  28   DECES PAR MOIS (VIEILLARDS DE 60 ANS ET AU-DESSUS). SEPTEMBRE, 1902

  29   DECES PAR MOIS (VIEILLARDS DE 60 ANS ET AU-DESSUS). OCTOBRE, 1902

  30   DECES PAR MOIS (VIEILLARDS DE 60 ANS ET AU-DESSUS). NOVEMBRE, 1902

  31   DECES PAR MOIS (VIEILLARDS DE 60 ANS ET AU-DESSUS). DECEMBRE, 1902

  32   DECES PAR MOIS (VIEILLARDS DE 60 ANS ET AU-DESSUS). TOTAL, 1902

  33   DECES AU COURS DE LA PREMIERE ANNEE SUIVANT LE SEXE ET LA LEGITIMITE. GARCONS, DE LA
            NAISSANCE A 4 JOURS. ENFANTS LEGITIMES, 1902

  34   DECES AU COURS DE LA PREMIERE ANNEE SUIVANT LE SEXE ET LA LEGITIMITE. GARCONS, DE LA
            NAISSANCE A 4 JOURS. ENFANTS NATURELS, 1902

DATA SET 290:   MOUVEMENT DE LA POPULATION 1902 (DEPARTEMENT)

NUMERO DE LA VARIABLE	NOM DE LA VARIABLE
35	DECES AU COURS DE LA PREMIERE ANNEE SUIVANT LE SEXE ET LA LEGITIMITE. GARCONS, DE 5 A 9 JOURS. ENFANTS LEGITIMES, 1902
36	DECES AU COURS DE LA PREMIERE ANNEE SUIVANT LE SEXE ET LA LEGITIMITE. GARCONS, DE 5 A 9 JOURS. ENFANTS NATURELS, 1902
37	DECES AU COURS DE LA PREMIERE ANNEE SUIVANT LE SEXE ET LA LEGITIMITE. GARCONS, DE 10 A 14 JOURS. ENFANTS LEGITIMES, 1902
38	DECES AU COURS DE LA PREMIERE ANNEE SUIVANT LE SEXE ET LA LEGITIMITE. GARCONS, DE 10 A 14 JOURS. ENFANTS NATURELS, 1902
39	DECES AU COURS DE LA PREMIERE ANNEE SUIVANT LE SEXE ET LA LEGITIMITE. GARCONS, DE 15 A 29 JOURS. ENFANTS LEGITIMES, 1902
40	DECES AU COURS DE LA PREMIERE ANNEE SUIVANT LE SEXE ET LA LEGITIMITE. GARCONS, DE 15 A 29 JOURS. ENFANTS NATURELS, 1902
41	DECES AU COURS DE LA PREMIERE ANNEE SUIVANT LE SEXE ET LA LEGITIMITE. GARCONS, DE 1 MOIS. ENFANTS LEGITIMES, 1902
42	DECES AU COURS DE LA PREMIERE ANNEE SUIVANT LE SEXE ET LA LEGITIMITE. GARCONS, DE 1 MOIS. ENFANTS NATURELS, 1902
43	DECES AU COURS DE LA PREMIERE ANNEE SUIVANT LE SEXE ET LA LEGITIMITE. GARCONS, DE 2 MOIS. ENFANTS LEGITIMES, 1902
44	DECES AU COURS DE LA PREMIERE ANNEE SUIVANT LE SEXE ET LA LEGITIMITE. GARCONS, DE 2 MOIS. ENFANTS NATURELS, 1902
45	DECES AU COURS DE LA PREMIERE ANNEE SUIVANT LE SEXE ET LA LEGITIMITE. GARCONS, DE 3,4 OU 5 MOIS. ENFANTS LEGITIMES, 1902
46	DECES AU COURS DE LA PREMIERE ANNEE SUIVANT LE SEXE ET LA LEGITIMITE. GARCONS, DE 3,4 OU 5 MOIS. ENFANTS NATURELS, 1902
47	DECES AU COURS DE LA PREMIERE ANNEE SUIVANT LE SEXE ET LA LEGITIMITE. GARCONS, DE 6,7 OU 8 MOIS. ENFANTS LEGITIMES, 1902
48	DECES AU COURS DE LA PREMIERE ANNEE SUIVANT LE SEXE ET LA LEGITIMITE. GARCONS, DE 6,7 OU 8 MOIS. ENFANTS NATURELS, 1902
49	DECES AU COURS DE LA PREMIERE ANNEE SUIVANT LE SEXE ET LA LEGITIMITE. GARCONS, DE 9 MOIS JUSQU'A 1 AN MOINS 1 JOUR. ENFANTS LEGITIMES, 1902
50	DECES AU COURS DE LA PREMIERE ANNEE SUIVANT LE SEXE ET LA LEGITIMITE. GARCONS, DE 9 MOIS JUSQU'A 1 AN MOINS 1 JOUR. ENFANTS NATURELS, 1902
51	DECES AU COURS DE LA PREMIERE ANNEE SUIVANT LE SEXE ET LA LEGITIMITE. GARCONS, TOTAUX. ENFANTS LEGITIMES, 1902
52	DECES AU COURS DE LA PREMIERE ANNEE SUIVANT LE SEXE ET LA LEGITIMITE. GARCONS, TOTAUX. ENFANTS NATURELS, 1902
53	DECES AU COURS DE LA PREMIERE ANNEE SUIVANT LE SEXE ET LA LEGITIMITE. GARCONS, TOTAUX. ENFANTS TOTAL, 1902
54	DECES AU COURS DE LA PREMIERE ANNEE SUIVANT LE SEXE ET LA LEGITIMITE. FILLES, DE LA NAISSANCE A 4 JOURS. ENFANTS LEGITIMES, 1902
55	DECES AU COURS DE LA PREMIERE ANNEE SUIVANT LE SEXE ET LA LEGITIMITE. FILLES, DE LA NAISSANCE A 4 JOURS. ENFANTS NATURELS, 1902
56	DECES AU COURS DE LA PREMIERE ANNEE SUIVANT LE SEXE ET LA LEGITIMITE. FILLES, DE 5 A 9 JOURS. ENFANTS LEGITIMES, 1902
57	DECES AU COURS DE LA PREMIERE ANNEE SUIVANT LE SEXE ET LA LEGITIMITE. FILLES, DE 5 A 9 JOURS. ENFANTS NATURELS, 1902
58	DECES AU COURS DE LA PREMIERE ANNEE SUIVANT LE SEXE ET LA LEGITIMITE. FILLES, DE 10 A 14 JOURS. ENFANTS LEGITIMES, 1902

DATA SET 290:   MOUVEMENT DE LA POPULATION 1902 (DEPARTEMENT)

NUMERO DE
LA VARIABLE   NOM DE LA VARIABLE

59   DECES AU COURS DE LA PREMIERE ANNEE SUIVANT LE SEXE ET LA LEGITIMITE. FILLES, DE 10
          A 14 JOURS. ENFANTS NATURELS, 1902

60   DECES AU COURS DE LA PREMIERE ANNEE SUIVANT LE SEXE ET LA LEGITIMITE. FILLES, DE 15
          A 29 JOURS. ENFANTS LEGITIMES, 1902

61   DECES AU COURS DE LA PREMIERE ANNEE SUIVANT LE SEXE ET LA LEGITIMITE. FILLES, DE 15
          A 29 JOURS. ENFANTS NATURELS, 1902

62   DECES AU COURS DE LA PREMIERE ANNEE SUIVANT LE SEXE ET LA LEGITIMITE. FILLES, DE 1
          MOIS. ENFANTS LEGITIMES, 1902

63   DECES AU COURS DE LA PREMIERE ANNEE SUIVANT LE SEXE ET LA LEGITIMITE. FILLES, DE 1
          MOIS. ENFANTS NATURELS, 1902

64   DECES AU COURS DE LA PREMIERE ANNEE SUIVANT LE SEXE ET LA LEGITIMITE. FILLES, DE 2
          MOIS. ENFANTS LEGITIMES, 1902

65   DECES AU COURS DE LA PREMIERE ANNEE SUIVANT LE SEXE ET LA LEGITIMITE. FILLES, DE 2
          MOIS. ENFANTS NATURELS, 1902

66   DECES AU COURS DE LA PREMIERE ANNEE SUIVANT LE SEXE ET LA LEGITIMITE. FILLES, DE 3,4
          OU 5 MOIS. ENFANTS LEGITIMES, 1902

67   DECES AU COURS DE LA PREMIERE ANNEE SUIVANT LE SEXE ET LA LEGITIMITE. FILLES, DE 3,4
          OU 5 MOIS. ENFANTS NATURELS, 1902

68   DECES AU COURS DE LA PREMIERE ANNEE SUIVANT LE SEXE ET LA LEGITIMITE. FILLES, DE 6,7
          OU 8 MOIS. ENFANTS LEGITIMES, 1902

69   DECES AU COURS DE LA PREMIERE ANNEE SUIVANT LE SEXE ET LA LEGITIMITE. FILLES, DE 6,7
          OU 8 MOIS. ENFANTS NATURELS, 1902

70   DECES AU COURS DE LA PREMIERE ANNEE SUIVANT LE SEXE ET LA LEGITIMITE. FILLES, DE 9
          MOIS JUSQU'A 1 AN MOINS 1 JOUR. ENFANTS LEGITIMES, 1902

71   DECES AU COURS DE LA PREMIERE ANNEE SUIVANT LE SEXE ET LA LEGITIMITE. FILLES, DE 9
          MOIS JUSQU'A 1 AN MOINS 1 JOUR. ENFANTS NATURELS, 1902

72   DECES AU COURS DE LA PREMIERE ANNEE SUIVANT LE SEXE ET LA LEGITIMITE. FILLES,
          TOTAUX. ENFANTS LEGITIMES, 1902

73   DECES AU COURS DE LA PREMIERE ANNEE SUIVANT LE SEXE ET LA LEGITIMITE. FILLES,
          TOTAUX. ENFANTS NATURELS, 1902

74   DECES AU COURS DE LA PREMIERE ANNEE SUIVANT LE SEXE ET LA LEGITIMITE. FILLES,
          TOTAUX. ENFANTS TOTAL, 1902

75   DECES AU COURS DE LA PREMIERE ANNEE SUIVANT LE SEXE ET LA LEGITIMITE. TOTAUX
          GENERAUX. 1902

76   DECES PAR AGE. - GARCONS, DE 0 A 4 ANS, 1902

77   DECES PAR AGE. - GARCONS, DE 5 A 9 ANS, 1902

78   DECES PAR AGE. - GARCONS, DE 10 A 14 ANS, 1902

79   DECES PAR AGE. - GARCONS, DE 15 A 19 ANS, 1902

80   DECES PAR AGE. - GARCONS, DE 20 A 24 ANS, 1902

81   DECES PAR AGE. - GARCONS, DE 25 A 29 ANS, 1902

82   DECES PAR AGE. - GARCONS, DE 30 A 34 ANS, 1902

83   DECES PAR AGE. - GARCONS, DE 35 A 39 ANS, 1902

84   DECES PAR AGE. - GARCONS, DE 40 A 44 ANS, 1902

85   DECES PAR AGE. - GARCONS, DE 45 A 49 ANS, 1902

DATA SET 290:   MOUVEMENT DE LA POPULATION 1902 (DEPARTEMENT)

NUMERO DE
LA VARIABLE   NOM DE LA VARIABLE

86	DECES PAR AGE. - GARCONS, DE 50 A 54 ANS, 1902
87	DECES PAR AGE. - GARCONS, DE 55 A 59 ANS, 1902
88	DECES PAR AGE. - GARCONS, DE 60 A 64 ANS, 1902
89	DECES PAR AGE. - GARCONS, DE 65 A 69 ANS, 1902
90	DECES PAR AGE. - GARCONS, DE 70 A 74 ANS, 1902
91	DECES PAR AGE. - GARCONS, DE 75 A 79 ANS, 1902
92	DECES PAR AGE. - GARCONS, DE 80 A 84 ANS, 1902
93	DECES PAR AGE. - GARCONS, DE 85 ANS ET AU-DESSUS, 1902
94	DECES PAR AGE. - GARCONS, TOTAL, 1902
95	DECES PAR AGE. - HOMMES MARIES, DE 15 A 19 ANS, 1902
96	DECES PAR AGE. - HOMMES MARIES, DE 20 A 24 ANS, 1902
97	DECES PAR AGE. - HOMMES MARIES, DE 25 A 29 ANS, 1902
98	DECES PAR AGE. - HOMMES MARIES, DE 30 A 34 ANS, 1902
99	DECES PAR AGE. - HOMMES MARIES, DE 35 A 39 ANS, 1902
100	DECES PAR AGE. - HOMMES MARIES, DE 40 A 44 ANS, 1902
101	DECES PAR AGE. - HOMMES MARIES, DE 45 A 49 ANS, 1902
102	DECES PAR AGE. - HOMMES MARIES, DE 50 A 54 ANS, 1902
103	DECES PAR AGE. - HOMMES MARIES, DE 55 A 59 ANS, 1902
104	DECES PAR AGE. - HOMMES MARIES, DE 60 A 64 ANS, 1902
105	DECES PAR AGE. - HOMMES MARIES, DE 65 A 69 ANS, 1902
106	DECES PAR AGE. - HOMMES MARIES, DE 70 A 74 ANS, 1902
107	DECES PAR AGE. - HOMMES MARIES, DE 75 A 79 ANS, 1902
108	DECES PAR AGE. - HOMMES MARIES, DE 80 A 84 ANS, 1902
109	DECES PAR AGE. - HOMMES MARIES, DE 85 ANS ET AU-DESSUS, 1902
110	DECES PAR AGE. - HOMMES MARIES, TOTAL, 1902
111	DECES PAR AGE. - VEUFS ET DIVORCES, DE 15 A 19 ANS, 1902
112	DECES PAR AGE. - VEUFS ET DIVORCES, DE 20 A 24 ANS, 1902
113	DECES PAR AGE. - VEUFS ET DIVORCES, DE 25 A 29 ANS, 1902
114	DECES PAR AGE. - VEUFS ET DIVORCES, DE 30 A 34 ANS, 1902
115	DECES PAR AGE. - VEUFS ET DIVORCES, DE 35 A 39 ANS, 1902
116	DECES PAR AGE. - VEUFS ET DIVORCES, DE 40 A 44 ANS, 1902
117	DECES PAR AGE. - VEUFS ET DIVORCES, DE 45 A 49 ANS, 1902
118	DECES PAR AGE. - VEUFS ET DIVORCES, DE 50 A 54 ANS, 1902
119	DECES PAR AGE. - VEUFS ET DIVORCES, DE 55 A 59 ANS, 1902
120	DECES PAR AGE. - VEUFS ET DIVORCES, DE 60 A 64 ANS, 1902
121	DECES PAR AGE. - VEUFS ET DIVORCES, DE 65 A 69 ANS, 1902

DATA SET 290: MOUVEMENT DE LA POPULATION 1902 (DEPARTEMENT)

NUMERO DE
LA VARIABLE   NOM DE LA VARIABLE

122   DECES PAR AGE. - VEUFS ET DIVORCES, DE 70 A 74 ANS, 1902

123   DECES PAR AGE. - VEUFS ET DIVORCES, DE 75 A 79 ANS, 1902

124   DECES PAR AGE. - VEUFS ET DIVORCES, DE 80 A 84 ANS, 1902

125   DECES PAR AGE. - VEUFS ET DIVORCES, DE 85 ANS ET AU-DESSUS, 1902

126   DECES PAR AGE. - VEUFS ET DIVORCES, TOTAL, 1902

127   DECES PAR AGE. - FILLES, DE 0 A 4 ANS, 1902

128   DECES PAR AGE. - FILLES, DE 5 A 9 ANS, 1902

129   DECES PAR AGE. - FILLES, DE 10 A 14 ANS, 1902

130   DECES PAR AGE. - FILLES, DE 15 A 19 ANS, 1902

131   DECES PAR AGE. - FILLES, DE 20 A 24 ANS, 1902

132   DECES PAR AGE. - FILLES, DE 25 A 29 ANS, 1902

133   DECES PAR AGE. - FILLES, DE 30 A 34 ANS, 1902

134   DECES PAR AGE. - FILLES, DE 35 A 39 ANS, 1902

135   DECES PAR AGE. - FILLES, DE 40 A 44 ANS, 1902

136   DECES PAR AGE. - FILLES, DE 45 A 49 ANS, 1902

137   DECES PAR AGE. - FILLES, DE 50 A 54 ANS, 1902

138   DECES PAR AGE. - FILLES, DE 55 A 59 ANS, 1902

139   DECES PAR AGE. - FILLES, DE 60 A 64 ANS, 1902

140   DECES PAR AGE. - FILLES, DE 65 A 69 ANS, 1902

141   DECES PAR AGE. - FILLES, DE 70 A 74 ANS, 1902

142   DECES PAR AGE. - FILLES, DE 75 A 79 ANS, 1902

143   DECES PAR AGE. - FILLES, DE 80 A 84 ANS, 1902

144   DECES PAR AGE. - FILLES, DE 85 ANS ET AU-DESSUS, 1902

145   DECES PAR AGE. - FILLES, TOTAL, 1902

146   DECES PAR AGE. - FEMMES MARIEES, DE 10 A 14 ANS, 1902

147   DECES PAR AGE. - FEMMES MARIEES, DE 15 A 19 ANS, 1902

148   DECES PAR AGE. - FEMMES MARIEES, DE 20 A 24 ANS, 1902

149   DECES PAR AGE. - FEMMES MARIEES, DE 25 A 29 ANS, 1902

150   DECES PAR AGE. - FEMMES MARIEES, DE 30 A 34 ANS, 1902

151   DECES PAR AGE. - FEMMES MARIEES, DE 35 A 39 ANS, 1902

152   DECES PAR AGE. - FEMMES MARIEES, DE 40 A 44 ANS, 1902

153   DECES PAR AGE. - FEMMES MARIEES, DE 45 A 49 ANS, 1902

154   DECES PAR AGE. - FEMMES MARIEES, DE 50 A 54 ANS, 1902

155   DECES PAR AGE. - FEMMES MARIEES, DE 55 A 59 ANS, 1902

156   DECES PAR AGE. - FEMMES MARIEES, DE 60 A 64 ANS, 1902

157   DECES PAR AGE. - FEMMES MARIEES, DE 65 A 69 ANS, 1902

DATA SET 290:   MOUVEMENT DE LA POPULATION 1902 (DEPARTEMENT)

NUMERO DE
LA VARIABLE   NOM DE LA VARIABLE

158	DECES PAR AGE. - FEMMES MARIEES, DE 70 A 74 ANS, 1902
159	DECES PAR AGE. - FEMMES MARIEES, DE 75 A 79 ANS, 1902
160	DECES PAR AGE. - FEMMES MARIEES, DE 80 A 84 ANS, 1902
161	DECES PAR AGE. - FEMMES MARIEES, DE 85 ANS ET AU-DESSUS, 1902
162	DECES PAR AGE. - FEMMES MARIEES, TOTAL, 1902
163	DECES PAR AGE. - VEUVES ET DIVORCEES, DE 10 A 14 ANS, 1902
164	DECES PAR AGE. - VEUVES ET DIVORCEES, DE 15 A 19 ANS, 1902
165	DECES PAR AGE. - VEUVES ET DIVORCEES, DE 20 A 24 ANS, 1902
166	DECES PAR AGE. - VEUVES ET DIVORCEES, DE 25 A 29 ANS, 1902
167	DECES PAR AGE. - VEUVES ET DIVORCEES, DE 30 A 34 ANS, 1902
168	DECES PAR AGE. - VEUVES ET DIVORCEES, DE 35 A 39 ANS, 1902
169	DECES PAR AGE. - VEUVES ET DIVORCEES, DE 40 A 44 ANS, 1902
170	DECES PAR AGE. - VEUVES ET DIVORCEES, DE 45 A 49 ANS, 1902
171	DECES PAR AGE. - VEUVES ET DIVORCEES, DE 50 A 54 ANS, 1902
172	DECES PAR AGE. - VEUVES ET DIVORCEES, DE 55 A 59 ANS, 1902
173	DECES PAR AGE. - VEUVES ET DIVORCEES, DE 60 A 64 ANS, 1902
174	DECES PAR AGE. - VEUVES ET DIVORCEES, DE 65 A 69 ANS, 1902
175	DECES PAR AGE. - VEUVES ET DIVORCEES, DE 70 A 74 ANS, 1902
176	DECES PAR AGE. - VEUVES ET DIVORCEES, DE 75 A 79 ANS, 1902
177	DECES PAR AGE. - VEUVES ET DIVORCEES, DE 80 A 84 ANS, 1902
178	DECES PAR AGE. - VEUVES ET DIVORCEES, DE 85 ANS ET AU-DESSUS, 1902
179	DECES PAR AGE. - VEUVES ET DIVORCEES, TOTAL, 1902

DATA SET 291: MOUVEMENT DE LA POPULATION 1902 (ARRONDISSEMENT)

SOURCE: STATISTIQUE GENERALE DE LA FRANCE, STATISTIQUE DU MOUVEMENT
DE LA POPULATION, ANNEE 1902, TOME XXXII (PARIS, 1903)

VARIABLES 7-22: TABLEAU XLI

NUMERO DE
LA VARIABLE   NOM DE LA VARIABLE

7   MOUVEMENT DE LA POPULATION PAR ARRONDISSEMENT. POPULATION LEGALE (DENOMBREMENT DE
        1901)

8   MOUVEMENT DE LA POPULATION PAR ARRONDISSEMENT. MARIAGES, 1902

9   MOUVEMENT DE LA POPULATION PAR ARRONDISSEMENT. DIVORCES, 1902

10   MOUVEMENT DE LA POPULATION PAR ARRONDISSEMENT. NAISSANCES: ENFANTS LEGITIMES.
        GARCONS, 1902

11   MOUVEMENT DE LA POPULATION PAR ARRONDISSEMENT. NAISSANCES: ENFANTS LEGITIMES.
        FILLES, 1902

12   MOUVEMENT DE LA POPULATION PAR ARRONDISSEMENT. NAISSANCES: ENFANTS NATURELS.
        GARCONS, 1902

13   MOUVEMENT DE LA POPULATION PAR ARRONDISSEMENT. NAISSANCES: ENFANTS NATURELS.
        FILLES, 1902

14   MOUVEMENT DE LA POPULATION PAR ARRONDISSEMENT. NAISSANCES: TOTAUX, 1902

15   MOUVEMENT DE LA POPULATION PAR ARRONDISSEMENT. MORT-NES: GARCONS, 1902

16   MOUVEMENT DE LA POPULATION PAR ARRONDISSEMENT. MORT-NES: FILLES, 1902

17   MOUVEMENT DE LA POPULATION PAR ARRONDISSEMENT. MORT-NES: TOTAUX, 1902

18   MOUVEMENT DE LA POPULATION PAR ARRONDISSEMENT. DECES: SEXE MASCULIN, 1902

19   MOUVEMENT DE LA POPULATION PAR ARRONDISSEMENT. DECES: SEXE FEMININ, 1902

20   MOUVEMENT DE LA POPULATION PAR ARRONDISSEMENT. DECES: TOTAUX, 1902

21   MOUVEMENT DE LA POPULATION PAR ARRONDISSEMENT. EXCEDENT DES NAISSANCES SUR LES
        DECES, 1902

22   MOUVEMENT DE LA POPULATION PAR ARRONDISSEMENT. EXCEDENT DES DECES SUR LES
        NAISSANCES, 1902

DATA SET 260: MOUVEMENT DE LA POPULATION 1905 (DEPARTEMENT)

SOURCE: STATISTIQUE GENERALE DE LA FRANCE, STATISTIQUE DU MOUVEMENT
          DE LA POPULATION, ANNEE 1905 (PARIS, 1905)

```
                    VARIABLES 7-31:     TABLEAU XXI
                    VARIABLES 32-47:    TABLEAU XXII
                    VARIABLES 48-62:    TABLEAU XXIII
                    VARIABLES 63-80:    TABLEAU XXIV
                    VARIABLES 81-119:   TABLEAU XXV
                    VARIABLES 120-146:  TABLEAU XXVI
                    VARIABLES 147-172:  TABLEAU XXVII
                    VARIABLES 173-185:  TABLEAU XXVIII
                    VARIABLES 186-275:  TABLEAU XXIX
                    VARIABLES 276-287:  TABLEAU XXX
                    VARIABLES 288-300:  TABLEAU XXXI
```

NUMERO DE
LA VARIABLE   NOM DE LA VARIABLE

7   MOUVEMENT DE LA POPULATION PAR DEPARTEMENT: POPULATION LEGALE(DENOMEREMENT DE 1901)

8   MOUVEMENT DE LA POPULATION PAR DEPARTEMENT: MARIAGES 1905

9   MOUVEMENT DE LA POPULATION PAR DEPARTEMENT: DIVORCES 1905

10   MOUVEMENT DE LA POPULATION PAR DEPARTEMENT: ENFANTS DECLARES VIVANTS: LEGITIMES:
         GARCONS 1905

11   MOUVEMENT DE LA POPULATION PAR DEPARTEMENT: ENFANTS DECLARES VIVANTS: LEGITIMES:
         FILLES 1905

12   MOUVEMENT DE LA POPULATION PAR DEPARTEMENT: ENFANTS DECLARES VIVANTS: LEGITIMES:
         TOTAL 1905

13   MOUVEMENT DE LA POPULATION PAR DEPARTEMENT: ENFANTS DECLARES VIVANTS: ILLEGITIMES:
         GARCONS 1905

14   MOUVEMENT DE LA POPULATION PAR DEPARTEMENT: ENFANTS DECLARES VIVANTS: ILLEGITIMES:
         FILLES 1905

15   MOUVEMENT DE LA POPULATION PAR DEPARTEMENT: ENFANTS DECLARES VIVANTS: ILLEGITIMES:
         TOTAL 1905

16   MOUVEMENT DE LA POPULATION PAR DEPARTEMENT: ENFANTS DECLARES VIVANTS TOTAUX:
         GARCONS 1905

17   MOUVEMENT DE LA POPULATION PAR DEPARTEMENT: ENFANTS DECLARES VIVANTS: TOTAUX:
         FILLES 1905

18   MOUVEMENT DE LA POPULATION PAR DEPARTEMENT: TOTAL DES ENFANTS DECLARES VIVANTS 1905

19   MOUVEMENT DE LA POPULATION PAR DEPARTEMENT: MORT-NES ET ENFANTS MORTS AVANT LA
         DECLARATION DE NAISSANCE: LEGITIMES: GARCONS 1905

20   MOUVEMENT DE LA POPULATION PAR DEPARTEMENT: MORT-NES ET ENFANTS MORTS AVANT LA
         DECLARATION DE NAISSANCE: LEGITIMES: FILLES 1905

21   MOUVEMENT DE LA POPULATION PAR DEPARTEMENT: MORT-NES ET ENFANTS MORTS AVANT LA
         DECLARATION DE NAISSANCE: ILLEGITIMES: GARCONS 1905

22   MOUVEMENT DE LA POPULATION PAR DEPARTEMENT: MORT-NES ET ENFANTS MORTS AVANT LA
         DECLARATION DE NAISSANCE: ILLEGITIMES: FILLES 1905

23   MOUVEMENT DE LA POPULATION PAR DEPARTEMENT: MORT-NES ET ENFANTS MORTS AVANT LA
         DECLARATION DE NAISSANCE: TOTAL 1905

24   MOUVEMENT DE LA POPULATION PAR DEPARTEMENT: DECES: SEXE MASCULIN 1905

25   MOUVEMENT DE LA POPULATION PAR DE PARTEMENT: DECES: SEXE FEMININ 1905

26   MOUVEMENT DE LA POPULATION PAR DEPARTEMENT: DECES: TOTAL 1905

27   MOUVEMENT DE LA POPULATION PAR DEPARTEMENT: EXCEDENT: DES NAISSANCES 1905

DATA SET 260:   MOUVEMENT DE LA POPULATION 1905 (DEPARTEMENT)

NUMERO DE
LA VARIABLE   NOM DE LA VARIABLE

28   MOUVEMENT DE LA POPULATION PAR DEPARTEMENT: EXCEDENT: DES DECES 1905

29   MOUVEMENT DE LA POPULATION PAR DEPARTEMENT: PROPORTION POUR 100 HABITANTS: DES
         NOUVEAUX MARIES (AVEC DEUX DECIMALES)

30   MOUVEMENT DE LA POPULATION PAR DEPARTEMENT: PROPORTION POUR 100 HABITANTS: DES
         ENFANTS DECLARES VIVANTS 1905

31   MOUVEMENT DE LA POPULATION PAR DEPARTEMENT: PROPORTION POUR 100 HABITANTS:DES DECES
         1905

32   MARIAGES SUIVANT LA SITUATION DE FAMILLE ANTERIEURE DES EPOUX: NOMBRE DES MARIAGES
         1905

33   MARIAGES SUIVANT LA SITUATION DE FAMILLE ANTERIEURE DES EPOUX: MARIAGES ENTRE
         GARCONS ET FILLES 1905

34   MARIAGES SUIVANT LA SITUATION DE FAMILLE ANTERIEURE DES EPOUX: MARIAGES ENTRE
         GARCONS ET VEUVES 1905

35   MARIAGES SUIVANT LA SITUATION DE FAMILLE ANTERIEURE DES EPOUX: MARIAGES ENTRE
         GARCONS ET DIVORCEES 1905

36   MARIAGES SUIVANT LA SITUATION DE FAMILLE ANTERIEURE DES EPOUX: MARIAGES ENTRE VEUFS
         ET FILLES 1905

37   MARIAGES SUIVANT LA SITUATION DE FAMILLE ANTERIEURE DES EPOUX: MARIAGES ENTRE VEUFS
         ET VEUVES 1905

38   MARIAGES SUIVANT LA SITUATION DE FAMILLE ANTERIEURE DES EPOUX: MARIAGES ENTRE VEUFS
         ET DIVORCEES 1905

39   MARIAGES SUIVANT LA SITUATION DE FAMILLE ANTERIEURE DES EPOUX: MARIAGES ENTRE
         DIVORCES ET FILLES 1905

40   MARIAGES SUIVANT LA SITUATION DE FAMILLE ANTERIEURE DES EPOUX: MARIAGES ENTRE
         DIVORCES ET VEUVES 1905

41   MARIAGES SUIVANT LA SITUATION DE FAMILLE ANTERIEURE DES EPOUX: MARIAGES ENTRE
         DIVORCES ET DIVORCEES 1905

42   MARIAGES SUIVANT LA SITUATION DE FAMILLE ANTERIEURE DES EPOUX: NOMBRE DES CONJOINTS:
         SEXE MASCULIN: GARCONS, 1905

43   MARIAGES SUIVANT LA SITUATION DE FAMILLE ANTERIEURE DES EPOUX: NOMBRE DES CONJOINTS:
         SEXE MASCULIN: VEUFS 1905

44   MARIAGES SUIVANT LA SITUATION DE FAMILLE ANTERIEURE DES EPOUX: NOMBRE DES CONJOINTS:
         SEXE MASCULIN: DIVORCES 1905

45   MARIAGES SUIVANT LA SITUATION DE FAMILLE ANTERIEURE DES EPOUX: NOMBRE DES CONJOINTS:
         SEXE FEMININ: FILLES 1905

46   MARIAGES SUIVANT LA SITUATION DE FAMILLE ANTERIEURE DES EPOUX: NOMBRE DES CONJOINTS:
         SEXE FEMININ: VEUVES 1905

47   MARIAGES SUIVANT LA SITUATION DE FAMILLE ANTERIEURE DES EPOUX: NOMBRE DES CONJOINTS:
         SEXE FEMININ: DIVORCEES 1905

48   MARIAGES SUIVANT L'AGE DES EPOUX: AGE DE L'EPOUX: MOINS DE 20 ANS 1905

49   MARIAGES SUIVANT L'AGE DES EPOUX: AGE DE L'EPOUX: 20 A 24 ANS 1905

50   MARIAGES SUIVANT L'AGE DES EPOUX: AGE DE L'EPOUX: 25 A 29 ANS 1905

51   MARIAGES SUIVANT L'AGE DES EPOUX: AGE DE L'EPOUX: 30 A 34 ANS 1905

52   MARIAGES SUIVANT L'AGE DES EPOUX: AGE DE L'EPOUX: 35 A 39 ANS 1905

53   MARIAGES SUIVANT L'AGE DES EPOUX: AGE DE L'EPOUX: 40 A 49 ANS 1905

DATA SET 260: MOUVEMENT DE LA POPULATION 1905 (DEPARTEMENT)

NOM DE LA VARIABLE

54	MARIAGES SUIVANT L'AGE DES EPOUX: AGE DE L'EPOUX: 50 A 59 ANS 1905
55	MARIAGES SUIVANT L'AGE DES EPOUX: AGE DE L'EPOUX: 60 ANS ET PLUS 1905
56	MARIAGES SUIVANT L'AGE DES EPOUX: AGE DE L'EPOUSE: MOINS DE 20 ANS 1905
57	MARIAGES SUIVANT L'AGE DES EPOUX: AGE DE L'EPOUSE: 20 A 24 ANS 1905
58	MARIAGES SUIVANT L'AGE DES EPOUX: AGE DE L'EPOUSE: 25 A 29 ANS 1905
59	MARIAGES SUIVANT L'AGE DES EPOUX: AGE DE L'EPOUSE: 30 A 34 ANS 1905
60	MARIAGES SUIVANT L'AGE DES EPOUX: AGE DE L'EPOUSE: 35 A 39 ANS 1905
61	MARIAGES SUIVANT L'AGE DES EPOUX: AGE DE L'EPOUSE: 40 A 49 ANS 1905
62	MARIAGES SUIVANT L'AGE DES EPOUX: AGE DE L'EPOUSE: 50 ANS ET PLUS 1905
63	MARIAGES SUIVANT L'AGE DES EPOUX: TOTAL DES MARIAGES 1905
64	AGE AU PREMIER MARIAGE: GARCONS: MOINS DE 20 ANS 1905
65	AGE AU PREMIER MARIAGE: GARCONS: 20 A 24 ANS 1905
66	AGE AU PREMIER MARIAGE: GARCONS: 25 A 29 ANS 1905
67	AGE AU PREMIER MARIAGE: GARCONS: 30 A 34 ANS 1905
68	AGE AU PREMIER MARIAGE: GARCONS: 35 A 39 ANS 1905
69	AGE AU PREMIER MARIAGE: GARCONS: 40 A 49 ANS 1905
70	AGE AU PREMIER MARIAGE: GARCONS: 50 A 59 ANS 1905
71	AGE AU PREMIER MARIAGE: GARCONS: 60 ANS ET PLUS 1905
72	AGE AU PREMIER MARIAGE: GARCONS: TOTAL 1905
73	AGE AU PREMIER MARIAGE: FILLES: MOINS DE 20 ANS 1905
74	AGE AU PREMIER MARIAGE: FILLES: 20 A 24 ANS 1905
75	AGE AU PREMIER MARIAGE: FILLES: 25 A 29 ANS 1905
76	AGE AU PREMIER MARIAGE: FILLES: 30 A 34 ANS 1905
77	AGE AU PREMIER MARIAGE: FILLES: 35 A 39 ANS 1905
78	AGE AU PREMIER MARIAGE: FILLES: 40 A 49 ANS 1905
79	AGE AU PREMIER MARIAGE: FILLES: 50 ANS ET PLUS 1905
80	AGE AU PREMIER MARIAGE: FILLES: TOTAL 1905
81	NOMBRE DE MARIAGES 1905
82	MARIAGES PAR MOIS: JANVIER 1905
83	MARIAGES PAR MOIS: FEVRIER 1905
84	MARIAGES PAR MOIS: MARS 1905
85	MARIAGES PAR MOIS: AVRIL 1905
86	MARIAGES PAR MOIS: MAI 1905
87	MARIAGES PAR MOIS: JUIN 1905
88	MARIAGES PAR MOIS: JUILLET 1905
89	MARIAGES PAR MOIS: AOUT 1905

DATA SET 260:   MOUVEMENT DE LA POPULATION 1905 (DEPARTEMENT)

NUMERO DE
LA VARIABLE   NOM DE LA VARIABLE

90   MARIAGES PAR MOIS: SEPTEMBER 1905

91   MARIAGES PAR MOIS: OCTOBRE 1905

92   MARIAGES PAR MOIS: NOVEMBRE 1905

93   MARIAGES PAR MOIS: DECEMBRE 1905

94   DEGRE D'INSTRUCTION DES EPOUX: HOMMES: QUI ONT SIGNE D'UNE CROIX 1905

95   DEGRE D'INSTRUCTION DES EPOUX: FEMMES: QUI ONT SIGNE D'UNE CROIX 1905

96   PROPORTION DES EPOUX ILLETTRES POUR 100 EPOUX (AVEC DEUX DECIMALES) 1905

97   MARIAGES AYANT DONNE LIEU: A DES ACTES RESPECTUEUX 1905

98   MARIAGES AYANT DONNE LIEU: A OPPOSITION 1905

99   MARIAGES AYANT DONNE LIEU: A CONTRAT 1905

100   MARIAGES ENTRE PARENTS: NEVEUX ET TANTES 1905

101   MARIAGES ENTRE PARENTS: ONCLES ET NIECES 1905

102   MARIAGES ENTRE PARENTS: COUSINS GERMAINS 1905

103   MARIAGES AYANT LEGITIME DES ENFANTS 1905

104   LEGITIMATIONS PAR MARIAGES: ENFANTS LEGITIMES: RECONNUS ANTERIEUREMENT PAR LE PERE:
          MOINS D'UN MOIS 1905

105   LEGITIMATIONS PAR MARIAGES: ENFANTS LEGITIMES: RECONNUS ANTERIEUREMENT PAR LE PERE:
          1 A 2 MOIS 1905

106   LEGITIMATIONS PAR MARIAGES: ENFANTS LEGITIMES: RECONNUS ANTERIEUREMENT PAR LE PERE:
          3 A 5 MOIS 1905

107   LEGITIMATIONS PAR MARIAGES: ENFANTS LEGITIMES: RECONNUS ANTERIEUREMENT PAR LE PERE:
          6 A 11 MOIS 1905

108   LEGITIMATIONS PAR MARIAGES: ENFANTS LEGITIMES: RECONNUS ANTERIEUREMENT PAR LE PERE:
          1 A 4 ANS 1905

109   LEGITIMATIONS PAR MARIAGES: ENFANTS LEGITIMES: RECONNUS ANTERIEUREMENT PAR LE PERE:
          5 A 19 ANS 1905

110   LEGITIMATIONS PAR MARIAGES: ENFANTS LEGITIMES: RECONNUS ANTERIEUREMENT PAR LE PERE:
          20 ANS ET PLUS 1905

111   LEGITIMATIONS PAR MARIAGES: ENFANTS LEGITIMES: RECONNUS ANTERIEUREMENT PAR LE PERE:
          AGE INCONNU 1905

112   LEGITIMATIONS PAR MARIAGE: ENFANTS LEGITIMES: NON RECONNUS ANTERIEUREMENT: MOINS
          D'UN MOIS 1905

113   LEGITIMATIONS PAR MARIAGE: ENFANTS LEGITIMES: NON RECONNUS ANTERIEUREMENT: 1 A 2
          MOIS 1905

114   LEGITIMATIONS PAR MARIAGE: ENFANTS LEGITIMES: NON RECONNUS ANTERIEUREMENT: 3 A 5
          MOIS 1905

115   LEGITIMATIONS PAR MARIAGE: ENFANTS LEGITIMES: NON RECONNUS ANTERIEUREMENT: 6 A 11
          MOIS 1905

116   LEGITIMATIONS PAR MARIAGE: ENFANTS LEGITIMES: NON RECONNUS ANTERIEUREMENT: 1 A 4
          ANS 1905

117   LEGITIMATIONS PAR MARIAGE: ENFANTS LEGITIMES: NON RECONNUS ANTERIEUREMENT: 5 A 19
          ANS 1905

118   LEGITIMATIONS PAR MARIAGE: ENFANTS LEGITIMES: NON RECONNUS ANTERIEUREMENT: 20 ANS
          ET PLUS 1905

DATA SET 260: MOUVEMENT DE LA POPULATION 1905 (DEPARTEMENT)

NUMERO DE
LA VARIABLE   NOM DE LA VARIABLE

119   LEGITIMATIONS PAR MARIAGE: ENFANTS LEGITIMES: NON RECONNUS ANTERIEUREMENT: AGE
        INCONNU 1905

120   NAISSANCES: ENFANTS DECLARES VIVANTS: ENFANTS LEGITIMES: GARCONS 1905

121   NAISSANCES: ENFANTS DECLARES VIVANTS: ENFANTS LEGITIMES: FILLES 1905

122   NAISSANCES: ENFANTS DECLARES VIVANTS: ENFANTS LEGITIMES: TOTAUX 1905

123   NAISSANCES: ENFANTS DECLARES VIVANTS: ENFANTS ILLEGITIMES: RECONNUS PAR LE PERE SUR
        L'ACTE DE NAISSANCE: GARCONS 1905

124   NAISSANCES: ENFANTS DECLARES VIVANTS: ENFANTS ILLEGITIMES: RECONNUS PAR LE PERE SUR
        L'ACTE DE NAISSANCE: FILLES 1905

125   NAISSANCES: ENFANTS DECLARES VIVANTS: ENFANTS ILLEGITIMES: RECONNUS PAR LE PERE SUR
        L'ACTE DE NAISSANCE: TOTAUX 1905

126   NAISSANCES: ENFANTS DECLARES VIVANTS: ENFANTS ILLEGITIMES: NON RECONNUS: GARCONS
        1905

127   NAISSANCES: ENFANTS DECLARES VIVANTS: ENFANTS ILLEGITIMES: NON RECONNUS: FILLES
        1905

128   NAISSANCES: ENFANTS DECLARES VIVANTS: ENFANTS ILLEGITIMES: NON RECONNUS: TOTAUX
        1905

129   NAISSANCES: ENFANTS DECLARES VIVANTS: ENFANTS ILLEGITIMES: TOTAUX: GARCONS 1905

130   NAISSANCES: ENFANTS DECLARES VIVANTS: ENFANTS ILLEGITIMES: TOTAUX: FILLES 1905

131   NAISSANCES: ENFANTS DECLARES VIVANTS: ENFANTS ILLEGITIMES: TOTAUX: TOTAUX 1905

132   NAISSANCES: ENSEMBLE D'ENFANTS DECLARES VIVANTS: GARCONS 1905

133   NAISSANCES: ENSEMBLE D'ENFANTS DECLARES VIVANTS: FILLES 1905

134   NAISSANCES: ENSEMBLE D'ENFANTS DECLARES VIVANTS: TOTAUX 1905

135   NAISSANCES: MORT-NES ET ENFANTS MORTS AVANT LA DECLARATION DE NAISSANCE: ENFANTS
        LEGITIMES: GARCONS 1905

136   NAISSANCES: MORT-NES ET ENFANTS MORTS AVANT LA DECLARATION DE NAISSANCE: ENFANTS
        LEGITIMES: FILLES 1905

137   NAISSANCES: MORT-NES ET ENFANTS MORTS AVANT LA DECLARATION DE NAISSANCE : ENFANTS
        LEGITIMES: TOTAUX 1905

138   NAISSANCES: MORT-NES ET ENFANTS MORTS AVANT LA DECLARATION DE NAISSANCE: ENFANTS
        ILLEGITIMES: GARCONS 1905

139   NAISSANCES: MORT-NES ET ENFANTS MORTS AVANT LA DECLARATION DE NAISSANCE: ENFANTS
        ILLEGITIMES: FILLES 1905

140   NAISSANCES: MORT-NES ET ENFANTS MORTS AVANT LA DECLARATION DE NAISSANCE: ENFANTS
        ILLEGITIMES: TOTAUX 1905

141   NAISSANCES: MORT-NES ET ENFANTS MORTS AVANT LA DECLARATION DE NAISSANCE: TOTAUX DES
        MORT-NES: GARCONS 1905

142   NAISSANCES: MORT-NES ET ENFANTS MORTS AVANT LA DECLARATION DE NAISSANCE: TOTAUX DES
        MORT-NES: FILLES 1905

143   NAISSANCES: MORT-NES ET ENFANTS MORTS AVANT LA DECLARATION DE NAISSANCE: TOTAUX DES
        MORT-NES: TOTAUX 1905

144   NAISSANCES: TOTAUX GENERAUX: GARCONS, 1905

145   NAISSANCES: TOTAUX GENERAUX: FILLES 1905

146   NAISSANCES: TOTAUX GENERAUX: TOTAUX 1905

DATA SET 260: MOUVEMENT DE LA POPULATION 1905 (DEPARTEMENT)

NUMERO DE
LA VARIABLE   NOM DE LA VARIABLE

147   NAISSANCES PAR MOIS: ENFANTS DECLARES VIVANTS: JANVIER 1905

148   NAISSANCES PAR MOIS: ENFANTS DECLARES VIVANTS: FEVRIER 1905

149   NAISSANCES PAR MOIS: ENFANTS DECLARES VIVANTS: MARS 1905

150   NAISSANCES PAR MOIS: ENFANTS DECLARES VIVANTS: AVRIL 1905

151   NAISSANCES PAR MOIS: ENFANTS DECLARES VIVANTS: MAI 1905

152   NAISSANCES PAR MOIS: ENFANTS DECLARES VIVANTS: JUIN 1905

153   NAISSANCES PAR MOIS: ENFANTS DECLARES VIVANTS: JUILLET 1905

154   NAISSANCES PAR MOIS: ENFANTS DECLARES VIVANTS: AOUT 1905

155   NAISSANCES PAR MOIS: ENFANTS DECLARES VIVANTS: SEPTEMBRE 1905

156   NAISSANCES PAR MOIS: ENFANTS DECLARES VIVANTS: OCTOBRE 1905

157   NAISSANCES PAR MOIS: ENFANTS DECLARES VIVANTS: NOVEMBRE 1905

158   NAISSANCES PAR MOIS: ENFANTS DECLARES VIVANTS: DECEMBRE 1905

159   NAISSANCES PAR MOIS: ENFANTS DECLARES VIVANTS: TOTAL 1905

160   NAISSANCES MORT-NES ET ENFANTS MORTS AVANT LA DECLARATION DE NAISSANCE: JANVIER 1905

161   NAISSANCES PAR MOIS: MORT-NES ET ENFANTS MORTS AVANT LA DECLARATION DE NAISSANCE:
             FEVRIER 1905

162   NAISSANCES PAR MOIS: MORT-NES ET ENFANTS MORTS AVANT LA DECLARATION DE NAISSANCE:
             MARS 1905

163   NAISSANCES PAR MOIS: MORT-NES ET ENFANTS MORTS AVANT LA DECLARATION DE NAISSANCE:
             AVRIL 1905

164   NAISSANCES PAR MOIS: MORT-NES ET ENFANTS MORTS AVANT LA DECLARATION DE NAISSANCE:
             MAI 1905

165   NAISSANCES PAR MOIS: MORT-NES ET ENFANTS MORTS AVANT LA DECLARATION DE NAISSANCE:
             JUIN 1905

166   NAISSANCES PAR MOIS: MORT-NES ET ENFANTS MORTS AVANT LA DECLARATION DE NAISSANCE:
             JUILLET 1905

167   NAISSANCES PAR MOIS: MORT-NES ET ENFANTS MORTS AVANT LA DECLARATION DE NAISSANCE:
             AOUT 1905

168   NAISSANCES PAR MOIS: MORT-NES ET ENFANTS MORTS AVANT LA DECLARATION DE NAISSANCE:
             SEPTEMBRE 1905

169   NAISSANCES PAR MOIS: MORT-NES ET ENFANTS MORTS AVANT LA DECLARATION DE NAISSANCE:
             OCTOBRE 1905

170   NAISSANCES PAR MOIS: MORT-NES ET ENFANTS MORTS AVANT LA DECLARATION DE NAISSANCE:
             NOVEMBRE 1905

171   NAISSANCES PAR MOIS: MORT-NES ET ENFANTS MORTS AVANT LA DECLARATION DE NAISSANCE:
             DECEMBRE 1905

172   NAISSANCES PAR MOIS: MORT-NES ET ENFANTS MORTS AVANT LA DECLARATION DE NAISSANCE:
             TOTAL 1905

173   NOMBRE DES ACCOUCHEMENTS DOUBLES AYANT PRODUIT: DEUX GARCONS 1905

174   NOMBRE DES ACCOUCHEMENTS DOUBLES AYANT PRODUIT: DEUX FILLES 1905

175   NOMBRE DES ACCOUCHEMENTS DOUBLES AYANT PRODUIT: UN GARCON ET UNE FILLE 1905

176   NOMBRE DES ACCOUCHEMENTS DOUBLES AYANT PRODUIT: TOTAL 1905

149

DATA SET 260:   MOUVEMENT DE LA POPULATION 1905 (DEPARTEMENT)

NUMERO DE
LA VARIABLE   NOM DE LA VARIABLE

177   ACCOUCHEMENTS MULTIPLES: NOMBRE DES ENFANTS ISSUS DE CES ACCOUCHEMENTS: DECLARES
           VIVANTS: GARCONS 1905

178   ACCOUCHEMENTS MULTIPLES: NOMBRE DES ENFANTS ISSUS DE CES ACCOUCHEMENTS: DECLARES
           VIVANTS: FILLES 1905

179   ACCOUCHEMENTS MULTIPLES: NOMBRE DES ENFANTS ISSUS DE CES ACCOUCHEMENTS: DECLARES
           VIVANTS: TOTAL 1905

180   ACCOUCHEMENTS MULTIPLES: NOMBRE DES ENFANTS ISSUS DE CES ACCOUCHEMENTS: MORT-NES:
           GARCONS 1905

181   ACCOUCHEMENTS MULTIPLES: NOMBRE DES ENFANTS ISSUS DE CES ACCOUCHEMENTS: MORT-NES:
           FILLES 1905

182   ACCOUCHEMENTS MULTIPLES: NOMBRE DES ENFANTS ISSUS DE CES ACCOUCHEMENTS: MORT-NES:
           TOTAL 1905

183   ACCOUCHEMENTS MULTIPLES: NOMBRE DES ENFANTS ISSUS DE CES ACCOUCHEMENTS: TOTAL:
           GARCONS 1905

184   ACCOUCHEMENTS MULTIPLES: NOMBRE DES ENFANTS ISSUS DE CES ACCOUCHEMENTS: TOTAL:
           FILLES 1905

185   ACCOUCHEMENTS MULTIPLES: NOMBRE DES ENFANTS ISSUS DE CES ACCOUCHEMENTS: TOTAL:
           ENSEMBLE 1905

186   MERES MOINS DE 15 ANS: ENFANTS DECLARES VIVANTS: ENFANTS LEGITIMES: AGE DU PERE:
           MOINS DE 20 ANS 1905

187   MERES MOINS DE 15 ANS: ENFANTS DECLARES VIVANTS: ENFANTS LEGITIMES: AGE DU PERE:
           20-29 ANS 1905

188   MERES MOINS DE 15 ANS: ENFANTS DECLARES VIVANTS: ENFANTS LEGITIMES: AGE DU PERE:
           30-39 ANS 1905

189   MERES MOINS DE 15 ANS: ENFANTS DECLARES VIVANTS: ENFANTS LEGITIMES: AGE DU PERE:
           40-49 ANS 1905

190   MERES MOINS DE 15 ANS: ENFANTS DECLARES VIVANTS: ENFANTS LEGITIMES: AGE DU PERE:
           50 ANS ET PLUS 1905

191   MERES MOINS DE 15 ANS: ENFANTS DECLARES VIVANTS: ENFANTS LEGITIMES: AGE DU PERE:
           AGE INCONNU 1905

192   MERES MOINS DE 15 ANS: ENFANTS DECLARES VIVANTS: ENFANTS ILLEGITIMES 1905

193   MERES MOINS DE 15 ANS: MORT-NES ET ENFANTS MORTS AVANT LA DECLARATION DE NAISSANCE:
           LEGITIMES 1905

194   MERES MOINS DE 15 ANS: MORT-NES ET ENFANTS MORTS AVANT LA DECLARATION DE NAISSANCE:
           ILLEGITIMES 1905

195   MERES DE 15 A 19 ANS: ENFANTS DECLARES VIVANTS: ENFANTS LEGITIMES: AGE DU PERE:
           MOINS DE 20 ANS 1905

196   MERES DE 15 A 19 ANS: ENFANTS DECLARES VIVANTS: ENFANTS LEGITIMES: AGE DU PERE:
           20-29 ANS 1905

197   MERES DE 15 A 19 ANS: ENFANTS DECLARES VIVANTS: ENFANTS LEGITIMES: AGE DU PERE:
           30-39 ANS 1905

198   MERES DE 15 A 19 ANS: ENFANTS DECLARES VIVANTS: ENFANTS LEGITIMES: AGE DU PERE:
           40-49 ANS 1905

199   MERES DE 15 A 19 ANS: ENFANTS DECLARES VIVANTS: ENFANTS LEGITIMES: AGE DU PERE:
           50 ANS ET PLUS 1905

200   MERES DE 15 A 19 ANS: ENFANTS DECLARES VIVANTS: ENFANTS LEGITIMES: AGE DU PERE:
           AGE INCONNU 1905

DATA SET 260: MOUVEMENT DE LA POPULATION 1905 (DEPARTEMENT)

NUMERO DE
LA VARIABLE   NOM DE LA VARIABLE

201   MERES DE 15 A 19 ANS: ENFANTS DECLARES VIVANTS: ENFANTS ILLEGITIMES 1905

202   MERES DE 15 A 19 ANS: MORT-NES ET ENFANTS MORTS AVANT LA DECLARATION DE NAISSANCE:
           LEGITIMES 1905

203   MERES DE 15 A 19 ANS: MORT-NES ET ENFANTS MORTS AVANT LA DECLARATION DE NAISSANCE:
           ILLEGITIMES 1905

204   MERES DE 20 A 24 ANS: ENFANTS DECLARES VIVANTS: ENFANTS LEGITIMES: AGE DU PERE:
           MOINS DE 20 ANS 1905

205   MERES DE 20 A 24 ANS: ENFANTS DECLARES VIVANTS: ENFANTS LEGITIMES: AGE DU PERE:
           20-29 ANS 1905

206   MERES DE 20 A 24 ANS: ENFANTS DECLARES VIVANTS: ENFANTS LEGITIMES: AGE DU PERE:
           30-39 ANS 1905

207   MERES DE 20 A 24 ANS: ENFANTS DECLARES VIVANTS: ENFANTS LEGITIMES: AGE DU PERE:
           40-49 ANS 1905

208   MERES DE 20 A 24 ANS: ENFANTS DECLARES VIVANTS: ENFANTS LEGITIMES: AGE DU PERE:
           50 ANS ET PLUS

209   MERES DE 20 A 24 ANS: ENFANTS DECLARES VIVANTS: ENFANTS LEGITIMES: AGE DU PERE:
           AGE INCONNU 1905

210   MERES DE 20 A 24 ANS: ENFANTS DECLARES VIVANTS: ENFANTS ILLEGITIMES 1905

211   MERES DE 20 A 24 ANS: MORT-NES ET ENFANTS MORTS AVANT LA DECLARATION DE NAISSANCE:
           LEGITIMES, 1905

212   MERES DE 20 A 24 ANS: MORT-NES ET ENFANTS MORTS AVANT LA DECLARATION DE NAISSANCE:
           ILLEGITIMES 1905

213   MERES DE 25 A 29 ANS: ENFANTS DECLARES VIVANTS: ENFANTS LEGITIMES: AGE DU PERE:
           MOINS DE 20 ANS 1905

214   MERES DE 25 A 29 ANS: ENFANTS DECLARES VIVANTS: ENFANTS LEGITIMES: AGE DU PERE:
           20-29 ANS 1905

215   MERES DE 25 A 29 ANS: ENFANTS DECLARES VIVANTS: ENFANTS LEGITIMES: AGE DU PERE:
           30-37 ANS 1905

216   MERES DE 25 A 29 ANS: ENFANTS DECLARES VIVANTS: ENFANTS LEGITIMES: AGE DU PERE:
           40-49 ANS 1905

217   MERES DE 25 A 29 ANS: ENFANTS DECLARES VIVANTS: ENFANTS LEGITIMES: AGE DU PERE:
           50 ANS ET PLUS 1905

218   MERES DE 25 A 29 ANS: ENFANTS DECLARES VIVANTS: ENFANTS LEGITIMES: AGE DU PERE:
           AGE INCONNU 1905

219   MERES DE 25 A 29 ANS: ENFANTS DECLARES VIVANTS: ENFANTS ILLEGITIMES 1905

220   MERES DE 25 A 29 ANS: MORT-NES ET ENFANTS MORTS AVANT LA DECLARATION DE NAISSANCE:
           LEGITIMES 1905

221   MERES DE 25 A 29 ANS: MORT-NES ET ENFANTS MORTS AVANT LA DECLARATION DE NAISSANCE:
           ILLEGITIMES 1905

222   MERES DE 30-34 ANS: ENFANTS DECLARES VIVANTS: ENFANTS LEGITIMES: AGE DU PERE:
           MOINS DE 20 ANS 1905

223   MERES DE 30-34 ANS: ENFANTS DECLARES VIVANTS: ENFANTS LEGITIMES: AGE DU PERE: 20
           A 29 ANS 1905

224   MERES DE 30-34 ANS: ENFANTS DECLARES VIVANTS: ENFANTS LEGITIMES: AGE DU PERE: 30
           A 39 ANS 1905

225   MERES DE 30-34 ANS: ENFANTS DECLARES VIVANTS: ENFANTS LEGITIMES: AGE DU PERE: 40
           A 49 ANS 1905

151

DATA SET 260:   MOUVEMENT DE LA POPULATION 1905 (DEPARTEMENT)

NUMERO DE
LA VARIABLE   NOM DE LA VARIABLE

226   MERES DE 30-34 ANS: ENFANTS DECLARES VIVANTS: ENFANTS LEGITIMES: AGE DU PERE: 50
           ANS ET PLUS 1905

227   MERES DE 30-34 ANS: ENFANTS DECLARES VIVANTS: ENFANTS LEGITIMES: AGE DU PERE: AGE
           INCONNU 1905

228   MERES DE 30-34 ANS: ENFANTS DECLARES VIVANTS: ENFANTS ILLEGITIMES 1905

229   MERES DE 30-34 ANS: MORT-NES ET ENFANTS MORT AVANT LA DECLARATION DE NAISSANCE:
           LEGITIMES 1905

230   MERES DE 30-34 ANS: MORT-NES ET ENFANTS MORT AVANT LA DECLARATION DE NAISSANCE:
           ILLEGITIMES 1905

231   MERES DE 35 A 39 ANS: ENFANTS DECLARES VIVANTS: ENFANTS LEGITIMES: AGE DU PERE:
           MOINS DE 20 ANS 1905

232   MERES DE 35 A 39 ANS: ENFANTS DECLARES VIVANTS: ENFANTS LEGITIMES: AGE DU PERE: 20
           A 29 ANS 1905

233   MERES DE 35 A 39 ANS: ENFANTS DECLARES VIVANTS: ENFANTS LEGITIMES: AGE DU PERE:
           30 A 39 ANS 1905

234   MERES DE 35 A 39 ANS: ENFANTS DECLARES VIVANTS: ENFANTS LEGITIMES: AGE DU PERE:
           40 A 49 ANS 1905

235   MERES DE 35 A 39 ANS: ENFANTS DECLARES VIVANTS: ENFANTS LEGITIMES: AGE DU PERE:
           50 ANS ET PLUS 1905

236   MERES DE 35 A 39 ANS: ENFANTS DECLARES VIVANTS: ENFANTS LEGITIMES: AGE DU PERE:
           AGE INCONNU 1905

237   MERES DE 35 A 39 ANS: ENFANTS DECLARES VIVANTS: ENFANTS ILLEGITIMES 1905

238   MERES DE 35-39 ANS: MORT-NES ET ENFANTS MORTS AVANT LA DECLARATION DE NAISSANCE:
           LEGITIMES 1905

239   MERES DE 35-39 ANS: MORT-NES ET ENFANTS MORTS AVANT LA DECLARATION DE NAISSANCE:
           ILLEGITIMES 1905

240   MERES DE 40 A 44 ANS: ENFANTS DECLARES VIVANTS: ENFANT LEGITIMES: AGE DU PERE:
           MOINS DE 20 ANS 1905

241   MERES DE 40 A 44 ANS: ENFANTS DECLARES VIVANTS: ENFANTS LEGITIMES: AGE DU PERE:
           20 A 29 ANS 1905

242   MERES DE 40 A 44 ANS: ENFANTS DECLARES VIVANTS: ENFANTS LEGITIMES: AGE DU PERE:
           30 A 39 ANS 1905

243   MERES DE 40 A 44 ANS: ENFANTS DECLARES VIVANTS: ENFANTS LEGITIMES: AGE DU PERE:
           40 A 49 ANS 1905

244   MERES DE 40 A 44 ANS: ENFANTS DECLARES VIVANTS: ENFANTS LEGITIMES: AGE DU PERE:
           50 ANS ET PLUS 1905

245   MERES DE 40 A 44 ANS: ENFANTS DECLARES VIVANTS: ENFANTS LEGITIMES: AGE DU PERE:
           AGE INCONNU 1905

246   MERES DE 40 A 44 ANS: ENFANTS DECLARES VIVANTS: ENFANTS ILLEGITIMES 1905

247   MERES DE 40 A 44 ANS: MORT-NES ET ENFANTS MORTS AVANT LA DECLARATION DE NAISSANCE:
           LEGITIMES 1905

248   MERES DE 40 A 44 ANS: MORT-NES ET ENFANTS MORTS AVANT LA DECLARTION DE NAISSANCE:
           ILLEGITIMES 1905

249   MERES DE 45 A 49 ANS: ENFANTS DECLARES VIVANTS: ENFANTS LEGITIMES: AGE DU PERE:
           MOINS DE 20 ANS 1905

250   MERES DE 45 A 49 ANS: ENFANTS DECLARES VIVANTS: ENFANTS LEGITIMES: AGE DU PERE:
           20 A 29 ANS 1905

DATA SET 260: MOUVEMENT DE LA POPULATION 1905 (DEPARTEMENT)

NUMERO DE
LA VARIABLE   NOM DE LA VARIABLE

251   MERES DE 45 A 49 ANS: ENFANTS DECLARES VIVANTS: ENFANTS LEGITIMES: AGE DU PERE:
           30 A 39 ANS 1905

252   MERES DE 45 A 49 ANS: ENFANTS DECLARES VIVANTS: ENFANTS LEGITIMES: AGE DU PERE:
           40 A 49 ANS 1905

253   MERES DE 45 A 49 ANS: ENFANTS DECLARES VIVANTS: ENFANTS LEGITIMES: AGE DU PERE:
           50 ANS ET PLUS 1905

254   MERES DE 45 A 49 ANS: ENFANTS DECLARES VIVANTS: ENFANTS LEGITIMES: AGE DU PERE:
           AGE INCONNU 1905

255   MERES DE 45 A 49 ANS: ENFANTS DECLARES VIVANTS: ENFANTS ILLEGITIMES 1905

256   MERES DE 45 A 49 ANS: MORT-NES ET ENFANTS MORTS AVANT LA DECLARATION DE NAISSANCE:
           LEGITIMES 1905

257   MERES DE 45 A 49 ANS: MORT-NES ET ENFANTS MORTS AVANT LA DECLARATION DE NAISSANCE:
           ILLEGITIMES 1905

258   MERES DE 50 ANS ET PLUS: ENFANTS DECLARES VIVANTS: ENFANTS LEGITIMES: AGE DU PERE:
           MOINS DE 20 ANS 1905

259   MERES DE 50 ANS ET PLUS: ENFANTS DECLARES VIVANTS: ENFANTS LEGITIMES: AGE DU PERE:
           20 A 29 ANS 1905

260   MERES DE 50 ANS ET PLUS: ENFANTS DECLARES VIVANTS: ENFANTS LEGITIMES: AGE DU PERE:
           30 A 39 ANS 1905

261   MERES DE 50 ANS ET PLUS: ENFANTS DECLARES VIVANTS: ENFANTS LEGITIMES: AGE DU PERE:
           40 A 49 ANS 1905

262   MERES DE 50 ANS ET PLUS: ENFANTS DECLARES VIVANTS: ENFANTS LEGITIMES: AGE DU PERE:
           50 ANS PLUS 1905

263   MERES DE 50 ANS ET PLUS: ENFANTS DECLARES VIVANTS: ENFANTS LEGITIMES: AGE DU PERE:
           AGE INCONNU 1905

264   MERES DE 50 ANS ET PLUS: ENFANTS DECLARES VIVANTS: ENFANTS ILLEGITIMES 1905

265   MERES DE 50 ANS ET PLUS: MORT-NES ET ENFANTS MORT AVANT LA DECLARATION DE NAISSANCE:
           LEGITIMES 1905

266   MERES DE 50 ANS ET PLUS: MORT-NES ET ENFANTS MORT AVANT LA DECLARATION DE NAISSANCE:
           ILLEGITIMES 1905

267   MERES D'AGE INCONNU: ENFANTS DECLARES VIVANTS: ENFANTS LEGITIMES: AGE DU PERE:
           MOINS DE 20 ANS 1905

268   MERES D'AGE INCONNU: ENFANTS DECLARES VIVANT: ENFANTS LEGITIMES: AGE DU PERE: 20
           A 29 ANS 1905

269   MERES D'AGE INCONNU: ENFANTS DECLARES VIVANTS: ENFANTS LEGITIMES: AGE DU PERE:
           30 A 39 ANS 1905

270   MERES D'AGE INCONNU: ENFANTS DECLARES VIVANTS: ENFANTS LEGITIMES: AGE DU PERE:
           40 A 49 ANS 1905

271   MERES D'AGE INCONNU: ENFANTS DECLARES VIVANTS: ENFANTS LEGITIMES: AGE DU PERE:
           50 ANS ET PLUS 1905

272   MERES D'AGE INCONNU: ENFANTS DECLARES VIVANTS: ENFANTS LEGITIMES: AGE DU PERE:
           AGE INCONNU 1905

273   MERES D'AGE INCONNU: ENFANTS DECLARES VIVANTS: ENFANTS ILLEGITIMES 1905

274   MERES D'AGE INCONNU: MORT-NES ET ENFANTS MORTS AVANT LA DECLARATION DE NAISSANCE:
           LEGITIMES 1905

275   MERES D'AGE INCONNU: MORT-NES ET ENFANTS MORTS AVANT LA DECLARATION DE NAISSANCE:
           ILLEGITIMES 1905

153

DATA SET 260:   MOUVEMENT DE LA POPULATION 1905 (DEPARTEMENT)

NUMERO DE
LA VARIABLE   NOM DE LA VARIABLE

276   EXCEDENT DES NAISSANCES OU DES DECES: NAISSANCES: POPULATION URBAINE 1905
277   EXCEDENT DES NAISSANCES OU DES DECES: NAISSANCES: POPULATION RURALE 1905
278   EXCEDENT DES NAISSANCES OU DES DECES: NAISSANCES: TOTAL DES NAISSANCES 1905
279   EXCEDENT DES NAISSANCES OU DES DECES: DECES: POPULATION URBAINE 1905
280   EXCEDENT DES NAISSANCES OU DES DECES: DECES: POPULATION RURALE 1905
281   EXCEDENT DES NAISSANCES OU DES DECES: DECES: TOTAL DES DECES 1905
282   EXCEDENT DES NAISSANCES OU DES DECES: POPULATION URBAINE: ACCROISSEMENT 1905
283   EXCEDENT DES NAISSANCES OU DES DECES: POPULATION URBAINE: DIMINUTION 1905
284   EXCEDENT DES NAISSANCES OU DES DECES: POPULATION RURALE: ACCROISSEMENT 1905
285   EXCEDENT DES NAISSANCES OU DES DECES: POPULATION RURALE: DIMINUTION 1905
286   EXCEDENT DES NAISSANCES OU DES DECES: POPULATIONS URBAINE ET RURALE REUNIES:
         ACCROISSEMENT 1905
287   EXCEDENT DES NAISSANCES OU DES DECES: POPULATIONS URBAINE ET RURALE REUNIES:
         DIMINUTION 1905
288   DECES PAR MOIS: JANVIER 1905
289   DECES PAR MOIS: FEVRIER 1905
290   DECES PAR MOIS: MARS 1905
291   DECES PAR MOIS: AVRIL 1905
292   DECES PAR MOIS: MAI 1905
293   DECES PAR MOIS: JUIN 1905
294   DECES PAR MOIS: JUILLET 1905
295   DECES PAR MOIS: AOUT 1905
296   DECES PAR MOIS: SEPTEMBRE 1905
297   DECES PAR MOIS: OCTOBRE 1905
298   DECES PAR MOIS: NOVEMBRE 1905
299   DECES PAR MOIS: DECEMBRE 1905
300   DECES PAR MOIS: TOTAL 1905

DATA SET 261: MOUVEMENT DE LA POPULATION 1905 (DEPARTEMENT)

SOURCE: STATISTIQUE GENERALE DE LA FRANCE, STATISTIQUE DU MOUVEMENT
DE LA POPULATION, ANNEE 1905 (PARIS, 1905)

VARIABLES 7-19:	TABLEAU XXXII
VARIABLES 20-32:	TABLEAU XXXIII
VARIABLES 33-75:	TABLEAU XXXIV
VARIABLES 76-97:	TABLEAU XXXV
VARIABLES 98-116:	TABLEAU XXXVI
VARIABLES 117-135:	TABLEAU XXXVII
VARIABLES 136-157:	TABLEAU XXXVIII
VARIABLES 158-176:	TABLEAU XXXIX
VARIABLES 177-195:	TABLEAU XL

NUMERO DE
LA VARIABLE   NOM DE LA VARIABLE

7   DECES PAR MOIS (ENFANTS DE MOINS DE 1 AN): JANVIER, 1905

8   DECES PAR MOIS (ENFANTS DE MOINS DE 1 AN): FEVRIER, 1905

9   DECES PAR MOIS (ENFANTS DE MOINS DE 1 AN): MARS, 1905

10   DECES PAR MOIS (ENFANTS DE MOINS DE 1 AN): AVRIL, 1905

11   DECES PAR MOIS (ENFANTS DE MOINS DE 1 AN): MAI, 1905

12   DECES PAR MOIS (ENFANTS DE MOINS DE 1 AN): JUIN, 1905

13   DECES PAR MOIS (ENFANTS DE MOINS DE 1 AN): JUILLET, 1905

14   DECES PAR MOIS (ENFANTS DE MOINS DE 1 AN): AOUT, 1905

15   DECES PAR MOIS (ENFANTS DE MOINS DE 1 AN): SEPTEMBRE, 1905

16   DECES PAR MOIS (ENFANTS DE MOINS DE 1 AN): OCTOBRE, 1905

17   DECES PAR MOIS (ENFANTS DE MOINS DE 1 AN): NOVEMBRE, 1905

18   DECES PAR MOIS (ENFANTS DE MOINS DE 1 AN): DECEMBRE, 1905

19   DECES PAR MOIS (ENFANTS DE MOINS DE 1 AN): TOTAL, 1905

20   DECES PAR MOIS (VIEILLARDS DE 60 ANS ET AU-DESSUS): JANVIER, 1905

21   DECES PAR MOIS (VIEILLARDS DE 60 ANS ET AU-DESSUS): FEVRIER, 1905

22   DECES PAR MOIS (VIEILLARDS DE 60 ANS ET AU-DESSUS): MARS, 1905

23   DECES PAR MOIS (VIEILLARDS DE 60 ANS ET AU-DESSUS): AVRIL, 1905

24   DECES PAR MOIS (VIEILLARDS DE 60 ANS ET AU-DESSUS): MAI, 1905

25   DECES PAR MOIS (VIEILLARDS DE 60 ANS ET AU-DESSUS): JUIN, 1905

26   DECES PAR MOIS (VIEILLARDS DE 60 ANS ET AU-DESSUS): JUILLET, 1905

27   DECES PAR MOIS (VIEILLARDS DE 60 ANS ET AU-DESSUS): AOUT, 1905

28   DECES PAR MOIS (VIEILLARDS DE 60 ANS ET AU-DESSUS): SEPTEMBRE, 1905

29   DECES PAR MOIS (VIEILLARDS DE 60 ANS ET AU-DESSUS): OCTOBRE, 1905

30   DECES PAR MOIS (VIEILLARDS DE 60 ANS ET AU-DESSUS): NOVEMBRE, 1905

31   DECES PAR MOIS (VIEILLARDS DE 60 ANS ET AU-DESSUS): DECEMBRE, 1905

32   DECES PAR MOIS (VIEILLARDS DE 60 ANS ET AU-DESSUS): TOTAL, 1905

33   DECES AU COURS DE LA PREMIERE ANNEE: GARCONS: DE LA NAISSANCE A 4 JOURS: ENFANTS LEGITIMES, 1905

34   DECES AU COURS DE LA PREMIERE ANNEE: GARCONS: DE LA NAISSANCE A 4 JOURS: ENFANTS ILLEGITIMES, 1905

DATA SET 261:   MOUVEMENT DE LA POPULATION 1905 (DEPARTEMENT)

NUMERO DE LA VARIABLE	NOM DE LA VARIABLE
35	DECES AU COURS DE LA PREMIERE ANNEE: GARCONS: DE 5 A 9 JOURS: ENFANTS LEGITIMES, 1905
36	DECES AU COURS DE LA PREMIERE ANNEE: GARCONS: DE 5 A 9 JOURS: ENFANTS ILLEGITIMES, 1905
37	DECES AU COURS DE LA PREMIERE ANNEE: GARCONS: DE 10 A 14 JOURS: ENFANTS LEGITIMES, 1905
38	DECES AU COURS DE LA PREMIERE ANNEE: GARCONS: DE 10 A 14 JOURS: ENFANTS ILLEGITIMES, 1905
39	DECES AU COURS DE LA PREMIERE ANNEE: GARCONS: DE 15 A 29 JOURS: ENFANTS LEGITIMES, 1905
40	DECES AU COURS DE LA PREMIERE ANNEE: GARCONS: DE 15 A 29 JOURS: ENFANTS ILLEGITIMES, 1905
41	DECES AU COURS DE LA PREMIERE ANNEE: GARCONS: DE 1 MOIS: ENFANTS LEGITIMES, 1905
42	DECES AU COURS DE LA PREMIERE ANNEE: GARCONS: DE 1 MOIS: ENFANTS ILLEGITIMES, 1905
43	DECES AU COURS DE LA PREMIERE ANNEE: GARCONS: DE 2 MOIS: ENFANTS LEGITIMES, 1905
44	DECES AU COURS DE LA PREMIERE ANNEE: GARCONS: DE 2 MOIS: ENFANTS ILLEGITIMES, 1905
45	DECES AU COURS DE LA PREMIERE ANNEE: GARCONS: DE 3,4, OU 5 MOIS: ENFANTS LEGITIMES, 1905
46	DECES AU COURS DE LA PREMIERE ANNEE: GARCONS: DE 3,4, OU 5 MOIS: ENFANTS ILLEGITIMES, 1905
47	DECES AU COURS DE LA PREMIERE ANNEE: GARCONS: DE 6,7 OU 8 MOIS: ENFANTS LEGITIMES, 1905
48	DECES AU COURS DE LA PREMIERE ANNEE: GARCONS: DE 6,7 OU 8 MOIS: ENFANTS ILLEGITIMES, 1905
49	DECES AU COURS DE LA PREMIERE ANNEE: GARCONS: DE 9 MOIS JUSQU'A 1 AN MOINS 1 JOUR: ENFANTS LEGITIMES, 1905
50	DECES AU COURS DE LA PREMIERE ANNEE: GARCONS: DE 9 MOIS JUSQU'A 1 AN MOINS 1 JOUR: ENFANTS ILLEGITIMES, 1905
51	DECES AU COURS DE LA PREMIERE ANNEE: GARCONS: TOTAUX: ENFANTS LEGITIMES, 1905
52	DECES AU COURS DE LA PREMIERE ANNEE: GARCONS: TOTAUX: ENFANTS ILLEGITIMES, 1905
53	DECES AU COURS DE LA PREMIERE ANNEE: GARCONS: TOTAUX: ENFANTS: TOTAL, 1905
54	DECES AU COURS DE LA PREMIERE ANNEE: FILLES: DE LA NAISSANCE A 4 JOURS: ENFANTS LEGITIMES, 1905
55	DECES AU COURS DE LA PREMIERE ANNEE: FILLES: DE LA NAISSANCE A 4 JOURS: ENFANTS ILLEGITIMES, 1905
56	DECES AU COURS DE LA PREMIERE ANNEE: FILLES: DE 5 A 9 JOURS: ENFANTS LEGITIMES, 1905
57	DECES AU COURS DE LA PREMIERE ANNEE: FILLES: DE 5 A 9 JOURS: ENFANTS ILLEGITIMES, 1905
58	DECES AU COURS DE LA PREMIERE ANNEE: FILLES: DE 10 A 14 JOURS: ENFANTS LEGITIMES, 1905
59	DECES AU COURS DE LA PREMIERE ANNEE: FILLES: DE 10 A 14 JOURS: ENFANTS ILLEGITIMES, 1905
60	DECES AU COURS DE LA PREMIERE ANNEE: FILLES: DE 15 A 29 JOURS: ENFANTS LEGITIMES, 1905

DATA SET 261:   MOUVEMENT DE LA POPULATION 1905 (DEPARTEMENT)

NUMERO DE
LA VARIABLE   NOM DE LA VARIABLE

61   DECES AU COURS DE LA PREMIERE ANNEE: FILLES: DE 15 A 29 JOURS: ENFANTS
         ILLEGITIMES, 1905

62   DECES AU COURS DE LA PREMIERE ANNEE: FILLES: DE 1 MOIS: ENFANTS LEGITIMES, 1905

63   DECES AU COURS DE LA PREMIERE ANNEE: FILLES: DE 1 MOIS: ENFANTS ILLEGITIMES, 1905

64   DECES AU COURS DE LA PREMIERE ANNEE: FILLES: DE 2 MOIS: ENFANTS LEGITIMES, 1905

65   DECES AU COURS DE LA PREMIERE ANNEE: FILLES: DE 2 MOIS: ENFANTS ILLEGITIMES, 1905

66   DECES AU COURS DE LA PREMIERE ANNEE: FILLES: DE 3,4, OU 5 MOIS: ENFANTS LEGITIMES,
         1905

67   DECES AU COURS DE LA PREMIERE ANNEE: FILLES: DE 3,4, OU 5 MOIS: ENFANTS
         ILLEGITIMES, 1905

68   DECES AU COURS DE LA PREMIERE ANNEE: FILLES: DE 6,7, OU 8 MOIS: ENFANTS LEGITIMES,
         1905

69   DECES AU COURS DE LA PREMIERE ANNEE: FILLES: DE 6,7, OU 8 MOIS: ENFANTS
         ILLEGITIMES, 1905

70   DECES AU COURS DE LA PREMIERE ANNEE: FILLES: DE 9 MOIS JUSQU'A 1 AN MOINS 1 JOUR:
         ENFANTS LEGITIMES, 1905

71   DECES AU COURS DE LA PREMIERE ANNEE: FILLES: DE 9 MOIS JUSQU'A 1 AN MOINS 1 JOUR:
         ENFANTS ILLEGITIMES, 1905

72   DECES AU COURS DE LA PREMIERE ANNEE: FILLES: TOTAUX: ENFANTS LEGITIMES, 1905

73   DECES AU COURS DE LA PREMIERE ANNEE: FILLES: TOTAUX: ENFANTS ILLEGITIMES, 1905

74   DECES AU COURS DE LA PREMIERE ANNEE: FILLES: TOTAUX: ENFANTS: TOTAL, 1905

75   DECES AU COURS DE LA PREMIERE ANNEE: TOTAUX GENERAUX, 1905

76   DECES PAR AGE-GARCONS: DE 0 A 4 ANS, 1905

77   DECES PAR AGE-GARCONS: DE 5 A 9 ANS, 1905

78   DECES PAR AGE-GARCONS: DE 10 A 14 ANS, 1905

79   DECES PAR AGE-GARCONS: DE 15 A 19 ANS, 1905

80   DECES PAR AGE-GARCONS: DE 20 A 24 ANS, 1905

81   DECES PAR AGE-GARCONS: DE 25 A 29 ANS, 1905

82   DECES PAR AGE-GARCONS: DE 30 A 34 ANS, 1905

83   DECES PAR AGE-GARCONS: DE 35 A 39 ANS, 1905

84   DECES PAR AGE-GARCONS: DE 40 A 44 ANS, 1905

85   DECES PAR AGE-GARCONS: DE 45 A 49 ANS, 1905

86   DECES PAR AGE-GARCONS: DE 50 A 54 ANS, 1905

87   DECES PAR AGE-GARCONS: DE 55 A 59 ANS, 1905

88   DECES PAR AGE-GARCONS: DE 60 A 64 ANS, 1905

89   DECES PAR AGE-GARCONS: DE 65 A 69 ANS, 1905

90   DECES PAR AGE-GARCONS: DE 70 A 74 ANS, 1905

91   DECES PAR AGE-GARCONS: DE 75 A 79 ANS, 1905

92   DECES PAR AGE-GARCONS: DE 80 A 84 ANS, 1905

DATA SET 261: MOUVEMENT DE LA POPULATION 1905 (DEPARTEMENT)

NUMERO DE
LA VARIABLE   NOM DE LA VARIABLE

93   DECES PAR AGE-GARCONS: DE 85 A 89 ANS, 1905

94   DECES PAR AGE-GARCONS: DE 90 A 94 ANS, 1905

95   DECES PAR AGE-GARCONS: DE 95 A 99 ANS, 1905

96   DECES PAR AGE-GARCONS: DE 100 ANS ET AU-DESSUS, 1905

97   DECES PAR AGE-GARCONS: TOTAL, 1905

98   DECES PAR AGE: HOMMES MARIES: DE 15 A 19 ANS, 1905

99   DECES PAR AGE: HOMMES MARIES: DE 20 A 24 ANS, 1905

100   DECES PAR AGE: HOMMES MARIES: DE 25 A 29 ANS, 1905

101   DECES PAR AGE: HOMMES MARIES: DE 30 A 34 ANS, 1905

102   DECES PAR AGE: HOMMES MARIES: DE 35 A 39 ANS, 1905

103   DECES PAR AGE: HOMMES MARIES: DE 40 A 44 ANS, 1905

104   DECES PAR AGE: HOMMES MARIES: DE 45 A 49 ANS, 1905

105   DECES PAR AGE: HOMMES MARIES: DE 50 A 54 ANS, 1905

106   DECES PAR AGE: HOMMES MARIES: DE 55 A 59 ANS, 1905

107   DECES PAR AGE: HOMMES MARIES: DE 60 A 64 ANS, 1905

108   DECES PAR AGE: HOMMES MARIES: DE 65 A 69 ANS, 1905

109   DECES PAR AGE: HOMMES MARIES: DE 70 A 74 ANS, 1905

110   DECES PAR AGE: HOMMES MARIES: DE 75 A 79 ANS, 1905

111   DECES PAR AGE: HOMMES MARIES: DE 80 A 84 ANS, 1905

112   DECES PAR AGE: HOMMES MARIES: DE 85 A 89 ANS, 1905

113   DECES PAR AGE: HOMMES MARIES: DE 90 A 94 ANS, 1905

114   DECES PAR AGE: HOMMES MARIES: DE 95 A 99 ANS, 1905

115   DECES PAR AGE: HOMMES MARIES: DE 100 ANS ET AU-DESSUS, 1905

116   DECES PAR AGE: HOMMES MARIES: TOTAL, 1905

117   DECES PAR AGE-VEUFS ET DIVORCES: DE 15 A 19 ANS, 1905

118   DECES PAR AGE-VEUFS ET DIVORCES: DE 20 A 24 ANS, 1905

119   DECES PAR AGE-VEUFS ET DIVORCES: DE 25 A 29 ANS, 1905

120   DECES PAR AGE-VEUFS ET DIVORCES: DE 30 A 34 ANS, 1905

121   DECES PAR AGE-VEUFS ET DIVORCES: DE 35 A 39 ANS, 1905

122   DECES PAR AGE-VEUFS ET DIVORCES: DE 40 A 44 ANS, 1905

123   DECES PAR AGE-VEUFS ET DIVORCES: DE 45 A 49 ANS, 1905

124   DECES PAR AGE-VEUFS ET DIVORCES: DE 50 A 54 ANS, 1905

125   DECES PAR AGE-VEUFS ET DIVORCES: DE 55 A 59 ANS, 1905

126   DECES PAR AGE-VEUFS ET DIVORCES: DE 60 A 64 ANS, 1905

127   DECES PAR AGE-VEUFS ET DIVORCES: DE 65 A 69 ANS, 1905

128   DECES PAR AGE-VEUFS ET DIVORCES: DE 70 A 74 ANS, 1905

DATA SET 261: MOUVEMENT DE LA POPULATION 1905 (DEPARTEMENT)

NUMERO DE
LA VARIABLE   NOM DE LA VARIABLE

129	DECES PAR AGE-VEUFS ET DIVORCES: DE 75 A 79 ANS, 1905
130	DECES PAR AGE-VEUFS ET DIVORCES: DE 80 A 84 ANS, 1905
131	DECES PAR AGE-VEUFS ET DIVORCES: DE 85 A 89 ANS, 1905
132	DECES PAR AGE-VEUFS ET DIVORCES: DE 90 A 94 ANS, 1905
133	DECES PAR AGE-VEUFS ET DIVORCES: DE 95 A 99 ANS, 1905
134	DECES PAR AGE-VEUFS ET DIVORCES: DE 100 ANS ET AU-DESSUS, 1905
135	DECES PAR AGE-VEUFS ET DIVORCES: TOTAL, 1905
136	DECES PAR AGE-FILLES: DE 0 A 4 ANS, 1905
137	DECES PAR AGE-FILLES: DE 5 A 9 ANS, 1905
138	DECES PAR AGE-FILLES: DE 10 A 14 ANS, 1905
139	DECES PAR AGE-FILLES: DE 15 A 19 ANS, 1905
140	DECES PAR AGE-FILLES: DE 20 A 24 ANS, 1905
141	DECES PAR AGE-FILLES: DE 25 A 29 ANS, 1905
142	DECES PAR AGE-FILLES: DE 30 A 34 ANS, 1905
143	DECES PAR AGE-FILLES: DE 35 A 39 ANS, 1905
144	DECES PAR AGE-FILLES: DE 40 A 44 ANS, 1905
145	DECES PAR AGE-FILLES: DE 45 A 49 ANS, 1905
146	DECES PAR AGE-FILLES: DE 50 A 54 ANS, 1905
147	DECES PAR AGE-FILLES: DE 55 A 59 ANS, 1905
148	DECES PAR AGE-FILLES: DE 60 A 64 ANS, 1905
149	DECES PAR AGE-FILLES: DE 65 A 69 ANS, 1905
150	DECES PAR AGE-FILLES: DE 70 A 74 ANS, 1905
151	DECES PAR AGE-FILLES: DE 75 A 79 ANS, 1905
152	DECES PAR AGE-FILLES: DE 80 A 84 ANS, 1905
153	DECES PAR AGE-FILLES: DE 85 A 89 ANS, 1905
154	DECES PAR AGE-FILLES: DE 90 A 94 ANS, 1905
155	DECES PAR AGE-FILLES: DE 95 A 99 ANS, 1905
156	DECES PAR AGE-FILLES: DE 100 ANS ET AU-DESSUS, 1905
157	DECES PAR AGE-FILLES: TOTAL, 1905
158	DECES PAR AGE-FEMMES MARIEES: DE 15 A 19 ANS, 1905
159	DECES PAR AGE-FEMMES MARIEES: DE 20 A 24 ANS, 1905
160	DECES PAR AGE-FEMMES MARIEES: DE 25 A 29 ANS, 1905
161	DECES PAR AGE-FEMMES MARIEES: DE 30 A 34 ANS, 1905
162	DECES PAR AGE-FEMMES MARIEES: DE 35 A 39 ANS, 1905
163	DECES PAR AGE-FEMMES MARIEES: DE 40 A 44 ANS, 1905
164	DECES PAR AGE-FEMMES MARIEES: DE 45 A 49 ANS, 1905

DATA SET 261:   MOUVEMENT DE LA POPULATION 1905 (DEPARTEMENT)

NUMERO DE
LA VARIABLE   NOM DE LA VARIABLE

165   DECES PAR AGE-FEMMES MARIEES: DE 50 A 54 ANS, 1905

166   DECES PAR AGE-FEMMES MARIEES: DE 55 A 59 ANS, 1905

167   DECES PAR AGE-FEMMES MARIEES: DE 60 A 64 ANS, 1905

168   DECES PAR AGE-FEMMES MARIEES: DE 65 A 69 ANS, 1905

169   DECES PAR AGE-FEMMES MARIEES: DE 70 A 74 ANS, 1905

170   DECES PAR AGE-FEMMES MARIEES: DE 75 A 79 ANS, 1905

171   DECES PAR AGE-FEMMES MARIEES: DE 80 A 84 ANS, 1905

172   DECES PAR AGE-FEMMES MARIEES: DE 85 A 89 ANS, 1905

173   DECES PAR AGE-FEMMES MARIEES: DE 90 A 94 ANS, 1905

174   DECES PAR AGE-FEMMES MARIEES: DE 95 A 99 ANS, 1905

175   DECES PAR AGE-FEMMES MARIEES: DE 100 ANS ET AU-DESSUS, 1905

176   DECES PAR AGE-FEMMES MARIEES: TOTAL, 1905

177   DECES PAR AGE-VEUVES ET DIVORCEES: DE 15 A 19 ANS, 1905

178   DECES PAR AGE-VEUVES ET DIVORCEES: DE 20 A 24 ANS, 1905

179   DECES PAR AGE-VEUVES ET DIVORCEES: DE 25 A 29 ANS, 1905

180   DECES PAR AGE-VEUVES ET DIVORCEES: DE 30 A 34 ANS, 1905

181   DECES PAR AGE-VEUVES ET DIVORCEES: DE 35 A 39 ANS, 1905

182   DECES PAR AGE-VEUVES ET DIVORCEES: DE 40 A 44 ANS, 1905

183   DECES PAR AGE-VEUVES ET DIVORCEES: DE 45 A 49 ANS, 1905

184   DECES PAR AGE-VEUVES ET DIVORCEES: DE 50 A 54 ANS, 1905

185   DECES PAR AGE-VEUVES ET DIVORCEES: DE 55 A 59 ANS, 1905

186   DECES PAR AGE-VEUVES ET DIVORCEES: DE 60 A 64 ANS, 1905

187   DECES PAR AGE-VEUVES ET DIVORCEES: DE 65 A 69 ANS, 1905

188   DECES PAR AGE-VEUVES ET DIVORCEES: DE 70 A 74 ANS, 1905

189   DECES PAR AGE-VEUVES ET DIVORCEES: DE 75 A 79 ANS, 1905

190   DECES PAR AGE-VEUVES ET DIVORCEES: DE 80 A 84 ANS, 1905

191   DECES PAR AGE-VEUVES ET DIVORCEES: DE 85 A 89 ANS, 1905

192   DECES PAR AGE-VEUVES ET DIVORCEES: DE 90 A 94 ANS, 1905

193   DECES PAR AGE-VEUVES ET DIVORCEES: DE 95 A 99 ANS, 1905

194   DECES PAR AGE-VEUVES ET DIVORCEES: DE 100 ANS ET AU DESSUS, 1905

195   DECES PAR AGE-VEUVES ET DIVORCEES: TOTAL, 1905

161

DATA SET 264: MOUVEMENT DE LA POPULATION 1906 (DEPARTEMENT)

SOURCE: STATISTIQUE GENERALE DE LA FRANCE, STATISTIQUE DU MOUVEMENT
DE LA POPULATION, 1905-1906 (PARIS, 1906)

VARIABLES 7-32:	TABLEAU XXXI
VARIABLES 33-47:	TABLEAU XXXII
VARIABLES 48-63:	TABLEAU XXIII
VARIABLES 64-80:	TABLEAU XXIV
VARIABLES 81-119:	TABLEAU XXV
VARIABLES 120-146:	TABLEAU XXVI
VARIABLES 147-172:	TABLEAU XXVII
VARIABLES 173-185:	TABLEAU XXVIII
VARIABLES 186-275:	TABLEAU XXIX
VARIABLES 276-287:	TABLEAU XXX
VARIABLES 288-300:	TABLEAU XXXI

NUMERO DE
LA VARIABLE   NOM DE LA VARIABLE

7   MOUVEMENT DE LA POPULATION: POPULATION LEGALE DENOMBREMENT DE 1906

8   MOUVEMENT DE LA POPULATION: MARIAGES, 1906

9   MOUVEMENT DE LA POPULATION: DIVORCES, 1906

10   MOUVEMENT DE LA POPULATION: ENFANTS DECLARES VIVANTS: LEGITIMES: GARCONS, 1906

11   MOUVEMENT DE LA POPULATION: ENFANTS DECLARES VIVANTS: LEGITIMES: FILLES, 1906

12   MOUVEMENT DE LA POPULATION: ENFANTS DECLARES VIVANTS: LEGITIMES: TOTAL, 1906

13   MOUVEMENT DE LA POPULATION: ENFANTS DECLARES VIVANTS: ILLEGITIMES: GARCONS, 1906

14   MOUVEMENT DE LA POPULATION: ENFANTS DECLARES VIVANTS: ILLEGITIMES: FILLES, 1906

15   MOUVEMENT DE LA POPULATION: ENFANTS DECLARES VIVANTS: ILLEGITIMES: TOTAL, 1906

16   MOUVEMENT DE LA POPULATION: ENFANTS DECLARES VIVANTS: TOTAUX: GARCONS, 1906

17   MOUVEMENT DE LA POPULATION: ENFANTS DECLARES VIVANTS: TOTAUX: FILLES, 1906

18   MOUVEMENT DE LA POPULATION: TOTAL DES ENFANTS DECLARES VIVANTS, 1906

19   MOUVEMENT DE LA POPULATION: MORT-NES ET ENFANTS MORTS AVANT LA DECLARATION DE
NAISSANCE: LEGITIMES: GARCONS, 1906

20   MOUVEMENT DE LA POPULATION: MORT-NES ET ENFANTS MORTS AVANT LA DECLARATION DE
NAISSANCE: LEGITIMES: FILLES, 1906

21   MOUVEMENT DE LA POPULATION: MORT-NES ET ENFANTS MORTS AVANT LA DECLARATION DE
NAISSANCE: ILLEGITIMES: GARCONS, 1906

22   MOUVEMENT DE LA POPULATION: MORT-NES ET ENFANTS MORTS AVANT LA DECLARATION DE
NAISSANCE: ILLEGITIMES: FILLES, 1906

23   MOUVEMENT DE LA POPULATION: MORT-NES ET ENFANTS MORTS AVANT LA DECLARATION DE
NAISSANCE: TOTAL, 1906

24   MOUVEMENT DE LA POPULATION: DECES: SEXE MASCULIN, 1906

25   MOUVEMENT DE LA POPULATION: DECES: SEXE FEMININ, 1906

26   MOUVEMENT DE LA POPULATION: DECES: TOTAL, 1906

27   MOUVEMENT DE LA POPULATION: EXCEDENT DES NAISSANCES, 1906

28   MOUVEMENT DE LA POPULATION: EXCEDENT DES DECES, 1906

29   MOUVEMENT DE LA POPULATION: PROPORTION POUR 100 HABITANTS DES NOUVEAUX MARIES (AVEC
DEUX DECIMALES), 1906

30   MOUVEMENT DE LA POPULATION: PROPORTION POUR 100 HABITANTS DES ENFANTS DECLARES
VIVANTS (AVEC DEUX DECIMALES), 1906

DATA SET 264: MOUVEMENT DE LA POPULATION 1906 (DEPARTEMENT)

NUMERO DE LA VARIABLE	NOM DE LA VARIABLE
31	MOUVEMENT DE LA POPULATION: PROPORTION POUR 100 HABITANTS DES DECES (AVEC DEUX DECIMALES), 1906
32	MARIAGES SUIVANT LA SITUATION DE FAMILLE ANTERIEURE DES EPOUX: NOMBRE DES MARIAGES, 1906
33	MARIAGES SUIVANT LA SITUATION DE FAMILLE ANTERIEURE DES EPOUX: MARIAGES ENTRE GARCONS ET FILLES, 1906
34	MARIAGES SUIVANT LA SITUATION DE FAMILLE ANTERIEURE DES EPOUX: MARIAGES ENTRE GARCONS ET VEUVES, 1906
35	MARIAGES SUIVANT LA SITUATION DE FAMILLE ANTERIEURE DES EPOUX: MARIAGES ENTRE GARCONS ET DIVORCEES, 1906
36	MARIAGES SUIVANT LA SITUATION DE FAMILLE ANTERIEURE DES EPOUX: MARIAGES ENTRE VEUFS ET FILLES, 1906
37	MARIAGES SUIVANT LA SITUATION DE FAMILLE ANTERIEURE DES EPOUX: MARIAGES ENTRE VEUFS ET VEUVES, 1906
38	MARIAGES SUIVANT LA SITUATION DE FAMILLE ANTERIEURE DES EPOUX: MARIAGES ENTRE VEUFS ET DIVORCEES, 1906
39	MARIAGES SUIVANT LA SITUATION DE FAMILLE ANTERIEURE DES EPOUX: MARIAGES ENTRE DIVORCES ET FILLES, 1906
40	MARIAGES SUIVANT LA SITUATION DE FAMILLE ANTERIEURE DES EPOUX: MARIAGES ENTRE DIVORCES ET VEUVES, 1906
41	MARIAGES SUIVANT LA SITUATION DE FAMILLE ANTERIEURE DES EPOUX: MARIAGES ENTRE DIVORCES ET DIVORCEES, 1906
42	MARIAGES SUIVANT LA SITUATION DE FAMILLE ANTERIEURE DES EPOUX: NOMBRE DES CONJOINTS: SEXE MASCULIN: GARCONS, 1906
43	MARIAGES SUIVANT LA SITUATION DE FAMILLE ANTERIEURE DES EPOUX: NOMBRE DES CONJOINTS: SEXE MASCULIN: VEUFS, 1906
44	MARIAGES SUIVANT LA SITUATION DE FAMILLE ANTERIEURE DES EPOUX: NOMBRE DES CONJOINTS: SEXE MASCULIN: DIVORCES, 1906
45	MARIAGES SUIVANT LA SITUATION DE FAMILLE ANTERIEURE DES EPOUX: NOMBRE DES CONJOINTS: SEXE FEMININ: FILLES, 1906
46	MARIAGES SUIVANT LA SITUATION DE FAMILLE ANTERIEURE DES EPOUX: NOMBRE DES CONJOINTS: SEXE FEMININ: VEUVES, 1906
47	MARIAGES SUIVANT LA SITUATION DE FAMILLE ANTERIEURE DES EPOUX: NOMBRE DES CONJOINTS: SEXE FEMININ: DIVORCEES, 1906
48	MARIAGES SUIVANT L'AGE DES EPOUX: AGE DE L'EPOUX: MOINS DE 20 ANS, 1906
49	MARIAGES SUIVANT L'AGE DES EPOUX: AGE DE L'EPOUX: 20 A 24 ANS, 1906
50	MARIAGES SUIVANT L'AGE DES EPOUX: AGE DE L'EPOUX: 25 A 29 ANS, 1906
51	MARIAGES SUIVANT L'AGE DES EPOUX: AGE DE L'EPOUX: 30 A 34 ANS, 1906
52	MARIAGES SUIVANT L'AGE DES EPOUX: AGE DE L'EPOUX: 35 A 39 ANS, 1906
53	MARIAGES SUIVANT L'AGE DES EPOUX: AGE DE L'EPOUX: 40 A 49 ANS, 1906
54	MARIAGES SUIVANT L'AGE DES EPOUX: AGE DE L'EPOUX: 50 A 59 ANS, 1906
55	MARIAGES SUIVANT L'AGE DES EPOUX: AGE DE L'EPOUX: 60 ANS ET PLUS, 1906
56	MARIAGES SUIVANT L'AGE DES EPOUX: AGE DE L'EPOUSE: MOINS DE 20 ANS, 1906
57	MARIAGES SUIVANT L'AGE DES EPOUX: AGE DE L'EPOUSE: 20 A 24 ANS, 1906

DATA SET 264: MOUVEMENT DE LA POPULATION 1906 (DEPARTEMENT)

58	MARIAGES SUIVANT L'AGE DES EPOUX: AGE DE L'EPOUSE: 25 A 29 ANS, 1906
59	MARIAGES SUIVANT L'AGE DES EPOUX: AGE DE L'EPOUSE: 30 A 34 ANS, 1906
60	MARIAGES SUIVANT L'AGE DES EPOUX: AGE DE L'EPOUSE: 35 A 39 ANS, 1906
61	MARIAGES SUIVANT L'AGE DES EPOUX: AGE DE L'EPOUSE: 40 A 49 ANS, 1906
62	MARIAGES SUIVANT L'AGE DES EPOUX: AGE DE L'EPOUSE: 50 ANS ET PLUS, 1906
63	MARIAGES SUIVANT L'AGE DES EPOUX: TOTAL DES MARIAGES, 1906
64	AGE AU PREMIER MARIAGE: GARCONS: MOINS DE 20 ANS, 1906
65	AGE AU PREMIER MARIAGE: GARCONS: 20 A 24 ANS, 1906
66	AGE AU PREMIER MARIAGE: GARCONS: 25 A 29 ANS, 1906
67	AGE AU PREMIER MARIAGE: GARCONS: 30 A 34 ANS, 1906
68	AGE AU PREMIER MARIAGE: GARCONS: 35 A 39 ANS, 1906
69	AGE AU PREMIER MARIAGE: GARCONS: 40 A 49 ANS, 1906
70	AGE AU PREMIER MARIAGE: GARCONS: 50 A 59 ANS, 1906
71	AGE AU PREMIER MARIAGE: GARCONS: 60 ANS ET PLUS, 1906
72	AGE AU PREMIER MARIAGE: GARCONS: TOTAL, 1906
73	AGE AU PREMIER MARIAGE: FILLES: MOINS DE 20 ANS, 1906
74	AGE AU PREMIER MARIAGE: FILLES: 20 A 24 ANS, 1906
75	AGE AU PREMIER MARIAGE: FILLES: 25 A 29 ANS, 1906
76	AGE AU PREMIER MARIAGE: FILLES: 30 A 34 ANS, 1906
77	AGE AU PREMIER MARIAGE: FILLES: 35 A 39 ANS, 1906
78	AGE AU PREMIER MARIAGE: FILLES: 40 A 49 ANS, 1906
79	AGE AU PREMIER MARIAGE: FILLES: 50 ANS ET PLUS, 1906
80	AGE AU PREMIER MARIAGE: FILLES: TOTAL, 1906
81	NOMBRE DE MARIAGES, 1906
82	MARIAGES PAR MOIS: JANVIER, 1906
83	MARIAGES PAR MOIS: FEVRIER, 1906
84	MARIAGES PAR MOIS: MARS, 1906
85	MARIAGES PAR MOIS: AVRIL, 1906
86	MARIAGES PAR MOIS: MAI, 1906
87	MARIAGES PAR MOIS: JUIN, 1906
88	MARIAGES PAR MOIS: JUILLET, 1906
89	MARIAGES PAR MOIS: AOUT, 1906
90	MARIAGES PAR MOIS: SEPTEMBRE, 1906
91	MARIAGES PAR MOIS: OCTOBRE, 1906
92	MARIAGES PAR MOIS: NOVEMBRE, 1906
93	MARIAGES PAR MOIS: DECEMBRE, 1906

DATA SET 264: MOUVEMENT DE LA POPULATION 1906 (DEPARTEMENT)

NUMERO DE
LA VARIABLE   NOM DE LA VARIABLE

94   MARIAGES: DEGRE D'INSTRUCTION DES EPOUX: HOMMES QUI ONT SIGNE D'UNE CROIX, 1906

95   MARIAGES: DEGRE D'INSTRUCTION DES EPOUX: FEMMES QUI ONT SIGNE D'UNE CROIX, 1906

96   MARIAGES: PROPORTION DES EPOUX ILLETTRES POUR 100 EPOUX (AVEC 2 DECIMALES), 1906

97   MARIAGES AYANT DONNE LIEU A DES ACTES RESPECTUEUX, 1906

98   MARIAGES AYANT DONNE LIEU A OPPOSITION, 1906

99   MARIAGES AYANT DONNE LIEU A CONTRAT, 1906

100   MARIAGES ENTRE PARENTS: NEVEUX ET TANTES, 1906

101   MARIAGES ENTRE PARENTS: ONCLES ET NIECES, 1906

102   MARIAGES ENTRE PARENTS: COUSINS GERMAINS, 1906

103   LEGITIMATIONS PAR MARIAGE: MARIAGES AYANT LEGITIME DES ENFANTS, 1906

104   LEGITIMATIONS PAR MARIAGE: ENFANTS LEGITIMES: RECONNUS ANTERIEUREMENT PAR LE PERE:
       MOINS D'UN MOIS, 1906

105   LEGITIMATIONS PAR MARIAGE: ENFANTS LEGITIMES: RECONNUS ANTERIEUREMENT PAR LE PERE:
       1 A 2 MOIS, 1906

106   LEGITIMATIONS PAR MARIAGE: ENFANTS LEGITIMES: RECONNUS ANTERIEUREMENT PAR LE PERE:
       3 A 5 MOIS, 1906

107   LEGITIMATIONS PAR MARIAGE: ENFANTS LEGITIMES: RECONNUS ANTERIEUREMENT PAR LE PERE:
       6 A 11 MOIS, 1906

108   LEGITIMATIONS PAR MARIAGE: ENFANTS LEGITIMES: RECONNUS ANTERIEUREMENT PAR LE PERE:
       1 A 4 ANS, 1906

109   LEGITIMATIONS PAR MARIAGE: ENFANTS LEGITIMES: RECONNUS ANTERIEUREMENT PAR LE PERE:
       5 A 19 ANS, 1906

110   LEGITIMATIONS PAR MARIAGE: ENFANTS LEGITIMES: RECONNUS ANTERIEUREMENT PAR LE PERE:
       20 ANS ET PLUS, 1906

111   LEGITIMATIONS PAR MARIAGE: ENFANTS LEGITIMES: RECONNUS ANTERIEUREMENT PAR LE PERE:
       AGE INCONNU, 1906

112   LEGITIMATIONS PAR MARIAGE: ENFANTS LEGITIMES: NON RECONNUS ANTERIEUREMENT: MOINS
       D'UN AN, 1906

113   LEGITIMATIONS PAR MARIAGE: ENFANTS LEGITIMES: NON RECONNUS ANTERIEUREMENT: 1 A 2
       MOIS, 1906

114   LEGITIMATIONS PAR MARIAGE: ENFANTS LEGITIMES: NON RECONNUS ANTERIEUREMENT: 3 A 5
       MOIS, 1906

115   LEGITIMATIONS PAR MARIAGE: ENFANTS LEGITIMES: NON RECONNUS ANTERIEUREMENT: 6 A 11
       MOIS, 1906

116   LEGITIMATIONS PAR MARIAGE: ENFANTS LEGITIMES: NON RECONNUS ANTERIEUREMENT: 1 A 4
       ANS, 1906

117   LEGITIMATIONS PAR MARIAGE: ENFANTS LEGITIMES: NON RECONNUS ANTERIEUREMENT: 5 A 19
       ANS, 1906

118   LEGITIMATIONS PAR MARIAGE: ENFANTS LEGITIMES: NON RECONNUS ANTERIEUREMENT: 20 ANS
       ET PLUS, 1906

119   LEGITIMATIONS PAR MARIAGE: ENFANTS LEGITIMES: NON RECONNUS ANTERIEUREMENT: AGE
       INCONNU, 1906

120   NAISSANCES: ENFANTS DECLARES VIVANTS: ENFANTS LEGITIMES: GARCONS, 1906

121   NAISSANCES: ENFANTS DECLARES VIVANTS: ENFANTS LEGITIMES: FILLES, 1906

DATA SET 264:   MOUVEMENT DE LA POPULATION 1906 (DEPARTEMENT)

NUMERO DE
LA VARIABLE   NOM DE LA VARIABLE

122   NAISSANCES: ENFANTS DECLARES VIVANTS: ENFANTS LEGITIMES: TOTAUX, 1906

123   NAISSANCES: ENFANTS DECLARES VIVANTS: ENFANTS ILLEGITIMES RECONNUS PAR LE PERE SUR
           L'ACTE DE NAISSANCE: GARCONS, 1906

124   NAISSANCES: ENFANTS DECLARES VIVANTS: ENFANTS ILLEGITIMES RECONNUS PAR LE PERE SUR
           L'ACTE DE NAISSANCE: FILLES, 1906

125   NAISSANCES: ENFANTS DECLARES VIVANTS: ENFANTS ILLEGITIMES RECONNUS PAR LE PERE SUR
           L'ACTE DE NAISSANCE: TOTAUX, 1906

126   NAISSANCES: ENFANTS DECLARES VIVANTS: ENFANTS ILLEGITIMES NON RECONNUS: GARCONS,
           1906

127   NAISSANCES: ENFANTS DECLARES VIVANTS: ENFANTS ILLEGITIMES NON RECONNUS: FILLES,
           1906

128   NAISSANCES: ENFANTS DECLARES VIVANTS: ENFANTS ILLEGITIMES NON RECONNUS: TOTAUX,
           1906

129   NAISSANCES: ENFANTS DECLARES VIVANTS: ENFANTS ILLEGITIMES: TOTAUX: GARCONS, 1906

130   NAISSANCES: ENFANTS DECLARES VIVANTS: ENFANTS ILLEGITIMES: TOTAUX: FILLES, 1906

131   NAISSANCES: ENFANTS DECLARES VIVANTS: ENFANTS ILLEGITIMES: TOTAUX: TOTAUX, 1906

132   NAISSANCES: ENFANTS DECLARES VIVANTS: ENSEMBLE DES ENFANTS DECLARES VIVANTS:
           GARCONS, 1906

133   NAISSANCES: ENFANTS DECLARES VIVANTS: ENSEMBLE DES ENFANTS DECLARES VIVANTS:
           FILLES, 1906

134   NAISSANCES: ENFANTS DECLARES VIVANTS: ENSEMBLE DES ENFANTS DECLARES VIVANTS:
           TOTAUX, 1906

135   NAISSANCES: MORT-NES ET ENFANTS MORTS AVANT LA DECLARATION DE NAISSANCE: ENFANTS
           LEGITIMES: GARCONS, 1906

136   NAISSANCES: MORT-NES ET ENFANTS MORTS AVANT LA DECLARATION DE NAISSANCE: ENFANTS
           LEGITIMES: FILLES, 1906

137   NAISSANCES: MORT-NES ET ENFANTS MORTS AVANT LA DECLARATION DE NAISSANCE: ENFANTS
           LEGITIMES: TOTAUX, 1906

138   NAISSANCES: MORT-NES ET ENFANTS MORTS AVANT LA DECLARATION DE NAISSANCE: ENFANTS
           ILLEGITIMES: GARCONS, 1906

139   NAISSANCES: MORT-NES ET ENFANTS MORTS AVANT LA DECLARATION DE NAISSANCE: ENFANTS
           ILLEGITIMES: FILLES, 1906

140   NAISSANCES: MORT-NES ET ENFANTS MORTS AVANT LA DECLARATION DE NAISSANCE: ENFANTS
           ILLEGITIMES: TOTAUX, 1906

141   NAISSANCES: MORT-NES ET ENFANTS MORTS AVANT LA DECLARATION DE NAISSANCE: TOTAUX DES
           MORT-NES: GARCONS, 1906

142   NAISSANCES: MORT-NES ET ENFANTS MORTS AVANT LA DECLARATION DE NAISSANCE: TOTAUX DES
           MORT-NES: FILLES, 1906

143   NAISSANCES: MORT-NES ET ENFANTS MORTS AVANT LA DECLARATION DE NAISSANCE: TOTAUX DES
           MORT-NES: TOTAUX, 1906

144   NAISSANCES SUIVANT LE SEXE, LA LEGITIMITE ET LA VITALITE: TOTAUX GENERAUX: GARCONS,
           1906

145   NAISSANCES SUIVANT LE SEXE, LA LEGITIMITE ET LA VITALITE: TOTAUX GENERAUX: FILLES,
           1906

146   NAISSANCES SUIVANT LE SEXE, LA LEGITIMITE ET LA VITALITE: TOTAUX GENERAUX: TOTAUX,
           1906

DATA SET 264:   MOUVEMENT DE LA POPULATION 1906 (DEPARTEMENT)

NUMERO DE LA VARIABLE	NOM DE LA VARIABLE
147	NAISSANCES PAR MOIS: ENFANTS DECLARES VIVANTS: JANVIER, 1906
148	NAISSANCES PAR MOIS: ENFANTS DECLARES VIVANTS: FEVRIER, 1906
149	NAISSANCES PAR MOIS: ENFANTS DECLARES VIVANTS: MARS, 1906
150	NAISSANCES PAR MOIS: ENFANTS DECLARES VIVANTS: AVRIL, 1906
151	NAISSANCES PAR MOIS: ENFANTS DECLARES VIVANTS: MAI, 1906
152	NAISSANCES PAR MOIS: ENFANTS DECLARES VIVANTS: JUIN, 1906
153	NAISSANCES PAR MOIS: ENFANTS DECLARES VIVANTS: JUILLET, 1906
154	NAISSANCES PAR MOIS: ENFANTS DECLARES VIVANTS: AOUT, 1906
155	NAISSANCES PAR MOIS: ENFANTS DECLARES VIVANTS: SEPTEMBRE, 1906
156	NAISSANCES PAR MOIS: ENFANTS DECLARES VIVANTS: OCTOBRE, 1906
157	NAISSANCES PAR MOIS: ENFANTS DECLARES VIVANTS: NOVEMBRE, 1906
158	NAISSANCES PAR MOIS: ENFANTS DECLARES VIVANTS: DECEMBRE, 1906
159	NAISSANCES PAR MOIS: ENFANTS DECLARES VIVANTS: TOTAL, 1906
160	NAISSANCES PAR MOIS: MORT-NES ET ENFANTS MORTS AVANT LA DECLARATION DE NAISSANCE: JANVIER, 1906
161	NAISSANCES PAR MOIS: MORT-NES ET ENFANTS MORTS AVANT LA DECLARATION DE NAISSANCE: FEVRIER, 1906
162	NAISSANCES PAR MOIS: MORT-NES ET ENFANTS MORTS AVANT LA DECLARATION DE NAISSANCE: MARS, 1906
163	NAISSANCES PAR MOIS: MORT-NES ET ENFANTS MORTS AVANT LA DECLARATION DE NAISSANCE: AVRIL, 1906
164	NAISSANCES PAR MOIS: MORT-NES ET ENFANTS MORTS AVANT LA DECLARATION DE NAISSANCE: MAI, 1906
165	NAISSANCES PAR MOIS: MORT-NES ET ENFANTS MORTS AVANT LA DECLARATION DE NAISSANCE: JUIN, 1906
166	NAISSANCES PAR MOIS: MORT-NES ET ENFANTS MORTS AVANT LA DECLARATION DE NAISSANCE: JUILLET, 1906
167	NAISSANCES PAR MOIS: MORT-NES ET ENFANTS MORTS AVANT LA DECLARATION DE NAISSANCE: AOUT, 1906
168	NAISSANCES PAR MOIS: MORT-NES ET ENFANTS MORTS AVANT LA DECLARATION DE NAISSANCE: SEPTEMBRE, 1906
169	NAISSANCES PAR MOIS: MORT-NES ET ENFANTS MORTS AVANT LA DECLARATION DE NAISSANCE: OCTOBRE, 1906
170	NAISSANCES PAR MOIS: MORT-NES ET ENFANTS MORTS AVANT LA DECLARATION DE NAISSANCE: NOVEMBRE, 1906
171	NAISSANCES PAR MOIS: MORT-NES ET ENFANTS MORTS AVANT LA DECLARATION DE NAISSANCE: DECEMBRE, 1906
172	NAISSANCES PAR MOIS: MORT-NES ET ENFANTS MORTS AVANT LA DECLARATION DE NAISSANCE: TOTAL, 1906
173	ACCOUCHEMENTS MULTIPLES: NOMBRE DES ACCOUCHEMENTS DOUBLES AYANT PRODUIT: DEUX GARCONS, 1906
174	ACCOUCHEMENTS MULTIPLES: NOMBRE DES ACCOUCHEMENTS DOUBLES AYANT PRODUIT: DEUX FILLES, 1906

DATA SET 264:   MOUVEMENT DE LA POPULATION 1906 (DEPARTEMENT)

NUMERO DE
LA VARIABLE   NOM DE LA VARIABLE

175   ACCOUCHEMENTS MULTIPLES: NOMBRE DES ACCOUCHEMENTS DOUBLES AYANT PRODUIT: UN GARCON
             ET UNE FILLE, 1906

176   ACCOUCHEMENTS MULTIPLES: NOMBRE DES ACCOUCHEMENTS DOUBLES AYANT PRODUIT: TOTAL, 1906

177   ACCOUCHEMENTS MULTIPLES: NOMBRE DES ENFANTS ISSUS DE CES ACCOUCHEMENTS: DECLARES
             VIVANTS: GARCONS, 1906

178   ACCOUCHEMENTS MULTIPLES: NOMBRE DES ENFANTS ISSUS DE CES ACCOUCHEMENTS: DECLARES
             VIVANTS: FILLES, 1906

179   ACCOUCHEMENTS MULTIPLES: NOMBRE DES ENFANTS ISSUS DE CES ACCOUCHEMENTS: DECLARES
             VIVANTS: TOTAL, 1906

180   ACCOUCHEMENTS MULTIPLES: NOMBRE DES ENFANTS ISSUS DE CES ACCOUCHEMENTS: MORT-NES:
             GARCONS, 1906

181   ACCOUCHEMENTS MULTIPLES: NOMBRE DES ENFANTS ISSUS DE CES ACCOUCHEMENTS: MORT-NES:
             FILLES, 1906

182   ACCOUCHEMENTS MULTIPLES: NOMBRE DES ENFANTS ISSUS DE CES ACCOUCHEMENTS: MORT-NES:
             TOTAL, 1906

183   ACCOUCHEMENTS MULTIPLES: NOMBRE DES ENFANTS ISSUS DE CES ACCOUCHEMENTS: TOTAL:
             GARCONS, 1906

184   ACCOUCHEMENTS MULTIPLES: NOMBRE DES ENFANTS ISSUS DE CES ACCOUCHEMENTS: TOTAL:
             FILLES, 1906

185   ACCOUCHEMENTS MULTIPLES: NOMBRE DES ENFANTS ISSUS DE CES ACCOUCHEMENTS: TOTAL:
             ENSEMBLE, 1906

186   NAISSANCES D'APRES L'AGE DES PARENTS: MERES DE MOINS DE 15 ANS: ENFANTS DECLARES
             VIVANTS: ENFANTS LEGITIMES: AGE DU PERE: MOINS DE 20 ANS, 1906

187   NAISSANCES D'APRES L'AGE DES PARENTS: MERES DE MOINS DE 15 ANS: ENFANTS DECLARES
             VIVANTS: ENFANTS LEGITIMES: AGE DU PERE: 20 A 29 ANS, 1906

188   NAISSANCES D'APRES L'AGE DES PARENTS: MERES DE MOINS DE 15 ANS: ENFANTS DECLARES
             VIVANTS: ENFANTS LEGITIMES: AGE DU PERE: 30 A 39 ANS, 1906

189   NAISSANCES D'APRES L'AGE DES PARENTS: MERES DE MOINS DE 15 ANS: ENFANTS DECLARES
             VIVANTS: ENFANTS LEGITIMES: AGE DU PERE: 40 A 49 ANS, 1906

190   NAISSANCES D'APRES L'AGE DES PARENTS: MERES DE MOINS DE 15 ANS: ENFANTS DECLARES
             VIVANTS: ENFANTS LEGITIMES: AGE DU PERE: 50 ANS ET PLUS, 1906

191   NAISSANCES D'APRES L'AGE DES PARENTS: MERES DE MOINS DE 15 ANS: ENFANTS DECLARES
             VIVANTS: ENFANTS LEGITIMES: AGE DU PERE: AGE INCONNU, 1906

192   NAISSANCES D'APRES L'AGE DES PARENTS: MERES DE MOINS DE 15 ANS: ENFANTS DECLARES
             VIVANTS: ENFANTS ILLEGITIMES, 1906

193   NAISSANCES D'APRES L'AGE DES PARENTS: MERES DE MOINS DE 15 ANS: MORT-NES ET ENFANTS
             MORTS AVANT LA DECLARATION DE NAISSANCE: LEGITIMES, 1906

194   NAISSANCES D'APRES L'AGE DES PARENTS: MERES DE MOINS DE 15 ANS: MORT-NES ET ENFANTS
             MORTS AVANT LA DECLARATION DE NAISSANCE: ILLEGITIMES, 1906

195   NAISSANCES D'APRES L'AGE DES PARENTS: MERES DE 15 A 19 ANS: ENFANTS DECLARES
             VIVANTS: ENFANTS LEGITIMES: AGE DU PERE: MOINS DE 20 ANS, 1906

196   NAISSANCES D'APRES L'AGE DES PARENTS: MERES DE 15 A 19 ANS: ENFANTS DECLARES
             VIVANTS: ENFANTS LEGITIMES: AGE DU PERE: 20 A 29 ANS, 1906

197   NAISSANCES D'APRES L'AGE DES PARENTS: MERES DE 15 A 19 ANS: ENFANTS DECLARES
             VIVANTS: ENFANTS LEGITIMES: AGE DU PERE: 30 A 39 ANS, 1906

198   NAISSANCES D'APRES L'AGE DES PARENTS: MERES DE 15 A 19 ANS: ENFANTS DECLARES
             VIVANTS: ENFANTS LEGITIMES: AGE DU PERE: 40 A 49 ANS, 1906

DATA SET 264: MOUVEMENT DE LA POPULATION 1906 (DEPARTEMENT)

NOM DE LA VARIABLE

199   NAISSANCES D'APRES L'AGE DES PARENTS: MERES DE 15 A 19 ANS: ENFANTS DECLARES
        VIVANTS: ENFANTS LEGITIMES: AGE DU PERE: 50 ANS ET PLUS, 1906

200   NAISSANCES D'APRES L'AGE DES PARENTS: MERES DE 15 A 19 ANS: ENFANTS DECLARES
        VIVANTS: ENFANTS LEGITIMES: AGE DU PERE: AGE INCONNU, 1906

201   NAISSANCES D'APRES L'AGE DES PARENTS: MERES DE 15 A 19 ANS: ENFANTS ILLEGITIMES, 1906

202   NAISSANCES D'APRES L'AGE DES PARENTS: MERES DE 15 A 19 ANS: MORT-NES ET ENFANTS
        MORTS AVANT LA DECLARATION DE NAISSANCE: LEGITIMES, 1906

203   NAISSANCES D'APRES L'AGE DES PARENTS: MERES DE 15 A 19 ANS: MORT-NES ET ENFANTS
        MORTS AVANT LA DECLARATION DE NAISSANCE: ILLEGITIMES, 1906

204   NAISSANCES D'APRES L'AGE DES PARENTS: MERES DE 20 A 24 ANS: ENFANTS DECLARES
        VIVANTS: ENFANTS LEGITIMES: AGE DU PERE: MOINS DE 20 ANS, 1906

205   NAISSANCES D'APRES L'AGE DES PARENTS: MERES DE 20 A 24 ANS: ENFANTS DECLARES
        VIVANTS: ENFANTS LEGITIMES: AGE DU PERE: 20 A 29 ANS, 1906

206   NAISSANCES D'APRES L'AGE DES PARENTS: MERES DE 20 A 24 ANS: ENFANTS DECLARES
        VIVANTS: ENFANTS LEGITIMES: AGE DU PERE: 30 A 39 ANS, 1906

207   NAISSANCES D'APRES L'AGE DES PARENTS: MERES DE 20 A 24 ANS: ENFANTS DECLARES
        VIVANTS: ENFANTS LEGITIMES: AGE DU PERE: 40 A 49 ANS, 1906

208   NAISSANCES D'APRES L'AGE DES PARENTS: MERES DE 20 A 24 ANS: ENFANTS DECLARES
        VIVANTS: ENFANTS LEGITIMES: AGE DU PERE: 50 ANS ET PLUS, 1906

209   NAISSANCES D'APRES L'AGE DES PARENTS: MERES DE 20 A 24 ANS: ENFANTS DECLARES
        VIVANTS: ENFANTS LEGITIMES: AGE DU PERE: AGE INCONNU, 1906

210   NAISSANCES D'APRES L'AGE DES PARENTS: MERES DE 20 A 24 ANS: ENFANTS DECLARES
        VIVANTS: ENFANTS ILLEGITIMES, 1906

211   NAISSANCES D'APRES L'AGE DES PARENTS: MERES DE 20 A 24 ANS: MORT-NES ET ENFANTS
        MORTS AVANT LA DECLARATION DE NAISSANCE: LEGITIMES, 1906

212   NAISSANCES D'APRES L'AGE DES PARENTS: MERES DE 20 A 24 ANS: MORT-NES ET ENFANTS
        MORTS AVANT LA DECLARATION DE NAISSANCE: ILLEGITIMES, 1906

213   NAISSANCES D'APRES L'AGE DES PARENTS: MERES DE 25 A 29 ANS: ENFANTS DECLARES
        VIVANTS: ENFANTS LEGITIMES: AGE DU PERE: MOINS DE 20 ANS, 1906

214   NAISSANCES D'APRES L'AGE DES PARENTS: MERES DE 25 A 29 ANS: ENFANTS DECLARES
        VIVANTS: ENFANTS LEGITIMES: AGE DU PERE: 20 A 29 ANS, 1906

215   NAISSANCES D'APRES L'AGE DES PARENTS: MERES DE 25 A 29 ANS: ENFANTS DECLARES
        VIVANTS: ENFANTS LEGITIMES: AGE DU PERE: 30 A 39 ANS, 1906

216   NAISSANCES D'APRES L'AGE DES PARENTS: MERES DE 25 A 29 ANS: ENFANTS DECLARES
        VIVANTS: ENFANTS LEGITIMES: AGE DU PERE: 40 A 49 ANS, 1906

217   NAISSANCES D'APRES L'AGE DES PARENTS: MERES DE 25 A 29 ANS: ENFANTS DECLARES
        VIVANTS: ENFANTS LEGITIMES: AGE DU PERE: 50 ANS ET PLUS, 1906

218   NAISSANCES D'APRES L'AGE DES PARENTS: MERES DE 25 A 29 ANS: ENFANTS DECLARES
        VIVANTS: ENFANTS LEGITIMES: AGE DU PERE: AGE INCONNU, 1906

219   NAISSANCES D'APRES L'AGE DES PARENTS: MERES DE 25 A 29 ANS: ENFANTS DECLARES
        VIVANTS: ENFANTS ILLEGITIMES, 1906

220   NAISSANCES D'APRES L'AGE DES PARENTS: MERES DE 25 A 29 ANS: MORT-NES ET ENFANTS
        MORTS AVANT LA DECLARATION DE NAISSANCE: LEGITIMES, 1906

221   NAISSANCES D'APRES L'AGE DES PARENTS: MERES DE 25 A 29 ANS: MORT-NES ET ENFANTS
        MORTS AVANT LA DECLARATION DE NAISSANCE: ILLEGITIMES, 1906

222   NAISSANCES D'APRES L'AGE DES PARENTS: MERES DE 30 A 34 ANS: ENFANTS DECLARES
        VIVANTS: ENFANTS LEGITIMES: AGE DU PERE: MOINS DE 20 ANS, 1906

DATA SET 264:   MOUVEMENT DE LA POPULATION 1906 (DEPARTEMENT)

NUMERO DE
LA VARIABLE   NOM DE LA VARIABLE

223   NAISSANCES D'APRES L'AGE DES PARENTS: MERES DE 30 A 34 ANS: ENFANTS DECLARES
           VIVANTS: ENFANTS LEGITIMES: AGE DU PERE: 20 A 29 ANS, 1906

224   NAISSANCES D'APRES L'AGE DES PARENTS: MERES DE 30 A 34 ANS: ENFANTS DECLARES
           VIVANTS: ENFANTS LEGITIMES: AGE DU PERE: 30 A 39 ANS, 1906

225   NAISSANCES D'APRES L'AGE DES PARENTS: MERES DE 30 A 34 ANS: ENFANTS DECLARES
           VIVANTS: ENFANTS LEGITIMES: AGE DU PERE: 40 A 49 ANS, 1906

226   NAISSANCES D'APRES L'AGE DES PARENTS: MERES DE 30 A 34 ANS: ENFANTS DECLARES
           VIVANTS: ENFANTS LEGITIMES: AGE DU PERE: 50 ANS ET PLUS, 1906

227   NAISSANCES D'APRES L'AGE DES PARENTS: MERES DE 30 A 34 ANS: ENFANTS DECLARES
           VIVANTS: ENFANTS LEGITIMES: AGE DU PERE: AGE INCONNU, 1906

228   NAISSANCES D'APRES L'AGE DES PARENTS: MERES DE 30 A 34 ANS: ENFANTS DECLARES
           VIVANTS: ENFANTS ILLEGITIMES, 1906

229   NAISSANCES D'APRES L'AGE DES PARENTS: MERES DE 30 A 34 ANS: MORT-NES ET ENFANTS
           MORTS AVANT LA DECLARATION DE NAISSANCE: LEGITIMES, 1906

230   NAISSANCES D'APRES L'AGE DES PARENTS: MERES DE 30 A 34 ANS: MORT-NES ET ENFANTS
           MORTS AVANT LA DECLARATION DE NAISSANCE: ILLEGITIMES, 1906

231   NAISSANCES D'APRES L'AGE DES PARENTS: MERES DE 35 A 39 ANS: ENFANTS DECLARES
           VIVANTS: ENFANTS LEGITIMES: AGE DU PERE: MOINS DE 20 ANS, 1906

232   NAISSANCES D'APRES L'AGE DES PARENTS: MERES DE 35 A 39 ANS: ENFANTS DECLARES
           VIVANTS: ENFANTS LEGITIMES: AGE DU PERE: 20 A 29 ANS, 1906

233   NAISSANCES D'APRES L'AGE DES PARENTS: MERES DE 35 A 39 ANS: ENFANTS DECLARES
           VIVANTS: ENFANTS LEGITIMES: AGE DU PERE: 30 A 39 ANS, 1906

234   NAISSANCES D'APRES L'AGE DES PARENTS: MERES DE 35 A 39 ANS: ENFANTS DECLARES
           VIVANTS: ENFANTS LEGITIMES: AGE DU PERE: 40 A 49 ANS, 1906

235   NAISSANCES D'APRES L'AGE DES PARENTS: MERES DE 35 A 39 ANS: ENFANTS DECLARES
           VIVANTS: ENFANTS LEGITIMES: AGE DU PERE: 50 ANS ET PLUS, 1906

236   NAISSANCES D'APRES L'AGE DES PARENTS: MERES DE 35 A 39 ANS: ENFANTS DECLARES
           VIVANTS: ENFANTS LEGITIMES: AGE DU PERE: AGE INCONNU, 1906

237   NAISSANCES D'APRES L'AGE DES PARENTS: MERES DE 35 A 39 ANS: ENFANTS DECLARES
           VIVANTS: ENFANTS ILLEGITIMES, 1906

238   NAISSANCES D'APRES L'AGE DES PARENTS: MERES DE 35 A 39 ANS: MORT-NES ET ENFANTS
           MORTS AVANT LA DECLARATION DE NAISSANCE: LEGITIMES, 1906

239   NAISSANCES D'APRES L'AGE DES PARENTS: MERES DE 35 A 39 ANS: MORT-NES ET ENFANTS
           MORTS AVANT LA DECLARATION DE NAISSANCE: ILLEGITIMES, 1906

240   NAISSANCES D'APRES L'AGE DES PARENTS: MERES DE 40 A 44 ANS: ENFANTS DECLARES
           VIVANTS: ENFANTS LEGITIMES: AGE DU PERE: MOINS DE 20 ANS, 1906

241   NAISSANCES D'APRES L'AGE DES PARENTS: MERES DE 40 A 44 ANS: ENFANTS DECLARES
           VIVANTS: ENFANTS LEGITIMES: AGE DU PERE: 20 A 29 ANS, 1906

242   NAISSANCES D'APRES L'AGE DES PARENTS: MERES DE 40 A 44 ANS: ENFANTS DECLARES
           VIVANTS: ENFANTS LEGITIMES: AGE DU PERE: 30 A 39 ANS, 1906

243   NAISSANCES D'APRES L'AGE DES PARENTS: MERES DE 40 A 44 ANS: ENFANTS DECLARES
           VIVANTS: ENFANTS LEGITIMES: AGE DU PERE: 40 A 49 ANS, 1906

244   NAISSANCES D'APRES L'AGE DES PARENTS: MERES DE 40 A 44 ANS: ENFANTS DECLARES
           VIVANTS: ENFANTS LEGITIMES: AGE DU PERE: 50 ANS ET PLUS, 1906

245   NAISSANCES D'APRES L'AGE DES PARENTS: MERES DE 40 A 44 ANS: ENFANTS DECLARES
           VIVANTS: ENFANTS LEGITIMES: AGE DU PERE: AGE INCONNU, 1906

DATA SET 264: MOUVEMENT DE LA POPULATION 1906 (DEPARTEMENT)

NUMERO DE LA VARIABLE	NOM DE LA VARIABLE
246	NAISSANCES D'APRES L'AGE DES PARENTS: MERES DE 40 A 44 ANS: ENFANTS DECLARES VIVANTS: ENFANTS ILLEGITIMES, 1906
247	NAISSANCES D'APRES L'AGE DES PARENTS: MERES DE 40 A 44 ANS: MORT-NES ET ENFANTS MORTS AVANT LA DECLARATION DE NAISSANCE: LEGITIMES, 1906
248	NAISSANCES D'APRES L'AGE DES PARENTS: MERES DE 40 A 44 ANS: MORT-NES ET ENFANTS MORTS AVANT LA DECLARATION DE NAISSANCE: ILLEGITIMES, 1906
249	NAISSANCES D'APRES L'AGE DES PARENTS: MERES DE 45 A 49 ANS: ENFANTS DECLARES VIVANTS: ENFANTS LEGITIMES: AGE DU PERE: MOINS DE 20 ANS, 1906
250	NAISSANCES D'APRES L'AGE DES PARENTS: MERES DE 45 A 49 ANS: ENFANTS DECLARES VIVANTS: ENFANTS LEGITIMES: AGE DU PERE: 20 A 29 ANS, 1906
251	NAISSANCES D'APRES L'AGE DES PARENTS: MERES DE 45 A 49 ANS: ENFANTS DECLARES VIVANTS: ENFANTS LEGITIMES: AGE DU PERE: 30 A 39 ANS, 1906
252	NAISSANCES D'APRES L'AGE DES PARENTS: MERES DE 45 A 49 ANS: ENFANTS DECLARES VIVANTS: ENFANTS LEGITIMES: AGE DU PERE: 40 A 49 ANS, 1906
253	NAISSANCES D'APRES L'AGE DES PARENTS: MERES DE 45 A 49 ANS: ENFANTS DECLARES VIVANTS: ENFANTS LEGITIMES: AGE DU PERE: 50 ANS ET PLUS, 1906
254	NAISSANCES D'APRES L'AGE DES PARENTS: MERES DE 45 A 49 ANS: ENFANTS DECLARES VIVANTS: ENFANTS LEGITIMES: AGE DU PERE: AGE INCONNU, 1906
255	NAISSANCES D'APRES L'AGE DES PARENTS: MERES DE 45 A 49 ANS: ENFANTS DECLARES VIVANTS: ENFANTS ILLEGITIMES, 1906
256	NAISSANCES D'APRES L'AGE DES PARENTS: MERES DE 45 A 49 ANS: MORT-NES ET ENFANTS MORTS AVANT LA DECLARATION DE NAISSANCE: LEGITIMES, 1906
257	NAISSANCES D'APRES L'AGE DES PARENTS: MERES DE 45 A 49 ANS: MORT-NES ET ENFANTS MORTS AVANT LA DECLARATION DE NAISSANCE: ILLEGITIMES, 1906
258	NAISSANCES D'APRES L'AGE DES PARENTS: MERES DE 50 ANS ET PLUS: ENFANTS DECLARES VIVANTS: ENFANTS LEGITIMES: AGE DU PERE: MOINS DE 20 ANS, 1906
259	NAISSANCES D'APRES L'AGE DES PARENTS: MERES DE 50 ANS ET PLUS: ENFANTS DECLARES VIVANTS: ENFANTS LEGITIMES: AGE DU PERE: 20 A 29 ANS, 1906
260	NAISSANCES D'APRES L'AGE DES PARENTS: MERES DE 50 ANS ET PLUS: ENFANTS DECLARES VIVANTS: ENFANTS LEGITIMES: AGE DU PERE: 30 A 39 ANS, 1906
261	NAISSANCES D'APRES L'AGE DES PARENTS: MERES DE 50 ANS ET PLUS: ENFANTS DECLARES VIVANTS: ENFANTS LEGITIMES: AGE DU PERE: 40 A 49 ANS, 1906
262	NAISSANCES D'APRES L'AGE DES PARENTS: MERES DE 50 ANS ET PLUS: ENFANTS DECLARES VIVANTS: ENFANTS LEGITIMES: AGE DU PERE: 50 ANS ET PLUS, 1906
263	NAISSANCES D'APRES L'AGE DES PARENTS: MERES DE 50 ANS ET PLUS: ENFANTS DECLARES VIVANTS: ENFANTS LEGITIMES: AGE DU PERE: AGE INCONNU, 1906
264	NAISSANCES D'APRES L'AGE DES PARENTS: MERES DE 50 ANS ET PLUS: ENFANTS DECLARES VIVANTS: ENFANTS ILLEGITIMES, 1906
265	NAISSANCES D'APRES L'AGE DES PARENTS: MERES DE 50 ANS ET PLUS: MORT-NES ET ENFANTS MORTS AVANT LA DECLARATION DE NAISSANCE: LEGITIMES, 1906
266	NAISSANCES D'APRES L'AGE DES PARENTS: MERES DE 50 ANS ET PLUS: MORT-NES ET ENFANTS MORTS AVANT LA DECLARATION DE NAISSANCE: ILLEGITIMES, 1906
267	NAISSANCES D'APRES L'AGE DES PARENTS: MERES D'AGE INCONNU: ENFANTS DECLARES VIVANTS: ENFANTS LEGITIMES: AGE DU PERE: MOINS DE 20 ANS, 1906
268	NAISSANCES D'APRES L'AGE DES PARENTS: MERES D'AGE INCONNU: ENFANTS DECLARES VIVANTS: ENFANTS LEGITIMES: AGE DU PERE: 20 A 29 ANS, 1906
269	NAISSANCES D'APRES L'AGE DES PARENTS: MERES D'AGE INCONNU: ENFANTS DECLARES VIVANTS: ENFANTS LEGITIMES: AGE DU PERE: 30 A 39 ANS, 1906

DATA SET 264:   MOUVEMENT DE LA POPULATION 1906 (DEPARTEMENT)

NUMERO DE
LA VARIABLE   NOM DE LA VARIABLE

270   NAISSANCES D'APRES L'AGE DES PARENTS: MERES D'AGE INCONNU: ENFANTS DECLARES VIVANTS:
            ENFANTS LEGITIMES: AGE DU PERE: 40 A 49 ANS, 1906

271   NAISSANCES D'APRES L'AGE DES PARENTS: MERES D'AGE INCONNU: ENFANTS DECLARES VIVANTS:
            ENFANTS LEGITIMES: AGE DU PERE: 50 ANS ET PLUS, 1906

272   NAISSANCES D'APRES L'AGE DES PARENTS: MERES D'AGE INCONNU: ENFANTS DECLARES VIVANTS:
            ENFANTS LEGITIMES: AGE DU PERE: AGE INCONNU, 1906

273   NAISSANCES D'APRES L'AGE DES PARENTS: MERES D'AGE INCONNU: ENFANTS DECLARES VIVANTS:
            ENFANTS ILLEGITIMES, 1906

274   NAISSANCES D'APRES L'AGE DES PARENTS: MERES D'AGE INCONNU: MORT-NES ET ENFANTS MORTS
            AVANT LA DECLARATION DE NAISSANCE: LEGITIMES, 1906

275   NAISSANCES D'APRES L'AGE DES PARENTS: MERES D'AGE INCONNU: MORT-NES ET ENFANTS MORTS
            AVANT LA DECLARATION DE NAISSANCE: ILLEGITIMES, 1906

276   EXCEDENT DES NAISSANCES OU DES DECES: NAISSANCES: POPULATION URBAINE, 1906

277   EXCEDENT DES NAISSANCES OU DES DECES: NAISSANCES: POPULATION RURALE, 1906

278   EXCEDENT DES NAISSANCES OU DES DECES: NAISSANCES: TOTAL DES NAISSANCES, 1906

279   EXCEDENT DES NAISSANCES OU DES DECES: DECES: POPULATION URBAINE, 1906

280   EXCEDENT DES NAISSANCES OU DES DECES: DECES: POPULATION RURALE, 1906

281   EXCEDENT DES NAISSANCES OU DES DECES: DECES: TOTAL DES DECES, 1906

282   EXCEDENT DES NAISSANCES OU DES DECES: POPULATION URBAINE: ACCROISSEMENT, 1906

283   EXCEDENT DES NAISSANCES OU DES DECES: POPULATION URBAINE: DIMINUTION, 1906

284   EXCEDENT DES NAISSANCES OU DES DECES: POPULATION RURALE: ACCROISSEMENT, 1906

285   EXCEDENT DES NAISSANCES OU DES DECES: POPULATION RURALE: DIMINUTION, 1906

286   EXCEDENT DES NAISSANCES OU DES DECES: POPULATIONS URBAINE ET RURALE REUNIES:
            ACCROISSEMENT, 1906

287   EXCEDENT DES NAISSANCES OU DES DECES: POPULATIONS URBAINE ET RURALE REUNIES:
            DIMINUTION, 1906

288   DECES PAR MOIS: JANVIER, 1906

289   DECES PAR MOIS: FEVRIER, 1906

290   DECES PAR MOIS: MARS, 1906

291   DECES PAR MOIS: AVRIL, 1906

292   DECES PAR MOIS: MAI, 1906

293   DECES PAR MOIS: JUIN, 1906

294   DECES PAR MOIS: JUILLET, 1906

295   DECES PAR MOIS: AOUT, 1906

296   DECES PAR MOIS: SEPTEMBRE, 1906

297   DECES PAR MOIS: OCTOBRE, 1906

298   DECES PAR MOIS: NOVEMBRE, 1906

299   DECES PAR MOIS: DECEMBRE, 1906

300   DECES PAR MOIS: TOTAL, 1906

DATA SET 265: MOUVEMENT DE LA POPULATION 1906 (DEPARTEMENT)

SOURCE: STATISTIQUE GENERALE DE LA FRANCE, STATISTIQUE DU MOUVEMENT
DE LA POPULATION, 1905-1906 (PARIS, 1906)

VARIABLES 7-19:	TABLEAU XXXII
VARIABLES 20-32:	TABLEAU XXXIII
VARIABLES 33-75:	TABLEAU XXXIV
VARIABLES 76-97:	TABLEAU XXXV
VARIABLES 98-116:	TABLEAU XXXVI
VARIABLES 117-135:	TABLEAU XXXVII
VARIABLES 136-158:	TABLEAU XXXVIII
VARIABLES 159-176:	TABLEAU XXXIX
VARIABLES 177-195:	TABLEAU XL

NUMERO DE
LA VARIABLE   NOM DE LA VARIABLE

7   DECES PAR MOIS (ENFANTS DE MOINS DE 1 AN): JANVIER, 1906

8   DECES PAR MOIS (ENFANTS DE MOINS DE 1 AN): FEVRIER, 1906

9   DECES PAR MOIS (ENFANTS DE MOINS DE 1 AN): MARS, 1906

10   DECES PAR MOIS (ENFANTS DE MOINS DE 1 AN): AVRIL, 1906

11   DECES PAR MOIS (ENFANTS DE MOINS DE 1 AN): MAI, 1906

12   DECES PAR MOIS (ENFANTS DE MOINS DE 1 AN): JUIN, 1906

13   DECES PAR MOIS (ENFANTS DE MOINS DE 1 AN): JUILLET, 1906

14   DECES PAR MOIS (ENFANTS DE MOINS DE 1 AN): AOUT, 1906

15   DECES PAR MOIS (ENFANTS DE MOINS DE 1 AN): SEPTEMBRE, 1906

16   DECES PAR MOIS (ENFANTS DE MOINS DE 1 AN): OCTOBRE, 1906

17   DECES PAR MOIS (ENFANTS DE MOINS DE 1 AN): NOVEMBRE, 1906

18   DECES PAR MOIS (ENFANTS DE MOINS DE 1 AN): DECEMBRE, 1906

19   DECES PAR MOIS (ENFANTS DE MOINS DE 1 AN): TOTAL, 1906

20   DECES PAR MOIS (VIEILLARDS DE 60 ANS ET AU-DESSUS): JANVIER, 1906

21   DECES PAR MOIS (VIEILLARDS DE 60 ANS ET AU-DESSUS): FEVRIER, 1906

22   DECES PAR MOIS (VIEILLARDS DE 60 ANS ET AU-DESSUS): MARS, 1906

23   DECES PAR MOIS (VIEILLARDS DE 60 ANS ET AU-DESSUS): AVRIL, 1906

24   DECES PAR MOIS (VIEILLARDS DE 60 ANS ET AU-DESSUS): MAI, 1906

25   DECES PAR MOIS (VIEILLARDS DE 60 ANS ET AU-DESSUS): JUIN, 1906

26   DECES PAR MOIS (VIEILLARDS DE 60 ANS ET AU-DESSUS): JUILLET, 1906

27   DECES PAR MOIS (VIEILLARDS DE 60 ANS ET AU-DESSUS): AOUT, 1906

28   DECES PAR MOIS (VIEILLARDS DE 60 ANS ET AU-DESSUS): SEPTEMBRE, 1906

29   DECES PAR MOIS (VIEILLARDS DE 60 ANS ET AU-DESSUS): OCTOBRE, 1906

30   DECES PAR MOIS (VIEILLARDS DE 60 ANS ET AU-DESSUS): NOVEMBRE, 1906

31   DECES PAR MOIS (VIEILLARDS DE 60 ANS ET AU-DESSUS): DECEMBRE, 1906

32   DECES PAR MOIS (VIEILLARDS DE 60 ANS ET AU-DESSUS): TOTAL, 1906

33   DECES AU COURS DE LA PREMIERE ANNEE: GARCONS: DE LA NAISSANCE A 4 JOURS: ENFANTS
         LEGITIMES, 1906

34   DECES AU COURS DE LA PREMIERE ANNEE: GARCONS: DE LA NAISSANCE A 4 JOURS: ENFANTS
         ILLEGITIMES, 1906

DATA SET 265: MOUVEMENT DE LA POPULATION 1906 (DEPARTEMENT)

NUMERO DE
LA VARIABLE   NOM DE LA VARIABLE

35   DECES AU COURS DE LA PREMIERE ANNEE: GARCONS: DE 5 A 9 JOURS: ENFANTS LEGITIMES,
        1906

36   DECES AU COURS DE LA PREMIERE ANNEE: GARCONS: DE 5 A 9 JOURS: ENFANTS ILLEGITIMES,
        1906

37   DECES AU COURS DE LA PREMIERE ANNEE: GARCONS: DE 10 A 14 JOURS: ENFANTS LEGITIMES,
        1906

38   DECES AU COURS DE LA PREMIERE ANNEE: GARCONS: DE 10 A 14 JOURS: ENFANTS
        ILLEGITIMES, 1906

39   DECES AU COURS DE LA PREMIERE ANNEE: GARCONS: DE 15 A 29 JOURS: ENFANTS LEGITIMES,
        1906

40   DECES AU COURS DE LA PREMIERE ANNEE: GARCONS: DE 15 A 29 JOURS: ENFANTS
        ILLEGITIMES, 1906

41   DECES AU COURS DE LA PREMIERE ANNEE: GARCONS: DE 1 MOIS: ENFANTS LEGITIMES, 1906

42   DECES AU COURS DE LA PREMIERE ANNEE: GARCONS: DE 1 MOIS: ENFANTS ILLEGITIMES, 1906

43   DECES AU COURS DE LA PREMIERE ANNEE: GARCONS: DE 2 MOIS: ENFANTS LEGITIMES, 1906

44   DECES AU COURS DE LA PREMIERE ANNEE: GARCONS: DE 2 MOIS: ENFANTS ILLEGITIMES, 1906

45   DECES AU COURS DE LA PREMIERE ANNEE: GARCONS: DE 3,4, OU 5 MOIS: ENFANTS LEGITIMES,
        1906

46   DECES AU COURS DE LA PREMIERE ANNEE: GARCONS: DE 3,4, OU 5 MOIS: ENFANTS
        ILLEGITIMES, 1906

47   DECES AU COURS DE LA PREMIERE ANNEE: GARCONS: DE 6,7, OU 8 MOIS: ENFANTS LEGITIMES,
        1906

48   DECES AU COURS DE LA PREMIERE ANNEE: GARCONS: DE 6,7, OU 8 MOIS: ENFANTS
        ILLEGITIMES, 1906

49   DECES AU COURS DE LA PREMIERE ANNEE: GARCONS: DE 9 MOIS A 1 AN MOINS 1 JOUR:
        ENFANTS LEGITIMES, 1906

50   DECES AU COURS DE LA PREMIERE ANNEE: GARCONS: DE 9 MOIS A 1 AN MOINS 1 JOUR:
        ENFANTS ILLEGITIMES, 1906

51   DECES AU COURS DE LA PREMIERE ANNEE: GARCONS: TOTAUX: ENFANTS LEGITIMES, 1906

52   DECES AU COURS DE LA PREMIERE ANNEE: GARCONS: TOTAUX: ENFANTS ILLEGITIMES, 1906

53   DECES AU COURS DE LA PREMIERE ANNEE: GARCONS: TOTAUX: ENFANTS TOTAL, 1906

54   DECES AU COURS DE LA PREMIERE ANNEE: FILLES: DE LA NAISSANCE A 4 JOURS: ENFANTS
        LEGITIMES, 1906

55   DECES AU COURS DE LA PREMIERE ANNEE: FILLES: DE LA NAISSANCE A 4 JOURS: ENFANTS
        ILLEGITIMES, 1906

56   DECES AU COURS DE LA PREMIERE ANNEE: FILLES: DE 5 A 9 JOURS: ENFANTS LEGITIMES, 1906

57   DECES AU COURS DE LA PREMIERE ANNEE: FILLES: DE 5 A 9 JOURS: ENFANTS ILLEGITIMES,
        1906

58   DECES AU COURS DE LA PREMIERE ANNEE: FILLES: DE 10 A 14 JOURS: ENFANTS LEGITIMES,
        1906

59   DECES AU COURS DE LA PREMIERE ANNEE: FILLES: DE 10 A 14 JOURS: ENFANTS ILLEGITIMES,
        1906

60   DECES AU COURS DE LA PREMIERE ANNEE: FILLES: DE 15 A 29 JOURS: ENFANTS LEGITIMES,
        1906

61   DECES AU COURS DE LA PREMIERE ANNEE: FILLES: DE 15 A 29 JOURS: ENFANTS ILLEGITIMES,
        1906

175

DATA SET 265: MOUVEMENT DE LA POPULATION 1906 (DEPARTEMENT)

NUMERO DE
LA VARIABLE   NOM DE LA VARIABLE

62   DECES AU COURS DE LA PREMIERE ANNEE: FILLES: DE 1 MOIS: ENFANTS LEGITIMES, 1906

63   DECES AU COURS DE LA PREMIERE ANNEE: FILLES: DE 1 MOIS: ENFANTS ILLEGITIMES, 1906

64   DECES AU COURS DE LA PREMIERE ANNEE: FILLES: DE 2 MOIS: ENFANTS LEGITIMES, 1906

65   DECES AU COURS DE LA PREMIERE ANNEE: FILLES: DE 2 MOIS: ENFANTS ILLEGITIMES, 1906

66   DECES AU COURS DE LA PREMIERE ANNEE: FILLES: DE 3,4, OU 5 MOIS: ENFANTS LEGITIMES,
          1906

67   DECES AU COURS DE LA PREMIERE ANNEE: FILLES: DE 3,4, OU 5 MOIS: ENFANTS
          ILLEGITIMES, 1906

68   DECES AU COURS DE LA PREMIERE ANNEE: FILLES: DE 6,7, OU 8 MOIS: ENFANTS LEGITIMES,
          1906

69   DECES AU COURS DE LA PREMIERE ANNEE: FILLES: DE 6,7, OU 8 MOIS: ENFANTS
          ILLEGITIMES, 1906

70   DECES AU COURS DE LA PREMIERE ANNEE: FILLES: DE 9 MOIS A 1 AN MOINS 1 JOUR:
          LEGITIMES, 1906

71   DECES AU COURS DE LA PREMIERE ANNEE: FILLES: DE 9 MOIS A 1 AN MOINS 1 JOUR:
          ILLEGITIMES, 1906

72   DECES AU COURS DE LA PREMIERE ANNEE: FILLES: TOTAUX: ENFANTS LEGITIMES, 1906

73   DECES AU COURS DE LA PREMIERE ANNEE: FILLES: TOTAUX: ENFANTS ILLEGITIMES, 1906

74   DECES AU COURS DE LA PREMIERE ANNEE: FILLES: TOTAUX: ENFANTS TOTAL, 1906

75   DECES AU COURS DE LA PREMIERE ANNEE: TOTAUX GENERAUX, 1906

76   DECES PAR AGE: GARCONS: DE 0 A 4 ANS, 1906

77   DECES PAR AGE: GARCONS: DE 5 A 9 ANS, 1906

78   DECES PAR AGE: GARCONS: DE 10 A 14 ANS, 1906

79   DECES PAR AGE: GARCONS: DE 15 A 19 ANS, 1906

80   DECES PAR AGE: GARCONS: DE 20 A 24 ANS, 1906

81   DECES PAR AGE: GARCONS: DE 25 A 29 ANS, 1906

82   DECES PAR AGE: GARCONS: DE 30 A 34 ANS, 1906

83   DECES PAR AGE: GARCONS: DE 35 A 39 ANS, 1906

84   DECES PAR AGE: GARCONS: DE 40 A 44 ANS, 1906

85   DECES PAR AGE: GARCONS: DE 45 A 49 ANS, 1906

86   DECES PAR AGE: GARCONS: DE 50 A 54 ANS, 1906

87   DECES PAR AGE: GARCONS: DE 55 A 59 ANS, 1906

88   DECES PAR AGE: GARCONS: DE 60 A 64 ANS, 1906

89   DECES PAR AGE: GARCONS: DE 65 A 69 ANS, 1906

90   DECES PAR AGE: GARCONS: DE 70 A 74 ANS, 1906

91   DECES PAR AGE: GARCONS: DE 75 A 79 ANS, 1906

92   DECES PAR AGE: GARCONS: DE 80 A 84 ANS, 1906

93   DECES PAR AGE: GARCONS: DE 85 A 89 ANS, 1906

94   DECES PAR AGE: GARCONS: DE 90 A 94 ANS, 1906

DATA SET 265:   MOUVEMENT DE LA POPULATION 1906 (DEPARTEMENT)

NUMERO DE
LA VARIABLE   NOM DE LA VARIABLE

95   DECES PAR AGE: GARCONS: DE 95 A 99 ANS, 1906

96   DECES PAR AGE: GARCONS: DE 100 ANS ET AU-DESSUS, 1906

97   DECES PAR AGE: GARCONS: TOTAL, 1906

98   DECES PAR AGE: HOMMES MARIES: DE 15 A 19 ANS, 1906

99   DECES PAR AGE: HOMMES MARIES: DE 20 A 24 ANS, 1906

100   DECES PAR AGE: HOMMES MARIES: DE 25 A 29 ANS, 1906

101   DECES PAR AGE: HOMMES MARIES: DE 30 A 34 ANS, 1906

102   DECES PAR AGE: HOMMES MARIES: DE 35 A 39 ANS, 1906

103   DECES PAR AGE: HOMMES MARIES: DE 40 A 44 ANS, 1906

104   DECES PAR AGE: HOMMES MARIES: DE 45 A 49 ANS, 1906

105   DECES PAR AGE: HOMMES MARIES: DE 50 A 54 ANS, 1906

106   DECES PAR AGE: HOMMES MARIES: DE 55 A 59 ANS, 1906

107   DECES PAR AGE: HOMMES MARIES: DE 60 A 64 ANS, 1906

108   DECES PAR AGE: HOMMES MARIES: DE 65 A 69 ANS, 1906

109   DECES PAR AGE: HOMMES MARIES: DE 70 A 74 ANS, 1906

110   DECES PAR AGE: HOMMES MARIES: DE 75 A 79 ANS, 1906

111   DECES PAR AGE: HOMMES MARIES: DE 80 A 84 ANS, 1906

112   DECES PAR AGE: HOMMES MARIES: DE 85 A 89 ANS, 1906

113   DECES PAR AGE: HOMMES MARIES: DE 90 A 94 ANS, 1906

114   DECES PAR AGE: HOMMES MARIES: DE 95 A 99 ANS, 1906

115   DECES PAR AGE: HOMMES MARIES: DE 100 ANS ET AU-DESSUS, 1906

116   DECES PAR AGE: HOMMES MARIES: TOTAL, 1906

117   DECES PAR AGE: VEUFS ET DIVORCES: DE 15 A 19 ANS, 1906

118   DECES PAR AGE: VEUFS ET DIVORCES: DE 20 A 24 ANS, 1906

119   DECES PAR AGE: VEUFS ET DIVORCES: DE 25 A 29 ANS, 1906

120   DECES PAR AGE: VEUFS ET DIVORCES: DE 30 A 34 ANS, 1906

121   DECES PAR AGE: VEUFS ET DIVORCES: DE 35 A 39 ANS, 1906

122   DECES PAR AGE: VEUFS ET DIVORCES: DE 40 A 44 ANS, 1906

123   DECES PAR AGE: VEUFS ET DIVORCES: DE 45 A 49 ANS, 1906

124   DECES PAR AGE: VEUFS ET DIVORCES: DE 50 A 54 ANS, 1906

125   DECES PAR AGE: VEUFS ET DIVORCES: DE 55 A 59 ANS, 1906

126   DECES PAR AGE: VEUFS ET DIVORCES: DE 60 A 64 ANS, 1906

127   DECES PAR AGE: VEUFS ET DIVORCES: DE 65 A 69 ANS, 1906

128   DECES PAR AGE: VEUFS ET DIVORCES: DE 70 A 74 ANS, 1906

129   DECES PAR AGE: VEUFS ET DIVORCES: DE 75 A 79 ANS, 1906

130   DECES PAR AGE: VEUFS ET DIVORCES: DE 80 A 84 ANS, 1906

DATA SET 265:   MOUVEMENT DE LA POPULATION 1906 (DEPARTEMENT)

NUMERO DE
LA VARIABLE   NOM DE LA VARIABLE

131   DECES PAR AGE: VEUFS ET DIVORCES: DE 85 A 89 ANS, 1906

132   DECES PAR AGE: VEUFS ET DIVORCES: DE 90 A 94 ANS, 1906

133   DECES PAR AGE: VEUFS ET DIVORCES: DE 95 A 99 ANS, 1906

134   DECES PAR AGE: VEUFS ET DIVORCES: DE 100 ANS ET AU-DESSUS, 1906

135   DECES PAR AGE: VEUFS ET DIVORCES: TOTAL, 1906

136   DECES PAR AGE: FILLES: DE 0 A 4 ANS, 1906

137   DECES PAR AGE: FILLES: DE 5 A 9 ANS, 1906

138   DECES PAR AGE: FILLES: DE 10 A 14 ANS, 1906

139   DECES PAR AGE: FILLES: DE 15 A 19 ANS, 1906

140   DECES PAR AGE: FILLES: DE 20 A 24 ANS, 1906

141   DECES PAR AGE: FILLES: DE 25 A 29 ANS, 1906

142   DECES PAR AGE: FILLES: DE 30 A 34 ANS, 1906

143   DECES PAR AGE: FILLES: DE 35 A 39 ANS, 1906

144   DECES PAR AGE: FILLES: DE 40 A 44 ANS, 1906

145   DECES PAR AGE: FILLES: DE 45 A 49 ANS, 1906

146   DECES PAR AGE: FILLES: DE 50 A 54 ANS, 1906

147   DECES PAR AGE: FILLES: DE 55 A 59 ANS, 1906

148   DECES PAR AGE: FILLES: DE 60 A 64 ANS, 1906

149   DECES PAR AGE: FILLES: DE 65 A 69 ANS, 1906

150   DECES PAR AGE: FILLES: DE 70 A 74 ANS, 1906

151   DECES PAR AGE: FILLES: DE 75 A 79 ANS, 1906

152   DECES PAR AGE: FILLES: DE 80 A 84 ANS, 1906

153   DECES PAR AGE: FILLES: DE 85 A 89 ANS, 1906

154   DECES PAR AGE: FILLES: DE 90 A 94 ANS, 1906

155   DECES PAR AGE: FILLES: DE 95 A 99 ANS, 1906

156   DECES PAR AGE: FILLES: DE 100 ANS ET AU-DESSUS, 1906

157   DECES PAR AGE: FILLES: TOTAL, 1906

158   DECES PAR AGE: FEMMES MARIEES: DE 15 A 19 ANS, 1906

159   DECES PAR AGE: FEMMES MARIEES: DE 20 A 24 ANS, 1906

160   DECES PAR AGE: FEMMES MARIEES: DE 25 A 29 ANS, 1906

161   DECES PAR AGE: FEMMES MARIEES: DE 30 A 34 ANS, 1906

162   DECES PAR AGE: FEMMES MARIEES: DE 35 A 39 ANS, 1906

163   DECES PAR AGE: FEMMES MARIEES: DE 40 A 44 ANS, 1906

164   DECES PAR AGE: FEMMES MARIEES: DE 45 A 49 ANS, 1906

165   DECES PAR AGE: FEMMES MARIEES: DE 50 A 54 ANS, 1906

166   DECES PAR AGE: FEMMES MARIEES: DE 55 A 59 ANS, 1906

DATA SET 265: MOUVEMENT DE LA POPULATION 1906 (DEPARTEMENT)

NUMERO DE LA VARIABLE	NOM DE LA VARIABLE
167	DECES PAR AGE: FEMMES MARIEES: DE 60 A 64 ANS, 1906
168	DECES PAR AGE: FEMMES MARIEES: DE 65 A 69 ANS, 1906
169	DECES PAR AGE: FEMMES MARIEES: DE 70 A 74 ANS, 1906
170	DECES PAR AGE: FEMMES MARIEES: DE 75 A 79 ANS, 1906
171	DECES PAR AGE: FEMMES MARIEES: DE 80 A 84 ANS, 1906
172	DECES PAR AGE: FEMMES MARIEES: DE 85 A 89 ANS, 1906
173	DECES PAR AGE: FEMMES MARIEES: DE 90 A 94 ANS, 1906
174	DECES PAR AGE: FEMMES MARIEES: DE 95 A 99 ANS, 1906
175	DECES PAR AGE: FEMMES MARIEES: DE 100 ANS ET AU-DESSUS, 1906
176	DECES PAR AGE: FEMMES MARIEES: TOTAL, 1906
177	DECES PAR AGE: VEUVES ET DIVORCEES: DE 15 A 19 ANS, 1906
178	DECES PAR AGE: VEUVES ET DIVORCEES: DE 20 A 24 ANS, 1906
179	DECES PAR AGE: VEUVES ET DIVORCEES: DE 25 A 29 ANS, 1906
180	DECES PAR AGE: VEUVES ET DIVORCEES: DE 30 A 34 ANS, 1906
181	DECES PAR AGE: VEUVES ET DIVORCEES: DE 35 A 39 ANS, 1906
182	DECES PAR AGE: VEUVES ET DIVORCEES: DE 40 A 44 ANS, 1906
183	DECES PAR AGE: VEUVES ET DIVORCEES: DE 45 A 49 ANS, 1906
184	DECES PAR AGE: VEUVES ET DIVORCEES: DE 50 A 54 ANS, 1906
185	DECES PAR AGE: VEUVES ET DIVORCEES: DE 55 A 59 ANS, 1906
186	DECES PAR AGE: VEUVES ET DIVORCEES: DE 60 A 64 ANS, 1906
187	DECES PAR AGE: VEUVES ET DIVORCEES: DE 65 A 69 ANS, 1906
188	DECES PAR AGE: VEUVES ET DIVORCEES: DE 70 A 74 ANS, 1906
189	DECES PAR AGE: VEUVES ET DIVORCEES: DE 75 A 79 ANS, 1906
190	DECES PAR AGE: VEUVES ET DIVORCEES: DE 80 A 84 ANS, 1906
191	DECES PAR AGE: VEUVES ET DIVORCEES: DE 85 A 89 ANS, 1906
192	DECES PAR AGE: VEUVES ET DIVORCEES: DE 90 A 94 ANS, 1906
193	DECES PAR AGE: VEUVES ET DIVORCEES: DE 95 A 99 ANS, 1906
194	DECES PAR AGE: VEUVES ET DIVORCEES: DE 100 ANS ET AU-DESSUS, 1906
195	DECES PAR AGE: VEUVES ET DIVORCEES: TOTAL, 1906

DATA SET 293:   MOUVEMENT DE LA POPULATION 1907 (DEPARTEMEMT)

SOURCE: STATISTIQUE GENERALE DE LA FRANCE, STATISTIQUE DU MOUVEMENT
          DE LA POPULATION, 1907-1910, NOUVELLE SERIE,
          TOME I (PARIS, 1912)

                  VARIABLES 7-22:   TABLEAU XXXIV
                  VARIABLES 23-39:   TABLEAU XXXV
                  VARIABLES 40-57:   TABLEAU XXXVI
                  VARIABLES 58-70:   TABLEAU XXXVII
                  VARIABLES 71-97:   TABLEAU XLII
                  VARIABLES 98-119:   TABLEAU XLIII
                  VARIABLES 120-145:   TABLEAU XLIV
                  VARIABLES 146-157:   TABLEAU XLVII
                  VARIABLES 158-203:   TABLEAU XLVIII
                  VARIABLES 204-216:   TABLEAU XLIX
                  VARIABLES 217-229:   TABLEAU L
                  VARIABLES 230-242:   TABLEAU LI
                  VARIABLES 243-285:   TABLEAU LII

NUMERO DE
LA VARIABLE   NOM DE LA VARIABLE

   7   MARIAGES SUIVANT LA SITUATION DE FAMILLE ANTERIEURE DES EPOUX: NOMBRE DES MARIAGES,
          1907

   8   MARIAGES SUIVANT LA SITUATION DE FAMILLE ANTERIEURE DES EPOUX: MARIAGES ENTRE
          GARCONS ET FILLES, 1907

   9   MARIAGES SUIVANT LA SITUATION DE FAMILLE ANTERIEURE DES EPOUX: MARIAGES ENTRE
          GARCONS ET VEUVES, 1907

  10   MARIAGES SUIVANT LA SITUATION DE FAMILLE ANTERIEURE DES EPOUX: MARIAGES ENTRE
          GARCONS ET DIVORCEES, 1907

  11   MARIAGES SUIVANT LA SITUATION DE FAMILLE ANTERIEURE DES EPOUX: MARIAGES ENTRE VEUFS
          ET FILLES, 1907

  12   MARIAGES SUIVANT LA SITUATION DE FAMILLE ANTERIEURE DES EPOUX: MARIAGES ENTRE VEUFS
          ET VEUVES, 1907

  13   MARIAGES SUIVANT LA SITUATION DE FAMILLE ANTERIEURE DES EPOUX: MARIAGES ENTRE VEUFS
          ET DIVORCEES, 1907

  14   MARIAGES SUIVANT LA SITUATION DE FAMILLE ANTERIEURE DES EPOUX: MARIAGES ENTRE
          DIVORCES ET FILLES, 1907

  15   MARIAGES SUIVANT LA SITUATION DE FAMILLE ANTERIEURE DES EPOUX: MARIAGES ENTRE
          DIVORCES ET VEUVES, 1907

  16   MARIAGES SUIVANT LA SITUATION DE FAMILLE ANTERIEURE DES EPOUX: MARIAGES ENTRE
          DIVORCES ET DIVORCEES, 1907

  17   MARIAGES SUIVANT LA SITUATION DE FAMILLE ANTERIEURE DES EPOUX: NOMBRE DES CONJOINTS:
          SEXE MASCULIN: GARCONS, 1907

  18   MARIAGES SUIVANT LA SITUATION DE FAMILLE ANTERIEURE DES EPOUX: NOMBRE DES CONJOINTS:
          SEXE MASCULIN: VEUFS, 1907

  19   MARIAGES SUIVANT LA SITUATION DE FAMILLE ANTERIEURE DES EPOUX: NOMBRE DES CONJOINTS:
          SEXE MASCULIN: DIVORCES, 1907

  20   MARIAGES SUIVANT LA SITUATION DE FAMILLE ANTERIEURE DES EPOUX: NOMBRE DES CONJOINTS:
          SEXE FEMININ: FILLES, 1907

  21   MARIAGES SUIVANT LA SITUATION DE FAMILLE ANTERIEURE DES EPOUX: NOMBRE DES CONJOINTS:
          SEXE FEMININ: VEUVES, 1907

  22   MARIAGES SUIVANT LA SITUATION DE FAMILLE ANTERIEURE DES EPOUX: NOMBRE DES CONJOINTS:
          SEXE FEMININ: DIVORCEES, 1907

  23   MARIAGES: AGE DE L'EPOUX: MOINS DE 20 ANS, 1907

  24   MARIAGES: AGE DE L'EPOUX: 20 A 24 ANS, 1907

DATA SET 293:   MOUVEMENT DE LA POPULATION 1907 (DEPARTEMENT)

NUMERO DE
LA VARIABLE   NOM DE LA VARIABLE

25   MARIAGES: AGE DE L'EPOUX: 25 A 29 ANS, 1907

26   MARIAGES: AGE DE L'EPOUX: 30 A 34 ANS, 1907

27   MARIAGES: AGE DE L'EPOUX: 35 A 39 ANS, 1907

28   MARIAGES: AGE DE L'EPOUX: 40 A 49 ANS, 1907

29   MARIAGES: AGE DE L'EPOUX: 50 A 59 ANS, 1907

30   MARIAGES: AGE DE L'EPOUX: 60 ANS ET PLUS, 1907

31   MARIAGES: AGE DE L'EPOUSE: MOINS DE 20 ANS, 1907

32   MARIAGES: AGE DE L'EPOUSE: 20 A 24 ANS, 1907

33   MARIAGES: AGE DE L'EPOUSE: 25 A 29 ANS, 1907

34   MARIAGES: AGE DE L'EPOUSE: 30 A 34 ANS, 1907

35   MARIAGES: AGE DE L'EPOUSE: 35 A 39 ANS, 1907

36   MARIAGES: AGE DE L'EPOUSE: 40 A 49 ANS, 1907

37   MARIAGES: AGE DE L'EPOUSE: 50 A 59 ANS, 1907

38   MARIAGES: AGE DE L'EPOUSE: 60 ANS ET PLUS, 1907

39   MARIAGES: TOTAL DES MARIAGES, 1907

40   AGE AU PREMIER MARIAGE: GARCONS: MOINS DE 20 ANS, 1907

41   AGE AU PREMIER MARIAGE: GARCONS: 20 A 24 ANS, 1907

42   AGE AU PREMIER MARIAGE: GARCONS: 25 A 29 ANS, 1907

43   AGE AU PREMIER MARIAGE: GARCONS: 30 A 34 ANS, 1907

44   AGE AU PREMIER MARIAGE: GARCONS: 35 A 39 ANS, 1907

45   AGE AU PREMIER MARIAGE: GARCONS: 40 A 49 ANS, 1907

46   AGE AU PREMIER MARIAGE: GARCONS: 50 A 59 ANS, 1907

47   AGE AU PREMIER MARIAGE: GARCONS: 60 ANS ET PLUS, 1907

48   AGE AU PREMIER MARIAGE: GARCONS: TOTAL, 1907

49   AGE AU PREMIER MARIAGE: FILLES: MOINS DE 20 ANS, 1907

50   AGE AU PREMIER MARIAGE: FILLES: 20 A 24 ANS, 1907

51   AGE AU PREMIER MARIAGES: FILLES: 25 A 29 ANS, 1907

52   AGE AU PREMIER MARIAGE: FILLES: 30 A 34 ANS, 1907

53   AGE AU PREMIER MARIAGE: FILLES: 35 A 39 ANS, 1907

54   AGE AU PREMIER MARIAGE: FILLES: 40 A 49 ANS, 1907

55   AGE AU PREMIER MARIAGE: FILLES: 50 A 59 ANS, 1907

56   AGE AU PREMIER MARIAGE: FILLES: 60 ANS ET PLUS, 1907

57   AGE AU PREMIER MARIAGE: FILLES: TOTAL, 1907

58   MARIAGES PAR MOIS: NOMBRE TOTAL DE MARIAGES, 1907

59   MARIAGES PAR MOIS: JANVIER, 1907

60   MARIAGES PAR MOIS: FEVRIER, 1907

DATA SET 293:   MOUVEMENT DE LA POPULATION 1907 (DEPARTEMENT)

NUMERO DE
LA VARIABLE   NOM DE LA VARIABLE

61   MARIAGES PAR MOIS: MARS, 1907

62   MARIAGES PAR MOIS: AVRIL, 1907

63   MARIAGES PAR MOIS: MAI, 1907

64   MARIAGES PAR MOIS: JUIN, 1907

65   MARIAGES PAR MOIS: JUILLET, 1907

66   MARIAGES PAR MOIS: AOUT, 1907

67   MARIAGES PAR MOIS: SEPTEMBRE, 1907

68   MARIAGES PAR MOIS: OCTOBRE, 1907

69   MARIAGES PAR MOIS: NOVEMBRE, 1907

70   MARIAGES PAR MOIS: DECEMBRE, 1907

71   NAISSANCES: ENFANTS DECLARES VIVANTS: ENFANTS LEGITIMES: GARCONS, 1907

72   NAISSANCES: ENFANTS DECLARES VIVANTS: ENFANTS LEGITIMES: FILLES, 1907

73   NAISSANCES: ENFANTS DECLARES VIVANTS: ENFANTS LEGITIMES: TOTAUX, 1907

74   NAISSANCES: ENFANTS DECLARES VIVANTS: ENFANTS ILLEGITIMES RECONNUS PAR LE PERE SUR
          L'ACTE DE NAISSANCE: GARCONS, 1907

75   NAISSANCES: ENFANTS DECLARES VIVANTS: ENFANTS ILLEGITIMES RECONNUS PAR LE PERE SUR
          L'ACTE DE NAISSANCE: FILLES, 1907

76   NAISSANCES: ENFANTS DECLARES VIVANTS: ENFANTS ILLEGITIMES RECONNUS PAR LE PERE SUR
          L'ACTE DE NAISSANCE: TOTAUX, 1907

77   NAISSANCES: ENFANTS DECLARES VIVANTS: ENFANTS ILLEGITIMES NON RECONNUS: GARCONS,
          1907

78   NAISSANCES: ENFANTS DECLARES VIVANTS: ENFANTS ILLEGITIMES NON RECONNUS: FILLES,
          1907

79   NAISSANCES: ENFANTS DECLARES VIVANTS: ENFANTS ILLEGITIMES NON RECONNUS: TOTAUX,
          1907

80   NAISSANCES: ENFANTS DECLARES VIVANTS: ENFANTS ILLEGITIMES TOTAUX: GARCONS, 1907

81   NAISSANCES: ENFANTS DECLARES VIVANTS: ENFANTS ILLEGITIMES TOTAUX: FILLES, 1907

82   NAISSANCES: ENFANTS DECLARES VIVANTS: ENFANTS ILLEGITIMES TOTAUX: TOTAUX, 1907

83   NAISSANCES: ENFANTS DECLARES VIVANTS: ENSEMBLE DES ENFANTS DECLARES VIVANTS:
          GARCONS, 1907

84   NAISSANCES: ENFANTS DECLARES VIVANTS: ENSEMBLE DES ENFANTS DECLARES VIVANTS:
          FILLES, 1907

85   NAISSANCES: ENFANTS DECLARES VIVANTS: ENSEMBLE DES ENFANTS DECLARES VIVANTS:
          TOTAUX, 1907

86   NAISSANCES: MORT-NES ET ENFANTS MORTS AVANT LA DECLARATION DE NAISSANCE: ENFANTS
          LEGITIMES: GARCONS, 1907

87   NAISSANCES: MORT-NES ET ENFANTS MORTS AVANT LA DECLARATION DE NAISSANCE: ENFANTS
          LEGITIMES: FILLES, 1907

88   NAISSANCES: MORT-NES ET ENFANTS MORTS AVANT LA DECLARATION DE NAISSANCE: ENFANTS
          LEGITIMES: TOTAUX, 1907

89   NAISSANCES: MORT-NES ET ENFANTS MORTS AVANT LA DECLARATION DE NAISSANCE: ENFANTS
          ILLEGITIMES: GARCONS, 1907

DATA SET 293: MOUVEMENT DE LA POPULATION 1907 (DEPARTEMEMT)

NUMERO DE
LA VARIABLE   NOM DE LA VARIABLE

90   NAISSANCES: MORT-NES ET ENFANTS MORTS AVANT LA DECLARATION DE NAISSANCE: ENFANTS
        ILLEGITIMES: FILLES, 1907

91   NAISSANCES: MORT-NES ET ENFANTS MORTS AVANT LA DECLARATION DE NAISSANCE: ENFANTS
        ILLEGITIMES: TOTAUX, 1907

92   NAISSANCES: MORT-NES ET ENFANTS MORTS AVANT LA DECLARATION DE NAISSANCE: ENSEMBLE
        DES ENFANTS MORT-NES: GARCONS, 1907

93   NAISSANCES: MORT-NES ET ENFANTS MORTS AVANT LA DECLARATION DE NAISSANCE: ENSEMBLE
        DES ENFANTS MORT-NES: FILLES, 1907

94   NAISSANCES: MORT-NES ET ENFANTS MORTS AVANT LA DECLARATION DE NAISSANCE: ENSEMBLE
        DES ENFANTS MORT-NES: TOTAUX, 1907

95   NAISSANCES: ENSEMBLE DES ENFANTS NES (DECLARES VIVANTS ET MORT-NES): GARCONS, 1907

96   NAISSANCES: ENSEMBLE DES ENFANTS NES (DECLARES VIVANTS ET MORT-NES): FILLES, 1907

97   NAISSANCES: ENSEMBLE DES ENFANTS NES (DECLARES VIVANTS ET MORT-NES): TOTAUX, 1907

98   NAISSANCES: ENFANTS DECLARES VIVANTS: AGE DE LA MERE: MOINS DE 15 ANS, 1907

99   NAISSANCES: ENFANTS DECLARES VIVANTS: AGE DE LA MERE: 15 A 19 ANS, 1907

100   NAISSANCES: ENFANTS DECLARES VIVANTS: AGE DE LA MERE: 20 A 24 ANS, 1907

101   NAISSANCES: ENFANTS DECLARES VIVANTS: AGE DE LA MERE: 25 A 29 ANS, 1907

102   NAISSANCES: ENFANTS DECLARES VIVANTS: AGE DE LA MERE: 30 A 34 ANS, 1907

103   NAISSANCES: ENFANTS DECLARES VIVANTS: AGE DE LA MERE: 35 A 39 ANS, 1907

104   NAISSANCES: ENFANTS DECLARES VIVANTS: AGE DE LA MERE: 40 A 44 ANS, 1907

105   NAISSANCES: ENFANTS DECLARES VIVANTS: AGE DE LA MERE: 45 A 49 ANS, 1907

106   NAISSANCES: ENFANTS DECLARES VIVANTS: AGE DE LA MERE: 50 ANS ET PLUS, 1907

107   NAISSANCES: ENFANTS DECLARES VIVANTS: AGE DE LA MERE: NON DECLARE, 1907

108   NAISSANCES: ENFANTS DECLARES VIVANTS: AGE DE LA MERE: TOTAUX, 1907

109   NAISSANCES: MORT-NES ET ENFANTS MORTS AVANT LA DECLARATION DE NAISSANCE: AGE DE LA
        MERE: MOINS DE 15 ANS, 1907

110   NAISSANCES: MORT-NES ET ENFANTS MORTS AVANT LA DECLARATION DE NAISSANCE: AGE DE LA
        MERE: 15 A 19 ANS, 1907

111   NAISSANCES: MORT-NES ET ENFANTS MORTS AVANT LA DECLARATION DE NAISSANCE: AGE DE LA
        MERE: 20 A 24 ANS, 1907

112   NAISSANCES: MORT-NES ET ENFANTS MORTS AVANT LA DECLARATION DE NAISSANCE: AGE DE LA
        MERE: 25 A 29 ANS, 1907

-113   NAISSANCES: MORT-NES ET ENFANTS MORTS AVANT LA DECLARATION DE NAISSANCE: AGE DE LA
        MERE: 30 A 34 ANS, 1907

114   NAISSANCES: MORT-NES ET ENFANTS MORTS AVANT LA DECLARATION DE NAISSANCE: AGE DE LA
        MERE: 35 A 39 ANS, 1907

115   NAISSANCES: MORT-NES ET ENFANTS MORTS AVANT LA DECLARATION DE NAISSANCE: AGE DE LA
        MERE: 40 A 44 ANS, 1907

116   NAISSANCES: MORT-NES ET ENFANTS MORTS AVANT LA DECLARATION DE NAISSANCE: AGE DE LA
        MERE: 45 A 49, 1907

117   NAISSANCES: MORT-NES ET ENFANTS MORTS AVANT LA DECLARATION DE NAISSANCE: AGE DE LA
        MERE: 50 ANS ET PLUS, 1907

DATA SET 293: MOUVEMENT DE LA POPULATION 1907 (DEPARTEMENT)

NUMERO DE
LA VARIABLE   NOM DE LA VARIABLE

118   NAISSANCES: MORT-NES ET ENFANTS MORTS AVANT LA DECLARATION DE NAISSANCE: AGE DE LA
         MERE: NON DECLARE, 1907

119   NAISSANCES: MORT-NES ET ENFANTS MORTS AVANT LA DECLARATION DE NAISSANCE: AGE DE LA
         MERE: TOTAUX, 1907

120   NAISSANCES PAR MOIS: ENFANTS DECLARES VIVANTS: TOTAL, 1907

121   NAISSANCES PAR MOIS: ENFANTS DECLARES VIVANTS: JANVIER, 1907

122   NAISSANCES PAR MOIS: ENFANTS DECLARES VIVANTS: FEVRIER, 1907

123   NAISSANCES PAR MOIS: ENFANTS DECLARES VIVANTS: MARS, 1907

124   NAISSANCES PAR MOIS: ENFANTS DECLARES VIVANTS: AVRIL, 1907

125   NAISSANCES PAR MOIS: ENFANTS DECLARES VIVANTS: MAI, 1907

126   NAISSANCES PAR MOIS: ENFANTS DECLARES VIVANTS: JUIN, 1907

127   NAISSANCES PAR MOIS: ENFANTS DECLARES VIVANTS: JUILLET, 1907

128   NAISSANCES PAR MOIS: ENFANTS DECLARES VIVANTS: AOUT, 1907

129   NAISSANCES PAR MOIS: ENFANTS DECLARES VIVANTS: SEPTEMBRE, 1907

130   NAISSANCES PAR MOIS: ENFANTS DECLARES VIVANTS: OCTOBRE, 1907

131   NAISSANCES PAR MOIS: ENFANTS DECLARES VIVANTS: NOVEMBRE, 1907

132   NAISSANCES PAR MOIS: ENFANTS DECLARES VIVANTS: DECEMBRE, 1907

133   NAISSANCES PAR MOIS: MORT-NES ET ENFANTS MORTS AVANT LA DECLARATION DE NAISSANCE:
         TOTAL, 1907

134   NAISSANCES PAR MOIS: MORT-NES ET ENFANTS MORTS AVANT LA DECLARATION DE NAISSANCE:
         JANVIER, 1907

135   NAISSANCES PAR MOIS: MORT-NES ET ENFANTS MORTS AVANT LA DECLARATION DE NAISSANCE:
         FEVRIER, 1907

136   NAISSANCES PAR MOIS: MORT-NES ET ENFANTS MORTS AVANT LA DECLARATION DE NAISSANCE:
         MARS, 1907

137   NAISSANCES PAR MOIS: MORT-NES ET ENFANTS MORTS AVANT LA DECLARATION DE NAISSANCE:
         AVRIL, 1907

138   NAISSANCES PAR MOIS: MORT-NES ET ENFANTS MORTS AVANT LA DECLARATION DE NAISSANCE:
         MAI, 1907

139   NAISSANCES PAR MOIS: MORT-NES ET ENFANTS MORTS AVANT LA DECLARATION DE NAISSANCE:
         JUIN, 1907

140   NAISSANCES PAR MOIS: MORT-NES ET ENFANTS MORTS AVANT LA DECLARATION DE NAISSANCE:
         JUILLET, 1907

141   NAISSANCES PAR MOIS: MORT-NES ET ENFANTS MORTS AVANT LA DECLARATION DE NAISSANCE:
         AOUT, 1907

142   NAISSANCES PAR MOIS: MORT-NES ET ENFANTS MORTS AVANT LA DECLARATION DE NAISSANCE:
         SEPTEMBRE, 1907

143   NAISSANCES PAR MOIS: MORT-NES ET ENFANTS MORTS AVANT LA DECLARATION DE NAISSANCE:
         OCTOBRE, 1907

144   NAISSANCES PAR MOIS: MORT-NES ET ENFANTS MORTS AVANT LA DECLARATION DE NAISSANCE:
         NOVEMBRE, 1907

145   NAISSANCES PAR MOIS: MORT-NES ET ENFANTS MORTS AVANT LA DECLARATION DE NAISSANCE:
         DECEMBRE, 1907

DATA SET 293: MOUVEMENT DE LA POPULATION 1907 (DEPARTEMEMT)

NUMERO DE
LA VARIABLE   NOM DE LA VARIABLE

146   EXCEDENTS DES NAISSANCES OU DES DECES: NAISSANCES: POPULATION URBAINE, 1907

147   EXCEDENTS DES NAISSANCES OU DES DECES: NAISSANCES: POPULATION RURALE, 1907

148   EXCEDENTS DES NAISSANCES OU DES DECES: NAISSANCES: TOTAL, 1907

149   EXCEDENTS DES NAISSANCES OU DES DECES: DECES: POPULATION URBAINE, 1907

150   EXCEDENTS DES NAISSANCES OU DES DECES: DECES: POPULATION RURALE, 1907

151   EXCEDENTS DES NAISSANCES OU DES DECES: DECES: TOTAL, 1907

152   EXCEDENTS DES NAISSANCES OU DES DECES: POPULATION URBAINE: ACCROISSEMENT, 1907

153   EXCEDENTS DES NAISSANCES OU DES DECES: POPULATION URBAINE: DIMINUTION, 1907

154   EXCEDENTS DES NAISSANCES OU DES DECES: POPULATION RURALE: ACCROISSEMENT, 1907

155   EXCEDENTS DES NAISSANCES OU DES DECES: POPULATION RURALE: DIMINUTION, 1907

156   EXCEDENTS DES NAISSANCES OU DES DECES: POPULATIONS URBAINE ET RURALE REUNIES:
           ACCROISSEMENT, 1907

157   EXCEDENTS DES NAISSANCES OU DES DECES: POPULATIONS URBAINE ET RURALE REUNIES:
           DIMINUTION, 1907

158   DECES PAR AGE: SEXE MASCULIN: MOINS DE 1 AN, 1907

159   DECES PAR AGE: SEXE MASCULIN: DE 1 A 4 ANS, 1907

160   DECES PAR AGE: SEXE MASCULIN: DE 5 A 9 ANS, 1907

161   DECES PAR AGE: SEXE MASCULIN: DE 10 A 14 ANS, 1907

162   DECES PAR AGE: SEXE MASCULIN: DE 15 A 19 ANS, 1907

163   DECES PAR AGE: SEXE MASCULIN: DE 20 A 24 ANS, 1907

164   DECES PAR AGE: SEXE MASCULIN: DE 25 A 29 ANS, 1907

165   DECES PAR AGE: SEXE MASCULIN: DE 30 A 34 ANS, 1907

166   DECES PAR AGE: SEXE MASCULIN: DE 35 A 39 ANS, 1907

167   DECES PAR AGE: SEXE MASCULIN: DE 40 A 44 ANS, 1907

168   DECES PAR AGE: SEXE MASCULIN: DE 45 A 49 ANS, 1907

169   DECES PAR AGE: SEXE MASCULIN: DE 50 A 54 ANS, 1907

170   DECES PAR AGE: SEXE MASCULIN: DE 55 A 59 ANS, 1907

171   DECES PAR AGE: SEXE MASCULIN: DE 60 A 64 ANS, 1907

172   DECES PAR AGE: SEXE MASCULIN: DE 65 A 69 ANS, 1907

173   DECES PAR AGE: SEXE MASCULIN: DE 70 A 74 ANS, 1907

174   DECES PAR AGE: SEXE MASCULIN: DE 75 A 79 ANS, 1907

175   DECES PAR AGE: SEXE MASCULIN: DE 80 A 84 ANS, 1907

176   DECES PAR AGE: SEXE MASCULIN: DE 85 A 89 ANS, 1907

177   DECES PAR AGE: SEXE MASCULIN: DE 90 A 94 ANS, 1907

178   DECES PAR AGE: SEXE MASCULIN: DE 95 A 99 ANS, 1907

179   DECES PAR AGE: SEXE MASCULIN: DE 100 ANS ET AU-DESSUS, 1907

180   DECES PAR AGE: SEXE MASCULIN: TOTAL, 1907

DATA SET 293: MOUVEMENT DE LA POPULATION 1907 (DEPARTEMENT)

NUMERO DE
LA VARIABLE   NOM DE LA VARIABLE

181   DECES PAR AGE: SEXE FEMININ: MOINS DE 1 AN, 1907

182   DECES PAR AGE: SEXE FEMININ: DE 1 A 4 ANS, 1907

183   DECES PAR AGE: SEXE FEMININ: DE 5 A 9 ANS, 1907

184   DECES PAR AGE: SEXE FEMININ: DE 10 A 14 ANS, 1907

185   DECES PAR AGE: SEXE FEMININ: DE 15 A 19 ANS, 1907

186   DECES PAR AGE: SEXE FEMININ: DE 20 A 24 ANS, 1907

187   DECES PAR AGE: SEXE FEMININ: DE 25 A 29 ANS, 1907

188   DECES PAR AGE: SEXE FEMININ: DE 30 A 34 ANS, 1907

189   DECES PAR AGE: SEXE FEMININ: DE 35 A 39 ANS, 1907

190   DECES PAR AGE: SEXE FEMININ: DE 40 A 44 ANS, 1907

191   DECES PAR AGE: SEXE FEMININ: DE 45 A 49 ANS, 1907

192   DECES PAR AGE: SEXE FEMININ: DE 50 A 54 ANS, 1907

193   DECES PAR AGE: SEXE FEMININ: DE 55 A 59 ANS, 1907

194   DECES PAR AGE: SEXE FEMININ: DE 60 A 64 ANS, 1907

195   DECES PAR AGE: SEXE FEMININ: DE 65 A 69 ANS, 1907

196   DECES PAR AGE: SEXE FEMININ: DE 70 A 74 ANS, 1907

197   DECES PAR AGE: SEXE FEMININ: DE 75 A 79 ANS, 1907

198   DECES PAR AGE: SEXE FEMININ: DE 80 A 84 ANS, 1907

199   DECES PAR AGE: SEXE FEMININ: DE 85 A 89 ANS, 1907

200   DECES PAR AGE: SEXE FEMININ: DE 90 A 94 ANS, 1907

201   DECES PAR AGE: SEXE FEMININ: DE 95 A 99 ANS, 1907

202   DECES PAR AGE: SEXE FEMININ: DE 100 ANS ET AU-DESSUS, 1907

203   DECES PAR AGE: SEXE FEMININ: TOTAL, 1907

204   DECES PAR MOIS: TOTAL (POUR LES VARIABLES 204-216, NON COMPRIS LES VILLES
           D'ANGOULEME ET DE RENNES), 1907

205   DECES PAR MOIS: JANVIER, 1907

206   DECES PAR MOIS: FEVRIER, 1907

207   DECES PAR MOIS: MARS, 1907

208   DECES PAR MOIS: AVRIL, 1907

209   DECES PAR MOIS: MAI, 1907

210   DECES PAR MOIS: JUIN, 1907

211   DECES PAR MOIS: JUILLET, 1907

212   DECES PAR MOIS: AOUT, 1907

213   DECES PAR MOIS: SEPTEMBRE, 1907

214   DECES PAR MOIS: OCTOBRE, 1907

215   DECES PAR MOIS: NOVEMBRE, 1907

DATA SET 293: MOUVEMENT DE LA POPULATION 1907 (DEPARTEMENT)

NUMERO DE
LA VARIABLE   NOM DE LA VARIABLE

216   DECES PAR MOIS: DECEMBRE, 1907

217   DECES PAR MOIS: (ENFANTS DE MOINS DE 1 AN): TOTAL (POUR LES VARIABLES 217-229, NON
           COMPRIS LES VILLES D'ANGOULEME ET DE RENNES), 1907

218   DECES PAR MOIS: (ENFANTS DE MOINS DE 1 AN): JANVIER, 1907

219   DECES PAR MOIS: (ENFANTS DE MOINS DE 1 AN): FEVRIER, 1907

220   DECES PAR MOIS: (ENFANTS DE MOINS DE 1 AN): MARS, 1907

221   DECES PAR MOIS: (ENFANTS DE MOINS DE 1 AN): AVRIL, 1907

222   DECES PAR MOIS: (ENFANTS DE MOINS DE 1 AN): MAI, 1907

223   DECES PAR MOIS: (ENFANTS DE MOINS DE 1 AN): JUIN, 1907

224   DECES PAR MOIS: (ENFANTS DE MOINS DE 1 AN): JUILLET, 1907

225   DECES PAR MOIS: (ENFANTS DE MOINS DE 1 AN): AOUT, 1907

226   DECES PAR MOIS: (ENFANTS DE MOINS DE 1 AN): SEPTEMBRE, 1907

227   DECES PAR MOIS: (ENFANTS DE MOINS DE 1 AN): OCTOBRE, 1907

228   DECES PAR MOIS: (ENFANTS DE MOINS DE 1 AN): NOVEMBRE, 1907

229   DECES PAR MOIS: (ENFANTS DE MOINS DE 1 AN): DECEMBRE, 1907

230   DECES PAR MOIS: (VIEILLARDS DE 60 ANS ET AU-DESSUS): TOTAL (POUR LES VARIABLES
           230-242, NON COMPRIS LES VILLES D'ANGOULEME ET DE RENNES), 1907

231   DECES PAR MOIS: (VIEILLARDS DE 60 ANS ET AU-DESSUS): JANVIER, 1907

232   DECES PAR MOIS: (VIEILLARDS DE 60 ANS ET AU-DESSUS): FEVRIER, 1907

233   DECES PAR MOIS: (VIEILLARDS DE 60 ANS ET AU-DESSUS): MARS, 1907

234   DECES PAR MOIS: (VIEILLARDS DE 60 ANS ET AU-DESSUS): AVRIL, 1907

235   DECES PAR MOIS: (VIEILLARDS DE 60 ANS ET AU-DESSUS): MAI, 1907

236   DECES PAR MOIS: (VIEILLARDS DE 60 ANS ET AU-DESSUS): JUIN, 1907

237   DECES PAR MOIS: (VIEILLARDS DE 60 ANS ET AU-DESSUS): JUILLET, 1907

238   DECES PAR MOIS: (VIEILLARDS DE 60 ANS ET AU-DESSUS): AOUT, 1907

239   DECES PAR MOIS: (VIEILLARDS DE 60 ANS ET AU-DESSUS): SEPTEMBRE, 1907

240   DECES PAR MOIS: (VIEILLARDS DE 60 ANS ET AU-DESSUS): OCTOBRE, 1907

241   DECES PAR MOIS: (VIEILLARDS DE 60 ANS ET AU-DESSUS): NOVEMBRE, 1907

242   DECES PAR MOIS: (VIEILLARDS DE 60 ANS ET AU-DESSUS): DECEMBRE, 1907

243   DECES AU COURS DE LA PREMIERE ANNEE: GARCONS DE LA NAISSANCE A 4 JOURS: ENFANTS
           LEGITIMES, 1907

244   DECES AU COURS DE LA PREMIERE ANNEE: GARCONS DE LA NAISSANCE A 4 JOURS: ENFANTS
           ILLEGITIMES, 1907

245   DECES AU COURS DE LA PREMIERE ANNEE: GARCONS DE 5 A 9 JOURS: ENFANTS LEGITIMES, 1907

246   DECES AU COURS DE LA PREMIERE ANNEE: GARCONS DE 5 A 9 JOURS: ENFANTS ILLEGITIMES,
           1907

247   DECES AU COURS DE LA PREMIERE ANNEE: GARCONS DE 10 A 14 JOURS: ENFANTS LEGITIMES,
           1907

248   DECES AU COURS DE LA PREMIERE ANNEE: GARCONS DE 10 A 14 JOURS: ENFANTS ILLEGITIMES,
           1907

187

DATA SET 293: MOUVEMENT DE LA POPULATION 1907 (DEPARTEMEMT)

NUMERO DE
LA VARIABLE   NOM DE LA VARIABLE

249   DECES AU COURS DE LA PREMIERE ANNEE: GARCONS DE 15 A 30 JOURS: ENFANTS LEGITIMES, 1907

250   DECES AU COURS DE LA PREMIERE ANNEE: GARCONS DE 15 A 30 JOURS: ENFANTS ILLEGITIMES, 1907

251   DECES AU COURS DE LA PREMIERE ANNEE: GARCONS DE 1 MOIS: ENFANTS LEGITIMES, 1907

252   DECES AU COURS DE LA PREMIERE ANNEE: GARCONS DE 1 MOIS: ENFANTS ILLEGITIMES, 1907

253   DECES AU COURS DE LA PREMIERE ANNEE: GARCONS DE 2 MOIS: ENFANTS LEGITIMES, 1907

254   DECES AU COURS DE LA PREMIERE ANNEE: GARCONS DE 2 MOIS: ENFANTS ILLEGITIMES, 1907

255   DECES AU COURS DE LA PREMIERE ANNEE: GARCONS DE 3, 4, OU 5 MOIS: ENFANTS LEGITIMES, 1907

256   DECES AU COURS DE LA PREMIERE ANNEE: GARCONS DE 3, 4, OU 5 MOIS: ENFANTS ILLEGITIMES, 1907

257   DECES AU COURS DE LA PREMIERE ANNEE: GARCONS DE 6, 7, OU 8 MOIS: ENFANTS LEGITIMES, 1907

258   DECES AU COURS DE LA PREMIERE ANNEE: GARCONS DE 6, 7, OU 8 MOIS: ENFANTS ILLEGITIMES, 1907

259   DECES AU COURS DE LA PREMIERE ANNEE: GARCONS DE 9 MOIS A 1 AN: ENFANTS LEGITIMES, 1907

260   DECES AU COURS DE LA PREMIERE ANNEE: GARCONS DE 9 MOIS A 1 AN: ENFANTS ILLEGITIMES, 1907

261   DECES AU COURS DE LA PREMIERE ANNEE: GARCONS TOTAUX: ENFANTS LEGITIMES, 1907

262   DECES AU COURS DE LA PREMIERE ANNEE: GARCONS TOTAUX: ENFANTS ILLEGITIMES, 1907

263   DECES AU COURS DE LA PREMIERE ANNEE: GARCONS TOTAUX: ENFANTS TOTAL, 1907

264   DECES AU COURS DE LA PREMIERE ANNEE: FILLES DE LA NAISSANCE A 4 JOURS: ENFANTS LEGITIMES, 1907

265   DECES AU COURS DE LA PREMIERE ANNEE: FILLES DE LA NAISSANCE A 4 JOURS: ENFANTS ILLEGITIMES, 1907

266   DECES AU COURS DE LA PREMIERE ANNEE: FILLES DE 5 A 9 JOURS: ENFANTS LEGITIMES, 1907

267   DECES AU COURS DE LA PREMIERE ANNEE: FILLES DE 5 A 9 JOURS: ENFANTS ILLEGITIMES, 1907

268   DECES AU COURS DE LA PREMIERE ANNEE: FILLES DE 10 A 14 JOURS: ENFANTS LEGITIMES, 1907

269   DECES AU COURS DE LA PREMIERE ANNEE: FILLES DE 10 A 14 JOURS: ENFANTS ILLEGITIMES, 1907

270   DECES AU COURS DE LA PREMIERE ANNEE: FILLES DE 15 A 30 JOURS: ENFANTS LEGITIMES, 1907

271   DECES AU COURS DE LA PREMIERE ANNEE: FILLES DE 15 A 30 JOURS: ENFANTS ILLEGITIMES, 1907

272   DECES AU COURS DE LA PREMIERE ANNEE: FILLES DE 1 MOIS: ENFANTS LEGITIMES, 1907

273   DECES AU COURS DE LA PREMIERE ANNEE: FILLES DE 1 MOIS: ENFANTS ILLEGITIMES, 1907

274   DECES AU COURS DE LA PREMIERE ANNEE: FILLES DE 2 MOIS: ENFANTS LEGITIMES, 1907

275   DECES AU COURS DE LA PREMIERE ANNEE: FILLES DE 2 MOIS: ENFANTS ILLEGITIMES, 1907

276   DECES AU COURS DE LA PREMIERE ANNEE: FILLES DE 3, 4, OU 5 MOIS: ENFANTS LEGITIMES, 1907

DATA SET 293: MOUVEMENT DE LA POPULATION 1907 (DEPARTEMEMT)

NUMERO DE
LA VARIABLE   NOM DE LA VARIABLE

277   DECES AU COURS DE LA PREMIERE ANNEE: FILLES DE 3, 4, OU 5 MOIS: ENFANTS
           ILLEGITIMES, 1907

278   DECES AU COURS DE LA PREMIERE ANNEE: FILLES DE 6, 7, OU 8 MOIS: ENFANTS LEGITIMES,
           1907

279   DECES AU COURS DE LA PREMIERE ANNEE: FILLES DE 6, 7, OU 8 MOIS: ENFANTS
           ILLEGITIMES, 1907

280   DECES AU COURS DE LA PREMIERE ANNEE: FILLES DE 9 MOIS A 1 AN: ENFANTS LEGITIMES,
           1907

281   DECES AU COURS DE LA PREMIERE ANNEE: FILLES DE 9 MOIS A 1 AN: ENFANTS ILLEGITIMES,
           1907

282   DECES AU COURS DE LA PREMIERE ANNEE: FILLES TOTAUX: ENFANTS LEGITIMES, 1907

283   DECES AU COURS DE LA PREMIERE ANNEE: FILLES TOTAUX: ENFANTS ILLEGITIMES, 1907

284   DECES AU COURS DE LA PREMIERE ANNEE: FILLES TOTAUX: ENFANTS TOTAL, 1907

285   DECES AU COURS DE LA PREMIERE ANNEE: TOTAUX GENERAUX, 1907

DATA SET 216: MOUVEMENT DE LA POPULATION 1910 (DEPARTEMENT)

SOURCE: STATISTIQUE GENERALE DE LA FRANCE, STATISTIQUE DU MOUVEMENT
DE LA POPULATION, 1907-1910, NOUVELLE SERIE, TOME I
(PARIS, 1912)

VARIABLES 7-31:	TABLEAU XXXIII
VARIABLES 32-47:	TABLEAU XXXIV
VARIABLES 48-64:	TABLEAU XXXV
VARIABLES 65-82:	TABLEAU XXXVI
VARIABLES 83-95:	TABLEAU XXXVII
VARIABLES 96-106:	TABLEAU XXXVIII
VARIABLES 107-119:	TABLEAU XXXIX
VARIABLES 120-153:	TABLEAU XL
VARIABLES 154-165:	TABLEAU XLI
VARIABLES 166-192:	TABLEAU XLII
VARIABLES 193-214:	TABLEAU XLIII
VARIABLES 215-240:	TABLEAU XLIV
VARIABLES 241-270:	TABLEAU XLV
VARIABLES 271-288:	TABLEAU XLVI
VARIABLES 289-300:	TABLEAU XLVII

NUMERO DE
LA VARIABLE   NOM DE LA VARIABLE

7   POPULATION LEGALE (DENOMBREMENT DE 1906)

8   MARIAGES   1910

9   DIVORCES   1910

10   ENFANTS DECLARES VIVANTS: LEGITIMES: GARCONS   1910

11   ENFANTS DECLARES VIVANTS: LEGITIMES: FILLES   1910

12   ENFANTS DECLARES VIVANTS: LEGITIMES: TOTAL   1910

13   ENFANTS DECLARES VIVANTS: ILLEGITIMES: GARCONS   1910

14   ENFANTS DECLARES VIVANTS:ILLEGITIMES: FILLES   1910

15   ENFANTS DECLARES VIVANTS: ILLEGITIMES: TOTAL   1910

16   ENFANTS DECLARES VIVANTS: TOTAL: GARCONS   1910

17   ENFANTS DECLARES VIVANTS: TOTAL: FILLES   1910

18   ENFANTS DECLARES VIVANTS: TOTAL: TOTAL   1910

19   MORT-NES ET ENFANTS MORTS AVANT LA DECLARATION DE NAISSANCE: LEGITIMES: GARCONS
                    1910

20   MORT-NES ET ENFANTS MORTS AVANT LA DECLARATION DE NAISSANCE: LEGITIMES: FILLES
                    1910

21   MORT-NES ET ENFANTS MORTS AVANT LA DECLARATION DE NAISSANCE: ILLEGITIMES: GARCONS
                    1910

22   MORT-NES ET ENFANTS MORTS AVANT LA DECLARATION DE NAISSANCE: ILLEGITIMES: FILLES
                    1910

23   MORT-NES ET ENFANTS MORTS AVANT LA DECLARATION DE NAISSANCE: TOTAL
                    1910

24   DECES: SEXE MASCULIN   1910

25   DECES: SEXE FEMININ   1910

26   DECES: TOTAL   1910

27   EXCEDENT: DES NAISSANCES   1910

28   EXCEDENT: DES DECES   1910

29   PROPORTIONS POUR 10,000 HABITANTS: DES NOUVEAUX MARIES 1910

DATA SET 216: MOUVEMENT DE LA POPULATION 1910 (DEPARTEMENT)

NUMERO DE
LA VARIABLE   NOM DE LA VARIABLE

30	PROPORTIONS POUR 10,000 HABITANTS: DES ENFANTS DECLARES VIVANTS 1910
31	PROPORTIONS POUR 10,000 HABITANTS: DES DECES 1910
32	NOMBRE DES MARIAGES 1910
33	MARIAGES ENTRE GARCONS ET FILLES 1910
34	MARRIAGES ENTRE GARCONS ET VEUVES 1910
35	MARRIAGES ENTRE GARCONS ET DIVORCEES 1910
36	MARIAGES ENTRE VEUFS ET FILLES 1910
37	MARIAGES ENTRE VEUFS ET VEUVES 1910
38	MARIAGES ENTRE VEUFS ET DIVORCEES 1910
39	MARIAGES ENTRE DIVORCES ET FILLES 1910
40	MARIAGES ENTRE DIVORCES ET VEUVES 1910
41	MARIAGES ENTRE DIVORCES ET DIVORCEES 1910
42	MARIAGES, NOMBRE DES CONJOINTS: SEXE MASCULIN: GARCONS 1910
43	MARIAGES, NOMBRE DES CONJOINTS: SEXE MASCULIN: VEUFS 1910
44	MARIAGES, NOMBRE DES CONJOINTS: SEXE MASCULIN: DIVORCES 1910
45	MARIAGES, NOMBRE DES CONJOINTS: SEXE FEMININ: FILLES 1910
46	MARIAGES, NOMBRE DES CONJOINTS: SEXE FEMININ: VEUVES 1910
47	MARIAGES, NOMBRE DES CONJOINTS: SEXE FEMININ: DIVORCEES 1910
48	MARIAGES, AGE DE L'EPOUX: MOINS DE 20 ANS 1910
49	MARIAGES, AGE DE L'EPOUX: 20-24 ANS 1910
50	MARIAGES, AGE DE L'EPOUX: 25-29 ANS 1910
51	MARIAGES, AGE DE L'EPOUX: 30-34 ANS 1910
52	MARIAGES, AGE DE L'EPOUX: 35-39 ANS 1910
53	MARIAGES, AGE DE L'EPOUX: 40-49 ANS 1910
54	MARIAGES, AGE DE L'EPOUX: 50-59 ANS 1910
55	MARIAGES, AGE DE L'EPOUX: 60 ANS ET PLUS 1910
56	MARIAGES, AGE DE L'EPOUSE: MOINS DE 20 ANS 1910
57	MARIAGES, AGE DE L'EPOUSE: 20-24 ANS 1910
58	MARIAGES, AGE DE L'EPOUSE: 25-29 ANS 1910
59	MARIAGES, AGE DE L'EPOUSE: 30-34 ANS 1910
60	MARIAGES, AGE DE L'EPOUSE: 35-39 ANS 1910
61	MARIAGES, AGE DE L'EPOUSE: 40-49 ANS 1910
62	MARIAGES, AGE DE L'EPOUSE: 50-59 ANS 1910
63	MARIAGES, AGE DE L'EPOUSE: 60 ANS ET PLUS 1910
64	TOTAL DES MARIAGES SUIVANT L'AGE DES EPOUX 1910

DATA SET 216: MOUVEMENT DE LA POPULATION 1910 (DEPARTEMENT)

NUMERO DE
LA VARIABLE   NOM DE LA VARIABLE

65	AGE AU PREMIER MARIAGE: GARCONS: MOINS DE 20 ANS	1910
66	AGE AU PREMIER MARIAGE: GARCONS: 20-24 ANS	1910
67	AGE AU PREMIER MARIAGE: GARCONS: 25-29 ANS	1910
68	AGE AU PREMIER MARIAGE: GARCONS: 30-34 ANS	1910
69	AGE AU PREMIER MARIAGE: GARCONS: 35-39 ANS	1910
70	AGE AU PREMIER MARIAGE: GARCONS: 40-49 ANS	1910
71	AGE AU PREMIER MARIAGE: GARCONS: 50-59 ANS	1910
72	AGE AU PREMIER MARIAGE: GARCONS: 60 ANS ET PLUS	1910
73	AGE AU PREMIER MARIAGE: GARCONS: TOTAL	1910
74	AGE AU PREMIER MARIAGE: FILLES: MOINS DE 20 ANS	1910
75	AGE AU PREMIER MARIAGE: FILLES: 20-24 ANS	1910
76	AGE AU PREMIER MARIAGE: FILLES: 25-29 ANS	1910
77	AGE AU PREMIER MARIAGE: FILLES: 30-34 ANS	1910
78	AGE AU PREMIER MARIAGE: FILLES: 35-39 ANS	1910
79	AGE AU PREMIER MARIAGE: FILLES: 40-49 ANS	1910
80	AGE AU PREMIER MARIAGE: FILLES: 50-59 ANS	1910
81	AGE AU PREMIER MARIAGE: FILLES: 60 ANS ET PLUS	1910
82	AGE AU PREMIER MARIAGE: FILLES: TOTAL	1910
83	NOMBRE TOTAL DE MARIAGES	1910
84	MARIAGES PAR MOIS: JANVIER	1910
85	MARIAGES PAR MOIS: FEVRIER	1910
86	MARIAGES PAR MOIS: MARS	1910
87	MARIAGES PAR MOIS: AVRIL	1910
88	MARIAGES PAR MOIS: MAI	1910
89	MARIAGES PAR MOIS: JUIN	1910
90	MARIAGES PAR MOIS: JUILLET	1910
91	MARIAGES PAR MOIS: AOUT	1910
92	MARIAGES PAR MOIS: SEPTEMBRE	1910
93	MARIAGES PAR MOIS: OCTOBRE	1910
94	MARIAGES PAR MOIS: NOVEMBRE	1910
95	MARIAGES PAR MOIS: DECEMBRE	1910
96	MARIAGES 1907-1910,DOMICILE DES EPOUX: MEME COMMUNE	
97	MARIAGES 1907-1910,DOMICILE DES EPOUX: COMMUNES DIFFERENTES	
98	MARIAGES 1907-1910,EPOUX NE DANS LE DEPARTMENT,EPOUSE EST NEE: DANS LE DEPARTEMENT	
99	MARIAGES 1907-1910,EPOUX NE DANS LE DEPARTEMENT,EPOUSE EST NEE: HORS DU DEPARTEMENT	
100	MARIAGES 1907-1910,EPOUX NE HORS DU DEPARTEMENT,EPOUSE EST NEE:DANS LE DEPARTEMENT	

DATA SET 216: MOUVEMENT DE LA POPULATION 1910 (DEPARTEMENT)

NUMERO DE LA VARIABLE	NOM DE LA VARIABLE
101	MARIAGES 1907-1910,EPOUX NE HORS DU DEPARTEMENT,EPOUSE EST NEE: HORS DU DEPARTEMENT
102	MARIAGES 1907-1910,EPOUX,FRANCAIS OU NATURALISE
103	MARIAGES 1907-1910,EPOUX,ETRANGER
104	MARIAGES 1907-1910,EPOUSE,FRANCAISE OU NATURALISEE
105	MARIAGES 1907-1910,EPOUSE,ETRANGERE
106	MARIAGES 1907-1910,TOTAL DES MARIAGES
107	MARIAGES 1907-1910,ENSEMBLE DES MARIAGES
108	MARIAGES 1907-1910,EPOUX PLUS AGE QUE L'EPOUSE: TOTAL
109	MARIAGES 1907-1910,EPOUX PLUS AGE QUE L'EPOUSE: DIFFERENCE D'AGE: 0 A 4 ANS
110	MARIAGES 1907-1910,EPOUX PLUS AGE QUE L'EPOUSE: DIFFERENCE D'AGE: 5 A 9 ANS
111	MARIAGES 1907-1910,EPOUX PLUS AGE QUE L'EPOUSE: DIFFERENCE D'AGE: 10 A 14 ANS
112	MARIAGES 1907-1910,EPOUX PLUS AGE QUE L'EPOUSE: DIFFERENCE D'AGE: 15 A 19 ANS
113	MARIAGES 1907-1910,EPOUX PLUS AGE QUE L'EPOUSE: DIFFERENCE D'AGE: 20 ANS ET PLUS
114	MARIAGES 1907-1910,EPOUX MOINS AGE QUE L'EPOUSE: TOTAL
115	MARIAGES 1907-1910,EPOUX MOINS AGE QUE L'EPOUSE: DIFFERENCE D'AGE: 0 A 4 ANS
116	MARIAGES 1907-1910,EPOUX MOINS AGE QUE L'EPOUSE: DIFFERENCE D'AGE: 5 A 9 ANS
117	MARIAGES 1907-1910,EPOUX MOINS AGE QUE L'EPOUSE: DIFFERENCE D'AGE: 10 A 14 ANS
118	MARIAGES 1907-1910,EPOUX MOINS AGE QUE L'EPOUSE: DIFFERENCE D'AGE: 15 A 19 ANS
119	MARIAGES 1907-1910,EPOUX MOINS AGE QUE L'EPOUSE: DIFFERENCE D'AGE: 20 ANS ET PLUS
120	NOMBRE DES EPOUX NE SACHANT NI LIRE NI ECRIRE: HOMMES 1907-10
121	NOMBRE DES EPOUX NE SACHANT NI LIRE NI ECRIRE: FEMMES 1907-10
122	MARIAGES AYANT DONNE LIEU: OPPOSITION 1907-10
123	MARIAGES AYANT DONNE LIEU: NOTIFICATION 1907-10
124	MARIAGES AYANT DONNE LIEU: CONTRAT 1907-10
125	DEGRE DE PARENTE: BEAU-FRERE ET BELLE-SOEUR 1907-10
126	DEGRE DE PARENTE: NEVEU ET TANTE 1907-10
127	DEGRE DE PARENTE: ONCLE ET NIECE 1907-10
128	DEGRE DE PARENTE: COUSINS GERMAINS 1907-10
129	MARIAGES AYANT LEGITIME DES ENFANTS 1907-10 (NON COMPRIS LES VILLES CI-APRES: ANGOULEME POUR LES ANNEES 1907-1910; LILLE POUR L'ANNEE 1908; RENNES POUR L'ANNEE 1909)
130	ENFANTS LEGITIMES PAR MARIAGES: GARCONS 1907-10 (NON COMPRIS LES VILLES CI-APRES: ANGOULEME POUR LES ANNEES 1907-1910; LILLE POUR L'ANNEE 1908; RENNES POUR L'ANNEE 1909)
131	ENFANTS LEGITIMES PAR MARIAGES: FILLES 1907-10 (NON COMPRIS LES VILLES CI-APRES: ANGOULEME POUR LES ANNEES 1907-1910; LILLE POUR L'ANNEE 1908; RENNES POUR L'ANNEE 1909)
132	NOMBRE ET AGE DES ENFANTS LEGITIMES (NON COMPRIS LES VILLES CI-APRES: ANGOULEME POUR LES ANNEES 1907-1910; LILLE POUR L'ANNEE 1908; RENNES POUR L'ANNEE 1909) ENFANTS RECONNUS ANTERIEUREMENT PAR LE PERE: PAR LE PERE SEUL 1907-10

DATA SET 216:   MOUVEMENT DE LA POPULATION 1910 (DEPARTEMENT)

NUMERO DE
LA VARIABLE   NOM DE LA VARIABLE

133   NOMBRE ET AGE DES ENFANTS LEGITIMES (NON COMPRIS LES VILLES CI-APRES: ANGOULEME POUR
             LES ANNEES 1907-1910; LILLE POUR L'ANNEE 1908; RENNES POUR L'ANNEE 1909) ENFANTS
             RECONNUS ANTERIEUREMENT PAR LE PERE: PAR LE PERE ET LA MERE
             1907-10

134   NOMBRE ET AGE DES ENFANTS LEGITIMES (NON COMPRIS LES VILLES CI-APRES: ANGOULEME POUR
             LES ANNEES 1907-1910; LILLE POUR L'ANNEE 1908; RENNES POUR L'ANNEE 1909) ENFANTS
             RECONNUS ANTERIEUREMENT PAR LE PERE: ENFANTS DE 0 A 30 JOURS
             1907-10

135   NOMBRE ET AGE DES ENFANTS LEGITIMES (NON COMPRIS LES VILLES CI-APRES: ANGOULEME POUR
             LES ANNEES 1907-1910; LILLE POUR L'ANNEE 1908; RENNES POUR L'ANNEE 1909) ENFANTS
             RECONNUS ANTERIEUREMENT PAR LE PERE: ENFANTS DE 31 A 90 JOURS
             1907-10

136   NOMBRE ET AGE DES ENFANTS LEGITIMES (NON COMPRIS LES VILLES CI-APRES: ANGOULEME POUR
             LES ANNEES 1907-1910; LILLE POUR L'ANNEE 1908; RENNES POUR L'ANNEE 1909) ENFANTS
             RECONNUS ANTERIEUREMENT PAR LE PERE: ENFANTS DE 91 A 180 JOURS
             1907-10

137   NOMBRE ET AGE DES ENFANTS LEGITIMES (NON COMPRIS LES VILLES CI-APRES: ANGOULEME POUR
             LES ANNEES 1907-1910; LILLE POUR L'ANNEE 1908; RENNES POUR L'ANNEE 1909) ENFANTS
             RECONNUS ANTERIEUREMENT PAR LE PERE: ENFANTS DE 181 A 364 JOURS
             1907-10

138   NOMBRE ET AGE DES ENFANTS LEGITIMES (NON COMPRIS LES VILLES CI-APRES: ANGOULEME POUR
             LES ANNEES 1907-1910; LILLE POUR L'ANNEE 1908; RENNES POUR L'ANNEE 1909) ENFANTS
             RECONNUS ANTERIEUREMENT PAR LE PERE: ENFANTS DE 1-4 ANS
             1907-10

139   NOMBRE ET AGE DES ENFANTS LEGITIMES (NON COMPRIS LES VILLES CI-APRES: ANGOULEME POUR
             LES ANNEES 1907-1910; LILLE POUR L'ANNEE 1908; RENNES POUR L'ANNEE 1909) ENFANTS
             RECONNUS ANTERIEUREMENT PAR LE PERE: ENFANTS DE 5-19 ANS
             1907-10

140   NOMBRE ET AGE DES ENFANTS LEGITIMES (NON COMPRIS LES VILLES CI-APRES: ANGOULEME POUR
             LES ANNEES 1907-1910; LILLE POUR L'ANNEE 1908; RENNES POUR L'ANNEE 1909) ENFANTS
             RECONNUS ANTERIEUREMENT PAR LE PERE: ENFANTS DE 20 ANS ET PLUS
             1907-10

141   NOMBRE ET AGE DES ENFANTS LEGITIMES (NON COMPRIS LES VILLES CI-APRES: ANGOULEME POUR
             LES ANNEES 1907-1910; LILLE POUR L'ANNEE 1908; RENNES POUR L'ANNEE 1909) ENFANTS
             RECONNUS ANTERIEUREMENT PAR LE PERE: AGE NON DECLARE
             1907-10

142   NOMBRE ET AGE DES ENFANTS LEGITIMES (NON COMPRIS LES VILLES CI-APRES: ANGOULEME POUR
             LES ANNEES 1907-1910; LILLE POUR L'ANNEE 1908; RENNES POUR L'ANNEE 1909) ENFANTS
             RECONNUS ANTERIEUREMENT PAR LE PERE: TOTAL   1907-10

143   NOMBRE ET AGE DES ENFANTS LEGITIMES (NON COMPRIS LES VILLES CI-APRES: ANGOULEME POUR
             LES ANNEES 1907-1910; LILLE POUR L'ANNEE 1908; RENNES POUR L'ANNEE 1909) ENFANTS NON
             RECONNUS ANTERIEUREMENT PAR LE PERE: RECONNUS PAR LA MERE SEULE
             1907-10

144   NOMBRE ET AGE DES ENFANTS LEGITIMES (NON COMPRIS LES VILLES CI-APRES: ANGOULEME POUR
             LES ANNEES 1907-1910; LILLE POUR L'ANNEE 1908; RENNES POUR L'ANNEE 1909) ENFANTS NON
             RECONNUS ANTERIEUREMENT PAR LE PERE: NON RECONNUS
             1907-10

145   NOMBRE ET AGE DES ENFANTS LEGITIMES (NON COMPRIS LES VILLES CI-APRES: ANGOULEME POUR
             LES ANNEES 1907-1910; LILLE POUR L'ANNEE 1908; RENNES POUR L'ANNEE 1909) ENFANTS NON
             RECONNUS ANTERIEUREMENT PAR LE PERE: ENFANTS DE 0 A 30 JOURS
             1907-10

146   NOMBRE ET AGE DES ENFANTS LEGITIMES (NON COMPRIS LES VILLES CI-APRES: ANGOULEME POUR
             LES ANNEES 1907-1910 ; LILLE POUR L'ANNEE 1908; RENNES POUR L'ANNEE 1909) ENFANTS NON
             RECONNUS ANTERIEUREMENT PAR LE PERE: ENFANTS DE 31 A 90 JOURS
             1907-10

DATA SET 216: MOUVEMENT DE LA POPULATION 1910 (DEPARTEMENT)

NUMERO DE LA VARIABLE	NOM DE LA VARIABLE
147	NOMBRE ET AGE DES ENFANTS LEGITIMES (NON COMPRIS LES VILLES CI-APRES: ANGOULEME POUR LES ANNEES 1907-1910; LILLE POUR L'ANNEE 1908; RENNES POUR L'ANNEE 1909) ENFANTS NON RECONNUS ANTERIEUREMENT PAR LE PERE: ENFANTS DE 91 A 180 JOURS 1907-10
148	NOMBRE ET AGE DES ENFANTS LEGITIMES (NON COMPRIS LES VILLES CI-APRES: ANGOULEME POUR LES ANNEES 1907-1910; LILLE POUR L'ANNEE 1908; RENNES POUR L'ANNEE 1909) ENFANTS NON RECONNUS ANTERIEUREMENT PAR LE PERE: ENFANTS DE 181 A 364 JOURS 1907-10
149	NOMBRE ET AGE DES ENFANTS LEGITIMES (NON COMPRIS LES VILLES CI-APRES: ANGOULEME POUR LES ANNEES 1907-1910; LILLE POUR L'ANNEE 1908; RENNES POUR L'ANNEE 1909) ENFANTS NON RECONNUS ANTERIEUREMENT PAR LE PERE: ENFANTS DE 1-4 ANS 1907-10
150	NOMBRE ET AGE DES ENFANTS LEGITIMES (NON COMPRIS LES VILLES CI-APRES: ANGOULEME POUR LES ANNEES 1907-1910; LILLE POUR L'ANNEE 1908; RENNES POUR L'ANNEE 1909) ENFANTS NON RECONNUS ANTERIEUREMENT PAR LE PERE: ENFANTS DE 5-19 ANS 1907-10
151	NOMBRE ET AGE DES ENFANTS LEGITIMES (NON COMPRIS LES VILLES CI-APRES: ANGOULEME POUR LES ANNEES 1907-1910; LILLE POUR L'ANNEE 1908; RENNES POUR L'ANNEE 1909) ENFANTS NON RECONNUS ANTERIEUREMENT PAR LE PERE: ENFANTS DE 20 ANS ET PLUS 1907-10
152	NOMBRE ET AGE DES ENFANTS LEGITIMES (NON COMPRIS LES VILLES CI-APRES: ANGOULEME POUR LES ANNEES 1907-1910; LILLE POUR L'ANNEE 1908; RENNES POUR L'ANNEE 1909) ENFANTS NON RECONNUS ANTERIEUREMENT PAR LE PERE: AGE D'ENFANTS NON DECLARES 1907-10
153	NOMBRE ET AGE DES ENFANTS LEGITIMES (NON COMPRIS LES VILLES CI-APRES: ANGOULEME POUR LES ANNEES 1907-1910; LILLE POUR L'ANNEE 1908; RENNES POUR L'ANNEE 1909) ENFANTS NON RECONNUS ANTERIEUREMENT PAR LE PERE: TOTAL 1907-10
154	DIVORCES ENREGISTRES: POPULATION URBAINE 1907
155	DIVORCES ENREGISTRES: POPULATION RURALE 1907
156	DIVORCES ENREGISTRES: POPULATION ENSEMBLE 1907
157	DIVORCES ENREGISTRES: POPULATION URBAINE 1908
158	DIVORCES ENREGISTRES: POPULATION RURALE 1908
159	DIVORCES ENREGISTRES: POPULATION ENSEMBLE 1908
160	DIVORCES ENREGISTRES: POPULATION URBAINE 1909
161	DIVORCES ENREGISTRES: POPULATION RURALE 1909
162	DIVORCES ENREGISTRES: POPULATION ENSEMBLE 1909
163	DIVORCES ENREGISTRES: POPULATION URBAINE 1910
164	DIVORCES ENREGISTRES: POPULATION RURALE 1910
165	DIVORCES ENREGISTRES: POPULATION ENSEMBLE 1910
166	ENFANTS DECLARES VIVANTS: LEGITIMES: GARCONS 1910
167	ENFANTS DECLARES VIVANTS: LEGITIMES: FILLES 1910
168	ENFANTS DECLARES VIVANTS: LEGITIMES: TOTAUX 1910
169	ENFANTS DECLARES VIVANTS: ILLEGITIMES: RECONNUS PAR LE PERE SUR L'ACTE DE NAISSANCE: GARCONS 1910
170	ENFANTS DECLARES VIVANTS: ILLEGITIMES: RECONNUS PAR LE PERE SUR L'ACTE DE NAISSANCE: FILLES 1910

DATA SET 216: MOUVEMENT DE LA POPULATION 1910 (DEPARTEMENT)

NUMERO DE
LA VARIABLE   NOM DE LA VARIABLE

171   ENFANTS DECLARES VIVANTS: ILLEGITIMES: RECONNUS PAR LE PERE SUR L'ACTE DE
         NAISSANCE: TOTAUX   1910

172   ENFANTS DECLARES VIVANTS: ILLEGITIMES: NON RECONNUS: GARCONS
                            1910

173   ENFANTS DECLARES VIVANTS: ILLEGITIMES: NON RECONNUS: FILLES
                            1910

174   ENFANTS DECLARES VIVANTS: ILLEGITIMES: NON RECONNUS: TOTAUX
                            1910

175   ENFANTS DECLARES VIVANTS: ILLEGITIMES: TOTAUX: GARCONS 1910

176   ENFANTS DECLARES VIVANTS: ILLEGITIMES: TOTAUX: FILLES 1910

177   ENFANTS DECLARES VIVANTS: ILLEGITIMES: TOTAUX: TOTAUX 1910

178   ENSEMBLE DES ENFANTS DECLARES VIVANTS: GARCONS   1910

179   ENSEMBLE DES ENFANTS DECLARES VIVANTS: FILLES   1910

180   ENSEMBLE DES ENFANTS DECLARES VIVANTS: TOTAUX   1910

181   MORT-NES ET ENFANTS MORTS AVANT LA DECLARATION DE NAISSANCE: LEGITIMES: GARCONS
                            1910

182   MORT-NES ET ENFANTS MORTS AVANT LA DECLARATION DE NAISSANCE: LEGITIMES: FILLES
                            1910

183   MORT-NES ET ENFANTS MORTS AVANT LA DECLARATION DE NAISSANCE: LEGITIMES: TOTAUX
                            1910

184   MORT-NES ET ENFANTS MORTS AVANT LA DECLARATION DE NAISSANCE: ILLEGITIMES: GARCONS
                            1910

185   MORT-NES ET ENFANTS MORTS AVANT LA DECLARATION DE NAISSANCE: ILLEGITIMES: FILLES
                            1910

186   MORT-NES ET ENFANTS MORTS AVANT LA DECLARATION DE NAISSANCE: ILLEGITIMES: TOTAUX
                            1910

187   MORT-NES ET ENFANTS MORTS AVANT LA DECLARATION DE NAISSANCE: ENSEMBLE: GARCONS
                            1910

188   MORT-NES ET ENFANTS MORTS AVANT LA DECLARATION DE NAISSANCE: ENSEMBLE: FILLES
                            1910

189   MORT-NES ET ENFANTS MORTS AVANT LA DECLARATION DE NAISSANCE: ENSEMBLE: TOTAUX
                            1910

190   ENSEMBLE DES ENFANTS NES (DECLARES VIVANTS ET MORT-NES): GARCONS
                            1910

191   ENSEMBLE DES ENFANTS NES (DECLARES VIVANTS ET MORT-NES): FILLES
                            1910

192   ENSEMBLE DES ENFANTS NES (DECLARES VIVANTS ET MORT-NES): TOTAUX
                            1910

193   ENFANTS DECLARES VIVANTS: AGE DE LA MERE: MOINS DE 15 ANS 1910

194   ENFANTS DECLARES VIVANTS: AGE DE LA MERE: 15-19 ANS 1910

195   ENFANTS DECLARES VIVANTS: AGE DE LA MERE: 20-24 ANS 1910

196   ENFANTS DECLARES VIVANTS: AGE DE LA MERE: 25-29 ANS 1910

197   ENFANTS DECLARES VIVANTS: AGE DE LA MERE: 30-34 ANS 1910

198   ENFANTS DECLARES VIVANTS: AGE DE LA MERE: 35-39 ANS 1910

DATA SET 216: MOUVEMENT DE LA POPULATION 1910 (DEPARTEMENT)

NUMERO DE LA VARIABLE	NOM DE LA VARIABLE
199	ENFANTS DECLARES VIVANTS: AGE DE LA MERE: 40-44 ANS 1910
200	ENFANTS DECLARES VIVANTS: AGE DE LA MERE: 45-49 ANS 1910
201	ENFANTS DECLARES VIVANTS: AGE DE LA MERE: 50 ANS ET PLUS 1910
202	ENFANTS DECLARES VIVANTS: AGE DE LA MERE: AGE NON DECLARE 1910
203	ENFANTS DECLARES VIVANTS: AGE DE LA MERE: TOTAUX 1910
204	MORT-NES ET ENFANTS MORTS AVANT LA DECLARATION DE NAISSANCE: AGE DE LA MERE: MOINS DE 15 ANS 1910
205	MORT-NES ET ENFANTS MORTS AVANT LA DECLARATION DE NAISSANCE: AGE DE LA MERE: 15-19 ANS 1910
206	MORT-NES ET ENFANTS MORTS AVANT LA DECLARATION DE NAISSANCE: AGE DE LA MERE: 20-24 ANS 1910
207	MORT-NES ET ENFANTS MORTS AVANT LA DECLARATION DE NAISSANCE: AGE DE LA MERE: 25-29 ANS 1910
208	MORT-NES ET ENFANTS MORTS AVANT LA DECLARATION DE NAISSANCE: AGE DE LA MERE: 30-34 ANS 1910
209	MORT-NES ET ENFANTS MORTS AVANT LA DECLARATION DE NAISSANCE: AGE DE LA MERE: 35-39 ANS 1910
210	MORT-NES ET ENFANTS MORTS AVANT LA DECLARATION DE NAISSANCE: AGE DE LA MERE: 40-44 ANS 1910
211	MORT-NES ET ENFANTS MORTS AVANT LA DECLARATION DE NAISSANCE: AGE DE LA MERE: 45-49 ANS 1910
212	MORT-NES ET ENFANTS MORTS AVANT LA DECLARATION DE NAISSANCE: AGE DE LA MERE: 50 ANS ET PLUS 1910
213	MORT-NES ET ENFANTS MORTS AVANT LA DECLARATION DE NAISSANCE: AGE DE LA MERE: NON DECLARE 1910
214	MORT-NES ET ENFANTS MORTS AVANT LA DECLARATION DE NAISSANCE: AGE DE LA MERE: TOTAUX 1910
215	NAISSANCES: ENFANTS DECLARES VIVANTS: TOTAL 1910
216	NAISSANCES: ENFANTS DECLARES VIVANTS: JANVIER 1910
217	NAISSANCES: ENFANTS DECLARES VIVANTS: FEVRIER 1910
218	NAISSANCES: ENFANTS DECLARES VIVANTS: MARS 1910
219	NAISSANCES: ENFANTS DECLARES VIVANTS: AVRIL 1910
220	NAISSANCES: ENFANTS DECLARES VIVANTS: MAI 1910
221	NAISSANCES: ENFANTS DECLARES VIVANTS: JUIN 1910
222	NAISSANCES: ENFANTS DECLARES VIVANTS: JUILLET 1910
223	NAISSANCES: ENFANTS DECLARES VIVANTS: AOUT 1910
224	NAISSANCES: ENFANTS DECLARES VIVANTS: SEPTEMBRE 1910
225	NAISSANCES: ENFANTS DECLARES VIVANTS: OCTOBRE 1910
226	NAISSANCES: ENFANTS DECLARES VIVANTS: NOVEMBRE 1910
227	NAISSANCES: ENFANTS DECLARES VIVANTS: DECEMBRE 1910
228	MORT-NES ET ENFANTS MORTS AVANT LA DECLARATION DE NAISSANCE: TOTAL 1910

DATA SET 216: MOUVEMENT DE LA POPULATION 1910 (DEPARTEMENT)

NUMERO DE
LA VARIABLE   NOM DE LA VARIABLE

229   MORT-NES ET ENFANTS MORTS AVANT LA DECLARATION DE NAISSANCE: JANVIER
                                      1910

230   MORT-NES ET ENFANTS MORTS AVANT LA DECLARATION DE NAISSANCE: FEVRIER
                                      1910

231   MORT-NES ET ENFANTS MORTS AVANT LA DECLARATION DE NAISSANCE: MARS
                                      1910

232   MORT-NES ET ENFANTS MORTS AVANT LA DECLARATION DE NAISSANCE: AVRIL
                                      1910

233   MORT-NES ET ENFANTS MORTS AVANT LA DECLARATION DE NAISSANCE: MAI
                                      1910

234   MORT-NES ET ENFANTS MORTS AVANT LA DECLARATION DE NAISSANCE: JUIN
                                      1910

235   MORT-NES ET ENFANTS MORTS AVANT LA DECLARATION DE NAISSANCE: JUILLET
                                      1910

236   MORT-NES ET ENFANTS MORTS AVANT LA DECLARATION DE NAISSANCE: AOUT
                                      1910

237   MORT-NES ET ENFANTS MORTS AVANT LA DECLARATION DE NAISSANCE: SEPTEMBRE
                                      1910

238   MORT-NES ET ENFANTS MORTS AVANT LA DECLARATION DE NAISSANCE: OCTOBRE
                                      1910

239   MORT-NES ET ENFANTS MORTS AVANT LA DECLARATION DE NAISSANCE: NOVEMBRE
                                      1910

240   MORT-NES ET ENFANTS MORTS AVANT LA DECLARATION DE NAISSANCE: DECEMBRE
                                      1910

241   NAISSANCES: TOTAL: ENFANTS DECLARES VIVANTS   1907-10

242   NAISSANCES: ENFANTS DECLARES VIVANTS: DUREE DE LA GESTATION: MOINS DE 8 MOIS
                      1907-10

243   NAISSANCES: ENFANTS DECLARES VIVANTS: DUREE DE LA GESTATION: 8 MOIS
                      1907-10

244   NAISSANCES: ENFANTS DECLARES VIVANTS: DUREE DE LA GESTATION: 9 MOIS
                      1907-10

245   NAISSANCES: ENFANTS DECLARES VIVANTS: DUREE DE LA GESTATION: NON DECLARE
                      1907-10

246   NAISSANCES: ENFANTS DECLARES VIVANTS: LIEU D'ACCOUCHEMENT: DOMICILE: LEGITIMES
                      1907-10

247   NAISSANCES: ENFANTS DECLARES VIVANTS: LIEU D'ACCOUCHEMENT: DOMICILE: ILLEGITIMES
                      1907-10

248   NAISSANCES: ENFANTS DECLARES VIVANTS: LIEU D'ACCOUCHEMENT: ETABLISSEMENT, HOPITAL,
           CHEZ UNE SAGE-FEMME: LEGITIMES   1907-10

249   NAISSANCES: ENFANTS DECLARES VIVANTS: LIEU D'ACCOUCHEMENT: ETABLISSEMENT, HOPITAL,
           CHEZ UNE SAGE-FEMME: ILLEGITIMES   1907-10

250   NAISSANCES: ENFANTS DECLARES VIVANTS: LIEU D'ACCOUCHEMENT: NON DECLARE: LEGITIMES
                      1907-10

251   NAISSANCES: ENFANTS DECLARES VIVANTS: LIEU D'ACCOUCHEMENT: NON DECLARE:
           ILLEGITIMES   1907-10

252   NAISSANCES: ENFANTS DECLARES VIVANTS: ASSISTANCE MEDICALE: MEDECIN
                      1907-10

DATA SET 216: MOUVEMENT DE LA POPULATION 1910 (DEPARTEMENT)

NUMERO DE LA VARIABLE	NOM DE LA VARIABLE
253	NAISSANCES: ENFANTS DECLARES VIVANTS: ASSISTANCE MEDICALE: SAGE-FEMME 1907-10
254	NAISSANCES: ENFANTS DECLARES VIVANTS: ASSISTANCE MEDICALE: NON DECLARE 1907-10
255	MORT-NES ET ENFANTS MORTS AVANT LA DECLARATION DE NAISSANCE: NAISSANCES TOTAL 1907-10
256	MORT-NES ET ENFANTS MORTS AVANT LA DECLARATION DE NAISSANCE: DUREE DE LA GESTATION: MOINS DE 8 MOIS 1907-10
257	MORT-NES ET ENFANTS MORTS AVANT LA DECLARATION DE NAISSANCE: DUREE DE LA GESTATION: 8 MOIS 1907-10
258	MORT-NES ET ENFANTS MORTS AVANT LA DECLARATION DE NAISSANCE: DUREE DE LA GESTATION: 9 MOIS 1907-10
259	MORT-NES ET ENFANTS MORTS AVANT LA DECLARATION DE NAISSANCE: DUREE DE LA GESTATION: NON DECLARE 1907-10
260	MORT-NES ET ENFANTS MORTS AVANT LA DECLARATION DE NAISSANCE: LIEU D'ACCOUCHEMENT: DOMICILE: LEGITIMES 1907-10
261	MORT-NES ET ENFANTS MORTS AVANT LA DECLARATION DE NAISSANCE: LIEU D'ACCOUCHEMENT: DOMICILE: ILLEGITIMES 1907-10
262	MORT-NES ET ENFANTS MORTS AVANT LA DECLARATION DE NAISSANCE: LIEU D'ACCOUCHEMENT: ESTABLISSEMENT, HOSPITAL, CHEZ UNE SAGE-FEMME: LEGITIMES 1907-10
263	MORT-NES ET ENFANTS MORTS AVANT LA DECLARATION DE NAISSANCE: LIEU D'ACCOUCHEMENT: ETABLISSEMENT, HOPITAL, CHEZ UNE SAGE-FEMME: ILLEGITIMES 1907-10
264	MORT-NES ET ENFANTS MORTS AVANT LA DECLARATION DE NAISSANCE: LIEU D'ACCOUCHEMENT NON DECLARE: LEGITIMES 1907-10
265	MORT-NES ET ENFANTS MORTS AVANT LA DECLARATION DE NAISSANCE: LIEU D'ACCOUCHEMENT: NON DECLARE: ILLEGITIMES 1907-10
266	MORT-NES ET ENFANTS MORTS AVANT LA DECLARATION DE NAISSANCE: ASSISTANCE MEDICALE: MEDECIN 1907-10
267	MORT-NES ET ENFANTS MORTS AVANT LA DECLARATION DE NAISSANCE: ASSISTANCE MEDICALE: SAGE-FEMME 1907-10
268	MORT-NES ET ENFANTS MORTS AVANT LA DECLARATION DE NAISSANCE: ASSISTANCE MEDICALE: NON DECLARE 1907-10
269	MORT-NES ET ENFANTS MORTS AVANT LA DECLARATION DE NAISSANCE: L'ENFANT, A-T-IL RESPIRE? OUI 1907-10
270	MORT-NES ET ENFANTS MORTS AVANT LA DECLARATION DE NAISSANCE: L'ENFANT, A-T-IL RESPIRE? NON 1907-10
271	ACCOUCHEMENTS DOUBLES AYANT PRODUIT: 2 GARCONS: 2 VIVANT 1907-10
272	ACCOUCHEMENTS DOUBLES AYANT PRODUIT: 2 GARCONS: 1 VIVANT, 1 MORT 1907-10
273	ACCOUCHEMENTS DOUBLES AYANT PRODUIT: 2 GARCONS: 2 MORTS 1907-10
274	ACCOUCHEMENTS DOUBLES AYANT PRODUIT: 1 GARCON ET 1 FILLE: GARCON VIVANT: FILLE VIVANTE 1907-10
275	ACCOUCHEMENTS DOUBLES AYANT PRODUIT: 1 GARCON ET 1 FILLE: GARCON VIVANT: FILLE MORTE 1907-10
276	ACCOUCHEMENTS DOUBLES AYANT PRODUIT: 1 GARCON ET 1 FILLE: GARCON MORT: FILLE VIVANTE

DATA SET 216:   MOUVEMENT DE LA POPULATION 1910 (DEPARTEMENT)

NUMERO DE
LA VARIABLE   NOM DE LA VARIABLE

277   ACCOUCHEMENTS DOUBLES AYANT PRODUIT: 1 GARCON ET 1 FILLE: GARCON MORT: FILLE MORTE
                                           1907-10

278   ACCOUCHEMENTS DOUBLES AYANT PRODUIT: 2 FILLES: 2 VIVANTES 1907-10

279   ACCOUCHEMENTS DOUBLES AYANT PRODUIT: 2 FILLES: 1 VIVANTE, 1 MORTE
                                           1907-10

280   ACCOUCHEMENTS DOUBLES AYANT PRODUIT: 2 FILLES: 2 MORTES 1907-10

281   ACCOUCHEMENTS DOUBLES: TOTAL   1907-10

282   ENFANTS ISSUS D'ACCOUCHEMENTS DOUBLES: GARCONS: VIVANTS 1907-10

283   ENFANTS ISSUS D'ACCOUCHEMENTS DOUBLES:GARCONS: MORTS 1907-10

284   ENFANTS ISSUS D'ACCOUCHEMENTS DOUBLES: FILLES: VIVANTES 1907-10

285   ENFANTS ISSUS D'ACCOUCHEMENTS DOUBLES: FILLES: MORTES 1907-10

286   ENFANTS ISSUS D'ACCOUCHEMENTS DOUBLES: ENSEMBLE: VIVANTS
                                           1907-10

287   ENFANTS ISSUS D'ACCOUCHEMENTS DOUBLES: ENSEMBLE: MORTS 1907-10

288   ENFANTS ISSUS D'ACCOUCHEMENTS DOUBLES: ENSEMBLE: TOTAL 1907-10

289   NAISSANCES: POPULATION URBAINE   1910

290   NAISSANCES: POPULATION RURALE   1910

291   NAISSANCES: TOTAL   1910

292   DECES: POPULATION URBAINE   1910

293   DECES: POPULATION RURALE   1910

294   DECES: TOTAL   1910

295   POPULATION URBAINE: ACCROISSEMENT   1910

296   POPULATION URBAINE: DIMINUTION   1910

297   POPULATION RURALE: ACCROISSEMENT   1910

298   POPULATION RURALE: DIMINUTION   1910

299   POPULATION TOTAL: ACCROISSEMENT   1910

300   POPULATION TOTAL: DIMINUTION   1910

DATA SET 220: MOUVEMENT DE LA POPULATION 1910 (DEPARTEMENT)

SOURCE: STATISTIQUE GENERALE DE LA FRANCE, STATISTIQUE DU MOUVEMENT
DE LA POPULATION, 1907-1910, NOUVELLE SERIE, TOME I
(PARIS, 1912)

VARIABLES 7-52:	TABLEAU XLVIII
VARIABLES 53-65:	TABLEAU XLIX
VARIABLES 66-78:	TABLEAU L
VARIABLES 79-91:	TABLEAU LI
VARIABLES 92-134:	TABLEAU LII
VARIABLES 135-144:	TABLEAU LIII

NUMERO DE
LA VARIABLE   NOM DE LA VARIABLE

7	DECES PAR AGE: SEXE MASCULIN. MOINS DE 1 AN, 1910
8	DECES PAR AGE: SEXE MASCULIN. DE 1 A 4 ANS, 1910
9	DECES PAR AGE: SEXE MASCULIN. DE 5 A 9 ANS, 1910
10	DECES PAR AGE: SEXE MASCULIN. DE 10 A 14 ANS, 1910
11	DECES PAR AGE: SEXE MASCULIN. DE 15 A 19 ANS, 1910
12	DECES PAR AGE: SEXE MASCULIN. DE 20 A 24 ANS, 1910
13	DECES PAR AGE: SEXE MASCULIN. DE 25 A 29 ANS, 1910
14	DECES PAR AGE: SEXE MASCULIN. DE 30 A 34 ANS, 1910
15	DECES PAR AGE: SEXE MASCULIN. DE 35 A 39 ANS, 1910
16	DECES PAR AGE: SEXE MASCULIN. DE 40 A 44 ANS, 1910
17	DECES PAR AGE: SEXE MASCULIN. DE 45 A 49 ANS, 1910
18	DECES PAR AGE: SEXE MASCULIN. DE 50 A 54 ANS, 1910
19	DECES PAR AGE: SEXE MASCULIN. DE 55 A 59 ANS, 1910
20	DECES PAR AGE: SEXE MASCULIN. DE 60 A 64 ANS, 1910
21	DECES PAR AGE: SEXE MASCULIN. DE 65 A 69 ANS, 1910
22	DECES PAR AGE: SEXE MASCULIN. DE 70 A 74 ANS, 1910
23	DECES PAR AGE: SEXE MASCULIN. DE 75 A 79 ANS, 1910
24	DECES PAR AGE: SEXE MASCULIN. DE 80 A 84 ANS, 1910
25	DECES PAR AGE: SEXE MASCULIN. DE 85 A 89 ANS, 1910
26	DECES PAR AGE: SEXE MASCULIN. DE 90 A 94 ANS, 1910
27	DECES PAR AGE: SEXE MASCULIN. DE 95 A 99 ANS, 1910
28	DECES PAR AGE: SEXE MASCULIN. 100 ANS ET AU-DESSUS, 1910
29	DECES PAR AGE: SEXE MASCULIN. TOTAL, 1910
30	DECES PAR AGE: SEXE FEMININ. MOINS DE 1 AN, 1910
31	DECES PAR AGE: SEXE FEMININ. DE 1 A 4 ANS, 1910
32	DECES PAR AGE: SEXE FEMININ. DE 5 A 9 ANS, 1910
33	DECES PAR AGE: SEXE FEMININ. DE 10 A 14 ANS, 1910
34	DECES PAR AGE: SEXE FEMININ. DE 15 A 19 ANS, 1910
35	DECES PAR AGE: SEXE FEMININ. DE 20 A 24 ANS, 1910
36	DECES PAR AGE: SEXE FEMININ. DE 25 A 29 ANS, 1910

DATA SET 220: MOUVEMENT DE LA POPULATION 1910 (DEPARTEMENT)

NUMERO DE LA VARIABLE	NOM DE LA VARIABLE
37	DECES PAR AGE: SEXE FEMININ. DE 30 A 34 ANS, 1910
38	DECES PAR AGE: SEXE FEMININ. DE 35 A 39 ANS, 1910
39	DECES PAR AGE: SEXE FEMININ. DE 40 A 44 ANS, 1910
40	DECES PAR AGE: SEXE FEMININ. DE 45 A 49 ANS, 1910
41	DECES PAR AGE: SEXE FEMININ. DE 50 A 54 ANS, 1910
42	DECES PAR AGE: SEXE FEMININ. DE 55 A 59 ANS, 1910
43	DECES PAR AGE: SEXE FEMININ. DE 60 A 64 ANS, 1910
44	DECES PAR AGE: SEXE FEMININ. DE 65 A 69 ANS, 1910
45	DECES PAR AGE: SEXE FEMININ. DE 70 A 74 ANS, 1910
46	DECES PAR AGE: SEXE FEMININ. DE 75 A 79 ANS, 1910
47	DECES PAR AGE: SEXE FEMININ. DE 80 A 84 ANS, 1910
48	DECES PAR AGE: SEXE FEMININ. DE 85 A 89 ANS, 1910
49	DECES PAR AGE: SEXE FEMININ. DE 90 A 94 ANS, 1910
50	DECES PAR AGE: SEXE FEMININ. DE 95 A 99 ANS, 1910
51	DECES PAR AGE: SEXE FEMININ. 100 ANS ET PLUS, 1910
52	DECES PAR AGE: SEXE FEMININ. TOTAL, 1910
53	DECES PAR MOIS: TOTAL, 1910 (NON COMPRIS LES DECES DE LA VILLE D'ANGOULEME, DEPARTEMENT DE CHARENTE)
54	DECES PAR MOIS: JANVIER, 1910
55	DECES PAR MOIS: FEVRIER, 1910
56	DECES PAR MOIS: MARS, 1910
57	DECES PAR MOIS: AVRIL, 1910
58	DECES PAR MOIS: MAI, 1910
59	DECES PAR MOIS: JUIN, 1910
60	DECES PAR MOIS: JUILLET, 1910
61	DECES PAR MOIS: AOUT, 1910
62	DECES PAR MOIS: SEPTEMBRE, 1910
63	DECES PAR MOIS: OCTOBRE, 1910
64	DECES PAR MOIS: NOVEMBRE, 1910
65	DECES PAR MOIS: DECEMBRE, 1910
66	DECES PAR MOIS: (ENFANTS DE MOINS DE 1 AN). TOTAL, 1910 (NON COMPRIS LA VILLE D'ANGOULEME, DEPARTEMENT DE CHARENTE)
67	DECES PAR MOIS: (ENFANTS DE MOINS DE 1 AN). JANVIER, 1910
68	DECES PAR MOIS: (ENFANTS DE MOINS DE 1 AN). FEVRIER, 1910
69	DECES PAR MOIS: (ENFANTS DE MOINS DE 1 AN). MARS, 1910
70	DECES PAR MOIS: (ENFANTS DE MOINS DE 1 AN). AVRIL, 1910
71	DECES PAR MOIS: (ENFANTS DE MOINS DE 1 AN). MAI, 1910

DATA SET 220:   MOUVEMENT DE LA POPULATION 1910 (DEPARTEMENT)

NUMERO DE LA VARIABLE	NOM DE LA VARIABLE
72	DECES PAR MOIS: (ENFANTS DE MOINS DE 1 AN). JUIN, 1910
73	DECES PAR MOIS: (ENFANTS DE MOINS DE 1 AN). JUILLET, 1910
74	DECES PAR MOIS: (ENFANTS DE MOINS DE 1 AN). AOUT, 1910
75	DECES PAR MOIS: (ENFANTS DE MOINS DE 1 AN). SEPTEMBRE, 1910
76	DECES PAR MOIS: (ENFANTS DE MOINS DE 1 AN). OCTOBRE, 1910
77	DECES PAR MOIS: (ENFANTS DE MOINS DE 1 AN). NOVEMBRE, 1910
78	DECES PAR MOIS: (ENFANTS DE MOINS DE 1 AN). DECEMBRE, 1910
79	DECES PAR MOIS: (VIELLARDS DE 60 ANS ET AU-DESSUS). TOTAL, 1910 (NON COMPRIS LES DECES DE LA VILLE D'ANGOULEME, DEPARTEMENT DE CHARENTE)
80	DECES PAR MOIS: (VIELLARDS DE 60 ANS ET AU-DESSUS). JANVIER, 1910
81	DECES PAR MOIS: (VIELLARDS DE 60 ANS ET AU-DESSUS). FEVRIER, 1910
82	DECES PAR MOIS: (VIELLARDS DE 60 ANS ET AU-DESSUS). MARS, 1910
83	DECES PAR MOIS: (VIELLARDS DE 60 ANS ET AU-DESSUS). AVRIL, 1910
84	DECES PAR MOIS: (VIELLARDS DE 60 ANS ET AU-DESSUS). MAI, 1910
85	DECES PAR MOIS: (VIELLARDS DE 60 ANS ET AU-DESSUS). JUIN, 1910
86	DECES PAR MOIS: (VIELLARDS DE 60 ANS ET AU-DESSUS). JUILLET, 1910
87	DECES PAR MOIS: (VIELLARDS DE 60 ANS ET AU-DESSUS). AOUT, 1910
88	DECES PAR MOIS: (VIELLARDS DE 60 ANS ET AU-DESSUS). SEPTEMBRE, 1910
89	DECES PAR MOIS: (VIELLARDS DE 60 ANS ET AU-DESSUS). OCTOBRE, 1910
90	DECES PAR MOIS: (VIELLARDS DE 60 ANS ET AU-DESSUS). NOVEMBRE, 1910
91	DECES PAR MOIS: (VIELLARDS DE 60 ANS ET AU-DESSUS). DECEMBRE, 1910
92	DECES AU COURS DE LA PREMIERE ANNEE. GARCONS DE LA NAISSANCE A 4 JOURS. ENFANTS LEGITIMES, 1910
93	DECES AU COURS DE LA PREMIERE ANNEE. GARCONS DE LA NAISSANCE A 4 JOURS. ENFANTS ILLEGITIMES, 1910
94	DECES AU COURS DE LA PREMIERE ANNEE. GARCONS DE 5 A 9 JOURS. ENFANTS LEGITIMES, 1910
95	DECES AU COURS DE LA PREMIERE ANNEE. GARCONS DE 5 A 9 JOURS. ENFANTS ILLEGITIMES, 1910
96	DECES AU COURS DE LA PREMIERE ANNEE. GARCONS DE 10 A 14 JOURS. ENFANTS LEGITIMES, 1910
97	DECES AU COURS DE LA PREMIERE ANNEE. GARCONS DE 10 A 14 JOURS. ENFANTS ILLEGITIMES, 1910
98	DECES AU COURS DE LA PREMIERE ANNEE. GARCONS DE 15 A 30 JOURS. ENFANTS LEGITIMES, 1910
99	DECES AU COURS DE LA PREMIERE ANNEE. GARCONS DE 15 A 30 JOURS. ENFANTS ILLEGITIMES, 1910
100	DECES AU COURS DE LA PREMIERE ANNEE. GARCONS DE 1 MOIS. ENFANTS LEGITIMES, 1910
101	DECES AU COURS DE LA PREMIERE ANNEE. GARCONS DE 1 MOIS. ENFANTS ILLEGITIMES, 1910
102	DECES AU COURS DE LA PREMIERE ANNEE. GARCONS DE 2 MOIS. ENFANTS LEGITIMES, 1910
103	DECES AU COURS DE LA PREMIERE ANNEE. GARCONS DE 2 MOIS. ENFANTS ILLEGITIMES, 1910

DATA SET 220:   MOUVEMENT DE LA POPULATION 1910 (DEPARTEMENT)

NUMERO DE
LA VARIABLE   NOM DE LA VARIABLE

104   DECES AU COURS DE LA PREMIERE ANNEE. GARCONS DE 3,4 OU 5 MOIS. ENFANTS LEGITIMES,
            1910

105   DECES AU COURS DE LA PREMIERE ANNEE. GARCONS DE 3,4 OU 5 MOIS. ENFANTS ILLEGITIMES,
            1910

106   DECES AU COURS DE LA PREMIERE ANNEE. GARCONS DE 6,7 OU 8 MOIS. ENFANTS LEGITIMES,
            1910

107   DECES AU COURS DE LA PREMIERE ANNEE. GARCONS DE 6,7 OU 8 MOIS. ENFANTS ILLEGITIMES,
            1910

108   DECES AU COURS DE LA PREMIERE ANNEE. GARCONS DE 9 MOIS A 1 AN. ENFANTS LEGITIMES,
            1910

109   DECES AU COURS DE LA PREMIERE ANNEE. GARCONS DE 9 MOIS A 1 AN. ENFANTS ILLEGITIMES,
            1910

110   DECES AU COURS DE LA PREMIERE ANNEE. GARCONS TOTAUX. ENFANTS LEGITIMES, 1910

111   DECES AU COURS DE LA PREMIERE ANNEE. GARCONS TOTAUX. ENFANTS ILLEGITIMES, 1910

112   DECES AU COURS DE LA PREMIERE ANNEE. GARCONS TOTAUX. ENFANTS TOTAL, 1910

113   DECES AU COURS DE LA PREMIERE ANNEE. FILLES DE LA NAISSANCE A 4 JOURS.   ENFANTS
            LEGITIMES, 1910

114   DECES AU COURS DE LA PREMIERE ANNEE. FILLES DE LA NAISSANCE A 4 JOURS.   ENFANTS
            ILLEGITIMES, 1910

115   DECES AU COURS DE LA PREMIERE ANNEE. FILLES DE 5 A 9 JOURS. ENFANTS LEGITIMES, 1910

116   DECES AU COURS DE LA PREMIERE ANNEE. FILLES DE 5 A 9 JOURS. ENFANTS ILLEGITIMES, 1910

117   DECES AU COURS DE LA PREMIERE ANNEE. FILLES DE 10 A 14 JOURS. ENFANTS LEGITIMES,
            1910

118   DECES AU COURS DE LA PREMIERE ANNEE. FILLES DE 10 A 14 JOURS. ENFANTS ILLEGITIMES,
            1910

119   DECES AU COURS DE LA PREMIERE ANNEE. FILLES DE 15 A 30 JOURS. ENFANTS LEGITIMES,
            1910

120   DECES AU COURS DE LA PREMIERE ANNEE. FILLES DE 15 A 30 JOURS. ENFANTS ILLEGITIMES,
            1910

121   DECES AU COURS DE LA PREMIERE ANNEE. FILLES DE 1 MOIS. ENFANTS LEGITIMES, 1910

122   DECES AU COURS DE LA PREMIERE ANNEE. FILLES DE 1 MOIS. ENFANTS ILLEGITIMES, 1910

123   DECES AU COURS DE LA PREMIERE ANNEE. FILLES DE 2 MOIS. ENFANTS LEGITIMES, 1910

124   DECES AU COURS DE LA PREMIERE ANNEE. FILLES DE 2 MOIS. ENFANTS ILLEGITIMES, 1910

125   DECES AU COURS DE LA PREMIERE ANNEE. FILLES DE 3,4 OU 5 MOIS. ENFANTS LEGITIMES,
            1910

126   DECES AU COURS DE LA PREMIERE ANNEE. FILLES DE 3,4 OU 5 MOIS. ENFANTS ILLEGITIMES,
            1910

127   DECES AU COURS DE LA PREMIERE ANNEE. FILLES DE 6,7 OU 8 MOIS. ENFANTS LEGITIMES,
            1910

128   DECES AU COURS DE LA PREMIERE ANNEE. FILLES DE 6,7 OU 8 MOIS. ENFANTS ILLEGITIMES,
            1910

129   DECES AU COURS DE LA PREMIERE ANNEE. FILLES DE 9 MOIS A 1 AN. ENFANTS LEGITIMES,
            1910

130   DECES AU COURS DE LA PREMIERE ANNEE. FILLES DE 9 MOIS A 1 AN. ENFANTS ILLEGITIMES,
            1910

DATA SET 220: MOUVEMENT DE LA POPULATION 1910 (DEPARTEMENT)

NUMERO DE LA VARIABLE	NOM DE LA VARIABLE
131	DECES AU COURS DE LA PREMIERE ANNEE. FILLES TOTAUX. ENFANTS LEGITIMES, 1910
132	DECES AU COURS DE LA PREMIERE ANNEE. FILLES TOTAUX. ENFANTS ILLEGITIMES, 1910
133	DECES AU COURS DE LA PREMIERE ANNEE. FILLES TOTAUX. ENFANTS TOTAL, 1910
134	DECES AU COURS DE LA PREMIERE ANNEE SUIVANT LE SEXE ET LA LEGITIMITE. TOTAUX GENERAUX, 1910
135	DECES AU COURS DE LA PREMIERE ANNEE SUIVANT LE SEXE ET LE MODE D'ALLAITEMENT. SEXE MASCULIN. TOTAL, ENSEMBLE DES ANNEES 1907, 1908, 1909 ET 1910
136	DECES AU COURS DE LA PREMIERE ANNEE. SEXE MASCULIN. MODE D'ALLAITEMENT, AU SEIN. ENSEMBLE DES ANNEES 1907, 1908, 1909 ET 1910
137	DECES AU COURS DE LA PREMIERE ANNEE. SEXE MASCULIN. MODE D'ALLAITEMENT, AU BIBERON. ENSEMBLE DES ANNEES 1907, 1908, 1909 ET 1910
138	DECES AU COURS DE LA PREMIERE ANNEE. SEXE MASCULIN. MODE D'ALLAITEMENT, MIXTE. ENSEMBLE DES ANNEES 1907, 1908, 1909 ET 1910
139	DECES AU COURS DE LA PREMIERE ANNEE. SEXE MASCULIN. MODE D'ALLAITEMENT, SANS RENSEIGNEMENT. ENSEMBLE DES ANNEES 1907, 1908, 1909 ET 1910
140	DECES AU COURS DE LA PREMIERE ANNEE SUIVANT LE SEXE ET LE MODE D'ALLAITEMENT. SEXE FEMININ. TOTAL, ENSEMBLE DES ANNEES 1907, 1908, 1909 ET 1910
141	DECES AU COURS DE LA PREMIERE ANNEE. SEXE FEMININ. MODE D'ALLAITEMENT, AU SEIN. ENSEMBLE DES ANNEES 1907, 1908, 1909 ET 1910
142	DECES AU COURS DE LA PREMIERE ANNEE. SEXE FEMININ. MODE D'ALLAITEMENT, AU BIBERON. ENSEMBLE DES ANNEES 1907, 1908, 1909 ET 1910
143	DECES AU COURS DE LA PREMIERE ANNEE. SEXE FEMININ. MODE D'ALLAITEMENT, MIXTE. ENSEMBLE DES ANNEES 1907, 1908, 1909 ET 1910
144	DECES AU COURS DE LA PREMIERE ANNEE. SEXE FEMININ. MODE D'ALLAITEMENT, SANS RENSEIGNEMENT. ENSEMBLE DES ANNEES 1907, 1908, 1909 ET 1910

DATA SET 270: MOUVEMENT DE LA POPULATION 1911 (DEPARTEMENT)

SOURCE: STATISTIQUE GENERALE DE LA FRANCE, STATISTIQUE DU MOUVEMENT
DE LA POPULATION, ANNEES 1911, 1912, ET 1913, NOUVELLE
SERIE, TOME II (PARIS, 1917)

VARIABLES 7-31:	TABLEAU XXXIII
VARIABLES 32-47:	TABLEAU XXXIV
VARIABLES 48-64:	TABLEAU XXXV
VARIABLES 65-82:	TABLEAU XXXVI
VARIABLES 83-95:	TABLEAU XXXVII
VARIABLES 96-122:	TABLEAU XLII
VARIABLES 123-144:	TABLEAU XLIII
VARIABLES 145-170:	TABLEAU XLIV
VARIABLES 171-182:	TABLEAU XLVII
VARIABLES 183-228:	TABLEAU XLVIII
VARIABLES 229-241:	TABLEAU XLIX
VARIABLES 242-254:	TABLEAU L
VARIABLES 255-267:	TABLEAU LI
VARIABLES 268-310:	TABLEAU LII

NUMERO DE
LA VARIABLE   NOM DE LA VARIABLE

7   POPULATION LEGALE (DENOMBREMENT DE 1911)

8   MOUVEMENT DE LA POPULATION: MARIAGES, 1911

9   MOUVEMENT DE LA POPULATION: DIVORCES, 1911

10   MOUVEMENT DE LA POPULATION: ENFANTS DECLARES VIVANTS: LEGITIMES: GARCONS, 1911

11   MOUVEMENT DE LA POPULATION: ENFANTS DECLARES VIVANTS: LEGITIMES: FILLES, 1911

12   MOUVEMENT DE LA POPULATION: ENFANTS DECLARES VIVANTS: LEGITIMES: TOTAL, 1911

13   MOUVEMENT DE LA POPULATION: ENFANTS DECLARES VIVANTS: ILLEGITIMES: GARCONS, 1911

14   MOUVEMENT DE LA POPULATION: ENFANTS DECLARES VIVANTS: ILLEGITIMES: FILLES, 1911

15   MOUVEMENT DE LA POPULATION: ENFANTS DECLARES VIVANTS: ILLEGITIMES: TOTAL, 1911

16   MOUVEMENT DE LA POPULATION: ENFANTS DECLARES VIVANTS: TOTAUX: GARCONS, 1911

17   MOUVEMENT DE LA POPULATION: ENFANTS DECLARES VIVANTS: TOTAUX: FILLES, 1911

18   MOUVEMENT DE LA POPULATION: TOTAUX DES ENFANTS DECLARES VIVANTS, 1911

19   MOUVEMENT DE LA POPULATION: MORT-NES ET ENFANTS MORTS AVANT LA DECLARATION DE
           NAISSANCE: LEGITIMES: GARCONS, 911

20   MOUVEMENT DE LA POPULATION: MORT-NES ET ENFANTS MORTS AVANT LA DECLARATION DE
           NAISSANCE: LEGITIMES: FILLES 1911

21   MOUVEMENT DE LA POPULATION: MORT-NES ET ENFANTS MORTS AVANT LA DECLARATION DE
           NAISSANCE: ILLEGITIMES: GARCONS 1911

22   MOUVEMENT DE LA POPULATION: MORT-NES ET ENFANTS MORTS AVANT LA DECLARATION DE
           NAISSANCE: ILLEGITIMES: FILLES 1911

23   MOUVEMENT DE LA POPULATION: MORT-NES ET ENFANTS MORTS AVANT LA DECLARATION DE
           NAISSANCE: TOTAL, 1911

24   MOUVEMENT DE LA POPULATION: DECES: SEXE MASCULIN, 1911

25   MOUVEMENT DE LA POPULATION: DECES: SEXE FEMININ, 1911

26   MOUVEMENT DE LA POPULATION: DECES: TOTAL, 1911

27   MOUVEMENT DE LA POPULATION: EXCEDENT: DES NAISSANCES, 1911

28   MOUVEMENT DE LA POPULATION: EXCEDENT: DES DECES, 1911

29   MOUVEMENT DE LA POPULATION: PROPORTIONS POUR 10,000 HABITANTS: DES NOUVEAUX MARIES,
           1911

DATA SET 270: MOUVEMENT DE LA POPULATION 1911 (DEPARTEMENT)

NUMERO DE LA VARIABLE	NOM DE LA VARIABLE
30	MOUVEMENT DE LA POPULATION: PROPORTIONS POUR 10,000 HABITANTS: DES ENFANTS DECLARES VIVANTS, 1911
31	MOUVEMENT DE LA POPULATION: PROPORTIONS POUR 10,000 HABITANTS: DES DECES, 1911
32	MARIAGES SUIVANT L'ETAT MATRIMONIAL ANTERIEUR DES EPOUX: NOMBRE DE MARIAGES, 1911
33	MARIAGES SUIVANT L'ETAT MATRIMONIAL ANTERIEUR DES EPOUX: MARIAGES ENTRE GARCONS ET FILLES, 1911
34	MARIAGES SUIVANT L'ETAT MATRIMONIAL ANTERIEUR DES EPOUX: MARIAGES ENTRE GARCONS ET VEUVES, 1911
35	MARIAGES SUIVANT L'ETAT MATRIMONIAL ANTERIEUR DES EPOUX: MARIAGES ENTRE GARCONS ET DIVORCEES, 1911
36	MARIAGES SUIVANT L'ETAT MATRIMONIAL ANTERIEUR DES EPOUX: MARIAGES ENTRE VEUFS ET FILLES, 1911
37	MARIAGES SUIVANT L'ETAT MATRIMONIAL ANTERIEUR DES EPOUX: MARIAGES ENTRE VEUFS ET VEUVES, 1911
38	MARIAGES SUIVANT L'ETAT MATRIMONIAL ANTERIEUR DES EPOUX: MARIAGES ENTRE VEUFS ET DIVORCEES, 1911
39	MARIAGES SUIVANT L'ETAT MATRIMONIAL ANTERIEUR DES EPOUX: MARIAGES ENTRE DIVORCES ET FILLES, 1911
40	MARIAGES SUIVANT L'ETAT MATRIMONIAL ANTERIEUR DES EPOUX: MARIAGES ENTRE DIVORCES ET VEUVES, 1911
41	MARIAGES SUIVANT L'ETAT MATRIMONIAL ANTERIEUR DES EPOUX: MARIAGES ENTRE DIVORCES ET DIVORCEES, 1911
42	MARIAGES SUIVANT L'ETAT MATRIMONIAL ANTERIEUR DES EPOUX: NOMBRE DES CONJOINTS: SEXE MASCULIN: GARCONS, 1911
43	MARIAGES SUIVANT L'ETAT MATRIMONIAL ANTERIEUR DES EPOUX: NOMBRE DES CONJOINTS: SEXE MASCULIN: VEUFS, 1911
44	MARIAGES SUIVANT L'ETAT MATRIMONIAL ANTERIEUR DES EPOUX: NOMBRE DES CONJOINTS: SEXE MASCULIN: DIVORCES, 1911
45	MARIAGES SUIVANT L'ETAT MATRIMONIAL ANTERIEUR DES EPOUX: NOMBRE DES CONJOINTS: SEXE FEMININ: FILLES, 1911
46	MARIAGES SUIVANT L'ETAT MATRIMONIAL ANTERIEUR DES EPOUX: NOMBRE DES CONJOINTS: SEXE FEMININ: VEUVES, 1911
47	MARIAGES SUIVANT L'ETAT MATRIMONIAL ANTERIEUR DES EPOUX: NOMBRE DES CONJOINTS: SEXE FEMININ: DIVORCEES, 1911
48	MARIAGES: AGE DE L'EPOUX: MOINS DE 20 ANS, 1911
49	MARIAGES: AGE DE L'EPOUX: 20 A 24 ANS, 1911
50	MARIAGES: AGE DE L'EPOUX: 25 A 29 ANS, 1911
51	MARIAGES: AGE DE L'EPOUX: 30 A 34 ANS, 1911
52	MARIAGES: AGE DE L'EPOUX: 35 A 39 ANS, 1911
53	MARIAGES: AGE DE L'EPOUX: 40 A 49 ANS, 1911
54	MARIAGES: AGE DE L'EPOUX: 50 A 59 ANS, 1911
55	MARIAGES: AGE DE L'EPOUX: 60 ANS ET PLUS, 1911
56	MARIAGES: AGE DE L'EPOUSE: MOINS DE 20 ANS, 1911
57	MARIAGES: AGE DE L'EPOUSE: 20 A 24 ANS, 1911

DATA SET 270:   MOUVEMENT DE LA POPULATION 1911 (DEPARTEMENT)

NUMERO DE
LA VARIABLE   NOM DE LA VARIABLE

58	MARIAGES: AGE DE L'EPOUSE: 25 A 29 ANS, 1911
59	MARIAGES: AGE DE L'EPOUSE: 30 A 34 ANS, 1911
60	MARIAGES: AGE DE L'EPOUSE: 35 A 39 ANS, 1911
61	MARIAGES: AGE DE L'EPOUSE: 40 A 49 ANS, 1911
62	MARIAGES: AGE DE L'EPOUSE: 50 A 59 ANS, 1911
63	MARIAGES: AGE DE L'EPOUSE: 60 ANS ET PLUS, 1911
64	TOTAL DES MARIAGES SUIVANT L'AGE DES EPOUX, 1911
65	AGE AU PREMIER MARIAGE: GARCONS: MOINS DE 20 ANS, 1911
66	AGE AU PREMIER MARIAGE: GARCONS: 20 A 24 ANS, 1911
67	AGE AU PREMIER MARIAGE: GARCONS: 25 A 29 ANS, 1911
68	AGE AU PREMIER MARIAGE: GARCONS: 30 A 34 ANS, 1911
69	AGE AU PREMIER MARIAGE: GARCONS: 35 A 39 ANS, 1911
70	AGE AU PREMIER MARIAGE: GARCONS: 40 A 49 ANS, 1911
71	AGE AU PREMIER MARIAGE: GARCONS: 50 A 59 ANS, 1911
72	AGE AU PREMIER MARIAGE: GARCONS: 60 ANS ET PLUS, 1911
73	AGE AU PREMIER MARIAGE: GARCONS: TOTAL, 1911
74	AGE AU PREMIER MARIAGE: FILLES: MOINS DE 20 ANS, 1911
75	AGE AU PREMIER MARIAGE: FILLES: 20 A 24 ANS, 1911
76	AGE AU PREMIER MARIAGE: FILLES: 25 A 29 ANS, 1911
77	AGE AU PREMIER MARIAGE: FILLES: 30 A 34 ANS, 1911
78	AGE AU PREMIER MARIAGE: FILLES: 35 A 39 ANS, 1911
79	AGE AU PREMIERE MARIAGE: FILLES:40 A 49 ANS, 1911
80	AGE AU PREMIER MARIAGE: FILLES: 50 A 59 ANS, 1911
81	AGE AU PREMIER MARIAGE: FILLES: 60 ANS ET PLUS, 1911
82	AGE AU PREMIER MARIAGE: FILLES: TOTAL, 1911
83	MARIAGES PAR MOIS: NOMBRE TOTAL DES MARIAGES, 1911
84	MARIAGES PAR MOIS: JANVIER, 1911
85	MARIAGES PAR MOIS: FEVRIER, 1911
86	MARIAGES PAR MOIS: MARS, 1911
87	MARIAGES PAR MOIS: AVRIL, 1911
88	MARIAGES PAR MOIS: MAI, 1911
89	MARIAGES PAR MOIS: JUIN, 1911
90	MARIAGES PAR MOIS: JUILLET, 1911
91	MARIAGES PAR MOIS: AOUT, 1911
92	MARIAGES PAR MOIS: SEPTEMBRE, 1911
93	MARIAGES PAR MOIS: OCTOBRE, 1911

DATA SET 270: MOUVEMENT DE LA POPULATION 1911 (DEPARTEMENT)

NUMERO DE
LA VARIABLE   NOM DE LA VARIABLE

94   MARIAGES PAR MOIS: NOVEMBRE, 1911

95   MARIAGES PAR MOIS: DECEMBRE, 1911

96   NAISSANCES: ENFANTS DECLARES VIVANTS: ENFANTS LEGITIMES: GARCONS, 1911

97   NAISSANCES: ENFANTS DECLARES VIVANTS: ENFANTS LEGITIMES: FILLES, 1911

98   NAISSANCES: ENFANTS DECLARES VIVANTS: ENFANTS LEGITIMES: TOTAUX, 1911

99   NAISSANCES: ENFANTS DECLARES VIVANTS: ENFANTS ILLEGITIMES; RECONNUS PAR LE PERE SUR
          L'ACTE DE NAISSANCE: GARCONS, 1911

100   NAISSANCES: ENFANTS DECLARES VIVANTS: ENFANTS ILLEGITIMES: RECONNUS PAR LE PERE SUR
          L'ACTE DE NAISSANCE: FILLES, 1911

101   NAISSANCES: ENFANTS DECLARES VIVANTS: ENFANTS ILLEGITIMES: RECONNUS PAR LE PERE SUR
          L'ACTE DE NAISSANCE: TOTAUX, 1911

102   NAISSANCES: ENFANTS DECLARES VIVANTS: ENFANTS ILLEGITIMES: NON RECONNUS: GARCONS,
          1911

103   NAISSANCES: ENFANTS DECLARES VIVANTS: ENFANTS ILLEGITIMES: NON RECONNUS: FILLES,
          1911

104   NAISSANCES: ENFANTS DECLARES VIVANTS: - ENFANTS ILLEGITIMES: NON RECONNUS: TOTAUX,
          1911

105   NAISSANCES: ENFANTS DECLARES VIVANTS: ENFANTS ILLEGITIMES: TOTAUX: GARCONS, 1911

106   NAISSANCES: ENFANTS DECLARES VIVANTS: ENFANTS ILLEGITIMES: TOTAUX: FILLES,. 1911

107   NAISSANCES: ENFANTS DECLARES VIVANTS: ENFANTS ILLEGITIMES: TOTAUX: TOTAUX, 1911

108   NAISSANCES: ENFANTS DECLARES VIVANTS: ENSEMBLE DES ENFANTS DECLARES VIVANTS:
          GARCONS, 1911

109   NAISSANCES: ENFANTS DECLARES VIVANTS: ENSEMBLE DES ENFANTS DECLARES VIVANTS:
          FILLES, 1911

110   NAISSANCES: ENFANTS DECLARES VIVANTS: ENSEMBLE DES ENFANTS DECLARES VIVANTS:
          TOTAUX, 1911

111   NAISSANCES: MORT-NES ET ENFANTS MORTS AVANT LA DECLARATION DE NAISSANCE: ENFANTS
          LEGITIMES: GARCONS, 1911

112   NAISSANCES: MORT-NES ET ENFANTS MORTS AVANT LA DECLARATION DE NAISSANCE: ENFANTS
          LEGITIMES: FILLES, 1911

113   NAISSANCES: MORT-NES ET ENFANTS MORTS AVANT LA DECLARATION DE NAISSANCE: ENFANTS
          LEGITIMES: TOTAUX, 1911

114   NAISSANCES: MORT-NES ET ENFANTS MORTS AVANT LA DECLARATION DE NAISSANCE: ENFANTS
          ILLEGITIMES: GARCONS, 1911

115   NAISSANCES: MORT-NES ET ENFANTS MORTS AVANT LA DECLARATION DE NAISSANCE: ENFANTS
          ILLEGITIMES: FILLES, 1911

116   NAISSANCES: MORT-NES ET ENFANTS MORTS AVANT LA DECLARATION DE NAISSANCE: ENFANTS
          ILLEGITIMES: TOTAUX, 1911

117   NAISSANCES: MORT-NES ET ENFANTS MORTS AVANT LA DECLARATION DE NAISSANCE: ENSEMBLE
          DES ENFANTS MORT-NES: GARCONS, 1911

118   NAISSANCES: MORT-NES ET ENFANTS MORTS AVANT LA DECLARATION DE NAISSANCE: ENSEMBLE
          DES ENFANTS MORT-NES: FILLES, 1911

119   NAISSANCES: MORT-NES ET ENFANTS MORTS AVANT LA DECLARATION DE NAISSANCE: ENSEMBLE
          DES ENFANTS MORT-NES: TOTAUX, 1911

120   NAISSANCES: ENSEMBLE DES ENFANTS NES (DECLARES VIVANTS ET MORT-NES): GARCONS, 1911

DATA SET 270:   MOUVEMENT DE LA POPULATION 1911 (DEPARTEMENT)

NUMERO DE
LA VARIABLE   NOM DE LA VARIABLE

121   NAISSANCES: ENSEMBLE DES ENFANTS NES (DECLARES VIVANTS ET MORT-NES): FILLES, 1911

122   NAISSANCES: ENSEMBLE DES ENFANTS NES (DECLARES VIVANTS ET MORT-NES): TOTAUX, 1911

123   NAISSANCES: ENFANTS DECLARES VIVANTS: AGE DE LA MERE: MOINS DE 15 ANS, 1911

124   NAISSANCES: ENFANTS DECLARES VIVANTS: AGE DE LA MERE: 15 A 19 ANS, 1911

125   NAISSANCES: ENFANTS DECLARES VIVANTS: AGE DE LA MERE: 20 A 24 ANS, 1911

126   NAISSANCES: ENFANTS DECLARES VIVANTS: AGE DE LA MERE: 25 A 29 ANS, 1911

127   NAISSANCES: ENFANTS DECLARES VIVANTS: AGE DE LA MERE: 30 A 34 ANS, 1911

128   NAISSANCES: ENFANTS DECLARES VIVANTS: AGE DE LA MERE: 35 A 39 ANS, 1911

129   NAISSANCES: ENFANTS DECLARES VIVANTS: AGE DE LA MERE: 40 A 44 ANS, 1911

130   NAISSANCES: ENFANTS DECLARES VIVANTS: AGE DE LA MERE: 45 A 49 ANS, 1911

131   NAISSANCES: ENFANTS DECLARES VIVANTS: AGE DE LA MERE: 50 ANS ET PLUS, 1911

132   NAISSANCES: ENFANTS DECLARES VIVANTS: AGE DE LA MERE: NON DECLARE, 1911

133   NAISSANCES: ENFANTS DECLARES VIVANTS: AGE DE LA MERE: TOTAUX, 1911

134   NAISSANCES: MORT-NES ET ENFANTS MORTS AVANT LA DECLARATION DE NAISSANCE: AGE DE LA
           MERE: MOINS DE 15 1911

135   NAISSANCES: MORT-NES ET ENFANTS MORTS AVANT LA DECLARATION DE NAISSANCE: AGE DE LA
           MERE: 15 A 19 ANS, 1911

136   NAISSANCES: MORT-NES ET ENFANTS MORTS AVANT LA DECLARATION DE NAISSANCE: AGE DE LA
           MERE: 20 A 24 ANS, 1911

137   NAISSANCES: MORT-NES ET ENFANTS MORTS AVANT LA DECLARATION DE NAISSANCE: AGE DE LA
           MERE: 25 A 29 ANS, 1911

138   NAISSANCES: MORT-NES ET ENFANTS MORTS AVANT LA DECLARATION DE NAISSANCE: AGE DE LA
           MERE: 30 A 34 ANS, 1911

139   NAISSANCES: MORT-NES ET ENFANTS MORTS AVANT LA DECLARATION DE NAISSANCE: AGE DE LA
           MERE: 35 A 39 ANS, 1911

140   NAISSANCES: MORT-NES ET ENFANTS MORTS AVANT LA DECLARATION DE NAISSANCE: AGE DE LA
           MERE: 40 A 44 ANS, 1911

141   NAISSANCES: MORT-NES ET ENFANTS MORTS AVANT LA DECLARATION DE NAISSANCE: AGE DE LA
           MERE: 45 A 49 ANS, 1911

142   NAISSANCES: MORT-NES ET ENFANTS MORTS AVANT LA DECLARATION DE NAISSANCE: AGE DE LA
           MERE: 50 ANS, 1911

143   NAISSANCES: MORT-NES ET ENFANTS MORTS AVANT LA DECLARATION DE NAISSANCE: AGE DE LA
           MERE: NON DECLARE, ANS, 1911

144   NAISSANCES: MORT-NES ET ENFANTS MORTS AVANT LA DECLARATION DE NAISSANCE: AGE DE LA
           MERE: TOTAUX, 1911

145   NAISSANCES PAR MOIS: ENFANTS DECLARES VIVANTS: TOTAL, 1911

146   NAISSANCES PAR MOIS: ENFANTS DECLARES VIVANTS: JANVIER, 1911

147   NAISSANCES PAR MOIS: ENFANTS DECLARES VIVANTS: FEVRIER, 1911

148   NAISSANCES PAR MOIS: ENFANTS DECLARES VIVANTS: MARS, 1911

149   NAISSANCES PAR MOIS: ENFANTS DECLARES VIVANTS: AVRIL, 1911

150   NAISSANCES PAR MOIS: ENFANTS DECLARES VIVANTS: MAI, 1911

DATA SET 270:   MOUVEMENT DE LA POPULATION 1911 (DEPARTEMENT)

NUMERO DE
LA VARIABLE   NOM DE LA VARIABLE

151	NAISSANCES PAR MOIS: ENFANTS DECLARES VIVANTS: JUIN, 1911
152	NAISSANCES PAR MOIS: ENFANTS DECLARES VIVANTS: JUILLET, 1911
153	NAISSANCES PAR MOIS: ENFANTS DECLARES VIVANTS: AOUT, 1911
154	NAISSANCES PAR MOIS: ENFANTS DECLARES VIVANTS: SEPTEMBRE, 1911
155	NAISSANCES PAR MOIS: ENFANTS DECLARES VIVANTS: OCTOBRE, 1911
156	NAISSANCES PAR MOIS: ENFANTS DECLARES VIVANTS: NOVEMBRE, 1911
157	NAISSANCES PAR MOIS: ENFANTS DECLARES VIVANTS: DECEMBRE, 1911
158	NAISSANCES PAR MOIS: MORT-NES ET ENFANTS MORTS AVANT LA DECLARATION DE NAISSANCE: TOTAL, 1911
159	NAISSANCES PAR MOIS: MORT-NES ET ENFANTS MORTS AVANT LA DECLARATION DE NAISSANCE: JANVIER, 1911
160	NAISSANCES PAR MOIS: MORT-NES ET ENFANTS MORTS AVANT LA DECLARATION DE NAISSANCE: FEVRIER, 1911
161	NAISSANCES PAR MOIS: MORT-NES ET ENFANTS MORTS AVANT LA DECLARATION DE NAISSANCE: MARS, 1911
162	NAISSANCES PAR MOIS: MORT-NES ET ENFANTS MORTS AVANT LA DECLARATION DE NAISSANCE: AVRIL, 1911
163	NAISSANCES PAR MOIS: MORT-NES ET ENFANTS MORTS AVANT LA DECLARATION DE NAISSANCE: MAI, 1911
164	NAISSANCES PAR MOIS: MORT-NES ET ENFANTS MORTS AVANT LA DECLARATION DE NAISSANCE: JUIN, 1911
165	NAISSANCES PAR MOIS: MORT-NES ET ENFANTS MORTS AVANT LA DECLARATION DE NAISSANCE: JUILLET, 1911
166	NAISSANCES PAR MOIS: MORT-NES ET ENFANTS MORTS AVANT LA DECLARATION DE NAISSANCE: AOUT, 1911
167	NAISSANCES PAR MOIS: MORT-NES ET ENFANTS MORTS AVANT LA DECLARATION DE NAISSANCE: SEPTEMBRE, 1911
168	NAISSANCES PAR MOIS: MORT-NES ET ENFANTS MORTS AVANT LA DECLARATION DE NAISSANCE: OCTOBRE, 1911
169	NAISSANCES PAR MOIS: MORT-NES ET ENFANTS MORTS AVANT LA DECLARATION DE NAISSANCE: NOVEMBRE, 1911
170	NAISSANCES PAR MOIS: MORT-NES ET ENFANTS MORTS AVANT LA DECLARATION DE NAISSANCE: DECEMBRE, 1911
171	EXCEDENTS DES NAISSANCES: POPULATION URBAINE, 1911
172	EXCEDENTS DES NAISSANCES: POPULATION RURALE, 1911
173	EXCEDENTS DES NAISSANCES: TOTAL DES NAISSANCES, 1911
174	EXCEDENTS DES DECES: POPULATION URBAINE, 1911
175	EXCEDENTS DES DECES: POPULATION RURALE, 1911
176	EXCEDENTS DES DECES: TOTAL DES DECES, 1911
177	POPULATION URBAINE: ACCROISSEMENT, 1911
178	POPULATION URBAINE: DIMINUTION, 1911
179	POPULATION RURALE: ACCROISSEMENT, 1911

DATA SET 270: MOUVEMENT DE LA POPULATION 1911 (DEPARTEMENT)

NUMERO DE
LA VARIABLE   NOM DE LA VARIABLE

180   POPULATION RURALE: DIMINUTION, 1911

181   POPULATIONS URBAINE ET RURALE REUNIES: ACCROISSEMENT, 1911

182   POPULATION URBAINE ET RURALE REUNIES: DIMINUTION, 1911

183   DECES PAR AGE: SEXE MASCULIN: MOINS DE 1 AN, 1911

184   DECES PAR AGE: SEXE MASCULIN: DE 1 A 4 ANS, 1911

185   DECES PAR AGE: SEXE MASCULIN: DE 5 A 9 ANS, 1911

186   DECES PAR AGE: SEXE MASCULIN: DE 10 A 14 ANS, 1911

187   DECES PAR AGE: SEXE MASCULIN: DE 15 A 19 ANS, 1911

188   DECES PAR AGE: SEXE MASCULIN: DE 20 A 24 ANS, 1911

189   DECES PAR AGE: SEXE MASCULIN: DE 25 A 29 ANS, 1911

190   DECES PAR AGE: SEXE MASCULIN: DE 30 A 34 ANS, 1911

191   DECES PAR AGE: SEXE MASCULIN: DE 35 A 39 ANS, 1911

192   DECES PAR AGE: SEXE MASCULIN: DE 40 A 44 ANS, 1911

193   DECES PAR AGE: SEXE MASCULIN: DE 45 A 49 ANS, 1911

194   DECES PAR AGE: SEXE MASCULIN: DE 50 A 54 ANS, 1911

195   DECES PAR AGE: SEXE MASCULIN: DE 55 A 59 ANS, 1911

196   DECES PAR AGE: SEXE MASCULIN: DE 60 A 64 ANS, 1911

197   DECES PAR AGE: SEXE MASCULIN: DE 65 A 69 ANS, 1911

198   DECES PAR AGE: SEXE MASCULIN: DE 70 A 74 ANS, 1911

199   DECES PAR AGE: SEXE MASCULIN: DE 75 A 79 ANS, 1911

200   DECES PAR AGE: SEXE MASCULIN: DE 80 A 84 ANS, 1911

201   DECES PAR AGE: SEXE MASCULIN: DE 85 A 89 ANS, 1911

202   DECES PAR AGE: SEXE MASCULIN: DE 90 A 94 ANS, 1911

203   DECES PAR AGE: SEXE MASCULIN: DE 95 A 99 ANS, 1911

204   DECES PAR AGE: SEXE MASCULIN: DE 100 ANS ET AU-DESSUS, 1911

205   DECES PAR AGE: SEXE MASCULIN: TOTAL, 1911

206   DECES PAR AGE: SEXE FEMININ: MOINS DE 1 AN, 1911

207   DECES PAR AGE: SEXE FEMININ: DE 1 A 4 ANS, 1911

208   DECES PAR AGE: SEXE FEMININ: DE 5 A 9 ANS, 1911

209   DECES PAR AGE: SEXE FEMININ: DE 10 A 14 ANS, 1911 TOTAUX: ENFANTS TOTAL, 1911

210   DECES PAR AGE: SEXE FEMININ: DE 15 A 19 ANS, 1911

211   DECES PAR AGE: SEXE FEMININ: DE 20 A 24 ANS, 1911

212   DECES PAR AGE: SEXE FEMININ: DE 25 A 29 ANS, 1911

213   DECES PAR AGE: SEXE FEMININ: DE 30 A 34 ANS, 1911

214   DECES PAR AGE: SEXE FEMININ: DE 35 A 39 ANS, 1911

215   DECES PAR AGE: SEXE FEMININ: DE 40 A 44 ANS, 1911

DATA SET 270: MOUVEMENT DE LA POPULATION 1911 (DEPARTEMENT)

NUMERO DE
LA VARIABLE   NOM DE LA VARIABLE

216   DECES PAR AGE: SEXE FEMININ: DE 45 A 49 ANS, 1911

217   DECES PAR AGE: SEXE FEMININ: DE 50 A 54 ANS, 1911

218   DECES PAR AGE: SEXE FEMININ: DE 55 A 59 ANS, 1911

219   DECES PAR AGE: SEXE FEMININ: DE 60 A 64 ANS, 1911

220   DECES PAR AGE: SEXE FEMININ: DE 65 A 69 ANS, 1911

221   DECES PAR AGE: SEXE FEMININ: DE 70 A 74 ANS, 1911

222   DECES PAR AGE: SEXE FEMININ: DE 75 A 79 ANS, 1911

223   DECES PAR AGE: SEXE FEMININ: DE 80 A 84 ANS, 1911

224   DECES PAR AGE: SEXE FEMININ: DE 85 A 89 ANS, 1911

225   DECES PAR AGE: SEXE FEMININ: DE 90 A 94 ANS, 1911

226   DECES PAR AGE: SEXE FEMININ: DE 95 A 99 ANS, 1911

227   DECES PAR AGE: SEXE FEMININ: DE 100 ANS ET AU-DESSUS, 1911

228   DECES PAR AGE: SEXE FEMININ: TOTAL, 1911

229   DECES PAR MOIS, SEXES REUNIS: TOTAL, 1911

230   DECES PAR MOIS, SEXES REUNIS: JANVIER, 1911

231   DECES PAR MOIS, SEXES REUNIS: FEVRIER, 1911

232   DECES PAR MOIS, SEXES REUNIS: MARS, 1911

233   DECES PAR MOIS, SEXES REUNIS: AVRIL, 1911

234   DECES PAR MOIS, SEXES REUNIS: MAI, 1911

235   DECES PAR MOIS, SEXES REUNIS: JUIN, 1911

236   DECES PAR MOIS, SEXES REUNIS: JUILLET, 1911

237   DECES PAR MOIS, SEXES REUNIS: AOUT, 1911

238   DECES PAR MOIS, SEXES REUNIS: SEPTEMBRE, 1911

239   DECES PAR MOIS, SEXES REUINIS: OCTOBRE, 1911

240   DECES PAR MOIS, SEXES REUINIS: NOVEMBRE, 1911

241   DECES PAR MOIS, SEXES REUNIS: DECEMBRE, 1911

242   DECES PAR MOIS, ENFANTS DE MOINS DE 1 AN: TOTAL, 1911

243   DECES PAR MOIS, ENFANTS DE MOINS DE 1 AN: JANVIER, 1911

244   DECES PAR MOIS, ENFANTS DE MOINS DE 1 AN: FEVRIER, 1911

245   DECES PAR MOIS, ENFANTS DE MOINS DE 1 AN: MARS, 1911

246   DECES PAR MOIS, ENFANTS DE MOINS DE 1 AN: AVRIL, 1911

247   DECES PAR MOIS, ENFANTS DE MOINS DE 1 AN: MAI, 1911

248   DECES PAR MOIS, ENFANTS DE MOINS DE 1 AN: JUIN, 1911

249   DECES PAR MOIS, ENFANTS DE MOINS DE 1 AN: JUILLET, 1911

250   DECES PAR MOIS, ENFANTS DE MOINS DE 1 AN: AOUT, 1911

251   DECES PAR MOIS, ENFANTS DE MOINS DE 1 AN: SEPTEMBRE, 1911

DATA SET 270: MOUVEMENT DE LA POPULATION 1911 (DEPARTEMENT)

NUMERO DE
LA VARIABLE   NOM DE LA VARIABLE

252   DECES PAR MOIS, ENFANTS DE MOINS DE 1 AN: OCTOBRE, 1911

253   DECES PAR MOIS, ENFANTS DE MOINS DE 1 AN: NOVEMBRE, 1911

254   DECES PAR MOIS, ENFANTS DE MOINS DE 1 AN: DECEMBRE, 1911

255   DECES PAR MOIS, VIEILLARDS DE 60 ANS ET AU-DESSUS: TOTAL, 1911

256   DECES PAR MOIS, VIEILLARDS DE 60 ANS ET AU-DESSUS: JANVIER, 1911

257   DECES PAR MOIS, VIEILLARDS DE 60 ANS ET AU-DESSUS: FEVRIER, 1911

258   DECES PAR MOIS, VIEILLARDS DE 60 ANS ET AU-DESSUS: MARS, 1911

259   DECES PAR MOIS, VIEILLARDS DE 60 ANS ET AU-DESSUS: AVRIL, 1911

260   DECES PAR MOIS, VIEILLARDS DE 60 ANS ET AU-DESSUS: MAI, 1911

261   DECES PAR MOIS, VIEILLARDS DE 60 ANS ET AU-DESSUS: JUIN, 1911

262   DECES PAR MOIS, VIEILLARDS DE 60 ANS ET AU-DESSUS: JUILLET, 1911

263   DECES PAR MOIS, VIEILLARDS DE 60 ANS ET AU-DESSUS: AOUT, 1911

264   DECES PAR MOIS, VIEILLARDS DE 60 ANS ET AU-DESSUS: SEPTEMBRE, 1911

265   DECES PAR MOIS, VIEILLARDS DE 60 ANS ET AU-DESSUS: OCTOBRE, 1911

266   DECES PAR MOIS, VIEILLARDS DE 60 ANS ET AU-DESSUS: NOVEMBRE, 1911

267   DECES PAR MOIS, VIEILLARDS DE 60 ANS ET AU-DESSUS: DECEMBRE, 1911

268   DECES AU COURS DE LA PREMIERE ANNEE: GARCONS: DE LA NAISSANCE A 4 JOURS: ENFANTS
           LEGITIMES, 1911

269   DECES AU COURS DE LA PREMIERE ANNEE: GARCONS: DE LA NAISSANCE A 4 JOURS: ENFANTS
           ILLEGITIMES, 1911

270   DECES AU COURS DE LA PREMIERE ANNEE: GARCONS: DE 5 A 9 JOURS: ENFANTS LEGITIMES,
           1911

271   DECES AU COURS DE LA PREMIERE ANNEE: GARCONS: DE 5 A 9 JOURS: ENFANTS ILLEGITIMES,
           1911

272   DECES AU COURS DE LA PREMIERE ANNEE: GARCONS: DE 10 A 14 JOURS: ENFANTS LEGITIMES,
           1911

273   DECES AU COURS DE LA PREMIERE ANNEE: GARCONS: DE 10 A 14 JOURS: ENFANTS
           ILLEGITIMES, 1911

274   DECES AU COURS DE LA PREMIERE ANNEE: GARCONS: DE 15 A 29 JOURS: ENFANTS LEGITIMES,
           1911

275   DECES AU COURS DE LA PREMIERE ANNEE: GARCONS: DE 15 A 29 JOURS: ENFANTS
           ILLEGITIMES, 1911

276   DECES AU COURS DE LA PREMIERE ANNEE: GARCONS: DE 1 MOIS: ENFANTS LEGITIMES, 1911

277   DECES AU COURS DE LA PREMIERE ANNEE: GARCONS: DE 1 MOIS: ENFANTS ILLEGITIMES, 1911

278   DECES AU COURS DE LA PREMIERE ANNEE: GARCONS: DE 2 MOIS: ENFANTS LEGITIMES, 1911

279   DECES AU COURS DE LA PREMIERE ANNEE: GARCONS: DE 2 MOIS: ENFANTS ILLEGITIMES, 1911

280   DECES AU COURS DE LA PREMIERE ANNEE: GARCONS: DE 3, 4, OU 5 MOIS: ENFANTS
           LEGITIMES, 1911

281   DECES AU COURS DE LA PREMIERE ANNEE: GARCONS: DE 3, 4, OU 5 MOIS: ENFANTS
           ILLEGITIMES, 1911

282   DECES AU COURS DE LA PREMIERE ANNEE: GARCONS: DE 6, 7, OU 8 MOIS: ENFANTS
           LEGITIMES, 1911

DATA SET 270:   MOUVEMENT DE LA POPULATION 1911 (DEPARTEMENT)

NUMERO DE
LA VARIABLE   NOM DE LA VARIABLE

283   DECES AU COURS DE LA PREMIERE ANNEE: GARCONS: DE 6, 7, OU 8 MOIS: ENFANTS
           ILLEGITIMES, 1911

284   DECES AU COURS DE LA PREMIERE ANNEE: GARCONS: DE 9 MOIS A 1 AN: ENFANTS LEGITIMES,
           1911

285   DECES AU COURS DE LA PREMIERE ANNEE: GARCONS: DE 9 MOIS A 1 AN: ENFANTS
           ILLEGITIMES, 1911

286   DECES AU COURS DE LA PREMIERE ANNEE: GARCONS: TOTAUX: ENFANTS LEGITIMES, 1911

287   DECES AU COURS DE LA PREMIERE ANNEE: GARCONS: TOTAUX: ENFANTS ILLEGITIMES, 1911

288   DECES AU COURS DE LA PREMIERE ANNEE: GARCONS: TOTAUX: ENFANTS TOTAL, 1911

289   DECES AU COURS DE LA PREMIERE ANNEE: FILLES: DE LA NAISSANCE A 4 JOURS: ENFANTS
           LEGITIMES, 1911

290   DECES AU COURS DE LA PREMIERE ANNEE: FILLES: DE LA NAISSANCE A 4 JOURS: ENFANTS
           ILLEGITIMES, 1911

291   DECES AU COURS DE LA PREMIERE ANNEE: FILLES: DE 5 A 9 JOURS: ENFANTS LEGITIMES, 1911

292   DECES AU COURS DE LA PREMIERE ANNEE: FILLES: DE 5 A 9 JOURS: ENFANTS ILLEGITIMES,
           1911

293   DECES AU COURS DE LA PREMIERE ANNEE: FILLES: DE 10 A 14 JOURS: ENFANTS LEGITIMES,
           1911

294   DECES AU COURS DE LA PREMIERE ANNEE: FILLES: DE 10 A 14 JOURS: ENFANTS ILLEGITIMES,
           1911

295   DECES AU COURS DE LA PREMIERE ANNEE: FILLES: DE 15 A 29 JOURS: ENFANTS LEGITIMES,
           1911

296   DECES AU COURS DE LA PREMIERE ANNEE: FILLES: DE 15 A 29 JOURS: ENFANTS ILLEGITIMES,
           1911

297   DECES AU COURS DE LA PREMIERE ANNEE: FILLES: DE 1 MOIS: ENFANTS LEGITIMES, 1911

298   DECES AU COURS DE LA PREMIERE ANNEE: FILLES: DE 1 MOIS: ENFANTS ILLEGITIMES, 1911

299   DECES AU COURS DE LA PREMIERE ANNEE: FILLES: DE 2 MOIS: ENFANTS LEGITIMES, 1911

300   DECES AU COURS DE LA PREMIERE ANNEE: FILLES: DE 2 MOIS: ENFANTS ILLEGITIMES, 1911

301   DECES AU COURS DE LA PREMIERE ANNEE: FILLES: DE 3, 4, OU 5 MOIS: ENFANTS LEGITIMES,
           1911

302   DECES AU COURS DE LA PREMIERE ANNEE: FILLES: DE 3, 4, OU 5 MOIS: ENFANTS
           ILLEGITIMES, 1911

303   DECES AU COURS DE LA PREMIERE ANNEE: FILLES: DE 6, 7, OU 8 MOIS: ENFANTS LEGITIMES,
           1911

304   DECES AU COURS DE LA PREMIERE ANNEE: FILLES: DE 6, 7, OU 8 MOIS: ENFANTS
           ILLEGITIMES, 1911

305   DECES AU COURS DE LA PREMIERE ANNEE: FILLES: DE 9 MOIS A 1 AN: ENFANTS LEGITIMES,
           1911

306   DECES AU COURS DE LA PREMIERE ANNEE: FILLES: DE 9 MOIS A 1 AN: ENFANTS ILLEGITIMES,
           1911

307   DECES AU COURS DE LA PREMIERE ANNEE: FILLES: TOTAUX: ENFANTS LEGITIMES, 1911

308   DECES AU COURS DE LA PREMIERE ANNEE: FILLES: TOTAUX: ENFANTS ILLEGITIMES, 1911

309   DECES AU COURS DE LA PREMIERE ANNEE: FILLES:

310   DECES AU COURS DE LA PREMIERE ANNEE: TOTAUX GENERAUX, 1911

DATA SET 271: MOUVEMENT DE LA POPULATION 1912 (DEPARTEMENT)

SOURCE: STATISTIQUE GENERALE DE LA FRANCE, STATISTIQUE DU MOUVEMENT
         DE LA POPULATION, ANNEES 1911, 1912, ET 1913, NOUVELLE
         SERIE, TOME II (PARIS, 1917)

         VARIABLES 7-31:   TABLEAU XXXIII
         VARIABLES 32-47:   TABLEAU XXXIV
         VARIABLES 48-64:   TABLEAU XXXV
         VARIABLES 65-82:   TABLEAU XXXVI
         VARIABLES 83-95:   TABLEAU XXXVII
         VARIABLES 96-122:   TABLEAU XLII
         VARIABLES 123-144:   TABLEAU XLIII
         VARIABLES 145-169:   TABLEAU XLIV
         VARIABLES 170-181:   TABLEAU XLVII
         VARIABLES 182-227:   TABLEAU XLVIII
         VARIABLES 228-240:   TABLEAU XLIX
         VARIABLES 241-253:   TABLEAU L
         VARIABLES 254-266:   TABLEAU LI
         VARIABLES 267-310:   TABLEAU LII

NUMERO DE
LA VARIABLE   NOM DE LA VARIABLE

7   MOUVEMENT DE LA POPULATION: POPULATION LEGALE (DENOMBREMENT DE 1911)

8   MOUVEMENT DE LA POPULATION: MARIAGES, 1912

9   MOUVEMENT DE LA POPULATION: DIVORCES, 1912

10   MOUVEMENT DE LA POPULATION: ENFANTS DECLARES VIVANTS: LEGITIMES: GARCONS, 1912

11   MOUVEMENT DE LA POPULATION: ENFANTS DECLARES VIVANTS: LEGITIMES: FILLES, 1912

12   MOUVEMENT DE LA POPULATION: ENFANTS DECLARES VIVANTS: LEGITIMES: TOTAL, 1912

13   MOUVEMENT DE LA POPULATION: ENFANTS DECLARES VIVANTS: ILLEGITIMES: GARCONS, 1912

14   MOUVEMENT DE LA POPULATION: ENFANTS DECLARES VIVANTS: ILLEGITIMES: FILLES, 1912

15   MOUVEMENT DE LA POPULATION: ENFANTS DECLARES VIVANTS: ILLEGITIMES: TOTAL, 1912

16   MOUVEMENT DE LA POPULATION: ENFANTS DECLARES VIVANTS: TOTAUX: GARCONS, 1912

17   MOUVEMENT DE LA POPULATION: ENFANTS DECLARES VIVANTS: TOTAUX: FILLES, 1912

18   MOUVEMENT DE LA POPULATION: TOTAL DES ENFANTS DECLARES VIVANTS, 1912

19   MOUVEMENT DE LA POPULATION: MORT-NES ET ENFANTS MORTS AVANT LA DECLARATION DE
         NAISSANCE: LEGITIMES: GARCONS, 1912

20   MOUVEMENT DE LA POPULATION: MORT-NES ET ENFANTS MORTS AVANT LA DECLARATION DE
         NAISSANCE: LEGITIMES: FILLES, 1912

21   MOUVEMENT DE LA POPULATION: MORT-NES ET ENFANTS MORTS AVANT LA DECLARATION DE
         NAISSANCE: ILLEGITIMES: GARCONS, 1912

22   MOUVEMENT DE LA POPULATION: MORT-NES ET ENFANTS MORTS AVANT LA DECLARATION DE
         NAISSANCE: ILLEGITIMES: FILLES, 1912

23   MOUVEMENT DE LA POPULATION: MORT-NES ET ENFANTS MORTS AVANT LA DECLARATION DE
         NAISSANCE: TOTAL, 1912

24   MOUVEMENT DE LA POPULATION: DECES: SEXE MASCULIN, 1912

25   MOUVEMENT DE LA POPULATION: DECES: SEXE FEMININ, 1912

26   MOUVEMENT DE LA POPULATION: DECES: TOTAL, 1912

27   MOUVEMENT DE LA POPULATION: EXCEDENT DES NAISSANCES, 1912

28   MOUVEMENT DE LA POPULATION: EXCEDENT DES DECES, 1912

29   MOUVEMENT DE LA POPULATION: PROPORTIONS POUR 10,000 HABITANTS DES NOUVEAUX MARIES,
         1912

DATA SET 271:   MOUVEMENT DE LA POPULATION 1912 (DEPARTEMENT)

NUMERO DE LA VARIABLE	NOM DE LA VARIABLE
30	MOUVEMENT DE LA POPULATION: PROPORTIONS POUR 10,000 HABITANTS DES ENFANTS DECLARES VIVANTS, 1912
31	MOUVEMENT DE LA POPULATION: PROPORTIONS POUR 10,000 HABITANTS DES DECES, 1912
32	MARIAGES SUIVANT L'ETAT MATRIMONIAL ANTERIEUR DES EPOUX: NOMBRE DE MARIAGES, 1912
33	MARIAGES SUIVANT L'ETAT MATRIMONIAL ANTERIEUR DES EPOUX: MARIAGES ENTRE GARCONS ET FILLES, 1912
34	MARIAGES SUIVANT L'ETAT MATRIMONIAL ANTERIEUR DES EPOUX: MARIAGES ENTRE GARCONS ET VEUVES, 1912
35	MARIAGES SUIVANT L'ETAT MATRIMONIAL ANTERIEUR DES EPOUX: MARIAGES ENTRE GARCONS ET DIVORCEES, 1912
36	MARIAGES SUIVANT L'ETAT MATRIMONIAL ANTERIEUR DES EPOUX: MARIAGES ENTRE VEUFS ET FILLES, 1912
37	MARIAGES SUIVANT L'ETAT MATRIMONIAL ANTERIEUR DES EPOUX: MARIAGES ENTRE VEUFS ET VEUVES, 1912
38	MARIAGES SUIVANT L'ETAT MATRIMONIAL ANTERIEUR DES EPOUX: MARIAGES ENTRE VEUFS ET DIVORCEES, 1912
39	MARIAGES SUIVANT L'ETAT MATRIMONIAL ANTERIEUR DES EPOUX: MARIAGES ENTRE DIVORCES ET FILLES, 1912
40	MARIAGES SUIVANT L'ETAT MATRIMONIAL ANTERIEUR DES EPOUX: MARIAGES ENTRE DIVORCES ET VEUVES, 1912
41	MARIAGES SUIVANT L'ETAT MATRIMONIAL ANTERIEUR DES EPOUX: MARIAGES ENTRE DIVORCES ET DIVORCEES, 1912
42	MARIAGES SUIVANT L'ETAT MATRIMONIAL ANTERIEUR DES EPOUX: NOMBRE DES CONJOINTS: SEXE MASCULIN: GARCONS, 1912
43	MARIAGES SUIVANT L'ETAT MATRIMONIAL ANTERIEUR DES EPOUX: NOMBRE DES CONJOINTS: SEXE MASCULIN: VEUFS, 1912
44	MARIAGES SUIVANT L'ETAT MATRIMONIAL ANTERIEUR DES EPOUX: NOMBRE DES CONJOINTS: SEXE MASCULIN: DIVORCES, 1912
45	MARIAGES SUIVANT L'ETAT MATRIMONIAL ANTERIEUR DES EPOUX: NOMBRE DES CONJOINTS: SEXE FEMININ: FILLES, 1912
46	MARIAGES SUIVANT L'ETAT MATRIMONIAL ANTERIEUR DES EPOUX: NOMBRE DES CONJOINTS: SEXE FEMININ: VEUVES, 1912
47	MARIAGES SUIVANT L'ETAT MATRIMONIAL ANTERIEUR DES EPOUX: NOMBRE DES CONJOINTS: SEXE FEMININ: DIVORCEES, 1912
48	MARIAGES SUIVANT L'AGE DES EPOUX: AGE DE L'EPOUX: MOINS DE 20 ANS, 1912
49	MARIAGES SUIVANT L'AGE DES EPOUX: AGE DE L'EPOUX: 20 A 24 ANS, 1912
50	MARIAGES SUIVANT L'AGE DES EPOUX: AGE DE L'EPOUX: 25 A 29 ANS, 1912
51	MARIAGES SUIVANT L'AGE DES EPOUX: AGE DE L'EPOUX: 30 A 34 ANS, 1912
52	MARIAGES SUIVANT L'AGE DES EPOUX: AGE DE L'EPOUX: 35 A 39 ANS, 1912
53	MARIAGES SUIVANT L'AGE DES EPOUX: AGE DE L'EPOUX: 40 A 49 ANS, 1912
54	MARIAGES SUIVANT L'AGE DES EPOUX: AGE DE L'EPOUX: 50 A 59 ANS, 1912
55	MARIAGES SUIVANT L'AGE DES EPOUX: AGE DE L'EPOUX: 60 ANS ET PLUS, 1912
56	MARIAGES SUIVANT L'AGE DES EPOUX: AGE DE L'EPOUSE: MOINS DE 20 ANS, 1912
57	MARIAGES SUIVANT L'AGE DES EPOUX: AGE DE L'EPOUSE: 20 A 24 ANS, 1912

DATA SET 271: MOUVEMENT DE LA POPULATION 1912 (DEPARTEMENT)

NUMERO DE
LA VARIABLE   NOM DE LA VARIABLE

58   MARIAGES SUIVANT L'AGE DES EPOUX: AGE DE L'EPOUSE: 25 A 29 ANS, 1912

59   MARIAGES SUIVANT L'AGE DES EPOUX: AGE DE L'EPOUSE: 30 A 34 ANS, 1912

60   MARIAGES SUIVANT L'AGE DES EPOUX: AGE DE L'EPOUSE: 35 A 39 ANS, 1912

61   MARIAGES SUIVANT L'AGE DES EPOUX: AGE DE L'EPOUSE: 40 A 49 ANS, 1912

62   MARIAGES SUIVANT L'AGE DES EPOUX: AGE DE L'EPOUSE: 50 A 59 ANS, 1912

63   MARIAGES SUIVANT L'AGE DES EPOUX: AGE DE L'EPOUSE: 60 ANS ET PLUS, 1912

64   MARIAGES SUIVANT L'AGE DES EPOUX: TOTAL DES MARIAGES, 1912

65   AGE AU PREMIER MARIAGE: GARCONS: MOINS DE 20 ANS, 1912

66   AGE AU PREMIER MARIAGE: GARCONS: 20 A 24 ANS, 1912

67   AGE AU PREMIER MARIAGE: GARCONS: 25 A 29 ANS, 1912

68   AGE AU PREMIER MARIAGE: GARCONS: 30 A 34 ANS, 1912

69   AGE AU PREMIER MARIAGE: GARCONS: 35 A 39 ANS, 1912

70   AGE AU PREMIER MARIAGE: GARCONS: 40 A 49 ANS, 1912

71   AGE AU PREMIER MARIAGE: GARCONS: 50 A 59 ANS, 1912

72   AGE AU PREMIER MARIAGE: GARCONS: 60 ANS ET PLUS, 1912

73   AGE AU PREMIER MARIAGE: GARCONS: TOTAL, 1912

74   AGE AU PREMIER MARIAGE: FILLES: MOINS DE 20 ANS, 1912

75   AGE AU PREMIER MARIAGE:FILLES: 20 A 24 ANS, 1912

76   AGE AU PREMIER MARIAGE: FILLES: 25 A 29 ANS, 1912

77   AGE AU PREMIER MARIAGE: FILLES: 30 A 34 ANS, 1912

78   AGE AU PREMIER MARIAGE: FILLES: 35 A 39 ANS, 1912

79   AGE AU PREMIER MARIAGE: FILLES: 40 A 49 ANS, 1912

80   AGE AU PREMIER MARIAGE: FILLES: 50 A 59 ANS, 1912

81   AGE AU PREMIER MARIAGE: FILLES: 60 ANS ET PLUS, 1912

82   AGE AU PREMIER MARIAGE: FILLES: TOTAL, 1912

83   MARIAGES PAR MOIS: NOMBRE TOTAL DES MARIAGES, 1912

84   MARIAGES PAR MOIS: JANVIER, 1912

85   MARIAGES PAR MOIS: FEVRIER, 1912

86   MARIAGES PAR MOIS: MARS, 1912

87   MARIAGES PAR MOIS: AVRIL, 1912

88   MARIAGES PAR MOIS: MAI, 1912

89   MARIAGES PAR MOIS: JUIN, 1912

90   MARIAGES PAR MOIS: JUILLET, 1912

91   MARIAGES PAR MOIS: AOUT, 1912

92   MARIAGES PAR MOIS: SEPTEMBRE, 1912

93   MARIAGES PAR MOIS: OCTOBRE, 1912

220

DATA SET 271: MOUVEMENT DE LA POPULATION 1912 (DEPARTEMENT)

NUMERO DE
LA VARIABLE   NOM DE LA VARIABLE

   94   MARIAGES PAR MOIS: NOVEMBRE, 1912

   95   MARIAGES PAR MOIS: DECEMBRE, 1912

   96   NAISSANCES: ENFANTS DECLARES VIVANTS: LEGITIMES: GARCONS, 1912

   97   NAISSANCES: ENFANTS DECLARES VIVANTS: LEGITIMES: FILLES, 1912

   98   NAISSANCES: ENFANTS DECLARES VIVANTS: LEGITIMES: TOTAUX, 1912

   99   NAISSANCES: ENFANTS DECLARES VIVANTS: ILLEGITIMES: RECONNUS PAR LE PERE SUR L'ACTE
             DE NAISSANCE: GARCONS, 1912

  100   NAISSANCES: ENFANTS DECLARES VIVANTS: ILLEGITIMES: RECONNUS PAR LE PERE SUR L'ACTE
             DE NAISSANCE: FILLES, 1912

  101   NAISSANCES: ENFANTS DECLARES VIVANTS: ILLEGITIMES: RECONNUS PAR LE PERE SUR L'ACTE
             DE NAISSANCE: TOTAUX, 1912

  102   NAISSANCES: ENFANTS DECLARES VIVANTS: ILLEGITIMES: NON RECONNUS: GARCONS, 1912

  103   NAISSANCES: ENFANTS DECLARES VIVANTS: ILLEGITIMES: NON RECONNUS: FILLES, 1912

  104   NAISSANCES: ENFANTS DECLARES VIVANTS: ILLEGITIMES: NON RECONNUS: TOTAUX, 1912

  105   NAISSANCES: ENFANTS DECLARES VIVANTS: ILLEGITIMES: TOTAUX: GARCONS, 1912

  106   NAISSANCES: ENFANTS DECLARES VIVANTS: ILLEGITIMES: TOTAUX: FILLES, 1912

  107   NAISSANCES: ENFANTS DECLARES VIVANTS: ILLEGITIMES: TOTAUX: TOTAUX, 1912

  108   NAISSANCES: ENFANTS DECLARES VIVANTS: ENSEMBLE DES ENFANTS DECLARES VIVANTS:
             GARCONS, 1912

  109   NAISSANCES: ENFANTS DECLARES VIVANTS: ENSEMBLE DES ENFANTS DECLARES VIVANTS:
             FILLES, 1912

  110   NAISSANCES: ENFANTS DECLARES VIVANTS: ENSEMBLE DES ENFANTS DECLARES VIVANTS:
             TOTAUX, 1912

  111   NAISSANCES: MORT-NES ET ENFANTS MORTS AVANT LA DECLARATION DE NAISSANCE: LEGITIMES:
             GARCONS, 1912

  112   NAISSANCES: MORT-NES ET ENFANTS MORTS AVANT LA DECLARATION DE NAISSANCE: LEGITIMES:
             FILLES, 1912

  113   NAISSANCES: MORT-NES ET ENFANTS MORTS AVANT LA DECLARATION DE NAISSANCE: LEGITIMES:
             TOTAUX, 1912

  114   NAISSANCES: MORT-NES ET ENFANTS MORTS AVANT LA DECLARATION DE NAISSANCE:
             ILLEGITIMES: GARCONS, 1912

  115   NAISSANCES: MORT-NES ET ENFANTS MORTS AVANT LA DECLARATION DE NAISSANCE:
             ILLEGITIMES: FILLES, 1912

  116   NAISSANCES: MORT-NES ET ENFANTS MORTS AVANT LA DECLARATION DE NAISSANCE:
             ILLEGITIMES: TOTAUX, 1912

  117   NAISSANCES: MORT-NES ET ENFANTS MORTS AVANT LA DECLARATION DE NAISSANCE: ENSEMBLE
             DES ENFANTS MORT-NES: GARCONS, 1912

  118   NAISSANCES: MORT-NES ET ENFANTS MORTS AVANT LA DECLARATION DE NAISSANCE: ENSEMBLE
             DES ENFANTS MORT-NES: FILLES, 1912

  119   NAISSANCES: MORT-NES ET ENFANTS MORTS AVANT LA DECLARATION DE NAISSANCE: ENSEMBLE
             DES ENFANTS MORT-NES: TOTAUX, 1912

  120   NAISSANCES: ENSEMBLE DES ENFANTS NES (DECLARES VIVANTS ET ET MORT-NES): GARCONS,
             1912

  121   NAISSANCES: ENSEMBLE DES ENFANTS NES (DECLARES VIVANTS ET ET MORT-NES): FILLES, 1912

DATA SET 271:   MOUVEMENT DE LA POPULATION 1912 (DEPARTEMENT)

NUMERO DE
LA VARIABLE   NOM DE LA VARIABLE

122   NAISSANCES: ENSEMBLE DES ENFANTS NES (DECLARES VIVANTS ET ET MORT-NES): TOTAUX, 1912

123   NAISSANCE: ENFANTS DECLARES VIVANTS: AGE DE LA MERE: MOINS DE 15 ANS, 1912

124   NAISSANCE: ENFANTS DECLARES VIVANTS: AGE DE LA MERE: 15 A 19 ANS, 1912

125   NAISSANCE: ENFANTS DECLARES VIVANTS: AGE DE LA MERE: 20 A 24 ANS, 1912

126   NAISSANCE: ENFANTS DECLARES VIVANTS: AGE DE LA MERE: 25 A 29 ANS, 1912

127   NAISSANCE: ENFANTS DECLARES VIVANTS: AGE DE LA MERE: 30 A 34 ANS, 1912

128   NAISSANCE: ENFANTS DECLARES VIVANTS: AGE DE LA MERE: 35 A 39 ANS, 1912

129   NAISSANCE: ENFANTS DECLARES VIVANTS: AGE DE LA MERE: 40 A 44 ANS, 1912

130   NAISSANCE: ENFANTS DECLARES VIVANTS: AGE DE LA MERE: 45 A 49 ANS, 1912

131   NAISSANCE: ENFANTS DECLARES VIVANTS: AGE DE LA MERE: 50 ANS ET PLUS, 1912

132   NAISSANCE: ENFANTS DECLARES VIVANTS: AGE DE LA MERE: NON DECLARE, 1912

133   NAISSANCE: ENFANTS DECLARES VIVANTS: AGE DE LA MERE: TOTAUX, 1912

134   NAISSANCES: MORT-NES ET ENFANTS MORTS AVANT LA DECLARATION DE NAISSANCE: AGE DE LA
          MERE: MOINS DE 15 ANS, 1912

135   NAISSANCES: MORT-NES ET ENFANTS MORTS AVANT LA DECLARATION DE NAISSANCE: AGE DE LA
          MERE: 15 A 19 ANS, 1912

136   NAISSANCES: MORT-NES ET ENFANTS MORTS AVANT LA DECLARATION DE NAISSANCE: AGE DE LA
          MERE: 20 A 24 ANS, 1912

137   NAISSANCES: MORT-NES ET ENFANTS MORTS AVANT LA DECLARATION DE NAISSANCE: AGE DE LA
          MERE: 25 A 29 ANS, 1912

138   NAISSANCES: MORT-NES ET ENFANTS MORTS AVANT LA DECLARATION DE NAISSANCE: AGE DE LA
          MERE: 30 A 34 ANS, 1912

139   NAISSANCES: MORT-NES ET ENFANTS MORTS AVANT LA DECLARATION DE NAISSANCE: AGE DE LA
          MERE: 35 A 39 ANS, 1912

140   NAISSANCES: MORT-NES ET ENFANTS MORTS AVANT LA DECLARATION DE NAISSANCE: AGE DE LA
          MERE: 40 A 44 ANS, 1912

141   NAISSANCES: MORT-NES ET ENFANTS MORTS AVANT LA DECLARATION DE NAISSANCE: AGE DE LA
          MERE: 45 A 49 ANS, 1912

142   NAISSANCES: MORT-NES ET ENFANTS MORTS AVANT LA DECLARATION DE NAISSANCE: AGE DE LA
          MERE: 50 ANS ET PLUS, 1912

143   NAISSANCES: MORT-NES ET ENFANTS MORTS AVANT LA DECLARATION DE NAISSANCE: AGE DE LA
          MERE: NON DECLARE, 1912

144   NAISSANCES: MORT-NES ET ENFANTS MORTS AVANT LA DECLARATION DE NAISSANCE: AGE DE LA
          MERE: TOTAUX, 1912

145   NAISSANCES PAR MOIS: ENFANTS DECLARES VIVANTS: TOTAL, 1912

146   NAISSANCES PAR MOIS: ENFANTS DECLARES VIVANTS: JANVIER, 1912

147   NAISSANCES PAR MOIS: ENFANTS DECLARES VIVANTS: FEVRIER, 1912

148   NAISSANCES PAR MOIS: ENFANTS DECLARES VIVANTS: MARS, 1912

149   NAISSANCES PAR MOIS: ENFANTS DECLARES VIVANTS: AVRIL, 1912

150   NAISSANCES PAR MOIS: ENFANTS DECLARES VIVANTS: MAI, 1912

151   NAISSANCES PAR MOIS: ENFANTS DECLARES VIVANTS: JUIN, 1912

DATA SET 271: MOUVEMENT DE LA POPULATION 1912 (DEPARTEMENT)

NUMERO DE LA VARIABLE	NOM DE LA VARIABLE
152	NAISSANCES PAR MOIS: ENFANTS DECLARES VIVANTS: JUILLET, 1912
153	NAISSANCES PAR MOIS: ENFANTS DECLARES VIVANTS: AOUT, 1912
154	NAISSANCES PAR MOIS: ENFANTS DECLARES VIVANTS: SEPTEMBRE, 1912
155	NAISSANCES PAR MOIS: ENFANTS DECLARES VIVANTS: OCTOBRE, 1912
156	NAISSANCES PAR MOIS: ENFANTS DECLARES VIVANTS: NOVEMBRE, 1912
157	NAISSANCES PAR MOIS: ENFANTS DECLARES VIVANTS: DECEMBRE, 1912
158	NAISSANCES PAR MOIS: MORT-NES ET ENFANTS MORTS AVANT LA DECLARATION DE NAISSANCE: TOTAL, 1912
159	NAISSANCES PAR MOIS: MORT-NES ET ENFANTS MORTS AVANT LA DECLARATION DE NAISSANCE: JANVIER, 1912
160	NAISSANCES PAR MOIS: MORT-NES ET ENFANTS MORTS AVANT LA DECLARATION DE NAISSANCE: FEVRIER, 1912
161	NAISSANCES PAR MOIS: MORT-NES ET ENFANTS MORTS AVANT LA DECLARATION DE NAISSANCE: MARS, 1912
162	NAISSANCES PAR MOIS: MORT-NES ET ENFANTS MORTS AVANT LA DECLARATION DE NAISSANCE: AVRIL, 1912
163	NAISSANCES PAR MOIS: MORT-NES ET ENFANTS MORTS AVANT LA DECLARATION DE NAISSANCE: MAI, 1912
164	NAISSANCES PAR MOIS: MORT-NES ET ENFANTS MORTS AVANT LA DECLARATION DE NAISSANCE: JUIN, 1912
165	NAISSANCES PAR MOIS: MORT-NES ET ENFANTS MORTS AVANT LA DECLARATION DE NAISSANCE: JUILLET, 1912
166	NAISSANCES PAR MOIS: MORT-NES ET ENFANTS MORTS AVANT LA DECLARATION DE NAISSANCE: AOUT, 1912
167	NAISSANCES PAR MOIS: MORT-NES ET ENFANTS MORTS AVANT LA DECLARATION DE NAISSANCE: SEPTEMBRE, 1912
168	NAISSANCES PAR MOIS: MORT-NES ET ENFANTS MORTS AVANT LA DECLARATION DE NAISSANCE: OCTOBRE, 1912
169	NAISSANCES PAR MOIS: MORT-NES ET ENFANTS MORTS AVANT LA DECLARATION DE NAISSANCE: NOVEMBRE, 1912
170	NAISSANCES PAR MOIS: MORT-NES ET ENFANTS MORTS AVANT LA DECLARATION DE NAISSANCE: DECEMBRE, 1912
171	EXCEDENTS DES NAISSANCES OU DES DECES: NAISSANCES: POPULATION URBAINE, 1912
172	EXCEDENTS DES NAISSANCES OU DES DECES: NAISSANCES: POPULATION RURALE, 1912
173	EXCEDENTS DES NAISSANCES OU DES DECES: NAISSANCES: TOTAL, 1912
174	EXCEDENTS DES NAISSANCES OU DES DECES: DECES: POPULATION URBAINE, 1912
175	EXCEDENTS DES NAISSANCES OU DES DECES: DECES: POPULATION RURALE, 1912
176	EXCEDENTS DES NAISSANCES OU DES DECES: DECES: TOTAL, 1912
177	EXCEDENTS DES NAISSANCES OU DES DECES: POPULATION URBAINE: ACCROISSEMENT, 1912
178	EXCEDENTS DES NAISSANCES OU DES DECES: POPULATION URBAINE: DIMINUTION, 1912
179	EXCEDENTS DES NAISSANCES OU DES DECES: POPULATION RURALE: ACCROISSEMENT, 1912
180	EXCEDENTS DES NAISSANCES OU DES DECES: POPULATION RURALE: DIMINUTION, 1912

DATA SET 271: MOUVEMENT DE LA POPULATION 1912 (DEPARTEMENT)

NUMERO DE
LA VARIABLE   NOM DE LA VARIABLE

181   EXCEDENTS DES NAISSANCES OU DES DECES: POPULATIONS URBAINE ET RURALE REUNIES:
          ACCROISSEMENT, 1912

182   EXCEDENTS DES NAISSANCES OU DES DECES: POPULATIONS URBAINE ET RURALE REUNIES:
          DIMINUTION, 1912

183   DECES PAR AGE SEXE MASCULIN: MOINS DE 1 AN, 1912

184   DECES PAR AGE SEXE MASCULIN: DE 1 A 4 ANS, 1912

185   DECES PAR AGE SEXE MASCULIN: DE 5 A 9 ANS, 1912

186   DECES PAR AGE SEXE MASCULIN: DE 10 A 14 ANS, 1912

187   DECES PAR AGE SEXE MASCULIN: DE 15 A 19 ANS, 1912

188   DECES PAR AGE SEXE MASCULIN: DE 20 A 24 ANS, 1912

189   DECES PAR AGE SEXE MASCULIN: DE 25 A 29 ANS, 1912

190   DECES PAR AGE SEXE MASCULIN: DE 30 A 34 ANS, 1912

191   DECES PAR AGE SEXE MASCULIN: DE 35 A 39 ANS, 1912

192   DECES PAR AGE SEXE MASCULIN: DE 40 A 44 ANS, 1912

193   DECES PAR AGE SEXE MASCULIN: DE 45 A 49 ANS, 1912

194   DECES PAR AGE SEXE MASCULIN: DE 50 A 54 ANS, 1912

195   DECES PAR AGE SEXE MASCULIN: DE 55 A 59 ANS, 1912

196   DECES PAR AGE SEXE MASCULIN: DE 60 A 64 ANS, 1912

197   DECES PAR AGE SEXE MASCULIN: DE 65 A 69 ANS, 1912

198   DECES PAR AGE SEXE MASCULIN: DE 70 A 74 ANS, 1912

199   DECES PAR AGE SEXE MASCULIN: DE 75 A 79 ANS, 1912

200   DECES PAR AGE SEXE MASCULIN: DE 80 A 84 ANS, 1912

201   DECES PAR AGE SEXE MASCULIN: DE 85 A 89 ANS, 1912

202   DECES PAR AGE SEXE MASCULIN: DE 90 A 94 ANS, 1912

203   DECES PAR AGE SEXE MASCULIN: DE 95 A 99 ANS, 1912

204   DECES PAR AGE SEXE MASCULIN: DE 100 ANS ET AU-DESSUS, 1912

205   DECES PAR AGE SEXE MASCULIN: TOTAL, 1912

206   DECES PAR AGE SEXE FEMININ: MOINS DE 1 AN, 1912

207   DECES PAR AGE SEXE FEMININ: DE 1 A 4 ANS, 1912

208   DECES PAR AGE SEXE FEMININ: DE 5 A 9 ANS, 1912

209   DECES PAR AGE SEXE FEMININ: DE 10 A 14 ANS, 1912

210   DECES PAR AGE SEXE FEMININ: DE 15 A 19 ANS, 1912

211   DECES PAR AGE SEXE FEMININ: DE 20 A 24 ANS, 1912

212   DECES PAR AGE SEXE FEMININ: DE 25 A 29 ANS, 1912

213   DECES PAR AGE SEXE FEMININ: DE 30 A 34 ANS, 1912

214   DECES PAR AGE SEXE FEMININ: DE 35 A 39 ANS, 1912

215   DECES PAR AGE SEXE FEMININ: DE 40 A 44 ANS, 1912

DATA SET 271: MOUVEMENT DE LA POPULATION 1912 (DEPARTEMENT)

NUMERO DE LA VARIABLE	NOM DE LA VARIABLE
216	DECES PAR AGE SEXE FEMININ: DE 45 A 49 ANS, 1912
217	DECES PAR AGE SEXE FEMININ: DE 50 A 54 ANS, 1912
218	DECES PAR AGE SEXE FEMININ: DE 55 A 59 ANS, 1912
219	DECES PAR AGE SEXE FEMININ: DE 60 A 64 ANS, 1912
220	DECES PAR AGE SEXE FEMININ: DE 65 A 69 ANS, 1912
221	DECES PAR AGE SEXE FEMININ: DE 70 A 74 ANS, 1912
222	DECES PAR AGE SEXE FEMININ: DE 75 A 79 ANS
223	DECES PAR AGE SEXE FEMININ: DE 80 A 84 ANS, 1912
224	DECES PAR AGE SEXE FEMININ: DE 85 A 89 ANS, 1912
225	DECES PAR AGE SEXE FEMININ: DE 90 A 94 ANS, 1912
226	DECES PAR AGE SEXE FEMININ: DE 95 A 99 ANS, 1912
227	DECES PAR AGE SEXE FEMININ: DE 100 ANS ET PLUS, 1912
228	DECES PAR AGE SEXE FEMININ: TOTAL
229	DECES PAR MOIS: TOTAL, 1912
230	DECES PAR MOIS: JANVIER, 1912
231	DECES PAR MOIS: FEVRIER, 1912
232	DECES PAR MOIS: MARS, 1912
233	DECES PAR MOIS: AVRIL, 1912
234	DECES PAR MOIS: MAI, 1912
235	DECES PAR MOIS: JUIN, 1912
236	DECES PAR MOIS: JUILLET, 1912
237	DECES PAR MOIS: AOUT, 1912
238	DECES PAR MOIS: SEPTEMBRE, 1912
239	DECES PAR MOIS: OCTOBRE, 1912
240	DECES PAR MOIS: NOVEMBRE, 1912
241	DECES PAR MOIS: DECEMBRE, 1912
242	DECES PAR MOIS: ENFANTS DE MOINS DE 1 AN: TOTAL, 1912
243	DECES PAR MOIS: ENFANTS DE MOINS DE 1 AN: JANVIER, 1912
244	DECES PAR MOIS: ENFANTS DE MOINS DE 1 AN: FEVRIER, 1912
245	DECES PAR MOIS: ENFANTS DE MOINS DE 1 AN: MARS, 1912
246	DECES PAR MOIS: ENFANTS DE MOINS DE 1 AN: AVRIL, 1912
247	DECES PAR MOIS: ENFANTS DE MOINS DE 1 AN: MAI, 1912
248	DECES PAR MOIS: ENFANTS DE MOINS DE 1 AN: JUIN, 1912
249	DECES PAR MOIS: ENFANTS DE MOINS DE 1 AN: JUILLET, 1912
250	DECES PAR MOIS: ENFANTS DE MOINS DE 1 AN: AOUT, 1912
251	DECES PAR MOIS: ENFANTS DE MOINS DE 1 AN: SEPTEMBRE, 1912

225

DATA SET 271:   MOUVEMENT DE LA POPULATION 1912 (DEPARTEMENT)

NUMERO DE
LA VARIABLE   NOM DE LA VARIABLE

252   DECES PAR MOIS: ENFANTS DE MOINS DE 1 AN: OCTOBRE, 1912

253   DECES PAR MOIS: ENFANTS DE MOINS DE 1 AN: NOVEMBRE, 1912

254   DECES PAR MOIS: ENFANTS DE MOINS DE 1 AN: DECEMBRE, 1912

255   DECES PAR MOIS: VIEILLARDS DE 60 ANS ET AU-DESSUS: TOTAL, 1912

256   DECES PAR MOIS: VIEILLARDS DE 60 ANS ET AU-DESSUS: JANVIER, 1912

257   DECES PAR MOIS: VIEILLARDS DE 60 ANS ET AU-DESSUS: FEVRIER, 1912

258   DECES PAR MOIS: VIEILLARDS DE 60 ANS ET AU-DESSUS: MARS, 1912

259   DECES PAR MOIS: VIEILLARDS DE 60 ANS ET AU-DESSUS: AVRIL, 1912

260   DECES PAR MOIS: VIEILLARDS DE 60 ANS ET AU-DESSUS: MAI, 1912

261   DECES PAR MOIS: VIEILLARDS DE 60 ANS ET AU-DESSUS: JUIN, 1912

262   DECES PAR MOIS: VIEILLARDS DE 60 ANS ET AU-DESSUS: JUILLET, 1912

263   DECES PAR MOIS: VIEILLARDS DE 60 ANS ET AU-DESSUS: AOUT, 1912

264   DECES PAR MOIS: VIEILLARDS DE 60 ANS ET AU-DESSUS: SEPTEMBRE, 1912

265   DECES PAR MOIS: VIEILLARDS DE 60 ANS ET AU-DESSUS: OCTOBRE, 1912

266   DECES PAR-MOIS: VIEILLARDS DE 60 ANS ET AU-DESSUS: NOVEMBRE, 1912

267   DECES PAR-MOIS: VIEILLARDS DE 60 ANS ET AU-DESSUS: DECEMBRE, 1912

268   DECES AU COURS DE LA PREMIERE ANNEE: GARCONS: DE LA NAISSANCE A 4 JOURS: ENFANTS:
        LEGITIMES, 1912

269   DECES AU COURS DE LA PREMIERE ANNEE: GARCONS: DE LA NAISSANCE A 4 JOURS: ENFANTS:
        ILLEGITIMES, 1912

270   DECES AU COURS DE LA PREMIERE ANNEE: GARCONS: DE 5 A 9 JOURS: ENFANTS: LEGITIMES,
        1912

271   DECES AU COURS DE LA PREMIERE ANNEE: GARCONS: DE 5 A 9 JOURS: ENFANTS:
        ILLEGITIMES, 1912

272   DECES AU COURS DE LA PREMIERE ANNEE: GARCONS: DE 10 A 14 JOURS: ENFANTS:
        LEGITIMES, 1912

273   DECES AU COURS DE LA PREMIERE ANNEE: GARCONS: DE 10 A 14 JOURS: ENFANTS:
        ILLEGITIMES, 1912

274   DECES AU COURS DE LA PREMIERE ANNEE: GARCONS: DE 15 A 29 JOURS: ENFANTS:
        LEGITIMES, 1912

275   DECES AU COURS DE LA PREMIERE ANNEE: GARCONS: DE 15 A 29 JOURS: ENFANTS:
        ILLEGITIMES, 1912

276   DECES AU COURS DE LA PREMIERE ANNEE: GARCONS: DE 1 MOIS: ENFANTS: LEGITIMES, 1912

277   DECES AU COURS DE LA PREMIERE ANNEE: GARCONS: DE 1 MOIS: ENFANTS: ILLEGITIMES,
        1912

278   DECES AU COURS DE LA PREMIERE ANNEE: GARCONS: DE 2 MOIS: ENFANTS: LEGITIMES, 1912

279   DECES AU COURS DE LA PREMIERE ANNEE: GARCONS: DE 2 MOIS: ENFANTS: ILLEGITIMES,
        1912

280   DECES AU COURS DE LA PREMIERE ANNEE: GARCONS: DE 3, 4, OU 5 MOIS: ENFANTS:
        LEGITIMES, 1912

281   DECES AU COURS DE LA PREMIERE ANNEE: GARCONS: DE 3, 4, OU 5 MOIS: ENFANTS:
        ILLEGITIMES, 1912

DATA SET 271: MOUVEMENT DE LA POPULATION 1912 (DEPARTEMENT)

NUMERO DE LA VARIABLE	NOM DE LA VARIABLE
282	DECES AU COURS DE LA PREMIERE ANNEE: GARCONS: DE 6, 7, OU 8 MOIS: ENFANTS: LEGITIMES, 1912
283	DECES AU COURS DE LA PREMIERE ANNEE: GARCONS: DE 6, 7, OU 8 MOIS: ENFANTS: ILLEGITIMES, 1912
284	DECES AU COURS DE LA PREMIERE ANNEE: GARCONS: DE 9 MOIS A 1 AN: ENFANTS: LEGITIMES, 1912
285	DECES AU COURS DE LA PREMIERE ANNEE: GARCONS: DE 9 MOIS A 1 AN: ENFANTS: ILLEGITIMES, 1912
286	DECES AU COURS DE LA PREMIERE ANNEE: GARCONS: TOTAUX: ENFANTS: LEGITIMES, 1912
287	DECES AU COURS DE LA PREMIERE ANNEE: GARCONS: TOTAUX: ENFANTS: ILLEGITIMES, 1912
288	DECES AU COURS DE LA PREMIERE ANNEE: GARCONS: TOTAUX: ENFANTS: TOTAL, 1912
289	DECES AU COURS DE LA PREMIERE ANNEE: FILLES: DE LA NAISSANCE A 4 JOURS: ENFANTS: LEGITIMES, 1912
290	DECES AU COURS DE LA PREMIERE ANNEE: FILLES: DE LA NAISSANCE A 4 JOURS: ENFANTS: ILLEGITIMES, 1912
291	DECES AU COURS DE LA PREMIERE ANNEE: FILLES: DE 5 A 9 JOURS: ENFANTS: LEGITIMES, 1912
292	DECES AU COURS DE LA PREMIERE ANNEE: FILLES: DE 5 A 9 JOURS: ENFANTS: ILLEGITIMES, 1912
293	DECES AU COURS DE LA PREMIERE ANNEE: FILLES: DE 10 A 14 JOURS: ENFANTS: LEGITIMES, 1912
294	DECES AU COURS DE LA PREMIERE ANNEE: FILLES: DE 10 A 14 JOURS: ENFANTS: ILLEGITIMES, 1912
295	DECES AU COURS DE LA PREMIERE ANNEE: FILLES: DE 15 A 29 JOURS: ENFANTS: LEGITIMES, 1912
296	DECES AU COURS DE LA PREMIERE ANNEE: FILLES: DE 15 A 29 JOURS: ENFANTS: ILLEGITIMES, 1912
297	DECES AU COURS DE LA PREMIERE ANNEE: FILLES: DE 1 MOIS: ENFANTS: LEGITIMES, 1912
298	DECES AU COURS DE LA PREMIERE ANNEE: FILLES: DE 1 MOIS: ENFANTS: ILLEGITIMES, 1912
299	DECES AU COURS DE LA PREMIERE ANNEE: FILLES: DE 2 MOIS: ENFANTS: LEGITIMES, 1912
300	DECES AU COURS DE LA PREMIERE ANNEE: FILLES: DE 2 MOIS: ENFANTS: ILLEGITIMES, 1912
301	DECES AU COURS DE LA PREMIERE ANNEE: FILLES: DE 3, 4, OU 5 MOIS: ENFANTS: LEGITIMES, 1912
302	DECES AU COURS DE LA PREMIERE ANNEE: FILLES: DE 3, 4, OU 5 MOIS: ENFANTS: ILLEGITIMES, 1912
303	DECES AU COURS DE LA PREMIERE ANNEE: FILLES: DE 6, 7, OU 8 MOIS: ENFANTS: LEGITIMES, 1912
304	DECES AU COURS DE LA PREMIERE ANNEE: FILLES: DE 6, 7, OU 8 MOIS: ENFANTS: ILLEGITIMES, 1912
305	DECES AU COURS DE LA PREMIERE ANNEE: FILLES: DE 9 MOIS A 1 AN: ENFANTS: LEGITIMES, 1912
306	DECES AU COURS DE LA PREMIERE ANNEE: FILLES: DE 9 MOIS A 1 AN: ENFANTS: ILLEGITIMES, 1912
307	DECES AU COURS DE LA PREMIERE ANNEE: FILLES: TOTAUX: ENFANTS: LEGITIMES, 1912
308	DECES AU COURS DE LA PREMIERE ANNEE: FILLES: TOTAUX: ENFANTS: ILLEGITIMES, 1912

DATA SET 271: MOUVEMENT DE LA POPULATION 1912 (DEPARTEMENT)

NUMERO DE LA VARIABLE	NOM DE LA VARIABLE
309	DECES AU COURS DE LA PREMIERE ANNEE: FILLES: TOTAUX: ENFANTS: TOTAL, 1912
310	DECES AU COURS DE LA PREMIERE ANNEE: TOTAUX GENERAUX, 1912

DATA SET 272: MOUVEMENT DE LA POPULATION 1913 (DEPARTEMENT)

SOURCE: STATISTIQUE GENERALE DE LA FRANCE, STATISTIQUE DU MOUVEMENT
DE LA POPULATION, ANNEES 1911, 1912, ET 1913, NOUVELLE
SERIE, TOME II (PARIS, 1917)

VARIABLES 7-31:	TABLEAU XXXIII
VARIABLES 32-47:	TABLEAU XXXIV
VARIABLES 48-64:	TABLEAU XXXV
VARIABLES 65-82:	TABLEAU XXXVI
VARIABLES 83-95:	TABLEAU XXXVII
VARIABLES 96-122:	TABLEAU XLII
VARIABLES 123-144:	TABLEAU XLIII
VARIABLES 145-170:	TABLEAU XLIV
VARIABLES 171-182:	TABLEAU XLVII
VARIABLES 183-228:	TABLEAU XLVIII
VARIABLES 229-241:	TABLEAU XLIX
VARIABLES 242-254:	TABLEAU L
VARIABLES 255-267:	TABLEAU LI
VARIABLES 268-310:	TABLEAU LII

NUMERO DE
LA VARIABLE   NOM DE LA VARIABLE

7   MOUVEMENT DE LA POPULATION: POPULATION LEGALE (DENOMBREMENT DE 1911)

8   MOUVEMENT DE LA POPULATION: MARIAGES, 1913

9   MOUVEMENT DE LA POPULATION: DIVORCES, 1913

10   MOUVEMENT DE LA POPULATION: ENFANTS DECLARES VIVANTS: LEGITIMES: GARCONS, 1913

11   MOUVEMENT DE LA POPULATION: ENFANTS DECLARES VIVANTS: LEGITIMES: FILLES, 1913

12   MOUVEMENT DE LA POPULATION: ENFANTS DECLARES VIVANTS: LEGITIMES: TOTAL, 1913

13   MOUVEMENT DE LA POPULATION: ENFANTS DECLARES VIVANTS: ILLEGITIMES: GARCONS, 1913

14   MOUVEMENT DE LA POPULATION: ENFANTS DECLARES VIVANTS: ILLEGITIMES: FILLES, 1913

15   MOUVEMENT DE LA POPULATION: ENFANTS DECLARES VIVANTS: ILLEGITIMES: TOTAL, 1913

16   MOUVEMENT DE LA POPULATION: ENFANTS DECLARES VIVANTS: TOTAUX: GARCONS, 1913

17   MOUVEMENT DE LA POPULATION: ENFANTS DECLARES VIVANTS: TOTAUX: FILLES, 1913

18   MOUVEMENT DE LA POPULATION: TOTAL DES ENFANTS DECLARES VIVANTS, 1913

19   MOUVEMENT DE LA POPULATION: MORT-NES ET ENFANTS MORTS AVANT LA DECLARATION DE
         NAISSANCE: LEGITIMES: GARCONS, 1913

20   MOUVEMENT DE LA POPULATION: MORT-NES ET ENFANTS MORTS AVANT LA DECLARATION DE
         NAISSANCE: LEGITIMES: FILLES, 1913

21   MOUVEMENT DE LA POPULATION: MORT-NES ET ENFANTS MORTS AVANT LA DECLARATION DE
         NAISSANCE: ILLEGITIMES: GARCONS, 1913

22   MOUVEMENT DE LA POPULATION: MORT-NES ET ENFANTS MORTS AVANT LA DECLARATION DE
         NAISSANCE: ILLEGITIMES: FILLES, 1913

23   MOUVEMENT DE LA POPULATION: MORT-NES ET ENFANTS MORTS AVANT LA DECLARATION DE
         NAISSANCE: TOTAL, 1913

24   MOUVEMENT DE LA POPULATION: DECES: SEXE MASCULIN, 1913

25   MOUVEMENT DE LA POPULATION: DECES: SEXE FEMININ, 1913

26   MOUVEMENT DE LA POPULATION: DECES: TOTAL, 1913

27   MOUVEMENT DE LA POPULATION: EXCEDENT DES NAISSANCES, 1913

28   MOUVEMENT DE LA POPULATION: EXCEDENT DES DECES, 1913

29   MOUVEMENT DE LA POPULATION: PROPORTIONS POUR 10,000 HABITANTS DES NOUVEAUX MARIES,
         1913

DATA SET 272: MOUVEMENT DE LA POPULATION 1913 (DEPARTEMENT)

NUMERO DE LA VARIABLE	NOM DE LA VARIABLE
30	MOUVEMENT DE LA POPULATION: PROPORTIONS POUR 10,000 HABITANTS DES ENFANTS DECLARES VIVANTS, 1913
31	MOUVEMENT DE LA POPULATION: PROPORTIONS POUR 10,000 HABITANTS DES DECES, 1913
32	MARIAGES SUIVANT L'ETAT MATRIMONIAL ANTERIEUR DES EPOUX: NOMBRE DE MARIAGES, 1913
33	MARIAGES SUIVANT L'ETAT MATRIMONIAL ANTERIEUR DES EPOUX: MARIAGES ENTRE GARCONS ET FILLES, 1913
34	MARIAGES SUIVANT L'ETAT MATRIMONIAL ANTERIEUR DES EPOUX: MARIAGES ENTRE GARCONS ET VEUVES, 1913
35	MARIAGES SUIVANT L'ETAT MATRIMONIAL ANTERIEUR DES EPOUX: MARIAGES ENTRE GARCONS ET DIVORCEES, 1913
36	MARIAGES SUIVANT L'ETAT MATRIMONIAL ANTERIEUR DES EPOUX: MARIAGES ENTRE VEUFS ET FILLES, 1913
37	MARIAGES SUIVANT L'ETAT MATRIMONIAL ANTERIEUR DES EPOUX: MARIAGES ENTRE VEUFS ET VEUVES, 1913
38	MARIAGES SUIVANT L'ETAT MATRIMONIAL ANTERIEUR DES EPOUX: MARIAGES ENTRE VEUFS ET DIVORCEES, 1913
39	MARIAGES SUIVANT L'ETAT MATRIMONIAL ANTERIEUR DES EPOUX: MARIAGES ENTRE DIVORCES ET FILLES, 1913
40	MARIAGES SUIVANT L'ETAT MATRIMONIAL ANTERIEUR DES EPOUX: MARIAGES ENTRE DIVORCES ET VEUVES, 1913
41	MARIAGES SUIVANT L'ETAT MATRIMONIAL ANTERIEUR DES EPOUX: MARIAGES ENTRE DIVORCES ET DIVORCEES, 1913
42	MARIAGES SUIVANT L'ETAT MATRIMONIAL ANTERIEUR DES EPOUX: NOMBRE DES CONJOINTS: SEXE MASCULIN: GARCONS, 1913
43	MARIAGES SUIVANT L'ETAT MATRIMONIAL ANTERIEUR DES EPOUX: NOMBRE DES CONJOINTS: SEXE MASCULIN: VEUFS, 1913
44	MARIAGES SUIVANT L'ETAT MATRIMONIAL ANTERIEUR DES EPOUX: NOMBRE DES CONJOINTS: SEXE MASCULIN: DIVORCES, 1913
45	MARIAGES SUIVANT L'ETAT MATRIMONIAL ANTERIEUR DES EPOUX: NOMBRE DES CONJOINTS: SEXE FEMININ: FILLES, 1913
46	MARIAGES SUIVANT L'ETAT MATRIMONIAL ANTERIEUR DES EPOUX: NOMBRE DES CONJOINTS: SEXE FEMININ: VEUVES, 1913
47	MARIAGES SUIVANT L'ETAT MATRIMONIAL ANTERIEUR DES EPOUX: NOMBRE DES CONJOINTS: SEXE FEMININ: DIVORCEES, 1913
48	MARIAGES SUIVANT L'AGE DES EPOUX: AGE DE L'EPOUX: MOINS DE 20 ANS, 1913
49	MARIAGES SUIVANT L'AGE DES EPOUX: AGE DE L'EPOUX: 20 A 24 ANS, 1913
50	MARIAGES SUIVANT L'AGE DES EPOUX: AGE DE L'EPOUX: 25 A 29 ANS, 1913
51	MARIAGES SUIVANT L'AGE DES EPOUX: AGE DE L'EPOUX: 30 A 34 ANS, 1913
52	MARIAGES SUIVANT L'AGE DES EPOUX: AGE DE L'EPOUX: 35 A 39 ANS, 1913
53	MARIAGES SUIVANT L'AGE DES EPOUX: AGE DE L'EPOUX: 40 A 49 ANS, 1913
54	MARIAGES SUIVANT L'AGE DES EPOUX: AGE DE L'EPOUX: 50 A 59 ANS, 1913
55	MARIAGES SUIVANT L'AGE DES EPOUX: AGE DE L'EPOUX: 60 ANS ET PLUS, 1913
56	MARIAGES SUIVANT L'AGE DES EPOUX: AGE DE L'EPOUSE: MOINS DE 20 ANS, 1913
57	MARIAGES SUIVANT L'AGE DES EPOUX: AGE DE L'EPOUSE: 20 A 24 ANS, 1913

DATA SET 272: MOUVEMENT DE LA POPULATION 1913 (DEPARTEMENT)

NUMERO DE LA VARIABLE	NOM DE LA VARIABLE
58	MARIAGES SUIVANT L'AGE DES EPOUX: AGE DE L'EPOUSE: 25 A 29 ANS, 1913
59	MARIAGES SUIVANT L'AGE DES EPOUX: AGE DE L'EPOUSE: 30 A 34 ANS, 1913
60	MARIAGES SUIVANT L'AGE DES EPOUX: AGE DE L'EPOUSE: 35 A 39 ANS, 1913
61	MARIAGES SUIVANT L'AGE DES EPOUX: AGE DE L'EPOUSE: 40 A 49 ANS, 1913
62	MARIAGES SUIVANT L'AGE DES EPOUX: AGE DE L'EPOUSE: 50 A 59 ANS, 1913
63	MARIAGES SUIVANT L'AGE DES EPOUX: AGE DE L'EPOUSE: 60 ANS ET PLUS, 1913
64	MARIAGES SUIVANT L'AGE DES EPOUX: TOTAL DES MARIAGES, 1913
65	AGE AU PREMIER MARIAGE: GARCONS: MOINS DE 20 ANS, 1913
66	AGE AU PREMIER MARIAGE: GARCONS: 20 A 24 ANS, 1913
67	AGE AU PREMIER MARIAGE: GARCONS: 25 A 29 ANS, 1913
68	AGE AU PREMIER MARIAGE: GARCONS: 30 A 34 ANS, 1913
69	AGE AU PREMIER MARIAGE: GARCONS: 35 A 39 ANS, 1913
70	AGE AU PREMIER MARIAGE: GARCONS: 40 A 49 ANS, 1913
71	AGE AU PREMIER MARIAGE: GARCONS: 50 A 59 ANS, 1913
72	AGE AU PREMIER MARIAGE: GARCONS: 60 ANS ET PLUS, 1913
73	AGE AU PREMIER MARIAGE: GARCONS: TOTAL, 1913
74	AGE AU PREMIER MARIAGE: FILLES: MOINS DE 20 ANS, 1913
75	AGE AU PREMIER MARIAGE: FILLES: 20 A 24 ANS, 1913
76	AGE AU PREMIER MARIAGE: FILLES: 25 A 29 ANS, 1913
77	AGE AU PREMIER MARIAGE: FILLES: 30 A 34 ANS, 1913
78	AGE AU PREMIER MARIAGE: FILLES: 35 A 39 ANS, 1913
79	AGE AU PREMIER MARIAGE: FILLES: 40 A 49 ANS, 1913
80	AGE AU PREMIER MARIAGE: FILLES: 50 A 59 ANS, 1913
81	AGE AU PREMIER MARIAGE: FILLES: 60 ANS ET PLUS, 1913
82	AGE AU PREMIER MARIAGE: FILLES: TOTAL, 1913
83	MARIAGES PAR MOIS: NOMBRE TOTAL DES MARIAGES, 1913
84	MARIAGES PAR MOIS: JANVIER, 1913
85	MARIAGES PAR MOIS: FEVRIER, 1913
86	MARIAGES PAR MOIS: MARS, 1913
87	MARIAGES PAR MOIS: AVRIL, 1913
88	MARIAGES PAR MOIS: MAI, 1913
89	MARIAGES PAR MOIS: JUIN, 1913
90	MARIAGES PAR MOIS: JUILLET, 1913
91	MARIAGES PAR MOIS: AOUT, 1913
92	MARIAGES PAR MOIS: SEPTEMBRE, 1913
93	MARIAGES PAR MOIS: OCTOBRE, 1913

232

DATA SET 272:   MOUVEMENT DE LA POPULATION 1913 (DEPARTEMENT)

NUMERO DE
LA VARIABLE   NOM DE LA VARIABLE

94	MARIAGES PAR MOIS: NOVEMBRE, 1913
95	MARIAGES PAR MOIS: DECEMBRE, 1913
96	NAISSANCES: ENFANTS DECLARES VIVANTS: ENFANTS LEGITIMES: GARCONS, 1913
97	NAISSANCES: ENFANTS DECLARES VIVANTS: ENFANTS LEGITIMES: FILLES, 1913
98	NAISSANCES: ENFANTS DECLARES VIVANTS: ENFANTS LEGITIMES: TOTAUX, 1913
99	NAISSANCES: ENFANTS DECLARES VIVANTS: ENFANTS ILLEGITIMES: RECONNUS PAR LE PERE SUR L'ACTE DE NAISSANCE: GARCONS, 1913
100	NAISSANCES: ENFANTS DECLARES VIVANTS: ENFANTS ILLEGITIMES: RECONNUS PAR LE PERE SUR L'ACTE DE NAISSANCE: FILLES, 1913
101	NAISSANCES: ENFANTS DECLARES VIVANTS: ENFANTS ILLEGITIMES: RECONNUS PAR LE PERE SUR L'ACTE DE NAISSANCE: TOTAUX, 1913
102	NAISSANCES: ENFANTS DECLARES VIVANTS: ENFANTS ILLEGITIMES: NON RECONNUS PAR LE PERE: GARCONS, 1913
103	NAISSANCES: ENFANTS DECLARES VIVANTS: ENFANTS ILLEGITIMES: NON RECONNUS PAR LE PERE: FILLES, 1913
104	NAISSANCES: ENFANTS DECLARES VIVANTS: ENFANTS ILLEGITIMES: NON RECONNUS PAR LE PERE: TOTAUX, 1913
105	NAISSANCES: ENFANTS DECLARES VIVANTS: ENFANTS ILLEGITIMES: TOTAUX: GARCONS, 1913
106	NAISSANCES: ENFANTS DECLARES VIVANTS: ENFANTS ILLEGITIMES: TOTAUX: FILLES, 1913
107	NAISSANCES: ENFANTS DECLARES VIVANTS: ENFANTS ILLEGITIMES: TOTAUX: TOTAUX, 1913
108	NAISSANCES: ENFANTS DECLARES VIVANTS: ENSEMBLE DES ENFANTS DECLARES VIVANTS: GARCONS, 1913
109	NAISSANCES: ENFANTS DECLARES VIVANTS: ENSEMBLE DES ENFANTS DECLARES VIVANTS: FILLES, 1913
110	NAISSANCES: ENFANTS DECLARES VIVANTS: ENSEMBLE DES ENFANTS DECLARES VIVANTS: TOTAUX, 1913
111	NAISSANCES: MORT-NES ET ENFANTS MORTS AVANT LA DECLARATION DE NAISSANCE: ENFANTS LEGITIMES: GARCONS, 1913
112	NAISSANCES: MORT-NES ET ENFANTS MORTS AVANT LA DECLARATION DE NAISSANCE: ENFANTS LEGITIMES: FILLES, 1913
113	NAISSANCES: MORT-NES ET ENFANTS MORTS AVANT LA DECLARATION DE NAISSANCE: ENFANTS LEGITIMES: TOTAUX, 1913
114	NAISSANCES: MORT-NES ET ENFANTS MORTS AVANT LA DECLARATION DE NAISSANCE: ENFANTS ILLEGITIMES: GARCONS, 1913
115	NAISSANCES: MORT-NES ET ENFANTS MORTS AVANT LA DECLARATION DE NAISSANCE: ENFANTS ILLEGITIMES: FILLES, 1913
116	NAISSANCES: MORT-NES ET ENFANTS MORTS AVANT LA DECLARATION DE NAISSANCE: ENFANTS ILLEGITIMES: TOTAUX, 1913
117	NAISSANCES: MORT-NES ET ENFANTS MORTS AVANT LA DECLARATION DE NAISSANCE: ENSEMBLE DES ENFANTS MORTS-NES: GARCONS, 1913
118	NAISSANCES: MORT-NES ET ENFANTS MORTS AVANT LA DECLARATION DE NAISSANCE: ENSEMBLE DES ENFANTS MORTS-NES: FILLES, 1913
119	NAISSANCES: MORT-NES ET ENFANTS MORTS AVANT LA DECLARATION NAISSANCE: ENSEMBLE DES ENFANTS MORT-NES: TOTAUX, 1913
120	NAISSANCES: ENSEMBLE DES ENFANTS NES (DECLARES VIVANTS ET MORT-NES): GARCONS, 1913

DATA SET 272: MOUVEMENT DE LA POPULATION 1913 (DEPARTEMENT)

NUMERO DE
LA VARIABLE   NOM DE LA VARIABLE

121   NAISSANCES: ENSEMBLE DES ENFANTS NES (DECLARES VIVANTS ET MORT-NES): FILLES, 1913

122   NAISSANCES: ENSEMBLE DES ENFANTS NES (DECLARES VIVANTS ET MORT-NES): TOTAUX, 1913

123   NAISSANCES: ENFANTS DECLARES VIVANTS: AGE DE LA MERE: MOINS DE 15 ANS, 1913

124   NAISSANCES: ENFANTS DECLARES VIVANTS: AGE DE LA MERE: 15 A 19 ANS, 1913

125   NAISSANCES: ENFANTS DECLARES VIVANTS: AGE DE LA MERE: 20 A 24 ANS, 1913

126   NAISSANCES: ENFANTS DECLARES VIVANTS: AGE DE LA MERE: 25 A 29 ANS, 1913

127   NAISSANCES: ENFANTS DECLARES VIVANTS: AGE DE LA MERE: 30 A 34 ANS, 1913

128   NAISSANCES: ENFANTS DECLARES VIVANTS: AGE DE LA MERE: 35 A 39 ANS, 1913

129   NAISSANCES: ENFANTS DECLARES VIVANTS: AGE DE LA MERE: 40 A 44 ANS, 1913

130   NAISSANCES: ENFANTS DECLARES VIVANTS: AGE DE LA MERE: 45 A 49 ANS, 1913

131   NAISSANCES: ENFANTS DECLARES VIVANTS: AGE DE LA MERE: 50 ANS ET PLUS, 1913

132   NAISSANCES: ENFANTS DECLARES VIVANTS: AGE DE LA MERE: NON DECLARE, 1913

133   NAISSANCES: ENFANTS DECLARES VIVANTS: AGE DE LA MERE: TOTAUX, 1913

134   NAISSANCES: MORT-NES ET ENFANTS MORTS AVANT LA DECLARATION DE NAISSANCE: AGE DE LA
         MERE: MOINS DE 15 ANS, 1913

135   NAISSANCES: MORT-NES ET ENFANTS MORTS AVANT LA DECLARATION DE NAISSANCE: AGE DE LA
         MERE: 15 A 19 ANS, 1913

136   NAISSANCES: MORT-NES ET ENFANTS MORTS AVANT LA DECLARATION DE NAISSANCE: AGE DE LA
         MERE: 20 A 24 ANS, 1913

137   NAISSANCES: MORT-NES ET ENFANTS MORTS AVANT LA DECLARATION DE NAISSANCE: AGE DE LA
         MERE: 25 A 29 ANS, 1913

138   NAISSANCES: MORT-NES ET ENFANTS MORTS AVANT LA DECLARATION DE NAISSANCE: AGE DE LA
         MERE: 30 A 34 ANS, 1913

139   NAISSANCES: MORT-NES ET ENFANTS MORTS AVANT LA DECLARATION DE NAISSANCE: AGE DE LA
         MERE: 35 A 39 ANS, 1913

140   NAISSANCES: MORT-NES ET ENFANTS MORTS AVANT LA DECLARATION DE NAISSANCE: AGE DE LA
         MERE: 40 A 44 ANS, 1913

141   NAISSANCES: MORT-NES ET ENFANTS MORTS AVANT LA DECLARATION DE NAISSANCE: AGE DE LA
         MERE: 45 A 49 ANS, 1913

142   NAISSANCES: MORT-NES ET ENFANTS MORTS AVANT LA DECLARATION DE NAISSANCE: AGE DE LA
         MERE: 50 ANS ET PLUS, 1913

143   NAISSANCES: MORT-NES ET ENFANTS MORTS AVANT LA DECLARATION DE NAISSANCE: AGE DE LA
         MERE: NON DECLARE, 1913

144   NAISSANCES: MORT-NES ET ENFANTS MORTS AVANT LA DECLARATION DE NAISSANCE: AGE DE LA
         MERE: TOTAUX, 1913

145   NAISSANCES: PAR MOIS: ENFANTS DECLARES VIVANTS: TOTAL, 1913

146   NAISSANCES: PAR MOIS: ENFANTS DECLARES VIVANTS: JANVIER, 1913

147   NAISSANCES: PAR MOIS: ENFANTS DECLARES VIVANTS: FEVRIER, 1913

148   NAISSANCES: PAR MOIS: ENFANTS DECLARES VIVANTS: MARS, 1913

149   NAISSANCES: PAR MOIS: ENFANTS DECLARES VIVANTS: AVRIL, 1913

150   NAISSANCES: PAR MOIS: ENFANTS DECLARES VIVANTS: MAI, 1913

DATA SET 272: MOUVEMENT DE LA POPULATION 1913 (DEPARTEMENT)

NUMERO DE LA VARIABLE	NOM DE LA VARIABLE
151	NAISSANCES: PAR MOIS: ENFANTS DECLARES VIVANTS: JUIN, 1913
152	NAISSANCES: PAR MOIS: ENFANTS DECLARES VIVANTS: JUILLET, 1913
153	NAISSANCES: PAR MOIS: ENFANTS DECLARES VIVANTS: AOUT, 1913
154	NAISSANCES: PAR MOIS: ENFANTS DECLARES VIVANTS: SEPTEMBRE, 1913
155	NAISSANCES: PAR MOIS: ENFANTS DECLARES VIVANTS: OCTOBRE, 1913
156	NAISSANCES: PAR MOIS: ENFANTS DECLARES VIVANTS: NOVEMBRE, 1913
157	NAISSANCES: PAR MOIS: ENFANTS DECLARES VIVANTS: DECEMBRE, 1913
158	NAISSANCES PAR MOIS: MORT-NES ET ENFANTS MORTS AVANT LA DECLARATION DE NAISSANCE: TOTAL, 1913
159	NAISSANCES PAR MOIS: MORT-NES ET ENFANTS MORTS AVANT LA DECLARATION DE NAISSANCE: JANVIER, 1913
160	NAISSANCES PAR MOIS: MORT-NES ET ENFANTS MORTS AVANT LA DECLARATION DE NAISSANCE: FEVRIER, 1913
161	NAISSANCES PAR MOIS: MORT-NES ET ENFANTS MORTS AVANT LA DECLARATION DE NAISSANCE: MARS, 1913
162	NAISSANCES PAR MOIS: MORT-NES ET ENFANTS MORTS AVANT LA DECLARATION DE NAISSANCE: AVRIL, 1913
163	NAISSANCES PAR MOIS: MORT-NES ET ENFANTS MORTS AVANT LA DECLARATION DE NAISSANCE: MAI, 1913
164	NAISSANCES PAR MOIS: MORT-NES ET ENFANTS MORTS AVANT LA DECLARATION DE NAISSANCE: JUIN, 1913
165	NAISSANCES PAR MOIS: MORT-NES ET ENFANTS MORTS AVANT LA DECLARATION DE NAISSANCE: JUILLET, 1913
166	NAISSANCES PAR MOIS: MORT-NES ET ENFANTS MORTS AVANT LA DECLARATION DE NAISSANCE: AOUT, 1913
167	NAISSANCES PAR MOIS: MORT-NES ET ENFANTS MORTS AVANT LA DECLARATION DE NAISSANCE: SEPTEMBRE, 1913
168	NAISSANCES PAR MOIS: MORT-NES ET ENFANTS MORTS AVANT LA DECLARATION DE NAISSANCE: OCTOBRE, 1913
169	NAISSANCES PAR MOIS: MORT-NES ET ENFANTS MORTS AVANT LA DECLARATION DE NAISSANCE: NOVEMBRE, 1913
170	NAISSANCES PAR MOIS: MORT-NES ET ENFANTS MORTS AVANT LA DECLARATION DE NAISSANCE: DECEMBRE, 1913
171	EXCEDENT DES NAISSANCES OU DES DECES: NAISSANCES: POPULATION URBAINE, 1913
172	EXCEDENT DES NAISSANCES OU DES DECES: NAISSANCES: POPULATION RURALE, 1913
173	EXCEDENT DES NAISSANCES OU DES DECES: NAISSANCES: TOTAL DES NAISSANCES, 1913
174	EXCEDENT DES NAISSANCES OU DES DECES: DECES: POPULATION URBAINE, 1913
175	EXCEDENT DES NAISSANCES OU DES DECES: DECES: POPULATION RURALE, 1913
176	EXCEDENT DES NAISSANCES OU DES DECES: DECES: TOTAL DES DECES, 1913
177	EXCEDENT DES NAISSANCES OU DES DECES: POPULATION URBAINE: ACCROISSEMENT, 1913
178	EXCEDENT DES NAISSANCES OU DES DECES: POPULATION URBAINE: DIMINUTION, 1913
179	EXCEDENT DES NAISSANCES OU DES DECES: POPULATION RURALE: ACCROISSEMENT, 1913

DATA SET 272: MOUVEMENT DE LA POPULATION 1913 (DEPARTEMENT)

NUMERO DE
LA VARIABLE   NOM DE LA VARIABLE

180   EXCEDENT DES NAISSANCES OU DES DECES: POPULATION RURALE: DIMINUTION, 1913

181   EXCEDENT DES NAISSANCES OU DES DECES: POPULATIONS URBAINE ET RURALE REUNIES:
           ACCROISSEMENT, 1913

182   EXCEDENT DES NAISSANCES OU DES DECES: POPULATIONS URBAINE ET RURALE REUNIES:
           DIMINUTION, 1913

183   DECES PAR AGE - SEXE MASCULIN: MOINS DE 1 AN, 1913

184   DECES PAR AGE - SEXE MASCULIN: DE 1 A 4 ANS, 1913

185   DECES PAR AGE - SEXE MASCULIN: DE 5 A 9 ANS, 1913

186   DECES PAR AGE - SEXE MASCULIN: DE 10 A 14 ANS, 1913

187   DECES PAR AGE - SEXE MASCULIN: DE 15 A 19 ANS, 1913

188   DECES PAR AGE - SEXE MASCULIN: DE 20 A 24 ANS, 1913

189   DECES PAR AGE - SEXE MASCULIN: DE 25 A 29 ANS, 1913

190   DECES PAR AGE - SEXE MASCULIN: DE 30 A 34 ANS, 1913

191   DECES PAR AGE - SEXE MASCULIN: DE 35 A 39 ANS, 1913

192   DECES PAR AGE - SEXE MASCULIN: DE 40 A 44 ANS, 1913

193   DECES PAR AGE - SEXE MASCULIN: DE 45 A 49 ANS, 1913

194   DECES PAR AGE - SEXE MASCULIN: DE 50 A 54 ANS, 1913

195   DECES PAR AGE - SEXE MASCULIN: DE 55 A 59 ANS, 1913

196   DECES PAR AGE - SEXE MASCULIN: DE 60 A 64 ANS, 1913

197   DECES PAR AGE - SEXE MASCULIN: DE 65 A 69 ANS, 1913

198   DECES PAR AGE - SEXE MASCULIN: DE 70 A 74 ANS, 1913

199   DECES PAR AGE - SEXE MASCULIN: DE 75 A 79 ANS, 1913

200   DECES PAR AGE - SEXE MASCULIN: DE 80 A 84 ANS, 1913

201   DECES PAR AGE - SEXE MASCULIN: DE 85 A 89 ANS, 1913

202   DECES PAR AGE - SEXE MASCULIN: DE 90 A 94 ANS, 1913

203   DECES PAR AGE - SEXE MASCULIN: DE 95 A 99 ANS, 1913

204   DECES PAR AGE - SEXE MASCULIN: DE 100 ANS ET AU-DESSUS, 1913

205   DECES PAR - SEXE MASCULIN: TOTAL, 1913

206   DECES PAR AGE - SEXE FEMININ: MOINS DE 1 AN, 1913

207   DECES PAR AGE - SEXE FEMININ: DE 1 A 4 ANS, 1913

208   DECES PAR AGE - SEXE FEMININ: DE 5 A 9 ANS, 1913

209   DECES PAR AGE - SEXE FEMININ: DE 10 A 14 ANS, 1913

210   DECES PAR AGE - SEXE FEMININ: DE 15 A 19 ANS, 1913

211   DECES PAR AGE - SEXE FEMININ: DE 20 A 24 ANS, 1913

212   DECES PAR AGE - SEXE FEMININ: DE 25 A 29 ANS, 1913

213   DECES PAR AGE - SEXE FEMININ: DE 30 A 34 ANS, 1913

214   DECES PAR AGE - SEXE FEMININ: DE 35 A 39 ANS, 1913

DATA SET 272: MOUVEMENT DE LA POPULATION 1913 (DEPARTEMENT)

NUMERO DE
LA VARIABLE   NOM DE LA VARIABLE

215	DECES PAR AGE - SEXE FEMININ: DE 40 A 44 ANS, 1913
216	DECES PAR AGE - SEXE FEMININ: DE 45 A 49 ANS, 1913
217	DECES PAR AGE - SEXE FEMININ: DE 50 A 54 ANS, 1913
218	DECES PAR AGE - SEXE FEMININ: DE 55 A 59 ANS, 1913
219	DECES PAR AGE - SEXE FEMININ: DE 60 A 64 ANS, 1913
220	DECES PAR AGE - SEXE FEMININ: DE 65 A 69 ANS, 1913
221	DECES PAR AGE - SEXE FEMININ: DE 70 A 74 ANS, 1913
222	DECES PAR AGE - SEXE FEMININ: DE 75 A 79 ANS, 1913
223	DECES PAR AGE - SEXE FEMININ: DE 80 A 84 ANS, 1913
224	DECES PAR AGE - SEXE FEMININ: DE 85 A 89 ANS, 1913
225	DECES PAR AGE - SEXE FEMININ: DE 90 A 94 ANS, 1913
226	DECES PAR AGE - SEXE FEMININ: DE 95 A 99 ANS, 1913
227	DECES PAR AGE - SEXE FEMININ: DE 100 ANS ET PLUS, 1913
228	DECES PAR AGE - SEXE FEMININ: TOTAL, 1913
229	DECES PAR MOIS: TOTAL, 1913
230	DECES PAR MOIS: JANVIER, 1913
231	DECES PAR MOIS: FEVRIER, 1913
232	DECES PAR MOIS: MARS, 1913
233	DECES PAR MOIS: AVRIL, 1913
234	DECES PAR MOIS: MAI, 1913
235	DECES PAR MOIS: JUIN, 1913
236	DECES PAR MOIS: JUILLET, 1913
237	DECES PAR MOIS: AOUT, 1913
238	DECES PAR MOIS: SEPTEMBRE, 1913
239	DECES PAR MOIS: OCTOBRE, 1913
240	DECES PAR MOIS: NOVEMBRE, 1913
241	DECES PAR MOIS: DECEMBRE, 1913
242	DECES PAR MOIS: ENFANTS DE MOINS DE 1 AN: TOTAL, 1913
243	DECES PAR MOIS: ENFANTS DE MOINS DE 1 AN: JANVIER, 1913
244	DECES PAR MOIS: ENFANTS DE MOINS DE 1 AN: FEVRIER, 1913
245	DECES PAR MOIS: ENFANTS DE MOINS DE 1 AN: MARS, 1913
246	DECES PAR MOIS: ENFANTS DE MOINS DE 1 AN: AVRIL, 1913
247	DECES PAR MOIS: ENFANTS DE MOINS DE 1 AN: MAI, 1913
248	DECES PAR MOIS: ENFANTS DE MOINS DE 1 AN: JUIN, 1913
249	DECES PAR MOIS: ENFANTS DE MOINS DE 1 AN: JUILLET, 1913
250	DECES PAR MOIS: ENFANTS DE MOINS DE 1 AN: AOUT, 1913

DATA SET 272:   MOUVEMENT DE LA POPULATION 1913 (DEPARTEMENT)

NOM DE LA VARIABLE

251   DECES PAR MOIS: ENFANTS DE MOINS DE 1 AN: SEPTEMBRE, 1913

252   DECES PAR MOIS: ENFANTS DE MOINS DE 1 AN: OCTOBRE, 1913

253   DECES PAR MOIS: ENFANTS DE MOINS DE 1 AN: NOVEMBRE, 1913

254   DECES PAR MOIS: ENFANTS DE MOINS DE 1 AN: DECEMBRE, 1913

255   DECES PAR MOIS: VIEILLARDS DE 60 ANS ET PLUS: TOTAL, 1913

256   DECES PAR MOIS: VIEILLARDS DE 60 ANS ET PLUS: JANVIER, 1913

257   DECES PAR MOIS: VIEILLARDS DE 60 ANS ET PLUS: FEVRIER, 1913

258   DECES PAR MOIS: VIEILLARDS DE 60 ANS ET PLUS: MARS, 1913

259   DECES PAR MOIS: VIEILLARDS DE 60 ANS ET PLUS: AVRIL, 1913

260   DECES PAR MOIS: VIEILLARDS DE 60 ANS ET PLUS: MAI, 1913

261   DECES PAR MOIS: VIEILLARDS DE 60 ANS ET PLUS: JUIN, 1913

262   DECES PAR MOIS: VIEILLARDS DE 60 ANS ET PLUS: JUILLET, 1913

263   DECES PAR MOIS: VIEILLARDS DE 60 ANS ET PLUS: AOUT, 1913

264   DECES PAR MOIS: VIEILLARDS DE 60 ANS ET PLUS: SEPTEMBRE, 1913

265   DECES PAR MOIS: VIEILLARDS DE 60 ANS ET PLUS: OCTOBRE, 1913

266   DECES PAR MOIS: VIEILLARDS DE 60 ANS ET PLUS: NOVEMBRE, 1913

267   DECES PAR MOIS: VIEILLARDS DE 60 ANS ET PLUS: DECEMBRE, 1913

268   DECES AU COURS DE LA PREMIERE ANNEE: GARCONS: DE LA NAISSANCE A 4 JOURS: ENFANTS
           LEGITIMES, 1913

269   DECES AU COURS DE LA PREMIERE ANNEE: GARCONS: DE LA NAISSANCE A 4 JOURS: ENFANTS
           ILLEGITIMES, 1913

270   DECES AU COURS DE LA PREMIERE ANNEE: GARCONS: DE 5 A 9 JOURS: ENFANTS LEGITIMES,
           1913

271   DECES AU COURS DE LA PREMIERE ANNEE: GARCONS: DE 5 A 9 JOURS: ENFANTS ILLEGITIMES,
           1913

272   DECES AU COURS DE LA PREMIERE ANNEE: GARCONS: DE 10 A 14 JOURS: ENFANTS LEGITIMES,
           1913

273   DECES AU COURS DE LA PREMIERE ANNEE: GARCONS: DE 10 A 14 JOURS: ENFANTS
           ILLEGITIMES, 1913

274   DECES AU COURS DE LA PREMIERE ANNEE: GARCONS: DE 15 A 29 JOURS: ENFANTS LEGITIMES,
           1913

275   DECES AU COURS DE LA PREMIERE ANNEE: GARCONS: DE 15 A 29 JOURS: ENFANTS
           ILLEGITIMES, 1913

276   DECES AU COURS DE LA PREMIERE ANNEE: GARCONS: DE 1 MOIS: ENFANTS LEGITIMES, 1913

277   DECES AU COURS DE LA PREMIERE ANNEE: GARCONS: DE 1 MOIS: ENFANTS ILLEGITIMES, 1913

278   DECES AU COURS DE LA PREMIERE ANNEE: GARCONS: DE 2 MOIS: ENFANTS LEGITIMES, 1913

279   DECES AU COURS DE LA PREMIERE ANNEE: GARCONS: DE 2 MOIS: ENFANTS ILLEGITIMES, 1913

280   DECES AU COURS DE LA PREMIERE ANNEE: GARCONS: DE 3, 4, OU 5 MOIS: ENFANTS
           LEGITIMES, 1913

281   DECES AU COURS DE LA PREMIERE ANNEE: GARCONS: DE 3, 4, OU 5 MOIS: ENFANTS
           ILLEGITIMES, 1913

DATA SET 272:   MOUVEMENT DE LA POPULATION 1913 (DEPARTEMENT)

NUMERO DE
LA VARIABLE   NOM DE LA VARIABLE

282   DECES AU COURS DE LA PREMIERE ANNEE: GARCONS: DE 6, 7, OU 8 MOIS: ENFANTS
           LEGITIMES, 1913

283   DECES AU COURS DE LA PREMIERE ANNEE: GARCONS: DE 6, 7, OU 8 MOIS: ENFANTS
           ILLEGITIMES, 1913

284   DECES AU COURS DE LA PREMIERE ANNEE: GARCONS: DE 9 MOIS A 1 AN: ENFANTS LEGITIMES,
           1913

285   DECES AU COURS DE LA PREMIERE ANNEE: GARCONS: DE 9 MOIS A 1 AN: ENFANTS
           ILLEGITIMES, 1913

286   DECES AU COURS DE LA PREMIERE ANNEE: GARCONS: TOTAUX: LEGITIMES, 1913

287   DECES AU COURS DE LA PREMIERE ANNEE: GARCONS: TOTAUX: ILLEGITIMES, 1913

288   DECES AU COURS DE LA PREMIERE ANNEE: GARCONS: TOTAUX: TOTAL, 1913

289   DECES AU COURS DE LA PREMIERE ANNEE: FILLES: DE LA NAISSANCE A 4 JOURS: ENFANTS
           LEGITIMES, 1913

290   DECES AU COURS DE LA PREMIERE ANNEE: FILLES: DE LA NAISSANCE A 4 JOURS: ENFANTS
           ILLEGITIMES, 1913

291   DECES AU COURS DE LA PREMIERE ANNEE: FILLES: DE 5 A 9 JOURS: ENFANTS LEGITIMES,
           1913

292   DECES AU COURS DE LA PREMIERE ANNEE: FILLES: DE 5 A 9 JOURS: ENFANTS ILLEGITIMES,
           1913

293   DECES AU COURS DE LA PREMIERE ANNEE: FILLES: DE 10 A 14 JOURS: ENFANTS LEGITIMES,
           1913

294   DECES AU COURS DE LA PREMIERE ANNEE: FILLES: DE 10 A 14 JOURS: ENFANTS
           ILLEGITIMES, 1913

295   DECES AU COURS DE LA PREMIERE ANNEE: FILLES: DE 15 A 29 JOURS: ENFANTS LEGITIMES,
           1913

296   DECES AU COURS DE LA PREMIERE ANNEE: FILLES: DE 15 A 29 JOURS: ENFANTS
           ILLEGITIMES, 1913

297   DECES AU COURS DE LA PREMIERE ANNEE: FILLES: DE 1 MOIS: ENFANTS LEGITIMES, 1913

298   DECES AU COURS DE LA PREMIERE ANNEE: FILLES: DE 1 MOIS: ENFANTS ILLEGITIMES, 1913

299   DECES AU COURS DE LA PREMIERE ANNEE: FILLES: DE 2 MOIS: ENFANTS LEGITIMES, 1913

300   DECES AU COURS DE LA PREMIERE ANNEE: FILLES: DE 2 MOIS: ENFANTS ILLEGITIMES, 1913

301   DECES AU COURS DE LA PREMIERE ANNEE: FILLES: DE 3, 4, OU 5 MOIS: ENFANTS
           LEGITIMES, 1913

302   DECES AU COURS DE LA PREMIERE ANNEE: FILLES: DE 3, 4, OU 5 MOIS: ENFANTS
           ILLEGITIMES, 1913

303   DECES AU COURS DE LA PREMIERE ANNEE: FILLES: DE 6, 7, OU 8 MOIS: ENFANTS
           LEGITIMES, 1913

304   DECES AU COURS DE LA PREMIERE ANNEE: FILLES: DE 6, 7, OU 8 MOIS: ENFANTS
           ILLEGITIMES, 1913

305   DECES AU COURS DE LA PREMIERE ANNEE: FILLES: DE 9 MOIS A 1 AN: ENFANTS LEGITIMES,
           1913

306   DECES AU COURS DE LA PREMIERE ANNEE: FILLES: TOTAUX: 9 MOIS A 1 AN: ENFANTS
           ILLEGITIMES, 1913

307   DECES AU COURS DE LA PREMIERE ANNEE: FILLES: TOTAUX: ENFANTS LEGITIMES, 1913

308   DECES AU COURS DE LA PREMIERE ANNEE: FILLES: TOTAUX: ENFANTS ILLEGITIMES, 1913

DATA SET 272: MOUVEMENT DE LA POPULATION 1913 (DEPARTEMENT)

NUMERO DE
LA VARIABLE   NOM DE LA VARIABLE

309   DECES AU COURS DE LA PREMIERE ANNEE: FILLES: TOTAUX: ENFANTS TOTAL, 1913

310   DECES AU COURS DE LA PREMIERE ANNEE: TOTAUX GENERAUX, 1913

DATA SET 329: MOUVEMENT DE LA POPULATION 1914 (DEPARTEMENT)

SOURCE: STATISTIQUE GENERALE DE LA FRANCE, STATISTIQUE DU MOUVEMENT
         DE LA POPULATION, ANNEES 1914 A 1919, NOUVELLE SERIE,
         TOME III (PARIS, 1922)

                VARIABLES 7-31:   TABLEAU XXXVI
                VARIABLES 32-48:   TABLEAU XXVIII
                VARIABLES 49-59:   TABLEAU XXIX
                VARIABLES 60-107:   TABLEAU XXXI
                VARIABLES 108-150:   TABLEAU XXXII

NUMERO DE
LA VARIABLE   NOM DE LA VARIABLE

   7   MOUVEMENT DE LA POPULATION PAR DEPARTEMENT: POPULATION LEGALE (DENOMBREMENT DE 1911)

   8   MOUVEMENT DE LA POPULATION PAR DEPARTEMENT: MARIAGES, 1914

   9   MOUVEMENT DE LA POPULATION PAR DEPARTEMENT: DIVORCES, 1914

  10   MOUVEMENT DE LA POPULATION PAR DEPARTEMENT: ENFANTS DECLARES VIVANTS: LEGITIMES:
          GARCONS, 1914

  11   MOUVEMENT DE LA POPULATION PAR DEPARTEMENT: ENFANTS DECLARES VIVANTS: LEGITIMES:
          FILLES, 1914

  12   MOUVEMENT DE LA POPULATION PAR DEPARTEMENT: ENFANTS DECLARES VIVANTS: LEGITIMES:
          TOTAL, 1914

  13   MOUVEMENT DE LA POPULATION PAR DEPARTEMENT: ENFANTS DECLARES VIVANTS: ILLEGITIMES:
          GARCONS, 1914

  14   MOUVEMENT DE LA POPULATION PAR DEPARTEMENT: ENFANTS DECLARES VIVANTS: ILLEGITIMES:
          FILLES, 1914

  15   MOUVEMENT DE LA POPULATION PAR DEPARTEMENT: ENFANTS DECLARES VIVANTS: ILLEGITIMES:
          TOTAL, 1914

  16   MOUVEMENT DE LA POPULATION PAR DEPARTEMENT: ENFANTS DECLARES VIVANTS: TOTAUX:
          GARCONS, 1914

  17   MOUVEMENT DE LA POPULATION PAR DEPARTEMENT: ENFANTS DECLARES VIVANTS: TOTAUX:
          FILLES, 1914

  18   MOUVEMENT DE LA POPULATION PAR DEPARTEMENT: TOTAL DES ENFANTS DECLARES VIVANTS, 1914

  19   MOUVEMENT DE LA POPULATION PAR DEPARTEMENT: MORT-NES ET ENFANTS MORTS AVANT LA
          DECLARATION DE NAISSANCE: LEGITIMES: GARCONS, 1914

  20   MOUVEMENT DE LA POPULATION PAR DEPARTEMENT: MORT-NES ET ENFANTS MORTS AVANT LA
          DECLARATION DE NAISSANCE: LEGITIMES: FILLES, 1914

  21   MOUVEMENT DE LA POPULATION PAR DEPARTEMENT: MORT-NES ET ENFANTS MORTS AVANT LA
          DECLARATION DE NAISSANCE: ILLEGITIMES: GARCONS, 1914

  22   MOUVEMENT DE LA POPULATION PAR DEPARTEMENT: MORT-NES ET ENFANTS MORTS AVANT LA
          DECLARATION DE NAISSANCE: ILLEGITIMES: FILLES, 1914

  23   MOUVEMENT DE LA POPULATION PAR DEPARTEMENT: MORT-NES ET ENFANTS MORTS AVANT LA
          DECLARATION DE NAISSANCE: TOTAL, 1914

  24   MOUVEMENT DE LA POPULATION PAR DEPARTEMENT: DECES: SEXE MASCULIN, 1914

  25   MOUVEMENT DE LA POPULATION PAR DEPARTEMENT: DECES: SEXE FEMININ, 1914

  26   MOUVEMENT DE LA POPULATION PAR DEPARTEMENT: DECES: TOTAL, 1914

  27   MOUVEMENT DE LA POPULATION PAR DEPARTEMENT: EXCEDENT DES NAISSANCES, 1914

  28   MOUVEMENT DE LA POPULATION PAR DEPARTEMENT: EXCEDENT DES DECES, 1914

  29   MOUVEMENT DE LA POPULATION PAR DEPARTEMENT: NOMBRES INDICES, BASE: 100 EN 1913 (CES
          NOMBRES ONT ETE OBTENUS EN RAPPORTANT LES NOMBRES ABSOLUS, AUX NOMBRES CORRESPONDANTS
          DE 1913, LA POPULATION EN 1911 NE POUVANT SERVIR DE BASE POUR LE CALCUL DES
          PROPORTIONS RELATIVES A L'ANNEE 1914): MARIAGES, 1914

DATA SET 329: MOUVEMENT DE LA POPULATION 1914 (DEPARTEMENT)

30	MOUVEMENT DE LA POPULATION PAR DEPARTEMENT: NOMBRES INDICES, BASE: 100 EN 1913 (CES NOMBRES ONT ETE OBTENUS EN RAPPORTANT LES NOMBRES ABSOLUS, AUX NOMBRES CORRESPONDANTS DE 1913, LA POPULATION EN 1911 NE POUVANT SERVIR DE BASE POUR LE CALCUL DES PROPORTIONS RELATIVES A L'ANNEE 1914): ENFANTS DECLARES VIVANTS, 1914
31	MOUVEMENT DE LA POPULATION PAR DEPARTEMENT: NOMBRES INDICES, BASE: 100 EN 1913 (CES NOMBRES ONT ETE OBTENUS EN RAPPORTANT LES NOMBRES ABSOLUS, AUX NOMBRES CORRESPONDANTS DE 1913, LA POPULATION EN 1911 NE POUVANT SERVIR DE BASE POUR LE CALCUL DES PROPORTIONS RELATIVES A L'ANNEE 1914): DECES, 1914
32	MARIAGES SUIVANT L'AGE DES EPOUX: AGE DE L'EPOUX: MOINS DE 20 ANS, 1914
33	MARIAGES SUIVANT L'AGE DES EPOUX: AGE DE L'EPOUX: 20 A 24 ANS, 1914
34	MARIAGES SUIVANT L'AGE DES EPOUX: AGE DE L'EPOUX: 25 A 29 ANS, 1914
35	MARIAGES SUIVANT L'AGE DES EPOUX: AGE DE L'EPOUX: 30 A 34 ANS, 1914
36	MARIAGES SUIVANT L'AGE DES EPOUX: AGE DE L'EPOUX: 35 A 39 ANS, 1914
37	MARIAGES SUIVANT L'AGE DES EPOUX: AGE DE L'EPOUX: 40 A 49 ANS, 1914
38	MARIAGES SUIVANT L'AGE DES EPOUX: AGE DE L'EPOUX: 50 A 59 ANS, 1914
39	MARIAGES SUIVANT L'AGE DES EPOUX: AGE DE L'EPOUX: 60 ANS ET PLUS, 1914
40	MARIAGES SUIVANT L'AGE DES EPOUX: AGE DE L'EPOUSE: MOINS DE 20 ANS, 1914
41	MARIAGES SUIVANT L'AGE DES EPOUX: AGE DE L'EPOUSE: 20 A 24 ANS, 1914
42	MARIAGES SUIVANT L'AGE DES EPOUX: AGE DE L'EPOUSE: 25 A 29 ANS, 1914
43	MARIAGES SUIVANT L'AGE DES EPOUX: AGE DE L'EPOUSE: 30 A 34 ANS, 1914
44	MARIAGES SUIVANT L'AGE DES EPOUX: AGE DE L'EPOUSE: 35 A 39 ANS, 1914
45	MARIAGES SUIVANT L'AGE DES EPOUX: AGE DE L'EPOUSE: 40 A 49 ANS, 1914
46	MARIAGES SUIVANT L'AGE DES EPOUX: AGE DE L'EPOUSE: 50 A 59 ANS, 1914
47	MARIAGES SUIVANT L'AGE DES EPOUX: AGE DE L'EPOUSE: 60 ANS ET PLUS, 1914
48	MARIAGES SUIVANT L'AGE DES EPOUX: TOTAL DES MARIAGES, 1914
49	ENFANTS DECLARES VIVANTS: AGE DE LA MERE: MOINS DE 15 ANS, 1914
50	ENFANTS DECLARES VIVANTS: AGE DE LA MERE: 15 A 19 ANS, 1914
51	ENFANTS DECLARES VIVANTS: AGE DE LA MERE: 20 A 24 ANS, 1914
52	ENFANTS DECLARES VIVANTS: AGE DE LA MERE: 25 A 29 ANS, 1914
53	ENFANTS DECLARES VIVANTS: AGE DE LA MERE: 30 A 34 ANS, 1914
54	ENFANTS DECLARES VIVANTS: AGE DE LA MERE: 35 A 39 ANS, 1914
55	ENFANTS DECLARES VIVANTS: AGE DE LA MERE: 40 A 44 ANS, 1914
56	ENFANTS DECLARES VIVANTS: AGE DE LA MERE: 45 A 49 ANS, 1914
57	ENFANTS DECLARES VIVANTS: AGE DE LA MERE: 50 ANS ET PLUS, 1914
58	ENFANTS DECLARES VIVANTS: AGE DE LA MERE: NON DECLARE, 1914
59	ENFANTS DECLARES VIVANTS: AGE DE LA MERE: TOTAUX, 1914
60	DECES PAR AGE (POPULATION CIVILE) - SEXE MASCULIN: MOINS DE 1 AN, 1914
61	DECES PAR AGE (POPULATION CIVILE) - SEXE MASCULIN: DE 1 A 4 ANS, 1914
62	DECES PAR AGE (POPULATION CIVILE) - SEXE MASCULIN: DE 5 A 9 ANS, 1914

DATA SET 329: MOUVEMENT DE LA POPULATION 1914 (DEPARTEMENT)

NUMERO DE
LA VARIABLE   NOM DE LA VARIABLE

63	DECES PAR AGE (POPULATION CIVILE) - SEXE MASCULIN: DE 10 A 14 ANS, 1914
64	DECES PAR AGE (POPULATION CIVILE) - SEXE MASCULIN: DE 15 A 19 ANS, 1914
65	DECES PAR AGE (POPULATION CIVILE) - SEXE MASCULIN: DE 20 A 24 ANS, 1914
66	DECES PAR AGE (POPULATION CIVILE) - SEXE MASCULIN: DE 25 A 29 ANS, 1914
67	DECES PAR AGE (POPULATION CIVILE) - SEXE MASCULIN: DE 30 A 34 ANS, 1914
68	DECES PAR AGE (POPULATION CIVILE) - SEXE MASCULIN: DE 35 A 39 ANS, 1914
69	DECES PAR AGE (POPULATION CIVILE) - SEXE MASCULIN: DE 40 A 44 ANS, 1914
70	DECES PAR AGE (POPULATION CIVILE) - SEXE MASCULIN: DE 45 A 49 ANS, 1914
71	DECES PAR AGE (POPULATION CIVILE) - SEXE MASCULIN: DE 50 A 54 ANS, 1914
72	DECES PAR AGE (POPULATION CIVILE) - SEXE MASCULIN: DE 55 A 59 ANS, 1914
73	DECES PAR AGE (POPULATION CIVILE) - SEXE MASCULIN: DE 60 A 64 ANS, 1914
74	DECES PAR AGE (POPULATION CIVILE) - SEXE MASCULIN: DE 65 A 69 ANS, 1914
75	DECES PAR AGE (POPULATION CIVILE) - SEXE MASCULIN: DE 70 A 74 ANS, 1914
76	DECES PAR AGE (POPULATION CIVILE) - SEXE MASCULIN: DE 75 A 79 ANS, 1914
77	DECES PAR AGE (POPULATION CIVILE) - SEXE MASCULIN: DE 80 A 84 ANS, 1914
78	DECES PAR AGE (POPULATION CIVILE) - SEXE MASCULIN: DE 85 A 89 ANS, 1914
79	DECES PAR AGE (POPULATION CIVILE) - SEXE MASCULIN: DE 90 A 94 ANS, 1914
80	DECES PAR AGE (POPULATION CIVILE) - SEXE MASCULIN: DE 95 A 99 ANS, 1914
81	DECES PAR AGE (POPULATION CIVILE) - SEXE MASCULIN: 100 ANS ET AU-DESSUS, 1914
82	DECES PAR AGE (POPULATION CIVILE) - SEXE MASCULIN: AGE NON DECLARE, 1914
83	DECES PAR AGE (POPULATION CIVILE) - SEXE MASCULIN: TOTAL, 1914
84	DECES PAR AGE (POPULATION CIVILE) - SEXE FEMININ: MOINS DE 1 AN, 1914
85	DECES PAR AGE (POPULATION CIVILE) - SEXE FEMININ: DE 1 A 4 ANS, 1914
86	DECES PAR AGE (POPULATION CIVILE) - SEXE FEMININ: DE 5 A 9 ANS, 1914
87	DECES PAR AGE (POPULATION CIVILE) - SEXE FEMININ: DE 10 A 14 ANS, 1914
88	DECES PAR AGE (POPULATION CIVILE) - SEXE FEMININ: DE 15 A 19 ANS, 1914
89	DECES PAR AGE (POPULATION CIVILE) - SEXE FEMININ: DE 20 A 24 ANS, 1914
90	DECES PAR AGE (POPULATION CIVILE) - SEXE FEMININ: DE 25 A 29 ANS, 1914
91	DECES PAR AGE (POPULATION CIVILE) - SEXE FEMININ: DE 30 A 34 ANS, 1914
92	DECES PAR AGE (POPULATION CIVILE) - SEXE FEMININ: DE 35 A 39 ANS, 1914
93	DECES PAR AGE (POPULATION CIVILE) - SEXE FEMININ: DE 40 A 44 ANS, 1914
94	DECES PAR AGE (POPULATION CIVILE) - SEXE FEMININ: DE 45 A 49 ANS, 1914
95	DECES PAR AGE (POPULATION CIVILE) - SEXE FEMININ: DE 50 A 54 ANS, 1914
96	DECES PAR AGE (POPULATION CIVILE) - SEXE FEMININ: DE 55 A 59 ANS, 1914
97	DECES PAR AGE (POPULATION CIVILE) - SEXE FEMININ: DE 60 A 64 ANS, 1914
98	DECES PAR AGE (POPULATION CIVILE) - SEXE FEMININ: DE 65 A 69 ANS, 1914

DATA SET 329:   MOUVEMENT DE LA POPULATION 1914 (DEPARTEMENT)

NUMERO DE
LA VARIABLE   NOM DE LA VARIABLE

99	DECES PAR AGE (POPULATION CIVILE) - SEXE FEMININ: DE 70 A 74 ANS, 1914
100	DECES PAR AGE (POPULATION CIVILE) - SEXE FEMININ: DE 75 A 79 ANS, 1914
101	DECES PAR AGE (POPULATION CIVILE) - SEXE FEMININ: DE 80 A 84 ANS, 1914
102	DECES PAR AGE (POPULATION CIVILE) - SEXE FEMININ: DE 85 A 89 ANS, 1914
103	DECES PAR AGE (POPULATION CIVILE) - SEXE FEMININ: DE 90 A 94 ANS, 1914
104	DECES PAR AGE (POPULATION CIVILE) - SEXE FEMININ: DE 95 A 99 ANS, 1914
105	DECES PAR AGE (POPULATION CIVILE) - SEXE FEMININ: DE 100 ANS ET AU-DESSUS, 1914
106	DECES PAR AGE (POPULATION CIVILE) - SEXE FEMININ: AGE NON DECLARE, 1914
107	DECES PAR AGE (POPULATION CIVILE) - SEXE FEMININ: TOTAL, 1914
108	DECES AU COURS DE LA PREMIERE ANNEE SUIVANT LE SEXE ET LA LEGITIMITE: GARCONS DE LA NAISSANCE A 4 JOURS: ENFANTS LEGITIMES, 1914
109	DECES AU COURS DE LA PREMIERE ANNEE SUIVANT LE SEXE ET LA LEGITIMITE: GARCONS DE LA NAISSANCE A 4 JOURS: ENFANTS ILLEGITIMES, 1914
110	DECES AU COURS DE LA PREMIERE ANNEE SUIVANT LE SEXE ET LA LEGITIMITE: GARCONS DE 5 A 9 JOURS: ENFANTS LEGITIMES, 1914
111	DECES AU COURS DE LA PREMIERE ANNEE SUIVANT LE SEXE ET LA LEGITIMITE: GARCONS DE 5 A 9 JOURS: ENFANTS ILLEGITIMES, 1914
112	DECES AU COURS DE LA PREMIERE ANNEE SUIVANT LE SEXE ET LA LEGITIMITE: GARCONS DE 10 A 14 JOURS: ENFANTS LEGITIMES, 1914
113	DECES AU COURS DE LA PREMIERE ANNEE SUIVANT LE SEXE ET LA LEGITIMITE: GARCONS DE 10 A 14 JOURS: ENFANTS ILLEGITIMES, 1914
114	DECES AU COURS DE LA PREMIERE ANNEE SUIVANT LE SEXE ET LA LEGITIMITE: GARCONS DE 15 A 30 JOURS: ENFANTS LEGITIMES, 1914
115	DECES AU COURS DE LA PREMIERE ANNEE SUIVANT LE SEXE ET LA LEGITIMITE: GARCONS DE 15 A 30 JOURS: ENFANTS ILLEGITIMES, 1914
116	DECES AU COURS DE LA PREMIERE ANNEE SUIVANT LE SEXE ET LA LEGITIMITE: GARCONS DE 1 MOIS: ENFANTS LEGITIMES, 1914
117	DECES AU COURS DE LA PREMIERE ANNEE SUIVANT LE SEXE ET LA LEGITIMITE: GARCONS DE 1 MOIS: ENFANTS ILLEGITIMES, 1914
118	DECES AU COURS DE LA PREMIERE ANNEE SUIVANT LE SEXE ET LA LEGITIMITE: GARCONS DE 2 MOIS: ENFANTS LEGITIMES, 1914
119	DECES AU COURS DE LA PREMIERE ANNEE SUIVANT LE SEXE ET LA LEGITIMITE: GARCONS DE 2 MOIS: ENFANTS ILLEGITIMES, 1914
120	DECES AU COURS DE LA PREMIERE ANNEE SUIVANT LE SEXE ET LA LEGITIMITE: GARCONS DE 3,4 OU 5 MOIS: ENFANTS LEGITIMES, 1914
121	DECES AU COURS DE LA PREMIERE ANNEE SUIVANT LE SEXE ET LA LEGITIMITE: GARCONS DE 3,4 OU 5 MOIS: ENFANTS ILLEGITIMES, 1914
122	DECES AU COURS DE LA PREMIERE ANNEE SUIVANT LE SEXE ET LA LEGITIMITE: GARCONS DE 6,7 OU 8 MOIS: ENFANTS LEGITIMES, 1914
123	DECES AU COURS DE LA PREMIERE ANNEE SUIVANT LE SEXE ET LA LEGITIMITE: GARCONS DE 6,7 OU 8 MOIS: ENFANTS ILLEGITIMES, 1914
124	DECES AU COURS DE LA PREMIERE ANNEE SUIVANT LE SEXE ET LA LEGITIMITE: GARCONS DE 9 MOIS A 1 AN: ENFANTS LEGITIMES, 1914
125	DECES AU COURS DE LA PREMIERE ANNEE SUIVANT LE SEXE ET LA LEGITIMITE: GARCONS DE 9 MOIS A 1 AN: ENFANTS ILLEGITIMES, 1914

DATA SET 329: MOUVEMENT DE LA POPULATION 1914 (DEPARTEMENT)

NUMERO DE
LA VARIABLE   NOM DE LA VARIABLE

126   DECES AU COURS DE LA PREMIERE ANNEE SUIVANT LE SEXE ET LA LEGITIMITE: GARCONS,
            TOTAUX: ENFANTS LEGITIMES, 1914

127   DECES AU COURS DE LA PREMIERE ANNEE SUIVANT LE SEXE ET LA LEGITIMITE: GARCONS,
            TOTAUX: ENFANTS ILLEGITIMES, 1914

128   DECES AU COURS DE LA PREMIERE ANNEE SUIVANT LE SEXE ET LA LEGITIMITE: GARCONS,
            TOTAUX: ENFANTS TOTAL, 1914

129   DECES AU COURS DE LA PREMIERE ANNEE SUIVANT LE SEXE ET LA LEGITIMITE: FILLES DE LA
            NAISSANCE A 4 JOURS: ENFANTS LEGITIMES, 1914

130   DECES AU COURS DE LA PREMIERE ANNEE SUIVANT LE SEXE ET LA LEGITIMITE: FILLES DE LA
            NAISSANCE A 4 JOURS: ENFANTS ILLEGITIMES, 1914

131   DECES AU COURS DE LA PREMIERE ANNEE SUIVANT LE SEXE ET LA LEGITIMITE: FILLES DE 5 A
            9 JOURS: ENFANTS LEGITIMES, 1914

132   DECES AU COURS DE LA PREMIERE ANNEE SUIVANT LE SEXE ET LA LEGITIMITE: FILLES DE 5 A
            9 JOURS: ENFANTS ILLEGITIMES, 1914

133   DECES AU COURS DE LA PREMIERE ANNEE SUIVANT LE SEXE ET LA LEGITIMITE: FILLES DE 10 A
            14 JOURS: ENFANTS LEGITIMES, 1914

134   DECES AU COURS DE LA PREMIERE ANNEE SUIVANT LE SEXE ET LA LEGITIMITE: FILLES DE 10 A
            14 JOURS: ENFANTS ILLEGITIMES, 1914

135   DECES AU COURS DE LA PREMIERE ANNEE SUIVANT LE SEXE ET LA LEGITIMITE: FILLES DE 15 A
            30 JOURS: ENFANTS LEGITIMES, 1914

136   DECES AU COURS DE LA PREMIERE ANNEE SUIVANT LE SEXE ET LA LEGITIMITE: FILLES DE 15 A
            30 JOURS: ENFANTS ILLEGITIMES, 1914

137   DECES AU COURS DE LA PREMIERE ANNEE SUIVANT LE SEXE ET LA LEGITIMITE: FILLES DE 1
            MOIS: ENFANTS LEGITIMES, 1914

138   DECES AU COURS DE LA PREMIERE ANNEE SUIVANT LE SEXE ET LA LEGITIMITE: FILLES DE 1
            MOIS: ENFANTS ILLEGITIMES, 1914

139   DECES AU COURS DE LA PREMIERE ANNEE SUIVANT LE SEXE ET LA LEGITIMITE: FILLES DE 2
            MOIS: ENFANTS LEGITIMES, 1914

140   DECES AU COURS DE LA PREMIERE ANNEE SUIVANT LE SEXE ET LA LEGITIMITE: FILLES DE 2
            MOIS: ENFANTS ILLEGITIMES, 1914

141   DECES AU COURS DE LA PREMIERE ANNEE SUIVANT LE SEXE ET LA LEGITIMITE: FILLES DE 3,4
            OU 5 MOIS: ENFANTS LEGITIMES, 1914

142   DECES AU COURS DE LA PREMIERE ANNEE SUIVANT LE SEXE ET LA LEGITIMITE: FILLES DE 3,4
            OU 5 MOIS: ENFANTS ILLEGITIMES, 1914

143   DECES AU COURS DE LA PREMIERE ANNEE SUIVANT LE SEXE ET LA LEGITIMITE: FILLES DE 6,7
            OU 8 MOIS: ENFANTS LEGITIMES, 1914

144   DECES AU COURS DE LA PREMIERE ANNEE SUIVANT LE SEXE ET LA LEGITIMITE: FILLES DE 6,7
            OU 8 MOIS: ENFANTS ILLEGITIMES, 1914

145   DECES AU COURS DE LA PREMIERE ANNEE SUIVANT LE SEXE ET LA LEGITIMITE: FILLES DE 9
            MOIS A 1 AN: ENFANTS LEGITIMES, 1914

146   DECES AU COURS DE LA PREMIERE ANNEE SUIVANT LE SEXE ET LA LEGITIMITE: FILLES DE 9
            MOIS A 1 AN: ENFANTS ILLEGITIMES, 1914

147   DECES AU COURS DE LA PREMIERE ANNEE SUIVANT LE SEXE ET LA LEGITIMITE: FILLES,
            TOTAUX: ENFANTS LEGITIMES, 1914

148   DECES AU COURS DE LA PREMIERE ANNEE SUIVANT LE SEXE ET LA LEGITIMITE: FILLES,
            TOTAUX: ENFANTS ILLEGITIMES, 1914

149   DECES AU COURS DE LA PREMIERE ANNEE SUIVANT LE SEXE ET LA LEGITIMITE: FILLES,
            TOTAUX: ENFANTS TOTAL, 1914

DATA SET 329: MOUVEMENT DE LA POPULATION 1914 (DEPARTEMENT)

NUMERO DE
LA VARIABLE   NOM DE LA VARIABLE

150   DECES AU COURS DE LA PREMIERE ANNEE SUIVANT LE SEXE ET LA LEGITIMITE: TOTAUX
             GENERAUX, 1914

DATA SET 330: MOUVEMENT DE LA POPULATION 1915 (DEPARTEMENT)

SOURCE: STATISTIQUE GENERALE DE LA FRANCE, STATISTIQUE DE MOUVEMENT
         DE LA POPULATION, ANNEES 1914 A 1919, NOUVELLE SERIE,
         TOME III (PARIS, 1922)

         VARIABLES 7-31:   TABLEAU XXVI
         VARIABLES 32-48:   TABLEAU XXVII
         VARIABLES 49-59:   TABLEAU XXIX
         VARIABLES 60-107:   TABLEAU XXXI
         VARIABLES 108-150:   TABLEAU XXXII

NUMERO DE
LA VARIABLE   NOM DE LA VARIABLE

7   MOUVEMENT DE LA POPULATION: POPULATION LEGALE (DENOMBREMENT DE 1911)

8   MOUVEMENT DE LA POPULATION: MARIAGES, 1915

9   MOUVEMENT DE LA POPULATION: DIVORCES, 1915

10   MOUVEMENT DE LA POPULATION: ENFANTS DECLARES VIVANTS: LEGITIMES: GARCONS, 1915

11   MOUVEMENT DE LA POPULATION: ENFANTS DECLARES VIVANTS: LEGITIMES: FILLES, 1915

12   MOUVEMENT DE LA POPULATION: ENFANTS DECLARES VIVANTS: LEGITIMES: TOTAL, 1915

13   MOUVEMENT DE LA POPULATION: ENFANTS DECLARES VIVANTS: ILLEGITIMES: GARCONS, 1915

14   MOUVEMENT DE LA POPULATION: ENFANTS DECLARES VIVANTS: ILLEGITIMES: FILLES, 1915

15   MOUVEMENT DE LA POPULATION: ENFANTS DECLARES VIVANTS: ILLEGITIMES: TOTAL, 1915

16   MOUVEMENT DE LA POPULATION: ENFANTS DECLARES VIVANTS: TOTAUX: GARCONS, 1915

17   MOUVEMENT DE LA POPULATION: ENFANTS DECLARES VIVANTS: TOTAUX: FILLES, 1915

18   MOUVEMENT DE LA POPULATION: TOTAL DES ENFANTS DECLARES VIVANTS, 1915

19   MOUVEMENT DE LA POPULATION: MORT-NES ET ENFANTS MORTS AVANT LA DECLARATION DE
       NAISSANCE: LEGITIMES: GARCONS, 1915

20   MOUVEMENT DE LA POPULATION: MORT-NES ET ENFANTS MORTS AVANT LA DECLARATION DE
       NAISSANCE: LEGITIMES: FILLES, 1915

21   MOUVEMENT DE LA POPULATION: MORT-NES ET ENFANTS MORTS AVANT LA DECLARATION DE
       NAISSANCE: ILLEGITIMES: GARCONS, 1915

22   MOUVEMENT DE LA POPULATION: MORT-NES ET ENFANTS MORTS AVANT LA DECLARATION DE
       NAISSANCE: ILLEGITIMES: FILLES, 1915

23   MOUVEMENT DE LA POPULATION: MORT-NES ET ENFANTS MORTS AVANT LA DECLARATION DE
       NAISSANCE: TOTAL, 1915

24   MOUVEMENT DE LA POPULATION: DECES: SEXE MASCULIN, 1915

25   MOUVEMENT DE LA POPULATION: DECES: SEXE FEMININ, 1915

26   MOUVEMENT DE LA POPULATION: DECES: TOTAL, 1915

27   MOUVEMENT DE LA POPULATION: EXCEDENT DES NAISSANCES, 1915

28   MOUVEMENT DE LA POPULATION: EXCEDENT DES DECES, 1915

29   MOUVEMENT DE LA POPULATION: NOMBRES INDICES, BASE: 100 EN 1913 (CES NOMBRES ONT ETE
       OBTENUS EN RAPPORTANT LES NOMBRES ABSOLUS, AUX NOMBRES CORRESPONDANTS DE 1913, LA
       POPULATION DE 1911 NE POUVANT SERVIR DE BASE POUR LE CALCUL DES PROPORTIONS RELATIVES
       A L'ANNEE, 1915): MARIAGES, 1915

30   MOUVEMENT DE LA POPULATION: NOMBRES INDICES, BASE: 100 EN 1913 (CES NOMBRES ONT ETE
       OBTENUS EN RAPPORTANT LES NOMBRES ABSOLUS, AUX NOMBRES CORRESPONDANTS DE 1913, LA
       POPULATION DE 1911 NE POUVANT SERVIR DE BASE POUR LE CALCUL DES PROPORTIONS RELATIVES
       A L'ANNEE, 1915): ENFANTS DECLARES VIVANTS, 1915

DATA SET 330: MOUVEMENT DE LA POPULATION 1915 (DEPARTEMENT)

NUMERO DE
LA VARIABLE   NOM DE LA VARIABLE

31   MOUVEMENT DE LA POPULATION: NOMBRES INDICES, BASE: 100 EN 1913 (CES NOMBRES ONT ETE
        OBTENUS EN RAPPORTANT LES NOMBRES ABSOLUS, AUX NOMBRES CORRESPONDANTS DE 1913, LA
        POPULATION DE 1911 NE POUVANT SERVIR DE BASE POUR LE CALCUL DES PROPORTIONS RELATIVES
        A L'ANNEE, 1915): DECES, 1915

32   MARIAGES SUIVANT L'AGE DES EPOUX: AGE DE L'EPOUX: MOINS DE 20 ANS, 1915

33   MARIAGES SUIVANT L'AGE DES EPOUX: AGE DE L'EPOUX: 20 A 24 ANS, 1915

34   MARIAGES SUIVANT L'AGE DES EPOUX: AGE DE L'EPOUX: 25 A 29 ANS, 1915

35   MARIAGES SUIVANT L'AGE DES EPOUX: AGE DE L'EPOUX: 30 A 34 ANS, 1915

36   MARIAGES SUIVANT L'AGE DES EPOUX: AGE DE L'EPOUX: 35 A 39 ANS, 1915

37   MARIAGES SUIVANT L'AGE DES EPOUX: AGE DE L'EPOUX: 40 A 49 ANS, 1915

38   MARIAGES SUIVANT L'AGE DES EPOUX: AGE DE L'EPOUX: 50 A 59 ANS, 1915

39   MARIAGES SUIVANT L'AGE DES EPOUX: AGE DE L'EPOUX: 60 ANS ET PLUS, 1915

40   MARIAGES SUIVANT L'AGE DES EPOUX: AGE DE L'EPOUSE: MOINS DE 20 ANS, 1915

41   MARIAGES SUIVANT L'AGE DES EPOUX: AGE DE L'EPOUSE: 20 A 24 ANS, 1915

42   MARIAGES SUIVANT L'AGE DES EPOUX: AGE DE L'EPOUSE: 25 A 29 ANS, 1915

43   MARIAGES SUIVANT L'AGE DES EPOUX: AGE DE L'EPOUSE: 30 A 34 ANS, 1915

44   MARIAGES SUIVANT L'AGE DES EPOUX: AGE DE L'EPOUSE: 35 A 39 ANS, 1915

45   MARIAGES SUIVANT L'AGE DES EPOUX: AGE DE L'EPOUSE: 40 A 49 ANS, 1915

46   MARIAGES SUIVANT L'AGE DES EPOUX: AGE DE L'EPOUSE: 50 A 59 ANS, 1915

47   MARIAGES SUIVANT L'AGE DES EPOUX: AGE DE L'EPOUSE: 60 ANS ET PLUS, 1915

48   MARIAGES SUIVANT L'AGE DES EPOUX: TOTAL DES MARIAGES, 1915

49   NAISSANCES D'ENFANTS DECLARES VIVANTS D'APRES L'AGE DE LA MERE: MOINS DE 15 ANS, 1915

50   NAISSANCES D'ENFANTS DECLARES VIVANTS D'APRES L'AGE DE LA MERE: 15 A 19 ANS, 1915

51   NAISSANCES D'ENFANTS DECLARES VIVANTS D'APRES L'AGE DE LA MERE: 20 A 24 ANS, 1915

52   NAISSANCES D'ENFANTS DECLARES VIVANTS D'APRES L'AGE DE LA MERE: 25 A 29 ANS, 1915

53   NAISSANCES D'ENFANTS DECLARES VIVANTS D'APRES L'AGE DE LA MERE: 30 A 34 ANS, 1915

54   NAISSANCES D'ENFANTS DECLARES VIVANTS D'APRES L'AGE DE LA MERE: 35 A 39 ANS, 1915

55   NAISSANCES D'ENFANTS DECLARES VIVANTS D'APRES L'AGE DE LA MERE: 40 A 44 ANS. 1915

56   NAISSANCES D'ENFANTS DECLARES VIVANTS D'APRES L'AGE DE LA MERE: 45 A 49 ANS, 1915

57   NAISSANCES D'ENFANTS DECLARES VIVANTS D'APRES L'AGE DE LA MERE: 50 ANS ET PLUS, 1915

58   NAISSANCES D'ENFANTS DECLARES VIVANTS D'APRES L'AGE DE LA MERE: AGE DE LA MERE NON
        DECLARE, 1915

59   NAISSANCES D'ENFANTS DECLARES VIVANTS D'APRES L'AGE DE LA MERE: TOTAUX, 1915

60   DECES PAR AGE (POPULATION CIVILE) - SEXE MASCULIN: MOINS DE 1 AN, 1915

61   DECES PAR AGE (POPULATION CIVILE) - SEXE MASCULIN: DE 1 A 4 ANS, 1915

62   DECES PAR AGE (POPULATION CIVILE) - SEXE MASCULIN: DE 5 A 9 ANS, 1915

63   DECES PAR AGE (POPULATION CIVILE) - SEXE MASCULIN: DE 10 A 14 ANS, 1915

64   DECES PAR AGE (POPULATION CIVILE) - SEXE MASCULIN: DE 15 A 19 ANS, 1915

249

DATA SET 330: MOUVEMENT DE LA POPULATION 1915 (DEPARTEMENT)

NUMERO DE
LA VARIABLE   NOM DE LA VARIABLE

65	DECES PAR AGE (POPULATION CIVILE) - SEXE MASCULIN: DE 20 A 24 ANS, 1915
66	DECES PAR AGE (POPULATION CIVILE) - SEXE MASCULIN: DE 25 A 29 ANS, 1915
67	DECES PAR AGE (POPULATION CIVILE) - SEXE MASCULIN: DE 30 A 34 ANS, 1915
68	DECES PAR AGE (POPULATION CIVILE) - SEXE MASCULIN: DE 35 A 39 ANS, 1915
69	DECES PAR AGE (POPULATION CIVILE) - SEXE MASCULIN: DE 40 A 44 ANS, 1915
70	DECES PAR AGE (POPULATION CIVILE) - SEXE MASCULIN: DE 45 A 49 ANS, 1915
71	DECES PAR AGE (POPULATION CIVILE) - SEXE MASCULIN: DE 50 A 54 ANS, 1915
72	DECES PAR AGE (POPULATION CIVILE) - SEXE MASCULIN: DE 55 A 59 ANS, 1915
73	DECES PAR AGE (POPULATION CIVILE) - SEXE MASCULIN: DE 60 A 64 ANS, 1915
74	DECES PAR AGE (POPULATION CIVILE) - SEXE MASCULIN: DE 65 A 69 ANS, 1915
75	DECES PAR AGE (POPULATION CIVILE) - SEXE MASCULIN: DE 70 A 74 ANS, 1915
76	DECES PAR AGE (POPULATION CIVILE) - SEXE MASCULIN: DE 75 A 79 ANS, 1915
77	DECES PAR AGE (POPULATION CIVILE) - SEXE MASCULIN: DE 80 A 84 ANS, 1915
78	DECES PAR AGE (POPULATION CIVILE) - SEXE MASCULIN: DE 85 A 89 ANS, 1915
79	DECES PAR AGE (POPULATION CIVILE) - SEXE MASCULIN: DE 90 A 94 ANS, 1915
80	DECES PAR AGE (POPULATION CIVILE) - SEXE MASCULIN: DE 95 A 99 ANS, 1915
81	DECES PAR AGE (POPULATION CIVILE) - SEXE MASCULIN: DE 100 ANS ET AU-DESSUS, 1915
82	DECES PAR AGE (POPULATION CIVILE) - SEXE MASCULIN: AGE NON DECLARE, 1915
83	DECES PAR AGE (POPULATION CIVILE) - SEXE MASCULIN: TOTAL, 1915
84	DECES PAR AGE (POPULATION CIVILE) - SEXE FEMININ: MOINS DE 1 AN, 1915
85	DECES PAR AGE (POPULATION CIVILE) - SEXE FEMININ: DE 1 A 4 ANS, 1915
86	DECES PAR AGE (POPULATION CIVILE) - SEXE FEMININ: DE 5 A 9 ANS, 1915
87	DECES PAR AGE (POPULATION CIVILE) - SEXE FEMININ: DE 10 A 14 ANS, 1915
88	DECES PAR AGE (POPULATION CIVILE) - SEXE FEMININ: DE 15 A 19 ANS, 1915
89	DECES PAR AGE (POPULATION CIVILE) - SEXE FEMININ: DE 20 A 24 ANS, 1915
90	DECES PAR AGE (POPULATION CIVILE) - SEXE FEMININ: DE 25 A 29 ANS, 1915
91	DECES PAR AGE (POPULATION CIVILE) - SEXE FEMININ: DE 30 A 34 ANS, 1915
92	DECES PAR AGE (POPULATION CIVILE) - SEXE FEMININ: DE 35 A 39 ANS, 1915
93	DECES PAR AGE (POPULATION CIVILE) - SEXE FEMININ: DE 40 A 44 ANS, 1915
94	DECES PAR AGE (POPULATION CIVILE) - SEXE FEMININ: DE 45 A 49 ANS, 1915
95	DECES PAR AGE (POPULATION CIVILE) - SEXE FEMININ: DE 50 A 54 ANS, 1915
96	DECES PAR AGE (POPULATION CIVILE) - SEXE FEMININ: DE 55 A 59 ANS, 1915
97	DECES PAR AGE (POPULATION CIVILE) - SEXE FEMININ: DE 60 A 64 ANS, 1915
98	DECES PAR AGE (POPULATION CIVILE) - SEXE FEMININ: DE 65 A 69 ANS, 1915
99	DECES PAR AGE (POPULATION CIVILE) - SEXE FEMININ: DE 70 A 74 ANS, 1915
100	DECES PAR AGE (POPULATION CIVILE) - SEXE FEMININ: DE 75 A 79 ANS, 1915

250

DATA SET 330:   MOUVEMENT DE LA POPULATION 1915 (DEPARTEMENT)

NUMERO DE
LA VARIABLE   NOM DE LA VARIABLE

101   DECES PAR AGE (POPULATION CIVILE) - SEXE FEMININ: DE 80 A 84 ANS, 1915

102   DECES PAR AGE (POPULATION CIVILE) - SEXE FEMININ: DE 85 A 89 ANS, 1915

103   DECES PAR AGE (POPULATION CIVILE) - SEXE FEMININ: DE 90 A 94 ANS, 1915

104   DECES PAR AGE (POPULATION CIVILE) - SEXE FEMININ: DE 95 A 99 ANS, 1915

105   DECES PAR AGE (POPULATION CIVILE) - SEXE FEMININ: DE 100 ANS ET AU-DESSUS, 1915

106   DECES PAR AGE (POPULATION CIVILE) - SEXE FEMININ: AGE NON DECLARE, 1915

107   DECES PAR AGE (POPULATION CIVILE) - SEXE FEMININ: TOTAL, 1915

108   DECES AU COURS DE LA PREMIERE ANNEE SUIVANT LE SEXE ET LA LEGITIMITE: GARCONS DE LA
           NAISSANCE A 4 JOURS: ENFANTS LEGITIMES, 1915

109   DECES AU COURS DE LA PREMIERE ANNEE SUIVANT LE SEXE ET LA LEGITIMITE: GARCONS DE LA
           NAISSANCE A 4 JOURS: ENFANTS ILLEGITIMES, 1915

110   DECES AU COURS DE LA PREMIERE ANNEE SUIVANT LE SEXE ET LA LEGITIMITE: GARCONS DE 5 A
           9 JOURS: ENFANTS LEGITIMES, 1915

111   DECES AU COURS DE LA PREMIERE ANNEE SUIVANT LE SEXE ET LA LEGITIMITE: GARCONS DE 5 A
           9 JOURS: ENFANTS ILLEGITIMES, 1915

112   DECES AU COURS DE LA PREMIERE ANNEE SUIVANT LE SEXE ET LA LEGITIMITE: GARCONS DE 10
           A 14 JOURS: ENFANTS LEGITIMES, 1915

113   DECES AU COURS DE LA PREMIERE ANNEE SUIVANT LE SEXE ET LA LEGITIMITE: GARCONS DE 10
           A 14 JOURS: ENFANTS ILLEGITIMES, 1915

114   DECES AU COURS DE LA PREMIERE ANNEE SUIVANT LE SEXE ET LA LEGITIMITE: GARCONS DE 15
           A 30 JOURS: ENFANTS LEGITIMES, 1915

115   DECES AU COURS DE LA PREMIERE ANNEE SUIVANT LE SEXE ET LA LEGITIMITE: GARCONS DE 15
           A 30 JOURS: ENFANTS ILLEGITIMES, 1915

116   DECES AU COURS DE LA PREMIERE ANNEE SUIVANT LE SEXE ET LA LEGITIMITE: GARCONS DE 1
           MOIS: ENFANTS LEGITIMES, 1915

117   DECES AU COURS DE LA PREMIERE ANNEE SUIVANT LE SEXE ET LA LEGITIMITE: GARCONS DE 1
           MOIS: ENFANTS ILLEGITIMES, 1915

118   DECES AU COURS DE LA PREMIERE ANNEE SUIVANT LE SEXE ET LA LEGITIMITE: GARCONS DE 2
           MOIS: ENFANTS LEGITIMES, 1915

119   DECES AU COURS DE LA PREMIERE ANNEE SUIVANT LE SEXE ET LA LEGITIMITE: GARCONS DE 2
           MOIS: ENFANTS ILLEGITIMES, 1915

120   DECES AU COURS DE LA PREMIERE ANNEE SUIVANT LE SEXE ET LA LEGITIMITE: GARCONS DE 3,
           4 OU 5 MOIS: ENFANTS LEGITIMES, 1915

121   DECES AU COURS DE LA PREMIERE ANNEE SUIVANT LE SEXE ET LA LEGITIMITE: GARCONS DE 3,
           4 OU 5 MOIS: ENFANTS ILLEGITIMES, 1915

122   DECES AU COURS DE LA PREMIERE ANNEE SUIVANT LE SEXE ET LA LEGITIMITE: GARCONS DE 6,
           7 OU 8 MOIS: ENFANTS LEGITIMES, 1915

123   DECES AU COURS DE LA PREMIERE ANNEE SUIVANT LE SEXE ET LA LEGITIMITE: GARCONS DE 6,
           7 OU 8 MOIS: ENFANTS ILLEGITIMES, 1915

124   DECES AU COURS DE LA PREMIERE ANNEE SUIVANT LE SEXE ET LA LEGITIMITE: GARCONS DE 9
           MOIS A 1 AN: ENFANTS LEGITIMES, 1915

125   DECES AU COURS DE LA PREMIERE ANNEE SUIVANT LE SEXE ET LA LEGITIMITE: GARCONS DE 9
           MOIS A 1 AN: ENFANTS ILLEGITIMES, 1915

126   DECES AU COURS DE LA PREMIERE ANNEE SUIVANT LE SEXE ET LA LEGITIMITE: GARCONS:
           TOTAUX: ENFANTS LEGITIMES, 1915

251

DATA SET 330:   MOUVEMENT DE LA POPULATION 1915 (DEPARTEMENT)

NUMERO DE
LA VARIABLE   NOM DE LA VARIABLE

127   DECES AU COURS DE LA PREMIERE ANNEE SUIVANT LE SEXE ET LA LEGITIMITE: GARCONS:
           TOTAUX: ENFANTS ILLEGITIMES, 1915

128   DECES AU COURS DE LA PREMIERE ANNEE SUIVANT LE SEXE ET LA LEGITIMITE: GARCONS:
           TOTAUX: ENFANTS TOTAL, 1915

129   DECES AU COURS DE LA PREMIERE ANNEE SUIVANT LE SEXE ET LA LEGITIMITE: FILLES DE LA
           NAISSANCE A 4 JOURS: ENFANTS LEGITIMES, 1915

130   DECES AU COURS DE LA PREMIERE ANNEE SUIVANT LE SEXE ET LA LEGITIMITE: FILLES DE LA
           NAISSANCE A 4 JOURS: ENFANTS ILLEGITIMES, 1915

131   DECES AU COURS DE LA PREMIERE ANNEE SUIVANT LE SEXE ET LA LEGITIMITE: FILLES DE 5 A
           9 JOURS: ENFANTS LEGITIMES, 1915

132   DECES AU COURS DE LA PREMIERE ANNEE SUIVANT LE SEXE ET LA LEGITIMITE: FILLES DE 5 A
           9 JOURS: ENFANTS ILLEGITIMES, 1915

133   DECES AU COURS DE LA PREMIERE ANNEE SUIVANT LE SEXE ET LA LEGITIMITE: FILLES DE 10 A
           14 JOURS: ENFANTS LEGITIMES, 1915

134   DECES AU COURS DE LA PREMIERE ANNEE SUIVANT LE SEXE ET LA LEGITIMITE: FILLES DE 10 A
           14 JOURS: ENFANTS ILLEGITIMES, 1915

135   DECES AU COURS DE LA PREMIERE ANNEE SUIVANT LE SEXE ET LA LEGITIMITE: FILLES DE 15 A
           30 JOURS: ENFANTS LEGITIMES, 1915

136   DECES AU COURS DE LA PREMIERE ANNEE SUIVANT LE SEXE ET LA LEGITIMITE: FILLES DE 15 A
           30 JOURS: ENFANTS ILLEGITIMES, 1915

137   DECES AU COURS DE LA PREMIERE ANNEE SUIVANT LE SEXE ET LA LEGITIMITE: FILLES DE 1
           MOIS: ENFANTS LEGITIMES, 1915

138   DECES AU COURS DE LA PREMIERE ANNEE SUIVANT LE SEXE ET LA LEGITIMITE: FILLES DE 1
           MOIS: ENFANTS ILLEGITIMES, 1915

139   DECES AU COURS DE LA PREMIERE ANNEE SUIVANT LE SEXE ET LA LEGITIMITE: FILLES DE 2
           MOIS: ENFANTS LEGITIMES, 1915

140   DECES AU COURS DE LA PREMIERE ANNEE SUIVANT LE SEXE ET LA LEGITIMITE: FILLES DE 2
           MOIS: ENFANTS ILLEGITIMES, 1915

141   DECES AU COURS DE LA PREMIERE ANNEE SUIVANT LE SEXE ET LA LEGITIMITE: FILLES DE 3, 4
           OU 5 MOIS: ENFANTS LEGITIMES, 1915

142   DECES AU COURS DE LA PREMIERE ANNEE SUIVANT LE SEXE ET LA LEGITIMITE: FILLES DE 3, 4
           OU 5 MOIS: ENFANTS ILLEGITIMES, 1915

143   DECES AU COURS DE LA PREMIERE ANNEE SUIVANT LE SEXE ET LA LEGITIMITE: FILLES DE 6, 7
           OU 8 MOIS: ENFANTS LEGITIMES, 1915

144   DECES AU COURS DE LA PREMIERE ANNEE SUIVANT LE SEXE ET LA LEGITIMITE: FILLES DE 6, 7
           OU 8 MOIS: ENFANTS ILLEGITIMES, 1915

145   DECES AU COURS DE LA PREMIERE ANNEE SUIVANT LE SEXE ET LA LEGITIMITE: FILLES DE 9
           MOIS A 1 AN: ENFANTS LEGITIMES, 1915

146   DECES AU COURS DE LA PREMIERE ANNEE SUIVANT LE SEXE ET LA LEGITIMITE: FILLES DE 9
           MOIS A 1 AN: ENFANTS ILLEGITIMES, 1915

147   DECES AU COURS DE LA PREMIERE ANNEE SUIVANT LE SEXE ET LA LEGITIMITE: FILLES TOTAUX:
           ENFANTS LEGITIMES, 1915

148   DECES AU COURS DE LA PREMIERE ANNEE SUIVANT LE SEXE ET LA LEGITIMITE: FILLES TOTAUX:
           ENFANTS ILLEGITIMES, 1915

149   DECES AU COURS DE LA PREMIERE ANNEE SUIVANT LE SEXE ET LA LEGITIMITE: FILLES TOTAUX:
           ENFANTS TOTAL, 1915

150   DECES AU COURS DE LA PREMIERE ANNEE SUIVANT LE SEXE ET LA LEGITIMITE: TOTAUX
           GENERAUX, 1915

DATA SET 331: MOUVEMENT DE LA POPULATION 1916 (DEPARTEMENT)

SOURCE: STATISTIQUE GENERALE DE LA FRANCE, STATISTIQUE DU MOUVEMENT
DE LA POPULATION, ANNEES 1914 A 1919, NOUVELLE SERIE,
TOME III (PARIS, 1922)

VARIABLES 7-31:   TABLEAU XXXVI
VARIABLES 32-48:   TABLEAU XXVIII
VARIABLES 49-59:   TABLEAU XXIX
VARIABLES 60-107:   TABLEAU XXXI
VARIABLES 108-150: TABLEAU XXXII

NUMERO DE
LA VARIABLE   NOM DE LA VARIABLE

7   MOUVEMENT DE LA POPULATION: POPULATION LEGALE (DENOMBREMENT DE 1911)

8   MOUVEMENT DE LA POPULATION: MARIAGES, 1916

9   MOUVEMENT DE LA POPULATION: DIVORCES, 1916

10   MOUVEMENT DE LA POPULATION: ENFANTS DECLARES VIVANTS: LEGITIMES: GARCONS, 1916

11   MOUVEMENT DE LA POPULATION: ENFANTS DECLARES VIVANTS: LEGITIMES: FILLES, 1916

12   MOUVEMENT DE LA POPULATION: ENFANTS DECLARES VIVANTS: LEGITIMES: TOTAL, 1916

13   MOUVEMENT DE LA POPULATION: ENFANTS DECLARES VIVANTS: ILLEGITIMES: GARCONS, 1916

14   MOUVEMENT DE LA POPULATION: ENFANTS DECLARES VIVANTS: ILLEGITIMES: FILLES, 1916

15   MOUVEMENT DE LA POPULATION: ENFANTS DECLARES VIVANTS: ILLEGITIMES: TOTAL, 1916

16   MOUVEMENT DE LA POPULATION: ENFANTS DECLARES VIVANTS: TOTAUX: GARCONS, 1916

17   MOUVEMENT DE LA POPULATION: ENFANTS DECLARES VIVANTS: TOTAUX: FILLES, 1916

18   MOUVEMENT DE LA POPULATION: ENFANTS DECLARES VIVANTS: TOTAL, 1916

19   MOUVEMENT DE LA POPULATION: MORT-NES ET ENFANTS MORTS AVANT LA DECLARATION DE
          NAISSANCE: LEGITIMES: GARCONS, 1916

20   MOUVEMENT DE LA POPULATION: MORT-NES ET ENFANTS MORTS AVANT LA DECLARATION DE
          NAISSANCE: LEGITIMES: FILLES, 1916

21   MOUVEMENT DE LA POPULATION: MORT-NES ET ENFANTS MORTS AVANT LA DECLARATION DE
          NAISSANCE: ILLEGITIMES: GARCONS, 1916

22   MOUVEMENT DE LA POPULATION: MORT-NES ET ENFANTS MORTS AVANT LA DECLARATION DE
          NAISSANCE: ILLEGITIMES: FILLES, 1916

23   MOUVEMENT DE LA POPULATION: MORT-NES ET ENFANTS MORTS AVANT LA DECLARATION DE
          NAISSANCE: TOTAL, 1916

24   MOUVEMENT DE LA POPULATION: DECES: SEXE MASCULIN, 1916

25   MOUVEMENT DE LA POPULATION: DECES: SEXE FEMININ, 1916

26   MOUVEMENT DE LA POPULATION: DECES: TOTAL, 1916

27   MOUVEMENT DE LA POPULATION: EXCEDENT DES NAISSANCES, 1916

28   MOUVEMENT DE LA POPULATION: EXCEDENT DES DECES, 1916

29   MOUVEMENT DE LA POPULATION: NOMBRES INDICES, BASE: 100 EN 1913 (CES NOMBRES ONT ETE
          OBTENUS EN RAPPORTANT LES NOMBRES ABSOLUS, AUX NOMBRES CORRESPONDANTS DE 1913, LA
          POPULATION DE 1911 NE POUVANT SERVIR DE BASE POUR LE CALCUL DES PROPORTIONS RELATIVES
          A L'ANNEE 1916): MARIAGES, 1916

30   MOUVEMENT DE LA POPULATION: NOMBRES INDICES, BASE: 100 EN 1913 (CES NOMBRES ONT ETE
          OBTENUS EN RAPPORTANT LES NOMBRES ABSOLUS, AUX NOMBRES CORRESPONDANTS DE 1913, LA
          POPULATION DE 1911 NE POUVANT SERVIR DE BASE POUR LE CALCUL DES PROPORTIONS RELATIVES
          A L'ANNEE 1916): ENFANTS DECLARES VIVANTS, 1916

DATA SET 331: MOUVEMENT DE LA POPULATION 1916 (DEPARTEMENT)

31   MOUVEMENT DE LA POPULATION: NOMBRES INDICES, BASE: 100 EN 1913 (CES NOMBRES ONT ETE
          OBTENUS EN RAPPORTANT LES NOMBRES ABSOLUS, AUX NOMBRES CORRESPONDANTS DE 1913, LA
          POPULATION DE 1911 NE POUVANT SERVIR DE BASE POUR LE CALCUL DES PROPORTIONS RELATIVES
          A L'ANNEE 1916): DECES, 1916

32   MARIAGES SUIVANT L'AGE DES EPOUX: AGE DE L'EPOUX: MOINS DE 20 ANS, 1916

33   MARIAGES SUIVANT L'AGE DES EPOUX: AGE DE L'EPOUX: 20 A 24 ANS, 1916

34   MARIAGES SUIVANT L'AGE DES EPOUX: AGE DE L'EPOUX: 25 A 29 ANS, 1916

35   MARIAGES SUIVANT L'AGE DES EPOUX: AGE DE L'EPOUX: 30 A 34 ANS, 1916

36   MARIAGES SUIVANT L'AGE DES EPOUX: AGE DE L'EPOUX: 35 A 39 ANS, 1916

37   MARIAGES SUIVANT L'AGE DES EPOUX: AGE DE L'EPOUX: 40 A 49 ANS, 1916

38   MARIAGES SUIVANT L'AGE DES EPOUX: AGE DE L'EPOUX: 50 A 59 ANS, 1916

39   MARIAGES SUIVANT L'AGE DES EPOUX: AGE DE L'EPOUX: 60 ANS ET PLUS, 1916

40   MARIAGES SUIVANT L'AGE DES EPOUX: AGE DE L'EPOUSE: MOINS DE 20 ANS, 1916

41   MARIAGES SUIVANT L'AGE DES EPOUX: AGE DE L'EPOUSE: 20 A 24 ANS, 1916

42   MARIAGES SUIVANT L'AGE DES EPOUX: AGE DE L'EPOUSE: 25 A 29 ANS, 1916

43   MARIAGES SUIVANT L'AGE DES EPOUX: AGE DE L'EPOUSE: 30 A 34 ANS, 1916

44   MARIAGES SUIVANT L'AGE DES EPOUX: AGE DE L'EPOUSE: 35 A 39 ANS, 1916

45   MARIAGES SUIVANT L'AGE DES EPOUX: AGE DE L'EPOUSE: 40 A 49 ANS, 1916

46   MARIAGES SUIVANT L'AGE DES EPOUX: AGE DE L'EPOUSE: 50 A 59 ANS, 1916

47   MARIAGES SUIVANT L'AGE DES EPOUX: AGE DE L'EPOUSE: 60 ANS ET PLUS, 1916

48   MARIAGES SUIVANT L'AGE DES EPOUX: TOTAL DES MARIAGES, 1916

49   ENFANTS DECLARES VIVANTS: AGE DE LA MERE: MOINS DE 15 ANS, 1916

50   ENFANTS DECLARES VIVANTS: AGE DE LA MERE: 15 A 19 ANS, 1916

51   ENFANTS DECLARES VIVANTS: AGE DE LA MERE: 20 A 24 ANS, 1916

52   ENFANTS DECLARES VIVANTS: AGE DE LA MERE: 25 A 29 ANS, 1916

53   ENFANTS DECLARES VIVANTS: AGE DE LA MERE: 30 A 34 ANS, 1916

54   ENFANTS DECLARES VIVANTS: AGE DE LA MERE: 35 A 39 ANS, 1916

55   ENFANTS DECLARES VIVANTS: AGE DE LA MERE: 40 A 44 ANS, 1916

56   ENFANTS DECLARES VIVANTS: AGE DE LA MERE: 45 A 49 ANS, 1916

57   ENFANTS DECLARES VIVANTS: AGE DE LA MERE: 50 ANS ET PLUS, 1916

58   ENFANTS DECLARES VIVANTS: AGE DE LA MERE: NON DECLARE, 1916

59   ENFANTS DECLARES VIVANTS: AGE DE LA MERE: TOTAUX, 1916

60   DECES PAR AGE (POPULATION CIVILE): SEXE MASCULIN: MOINS DE 1 AN, 1916

61   DECES PAR AGE (POPULATION CIVILE): SEXE MASCULIN: DE 1 A 4 ANS, 1916

62   DECES PAR AGE (POPULATION CIVILE): SEXE MASCULIN: DE 5 A 9 ANS, 1916

63   DECES PAR AGE (POPULATION CIVILE): SEXE MASCULIN: DE 10 A 14 ANS, 1916

64   DECES PAR AGE (POPULATION CIVILE): SEXE MASCULIN: DE 15 A 19 ANS, 1916

DATA SET 331: MOUVEMENT DE LA POPULATION 1916 (DEPARTEMENT)

NUMERO DE
LA VARIABLE   NOM DE LA VARIABLE

65	DECES PAR AGE (POPULATION CIVILE): SEXE MASCULIN: DE 20 A 24 ANS, 1916
66	DECES PAR AGE (POPULATION CIVILE): SEXE MASCULIN: DE 25 A 29 ANS, 1916
67	DECES PAR AGE (POPULATION CIVILE): SEXE MASCULIN: DE 30 A 34 ANS, 1916
68	DECES PAR AGE (POPULATION CIVILE): SEXE MASCULIN: DE 35 A 39 ANS, 1916
69	DECES PAR AGE (POPULATION CIVILE): SEXE MASCULIN: DE 40 A 44 ANS, 1916
70	DECES PAR AGE (POPULATION CIVILE): SEXE MASCULIN: DE 45 A 49 ANS, 1916
71	DECES PAR AGE (POPULATION CIVILE): SEXE MASCULIN: DE 50 A 54 ANS, 1916
72	DECES PAR AGE (POPULATION CIVILE): SEXE MASCULIN: DE 55 A 59 ANS, 1916
73	DECES PAR AGE (POPULATION CIVILE): SEXE MASCULIN: DE 60 A 64 ANS, 1916
74	DECES PAR AGE (POPULATION CIVILE): SEXE MASCULIN: DE 65 A 69 ANS, 1916
75	DECES PAR AGE (POPULATION CIVILE): SEXE MASCULIN: DE 70 A 74 ANS, 1916
76	DECES PAR AGE (POPULATION CIVILE): SEXE MASCULIN: DE 75 A 79 ANS, 1916
77	DECES PAR AGE (POPULATION CIVILE): SEXE MASCULIN: DE 80 A 84 ANS, 1916
78	DECES PAR AGE (POPULATION CIVILE): SEXE MASCULIN: DE 85 A 89 ANS, 1916
79	DECES PAR AGE (POPULATION CIVILE): SEXE MASCULIN: DE 90 A 94 ANS, 1916
80	DECES PAR AGE (POPULATION CIVILE): SEXE MASCULIN: DE 95 A 99 ANS, 1916
81	DECES PAR AGE (POPULATION CIVILE): SEXE MASCULIN: DE 100 ANS ET AU-DESSUS, 1916
82	DECES PAR AGE (POPULATION CIVILE): SEXE MASCULIN: AGE NON DECLARE, 1916
83	DECES PAR AGE (POPULATION CIVILE): SEXE MASCULIN: TOTAL, 1916
84	DECES PAR AGE (POPULATION CIVILE): SEXE FEMININ: MOINS DE 1 AN, 1916
85	DECES PAR AGE (POPULATION CIVILE): SEXE FEMININ: DE 1 A 4 ANS, 1916
86	DECES PAR AGE (POPULATION CIVILE): SEXE FEMININ: DE 5 A 9 ANS, 1916
87	DECES PAR AGE (POPULATION CIVILE): SEXE FEMININ: DE 10 A 14 ANS, 1916
88	DECES PAR AGE (POPULATION CIVILE): SEXE FEMININ: DE 15 A 19 ANS, 1916
89	DECES PAR AGE (POPULATION CIVILE): SEXE FEMININ: DE 20 A 24 ANS, 1916
90	DECES PAR AGE (POPULATION CIVILE): SEXE FEMININ: DE 25 A 29 ANS, 1916
91	DECES PAR AGE (POPULATION CIVILE): SEXE FEMININ: DE 30 A 34 ANS, 1916
92	DECES PAR AGE (POPULATION CIVILE): SEXE FEMININ: DE 35 A 39 ANS, 1916
93	DECES PAR AGE (POPULATION CIVILE): SEXE FEMININ: DE 40 A 44 ANS, 1916
94	DECES PAR AGE (POPULATION CIVILE): SEXE FEMININ: DE 45 A 49 ANS, 1916
95	DECES PAR AGE (POPULATION CIVILE): SEXE FEMININ: DE 50 A 54 ANS, 1916
96	DECES PAR AGE (POPULATION CIVILE): SEXE FEMININ: DE 55 A 59 ANS, 1916
97	DECES PAR AGE (POPULATION CIVILE): SEXE FEMININ: DE 60 A 64 ANS, 1916
98	DECES PAR AGE (POPULATION CIVILE): SEXE FEMININ: DE 65 A 69 ANS, 1916
99	DECES PAR AGE (POPULATION CIVILE): SEXE FEMININ: DE 70 A 74 ANS, 1916
100	DECES PAR AGE (POPULATION CIVILE): SEXE FEMININ: DE 75 A 79 ANS, 1916

DATA SET 331: MOUVEMENT DE LA POPULATION 1916 (DEPARTEMENT)

NOM DE LA VARIABLE

101   DECES PAR AGE (POPULATION CIVILE): SEXE FEMININ: DE 80 A 84 ANS, 1916

102   DECES PAR AGE (POPULATION CIVILE): SEXE FEMININ: DE 85 A 89 ANS, 1916

103   DECES PAR AGE (POPULATION CIVILE): SEXE FEMININ: DE 90 A 94 ANS, 1916

104   DECES PAR AGE (POPULATION CIVILE): SEXE FEMININ: DE 95 A 99 ANS, 1916

105   DECES PAR AGE (POPULATION CIVILE): SEXE FEMININ: DE 100 ANS ET AU-DESSUS, 1916

106   DECES PAR AGE (POPULATION CIVILE): SEXE FEMININ: AGE NON DECLARE, 1916

107   DECES PAR AGE (POPULATION CIVILE): SEXE FEMININ: TOTAL, 1916

108   DECES AU COURS DE LA PREMIERE ANNEE SUIVANT LE SEXE ET LA LEGITIMITE: GARCONS DE LA
           NAISSANCE A 4 JOURS: ENFANTS LEGITIMES, 1916

109   DECES AU COURS DE LA PREMIERE ANNEE SUIVANT LE SEXE ET LA LEGITIMITE: GARCONS DE LA
           NAISSANCE A 4 JOURS: ENFANTS ILLEGITIMES, 1916

110   DECES AU COURS DE LA PREMIERE ANNEE SUIVANT LE SEXE ET LA LEGITIMITE: GARCONS DE 5 A
           9 JOURS: ENFANTS LEGITIMES, 1916

111   DECES AU COURS DE LA PREMIERE ANNEE SUIVANT LE SEXE ET LA LEGITIMITE: GARCONS DE 5 A
           9 JOURS: ENFANTS ILLEGITIMES, 1916

112   DECES AU COURS DE LA PREMIERE ANNEE SUIVANT LE SEXE ET LA LEGITIMITE: GARCONS DE 10
           A 14 JOURS: ENFANTS LEGITIMES, 1916

113   DECES AU COURS DE LA PREMIERE ANNEE SUIVANT LE SEXE ET LA LEGITIMITE: GARCONS DE 10
           A 14 JOURS: ENFANTS ILLEGITIMES, 1916

114   DECES AU COURS DE LA PREMIERE ANNEE SUIVANT LE SEXE ET LA LEGITIMITE: GARCONS DE 15
           A 30 JOURS: ENFANTS LEGITIMES, 1916

115   DECES AU COURS DE LA PREMIERE ANNEE SUIVANT LE SEXE ET LA LEGITIMITE: GARCONS DE 15
           A 30 JOURS: ENFANTS ILLEGITIMES, 1916

116   DECES AU COURS DE LA PREMIERE ANNEE SUIVANT LE SEXE ET LA LEGITIMITE: GARCONS DE 1
           MOIS: ENFANTS LEGITIMES, 1916

117   DECES AU COURS DE LA PREMIERE ANNEE SUIVANT LE SEXE ET LA LEGITIMITE: GARCONS DE 1
           MOIS: ENFANTS ILLEGITIMES, 1916

118   DECES AU COURS DE LA PREMIERE ANNEE SUIVANT LE SEXE ET LA LEGITIMITE: GARCONS DE 2
           MOIS: ENFANTS LEGITIMES, 1916

119   DECES AU COURS DE LA PREMIERE ANNEE SUIVANT LE SEXE ET LA LEGITIMITE: GARCONS DE 2
           MOIS: ENFANTS ILLEGITIMES, 1916

120   DECES AU COURS DE LA PREMIERE ANNEE SUIVANT LE SEXE ET LA LEGITIMITE: GARCONS DE 3,4
           OU 5 MOIS: ENFANTS LEGITIMES, 1916

121   DECES AU COURS DE LA PREMIERE ANNEE SUIVANT LE SEXE ET LA LEGITIMITE: GARCONS DE 3,4
           OU 5 MOIS: ENFANTS ILLEGITIMES, 1916

122   DECES AU COURS DE LA PREMIERE ANNEE SUIVANT LE SEXE ET LA LEGITIMITE: GARCONS DE 6,7
           OU 8 MOIS: ENFANTS LEGITIMES, 1916

123   DECES AU COURS DE LA PREMIERE ANNEE SUIVANT LE SEXE ET LA LEGITIMITE: GARCONS DE 6,7
           OU 8 MOIS: ENFANTS ILLEGITIMES, 1916

124   DECES AU COURS DE LA PREMIERE ANNEE SUIVANT LE SEXE ET LA LEGITIMITE: GARCONS DE 9
           MOIS A 1 AN: ENFANTS LEGITIMES, 1916

125   DECES AU COURS DE LA PREMIERE ANNEE SUIVANT LE SEXE ET LA LEGITIMITE: GARCONS DE 9
           MOIS A 1 AN: ENFANTS ILLEGITIMES, 1916

126   DECES AU COURS DE LA PREMIERE ANNEE SUIVANT LE SEXE ET LA LEGITIMITE: GARCONS,
           TOTAUX: ENFANTS LEGITIMES, 1916

DATA SET 331: MOUVEMENT DE LA POPULATION 1916 (DEPARTEMENT)

NUMERO DE
LA VARIABLE   NOM DE LA VARIABLE

127   DECES AU COURS DE LA PREMIERE ANNEE SUIVANT LE SEXE ET LA LEGITIMITE: GARCONS,
             TOTAUX: ENFANTS ILLEGITIMES, 1916

128   DECES AU COURS DE LA PREMIERE ANNEE SUIVANT LE SEXE ET LA LEGITIMITE: GARCONS,
             TOTAUX: ENFANTS TOTAL, 1916

129   DECES AU COURS DE LA PREMIERE ANNEE SUIVANT LE SEXE ET LA LEGITIMITE: FILLES DE LA
             NAISSANCE A 4 JOURS: ENFANTS LEGITIMES, 1916

130   DECES AU COURS DE LA PREMIERE ANNEE SUIVANT LE SEXE ET LA LEGITIMITE: FILLES DE LA
             NAISSANCE A 4 JOURS: ENFANTS ILLEGITIMES, 1916

131   DECES AU COURS DE LA PREMIERE ANNEE SUIVANT LE SEXE ET LA LEGITIMITE: FILLES DE 5 A
             9 JOURS: ENFANTS LEGITIMES, 1916

132   DECES AU COURS DE LA PREMIERE ANNEE SUIVANT LE SEXE ET LA LEGITIMITE: FILLES DE 5 A
             9 JOURS: ENFANTS ILLEGITIMES, 1916

133   DECES AU COURS DE LA PREMIERE ANNEE SUIVANT LE SEXE ET LA LEGITIMITE: FILLES DE 10 A
             14 JOURS: ENFANTS LEGITIMES, 1916

134   DECES AU COURS DE LA PREMIERE ANNEE SUIVANT LE SEXE ET LA LEGITIMITE: FILLES DE 10 A
             14 JOURS: ENFANTS ILLEGITIMES, 1916

135   DECES AU COURS DE LA PREMIERE ANNEE SUIVANT LE SEXE ET LA LEGITIMITE: FILLES DE 15 A
             30 JOURS: ENFANTS LEGITIMES, 1916

136   DECES AU COURS DE LA PREMIERE ANNEE SUIVANT LE SEXE ET LA LEGITIMITE: FILLES DE 15 A
             30 JOURS: ENFANTS ILLEGITIMES, 1916

137   DECES AU COURS DE LA PREMIERE ANNEE SUIVANT LE SEXE ET LA LEGITIMITE: FILLES DE 1
             MOIS: ENFANTS LEGITIMES, 1916

138   DECES AU COURS DE LA PREMIERE ANNEE SUIVANT LE SEXE ET LA LEGITIMITE: FILLES DE 1
             MOIS: ENFANTS ILLEGITIMES, 1916

139   DECES AU COURS DE LA PREMIERE ANNEE SUIVANT LE SEXE ET LA LEGITIMITE: FILLES DE 2
             MOIS: ENFANTS LEGITIMES, 1916

140   DECES AU COURS DE LA PREMIERE ANNEE SUIVANT LE SEXE ET LA LEGITIMITE: FILLES DE 2
             MOIS: ENFANTS ILLEGITIMES, 1916

141   DECES AU COURS DE LA PREMIERE ANNEE SUIVANT LE SEXE ET LA LEGITIMITE: FILLES DE 3,4
             OU 5 MOIS: ENFANTS LEGITIMES, 1916

142   DECES AU COURS DE LA PREMIERE ANNEE SUIVANT LE SEXE ET LA LEGITIMITE: FILLES DE 3,4
             OU 5 MOIS: ENFANTS ILLEGITIMES, 1916

143   DECES AU COURS DE LA PREMIERE ANNEE SUIVANT LE SEXE ET LA LEGITIMITE: FILLES DE 6,7
             OU 8 MOIS: ENFANTS LEGITIMES, 1916

144   DECES AU COURS DE LA PREMIERE ANNEE SUIVANT LE SEXE ET LA LEGITIMITE: FILLES DE 6,7
             OU 8 MOIS: ENFANTS ILLEGITIMES, 1916

145   DECES AU COURS DE LA PREMIERE ANNEE SUIVANT LE SEXE ET LA LEGITIMITE: FILLES DE 9
             MOIS A 1 AN: ENFANTS LEGITIMES, 1916

146   DECES AU COURS DE LA PREMIERE ANNEE SUIVANT LE SEXE ET LA LEGITIMITE: FILLES DE 9
             MOIS A 1 AN: ENFANTS ILLEGITIMES, 1916

147   DECES AU COURS DE LA PREMIERE ANNEE SUIVANT LE SEXE ET LA LEGITIMITE: FILLES,
             TOTAUX: ENFANTS LEGITIMES, 1916

148   DECES AU COURS DE LA PREMIERE ANNEE SUIVANT LE SEXE ET LA LEGITIMITE: FILLES,
             TOTAUX: ENFANTS ILLEGITIMES, 1916

149   DECES AU COURS DE LA PREMIERE ANNEE SUIVANT LE SEXE ET LA LEGITIMITE: FILLES,
             TOTAUX: ENFANTS TOTAL, 1916

150   DECES AU COURS DE LA PREMIERE ANNEE SUIVANT LE SEXE ET LA LEGITIMITE: TOTAUX
             GENERAUX, 1916

DATA SET 332: MOUVEMENT DE LA POPULATION 1917 (DEPARTEMENT)

SOURCE: STATISTIQUE GENERALE DE LA FRANCE, STATISTIQUE DU MOUVEMENT
         DE LA POPULATION, ANNEES 1914 A 1919, NOUVELLE SERIE,
         TOME III (PARIS, 1922)

                    VARIABLES 7-31:   TABLEAU XXVI
                    VARIABLES 32-48:   TABLEAU XXVIII
                    VARIABLES 49-59:   TABLEAU XXIX
                    VARIABLES 60-107:   TABLEAU XXXI
                    VARIABLES 108-150: TABLEAU XXXII

NUMERO DE
LA VARIABLE   NOM DE LA VARIABLE

   7   MOUVEMENT DE LA POPULATION: POPULATION LEGALE (DENOMBREMENT DE 1911)

   8   MOUVEMENT DE LA POPULATION: MARIAGES, 1917

   9   MOUVEMENT DE LA POPULATION: DIVORCES, 1917

   10   MOUVEMENT DE LA POPULATION: ENFANTS DECLARES VIVANTS: LEGITIMES: GARCONS, 1917

   11   MOUVEMENT DE LA POPULATION: ENFANTS DECLARES VIVANTS: LEGITIMES: FILLES, 1917

   12   MOUVEMENT DE LA POPULATION: ENFANTS DECLARES VIVANTS: LEGITIMES: TOTAL, 1917

   13   MOUVEMENT DE LA POPULATION: ENFANTS DECLARES VIVANTS: ILLEGITIMES: GARCONS, 1917

   14   MOUVEMENT DE LA POPULATION: ENFANTS DECLARES VIVANTS: ILLEGITIMES: FILLES, 1917

   15   MOUVEMENT DE LA POPULATION: ENFANTS DECLARES VIVANTS: ILLEGITIMES: TOTAL, 1917

   16   MOUVEMENT DE LA POPULATION: ENFANTS DECLARES VIVANTS: TOTAUX: GARCONS, 1917

   17   MOUVEMENT DE LA POPULATION: ENFANTS DECLARES VIVANTS: TOTAUX: FILLES, 1917

   18   MOUVEMENT DE LA POPULATION: ENFANTS DECLARES VIVANTS: TOTAL, 1917

   19   MOUVEMENT DE LA POPULATION: MORT-NES ET ENFANTS MORTS AVANT LA DECLARATION DE
            NAISSANCE: LEGITIMES: GARCONS, 1917

   20   MOUVEMENT DE LA POPULATION: MORT-NES ET ENFANTS MORTS AVANT LA DECLARATION DE
            NAISSANCE: LEGITIMES: FILLES, 1917

   21   MOUVEMENT DE LA POPULATION: MORT-NES ET ENFANTS MORTS AVANT LA DECLARATION DE
            NAISSANCE: ILLEGITIMES: GARCONS, 1917

   22   MOUVEMENT DE LA POPULATION: MORT-NES ET ENFANTS MORTS AVANT LA DECLARATION DE
            NAISSANCE: ILLEGITIMES: FILLES, 1917

   23   MOUVEMENT DE LA POPULATION: MORT-NES ET ENFANTS MORTS AVANT LA DECLARATION DE
            NAISSANCE: TOTAL, 1917

   24   MOUVEMENT DE LA POPULATION: DECES: SEXE MASCULIN, 1917

   25   MOUVEMENT DE LA POPULATION: DECES: SEXE FEMININ, 1917

   26   MOUVEMENT DE LA POPULATION: DECES: TOTAL, 1917

   27   MOUVEMENT DE LA POPULATION: EXCEDENT DES NAISSANCES, 1917

   28   MOUVEMENT DE LA POPULATION: EXCEDENT DES DECES, 1917

   29   MOUVEMENT DE LA POPULATION: NOMBRES INDICES, BASE:100 EN 1913 (CES NOMBRES ONT ETE
            OBTENUS EN RAPPORTANT LES NOMBRES ABSOLUS, AUX NOMBRES CORRESPONDANTS DE 1913, LA
            POPULATION DE 1911 NE POUVANT SERVIR DE BASE POUR LE CALCUL DES PROPORTIONS RELATIVES
            A L'ANNEE 1917) MARIAGES, 1917

   30   MOUVEMENT DE LA POPULATION: NOMBRES INDICES, BASE:100 EN 1913 (CES NOMBRES ONT ETE
            OBTENUS EN RAPPORTANT LES NOMBRES ABSOLUS, AUX NOMBRES CORRESPONDANTS DE 1913, LA
            POPULATION DE 1911 NE POUVANT SERVIR DE BASE POUR LE CALCUL DES PROPORTIONS RELATIVES
            A L'ANNEE 1917), ENFANTS DECLARES VIVANTS, 1917

DATA SET 332: MOUVEMENT DE LA POPULATION 1917 (DEPARTEMENT)

31   MOUVEMENT DE LA POPULATION: NOMBRES INDICES, BASE:100 EN 1913 (CES NOMBRES ONT ETE
      OBTENUS EN RAPPORTANT LES NOMBRES ABSOLUS, AUX NOMBRES CORRESPONDANTS DE 1913, LA
      POPULATION DE 1911 NE POUVANT SERVIR DE BASE POUR LE CALCUL DES PROPORTIONS RELATIVES
      A L'ANNEE 1917), DECES, 1917

32   MARIAGES SUIVANT L'AGE DES EPOUX: AGE DE L'EPOUX: MOINS DE 20 ANS, 1917

33   MARIAGES SUIVANT L'AGE DES EPOUX: AGE DE L'EPOUX: 20 A 24 ANS, 1917

34   MARIAGES SUIVANT L'AGE DES EPOUX: AGE DE L'EPOUX: 25 A 29 ANS, 1917

35   MARIAGES SUIVANT L'AGE DES EPOUX: AGE DE L'EPOUX: 30 A 34 ANS, 1917

36   MARIAGES SUIVANT L'AGE DES EPOUX: AGE DE L'EPOUX: 35 A 39 ANS, 1917

37   MARIAGES SUIVANT L'AGE DES EPOUX: AGE DE L'EPOUX: 40 A 49 ANS, 1917

38   MARIAGES SUIVANT L'AGE DES EPOUX: AGE DE L'EPOUX: 50 A 59 ANS, 1917

39   MARIAGES SUIVANT L'AGE DES EPOUX: AGE DE L'EPOUX: 60 ANS ET PLUS, 1917

40   MARIAGES SUIVANT L'AGE DES EPOUX: AGE DE L'EPOUSE: MOINS DE 20 ANS, 1917

41   MARIAGES SUIVANT L'AGE DES EPOUX: AGE DE L'EPOUSE: 20 A 24 ANS, 1917

42   MARIAGES SUIVANT L'AGE DES EPOUX: AGE DE L'EPOUSE: 25 A 29 ANS, 1917

43   MARIAGES SUIVANT L'AGE DES EPOUX: AGE DE L'EPOUSE: 30 A 34 ANS, 1917

44   MARIAGES SUIVANT L'AGE DES EPOUX: AGE DE L'EPOUSE: 35 A 39 ANS, 1917

45   MARIAGES SUIVANT L'AGE DES EPOUX: AGE DE L'EPOUSE: 40 A 49 ANS, 1917

46   MARIAGES SUIVANT L'AGE DES EPOUX: AGE DE L'EPOUSE: 50 A 59 ANS, 1917

47   MARIAGES SUIVANT L'AGE DES EPOUX: AGE DE L'EPOUSE: 60 ANS ET PLUS, 1917

48   MARIAGES SUIVANT L'AGE DES EPOUX: TOTAL DES MARIAGES, 1917

49   NAISSANCES D'ENFANTS DECLARES VIVANTS: AGE DE LA MERE: MOINS DE 15 ANS, 1917

50   NAISSANCES D'ENFANTS DECLARES VIVANTS: AGE DE LA MERE: 15 A 19 ANS, 1917

51   NAISSANCES D'ENFANTS DECLARES VIVANTS: AGE DE LA MERE: 20 A 24 ANS, 1917

52   NAISSANCES D'ENFANTS DECLARES VIVANTS: AGE DE LA MERE: 25 A 29 ANS, 1917

53   NAISSANCES D'ENFANTS DECLARES VIVANTS: AGE DE LA MERE: 30 A 34 ANS, 1917

54   NAISSANCES D'ENFANTS DECLARES VIVANTS: AGE DE LA MERE: 35 A 39 ANS, 1917

55   NAISSANCES D'ENFANTS DECLARES VIVANTS: AGE DE LA MERE: 40 A 44 ANS, 1917

56   NAISSANCES D'ENFANTS DECLARES VIVANTS: AGE DE LA MERE: 45 A 49 ANS, 1917

57   NAISSANCES D'ENFANTS DECLARES VIVANTS: AGE DE LA MERE: 50 ANS ET PLUS, 1917

58   NAISSANCES D'ENFANTS DECLARES VIVANTS: AGE DE LA MERE: NON DECLARE, 1917

59   NAISSANCES D'ENFANTS DECLARES VIVANTS: AGE DE LA MERE: TOTAUX, 1917

60   DECES PAR AGE (POPULATION CIVILE) - SEXE MASCULIN: MOINS DE 1 AN, 1917

61   DECES PAR AGE (POPULATION CIVILE) - SEXE MASCULIN: DE 1 A 4 ANS, 1917

62   DECES PAR AGE (POPULATION CIVILE) - SEXE MASCULIN: DE 5 A 9 ANS, 1917

63   DECES PAR AGE (POPULATION CIVILE) - SEXE MASCULIN: DE 10 A 14 ANS, 1917

64   DECES PAR AGE (POPULATION CIVILE) - SEXE MASCULIN: DE 15 A 19 ANS, 1917

DATA SET 332: MOUVEMENT DE LA POPULATION 1917 (DEPARTEMENT)

NUMERO DE
LA VARIABLE   NOM DE LA VARIABLE

65	DECES PAR AGE (POPULATION CIVILE) - SEXE MASCULIN: DE 20 A 24 ANS, 1917
66	DECES PAR AGE (POPULATION CIVILE) - SEXE MASCULIN: DE 25 A 29 ANS, 1917
67	DECES PAR AGE (POPULATION CIVILE) - SEXE MASCULIN: DE 30 A 34 ANS, 1917
68	DECES PAR AGE (POPULATION CIVILE) - SEXE MASCULIN: DE 35 A 39 ANS, 1917
69	DECES PAR AGE (POPULATION CIVILE) - SEXE MASCULIN: DE 40 A 44 ANS, 1917
70	DECES PAR AGE (POPULATION CIVILE) - SEXE MASCULIN: DE 45 A 49 ANS, 1917
71	DECES PAR AGE (POPULATION CIVILE) - SEXE MASCULIN: DE 50 A 54 ANS, 1917
72	DECES PAR AGE (POPULATION CIVILE) - SEXE MASCULIN: DE 55 A 59 ANS, 1917
73	DECES PAR AGE (POPULATION CIVILE) - SEXE MASCULIN: DE 60 A 64 ANS, 1917
74	DECES PAR AGE (POPULATION CIVILE) - SEXE MASCULIN: DE 65 A 69 ANS, 1917
75	DECES PAR AGE (POPULATION CIVILE) - SEXE MASCULIN: DE 70 A 74 ANS, 1917
76	DECES PAR AGE (POPULATION CIVILE) - SEXE MASCULIN: DE 75 A 79 ANS, 1917
77	DECES PAR AGE (POPULATION CIVILE) - SEXE MASCULIN: DE 80 A 84 ANS, 1917
78	DECES PAR AGE (POPULATION CIVILE) - SEXE MASCULIN: DE 85 A 89 ANS, 1917
79	DECES PAR AGE (POPULATION CIVILE) - SEXE MASCULIN: DE 90 A 94 ANS, 1917
80	DECES PAR AGE (POPULATION CIVILE) - SEXE MASCULIN: DE 95 A 99 ANS, 1917
81	DECES PAR AGE (POPULATION CIVILE) - SEXE MASCULIN: DE 100 ANS ET AU-DESSUS, 1917
82	DECES PAR AGE (POPULATION CIVILE) - SEXE MASCULIN: AGE NON DECLARE, 1917
83	DECES PAR AGE (POPULATION CIVILE) - SEXE MASCULIN: TOTAL, 1917
84	DECES PAR AGE (POPULATION CIVILE) - SEXE FEMININ: MOINS DE 1 AN, 1917
85	DECES PAR AGE (POPULATION CIVILE) - SEXE FEMININ: DE 1 A 4 ANS, 1917
86	DECES PAR AGE (POPULATION CIVILE) - SEXE FEMININ: DE 5 A 9 ANS, 1917
87	DECES PAR AGE (POPULATION CIVILE) - SEXE FEMININ: DE 10 A 14 ANS, 1917
88	DECES PAR AGE (POPULATION CIVILE) - SEXE FEMININ: DE 15 A 19 ANS, 1917
89	DECES PAR AGE (POPULATION CIVILE) - SEXE FEMININ: DE 20 A 24 ANS, 1917
90	DECES PAR AGE (POPULATION CIVILE) - SEXE FEMININ: DE 25 A 29 ANS, 1917
91	DECES PAR AGE (POPULATION CIVILE) - SEXE FEMININ: DE 30 A 34 ANS, 1917
92	DECES PAR AGE (POPULATION CIVILE) - SEXE FEMININ: DE 35 A 39 ANS, 1917
93	DECES PAR AGE (POPULATION CIVILE) - SEXE FEMININ: DE 40 A 44 ANS, 1917
94	DECES PAR AGE (POPULATION CIVILE) - SEXE FEMININ: DE 45 A 49 ANS, 1917
95	DECES PAR AGE (POPULATION CIVILE) - SEXE FEMININ: DE 50 A 54 ANS, 1917
96	DECES PAR AGE (POPULATION CIVILE) - SEXE FEMININ: DE 55 A 59 ANS, 1917
97	DECES PAR AGE (POPULATION CIVILE) - SEXE FEMININ: DE 60 A 64 ANS, 1917
98	DECES PAR AGE (POPULATION CIVILE) - SEXE FEMININ: DE 65 A 69 ANS, 1917
99	DECES PAR AGE (POPULATION CIVILE) - SEXE FEMININ: DE 70 A 74 ANS, 1917
100	DECES PAR AGE (POPULATION CIVILE) - SEXE FEMININ: DE 75 A 79 ANS, 1917

DATA SET 332: MOUVEMENT DE LA POPULATION 1917 (DEPARTEMENT)

NUMERO DE
LA VARIABLE   NOM DE LA VARIABLE

101   DECES PAR AGE (POPULATION CIVILE) - SEXE FEMININ: DE 80 A 84 ANS, 1917

102   DECES PAR AGE (POPULATION CIVILE) - SEXE FEMININ: DE 85 A 89 ANS, 1917

103   DECES PAR AGE (POPULATION CIVILE) - SEXE FEMININ: DE 90 A 94 ANS, 1917

104   DECES PAR AGE (POPULATION CIVILE) - SEXE FEMININ: DE 95 A 99 ANS, 1917

105   DECES PAR AGE (POPULATION CIVILE) - SEXE FEMININ: DE 100 ANS ET AU DESSUS, 1917

106   DECES PAR AGE (POPULATION CIVILE) - SEXE FEMININ: AGE NON DECLARE, 1917

107   DECES PAR AGE (POPULATION CIVILE) - SEXE FEMININ: TOTAL, 1917

108   DECES AU COURS DE LA PREMIERE ANNEE: GARCONS DE LA NAISSANCE A 4 JOURS: ENFANTS
         LEGITIMES, 1917

109   DECES AU COURS DE LA PREMIERE ANNEE: GARCONS DE LA NAISSANCE A 4 JOURS: ENFANTS
         ILLEGITIMES, 1917

110   DECES AU COURS DE LA PREMIERE ANNEE: GARCONS DE 5 A 9 JOURS: ENFANTS LEGITIMES, 1917

111   DECES AU COURS DE LA PREMIERE ANNEE: GARCONS DE 5 A 9 JOURS: ENFANTS ILLEGITIMES,
         1917

112   DECES AU COURS DE LA PREMIERE ANNEE: GARCONS DE 10 A 14 JOURS: ENFANTS LEGITIMES,
         1917

113   DECES AU COURS DE LA PREMIERE ANNEE: GARCONS DE 10 A 14 JOURS: ENFANTS ILLEGITIMES,
         1917

114   DECES AU COURS DE LA PREMIERE ANNEE: GARCONS DE 15 A 30 JOURS: ENFANTS LEGITIMES,
         1917

115   DECES AU COURS DE LA PREMIERE ANNEE: GARCONS DE 15 A 30 JOURS: ENFANTS ILLEGITIMES,
         1917

116   DECES AU COURS DE LA PREMIERE ANNEE: GARCONS DE 1 MOIS: ENFANTS LEGITIMES, 1917

117   DECES AU COURS DE LA PREMIERE ANNEE: GARCONS DE 1 MOIS: ENFANTS ILLEGITIMES, 1917

118   DECES AU COURS DE LA PREMIERE ANNEE: GARCONS DE 2 MOIS: ENFANTS LEGITIMES, 1917

119   DECES AU COURS DE LA PREMIERE ANNEE: GARCONS DE 2 MOIS: ENFANTS ILLEGITIMES, 1917

120   DECES AU COURS DE LA PREMIERE ANNEE: GARCONS DE 3,4 OU 5 MOIS: ENFANTS LEGITIMES,
         1917

121   DECES AU COURS DE LA PREMIERE ANNEE: GARCONS DE 3,4 OU 5 MOIS: ENFANTS ILLEGITIMES,
         1917

122   DECES AU COURS DE LA PREMIERE ANNEE: GARCONS DE 6,7 OU 8 MOIS: ENFANTS LEGITIMES,
         1917

123   DECES AU COURS DE LA PREMIERE ANNEE: GARCONS DE 6,7 OU 8 MOIS: ENFANTS ILLEGITIMES,
         1917

124   DECES AU COURS DE LA PREMIERE ANNEE: GARCONS DE 9 MOIS A 1 AN: ENFANTS LEGITIMES,
         1917

125   DECES AU COURS DE LA PREMIERE ANNEE: GARCONS DE 9 MOIS A 1 AN: ENFANTS ILLEGITIMES,
         1917

126   DECES AU COURS DE LA PREMIERE ANNEE: GARCONS, TOTAUX: ENFANTS LEGITIMES, 1917

127   DECES AU COURS DE LA PREMIERE ANNEE: GARCONS, TOTAUX: ENFANTS ILLEGITIMES, 1917

128   DECES AU COURS DE LA PREMIERE ANNEE: GARCONS, TOTAUX: ENFANTS TOTAL, 1917

129   DECES AU COURS DE LA PREMIERE ANNEE: FILLES DE LA NAISSANCE A 4 JOURS: ENFANTS
         LEGITIMES, 1917

DATA SET 332: MOUVEMENT DE LA POPULATION 1917 (DEPARTEMENT)

NUMERO DE LA VARIABLE	NOM DE LA VARIABLE
130	DECES AU COURS DE LA PREMIERE ANNEE: FILLES DE LA NAISSANCE A 4 JOURS: ENFANTS ILLEGITIMES, 1917
131	DECES AU COURS DE LA PREMIERE ANNEE: FILLES DE 5 A 9 JOURS: ENFANTS LEGITIMES, 1917
132	DECES AU COURS DE LA PREMIERE ANNEE: FILLES DE 5 A 9 JOURS: ENFANTS ILLEGITIMES, 1917
133	DECES AU COURS DE LA PREMIERE ANNEE: FILLES DE 10 A 14 JOURS: ENFANTS LEGITIMES, 1917
134	DECES AU COURS DE LA PREMIERE ANNEE: FILLES DE 10 A 14 JOURS: ENFANTS ILLEGITIMES, 1917
135	DECES AU COURS DE LA PREMIERE ANNEE: FILLES DE 15 A 30 JOURS: ENFANTS LEGITIMES, 1917
136	DECES AU COURS DE LA PREMIERE ANNEE: FILLES DE 15 A 30 JOURS: ENFANTS ILLEGITIMES, 1917
137	DECES AU COURS DE LA PREMIERE ANNEE: FILLES DE 1 MOIS: ENFANTS LEGITIMES, 1917
138	DECES AU COURS DE LA PREMIERE ANNEE: FILLES DE 1 MOIS: ENFANTS ILLEGITIMES, 1917
139	DECES AU COURS DE LA PREMIERE ANNEE: FILLES DE 2 MOIS: ENFANTS LEGITIMES, 1917
140	DECES AU COURS DE LA PREMIERE ANNEE: FILLES DE 2 MOIS: ENFANTS ILLEGITIMES, 1917
141	DECES AU COURS DE LA PREMIERE ANNEE: FILLES DE 3,4 OU 5 MOIS: ENFANTS LEGITIMES, 1917
142	DECES AU COURS DE LA PREMIERE ANNEE: FILLES DE 3,4 OU 5 MOIS: ENFANTS ILLEGITIMES, 1917
143	DECES AU COURS DE LA PREMIERE ANNEE: FILLES DE 6,7 OU 8 MOIS: ENFANTS LEGITIMES, 1917
144	DECES AU COURS DE LA PREMIERE ANNEE: FILLES DE 6,7 OU 8 MOIS: ENFANTS ILLEGITIMES, 1917
145	DECES AU COURS DE LA PREMIERE ANNEE: FILLES DE 9 MOIS A 1 AN: ENFANTS LEGITIMES, 1917
146	DECES AU COURS DE LA PREMIERE ANNEE: FILLES DE 9 MOIS A 1 AN: ENFANTS ILLEGITIMES, 1917
147	DECES AU COURS DE LA PREMIERE ANNEE: FILLES, TOTAUX: ENFANTS LEGITIMES, 1917
148	DECES AU COURS DE LA PREMIERE ANNEE: FILLES, TOTAUX: ENFANTS ILLEGITIMES, 1917
149	DECES AU COURS DE LA PREMIERE ANNEE: FILLES, TOTAUX: ENFANTS TOTAL, 1917
150	DECES AU COURS DE LA PREMIERE ANNEE SUIVANT LE SEXE ET LA LEGITIMITE: TOTAUX GENERAUX, 1917

DATA SET 333:   MOUVEMENT DE LA POPULATION 1918 (DEPARTEMENT)

SOURCE: STATISTIQUE GENERALE DE LA FRANCE, STATISTIQUE DU MOUVEMENT
         DE LA POPULATION, ANNEES 1914 A 1919, NOUVELLE SERIE,
         TOME III (PARIS, 1922)

         VARIABLES 7-31:   TABLEAU XXVI
         VARIABLES 32-48:   TABLEAU XXVIII
         VARIABLES 49-59:   TABLEAU XXIX
         VARIABLES 60-107:   TABLEAU XXXI
         VARIABLES 108-150:   TABLEAU XXXII

NUMERO DE
LA VARIABLE   NOM DE LA VARIABLE

7	MOUVEMENT DE LA POPULATION: POPULATION LEGALE (DENOMBREMENT DE 1911)
8	MOUVEMENT DE LA POPULATION: MARIAGES, 1918
9	MOUVEMENT DE LA POPULATION: DIVORCES, 1918
10	MOUVEMENT DE LA POPULATION: ENFANTS DECLARES VIVANTS: LEGITIMES: GARCONS, 1918
11	MOUVEMENT DE LA POPULATION: ENFANTS DECLARES VIVANTS: LEGITIMES: FILLES, 1918
12	MOUVEMENT DE LA POPULATION: ENFANTS DECLARES VIVANTS: LEGITIMES: TOTAL, 1918
13	MOUVEMENT DE LA POPULATION: ENFANTS DECLARES VIVANTS: ILLEGITIMES: GARCONS, 1918
14	MOUVEMENT DE LA POPULATION: ENFANTS DECLARES VIVANTS: ILLEGITIMES: FILLES, 1918
15	MOUVEMENT DE LA POPULATION: ENFANTS DECLARES VIVANTS: ILLEGITIMES: TOTAL, 1918
16	MOUVEMENT DE LA POPULATION: ENFANTS DECLARES VIVANTS: TOTAUX: GARCONS, 1918
17	MOUVEMENT DE LA POPULATION: ENFANTS DECLARES VIVANTS: TOTAUX: FILLES, 1918
18	MOUVEMENT DE LA POPULATION: TOTAL DES ENFANTS DECLARES VIVANTS, 1918

19   MOUVEMENT DE LA POPULATION: MORT-NES ET ENFANTS MORTS AVANT LA DECLARATION DE
      NAISSANCE: LEGITIMES: GARCONS, 1918

20   MOUVEMENT DE LA POPULATION: MORT-NES ET ENFANTS MORTS AVANT LA DECLARATION DE
      NAISSANCE: LEGITIMES: FILLES, 1918

21   MOUVEMENT DE LA POPULATION: MORT-NES ET ENFANTS MORTS AVANT LA DECLARATION DE
      NAISSANCE: ILLEGITIMES: GARCONS, 1918

22   MOUVEMENT DE LA POPULATION: MORT-NES ET ENFANTS MORTS AVANT LA DECLARATION DE
      NAISSANCE: ILLEGITIMES: FILLES, 1918

23   MOUVEMENT DE LA POPULATION: MORT-NES ET ENFANTS MORTS AVANT LA DECLARATION DE
      NAISSANCE: TOTAL, 1918

24   MOUVEMENT DE POPULATION: DECES: SEXE MASCULIN, 1918

25   MOUVEMENT DE POPULATION: DECES: SEXE FEMININ, 1918

26   MOUVEMENT DE LA POPULATION: DECES: TOTAL, 1918

27   MOUVEMENT DE LA POPULATION: EXCEDENT DES NAISSANCES, 1918

28   MOUVEMENT DE LA POPULATION: EXCEDENT DES DECES, 1918

29   MOUVEMENT DE LA POPULATION: NOMBRE INDICES (BASE: 100 EN 1913): MARIAGES (CES
      NOMBRES ONT ETE OBTENUS EN RAPPORTANT LES NOMBRES ABSOLUS, AUX NOMBRES CORRESPONDANTS
      DE 1913, LA POPULATION DE 1911 NE POUVANT SERVIR DE BASE POUR LE CALCUL DES
      PROPORTIONS RELATIVES AUX ANNEES 1914 A 1919), 1918

30   MOUVEMENT DE LA POPULATION: NOMBRE INDICES (BASE: 100 EN 1913): ENFANTS DECLARES
      VIVANTS (CES NOMBRES ONT ETE OBTENUS EN RAPPORTANT LES NOMBRES ABSOLUS, AUX NOMBRES
      CORRESPONDANTS DE 1913, LA POPULATION DE 1911 NE POUVANT SERVIR DE BASE POUR LE
      CALCUL DES PROPORTIONS RELATIVES AUX ANNEES, 1914 A 1919), 1918

DATA SET 333:   MOUVEMENT DE LA POPULATION 1918 (DEPARTEMENT)

NUMERO DE
LA VARIABLE   NOM DE LA VARIABLE

31   MOUVEMENT DE LA POPULATION: NOMBRE INDICES (BASE: 100 EN 1913): DECES (CES NOMBRES
          ONT ETE OBTENUS EN RAPPORTANT LES NOMBRES ABSOLUS, AUX NOMBRES CORRESPONDANTS DE
          1913, LA POPULATION DE 1911 NE POUVANT SERVIR DE BASE POUR LE CALCUL DES PROPORTIONS
          RELATIVES AUX ANNEES 1914 A 1919), 1918

32   MARIAGES: AGE DE L'EPOUX: MOINS DE 20 ANS, 1918

33   MARIAGES: AGE DE L'EPOUX: 20 A 24 ANS, 1918

34   MARIAGES: AGE DE L'EPOUX: 25 A 29 ANS, 1918

35   MARIAGES: AGE DE L'EPOUX: 30 A 34 ANS, 1918

36   MARIAGES: AGE DE L'EPOUX: 35 A 39 ANS, 1918

37   MARIAGES: AGE DE L'EPOUX: 40 A 49 ANS, 1918

38   MARIAGES: AGE DE L'EPOUX: 50 A 59 ANS, 1918

39   MARIAGES: AGE DE L'EPOUX: 60 ANS ET PLUS, 1918

40   MARIAGES: AGE DE L'EPOUSE: MOINS DE 20 ANS, 1918

41   MARIAGES: AGE DE L'EPOUSE: 20 A 24 ANS, 1918

42   MARIAGES: AGE DE L'EPOUSE: 25 A 29 ANS, 1918

43   MARIAGES: AGE DE L'EPOUSE: 30 A 34 ANS, 1918

44   MARIAGES: AGE DE L'EPOUSE: 35 A 39 ANS, 1918

45   MARIAGES: AGE DE L'EPOUSE: 40 A 49 ANS, 1918

46   MARIAGES: AGE DE L'EPOUSE: 50 A 59 ANS, 1918

47   MARIAGES: AGE DE L'EPOUSE: 60 ANS ET PLUS, 1918

48   MARIAGES: TOTAL DES MARIAGES, 1918

49   NAISSANCES D'ENFANTS DECLARES VIVANTS: AGE DE LA MERE: MOINS DE 15 ANS, 1918

50   NAISSANCES D'ENFANTS DECLARES VIVANTS: AGE DE LA MERE: 15 A 19 ANS, 1918

51   NAISSANCES D'ENFANTS DECLARES VIVANTS: AGE DE LA MERE: 20 A 24 ANS, 1918

52   NAISSANCES D'ENFANTS DECLARES VIVANTS: AGE DE LA MERE: 25 A 29 ANS, 1918

53   NAISSANCES D'ENFANTS DECLARES VIVANTS: AGE DE LA MERE: 30 A 34 ANS, 1918

54   NAISSANCES D'ENFANTS DECLARES VIVANTS: AGE DE LA MERE: 35 A 39 ANS, 1918

55   NAISSANCES D'ENFANTS DECLARES VIVANTS: AGE DE LA MERE: 40 A 44 ANS, 1918

56   NAISSANCES D'ENFANTS DECLARES VIVANTS: AGE DE LA MERE: 45 A 49 ANS, 1918

57   NAISSANCES D'ENFANTS DECLARES VIVANTS: AGE DE LA MERE: 50 ANS ET PLUS, 1918

58   NAISSANCES D'ENFANTS DECLARES VIVANTS: AGE DE LA MERE: NON DECLARE, 1918

59   NAISSANCES D'ENFANTS DECLARES VIVANTS: AGE DE LA MERE: TOTAUX, 1918

60   DECES PAR AGE (POPULATION CIVILE): SEXE MASCULIN: MOINS DE 1 AN, 1918

61   DECES PAR AGE (POPULATION CIVILE): SEXE MASCULIN: DE 1 A 4 ANS, 1918

62   DECES PAR AGE (POPULATION CIVILE): SEXE MASCULIN: DE 5 A 9 ANS, 1918

63   DECES PAR AGE (POPULATION CIVILE): SEXE MASCULIN: DE 10 A 14 ANS, 1918

64   DECES PAR AGE (POPULATION CIVILE): SEXE MASCULIN: DE 15 A 19 ANS, 1918

DATA SET 333:   MOUVEMENT DE LA POPULATION 1918 (DEPARTEMENT)

NUMERO DE LA VARIABLE	NOM DE LA VARIABLE
65	DECES PAR AGE (POPULATION CIVILE): SEXE MASCULIN: DE 20 A 24 ANS, 1918
66	DECES PAR AGE (POPULATION CIVILE): SEXE MASCULIN: DE 25 A 29 ANS, 1918
67	DECES PAR AGE (POPULATION CIVILE): SEXE MASCULIN: DE 30 A 34 ANS, 1918
68	DECES PAR AGE (POPULATION CIVILE): SEXE MASCULIN: DE 35 A 39 ANS, 1918
69	DECES PAR AGE (POPULATION CIVILE): SEXE MASCULIN: DE 40 A 44 ANS, 1918
70	DECES PAR AGE (POPULATION CIVILE): SEXE MASCULIN: DE 45 A 49 ANS, 1918
71	DECES PAR AGE (POPULATION CIVILE): SEXE MASCULIN: DE 50 A 54 ANS, 1918
72	DECES PAR AGE (POPULATION CIVILE): SEXE MASCULIN: DE 55 A 59 ANS, 1918
73	DECES PAR AGE (POPULATION CIVILE): SEXE MASCULIN: DE 60 A 64 ANS, 1918
74	DECES PAR AGE (POPULATION CIVILE): SEXE MASCULIN: DE 65 A 69 ANS, 1918
75	DECES PAR AGE (POPULATION CIVILE): SEXE MASCULIN: DE 70 A 74 ANS, 1918
76	DECES PAR AGE (POPULATION CIVILE): SEXE MASCULIN: DE 75 A 79 ANS, 1918
77	DECES PAR AGE (POPULATION CIVILE): SEXE MASCULIN: DE 80 A 84 ANS, 1918
78	DECES PAR AGE (POPULATION CIVILE): SEXE MASCULIN: DE 85 A 89 ANS, 1918
79	DECES PAR AGE (POPULATION CIVILE): SEXE MASCULIN: DE 90 A 94 ANS, 1918
80	DECES PAR AGE (POPULATION CIVILE): SEXE MASCULIN: DE 95 A 99 ANS, 1918
81	DECES PAR AGE (POPULATION CIVILE): SEXE MASCULIN: DE 100 ANS ET AU-DESSUS, 1918
82	DECES PAR AGE (POPULATION CIVILE): SEXE MASCULIN: AGE NON DECLARE, 1918
83	DECES PAR AGE (POPULATION CIVILE): SEXE MASCULIN: TOTAL, 1918
84	DECES PAR AGE (POPULATION CIVILE): SEXE FEMININ: MOINS DE 1 AN, 1918
85	DECES PAR AGE (POPULATION CIVILE): SEXE FEMININ: DE 1 A 4 ANS, 1918
86	DECES PAR AGE (POPULATION CIVILE): SEXE FEMININ: DE 5 A 9 ANS, 1918
87	DECES PAR AGE (POPULATION CIVILE): SEXE FEMININ: DE 10 A 14 ANS, 1918
88	DECES PAR AGE (POPULATION CIVILE): SEXE FEMININ: DE 15 A 19 ANS, 1918
89	DECES PAR AGE (POPULATION CIVILE): SEXE FEMININ: DE 20 A 24 ANS, 1918
90	DECES PAR AGE (POPULATION CIVILE): SEXE FEMININ: DE 25 A 29 ANS, 1918
91	DECES PAR AGE (POPULATION CIVILE): SEXE FEMININ: DE 30 A 34 ANS, 1918
92	DECES PAR AGE (POPULATION CIVILE): SEXE FEMININ: DE 35 A 39 ANS, 1918
93	DECES PAR AGE (POPULATION CIVILE): SEXE FEMININ: DE 40 A 44 ANS, 1918
94	DECES PAR AGE (POPULATION CIVILE): SEXE FEMININ: DE 45 A 49 ANS, 1918
95	DECES PAR AGE (POPULATION CIVILE): SEXE FEMININ: DE 50 A 54 ANS, 1918
96	DECES PAR AGE (POPULATION CIVILE): SEXE FEMININ: DE 55 A 59 ANS, 1918
97	DECES PAR AGE (POPULATION CIVILE): SEXE FEMININ: DE 60 A 64 ANS, 1918
98	DECES PAR AGE (POPULATION CIVILE): SEXE FEMININ: DE 65 A 69 ANS, 1918
99	DECES PAR AGE (POPULATION CIVILE): SEXE FEMININ: DE 70 A 74 ANS, 1918
100	DECES PAR AGE (POPULATION CIVILE): SEXE FEMININ: DE 75 A 79 ANS, 1918

DATA SET 333: MOUVEMENT DE LA POPULATION 1918 (DEPARTEMENT)

NUMERO DE LA VARIABLE	NOM DE LA VARIABLE
101	DECES PAR AGE (POPULATION CIVILE): SEXE FEMININ: DE 80 A 84 ANS, 1918
102	DECES PAR AGE (POPULATION CIVILE): SEXE FEMININ: DE 85 A 89 ANS, 1918
103	DECES PAR AGE (POPULATION CIVILE): SEXE FEMININ: DE 90 A 94 ANS, 1918
104	DECES PAR AGE (POPULATION CIVILE): SEXE FEMININ: DE 95 A 99 ANS, 1918
105	DECES PAR AGE (POPULATION CIVILE): SEXE FEMININ: DE 100 ANS ET AU-DESSUS, 1918
106	DECES PAR AGE (POPULATION CIVILE): SEXE FEMININ: AGE NON DECLARE, 1918
107	DECES PAR AGE (POPULATION CIVILE): SEXE FEMININ: TOTAL, 1918
108	DECES AU COURS DE LA PREMIERE ANNEE: GARCONS DE LA NAISSANCE A 4 JOURS: ENFANTS LEGITIMES, 1918
109	DECES AU COURS DE LA PREMIERE ANNEE: GARCONS DE LA NAISSANCE A 4 JOURS: ENFANTS ILLEGITIMES, 1918
110	DECES AU COURS DE LA PREMIERE ANNEE: GARCONS DE 5 A 9 JOURS: ENFANTS LEGITIMES, 1918
111	DECES AU COURS DE LA PREMIERE ANNEE: GARCONS DE 5 A 9 JOURS: ENFANTS ILLEGITIMES, 1918
112	DECES AU COURS DE LA PREMIERE ANNEE: GARCONS DE 10 A 14 JOURS: ENFANTS LEGITIMES, 1918
113	DECES AU COURS DE LA PREMIERE ANNEE: GARCONS DE 10 A 14 JOURS: ENFANTS ILLEGITIMES, 1918
114	DECES AU COURS DE LA PREMIERE ANNEE: GARCONS DE 15 A 30 JOURS: ENFANTS LEGITIMES, 1918
115	DECES AU COURS DE LA PREMIERE ANNEE: GARCONS DE 15 A 30 JOURS: ENFANTS ILLEGITIMES, 1918
116	DECES AU COURS DE LA PREMIERE ANNEE: GARCONS DE 1 MOIS: ENFANTS LEGITIMES, 1918
117	DECES AU COURS DE LA PREMIERE ANNEE: GARCONS DE 1 MOIS: ENFANTS ILLEGITIMES, 1918
118	DECES AU COURS DE LA PREMIERE ANNEE: GARCONS DE 2 MOIS: ENFANTS LEGITIMES, 1918
119	DECES AU COURS DE LA PREMIERE ANNEE: GARCONS DE 2 MOIS: ENFANTS ILLEGITIMES, 1918
120	DECES AU COURS DE LA PREMIERE ANNEE: GARCONS DE 3, 4, OU 5 MOIS: ENFANTS LEGITIMES, 1918
121	DECES AU COURS DE LA PREMIERE ANNEE: GARCONS DE 3, 4, OU 5 MOIS: ENFANTS ILLEGITIMES, 1918
122	DECES AU COURS DE LA PREMIERE ANNEE: GARCONS DE 6, 7, OU 8 MOIS: ENFANTS LEGITIMES, 1918
123	DECES AU COURS DE LA PREMIERE ANNEE: GARCONS DE 6, 7, OU 8 MOIS: ENFANTS ILLEGITIMES, 1918
124	DECES AU COURS DE LA PREMIERE ANNEE: GARCONS DE 9 MOIS A 1 AN: ENFANTS LEGITIMES, 1918
125	DECES AU COURS DE LA PREMIERE ANNEE: GARCONS DE 9 MOIS A 1 AN: ENFANTS ILLEGITIMES, 1918
126	DECES AU COURS DE LA PREMIERE ANNEE: GARCONS TOTAUX: ENFANTS LEGITIMES, 1918
127	DECES AU COURS DE LA PREMIERE ANNEE: GARCONS TOTAUX: ENFANTS ILLEGITIMES, 1918
128	DECES AU COURS DE LA PREMIERE ANNEE: GARCONS TOTAUX: ENFANTS TOTAL, 1918
129	DECES AU COURS DE LA PREMIERE ANNEE: FILLES DE LA NAISSANCE A 4 JOURS: ENFANTS LEGITIMES, 1918

DATA SET 333: MOUVEMENT DE LA POPULATION 1918 (DEPARTEMENT)

NUMERO DE
LA VARIABLE   NOM DE LA VARIABLE

130   DECES AU COURS DE LA PREMIERE ANNEE: FILLES DE LA NAISSANCE A 4 JOURS: ENFANTS
           ILLEGITIMES, 1918

131   DECES AU COURS DE LA PREMIERE ANNEE: FILLES DE 5 A 9 JOURS: ENFANTS LEGITIMES, 1918

132   DECES AU COURS DE LA PREMIERE ANNEE: FILLES DE 5 A 9 JOURS: ENFANTS ILLEGITIMES,
           1918

133   DECES AU COURS DE LA PREMIERE ANNEE: FILLES DE 10 A 14 JOURS: ENFANTS LEGITIMES, 1918

134   DECES AU COURS DE LA PREMIERE ANNEE: FILLES DE 10 A 14 JOURS: ENFANTS ILLEGITIMES,
           1918

135   DECES AU COURS DE LA PREMIERE ANNEE: FILLES DE 15 A 30 JOURS: ENFANTS LEGITIMES,
           1918

136   DECES AU COURS DE LA PREMIERE ANNEE: FILLES DE 15 A 30 JOURS: ENFANTS ILLEGITIMES,
           1918

137   DECES AU COURS DE LA PREMIERE ANNEE: FILLES DE 1 MOIS: ENFANTS LEGITIMES, 1918

138   DECES AU COURS DE LA PREMIERE ANNEE: FILLES DE 1 MOIS: ENFANTS ILLEGITIMES, 1918

139   DECES AU COURS DE LA PREMIERE ANNEE: FILLES DE 2 MOIS: ENFANTS LEGITIMES, 1918

140   DECES AU COURS DE LA PREMIERE ANNEE: FILLES DE 2 MOIS: ENFANTS ILLEGITIMES, 1918

141   DECES AU COURS DE LA PREMIERE ANNEE: FILLES DE 3, 4, OU 5 MOIS: ENFANTS LEGITIMES,
           1918

142   DECES AU COURS DE LA PREMIERE ANNEE: FILLES DE 3, 4, OU 5 MOIS: ENFANTS
           ILLEGITIMES, 1918

143   DECES AU COURS DE LA PREMIERE ANNEE: FILLES DE 6, 7, OU 8 MOIS: ENFANTS LEGITIMES,
           1918

144   DECES AU COURS DE LA PREMIERE ANNEE: FILLES DE 6, 7, OU 8 MOIS: ENFANTS
           ILLEGITIMES, 1918

145   DECES AU COURS DE LA PREMIERE ANNEE: FILLES DE 9 MOIS A 1 AN: ENFANTS LEGITIMES,
           1918

146   DECES AU COURS DE LA PREMIERE ANNEE: FILLES DE 9 MOIS A 1 AN: ENFANTS ILLEGITIMES,
           1918

147   DECES AU COURS DE LA PREMIERE ANNEE: FILLES TOTAUX: ENFANTS LEGITIMES, 1918

148   DECES AU COURS DE LA PREMIERE ANNEE: FILLES TOTAUX: ENFANTS ILLEGITIMES, 1918

149   DECES AU COURS DE LA PREMIERE ANNEE: FILLES TOTAUX: ENFANTS TOTAL, 1918

150   DECES AU COURS DE LA PREMIERE ANNEE: TOTAUX GENERAUX, 1918

DATA SET 334:   MOUVEMENT DE LA POPULATION 1919 (DEPARTEMENT)

SOURCE: STATISTIQUE GENERALE DE LA FRANCE, STATISTIQUE DU MOUVEMENT
          DE LA POPULATION, ANNEES 1914 A 1919, NOUVELLE SERIE,
          TOME III (PARIS, 1922)

```
                VARIABLES 7-15:       PAGES XCVII-XCVIII
                VARIABLES 16-40:      TABLEAU XXVI
                VARIABLES 41-57:      TABLEAU XXVIII
                VARIABLES 58-68:      TABLEAU XXIX
                VARIABLES 69-116:     TABLEAU XXXI
                VARIABLES 117-159:    TABLEAU XXXII
```

NUMERO DE
LA VARIABLE   NOM DE LA VARIABLE

7   MORTALITE INFANTILE PAR DEPARTEMENT: ENFANTS NES VIVANTS, (N), 1919

8   MORTALITE INFANTILE PAR DEPARTEMENT: DECEDES DE 0 A 1 AN ENREGISTRES DANS LE
          DEPARTEMENT: AU TOTAL, (B), 1919

9   MORTALITE INFANTILE PAR DEPARTEMENT: DECEDES DE 0 A 1 AN ENREGISTRES DANS LE
          DEPARTEMENT: NES DANS LE MEME, 1919

10   MORTALITE INFANTILE PAR DEPARTEMENT: DECEDES DE 0 A 1 AN ENREGISTRES DANS LE
          DEPARTEMENT: NES DANS UN AUTRE, 1919

11   MORTALITE INFANTILE PAR DEPARTEMENT: DECEDES DE 0 A 1 AN NES DANS LE DEPARTEMENT:
          MORTS DANS LE MEME, 1919

12   MORTALITE INFANTILE PAR DEPARTEMENT: DECEDES DE 0 A 1 AN NES DANS LE DEPARTEMENT:
          MORTS DANS UN AUTRE, 1919

13   MORTALITE INFANTILE PAR DEPARTEMENT: DECEDES DE 0 A 1 AN NES DANS LE DEPARTEMENT:
          TOTAL: LA DIFFERENCE ENTRE CES DEUX TOTAUX (CELUI-CI ET CELUI DES DECEDES
          ENREGISTRES) PROVIENT DES ENFANTS DECES DANS LES 77 DEPARTEMENTS CONSIDERES ET NES
          DANS LES DEPARTEMENTS DEVASTES (98) OU A L'ETRANGER (145), (R), 1919

14   MORTALITE INFANTILE PAR DEPARTEMENT: TAUX DE MORTALITE POUR 1,000 ENFANTS NES
          VIVANTS: BRUT (=B/N X 1000), 1919

15   MORTALITE INFANTILE PAR DEPARTEMENT: TAUX DE MORTALITE POUR 1,000 ENFANTS NES
          VIVANTS: RECTIFIE (=R/N X 1000), 1919

16   MOUVEMENT DE LA POPULATION: POPULATION LEGALE (DENOMBREMENT DE 1911), 1919

17   MOUVEMENT DE LA POPULATION: MARIAGES, 1919

18   MOUVEMENT DE LA POPULATION: DIVORCES, 1919

19   MOUVEMENT DE LA POPULATION: ENFANTS DECLARES VIVANTS: LEGITIMES: GARCONS, 1919

20   MOUVEMENT DE LA POPULATION: ENFANTS DECLARES VIVANTS: LEGITIMES: FILLES, 1919

21   MOUVEMENT DE LA POPULATION: ENFANTS DECLARES VIVANTS: LEGITIMES: TOTAL, 1919

22   MOUVEMENT DE LA POPULATION: ENFANTS DECLARES VIVANTS: ILLEGITIMES: GARCONS, 1919

23   MOUVEMENT DE LA POPULATION: ENFANTS DECLARES VIVANTS: ILLEGITIMES: FILLES, 1919

24   MOUVEMENT DE LA POPULATION: ENFANTS DECLARES VIVANTS: ILLEGITIMES: TOTAL, 1919

25   MOUVEMENT DE LA POPULATION: ENFANTS DECLARES VIVANTS: TOTAUX: GARCONS, 1919

26   MOUVEMENT DE LA POPULATION: ENFANTS DECLARES VIVANTS: TOTAUX: FILLES, 1919

27   MOUVEMENT DE LA POPULATION: ENFANTS DECLARES VIVANTS: TOTAUX, 1919

28   MOUVEMENT DE LA POPULATION: MORT-NES ET ENFANTS MORTS AVANT LA DECLARATION DE
          NAISSANCE: LEGITIMES: GARCONS, 1919

29   MOUVEMENT DE LA POPULATION: MORT-NES ET ENFANTS MORTS AVANT LA DECLARATION DE
          NAISSANCE: LEGITIMES: FILLES, 1919

DATA SET 334: MOUVEMENT DE LA POPULATION 1919 (DEPARTEMENT)

NUMERO DE
LA VARIABLE   NOM DE LA VARIABLE

30   MOUVEMENT DE LA POPULATION: MORT-NES ET ENFANTS MORTS AVANT LA DECLARATION DE
            NAISSANCE: ILLEGITIMES: GARCONS, 1919

31   MOUVEMENT DE LA POPULATION: MORT-NES ET ENFANTS MORTS AVANT LA DECLARATION DE
            NAISSANCE: ILLEGITIMES: FILLES, 1919

32   MOUVEMENT DE LA POPULATION: MORT-NES ET ENFANTS MORTS AVANT LA DECLARATION DE
            NAISSANCE: TOTAL, 1919

33   MOUVEMENT DE LA POPULATION: DECES: SEXE MASCULIN, 1919

34   MOUVEMENT DE LA POPULATION: DECES: SEXE FEMININ, 1919

35   MOUVEMENT DE LA POPULATION: DECES: TOTAL, 1919

36   MOUVEMENT DE LA POPULATION: EXCEDENT DES NAISSANCES, 1919

37   MOUVEMENT DE LA POPULATION: EXCEDENT DES DECES, 1919

38   MOUVEMENT DE LA POPULATION: NOMBRES INDICES (BASE: 100 EN 1913): CES NOMBRES ONT
            ETE OBTENUS EN RAPPORTANT LES NOMBRES ABSOLUS, AUX NOMBRES CORRESPONDANT DE 1913, LA
            POPULATION DE 1911 NE POUVANT SERVIR DE BASE POUR LE CALCUL DES PROPORTIONS RELATIVES
            A L'ANNEE 1919: MARIAGES, 1919

39   MOUVEMENT DE LA POPULATION: NOMBRES INDICES (BASE: 100 EN 1913): CES NOMBRES ONT
            ETE OBTENUS EN RAPPORTANT LES NOMBRES ABSOLUS, AUX NOMBRES CORRESPONDANT DE 1913, LA
            POPULATION DE 1911 NE POUVANT SERVIR DE BASE POUR LE CALCUL DES PROPORTIONS RELATIVES
            A L'ANNEE 1919: ENFANTS DECLARES VIVANTS, 1919

40   MOUVEMENT DE LA POPULATION: NOMBRES INDICES (BASE: 100 EN 1913): CES NOMBRES ONT
            ETE OBTENUS EN RAPPORTANT LES NOMBRES ABSOLUS, AUX NOMBRES CORRESPONDANT DE 1913, LA
            POPULATION DE 1911 NE POUVANT SERVIR DE BASE POUR LE CALCUL DES PROPORTIONS RELATIVES
            A L'ANNEE 1919: DECES, 1919

41   MARIAGES SUIVANT L'AGE DES EPOUX: AGE DE L'EPOUX: MOINS DE 20 ANS, 1919

42   MARIAGES SUIVANT L'AGE DES EPOUX: AGE DE L'EPOUX: 20 A 24 ANS, 1919

43   MARIAGES SUIVANT L'AGE DES EPOUX: AGE DE L'EPOUX: 25 A 29 ANS, 1919

44   MARIAGES SUIVANT L'AGE DES EPOUX: AGE DE L'EPOUX: 30 A 34 ANS, 1919

45   MARIAGES SUIVANT L'AGE DES EPOUX: AGE DE L'EPOUX: 35 A 39 ANS, 1919

46   MARIAGES SUIVANT L'AGE DES EPOUX: AGE DE L'EPOUX: 40 A 49 ANS, 1919

47   MARIAGES SUIVANT L'AGE DES EPOUX: AGE DE L'EPOUX: 50 A 59 ANS, 1919

48   MARIAGES SUIVANT L'AGE DES EPOUX: AGE DE L'EPOUX: 60 ANS ET PLUS, 1919

49   MARIAGES SUIVANT L'AGE DES EPOUX: AGE DE L'EPOUSE: MOINS DE 20 ANS, 1919

50   MARIAGES SUIVANT L'AGE DES EPOUX: AGE DE L'EPOUSE: 20 A 24 ANS, 1919

51   MARIAGES SUIVANT L'AGE DES EPOUX: AGE DE L'EPOUSE: 25 A 29 ANS, 1919

52   MARIAGES SUIVANT L'AGE DES EPOUX: AGE DE L'EPOUSE: 30 A 34 ANS, 1919

53   MARIAGES SUIVANT L'AGE DES EPOUX: AGE DE L'EPOUSE: 35 A 39 ANS, 1919

54   MARIAGES SUIVANT L'AGE DES EPOUX: AGE DE L'EPOUSE: 40 A 49 ANS, 1919

55   MARIAGES SUIVANT L'AGE DES EPOUX: AGE DE L'EPOUSE: 50 A 59 ANS, 1919

56   MARIAGES SUIVANT L'AGE DES EPOUX: AGE DE L'EPOUSE: 60 ANS ET PLUS, 1919

57   MARIAGES SUIVANT L'AGE DES EPOUX: TOTAL DES MARIAGES, 1919

58   NAISSANCES D'ENFANTS DECLARES VIVANTS: AGE DE LA MERE: MOINS DE 15 ANS, 1919

59   NAISSANCES D'ENFANTS DECLARES VIVANTS: AGE DE LA MERE: 15 A 19 ANS, 1919

DATA SET 334: MOUVEMENT DE LA POPULATION 1919 (DEPARTEMENT)

NUMERO DE LA VARIABLE	NOM DE LA VARIABLE
60	NAISSANCES D'ENFANTS DECLARES VIVANTS: AGE DE LA MERE: 20 A 24 ANS, 1919
61	NAISSANCES D'ENFANTS DECLARES VIVANTS: AGE DE LA MERE: 25 A 29 ANS, 1919
62	NAISSANCES D'ENFANTS DECLARES VIVANTS: AGE DE LA MERE: 30 A 34 ANS, 1919
63	NAISSANCES D'ENFANTS DECLARES VIVANTS: AGE DE LA MERE: 35 A 39 ANS, 1919
64	NAISSANCES D'ENFANTS DECLARES VIVANTS: AGE DE LA MERE: 40 A 44 ANS, 1919
65	NAISSANCES D'ENFANTS DECLARES VIVANTS: AGE DE LA MERE: 45 A 49 ANS, 1919
66	NAISSANCES D'ENFANTS DECLARES VIVANTS: AGE DE LA MERE: 50 ANS ET PLUS, 1919
67	NAISSANCES D'ENFANTS DECLARES VIVANTS: AGE DE LA MERE: NON DECLARE, 1919
68	NAISSANCES D'ENFANTS DECLARES VIVANTS: AGE DE LA MERE: TOTAL, 1919
69	DECES PAR AGE: SEXE MASCULIN: MOINS DE 1 AN, 1919
70	DECES PAR AGE: SEXE MASCULIN: DE 1 A 4 ANS, 1919
71	DECES PAR AGE: SEXE MASCULIN: DE 5 A 9 ANS, 1919
72	DECES PAR AGE: SEXE MASCULIN: DE 10 A 14 ANS, 1919
73	DECES PAR AGE: SEXE MASCULIN: DE 15 A 19 ANS, 1919
74	DECES PAR AGE: SEXE MASCULIN: DE 20 A 24 ANS, 1919
75	DECES PAR AGE: SEXE MASCULIN: DE 25 A 29 ANS, 1919
76	DECES PAR AGE: SEXE MASCULIN: DE 30 A 34 ANS, 1919
77	DECES PAR AGE: SEXE MASCULIN: DE 35 A 39 ANS, 1919
78	DECES PAR AGE: SEXE MASCULIN: DE 40 A 44 ANS, 1919
79	DECES PAR AGE: SEXE MASCULIN: DE 45 A 49 ANS, 1919
80	DECES PAR AGE: SEXE MASCULIN: DE 50 A 54 ANS, 1919
81	DECES PAR AGE: SEXE MASCULIN: DE 55 A 59 ANS, 1919
82	DECES PAR AGE: SEXE MASCULIN: DE 60 A 64 ANS, 1919
83	DECES PAR AGE: SEXE MASCULIN: DE 65 A 69 ANS, 1919
84	DECES PAR AGE: SEXE MASCULIN: DE 70 A 74 ANS, 1919
85	DECES PAR AGE: SEXE MASCULIN: DE 75 A 79 ANS, 1919
86	DECES PAR AGE: SEXE MASCULIN: DE 80 A 84 ANS, 1919
87	DECES PAR AGE: SEXE MASCULIN: DE 85 A 89 ANS, 1919
88	DECES PAR AGE: SEXE MASCULIN: DE 90 A 94 ANS, 1919
89	DECES PAR AGE: SEXE MASCULIN: DE 95 A 99 ANS, 1919
90	DECES PAR AGE: SEXE MASCULIN: DE 100 ANS ET AU-DESSUS, 1919
91	DECES PAR AGE: SEXE MASCULIN: AGE NON DECLARE, 1919
92	DECES PAR AGE: SEXE MASCULIN: TOTAL, 1919
93	DECES PAR AGE: SEXE FEMININ: MOINS DE 1 AN, 1919
94	DECES PAR AGE: SEXE FEMININ: DE 1 A 4 ANS, 1919
95	DECES PAR AGE: SEXE FEMININ: DE 5 A 9 ANS, 1919

DATA SET 334: MOUVEMENT DE LA POPULATION 1919 (DEPARTEMENT)

NUMERO DE
LA VARIABLE   NOM DE LA VARIABLE

96   DECES PAR AGE: SEXE FEMININ: DE 10 A 14 ANS, 1919

97   DECES PAR AGE: SEXE FEMININ: DE 15 A 19 ANS, 1919

98   DECES PAR AGE: SEXE FEMININ: DE 20 A 24 ANS, 1919

99   DECES PAR AGE: SEXE FEMININ: DE 25 A 29 ANS, 1919

100   DECES PAR AGE: SEXE FEMININ: DE 30 A 34 ANS, 1919

101   DECES PAR AGE: SEXE FEMININ: DE 35 A 39 ANS, 1919

102   DECES PAR AGE: SEXE FEMININ: DE 40 A 44 ANS, 1919

103   DECES PAR AGE: SEXE FEMININ: DE 45 A 49 ANS, 1919

104   DECES PAR AGE: SEXE FEMININ: DE 50 A 54 ANS, 1919

105   DECES PAR AGE: SEXE FEMININ: DE 55 A 59 ANS, 1919

106   DECES PAR AGE: SEXE FEMININ: DE 60 A 64 ANS, 1919

107   DECES PAR AGE: SEXE FEMININ: DE 65 A 69 ANS, 1919

108   DECES PAR AGE: SEXE FEMININ: DE 70 A 74 ANS, 1919

109   DECES PAR AGE: SEXE FEMININ: DE 75 A 79 ANS, 1919

110   DECES PAR AGE: SEXE FEMININ: DE 80 A 84 ANS, 1919

111   DECES PAR AGE: SEXE FEMININ: DE 85 A 89 ANS, 1919

112   DECES PAR AGE: SEXE FEMININ: DE 90 A 94 ANS, 1919

113   DECES PAR AGE: SEXE FEMININ: DE 95 A 99 ANS, 1919

114   DECES PAR AGE: SEXE FEMININ: DE 100 ANS ET AU-DESSUS, 1919

115   DECES PAR AGE: SEXE FEMININ: AGE NON DECLARE, 1919

116   DECES PAR AGE: SEXE FEMININ: TOTAL, 1919

117   DECES AU COURS DE LA PREMIERE ANNEE SUIVANT LE SEXE ET LA LEGITIMITE: GARCONS DE LA
          NAISSANCE A 4 JOURS: ENFANTS LEGITIMES, 1919

118   DECES AU COURS DE LA PREMIERE ANNEE SUIVANT LE SEXE ET LA LEGITIMITE: GARCONS DE LA
          NAISSANCE A 4 JOURS: ENFANTS ILLEGITIMES, 1919

119   DECES AU COURS DE LA PREMIERE ANNEE SUIVANT LE SEXE ET LA LEGITIMITE: GARCONS DE 5 A
          9 JOURS: ENFANTS LEGITIMES, 1919

120   DECES AU COURS DE LA PREMIERE ANNEE SUIVANT LE SEXE ET LA LEGITIMITE: GARCONS DE 5 A
          9 JOURS: ENFANTS ILLEGITIMES, 1919

121   DECES AU COURS DE LA PREMIERE ANNEE SUIVANT LE SEXE ET LA LEGITIMITE: GARCONS DE 10
          A 14 JOURS: ENFANTS LEGITIMES, 1919

122   DECES AU COURS DE LA PREMIERE ANNEE SUIVANT LE SEXE ET LA LEGITIMITE: GARCONS DE 10
          A 14 JOURS: ENFANTS ILLEGITIMES, 1919

123   DECES AU COURS DE LA PREMIERE ANNEE SUIVANT LE SEXE ET LA LEGITIMITE: GARCONS DE 15
          A 30 JOURS: ENFANTS LEGITIMES, 1919

124   DECES AU COURS DE LA PREMIERE ANNEE SUIVANT LE SEXE ET LA LEGITIMITE: GARCONS DE 15
          A 30 JOURS: ENFANTS ILLEGITIMES, 1919

125   DECES AU COURS DE LA PREMIERE ANNEE SUIVANT LE SEXE ET LA LEGITIMITE: GARCONS DE 1
          MOIS: ENFANTS LEGITIMES, 1919

126   DECES AU COURS DE LA PREMIERE ANNEE SUIVANT LE SEXE ET LA LEGITIMITE: GARCONS DE 1
          MOIS: ENFANTS ILLEGITIMES, 1919

DATA SET 334: MOUVEMENT DE LA POPULATION 1919 (DEPARTEMENT)

NUMERO DE LA VARIABLE	NOM DE LA VARIABLE
127	DECES AU COURS DE LA PREMIERE ANNEE SUIVANT LE SEXE ET LA LEGITIMITE: GARCONS DE 2 MOIS: ENFANTS LEGITIMES, 1919
128	DECES AU COURS DE LA PREMIERE ANNEE SUIVANT LE SEXE ET LA LEGITIMITE: GARCONS DE 2 MOIS: ENFANTS ILLEGITIMES, 1919
129	DECES AU COURS DE LA PREMIERE ANNEE SUIVANT LE SEXE ET LA LEGITIMITE: GARCONS DE 3, 4 OU 5 MOIS: ENFANTS LEGITIMES, 1919
130	DECES AU COURS DE LA PREMIERE ANNEE SUIVANT LE SEXE ET LA LEGITIMITE: GARCONS DE 3, 4 OU 5 MOIS: ENFANTS ILLEGITIMES, 1919
131	DECES AU COURS DE LA PREMIERE ANNEE SUIVANT LE SEXE ET LA LEGITIMITE: GARCONS DE 6, 7 OU 8 MOIS: ENFANTS LEGITIMES, 1919
132	DECES AU COURS DE LA PREMIERE ANNEE SUIVANT LE SEXE ET LA LEGITIMITE: GARCONS DE 6, 7 OU 8 MOIS: ENFANTS ILLEGITIMES, 1919
133	DECES AU COURS DE LA PREMIERE ANNEE SUIVANT LE SEXE ET LA LEGITIMITE: GARCONS DE 9 MOIS A 1 AN: ENFANTS LEGITIMES, 1919
134	DECES AU COURS DE LA PREMIERE ANNEE SUIVANT LE SEXE ET LA LEGITIMITE: GARCONS DE 9 MOIS A 1 AN: ENFANTS ILLEGITIMES, 1919
135	DECES AU COURS DE LA PREMIERE ANNEE SUIVANT LE SEXE ET LA LEGITIMITE: GARCONS, TOTAUX: ENFANTS LEGITIMES, 1919
136	DECES AU COURS DE LA PREMIERE ANNEE SUIVANT LE SEXE ET LA LEGITIMITE: GARCONS, TOTAUX: ENFANTS ILLEGITIMES, 1919
137	DECES AU COURS DE LA PREMIERE ANNEE SUIVANT LE SEXE ET LA LEGITIMITE: GARCONS, TOTAUX: TOTAL, 1919
138	DECES AU COURS DE LA PREMIERE ANNEE SUIVANT LE SEXE ET LA LEGITIMITE: FILLES DE LA NAISSANCE A 4 JOURS: ENFANTS LEGITIMES, 1919
139	DECES AU COURS DE LA PREMIERE ANNEE SUIVANT LE SEXE ET LA LEGITIMITE: FILLES DE LA NAISSANCE A 4 JOURS: ENFANTS ILLEGITIMES, 1919
140	DECES AU COURS DE LA PREMIERE ANNEE SUIVANT LE SEXE ET LA LEGITIMITE: FILLES DE 5 A 9 JOURS: ENFANTS LEGITIMES, 1919
141	DECES AU COURS DE LA PREMIERE ANNEE SUIVANT LE SEXE ET LA LEGITIMITE: FILLES DE 5 A 9 JOURS: ENFANTS ILLEGITIMES, 1919
142	DECES AU COURS DE LA PREMIERE ANNEE SUIVANT LE SEXE ET LA LEGITIMITE: FILLES DE 10 A 14 JOURS: ENFANTS LEGITIMES, 1919
143	DECES AU COURS DE LA PREMIERE ANNEE SUIVANT LE SEXE ET LA LEGITIMITE: FILLES DE 10 A 14 JOURS: ENFANTS ILLEGITIMES, 1919
144	DECES AU COURS DE LA PREMIERE ANNEE SUIVANT LE SEXE ET LA LEGITIMITE: FILLES DE 15 A 30 JOURS: ENFANTS LEGITIMES, 1919
145	DECES AU COURS DE LA PREMIERE ANNEE SUIVANT LE SEXE ET LA LEGITIMITE: FILLES DE 15 A 30 JOURS: ENFANTS ILLEGITIMES, 1919
146	DECES AU COURS DE LA PREMIERE ANNEE SUIVANT LE SEXE ET LA LEGITIMITE: FILLES DE 1 MOIS: ENFANTS LEGITIMES, 1919
147	DECES AU COURS DE LA PREMIERE ANNEE SUIVANT LE SEXE ET LA LEGITIMITE: FILLES DE 1 MOIS: ENFANTS ILLEGITIMES, 1919
148	DECES AU COURS DE LA PREMIERE ANNEE SUIVANT LE SEXE ET LA LEGITIMITE: FILLES DE 2 MOIS: ENFANTS LEGITIMES, 1919
149	DECES AU COURS DE LA PREMIERE ANNEE SUIVANT LE SEXE ET LA LEGITIMITE: FILLES DE 2 MOIS: ENFANTS ILLEGITIMES, 1919
150	DECES AU COURS DE LA PREMIERE ANNEE SUIVANT LE SEXE ET LA LEGITIMITE: FILLES DE 3, 4 OU 5 MOIS: ENFANTS LEGITIMES, 1919

DATA SET 334:   MOUVEMENT DE LA POPULATION 1919 (DEPARTEMENT)

NUMERO DE
LA VARIABLE   NOM DE LA VARIABLE

151   DECES AU COURS DE LA PREMIERE ANNEE SUIVANT LE SEXE ET LA LEGITIMITE: FILLES DE 3, 4
            OU 5 MOIS: ENFANTS ILLEGITIMES, 1919

152   DECES AU COURS DE LA PREMIERE ANNEE SUIVANT LE SEXE ET LA LEGITIMITE: FILLES DE 6, 7
            OU 8 MOIS: ENFANTS LEGITIMES, 1919

153   DECES AU COURS DE LA PREMIERE ANNEE SUIVANT LE SEXE ET LA LEGITIMITE: FILLES DE 6, 7
            OU 8 MOIS: ENFANTS ILLEGITIMES, 1919

154   DECES AU COURS DE LA PREMIERE ANNEE SUIVANT LE SEXE ET LA LEGITIMITE: FILLES DE 9
            MOIS A 1 AN: ENFANTS LEGITIMES, 1919

155   DECES AU COURS DE LA PREMIERE ANNEE SUIVANT LE SEXE ET LA LEGITIMITE: FILLES DE 9
            MOIS A 1 AN: ENFANTS ILLEGITIMES, 1919

156   DECES AU COURS DE LA PREMIERE ANNEE SUIVANT LE SEXE ET LA LEGITIMITE: FILLES,
            TOTAUX: ENFANTS LEGITIMES, 1919

157   DECES AU COURS DE LA PREMIERE ANNEE SUIVANT LE SEXE ET LA LEGITIMITE: FILLES,
            TOTAUX: ENFANTS ILLEGITIMES, 1919

158   DECES AU COURS DE LA PREMIERE ANNEE SUIVANT LE SEXE ET LA LEGITIMITE: FILLES,
            TOTAUX: ENFANTS TOTAL, 1919

159   DECES AU COURS DE LA PREMIERE ANNEE SUIVANT LE SEXE ET LA LEGITIMITE: TOTAUX
            GENERAUX, 1919

DATA SET 262:   MOUVEMENT DE LA POPULATION 1920 (DEPARTEMENT)

SOURCE: STATISTIQUE GENERALE DE LA FRANCE, STATISTIQUE DU
         MOUVEMENT DE LA POPULATION, ANNEES 1920 A 1924, NOUVELLE
         SERIE, TOME IV (PARIS, 1928)

```
         VARIABLES 7-12:      PAGE XXXVII
         VARIABLES 13-17:     PAGE XLIX
         VARIABLES 18-21:     PAGE XLVI
         VARIABLES 22-24:     PAGE LXXXV
         VARIABLE  25:        PAGE XLXXXIX
         VARIABLES 26-42:     PAGE XC-XCI
         VARIABLES 43-59:     PAGE XCII-XCIII
         VARIABLES 60-69:     PAGE CII-CIV
         VARIABLES 70-95:     TABLEAU XXVI
         VARIABLES 96-112:    TABLEAU XXVIII
         VARIABLES 113-123:   TABLEAU XXIX
         VARIABLES 124-171:   TABLEAU XXXI
         VARIABLES 172-213:   TABLEAU XXXII
```

NUMERO DE
LA VARIABLE   NOM DE LA VARIABLE

7   NOMBRE ANNUEL MOYEN DE MARIAGES 1920-1924

8   NOMBRE MOYEN DE PERSONNES MARIABLES (MILLIERS): HOMMES (AVEC UNE DECIMALE) 1920-1924

9   NOMBRE MOYEN DE PERSONNES MARIABLES (MILLIERS): FEMMES (AVEC UNE DECIMALE) 1920-1924

10   PROPORTION ANNUELLE MOYENNE DES NOUVEAUX MARIES: POUR 10,000 PERSONNES MARIABLES:
         HOMMES 1920-1924

11   PROPORTION ANNUELLE MOYENNE DES NOUVEAUX MARIES: POUR 10,000 PERSONNES MARIABLES:
         FEMMES 1920-1924

12   PROPORTION ANNUELLE MOYENNE DES NOUVEAUX MARIES: POUR 10,000 HABITANTS 1920-1924

13   NOMBRE ANNUEL MOYEN DE DIVORCES 1920-1924

14   POPULATION MOYENNE RECENSEE EN 1921-1926 (MILLIERS)

15   NOMBRE MOYEN DES FEMMES MARIEES EN 1921 (MILLIERS)

16   PROPORTION ANNUELLE MOYENNE: DES NOUVEAUX DIVORCES POUR 1 MILLION D'HABITANTS
         1920-1924

17   PROPORTION ANNUELLE MOYENNE: DES NOUVEAUX DIVORCES POUR 1 MILLION DE FEMMES MARIEES
         1920-1924

18   NOMBRE ANNUEL MOYEN DES ENFANTS DECLARES VIVANTS DE 1920 A 1924

19   NOMBRE DE FEMMES AGEES DE 15 A 49 ANS EN 1921 (EN MILLIERS) (AVEC UNE DECIMALE)

20   PROPORTION ANNUELLE MOYENNE DES ENFANTS DECLARES VIVANTS: POUR 10,000 HABITANTS
         1920-1924

21   PROPORTION ANNUEL MOYENNE DES ENFANTS DECLARES VIVANTS: POUR 1,000 FEMMES DE 15 A 49
         ANS 1920-1924

22   NOMBRE MOYEN: DES HABITANTS RECENSES EN 1921 ET 1926

23   NOMBRE MOYEN: DES DECES EN 1920-1924

24   NOMBRE MOYEN: DES DECES POUR 10,000 HABITANTS 1920-1924

25   TAUX RECTIFIES DE MORTALITE POUR 10,000 HABITANTS EN 1920-1922 CALCULES POUR UNE
         POPULATION TYPE

26   TAUX MOYENS DES DECES POUR 10000 HABITANTS SEXE MASCULIN: 0 A 1 AN 1920-1922

27   TAUX MOYENS DES DECES POUR 10000 HABITANTS SEXE MASCULIN: 1 A 4 ANS 1920-1922

28   TAUX MOYENS DES DECES POUR 10000 HABITANTS SEXE MASCULIN: 5 A 9 ANS 1920-1922

29   TAUX MOYENS DES DECES POUR 10000 HABITANTS SEXE MASCULIN: 10 A 14 ANS 1920-1922

DATA SET 262:   MOUVEMENT DE LA POPULATION 1920 (DEPARTEMENT)

NUMERO DE
LA VARIABLE   NOM DE LA VARIABLE

30	TAUX MOYENS DES DECES POUR 10000 HABITANTS SEXE MASCULIN: 15 A 19 ANS 1920-1922
31	TAUX MOYENS DES DECES POUR 10000 HABITANTS SEXE MASCULIN: 20 A 24 ANS 1920-22
32	TAUX MOYENS DES DECES POUR 10000 HABITANTS SEXE MASCULIN: 25 A 29 ANS 1920-1922
33	TAUX MOYENS DES DECES POUR 10000 HABITANTS SEXE MASCULIN: 30 A 34 ANS 1920-1922
34	TAUX MOYENS DES DECES POUR 10000 HABITANTS SEXE MASCULIN: 35 A 39 ANS 1920-1922
35	TAUX MOYENS DES DECES POUR 10000 HABITANTS SEXE MASCULIN: 40 A 44 ANS 1920-1922
36	TAUX MOYENS DES DECES POUR 10000 HABITANTS SEXE MASCULIN: 45 A 49 ANS 1920-1922
37	TAUX MOYENS DES DECES POUR 10000 HABITANTS SEXE MASCULIN: 50 A 54 ANS 1920-1922
38	TAUX MOYENS DES DECES POUR 10000 HABITANTS SEXE MASCULIN: 55 A 59 ANS 1920-1922
39	TAUX MOYENS DES DECES POUR 10000 HABITANTS SEXE MASCULIN: 60 A 64 ANS 1920-1922
40	TAUX MOYENS DES DECES POUR 10000 HABITANTS SEXE MASCULIN: 65 A 69 ANS 1920-1922
41	TAUX MOYENS DES DECES POUR 10000 HABITANTS SEXE MASCULIN: 70 A 79 ANS 1920-1922
42	TAUX MOYENS DES DECES POUR 10000 HABITANTS SEXE MASCULIN: 80 ANS ET PLUS 1920-1922
43	TAUX MOYENS DES DECES POUR 10000 HABITANTS SEXE FEMININ: 0 A 1 AN 1920-1922
44	TAUX MOYENS DES DECES POUR 10000 HABITANTS SEXE FEMININ: 1 A 4 ANS 1920-1922
45	TAUX MOYENS DES DECES POUR 10000 HABITANTS SEXE FEMININ: 5 A 9 ANS 1920-1922
46	TAUX MOYENS DES DECES POUR 10000 HABITANTS SEXE FEMININ: 10 A 14 ANS 1920-1922
47	TAUX MOYENS DES DECES POUR 10000 HABITANTS SEXE FEMININ: 15 A 19 ANS 1920-1922
48	TAUX MOYENS DES DECES POUR 10000 HABITANTS SEXE FEMININ: 20 A 24 ANS 1920-1922
49	TAUX MOYENS DES DECES POUR 10000 HABITANTS SEXE FEMININ: 25 A 29 ANS 1920-1922
50	TAUX MOYENS DES DECES POUR 10000 HABITANTS SEXE FEMININ: 30 A 34 ANS 1920-1922
51	TAUX MOYENS DES DECES POUR 10000 HABITANTS SEXE FEMININ: 35 A 39 ANS 1920-1922
52	TAUX MOYENS DES DECES POUR 10000 HABITANTS SEXE FEMININ: 40 A 44 ANS 1920-1922
53	TAUX MOYENS DES DECES POUR 10000 HABITANTS SEXE FEMININ: 45 A 49 ANS 1920-1922
54	TAUX MOYENS DES DECES POUR 10000 HABITANTS SEXE FEMININ: 50 A 54 ANS 1920-1922
55	TAUX MOYENS DES DECES POUR 10000 HABITANTS SEXE FEMININ: 55 A 59 ANS 1920-1922
56	TAUX MOYENS DES DECES POUR 10000 HABITANTS SEXE FEMININ: 60 A 64 ANS 1920-1922
57	TAUX MOYENS DES DECES POUR 10000 HABITANTS SEXE FEMININ: 65 A 69 ANS 1920-1922
58	TAUX MOYENS DES DECES POUR 10000 HABITANTS SEXE FEMININ: 70 A 79 ANS 1920-1922
59	TAUX MOYENS DES DECES POUR 10000 HABITANTS SEXE FEMININ: 80 ANS ET PLUS 1920-1922
60	TAUX DE MORTALITE DE 0 A 1 AN, BRUTS ET RECTIFIES POUR 1000 ENFANTS DECLARES VIVANTS: B 1920
61	TAUX DE MORTALITE DE 0 A 1 AN, BRUTS ET RECTIFIES POUR 1000 ENFANTS DECLARES VIVANTS: R 1920
62	TAUX DE MORTALITE DE 0 A 1 AN, BRUTS ET RECTIFIES POUR 1000 ENFANTS DECLARES VIVANTS: B 1921
63	TAUX DE MORTALITE DE 0 A 1 AN, BRUTS ET RECTIFIES POUR 1000 ENFANTS DECLARES VIVANTS: R 1921

279

DATA SET 262: MOUVEMENT DE LA POPULATION 1920 (DEPARTEMENT)

NUMERO DE
LA VARIABLE   NOM DE LA VARIABLE

64   TAUX DE MORTALITE DE 0 A 1 AN, BRUTS ET RECTIFIES POUR 1000 ENFANTS DECLARES VIVANTS:
          B 1922

65   TAUX DE MORTALITE DE 0 A 1 AN, BRUTS ET RECTIFIES POUR 1000 ENFANTS DECLARES VIVANTS:
          R 1922

66   TAUX DE MORTALITE DE 0 A 1 AN, BRUTS ET RECTIFIES POUR 1000 ENFANTS DECLARES VIVANTS:
          B 1923

67   TAUX DE MORTALITE DE 0 A 1 AN, BRUTS ET RECTIFIES POUR 1000 ENFANTS DECLARES VIVANTS:
          R 1923

68   TAUX DE MORTALITE DE 0 A 1 AN, BRUTS ET RECTIFIES POUR 1000 ENFANTS DECLARES VIVANTS:
          B 1924

69   TAUX DE MORTALITE DE 0 A 1 AN, BRUTS ET RECTIFIES POUR 1000 ENFANTS DECLARES VIVANTS:
          R 1924

70   MOUVEMENT DE POPULATION PAR DEPARTEMENT POPULATION LEGALE (DENOMBREMENT DE 1921)

71   MOUVEMENT DE POPULATION PAR DEPARTEMENT EN 1920: MARIAGES

72   MOUVEMENT DE POPULATION PAR DEPARTEMENT EN 1920: DIVORCES

73   MOUVEMENT DE POPULATION PAR DEPARTEMENT EN 1920: ENFANTS DECLARES VIVANTS:
          LEGITIMES: GARCONS

74   MOUVEMENT DE POPULATION PAR DEPARTEMENT EN 1920: ENFANTS DECLARES VIVANTS:
          LEGITIMES: FILLES

75   MOUVEMENT DE POPULATION PAR DEPARTEMENT EN 1920: ENFANTS DECLARES VIVANTS:
          LEGITIMES: TOTAL

76   MOUVEMENT DE POPULATION PAR DEPARTEMENT EN 1920: ENFANTS DECLARES VIVANTS:
          ILLEGITIMES: GARCONS

77   MOUVEMENT DE POPULATION PAR DEPARTEMENT EN 1920: ENFANTS DECLARES VIVANTS:
          ILLEGITIMES: FILLES

78   MOUVEMENT DE POPULATION PAR DEPARTEMENT EN 1920: ENFANTS DECLARES VIVANTS
          ILLEGITIMES: TOTAL

79   MOUVEMENT DE POPULATION PAR DEPARTEMENT EN 1920: ENFANTS DECLARES VIVANTS: TOTAUX:
          GARCONS

80   MOUVEMENT DE POPULATION PAR DEPARTEMENT EN 1920: ENFANTS DECLARES VIVANTS: TOTAUX:
          FILLES

81   MOUVEMENT DE POPULATION PAR DEPARTEMENT EN 1920: TOTAUX DES DES ENFANTS DECLARES
          VIVANTS

82   MOUVEMENT DE POPULATION PAR DEPARTEMENT EN 1920: MORT-NES ET ENFANTS MORTS AVANT LA
          DECLARATION DE NAISSANCE: LEGITIMES: GARCONS

83   MOUVEMENT DE POPULATION PAR DEPARTEMENT EN 1920: MORT-NES ET ENFANTS MORTS AVANT LA
          DECLARATION DE NAISSANCE: LEGITIMES: FILLES

84   MOUVEMENT DE POPULATION PAR DEPARTEMENT EN 1920: MORT-NES ET ENFANTS MORTS AVANT LA
          DECLARATION DE NAISSANCE: ILLEGITIMES: GARCONS

85   MOUVEMENT DE POPULATION PAR DEPARTEMENT EN 1920: MORT-NES ET ENFANTS MORTS AVANT LA
          DECLARATION DE NAISSANCE: ILLEGITIMES: FILLES

86   MOUVEMENT DE POPULATION PAR DEPARTEMENT EN 1920: MORT-NES ET ENFANTS MORTS AVANT LA
          DECLARATION DE NAISSANCE: TOTAL

87   MOUVEMENT DE POPULATION PAR DEPARTEMENT EN 1920: DECES: SEXE MASCULIN

88   MOUVEMENT DE POPULATION PAR DEPARTEMENT EN 1920: DECES: SEXE FEMININ

89   MOUVEMENT DE POPULATION PAR DEPARTEMENT EN 1920: DECES: TOTAL

280

DATA SET 262:   MOUVEMENT DE LA POPULATION 1920 (DEPARTEMENT)

NUMERO DE
LA VARIABLE   NOM DE LA VARIABLE

90   MOUVEMENT DE POPULATION PAR DEPARTEMENT EN 1920: EXCEDENT: DES NAISSANCES

91   MOUVEMENT DE POPULATION PAR DEPARTEMENT EN 1920: EXCEDENT: DES DECES

92   MOUVEMENT DE POPULATION PAR DEPARTEMENT EN 1920: PROPORTION POUR 10000 HABITANTS:
            MARIAGES

93   MOUVEMENT DE POPULATION PAR DEPARTEMENT EN 1920: PROPORTION POUR 10000 HABITANTS:
            ENFANTS VIVANTS

94   MOUVEMENT DE POPULATION PAR DEPARTEMENT EN 1920: PROPORTION POUR 10000 HABITANTS:
            DECES

95   MOUVEMENT DE POPULATION PAR DEPARTEMENT EN 1920: PROPORTION POUR 10000 HABITANTS:
            EXCEDENT + NAISSANCES DECES

96   MARIAGES: AGE DE L'EPOUX: MOINS DE 20 ANS, 1920

97   MARIAGES: AGE DE L'EPOUX: 20 A 24 ANS 1920

98   MARIAGES: AGE DE L'EPOUX: 25 A 29 ANS 1920

99   MARIAGES: AGE DE L'EPOUX: 30 A 34 ANS 1920

100   MARIAGES: AGE DE L'EPOUX: 35 A 39 ANS 1920

101   MARIAGES: AGE DE L'EPOUX: 40 A 49 ANS 1920

102   MARIAGES: AGE DE L'EPOUX: 50 A 59 ANS 1920

103   MARIAGES: AGE DE L'EPOUX: 60 ANS ET PLUS 1920

104   MARIAGES: AGE DE L'EPOUSE: MOINS DE 20 ANS 1920

105   MARIAGES: AGE DE L'EPOUSE: 20 A 24 ANS 1920

106   MARIAGES: AGE DE L'EPOUSE: 25 A 29 ANS 1920

107   MARIAGES: AGE DE L'EPOUSE: 30 A 34 ANS 1920

108   MARIAGES: AGE DE L'EPOUSE: 35 A 39 ANS 1920

109   MARIAGES: AGE DE L'EPOUSE: 40 A 49 ANS 1920

110   MARIAGES: AGE DE L'EPOUSE: 50 A 59 ANS 1920

111   MARIAGES: AGE DE L'EPOUSE: 60 ANS ET PLUS 1920

112   MARIAGES: TOTAL DES MARIAGES 1920

113   ENFANTS DECLARES VIVANTS-AGE DE LA MERE: MOINS DE 15 ANS, 1920

114   ENFANTS DECLARES VIVANTS-AGE DE LA MERE: 15 A 19 ANS, 1920

115   ENFANTS DECLARES VIVANTS-AGE DE LA MERE: 20 A 24 ANS, 1920

116   ENFANTS DECLARES VIVANTS-AGE DE LA MERE: 25 A 29 ANS, 1920

117   ENFANTS DECLARES VIVANTS-AGE DE LA MERE: 30 A 34 ANS, 1920

118   ENFANTS DECLARES VIVANTS-AGE DE LA MERE: 35 A 39 ANS, 1920

119   ENFANTS DECLARES VIVANTS-AGE DE LA MERE: 40 A 44 ANS, 1920

120   ENFANTS DECLARES VIVANTS-AGE DE LA MERE: 45 A 49 ANS, 1920

121   ENFANTS DECLARES VIVANTS-AGE DE LA MERE: 50 ANS ET PLUS 1920

122   ENFANTS DECLARES VIVANTS-AGE DE LA MERE: NON DECLARE 1920

123   ENFANTS DECLARES VIVANTS-AGE DE LA MERE: TOTAUX 1920

DATA SET 262: MOUVEMENT DE LA POPULATION 1920 (DEPARTEMENT)

NUMERO DE
LA VARIABLE   NOM DE LA VARIABLE

124   DECES PAR AGE-SEXE MASCULIN: MOINS DE 1 AN 1920
125   DECES PAR AGE-SEXE MASCULIN: DE 1 A 4 ANS 1920
126   DECES PAR AGE-SEXE MASCULIN: DE 5 A 9 ANS 1920
127   DECES PAR AGE-SEXE MASCULIN: DE 10 A 14 ANS 1920
128   DECES PAR AGE-SEXE MASCULIN: DE 15 A 19 ANS 1920
129   DECES PAR AGE-SEXE MASCULIN: DE 20 A 24 ANS 1920
130   DECES PAR AGE-SEXE MASCULIN: DE 25 A 29 ANS 1920
131   DECES PAR AGE-SEXE MASCULIN: DE 30 A 34 ANS 1920
132   DECES PAR AGE-SEXE MASCULIN: DE 35 A 39 ANS 1920
133   DECES PAR AGE-SEXE MASCULIN: DE 40 A 44 ANS 1920
134   DECES PAR AGE-SEXE MASCULIN: DE 45 A 49 ANS 1920
135   DECES PAR AGE-SEXE MASCULIN: DE 50 A 54 ANS 1920
136   DECES PAR AGE-SEXE MASCULIN: DE 55 A 59 ANS 1920
137   DECES PAR AGE-SEXE MASCULIN: DE 60 A 64 ANS 1920
138   DECES PAR AGE-SEXE MASCULIN: DE 65 A 69 ANS 1920
139   DECES PAR AGE-SEXE MASCULIN: DE 70 A 74 ANS 1920
140   DECES PAR AGE-SEXE MASCULIN: DE 75 A 79 ANS 1920
141   DECES PAR AGE-SEXE MASCULIN: DE 80 A 84 ANS 1920
142   DECES PAR AGE-SEXE MASCULIN: DE 85 A 89 ANS 1920
143   DECES PAR AGE-SEXE MASCULIN: DE 90 A 94 ANS 1920
144   DECES PAR AGE-SEXE MASCULIN: DE 95 A 99 ANS 1920
145   DECES PAR AGE-SEXE MASCULIN: DE 100 ANS ET AU-DESSUS 1920
146   DECES PAR AGE-SEXE MASCULIN: AGE NON DECLARE 1920
147   DECES PAR AGE - SEXE MASCULIN: TOTAL 1920
148   DECES PAR AGE-SEXE FEMININ: MOINS DE 1 AN 1920
149   DECES PAR AGE-SEXE FEMININ: DE 1 A 4 ANS 1920
150   DECES PAR AGE-SEXE FEMININ: DE 5 A 9 ANS 1920
151   DECES PAR AGE-SEXE FEMININ: DE 10 A 14 ANS 20, 1920
152   DECES PAR AGE-SEXE FEMININ: DE 15 A 19 ANS 20, 1920
153   DECES PAR AGE-SEXE FEMININ: DE 20 A 24 ANS 20, 1920
154   DECES PAR AGE-SEXE FEMININ: DE 25 A 29 ANS 20, 1920
155   DECES PAR AGE-SEXE FEMININ: DE 30 A 34 ANS 1920
156   DECES PAR AGE-SEXE FEMININ: DE 35 A 39 ANS 1920
157   DECES PAR AGE-SEXE FEMININ: DE 40 A 44 ANS, 1920
158   DECES PAR AGE-SEXE FEMININ: DE 45 A 49 ANS 1920
159   DECES PAR AGE-SEXE FEMININ: DE 50 A 54 ANS 1920

DATA SET 262: MOUVEMENT DE LA POPULATION 1920 (DEPARTEMENT)

NUMERO DE
LA VARIABLE   NOM DE LA VARIABLE

160   DECES PAR AGE-SEXE FEMININ: DE 55 A 59 ANS 1920

161   DECES PAR AGE-SEXE FEMININ: DE 60 A 64 ANS 1920

162   DECES PAR AGE-SEXE FEMININ: DE 65 A 69 ANS 1920

163   DECES PAR AGE-SEXE FEMININ: DE 70 A 74 ANS 1920

164   DECES PAR AGE-SEXE FEMININ: DE 75 A 79 ANS 1920

165   DECES PAR AGE-SEXE FEMININ: DE 80 A 84 ANS 1920

166   DECES PAR AGE-SEXE FEMININ: DE 85 A 89 ANS 1920

167   DECES PAR AGE-SEXE FEMININ: DE 90 A 94 ANS 1920

168   DECES PAR AGE-SEXE FEMININ: DE 95 A 99 ANS 1920

169   DECES PAR AGE-SEXE FEMININ: DE 100 ANS ET AU-DESSUS 1920

170   DECES PAR AGE-SEXE FEMININ:AGE NON DECLARE 1920

171   DECES PAR AGE-SEXE FEMININ: TOTAL 1920

172   DECES AU COURS DE LA PREMIERE ANNEE GARCONS: DE LA NAISSANCE - 4 JOURS: ENFANTS LEGITIMES 1920

173   DECES AU COURS DE LA PREMIERE ANNEE: GARCONS: DE LA NAISSANCE -4 JOURS: ENFANTS ILLEGITIMES 1920

174   DECES AU COURS DE LA PREMIERE ANNEE: GARCONS DE 5-9 JOURS: ENFANTS: LEGITIMES 1920

175   DECES AU COURS DE LA PREMIERE ANNEE: GARCONS DE 5-9 JOURS: ENFANTS: ILLEGITIMES 1920

176   DECES AU COURS DE LA PREMIERE ANNEE: GARCONS DE 10 A 14 JOURS: ENFANTS: LEGITIMES 1920

177   DECES AU COURS DE LA PREMIERE ANNEE: GARCONS DE 10 A 14 JOURS: ENFANTS: ILLEGITIMES 1920

178   DECES AU COURS DE LA PREMIERE ANNEE: GARCONS DE 15 A 30 JOURS: ENFANTS: LEGITIMES 1920

179   DECES AU COURS DE LA PREMIERE ANNEE: GARCONS DE 15 A 30 JOURS: ENFANTS: ILLEGITIMES 1920

180   DECES AU COURS DE LA PREMIERE ANNEE: GARCONS DE 31 A 60 JOURS: ENFANTS: LEGITIMES 1920

181   DECES AU COURS DE LA PREMIERE ANNEE: GARCONS DE 31 A 60 JOURS: ENFANTS: ILLEGITIMES 1920

182   DECES AU COURS DE LA PREMIERE ANNEE: GARCONS DE 61 A 90 JOURS: ENFANTS: LEGITIMES 1920

183   DECES AU COURS DE LA PREMIERE ANNEE: GARCONS DE 61 A 90 JOURS: ENFANTS: ILLEGITIMES 1920

184   DECES AU COURS DE LA PREMIERE ANNEE: GARCONS DE 91 A 180 JOURS: ENFANTS: LEGITIMES 1920

185   DECES AU COURS DE LA PREMIERE ANNEE: GARCONS DE 91 A 180 JOURS: ENFANTS: ILLEGITIMES 1920

186   DECES AU COURS DE LA PREMIERE ANNEE: GARCONS DE 181 A 270 JOURS: ENFANTS: LEGITIMES 1920

187   DECES AU COURS DE LA PREMIERE ANNEE: GARCONS DE 181 A 270 JOURS: ENFANTS: ILLEGITIMES 1920

DATA SET 262:   MOUVEMENT DE LA POPULATION 1920 (DEPARTEMENT)

NUMERO DE
LA VARIABLE   NOM DE LA VARIABLE

188   DECES AU COURS DE LA PREMIERE ANNEE: GARCONS DE 271 A 365 JOURS: ENFANTS:
        LEGITIMES 1920

189   DECES AU COURS DE LA PREMIERE ANNEE: GARCONS DE 271 A 365 JOURS: ENFANTS:
        ILLEGITIMES 1920

190   DECES AU COURS DE LA PREMIERE ANNEE: GARCONS: TOTAUX ENFANTS: LEGITIMES 1920

191   DECES AU COURS DE LA PREMIERE ANNEE: GARCONS TOTAUX ENFANTS: ILLEGITIMES 1920

192   DECES AU COURS DE LA PREMIERE ANNEE: GARCONS TOTAUX ENFANTS: TOTAL 1920

193   DECES AU COURS DE LA PREMIERE ANNEE: FILLES: DE LA NAISSANCE A 4 JOURS: ENFANTS:
        LEGITIMES 1920

194   DECES AU COURS DE LA PREMIERE ANNEE: FILLES: DE LA NAISSANCE A 4 JOURS: ENFANTS:
        ILLEGITIMES 1920

195   DECES AU COURS DE LA PREMIERE ANNEE: FILLES: DE 5 A 9 JOURS: ENFANTS: LEGITIMES
        1920

196   DECES AU COURS DE LA PREMIERE ANNEE: FILLES: DE 5 A 9 JOURS: ENFANTS: ILLEGITIMES
        1920

197   DECES.AU COURS DE LA PREMIERE ANNEE: FILLES: DE 10 A 14 JOURS: ENFANTS: LEGITIMES
        1920

198   DECES AU COURS DE LA PREMIERE ANNEE: FILLES: DE 10 A 14 JOURS: ENFANTS:
        ILLEGITIMES 1920

199   DECES AU COURS DE LA PREMIERE ANNEE: FILLES: DE 15 A 30 JOURS: ENFANTS: LEGITIMES
        1920

200   DECES AU COURS DE LA PREMIERE ANNEE: FILLES: DE 15 A 30 JOURS: ENFANTS:
        ILLEGITIMES 1920

201   DECES AU COURS DE LA PREMIERE ANNEE: FILLES: DE 31 A 60 JOURS: ENFANTS: LEGITIMES
        1920

202   DECES AU COURS DE LA PREMIERE ANNEE: FILLES: DE 31 A 60 JOURS: ENFANTS:
        ILLEGITIMES 1920

203   DECES AU COURS DE LA PREMIERE ANNEE: FILLES: DE 61 A 90 JOURS: ENFANTS: LEGITIMES
        1920

204   DECES AU COURS DE LA PREMIERE ANNEE: FILLES: DE 61 A 90 JOURS: ENFANTS:
        ILLEGITIMES 1920

205   DECES AU COURS DE LA PREMIERE ANNEE: FILLES: DE 91 A 180 JOURS: ENFANTS:
        LEGITIMES 1920

206   DECES AU COURS DE LA PREMIERE ANNEE: FILLES: DE 91 A 180 JOURS: ENFANTS:
        ILLEGITIMES 1920

207   DECES AU COURS DE LA PREMIERE ANNEE: FILLES: DE 181 A 270 JOURS: ENFANTS:
        LEGITIMES 1920

208   DECES AU COURS DE LA PREMIERE ANNEE: FILLES: DE 181 A 270 JOURS: ENFANTS:
        ILLEGITIMES 1920

209   DECES AU COURS DE LA PREMIERE ANNEE: FILLES: DE 271 A 365 JOURS: ENFANTS:
        LEGITIMES 1920

210   DECES AU COURS DE LA PREMIERE ANNEE: FILLES: DE 271 A 365 JOURS: ENFANTS:
        ILLEGITIMES 1920

211   DECES AU COURS DE LA PREMIERE ANNEE: FILLES: TOTAUX ENFANTS: LEGITIMES 1920

212   DECES AU COURS DE LA PREMIERE ANNEE: FILLES: TOTAUX ENFANTS: ILLEGITIMES 1920

213   DECES AU COURS DE LA PREMIERE ANNEE: FILLES: TOTAUX ENFANTS: TOTAL 1920

DATA SET 263:   MOUVEMENT DE LA POPULATION 1921 (DEPARTEMENT)

SOURCE: STATISTIQUE GENERALE DE LA FRANCE, STATISTIQUE DU
         MOUVEMENT DE LA POPULATION, ANNEES 1920 A 1924, NOUVELLE
         SERIE, TOME IV (PARIS, 1928)

                    VARIABLES 7-32:   TABLEAU XXVI
                    VARIABLES 33-40:   TABLEAU XXVII
                    VARIABLES 41-57:   TABLEAU XXVIII
                    VARIABLES 58-68:   TABLEAU XXIX
                    VARIABLES 69-78:   TABLEAU XXX
                    VARIABLES 79-126:   TABLEAU XXXI
                    VARIABLES 127-168:   TABLEAU XXXII

NUMERO DE
LA VARIABLE   NOM DE LA VARIABLE

   7   MOUVEMENT DE LA POPULATION: POPULATION LEGALE (DENOMBREMENT DE 1921), 1921

   8   MOUVEMENT DE LA POPULATION: MARIAGES, 1921

   9   MOUVEMENT DE LA POPULATION: DIVORCES, 1921

  10   MOUVEMENT DE LA POPULATION: ENFANTS DECLARES VIVANTS: LEGITIMES: GARCONS, 1921

  11   MOUVEMENT DE LA POPULATION: ENFANTS DECLARES VIVANTS: LEGITIMES: FILLES, 1921

  12   MOUVEMENT DE LA POPULATION: ENFANTS DECLARES VIVANTS: LEGITIMES: TOTAL, 1921

  13   MOUVEMENT DE LA POPULATION: ENFANTS DECLARES VIVANTS: ILLEGITIMES: GARCONS, 1921

  14   MOUVEMENT DE LA POPULATION: ENFANTS DECLARES VIVANTS: ILLEGITIMES: FILLES, 1921

  15   MOUVEMENT DE LA POPULATION: ENFANTS DECLARES VIVANTS: ILLEGITIMES: TOTAL, 1921

  16   MOUVEMENT DE LA POPULATION: ENFANTS DECLARES VIVANTS: TOTAUX: GARCONS, 1921

  17   MOUVEMENT DE LA POPULATION: ENFANTS DECLARES VIVANTS: TOTAUX: FILLES, 1921

  18   MOUVEMENT DE LA POPULATION: TOTAL DES ENFANTS DECLARES VIVANTS, 1921

  19   MOUVEMENT DE LA POPULATION: MORT-NES ET ENFANTS MORTS AVANT LA DECLARATION DE
            NAISSANCE: LEGITIMES: GARCONS, 1921

  20   MOUVEMENT DE LA POPULATION: MORT-NES ET ENFANTS MORTS AVANT LA DECLARATION DE
            NAISSANCE: LEGITIMES: FILLES, 1921

  21   MOUVEMENT DE LA POPULATION: MORT-NES ET ENFANTS MORTS AVANT LA DECLARATION DE
            NAISSANCE: ILLEGITIMES: GARCONS, 1921

  22   MOUVEMENT DE LA POPULATION: MORT-NES ET ENFANTS MORTS AVANT LA DECLARATION DE
            NAISSANCE: ILLEGITIMES: FILLES, 1921

  23   MOUVEMENT DE LA POPULATION: MORT-NES ET ENFANTS MORTS AVANT LA DECLARATION DE
            NAISSANCE: TOTAL, 1921

  24   MOUVEMENT DE LA POPULATION: DECES: SEXE MASCULIN, 1921

  25   MOUVEMENT DE LA POPULATION: DECES: SEXE FEMININ, 1921

  26   MOUVEMENT DE LA POPULATION: DECES: TOTAL, 1921

  27   MOUVEMENT DE LA POPULATION: EXCEDENT: DES NAISSANCES, 1921

  28   MOUVEMENT DE LA POPULATION: EXCEDENT: DES DECES, 1921

  29   MOUVEMENT DE LA POPULATION: PROPORTION POUR 10,000 HABITANTS: NOUVEAUX MARIES, 1921

  30   MOUVEMENT DE LA POPULATION: PROPORTION POUR 10,000 HABITANTS: ENFANTS VIVANTS, 1921

  31   MOUVEMENT DE LA POPULATION: PROPORTION POUR 10,000 HABITANTS: DECES, 1921

  32   MOUVEMENT DE LA POPULATION: PROPORTION POUR 10,000 HABITANTS: EXCEDENT: +
            NAISSANCES, -DECES, 1921

DATA SET 263: MOUVEMENT DE LA POPULATION 1921 (DEPARTEMENT)

NUMERO DE LA VARIABLE	NOM DE LA VARIABLE
33	ANNEE 1920: ENFANTS DECLARES VIVANTS: POPULATION URBAINE, 1920
34	ANNEE 1920: ENFANTS DECLARES VIVANTS: POPULATION RURALE, 1920
35	ANNEE 1920: DECES: POPULATION URBAINE, 1920
36	ANNEE 1920: DECES: POPULATION RURALE, 1920
37	ANNEE 1921: ENFANTS DECLARES VIVANTS: POPULATION URBAINE, 1921
38	ANNEE 1921: ENFANTS DECLARES VIVANTS: POPULATION RURALE, 1921
39	ANNEE 1921: DECES: POPULATION URBAINE, 1921
40	ANNEE 1921: DECES: POPULATION RURALE, 1921
41	MARIAGES EN 1921: AGE DE L'EPOUX: MOINS DE 20 ANS, 1921
42	MARIAGES EN 1921: AGE DE L'EPOUX: 20 A 24 ANS, 1921
43	MARIAGES EN 1921: AGE DE L'EPOUX: 25 A 29 ANS, 1921
44	MARIAGES EN 1921: AGE DE L'EPOUX: 30 A 34 ANS, 1921
45	MARIAGES EN 1921: AGE DE L'EPOUX: 35 A 39 ANS, 1921
46	MARIAGES EN 1921: AGE DE L'EPOUX: 40 A 49 ANS, 1921
47	MARIAGES EN 1921: AGE DE L'EPOUX: 50 A 59 ANS, 1921
48	MARIAGES EN 1921: AGE DE L'EPOUX: 60 ANS ET PLUS, 1921
49	MARIAGES EN 1921: AGE DE L'EPOUSE: MOINS DE 20 ANS, 1921
50	MARIAGES EN 1921: AGE DE L'EPOUSE: 20 A 24 ANS, 1921
51	MARIAGES EN 1921: AGE DE L'EPOUSE: 25 A 29 ANS, 1921
52	MARIAGES EN 1921: AGE DE L'EPOUSE: 30 A 34 ANS, 1921
53	MARIAGES EN 1921: AGE DE L'EPOUSE: 35 A 39 ANS, 1921
54	MARIAGES EN 1921: AGE DE L'EPOUSE: 40 A 49 ANS, 1921
55	MARIAGES EN 1921: AGE DE L'EPOUSE: 50 A 59 ANS, 1921
56	MARIAGES EN 1921: AGE DE L'EPOUSE: 60 ANS ET PLUS, 1921
57	MARIAGES EN 1921: TOTAL DES MARIAGES, 1921
58	NAISSANCES EN 1921: ENFANTS DECLARES VIVANTS: AGE DE LA MERE: MOINS DE 15 ANS, 1921
59	NAISSANCES EN 1921: ENFANTS DECLARES VIVANTS: AGE DE LA MERE: 15 A 19 ANS, 1921
60	NAISSANCES EN 1921: ENFANTS DECLARES VIVANTS: AGE DE LA MERE: 20 A 24 ANS, 1921
61	NAISSANCES EN 1921: ENFANTS DECLARES VIVANTS: AGE DE LA MERE: 25 A 29 ANS, 1921
62	NAISSANCES EN 1921: ENFANTS DECLARES VIVANTS: AGE DE LA MERE: 30 A 34 ANS, 1921
63	NAISSANCES EN 1921: ENFANTS DECLARES VIVANTS: AGE DE LA MERE: 35 A 39 ANS, 1921
64	NAISSANCES EN 1921: ENFANTS DECLARES VIVANTS: AGE DE LA MERE: 40 A 44 ANS, 1921
65	NAISSANCES EN 1921: ENFANTS DECLARES VIVANTS: AGE DE LA MERE: 45 A 49 ANS, 1921
66	NAISSANCES EN 1921: ENFANTS DECLARES VIVANTS: AGE DE LA MERE: 50 ANS ET PLUS, 1921
67	NAISSANCES EN 1921: ENFANTS DECLARES VIVANTS: AGE DE LA MERE: AGE NON DECLARE, 1921
68	NAISSANCES EN 1921: ENFANTS DECLARES VIVANTS: AGE DE LA MERE: TOTAUX, 1921

DATA SET 263:   MOUVEMENT DE LA POPULATION 1921 (DEPARTEMENT)

NUMERO DE
LA VARIABLE   NOM DE LA VARIABLE

69   NAISSANCES: ANNEE 1920: NOMBRE DES ACCOUCHEMENTS DOUBLES, 1920

70   NAISSANCES: ANNEE 1920: ENFANTS ISSUS DE CES ACCOUCHEMENTS: GARCONS: VIVANTS, 1920

71   NAISSANCES: ANNEE 1920: ENFANTS ISSUS DE CES ACCOUCHEMENTS: GARCONS: MORTS, 1920

72   NAISSANCES: ANNEE 1920: ENFANTS ISSUS DE CES ACCOUCHEMENTS: FILLES: VIVANTES, 1920

73   NAISSANCES: ANNEE 1920: ENFANTS ISSUS DE CES ACCOUCHEMENTS: FILLES: MORTES, 1920

74   NAISSANCES: ANNEE 1921: NOMBRE DES ACCOUCHEMENTS DOUBLES, 1921

75   NAISSANCES: ANNEE 1921: ENFANTS ISSUS DE CES ACCOUCHEMENTS: GARCONS: VIVANTS, 1921

76   NAISSANCES: ANNEE 1921: ENFANTS ISSUS DE CES ACCOUCHEMENTS: GARCONS: MORTS, 1921

77   NAISSANCES: ANNEE 1921: ENFANTS ISSUS DE CES ACCOUCHEMENTS: FILLES: VIVANTES, 1921

78   NAISSANCES: ANNEE 1921: ENFANTS ISSUS DE CES ACCOUCHEMENTS: FILLES: MORTES, 1921

79   DECES PAR AGE-SEXE MASCULIN: MOINS DE 1 AN, 1921

80   DECES PAR AGE-SEXE MASCULIN: DE 1 A 4 ANS, 1921

81   DECES PAR AGE-SEXE MASCULIN: DE 5 A 9 ANS, 1921

82   DECES PAR AGE-SEXE MASCULIN: DE 10 A 14 ANS, 1921

83   DECES PAR AGE-SEXE MASCULIN: DE 15 A 19 ANS, 1921

84   DECES PAR AGE-SEXE MASCULIN: DE 20 A 24 ANS, 1921

85   DECES PAR AGE-SEXE MASCULIN: DE 25 A 29 ANS, 1921

86   DECES PAR AGE-SEXE MASCULIN: DE 30 A 34 ANS, 1921

87   DECES PAR AGE-SEXE MASCULIN: DE 35 A 39 ANS, 1921

88   DECES PAR AGE-SEXE MASCULIN: DE 40 A 44 ANS, 1921

89   DECES PAR AGE-SEXE MASCULIN: DE 45 A 49 ANS, 1921

90   DECES PAR AGE-SEXE MASCULIN: DE 50 A 54 ANS, 1921

91   DECES PAR AGE-SEXE MASCULIN: DE 55 A 59 ANS, 1921

92   DECES PAR AGE-SEXE MASCULIN: DE 60 A 64 ANS, 1921

93   DECES PAR AGE-SEXE MASCULIN: DE 65 A 69 ANS, 1921

94   DECES PAR AGE-SEXE MASCULIN: DE 70 A 74 ANS, 1921

95   DECES PAR AGE-SEXE MASCULIN: DE 75 A 79 ANS, 1921

96   DECES PAR AGE-SEXE MASCULIN: DE 80 A 84 ANS, 1921

97   DECES PAR AGE-SEXE MASCULIN: DE 85 A 89 ANS, 1921

98   DECES PAR AGE-SEXE MASCULIN: DE 90 A 94 ANS, 1921

99   DECES PAR AGE-SEXE MASCULIN: DE 95 A 99 ANS, 1921

100   DECES PAR AGE-SEXE MASCULIN: DE 100 ANS ET AU-DESSUS, 1921

101   DECES PAR AGE-SEXE MASCULIN: AGE NON DECLARE, 1921

102   DECES PAR AGE-SEXE MASCULIN: TOTAL, 1921

103   DECES PAR AGE-SEXE FEMININ: MOINS DE 1 AN, 1921

104   DECES PAR AGE-SEXE FEMININ: DE 1 A 4 ANS, 1921

DATA SET 263:   MOUVEMENT DE LA POPULATION 1921 (DEPARTEMENT)

NUMERO DE
LA VARIABLE   NOM DE LA VARIABLE

105   DECES PAR AGE-SEXE FEMININ: DE 5 A 9 ANS, 1921

106   DECES PAR AGE-SEXE FEMININ: DE 10 A 14 ANS, 1921

107   DECES PAR AGE-SEXE FEMININ: DE 15 A 19 ANS, 1921

108   DECES PAR AGE-SEXE FEMININ: DE 20 A 24 ANS, 1921

109   DECES PAR AGE-SEXE FEMININ: DE 25 A 29 ANS, 1921

110   DECES PAR AGE-SEXE FEMININ: DE 30 A 34 ANS, 1921

111   DECES PAR AGE-SEXE FEMININ: DE 35 A 39 ANS, 1921

112   DECES PAR AGE-SEXE FEMININ: DE 40 A 44 ANS, 1921

113   DECES PAR AGE-SEXE FEMININ: DE 45 A 49 ANS, 1921

114   DECES PAR AGE-SEXE FEMININ: DE 50 A 54 ANS, 1921

115   DECES PAR AGE-SEXE FEMININ: DE 55 A 59 ANS, 1921

116   DECES PAR AGE-SEXE FEMININ: DE 60 A 64 ANS, 1921

117   DECES PAR AGE-SEXE FEMININ: DE 65 A 69 ANS, 1921

118   DECES PAR AGE-SEXE FEMININ: DE 70 A 74 ANS, 1921

119   DECES PAR AGE-SEXE FEMININ: DE 75 A 79 ANS, 1921

120   DECES PAR AGE-SEXE FEMININ: DE 80 A 84 ANS, 1921

121   DECES PAR AGE-SEXE FEMININ: DE 85 A 89 ANS, 1921

122   DECES PAR AGE-SEXE FEMININ: DE 90 A 94 ANS, 1921

123   DECES PAR AGE-SEXE FEMININ: DE 95 A 99 ANS, 1921

124   DECES PAR AGE-SEXE FEMININ: DE 100 ANS ET AU-DESSUS, 1921

125   DECES PAR AGE-SEXE FEMININ: AGE NON DECLARE, 1921

126   DECES PAR AGE-SEXE FEMININ: TOTAL, 1921

127   DECES AU COURS DE LA PREMIERE ANNEE: GARCONS: DE LA NAISSANCE A 4 JOURS: ENFANTS:
           LEGITIMES, 1921

128   DECES AU COURS DE LA PREMIERE ANNEE: GARCONS: DE LA NAISSANCE A 4 JOURS: ENFANTS:
           ILLEGITIMES, 1921

129   DECES AU COURS DE LA PREMIERE ANNEE: GARCONS: DE 5 A 9 JOURS: ENFANTS: LEGITIMES,
           1921

130   DECES AU COURS DE LA PREMIERE ANNEE: GARCONS: DE 5 A 9 JOURS: ENFANTS:
           ILLEGITIMES, 1921

131   DECES AU COURS DE LA PREMIERE ANNEE: GARCONS: DE 10 A 14 JOURS: ENFANTS:
           LEGITIMES, 1921

132   DECES AU COURS DE LA PREMIERE ANNEE: GARCONS: DE 10 A 14 JOURS: ENFANTS:
           ILLEGITIMES, 1921

133   DECES AU COURS DE LA PREMIERE ANNEE: GARCONS: DE 15 A 30 JOURS: ENFANTS:
           LEGITIMES, 1921

134   DECES AU COURS DE LA PREMIERE ANNEE: GARCONS: DE 15 A 30 JOURS: ENFANTS:
           ILLEGITIMES, 1921

135   DECES AU COURS DE LA PREMIERE ANNEE: GARCONS: DE 31 A 60 JOURS: ENFANTS:
           LEGITIMES, 1921

DATA SET 263:   MOUVEMENT DE LA POPULATION 1921 (DEPARTEMENT)

NUMERO DE
LA VARIABLE   NOM DE LA VARIABLE

136   DECES AU COURS DE LA PREMIERE ANNEE: GARCONS: DE 31 A 60 JOURS: ENFANTS:
         ILLEGITIMES, 1921

137   DECES AU COURS DE LA PREMIERE ANNEE: GARCONS: DE 61 A 90 JOURS: ENFANTS:
         LEGITIMES, 1921

138   DECES AU COURS DE LA PREMIERE ANNEE: GARCONS: DE 61 A 90 JOURS: ENFANTS:
         ILLEGITIMES, 1921

139   DECES AU COURS DE LA PREMIERE ANNEE: GARCONS: DE 91 A 180 JOURS: ENFANTS:
         LEGITIMES, 1921

140   DECES AU COURS DE LA PREMIERE ANNEE: GARCONS: DE 91 A 180 JOURS: ENFANTS:
         ILLEGITIMES, 1921

141   DECES AU COURS DE LA PREMIERE ANNEE: GARCONS: DE 181 A 270 JOURS: ENFANTS:
         LEGITIMES, 1921

142   DECES AU COURS DE LA PREMIERE ANNEE: GARCONS: DE 181 A 270 JOURS: ENFANTS:
         ILLEGITIMES, 1921

143   DECES AU COURS DE LA PREMIERE ANNEE: GARCONS: DE 271 A 365 JOURS: ENFANTS:
         LEGITIMES, 1921

144   DECES AU COURS DE LA PREMIERE ANNEE: GARCONS: DE 271 A 365 JOURS: ENFANTS:
         ILLEGITIMES, 1921

145   DECES AU COURS DE LA PREMIERE ANNEE: GARCONS: TOTAUX: ENFANTS: LEGITIMES, 1921

146   DECES AU COURS DE LA PREMIERE ANNEE: GARCONS: TOTAUX: ENFANTS: ILLEGITIMES, 1921

147   DECES AU COURS DE LA PREMIERE ANNEE: GARCONS: TOTAUX: ENFANTS: TOTAL, 1921

148   DECES AU COURS DE LA PREMIERE ANNEE: FILLES: DE LA NAISSANCE A 4 JOURS: ENFANTS:
         LEGITIMES, 1921

149   DECES AU COURS DE LA PREMIERE ANNEE: FILLES: DE LA NAISSANCE A 4 JOURS: ENFANTS:
         ILLEGITIMES, 1921

150   DECES AU COURS DE LA PREMIERE ANNEE: FILLES: DE 5 A 9 JOURS: ENFANTS: LEGITIMES,
         1921

151   DECES AU COURS DE LA PREMIERE ANNEE: FILLES: DE 5 A 9 JOURS: ENFANTS: ILLEGITIMES,
         1921

152   DECES AU COURS DE LA PREMIERE ANNEE: FILLES: DE 10 A 14 JOURS: ENFANTS: LEGITIMES,
         1921

153   DECES AU COURS DE LA PREMIERE ANNEE: FILLES: DE 10 A 14 JOURS: ENFANTS:
         ILLEGITIMES, 1921

154   DECES AU COURS DE LA PREMIERE ANNEE: FILLES: DE 15 A 30 JOURS: ENFANTS: LEGITIMES,
         1921

155   DECES AU COURS DE LA PREMIERE ANNEE: FILLES: DE 15 A 30 JOURS: ENFANTS:
         ILLEGITIMES, 1921

156   DECES AU COURS DE LA PREMIERE ANNEE: FILLES: DE 31 A 60 JOURS: ENFANTS: LEGITIMES,
         1921

157   DECES AU COURS DE LA PREMIERE ANNEE: FILLES: DE 31 A 60 JOURS: ENFANTS:
         ILLEGITIMES, 1921

158   DECES AU COURS DE LA PREMIERE ANNEE: FILLES: DE 61 A 90 JOURS: ENFANTS: LEGITIMES,
         1921

159   DECES AU COURS DE LA PREMIERE ANNEE: FILLES: DE 61 A 90 JOURS: ENFANTS:
         ILLEGITIMES, 1921

160   DECES AU COURS DE LA PREMIERE ANNEE: FILLES: DE 91 A 180 JOURS: ENFANTS:
         LEGITIMES, 1921

DATA SET 263:   MOUVEMENT DE LA POPULATION 1921 (DEPARTEMENT)

NUMERO DE LA VARIABLE	NOM DE LA VARIABLE
161	DECES AU COURS DE LA PREMIERE ANNEE: FILLES: DE 91 A 180 JOURS: ENFANTS: ILLEGITIMES, 1921
162	DECES AU COURS DE LA PREMIERE ANNEE: FILLES: DE 181 A 270 JOURS: ENFANTS: LEGITIMES, 1921
163	DECES AU COURS DE LA PREMIERE ANNEE: FILLES: DE 181 A 270 JOURS: ENFANTS: ILLEGITIMES, 1921
164	DECES AU COURS DE LA PREMIERE ANNEE: FILLES: DE 271 A 365 JOURS: ENFANTS: LEGITIMES, 1921
165	DECES AU COURS DE LA PREMIERE ANNEE: FILLES: DE 271 A 365 JOURS: ENFANTS: ILLEGITIMES, 1921
166	DECES AU COURS DE LA PREMIERE ANNEE: FILLES: TOTAUX: ENFANTS: LEGITIMES, 1921
167	DECES AU COURS DE LA PREMIERE ANNEE: FILLES: TOTAUX: ENFANTS: ILLEGITIMES, 1921
168	DECES AU COURS DE LA PREMIERE ANNEE: FILLES: TOTAUX: ENFANTS: TOTAL, 1921

DATA SET 296:   MOUVEMENT DE LA POPULATION 1922 (DEPARTEMENT)

SOURCE: STATISTIQUE GENERALE DE LA FRANCE, STATISTIQUE DU
          MOUVEMENT DE LA POPULATION, ANNEES 1920 A 1924, NOUVELLE
          SERIE, TOME IV (PARIS, 1928)

                    VARIABLES 7-32:   TABLEAU XXVI
                    VARIABLES 33-49:   TABLEAU XXVIII
                    VARIABLES 50-60:   TABLEAU XXIX
                    VARIABLES 61-108:   TABLEAU XXXI
                    VARIABLES 109-150: TABLEAU XXXII

NUMERO DE
LA VARIABLE   NOM DE LA VARIABLE

   7   MOUVEMENT DE LA POPULATION: POPULATION LEGALE (DENOMBREMENT DE 1921)

   8   MOUVEMENT DE LA POPULATION: MARIAGES, 1922

   9   MOUVEMENT DE LA POPULATION: DIVORCES, 1922

   10   MOUVEMENT DE LA POPULATION: ENFANTS DECLARES VIVANTS: LEGITIMES: GARCONS, 1922

   11   MOUVEMENT DE LA POPULATION: ENFANTS DECLARES VIVANTS: LEGITIMES: FILLES, 1922

   12   MOUVEMENT DE LA POPULATION: ENFANTS DECLARES VIVANTS: LEGITIMES: TOTAL, 1922

   13   MOUVEMENT DE LA POPULATION: ENFANTS DECLARES VIVANTS: ILLEGITIMES: GARCONS, 1922

   14   MOUVEMENT DE LA POPULATION: ENFANTS DECLARES VIVANTS: ILLEGITIMES: FILLES, 1922

   15   MOUVEMENT DE LA POPULATION: ENFANTS DECLARES VIVANTS: ILLEGITIMES: TOTAL, 1922

   16   MOUVEMENT DE LA POPULATION: ENFANTS DECLARES VIVANTS: TOTAUX: GARCONS, 1922

   17   MOUVEMENT DE LA POPULATION: ENFANTS DECLARES VIVANTS: TOTAUX: FILLES, 1922

   18   MOUVEMENT DE LA POPULATION: TOTAL DES ENFANTS DECLARES VIVANTS, 1922

   19   MOUVEMENT DE LA POPULATION: MORT-NES ET ENFANTS MORTS AVANT LA DECLARATION DE
              NAISSANCE: LEGITIMES: GARCONS, 1922

   20   MOUVEMENT DE LA POPULATION: MORT-NES ET ENFANTS MORTS AVANT LA DECLARATION DE
              NAISSANCE: LEGITIMES: FILLES, 1922

   21   MOUVEMENT DE LA POPULATION: MORT-NES ET ENFANTS MORTS AVANT LA DECLARATION DE
              NAISSANCE: ILLEGITIMES: GARCONS, 1922

   22   MOUVEMENT DE LA POPULATION: MORT-NES ET ENFANTS MORTS AVANT LA DECLARATION DE
              NAISSANCE: ILLEGITIMES: FILLES, 1922

   23   MOUVEMENT DE LA POPULATION: MORT-NES ET ENFANTS MORTS AVANT LA DECLARATION DE
              NAISSANCE: TOTAL, 1922

   24   MOUVEMENT DE LA POPULATION: DECES: SEXE MASCULIN, 1922

   25   MOUVEMENT DE LA POPULATION: DECES: SEXE FEMININ, 1922

   26   MOUVEMENT DE LA POPULATION: DECES: TOTAL, 1922

   27   MOUVEMENT DE LA POPULATION: EXCEDENT DES NAISSANCES, 1922

   28   MOUVEMENT DE LA POPULATION: EXCEDENT DES DECES, 1922

   29   MOUVEMENT DE LA POPULATION: PROPORTION POUR 10,000 HABITANTS: NOUVEAUX MARIES, 1922

   30   MOUVEMENT DE LA POPULATION: PROPORTION POUR 10,000 HABITANTS: ENFANTS VIVANTS, 1922

   31   MOUVEMENT DE LA POPULATION: PROPORTION POUR 10,000 HABITANTS: DECES, 1922

   32   MOUVEMENT DE LA POPULATION: PROPORTION POUR 10,000 HABITANTS: EXCEDENT DES
              NAISSANCES OU DES DECES, 1922

   33   MARIAGES: AGE DE L'EPOUX: MOINS DE 20 ANS, 1922

DATA SET 296: MOUVEMENT DE LA POPULATION 1922 (DEPARTEMENT)

NUMERO DE LA VARIABLE	NOM DE LA VARIABLE
34	MARIAGES: AGE DE L'EPOUX: 20 A 24 ANS, 1922
35	MARIAGES: AGE DE L'EPOUX: 25 A 29 ANS, 1922
36	MARIAGES: AGE DE L'EPOUX: 30 A 34 ANS, 1922
37	MARIAGES: AGE DE L'EPOUX: 35 A 39 ANS, 1922
38	MARIAGES: AGE DE L'EPOUX: 40 A 49 ANS, 1922
39	MARIAGES: AGE DE L'EPOUX: 50 A 59 ANS, 1922
40	MARIAGES: AGE DE L'EPOUX: 60 ANS ET PLUS, 1922
41	MARIAGES: AGE DE L'EPOUSE: MOINS DE 20 ANS, 1922
42	MARIAGES: AGE DE L'EPOUSE: 20 A 24 ANS, 1922
43	MARIAGES: AGE DE L'EPOUSE: 25 A 29 ANS, 1922
44	MARIAGES: AGE DE L'EPOUSE: 30 A 34 ANS, 1922
45	MARIAGES: AGE DE L'EPOUSE: 35 A 39 ANS, 1922
46	MARIAGES: AGE DE L'EPOUSE: 40 A 49 ANS, 1922
47	MARIAGES: AGE DE L'EPOUSE: 50 A 59 ANS, 1922
48	MARIAGES: AGE DE L'EPOUSE: 60 ANS ET PLUS, 1922
49	MARIAGES: TOTAL DES MARIAGES, 1922
50	NAISSANCES D'ENFANTS DECLARES VIVANTS: AGE DE LA MERE: MOINS DE 15 ANS, 1922
51	NAISSANCES D'ENFANTS DECLARES VIVANTS: AGE DE LA MERE: 15 A 19 ANS, 1922
52	NAISSANCES D'ENFANTS DECLARES VIVANTS: AGE DE LA MERE: 20 A 24 ANS, 1922
53	NAISSANCES D'ENFANTS DECLARES VIVANTS: AGE DE LA MERE: 25 A 29 ANS, 1922
54	NAISSANCES D'ENFANTS DECLARES VIVANTS: AGE DE LA MERE: 30 A 34 ANS, 1922
55	NAISSANCES D'ENFANTS DECLARES VIVANTS: AGE DE LA MERE: 35 A 39 ANS, 1922
56	NAISSANCES D'ENFANTS DECLARES VIVANTS: AGE DE LA MERE: 40 A 44 ANS, 1922
57	NAISSANCES D'ENFANTS DECLARES VIVANTS: AGE DE LA MERE: 45 A 49 ANS, 1922
58	NAISSANCES D'ENFANTS DECLARES VIVANTS: AGE DE LA MERE: 50 ANS ET PLUS, 1922
59	NAISSANCES D'ENFANTS DECLARES VIVANTS: AGE DE LA MERE: AGE NON DECLARE, 1922
60	NAISSANCES D'ENFANTS DECLARES VIVANTS: AGE DE LA MERE: TOTAUX, 1922
61	DECES PAR AGE: SEXE MASCULIN: MOINS DE 1 AN, 1922
62	DECES PAR AGE: SEXE MASCULIN: DE 1 A 4 ANS, 1922
63	DECES PAR AGE: SEXE MASCULIN: DE 5 A 9 ANS, 1922
64	DECES PAR AGE: SEXE MASCULIN: DE 10 A 14 ANS, 1922
65	DECES PAR AGE: SEXE MASCULIN: DE 15 A 19 ANS, 1922
66	DECES PAR AGE: SEXE MASCULIN: DE 20 A 24 ANS, 1922
67	DECES PAR AGE: SEXE MASCULIN: DE 25 A 29 ANS, 1922
68	DECES PAR AGE: SEXE MASCULIN: DE 30 A 34 ANS, 1922
69	DECES PAR AGE: SEXE MASCULIN: DE 35 A 39 ANS, 1922

DATA SET 296: MOUVEMENT DE LA POPULATION 1922 (DEPARTEMENT)

NUMERO DE LA VARIABLE	NOM DE LA VARIABLE
70	DECES PAR AGE: SEXE MASCULIN: DE 40 A 44 ANS, 1922
71	DECES PAR AGE: SEXE MASCULIN: DE 45 A 49 ANS, 1922
72	DECES PAR AGE: SEXE MASCULIN: DE 50 A 54 ANS, 1922
73	DECES PAR AGE: SEXE MASCULIN: DE 55 A 59 ANS, 1922
74	DECES PAR AGE: SEXE MASCULIN: DE 60 A 64 ANS, 1922
75	DECES PAR AGE: SEXE MASCULIN: DE 65 A 69 ANS, 1922
76	DECES PAR AGE: SEXE MASCULIN: DE 70 A 74 ANS, 1922
77	DECES PAR AGE: SEXE MASCULIN: DE 75 A 79 ANS, 1922
78	DECES PAR AGE: SEXE MASCULIN: DE 80 A 84 ANS, 1922
79	DECES PAR AGE: SEXE MASCULIN: DE 85 A 89 ANS, 1922
80	DECES PAR AGE: SEXE MASCULIN: DE 90 A 94 ANS, 1922
81	DECES PAR AGE: SEXE MASCULIN: DE 95 A 99 ANS, 1922
82	DECES PAR AGE: SEXE MASCULIN: DE 100 ANS ET AU-DESSUS, 1922
83	DECES PAR AGE: SEXE MASCULIN: AGE NON DECLARE, 1922
84	DECES PAR AGE: SEXE MASCULIN: TOTAL, 1922
85	DECES PAR AGE: SEXE FEMININ: MOINS DE 1 AN, 1922
86	DECES PAR AGE: SEXE FEMININ: DE 1 A 4 ANS, 1922
87	DECES PAR AGE: SEXE FEMININ: DE 5 A 9 ANS, 1922
88	DECES PAR AGE: SEXE FEMININ: DE 10 A 14 ANS, 1922
89	DECES PAR AGE: SEXE FEMININ: DE 15 A 19 ANS, 1922
90	DECES PAR AGE: SEXE FEMININ: DE 20 A 24 ANS, 1922
91	DECES PAR AGE: SEXE FEMININ: DE 25 A 29 ANS, 1922
92	DECES PAR AGE: SEXE FEMININ: DE 30 A 34 ANS, 1922
93	DECES PAR AGE: SEXE FEMININ: DE 35 A 39 ANS, 1922
94	DECES PAR AGE: SEXE FEMININ: DE 40 A 44 ANS, 1922
95	DECES PAR AGE: SEXE FEMININ: DE 45 A 49 ANS, 1922
96	DECES PAR AGE: SEXE FEMININ: DE 50 A 54 ANS, 1922
97	DECES PAR AGE: SEXE FEMININ: DE 55 A 59 ANS, 1922
98	DECES PAR AGE: SEXE FEMININ: DE 60 A 64 ANS, 1922
99	DECES PAR AGE: SEXE FEMININ: DE 65 A 69 ANS, 1922
100	DECES PAR AGE: SEXE FEMININ: DE 70 A 74 ANS, 1922
101	DECES PAR AGE: SEXE FEMININ: DE 75 A 79 ANS, 1922
102	DECES PAR AGE: SEXE FEMININ: DE 80 A 84 ANS, 1922
103	DECES PAR AGE: SEXE FEMININ: DE 85 A 89 ANS, 1922
104	DECES PAR AGE: SEXE FEMININ: DE 90 A 94 ANS, 1922
105	DECES PAR AGE: SEXE FEMININ: DE 95 A 99 ANS, 1922

DATA SET 296: MOUVEMENT DE LA POPULATION 1922 (DEPARTEMENT)

NUMERO DE LA VARIABLE	NOM DE LA VARIABLE
106	DECES PAR AGE: SEXE FEMININ: DE 100 ANS ET AU-DESSUS, 1922
107	DECES PAR AGE: SEXE FEMININ: AGE NON DECLARE, 1922
108	DECES PAR AGE: SEXE FEMININ: TOTAL, 1922
109	DECES AU COURS DE LA PREMIERE ANNEE: GARCONS: DE LA NAISSANCE A 4 JOURS: ENFANTS LEGITIMES, 1922
110	DECES AU COURS DE LA PREMIERE ANNEE: GARCONS: DE LA NAISSANCE A 4 JOURS: ENFANTS ILLEGITIMES, 1922
111	DECES AU COURS DE LA PREMIERE ANNEE: GARCONS: DE 5 A 9 JOURS: ENFANTS LEGITIMES, 1922
112	DECES AU COURS DE LA PREMIERE ANNEE: GARCONS: DE 5 A 9 JOURS: ENFANTS ILLEGITIMES, 1922
113	DECES AU COURS DE LA PREMIERE ANNEE: GARCONS: DE 10 A 14 JOURS: ENFANTS LEGITIMES, 1922
114	DECES AU COURS DE LA PREMIERE ANNEE: GARCONS: DE 10 A 14 JOURS: ENFANTS ILLEGITIMES, 1922
115	DECES AU COURS DE LA PREMIERE ANNEE: GARCONS: DE 15 A 30 JOURS: ENFANTS LEGITIMES, 1922
116	DECES AU COURS DE LA PREMIERE ANNEE: GARCONS: DE 15 A 30 JOURS: ENFANTS ILLEGITIMES, 1922
117	DECES AU COURS DE LA PREMIERE ANNEE: GARCONS: DE 31 A 60 JOURS: ENFANTS LEGITIMES, 1922
118	DECES AU COURS DE LA PREMIERE ANNEE: GARCONS: DE 31 A 60 JOURS: ENFANTS ILLEGITIMES, 1922
119	DECES AU COURS DE LA PREMIERE ANNEE: GARCONS: DE 61 A 90 JOURS: ENFANTS LEGITIMES, 1922
120	DECES AU COURS DE LA PREMIERE ANNEE: GARCONS: DE 61 A 90 JOURS: ENFANTS ILLEGITIMES, 1922
121	DECES AU COURS DE LA PREMIERE ANNEE: GARCONS: DE 91 A 180 JOURS: ENFANTS LEGITIMES, 1922
122	DECES AU COURS DE LA PREMIERE ANNEE: GARCONS: DE 91 A 180 JOURS: ENFANTS ILLEGITIMES, 1922
123	DECES AU COURS DE LA PREMIERE ANNEE: GARCONS: DE 181 A 270 JOURS: ENFANTS LEGITIMES, 1922
124	DECES AU COURS DE LA PREMIERE ANNEE: GARCONS: DE 181 A 270 JOURS: ENFANTS ILLEGITIMES, 1922
125	DECES AU COURS DE LA PREMIERE ANNEE: GARCONS: DE 271 A 365 JOURS: ENFANTS LEGITIMES, 1922
126	DECES AU COURS DE LA PREMIERE ANNEE: GARCONS: DE 271 A 365 JOURS: ENFANTS ILLEGITIMES, 1922
127	DECES AU COURS DE LA PREMIERE ANNEE: GARCONS: TOTAUX: ENFANTS LEGITIMES, 1922
128	DECES AU COURS DE LA PREMIERE ANNEE: GARCONS: TOTAUX: ENFANTS ILLEGITIMES, 1922
129	DECES AU COURS DE LA PREMIERE ANNEE: GARCONS: TOTAUX: ENFANTS TOTAL (LEGITIMES ET ILLEGITIMES), 1922
130	DECES AU COURS DE LA PREMIERE ANNEE: FILLES: DE LA NAISSANCE A 4 JOURS: ENFANTS LEGITIMES, 1922
131	DECES AU COURS DE LA PREMIERE ANNEE: FILLES: DE LA NAISSANCE A 4 JOURS: ENFANTS ILLEGITIMES, 1922

DATA SET 296:   MOUVEMENT DE LA POPULATION 1922 (DEPARTEMENT)

NUMERO DE
LA VARIABLE   NOM DE LA VARIABLE

132   DECES AU COURS DE LA PREMIERE ANNEE: FILLES: DE 5 A 9 JOURS: ENFANTS LEGITIMES, 1922

133   DECES AU COURS DE LA PREMIERE ANNEE: FILLES: DE 5 A 9 JOURS: ENFANTS ILLEGITIMES, 1922

134   DECES AU COURS DE LA PREMIERE ANNEE: FILLES: DE 10 A 14 JOURS: ENFANTS LEGITIMES, 1922

135   DECES AU COURS DE LA PREMIERE ANNEE: FILLES: DE 10 A 14 JOURS: ENFANTS ILLEGITIMES, 1922

136   DECES AU COURS DE LA PREMIERE ANNEE: FILLES: DE 15 A 30 JOURS: ENFANTS LEGITIMES, 1922

137   DECES AU COURS DE LA PREMIERE ANNEE: FILLES: DE 15 A 30 JOURS: ENFANTS ILLEGITIMES, 1922

138   DECES AU COURS DE LA PREMIERE ANNEE: FILLES: DE 31 A 60 JOURS: ENFANTS LEGITIMES, 1922

139   DECES AU COURS DE LA PREMIERE ANNEE: FILLES: DE 31 A 60 JOURS: ENFANTS ILLEGITIMES, 1922

140   DECES AU COURS DE LA PREMIERE ANNEE: FILLES: DE 61 A 90 JOURS: ENFANTS LEGITIMES, 1922

141   DECES AU COURS DE LA PREMIERE ANNEE: FILLES: DE 61 A 90 JOURS: ENFANTS ILLEGITIMES, 1922

142   DECES AU COURS DE LA PREMIERE ANNEE: FILLES: DE 91 A 180 JOURS: ENFANTS LEGITIMES, 1922

143   DECES AU COURS DE LA PREMIERE ANNEE: FILLES: DE 91 A 180 JOURS: ENFANTS ILLEGITIMES, 1922

144   DECES AU COURS DE LA PREMIERE ANNEE: FILLES: DE 181 A 270 JOURS: ENFANTS LEGITIMES, 1922

145   DECES AU COURS DE LA PREMIERE ANNEE: FILLES: DE 181 A 270 JOURS: ENFANTS ILLEGITIMES, 1922

146   DECES AU COURS DE LA PREMIERE ANNEE: FILLES: DE 271 A 365 JOURS: ENFANTS LEGITIMES, 1922

147   DECES AU COURS DE LA PREMIERE ANNEE: FILLES: DE 271 A 365 JOURS: ENFANTS ILLEGITIMES, 1922

148   DECES AU COURS DE LA PREMIERE ANNEE: FILLES: TOTAUX: ENFANTS LEGITIMES, 1922

149   DECES AU COURS DE LA PREMIERE ANNEE: FILLES: TOTAUX: ENFANTS ILLEGITIMES, 1922

150   DECES AU COURS DE LA PREMIERE ANNEE: FILLES: TOTAUX: ENFANTS TOTAL (LEGITIMES ET ILLEGITIMES), 1922

DATA SET 292: MOUVEMENT DE LA POPULATION 1925 (DEPARTEMENT)

SOURCE: STATISTIQUE GENERALE DE LA FRANCE, STATISTIQUE DU
MOUVEMENT DE LA POPULATION, ANNEE 1925, NOUVELLE
SERIE, TOME V, PREMIERE PARTIE (PARIS, 1928)

```
VARIABLES 7-32:    TABLEAU XVIII
VARIABLES 33-40:   TABLEAU XIX
VARIABLES 41-57:   TABLEAU XX
VARIABLES 58-68:   TABLEAU XXI
VARIABLES 69-111:  TABLEAU XXII
VARIABLES 112-116: TABLEAU XXIII
VARIABLES 117-120: PAGE XIII
VARIABLES 121- 130 PAGES XXVII-XXVIII
```

NUMERO DE
LA VARIABLE   NOM DE LA VARIABLE

7   MOUVEMENT DE LA POPULATION. POPULATION LEGALE (DENOMBREMENT DE 1926)

8   MOUVEMENT DE LA POPULATION. MARIAGES, 1925

9   MOUVEMENT DE LA POPULATION. DIVORCES, 1925

10   MOUVEMENT DE LA POPULATION. ENFANTS DECLARES VIVANTS: LEGITIMES: GARCONS, 1925

11   MOUVEMENT DE LA POPULATION. ENFANTS DECLARES VIVANTS: LEGITIMES: FILLES, 1925

12   MOUVEMENT DE LA POPULATION. ENFANTS DECLARES VIVANTS: LEGITIMES: TOTAL, 1925

13   MOUVEMENT DE LA POPULATION. ENFANTS DECLARES VIVANTS: ILLEGITIMES: GARCONS, 1925

14   MOUVEMENT DE LA POPULATION. ENFANTS DECLARES VIVANTS: ILLEGITIMES: FILLES, 1925

15   MOUVEMENT DE LA POPULATION. ENFANTS DECLARES VIVANTS: ILLEGITIMES: TOTAL, 1925

16   MOUVEMENT DE LA POPULATION. ENFANTS DECLARES VIVANTS: TOTAUX: GARCONS, 1925

17   MOUVEMENT DE LA POPULATION. ENFANTS DECLARES VIVANTS: TOTAUX: FILLES, 1925

18   MOUVEMENT DE LA POPULATION. TOTAL DES ENFANTS DECLARES VIVANTS, 1925

19   MOUVEMENT DE LA POPULATION. MORT-NES ET ENFANTS MORTS AVANT LA DECLARATION DE
         NAISSANCE: LEGITIMES: GARCONS, 1925

20   MOUVEMENT DE LA POPULATION. MORT-NES ET ENFANTS MORTS AVANT LA DECLARATION DE
         NAISSANCE: LEGITIMES: FILLES, 1925

21   MOUVEMENT DE LA POPULATION. MORT-NES ET ENFANTS MORTS AVANT LA DECLARATION DE
         NAISSANCE: ILLEGITIMES: GARCONS, 1925

22   MOUVEMENT DE LA POPULATION. MORT-NES ET ENFANTS MORTS AVANT LA DECLARATION DE
         NAISSANCE: ILLEGITIMES: FILLES, 1925

23   MOUVEMENT DE LA POPULATION. MORT-NES ET ENFANTS MORTS AVANT LA DECLARATION DE
         NAISSANCE: TOTAL, 1925

24   MOUVEMENT DE LA POPULATION. DECES: SEXE MASCULIN, 1925

25   MOUVEMENT DE LA POPULATION. DECES: SEXE FEMININ, 1925

26   MOUVEMENT DE LA POPULATION. DECES: TOTAL, 1925

27   MOUVEMENT DE LA POPULATION. EXCEDENT DES NAISSANCES, 1925

28   MOUVEMENT DE LA POPULATION. EXCEDENT DES DECES, 1925

29   MOUVEMENT DE LA POPULATION. PROPORTION POUR 10,000 HABITANTS: NOUVEAUX MARIES, 1925

30   MOUVEMENT DE LA POPULATION. PROPORTION POUR 10,000 HABITANTS: ENFANTS VIVANTS, 1925

31   MOUVEMENT DE LA POPULATION. PROPORTION POUR 10,000 HABITANTS: DECES, 1925

32   MOUVEMENT DE LA POPULATION. PROPORTION POUR 10,000 HABITANTS: EXCEDEDNTS
         (+NAISSANCES, -DECES), 1925

298

DATA SET 292: MOUVEMENT DE LA POPULATION 1925 (DEPARTEMENT)

NUMERO DE LA VARIABLE	NOM DE LA VARIABLE
33	POPULATION URBAINE: ENFANTS DECLARES VIVANTS, 1925
34	POPULATION URBAINE: DECES, 1925
35	POPULATION URBAINE: EXCEDENT DES NAISSANCES, 1925
36	POPULATION URBAINE: EXCEDENT DES DECES, 1925
37	POPULATION RURALE: ENFANTS DECLARES VIVANTS, 1925
38	POPULATION RURALE: DECES, 1925
39	POPULATION RURALE: EXCEDENT DES NAISSANCES, 1925
40	POPULATION RURALE: EXCEDENT DES DECES, 1925
41	MARIAGES. AGE DE L'EPOUX: MOINS DE 20 ANS, 1925
42	MARIAGES. AGE DE L'EPOUX: 20 A 24 ANS, 1925
43	MARIAGES. AGE DE L'EPOUX: 25 A 29 ANS, 1925
44	MARIAGES. AGE DE L'EPOUX: 30 A 34 ANS, 1925
45	MARIAGES. AGE DE L'EPOUX: 35 A 39 ANS, 1925
46	MARIAGES. AGE DE L'EPOUX: 40 A 49 ANS, 1925
47	MARIAGES. AGE DE L'EPOUX: 50 A 59 ANS, 1925
48	MARIAGES. AGE DE L'EPOUX: 60 ANS ET PLUS, 1925
49	MARIAGES. AGE DE L'EPOUSE: MOINS DE 20 ANS, 1925
50	MARIAGES. AGE DE L'EPOUSE: 20 A 24 ANS, 1925
51	MARIAGES. AGE DE L'EPOUSE: 25 A 29 ANS, 1925
52	MARIAGES. AGE DE L'EPOUSE: 30 A 34 ANS, 1925
53	MARIAGES. AGE DE L'EPOUSE: 35 A 39 ANS, 1925
54	MARIAGES. AGE DE L'EPOUSE: 40 A 49 ANS, 1925
55	MARIAGES. AGE DE L'EPOUSE: 50 A 59 ANS, 1925
56	MARIAGES. AGE DE L'EPOUSE: 60 ANS ET PLUS, 1925
57	TOTAL DES MARIAGES (SUIVANT L'AGE DES EPOUX), 1925
58	ENFANTS DECLARES VIVANTS. AGE DE LA MERE: MOINS DE 15 ANS, 1925
59	ENFANTS DECLARES VIVANTS. AGE DE LA MERE: 15 A 19 ANS, 1925
60	ENFANTS DECLARES VIVANTS. AGE DE LA MERE: 20 A 24 ANS, 1925
61	ENFANTS DECLARES VIVANTS. AGE DE LA MERE: 25 A 29 ANS, 1925
62	ENFANTS DECLARES VIVANTS. AGE DE LA MERE: 30 A 34 ANS, 1925
63	ENFANTS DECLARES VIVANTS. AGE DE LA MERE: 35 A 39 ANS, 1925
64	ENFANTS DECLARES VIVANTS. AGE DE LA MERE: 40 A 44 ANS, 1925
65	ENFANTS DECLARES VIVANTS. AGE DE LA MERE: 45 A 49 ANS, 1925
66	ENFANTS DECLARES VIVANTS. AGE DE LA MERE: 50 ANS ET PLUS, 1925
67	ENFANTS DECLARES VIVANTS. AGE DE LA MERE: NON DECLARE, 1925
68	ENFANTS DECLARES VIVANTS. AGE DE LA MERE: TOTAUX, 1925

DATA SET 292:   MOUVEMENT DE LA POPULATION 1925 (DEPARTEMENT)

NUMERO DE LA VARIABLE	NOM DE LA VARIABLE
69	DECES AU COURS DE LA PREMIERE ANNEE. GARCONS DE LA NAISSANCE A 4 JOURS. ENFANTS LEGITIMES, 1925
70	DECES AU COURS DE LA PREMIERE ANNEE. GARCONS DE LA NAISSANCE A 4 JOURS. ENFANTS ILLEGITIMES, 1925
71	DECES AU COURS DE LA PREMIERE ANNEE. GARCONS DE 5 A 9 JOURS. ENFANTS LEGITIMES, 1925
72	DECES AU COURS DE LA PREMIERE ANNEE. GARCONS DE 5 A 9 JOURS. ENFANTS ILLEGITIMES, 1925
73	DECES AU COURS DE LA PREMIERE ANNEE. GARCONS DE 10 A 14 JOURS. ENFANTS LEGITIMES, 1925
74	DECES AU COURS DE LA PREMIERE ANNEE. GARCONS DE 10 A 14 JOURS. ENFANTS ILLEGITIMES, 1925
75	DECES AU COURS DE LA PREMIERE ANNEE. GARCONS DE 15 A 30 JOURS. ENFANTS LEGITIMES, 1925
76	DECES AU COURS DE LA PREMIERE ANNEE. GARCONS DE 15 A 30 JOURS. ENFANTS ILLEGITIMES, 1925
77	DECES AU COURS DE LA PREMIERE ANNEE. GARCONS DE 31 A 60 JOURS. ENFANTS LEGITIMES, 1925
78	DECES AU COURS DE LA PREMIERE ANNEE. GARCONS DE 31 A 60 JOURS. ENFANTS ILLEGITIMES, 1925
79	DECES AU COURS DE LA PREMIERE ANNEE. GARCONS DE 61 A 90 JOURS. ENFANTS LEGITIMES, 1925
80	DECES AU COURS DE LA PREMIERE ANNEE. GARCONS DE 61 A 90 JOURS. ENFANTS ILLEGITIMES, 1925
81	DECES AU COURS DE LA PREMIERE ANNEE. GARCONS DE 91 A 180 JOURS. ENFANTS LEGITIMES, 1925
82	DECES AU COURS DE LA PREMIERE ANNEE. GARCONS DE 91 A 180 JOURS. ENFANTS ILLEGITIMES, 1925
83	DECES AU COURS DE LA PREMIERE ANNEE. GARCONS DE DE 181 A 270 JOURS. ENFANTS LEGITIMES, 1925
84	DECES AU COURS DE LA PREMIERE ANNEE. GARCONS DE 181 A 270 JOURS. ENFANTS ILLEGITIMES, 1925
85	DECES AU COURS DE LA PREMIERE ANNEE. GARCONS DE 271 A 365 JOURS. ENFANTS LEGITIMES, 1925
86	DECES AU COURS DE LA PREMIERE ANNEE. GARCONS DE 271 A 365 JOURS. ENFANTS ILLEGITIMES, 1925
87	DECES AU COURS DE LA PREMIERE ANNEE. GARCONS, TOTAUX. ENFANTS LEGITIMES, 1925
88	DECES AU COURS DE LA PREMIERE ANNEE. GARCONS, TOTAUX. ENFANTS ILLEGITIMES, 1925
89	DECES AU COURS DE LA PREMIERE ANNEE. GARCONS, TOTAUX. ENFANTS TOTAL, 1925
90	DECES AU COURS DE LA PREMIERE ANNEE. FILLES DE LA NAISSANCE A 4 JOURS. ENFANTS LEGITIMES, 1925
91	DECES AU COURS DE LA PREMIERE ANNEE. FILLES DE LA NAISSANCE A 4 JOURS: ENFANTS ILLEGITIMES, 1925
92	DECES AU COURS DE LA PREMIERE ANNEE. FILLES DE 5 A 9 JOURS. ENFANTS LEGITIMES, 1925
93	DECES AU COURS DE LA PREMIERE ANNEE. FILLES DE 5 A 9 JOURS. ENFANTS ILLEGITIMES, 1925
94	DECES AU COURS DE LA PREMIERE ANNEE. FILLES DE 10 A 14 JOURS. ENFANTS LEGITIMES, 1925

DATA SET 292: MOUVEMENT DE LA POPULATION 1925 (DEPARTEMENT)

NUMERO DE
LA VARIABLE   NOM DE LA VARIABLE

95   DECES AU COURS DE LA PREMIERE ANNEE. FILLES DE 10 A 14 JOURS. ENFANTS ILLEGITIMES,
        1925

96   DECES AU COURS DE LA PREMIERE ANNEE. FILLES DE 15 A 30 JOURS. ENFANTS LEGITIMES,
        1925

97   DECES AU COURS DE LA PREMIERE ANNEE. FILLES DE 15 A 30 JOURS. ENFANTS ILLEGITIMES,
        1925

98   DECES AU COURS DE LA PREMIERE ANNEE. FILLES DE 31 A 60 JOURS. ENFANTS LEGITIMES,
        1925

99   DECES AU COURS DE LA PREMIERE ANNEE. FILLES DE 31 A 60 JOURS. ENFANTS ILLEGITIMES,
        1925

100   DECES AU COURS DE LA PREMIERE ANNEE. FILLES DE 61 A 90 JOURS. ENFANTS LEGITIMES,
        1925

101   DECES AU COURS DE LA PREMIERE ANNEE. FILLES DE 61 A 90 JOURS. ENFANTS ILLEGITIMES,
        1925

102   DECES AU COURS DE LA PREMIERE ANNEE. FILLES DE 91 A 180 JOURS. ENFANTS LEGITIMES,
        1925

103   DECES AU COURS DE LA PREMIERE ANNEE. FILLES DE 91 A 180 JOURS. ENFANTS ILLEGITIMES,
        1925

104   DECES AU COURS DE LA PREMIERE ANNEE. FILLES DE 181 A 270 JOURS. ENFANTS LEGITIMES,
        1925

105   DECES AU COURS DE LA PREMIERE ANNEE. FILLES DE 181 A 270 JOURS. ENFANTS
        ILLEGITIMES, 1925

106   DECES AU COURS DE LA PREMIERE ANNEE. FILLES DE 271 A 365 JOURS: ENFANTS LEGITIMES,
        1925

107   DECES AU COURS DE LA PREMIERE ANNEE. FILLES DE 271 A 365 JOURS: ENFANTS
        ILLEGITIMES, 1925

108   DECES AU COURS DE LA PREMIERE ANNEE. FILLES, TOTAUX. ENFANTS LEGITIMES, 1925

109   DECES AU COURS DE LA PREMIERE ANNEE. FILLES, TOTAUX. ENFANTS ILLEGITIMES, 1925

110   DECES AU COURS DE LA PREMIERE ANNEE. FILLES, TOTAUX. ENFANTS TOTAL, 1925

111   DECES AU COURS DE LA PREMIERE ANNEE. TOTAUX GENERAUX (SUIVANT LE SEXE ET LA
        LEGITIMITE), 1925

112   NAISSANCES. NOMBRE DES ACCOUCHEMENTS DOUBLES, 1925

113   NAISSANCES. ENFANTS ISSUS DES ACCOUCHEMENTS DOUBLES: GARCONS, VIVANTS, 1925

114   NAISSANCES. ENFANTS ISSUS DES ACCOUCHEMENTS DOUBLES: GARCONS, MORTS, 1925

115   NAISSANCES. ENFANTS ISSUS DES ACCOUCHEMENTS DOUBLES: FILLES, VIVANTES, 1925

116   NAISSANCES. ENFANTS ISSUS DES ACCOUCHEMENTS DOUBLES: FILLES MORTES, 1925

117   NOMBRE DE DECES AU TOTAL, 1925

118   NOMBRE DE DECES CONSTATES PAR UN MEDECIN, 1925

119   NOMBRE DE DECES NON CONSTATES PAR UN MEDECIN, 1925

120   NOMBRE DE DECES SANS INDICATION, 1925

121   MORTALITE INFANTILE: ENFANTS DECLARES VIVANTS (N), 1925

122   MORTALITE INFANTILE: DECEDES DE 0 A 1 AN ENREGISTRES DANS LE DEPARTEMENT, AU TOTAL
        (B), 1925

DATA SET 292: MOUVEMENT DE LA POPULATION 1925 (DEPARTEMENT)

NUMERO DE LA VARIABLE	NOM DE LA VARIABLE
123	MORTALITE INFANTILE: DECEDES DE 0 A 1 AN ENREGISTRES DANS LE DEPARTEMENT NES DANS LE DEPARTEMENT, 1925
124	MORTALITE INFANTILE: DECEDES DE 0 A 1 AN ENREGISTRES DANS LE DEPARTEMENT NES DANS LA SEINE, 1925
125	MORTALITE INFANTILE: DECEDES DE 0 A 1 AN ENREGISTRES DANS LE DEPARTEMENT NES DANS UN AUTRE DEPARTEMENT, 1925
126	MORTALITE INFANTILE: DECEDES DE 0 A 1 AN NES DANS LE DEPARTEMENT ET DECEDES DANS LE MEME DEPARTEMENT, 1925
127	MORTALITE INFANTILE: DECEDES DE 0 A 1 AN NES DANS LE DEPARTEMENT ET DECEDES DANS UN AUTRE DEPARTEMENT, 1925
128	MORTALITE INFANTILE: DECEDES DE 0 A 1 AN NES DANS LE DEPARTEMENT ET DECEDES, TOTAL (R), 1925 (LA DIFFERENCE ENTRE CE TOTAL ET CELUI DE VARIABLE 122 - INDIQUE PAR UN "B" - PROVIENT DES ENFANTS DECEDES DANS LES 90 DEPARTEMENTS ET NES A L'ETRANGER (436) OU DANS LES COLONIES (14))
129	MORTALITE INFANTILE: TAUX DE MORTALITE POUR 1000 ENFANTS VIVANTS: BRUT (=B/N X 1000), 1925
130	MORTALITE INFANTILE: TAUX DE MORTALITE POUR 1000 ENFANTS VIVANTS: RECTIFIE(=B/N X 1000), 1925

DATA SET 313: MOUVEMENT DE LA POPULATION 1925 (DEPARTEMENT)

SOURCE: STATISTIQUE GENERALE DE LA FRANCE, STATISTIQUE DU
          MOUVEMENT DE LA POPULATION, ANNEE 1925, NOUVELLE
          SERIE, TOME V, DEUXIEME PARTIE (PARIS, 1925)

          VARIABLES 7-326:   PAGES 1-183

NUMERO DE
LA VARIABLE   NOM DE LA VARIABLE

7   POPULATION EN 1921 (MILLIERS): SEXE MASCULIN: AGE EN ANNEES: 0-1

8   TOTAL DES DECES: SEXE MASCULIN: AGE EN ANNEES: 0-1, 1925

9   DECES: LA CAUSE: 1. FIEVRE TYPHOIDE (TYPHUSABDOMINAL) OU PARATYPHOIDE: SEXE
        MASCULIN: AGE EN ANNEES: 0-1, 1925

10   DECES: LA CAUSE: 2. TYPHUS EXANTHEMATIQUE: SEXE MASCULIN: AGE EN ANNEES: 0-1, 1925

11   DECES: LA CAUSE: 3. FIEVRE OU CACHEXIE PALUDEENNES: SEXE MASCULIN: AGE EN ANNEES:
        0-1, 1925

12   DECES: LA CAUSE: 4. VARIOLE: SEXE MASCULIN: AGE EN ANNEES: 0-1, 1925

13   DECES: LA CAUSE: 5. ROUGEOLE: SEXE MASCULIN: AGE EN ANNEES: 0-1, 1925

14   DECES: LA CAUSE: 6. SCARLATINE: SEXE MASCULIN: AGE EN ANNEES: 0-1, 1925

15   DECES: LA CAUSE: 7. COQUELUCHE: SEXE MASCULIN: AGE EN ANNEES: 0-1, 1925

16   DECES: LA CAUSE: 8. DIPHTERIE: SEXE MASCULIN: AGE EN ANNEES: 0-1, 1925

17   DECES: LA CAUSE: 9. GRIPPE: SEXE MASCULIN: AGE EN ANNEES: 0-1, 1925

18   DECES: LA CAUSE: 10. CHOLERA ASIATIQUE: SEXE MASCULIN: AGE EN ANNEES: 0-1, 1925

19   DECES: LA CAUSE: 11. ENTERITE CHOLERIFORME: SEXE MASCULIN: AGE EN ANNEES: 0-1,
        1925

20   DECES: LA CAUSE: 12. AUTRES MALADIES EPIDEMIQUES: SEXE MASCULIN: AGE EN ANNEES:
        0-1, 1925

21   DECES: LA CAUSE: 13. TUBERCULOSE DE L'APPAREIL RESPIRATOIRE: SEXE MASCULIN: AGE
        EN ANNEES: 0-1, 1925

22   DECES: LA CAUSE: 14. TUBERCULOSE DES MENINGES ET DU SYSTEME NERVEUX CENTRAL: SEXE
        MASCULIN: AGE EN ANNEES: 0-1, 1925

23   DECES: LA CAUSE: 15. AUTRES TUBERCULOSES: SEXE MASCULIN: AGE EN ANNEES: 0-1, 1925

24   DECES: LA CAUSE: 16. CANCER ET AUTRES TUMEURS MALIGNES: SEXE MASCULIN: AGE EN
        ANNEES: 0-1, 1925

25   DECES: LA CAUSE: 17. MENINGITE SIMPLE: SEXE MASCULIN: AGE EN ANNEES: 0-1, 1925

26   DECES: LA CAUSE: 18. HEMORRAGIE, APOPLEXIE ET RAMOLLISSEMENT DU CERVEAU: SEXE
        MASCULIN: AGE EN ANNEES: 0-1, 1925

27   DECES: LA CAUSE: 19. MALADIES DU COEUR: SEXE MASCULIN: AGE EN ANNEES: 0-1, 1925

28   DECES: LA CAUSE: 20. BRONCHITE AIGUE (Y COMPRIS LES BRONCHITES SANS EPITHETE, DE
        MOINS DE 5 ANS): SEXE MASCULIN: AGE EN ANNEES: 0-1, 1925

29   DECES: LA CAUSE: 21. BRONCHITE CHRONIQUE (Y COMPRIS LES BRONCHITES SANS EPITHETE,
        DE 5 ANS ET PLUS): SEXE MASCULIN: AGE EN ANNEES: 0-1, 1925

30   DECES: LA CAUSE: 22. PNEUMONIE: SEXE MASCULIN: AGE EN ANNEES: 0-1, 1925

31   DECES: LA CAUSE: 23. AUTRES AFFECTIONS DE L'APPAREIL RESPIRATOIRE (PHTISIE
        EXCEPTEE): SEXE MASCULIN: AGE EN ANNEES: 0-1, 1925

32   DECES: LA CAUSE: 24. AFFECTIONS DE L'ESTOMAC (CANCER EXCEPTE): SEXE MASCULIN: AGE
        EN ANNEES: 0-1, 1925

DATA SET 313: MOUVEMENT DE LA POPULATION 1925 (DEPARTEMENT)

| NUMERO DE | |
| LA VARIABLE | NOM DE LA VARIABLE |

33 DECES: LA CAUSE: 25. DIARRHEE ET ENTERITE (AU-DESSOUS DE 2 ANS): SEXE MASCULIN: AGE EN ANNEES: 0-1, 1925

34 DECES: LA CAUSE: 26. APPENDICITE ET TYPHLITE: SEXE MASCULIN: AGE EN ANNEES: 0-1, 1925

35 DECES: LA CAUSE: 27. HERNIE, OBSTRUCTION INTESTINALE: SEXE MASCULIN: AGE EN ANNEES: 0-1, 1925

36 DECES: LA CAUSE: 28. CIRRHOSE DU FOIE: SEXE MASCULIN: AGE EN ANNEES: 0-1, 1925

37 DECES: LA CAUSE: 29. NEPHRITE AIGUE OU CHRONIQUE: SEXE MASCULIN: AGE EN ANNEES: 0-1, 1925

38 DECES: LA CAUSE: 30. TUMEURS NON CANCEREUSES ET AUTRES AFFECTIONS DES ORGANES GENITAUX DE LA FEMME: SEXE MASCULIN: AGE EN ANNEES: 0-1, 1925

39 DECES: LA CAUSE: 31. SEPTICEMIE PUERPERALE (FIEVRE, PERITONITE PUERPERALES): SEXE MASCULIN: AGE EN ANNEES: 0-1, 1925

40 DECES: LA CAUSE: 32. AUTRES ACCIDENTS PUERPERAUX DE LA GROSSESSE ET DE L'ACCOUCHEMENT: SEXE MASCULIN: AGE EN ANNEES: 0-1, 1925

41 DECES: LA CAUSE: 33. DEBILITE CONGENITALE ET VICES DE CONFORMATION: SEXE MASCULIN: AGE EN ANNEES: 0-1, 1925

42 DECES: LA CAUSE: 34. SENILITE: SEXE MASCULIN: AGE EN ANNEES: 0-1, 1925

43 DECES: LA CAUSE: 35. MORTS VIOLENTES (SUICIDE EXCEPTE): SEXE MASCULIN: AGE EN ANNEES: 0-1, 1925

44 DECES: LA CAUSE: 36. SUICIDE: SEXE MASCULIN: AGE EN ANNEES: 0-1, 1925

45 DECES: LA CAUSE: 37. AUTRES MALADIES: SEXE MASCULIN: AGE EN ANNEES: 0-1, 1925

46 DECES: LA CAUSE: 38. MALADIE NON SPECIFIEE OU MAL DEFINIE: SEXE MASCULIN: AGE EN ANNEES: 0-1, 1925

47 POPULATION EN 1921 (MILLIERS): SEXE MASCULIN: AGE EN ANNEES: 1-4

48 TOTAL DES DECES: SEXE MASCULIN: AGE EN ANNEES: 1-4, 1925

49 DECES: LA CAUSE: 1. FIEVRE TYPHOIDE (TYPHUSABDOMINAL) OU PARATYPHOIDE: SEXE MASCULIN: AGE EN ANNEES: 1-4, 1925

50 DECES: LA CAUSE: 2. TYPHUS EXANTHEMATIQUE: SEXE MASCULIN: AGE EN ANNEES: 1-4, 1925

51 DECES: LA CAUSE: 3. FIEVRE OU CACHEXIE PALUDEENNES: SEXE MASCULIN: AGE EN ANNEES: 1-4, 1925

52 DECES: LA CAUSE: 4. VARIOLE: SEXE MASCULIN: AGE EN ANNEES: 1-4, 1925

53 DECES: LA CAUSE: 5. ROUGEOLE: SEXE MASCULIN: AGE EN ANNEES: 1-4, 1925

54 DECES: LA CAUSE: 6. SCARLATINE: SEXE MASCULIN: AGE EN ANNEES: 1-4, 1925

55 DECES: LA CAUSE: 7. COQUELUCHE: SEXE MASCULIN: AGE EN ANNEES: 1-4, 1925

56 DECES: LA CAUSE: 8. DIPHTERIE: SEXE MASCULIN: AGE EN ANNEES: 1-4, 1925

57 DECES: LA CAUSE: 9. GRIPPE: SEXE MASCULIN: AGE EN ANNEES: 1-4, 1925

58 DECES: LA CAUSE: 10. CHOLERA ASIATIQUE: SEXE MASCULIN: AGE EN ANNEES: 1-4, 1925

59 DECES: LA CAUSE: 11. ENTERITE CHOLERIFORME: SEXE MASCULIN: AGE EN ANNEES: 1-4, 1925

60 DECES: LA CAUSE: 12. AUTRES MALADIES EPIDEMIQUES: SEXE MASCULIN: AGE EN ANNEES: 1-4, 1925

DATA SET 313: MOUVEMENT DE LA POPULATION 1925 (DEPARTEMENT)

NUMERO DE
LA VARIABLE   NOM DE LA VARIABLE

61   DECES: LA CAUSE: 13. TUBERCULOSE DE L'APPAREIL RESPIRATOIRE: SEXE MASCULIN: AGE
        EN ANNEES: 1-4, 1925

62   DECES: LA CAUSE: 14. TUBERCULOSE DES MENINGES ET DU SYSTEME NERVEUX CENTRAL: SEXE
        MASCULIN: AGE EN ANNEES: 1-4, 1925

63   DECES: LA CAUSE: 15. AUTRES TUBERCULOSES: SEXE MASCULIN: AGE EN ANNEES: 1-4, 1925

64   DECES: LA CAUSE: 16. CANCER ET AUTRES TUMEURS MALIGNES: SEXE MASCULIN: AGE EN
        ANNEES: 1-4, 1925

65   DECES: LA CAUSE: 17. MENINGITE SIMPLE: SEXE MASCULIN: AGE EN ANNEES: 1-4, 1925

66   DECES: LA CAUSE: 18. HEMORRAGIE, APOPLEXIE ET RAMOLLISSEMENT DU CERVEAU: SEXE
        MASCULIN: AGE EN ANNEES: 1-4, 1925

67   DECES: LA CAUSE: 19. MALADIES DU COEUR: SEXE MASCULIN: AGE EN ANNEES: 1-4, 1925

68   DECES: LA CAUSE: 20. BRONCHITE AIGUE (Y COMPRIS LES BRONCHITES SANS EPITHETE, DE
        MOINS DE 5 ANS): SEXE MASCULIN: AGE EN ANNEES: 1-4, 1925

69   DECES: LA CAUSE: 21. BRONCHITE CHRONIQUE (Y COMPRIS LES BRONCHITES SANS EPITHETE,
        DE 5 ANS ET PLUS): SEXE MASCULIN: AGE EN ANNEES: 1-4, 1925

70   DECES: LA CAUSE: 22. PNEUMONIE: SEXE MASCULIN: AGE EN ANNEES: 1-4, 1925

71   DECES: LA CAUSE: 23. AUTRES AFFECTIONS DE L'APPAREIL RESPIRATOIRE (PHTISIE
        EXCEPTEE): SEXE MASCULIN: AGE EN ANNEES: 1-4, 1925

72   DECES: LA CAUSE: 24. AFFECTIONS DE L'ESTOMAC (CANCER EXCEPTE): SEXE MASCULIN: AGE
        EN ANNEES: 1-4, 1925

73   DECES: LA CAUSE: 25. DIARRHEE ET ENTERITE (AU-DESSOUS DE 2 ANS): SEXE MASCULIN:
        AGE EN ANNEES: 1-4, 1925

74   DECES: LA CAUSE: 26. APPENDICITE ET TYPHLITE: SEXE MASCULIN: AGE EN ANNEES: 1-4,
        1925

75   DECES: LA CAUSE: 27. HERNIE, OBSTRUCTION INTESTINALE: SEXE MASCULIN: AGE EN
        ANNEES: 1-4, 1925

76   DECES: LA CAUSE: 28. CIRRHOSE DU FOIE: SEXE MASCULIN: AGE EN ANNEES: 1-4, 1925

77   DECES: LA CAUSE: 29. NEPHRITE AIGUE OU CHRONIQUE: SEXE MASCULIN: AGE EN ANNEES:
        1-4, 1925

78   DECES: LA CAUSE: 30. TUMEURS NON CANCEREUSES ET AUTRES AFFECTIONS DES ORGANES
        GENITAUX DE LA FEMME: SEXE MASCULIN: AGE EN ANNEES: 1-4, 1925

79   DECES: LA CAUSE: 31. SEPTICEMIE PUERPERALE (FIEVRE, PERITONITE PUERPERALES): SEXE
        MASCULIN: AGE EN ANNEES: 1-4, 1925

80   DECES: LA CAUSE: 32. AUTRES ACCIDENTS PUERPERAUX DE LA GROSSESSE ET DE
        L'ACCOUCHEMENT: SEXE MASCULIN: AGE EN ANNEES: 1-4, 1925

81   DECES: LA CAUSE: 33. DEBILITE CONGENITALE ET VICES DE CONFORMATION: SEXE MASCULIN:
        AGE EN ANNEES: 1-4, 1925

82   DECES: LA CAUSE: 34. SENILITE: SEXE MASCULIN: AGE EN ANNEES: 1-4, 1925

83   DECES: LA CAUSE: 35. MORTS VIOLENTES (SUICIDE EXCEPTE): SEXE MASCULIN: AGE EN
        ANNEES: 1-4, 1925

84   DECES: LA CAUSE: 36. SUICIDE: SEXE MASCULIN: AGE EN ANNEES: 1-4, 1925

85   DECES: LA CAUSE: 37. AUTRES MALADIES: SEXE MASCULIN: AGE EN ANNEES: 1-4, 1925

86   DECES: LA CAUSE: 38. MALADIE NON SPECIFIEE OU MAL DEFINIE: SEXE MASCULIN: AGE EN
        ANNEES: 1-4, 1925

87   POPULATION EN 1921 (MILLIERS): SEXE MASCULIN: AGE EN ANNEES: 5-9

DATA SET 313: MOUVEMENT DE LA POPULATION 1925 (DEPARTEMENT)

NUMERO DE
LA VARIABLE   NOM DE LA VARIABLE

88   TOTAL DES DECES: SEXE MASCULIN: AGE EN ANNEES: 5-9, 1925

89   DECES: LA CAUSE: 1. FIEVRE TYPHOIDE (TYPHUSABDOMINAL) OU PARATYPHOIDE: SEXE
          MASCULIN: AGE EN ANNEES: 5-9, 1925

90   DECES: LA CAUSE: 2. TYPHUS EXANTHEMATIQUE: SEXE MASCULIN: AGE EN ANNEES: 5-9, 1925

91   DECES: LA CAUSE: 3. FIEVRE OU CACHEXIE PALUDEENNES: SEXE MASCULIN: AGE EN ANNEES:
          5-9, 1925

92   DECES: LA CAUSE: 4. VARIOLE: SEXE MASCULIN: AGE EN ANNEES: 5-9, 1925

93   DECES: LA CAUSE: 5. ROUGEOLE: SEXE MASCULIN: AGE EN ANNEES: 5-9, 1925

94   DECES: LA CAUSE: 6. SCARLATINE: SEXE MASCULIN: AGE EN ANNEES: 5-9, 1925

95   DECES: LA CAUSE: 7. COQUELUCHE: SEXE MASCULIN: AGE EN ANNEES: 5-9, 1925

96   DECES: LA CAUSE: 8. DIPHTERIE: SEXE MASCULIN: AGE EN ANNEES: 5-9, 1925

97   DECES: LA CAUSE: 9. GRIPPE: SEXE MASCULIN: AGE EN ANNEES: 5-9, 1925

98   DECES: LA CAUSE: 10. CHOLERA ASIATIQUE: SEXE MASCULIN: AGE EN ANNEES: 5-9, 1925

99   DECES: LA CAUSE: 11. ENTERITE CHOLERIFORME: SEXE MASCULIN: AGE EN ANNEES: 5-9,
          1925

100   DECES: LA CAUSE: 12. AUTRES MALADIES EPIDEMIQUES: SEXE MASCULIN: AGE EN ANNEES:
          5-9, 1925

101   DECES: LA CAUSE: 13. TUBERCULOSE DE L'APPAREIL RESPIRATOIRE: SEXE MASCULIN: AGE
          EN ANNEES: 5-9, 1925

102   DECES: LA CAUSE: 14. TUBERCULOSE DES MENINGES ET DU SYSTEME NERVEUX CENTRAL: SEXE
          MASCULIN: AGE EN ANNEES: 5-9, 1925

103   DECES: LA CAUSE: 15. AUTRES TUBERCULOSES: SEXE MASCULIN: AGE EN ANNEES: 5-9, 1925

104   DECES: LA CAUSE: 16. CANCER ET AUTRES TUMEURS MALIGNES: SEXE MASCULIN: AGE EN
          ANNEES: 5-9, 1925

105   DECES: LA CAUSE: 17. MENINGITE SIMPLE: SEXE MASCULIN: AGE EN ANNEES: 5-9, 1925

106   DECES: LA CAUSE: 18. HEMORRAGIE, APOPLEXIE ET RAMOLLISSEMENT DU CERVEAU: SEXE
          MASCULIN: AGE EN ANNEES: 5-9, 1925

107   DECES: LA CAUSE: 19. MALADIES DU COEUR: SEXE MASCULIN: AGE EN ANNEES: 5-9, 1925

108   DECES: LA CAUSE: 20. BRONCHITE AIGUE (Y COMPRIS LES BRONCHITES SANS EPITHETE, DE
          MOINS DE 5 ANS): SEXE MASCULIN: AGE EN ANNEES: 5-9, 1925

109   DECES: LA CAUSE: 21. BRONCHITE CHRONIQUE (Y COMPRIS LES BRONCHITES SANS EPITHETE,
          DE 5 ANS ET PLUS): SEXE MASCULIN: AGE EN ANNEES: 5-9, 1925

110   DECES: LA CAUSE: 22. PNEUMONIE: SEXE MASCULIN: AGE EN ANNEES: 5-9, 1925

111   DECES: LA CAUSE: 23. AUTRES AFFECTIONS DE L'APPAREIL RESPIRATOIRE (PHTISIE
          EXCEPTEE): SEXE MASCULIN: AGE EN ANNEES: 5-9, 1925

112   DECES: LA CAUSE: 24. AFFECTIONS DE L'ESTOMAC (CANCER EXCEPTE): SEXE MASCULIN: AGE
          EN ANNEES: 5-9, 1925

113   DECES: LA CAUSE: 25. DIARRHEE ET ENTERITE (AU-DESSOUS DE 2 ANS): SEXE MASCULIN:
          AGE EN ANNEES: 5-9, 1925

114   DECES: LA CAUSE: 26. APPENDICITE ET TYPHLITE: SEXE MASCULIN: AGE EN ANNEES: 5-9,
          1925

115   DECES: LA CAUSE: 27. HERNIE, OBSTRUCTION INTESTINALE: SEXE MASCULIN: AGE EN
          ANNEES: 5-9, 1925

307

DATA SET 313: MOUVEMENT DE LA POPULATION 1925 (DEPARTEMENT)

NUMERO DE
LA VARIABLE   NOM DE LA VARIABLE

116   DECES: LA CAUSE: 28. CIRRHOSE DU FOIE: SEXE MASCULIN: AGE EN ANNEES: 5-9, 1925

117   DECES: LA CAUSE: 29. NEPHRITE AIGUE OU CHRONIQUE: SEXE MASCULIN: AGE EN ANNEES:
           5-9, 1925

118   DECES: LA CAUSE: 30. TUMEURS NON CANCEREUSES ET AUTRES AFFECTIONS DES ORGANES
           GENITAUX DE LA FEMME: SEXE MASCULIN: AGE EN ANNEES: 5-9, 1925

119   DECES: LA CAUSE: 31. SEPTICEMIE PUERPERALE (FIEVRE, PERITONITE PUERPERALES): SEXE
           MASCULIN: AGE EN ANNEES: 5-9, 1925

120   DECES: LA CAUSE: 32. AUTRES ACCIDENTS PUERPERAUX DE LA GROSSESSE ET DE
           L'ACCOUCHEMENT: SEXE MASCULIN: AGE EN ANNEES: 5-9, 1925

121   DECES: LA CAUSE: 33. DEBILITE CONGENITALE ET VICES DE CONFORMATION: SEXE MASCULIN:
           AGE EN ANNEES: 5-9, 1925

122   DECES: LA CAUSE: 34. SENILITE: SEXE MASCULIN: AGE EN ANNEES: 5-9, 1925

123   DECES: LA CAUSE: 35. MORTS VIOLENTES (SUICIDE EXCEPTE): SEXE MASCULIN: AGE EN
           ANNEES: 5-9, 1925

124   DECES: LA CAUSE: 36. SUICIDE: SEXE MASCULIN: AGE EN ANNEES: 5-9, 1925

125   DECES: LA CAUSE: 37. AUTRES MALADIES: SEXE MASCULIN: AGE EN ANNEES: 5-9, 1925

126   DECES: LA CAUSE: 38. MALADIE NON SPECIFIEE OU MAL DEFINIE: SEXE MASCULIN: AGE EN
           ANNEES: 5-9, 1925

127   POPULATION EN 1921 (MILLIERS): SEXE MASCULIN: AGE EN ANNEES: 10-14

128   TOTAL DES DECES: SEXE MASCULIN: AGE EN ANNEES: 10-14, 1925

129   DECES: LA CAUSE: 1. FIEVRE TYPHOIDE (TYPHUSABDOMINAL) OU PARATYPHOIDE: SEXE
           MASCULIN: AGE EN ANNEES: 10-14, 1925

130   DECES: LA CAUSE: 2. TYPHUS EXANTHEMATIQUE: SEXE MASCULIN: AGE EN ANNEES: 10-14,
           1925

131   DECES: LA CAUSE: 3. FIEVRE OU CACHEXIE PALUDEENNES: SEXE MASCULIN: AGE EN ANNEES:
           10-14, 1925

132   DECES: LA CAUSE: 4. VARIOLE: SEXE MASCULIN: AGE EN ANNEES: 10-14, 1925

133   DECES: LA CAUSE: 5. ROUGEOLE: SEXE MASCULIN: AGE EN ANNEES: 10-14, 1925

134   DECES: LA CAUSE: 6. SCARLATINE: SEXE MASCULIN: AGE EN ANNEES: 10-14, 1925

135   DECES: LA CAUSE: 7. COQUELUCHE: SEXE MASCULIN: AGE EN ANNEES: 10-14, 1925

136   DECES: LA CAUSE: 8. DIPHTERIE: SEXE MASCULIN: AGE EN ANNEES: 10-14, 1925

137   DECES: LA CAUSE: 9. GRIPPE: SEXE MASCULIN: AGE EN ANNEES: 10-14, 1925

138   DECES: LA CAUSE: 10. CHOLERA ASIATIQUE: SEXE MASCULIN: AGE EN ANNEES: 10-14, 1925

139   DECES: LA CAUSE: 11. ENTERITE CHOLERIFORME: SEXE MASCULIN: AGE EN ANNEES: 10-14,
           1925

140   DECES: LA CAUSE: 12. AUTRES MALADIES EPIDEMIQUES: SEXE MASCULIN: AGE EN ANNEES:
           10-14, 1925

141   DECES: LA CAUSE: 13. TUBERCULOSE DE L'APPAREIL RESPIRATOIRE: SEXE MASCULIN: AGE
           EN ANNEES: 10-14, 1925

142   DECES: LA CAUSE: 14. TUBERCULOSE DES MENINGES ET DU SYSTEME NERVEUX CENTRAL: SEXE
           MASCULIN: AGE EN ANNEES: 10-14, 1925

143   DECES: LA CAUSE: 15. AUTRES TUBERCULOSES: SEXE MASCULIN: AGE EN ANNEES: 10-14,
           1925

308

DATA SET 313: MOUVEMENT DE LA POPULATION 1925 (DEPARTEMENT)

NUMERO DE
LA VARIABLE   NOM DE LA VARIABLE

144   DECES: LA CAUSE: 16. CANCER ET AUTRES TUMEURS MALIGNES: SEXE MASCULIN: AGE EN
         ANNEES: 10-14, 1925

145   DECES: LA CAUSE: 17. MENINGITE SIMPLE: SEXE MASCULIN: AGE EN ANNEES: 10-14, 1925

146   DECES: LA CAUSE: 18. HEMORRAGIE, APOPLEXIE ET RAMOLLISSEMENT DU CERVEAU: SEXE
         MASCULIN: AGE EN ANNEES: 10-14, 1925

147   DECES: LA CAUSE: 19. MALADIES DU COEUR: SEXE MASCULIN: AGE EN ANNEES: 10-14, 1925

148   DECES: LA CAUSE: 20. BRONCHITE AIGUE (Y COMPRIS LES BRONCHITES SANS EPITHETE, DE
         MOINS DE 5 ANS): SEXE MASCULIN: AGE EN ANNEES: 10-14, 1925

149   DECES: LA CAUSE: 21. BRONCHITE CHRONIQUE (Y COMPRIS LES BRONCHITES SANS EPITHETE,
         DE 5 ANS ET PLUS): SEXE MASCULIN: AGE EN ANNEES: 10-14, 1925

150   DECES: LA CAUSE: 22. PNEUMONIE: SEXE MASCULIN: AGE EN ANNEES: 10-14, 1925

151   DECES: LA CAUSE: 23. AUTRES AFFECTIONS DE L'APPAREIL RESPIRATOIRE (PHTISIE
         EXCEPTEE): SEXE MASCULIN: AGE EN ANNEES: 10-14, 1925

152   DECES: LA CAUSE: 24. AFFECTIONS DE L'ESTOMAC (CANCER EXCEPTE): SEXE MASCULIN: AGE
         EN ANNEES: 10-14, 1925

153   DECES: LA CAUSE: 25. DIARRHEE ET ENTERITE (AU-DESSOUS DE 2 ANS): SEXE MASCULIN:
         AGE EN ANNEES: 10-14, 1925

154   DECES: LA CAUSE: 26. APPENDICITE ET TYPHLITE: SEXE MASCULIN: AGE EN ANNEES:
         10-14, 1925

155   DECES: LA CAUSE: 27. HERNIE, OBSTRUCTION INTESTINALE: SEXE MASCULIN: AGE EN
         ANNEES: 10-14, 1925

156   DECES: LA CAUSE: 28. CIRRHOSE DU FOIE: SEXE MASCULIN: AGE EN ANNEES: 10-14, 1925

157   DECES: LA CAUSE: 29. NEPHRITE AIGUE OU CHRONIQUE: SEXE MASCULIN: AGE EN ANNEES:
         10-14, 1925

158   DECES: LA CAUSE: 30. TUMEURS NON CANCEREUSES ET AUTRES AFFECTIONS DES ORGANES
         GENITAUX DE LA FEMME: SEXE MASCULIN: AGE EN ANNEES: 10-14, 1925

159   DECES: LA CAUSE: 31. SEPTICEMIE PUERPERALE (FIEVRE, PERITONITE PUERPERALES): SEXE
         MASCULIN: AGE EN ANNEES: 10-14, 1925

160   DECES: LA CAUSE: 32. AUTRES ACCIDENTS PUERPERAUX DE LA GROSSESSE ET DE
         L'ACCOUCHEMENT: SEXE MASCULIN: 10-14, 1925

161   DECES: LA CAUSE: 33. DEBILITE CONGENITALE ET VICES DE CONFORMATION: SEXE MASCULIN:
         AGE EN ANNEES: 10-14, 1925

162   DECES: LA CAUSE: 34. SENILITE: SEXE MASCULIN: AGE EN ANNEES: 10-14, 1925

163   DECES: LA CAUSE: 35. MORTS VIOLENTES (SUICIDE EXCEPTE): SEXE MASCULIN: AGE EN
         ANNEES: 10-14, 1925

164   DECES: LA CAUSE: 36. SUICIDE: SEXE MASCULIN: AGE EN ANNEES: 10-14, 1925

165   DECES: LA CAUSE: 37. AUTRES MALADIES: SEXE MASCULIN: AGE EN ANNEES: 10-14, 1925

166   DECES: LA CAUSE: 38. MALADIE NON SPECIFIEE OU MAL DEFINIE: SEXE MASCULIN: AGE EN
         ANNEES: 10-14, 1925

167   POPULATION EN 1921 (MILLIERS): SEXE MASCULIN: AGE EN ANNEES: 15-19

168   TOTAL DES DECES: SEXE MASCULIN: AGE EN ANNEES: 15-19, 1925

169   DECES: LA CAUSE: 1. FIEVRE TYPHOIDE (TYPHUSABDOMINAL) OU PARATYPHOIDE: SEXE
         MASCULIN: AGE EN ANNEES: 15-19, 1925

170   DECES: LA CAUSE: 2. TYPHUS EXANTHEMATIQUE: SEXE MASCULIN: AGE EN ANNEES: 15-19,
         1925

309

DATA SET 313: MOUVEMENT DE LA POPULATION 1925 (DEPARTEMENT)

NUMERO DE
LA VARIABLE   NOM DE LA VARIABLE

171   DECES: LA CAUSE: 3. FIEVRE OU CACHEXIE PALUDEENNES: SEXE MASCULIN: AGE EN ANNEES:
             15-19, 1925

172   DECES: LA CAUSE: 4. VARIOLE: SEXE MASCULIN: AGE EN ANNEES: 15-19, 1925

173   DECES: LA CAUSE: 5. ROUGEOLE: SEXE MASCULIN: AGE EN ANNEES: 15-19, 1925

174   DECES: LA CAUSE: 6. SCARLATINE: SEXE MASCULIN: AGE EN ANNEES: 15-19, 1925

175   DECES: LA CAUSE: 7. COQUELUCHE: SEXE MASCULIN: AGE EN ANNEES: 15-19, 1925

176   DECES: LA CAUSE: 8. DIPHTERIE: SEXE MASCULIN: AGE EN ANNEES: 15-19, 1925

177   DECES: LA CAUSE: 9. GRIPPE: SEXE MASCULIN: AGE EN ANNEES: 15-19, 1925

178   DECES: LA CAUSE: 10. CHOLERA ASIATIQUE: SEXE MASCULIN: AGE EN ANNEES: 15-19, 1925

179   DECES: LA CAUSE: 11. ENTERITE CHOLERIFORME: SEXE MASCULIN: AGE EN ANNEES: 15-19,
             1925

180   DECES: LA CAUSE: 12. AUTRES MALADIES EPIDEMIQUES: SEXE MASCULIN: AGE EN ANNEES:
             15-19, 1925

181   DECES: LA CAUSE: 13. TUBERCULOSE DE L'APPAREIL RESPIRATOIRE: SEXE MASCULIN: AGE
             EN ANNEES: 15-19, 1925

182   DECES: LA CAUSE: 14. TUBERCULOSE DES MENINGES ET DU SYSTEME NERVEUX CENTRAL: SEXE
             MASCULIN: AGE EN ANNEES: 15-19, 1925

183   DECES: LA CAUSE: 15. AUTRES TUBERCULOSES: SEXE MASCULIN: AGE EN ANNEES: 15-19,
             1925

184   DECES: LA CAUSE: 16. CANCER ET AUTRES TUMEURS MALIGNES: SEXE MASCULIN: AGE EN
             ANNEES: 15-19, 1925

185   DECES: LA CAUSE: 17. MENINGITE SIMPLE: SEXE MASCULIN: AGE EN ANNEES: 15-19, 1925

186   DECES: LA CAUSE: 18. HEMORRAGIE, APOPLEXIE ET RAMOLLISSEMENT DU CERVEAU: SEXE
             MASCULIN: AGE EN ANNEES: 15-19, 1925

187   DECES: LA CAUSE: 19. MALADIES DU COEUR: SEXE MASCULIN: AGE EN ANNEES: 15-19, 1925

188   DECES: LA CAUSE: 20. BRONCHITE AIGUE (Y COMPRIS LES BRONCHITES SANS EPITHETE, DE
             MOINS DE 5 ANS): SEXE MASCULIN: AGE EN ANNEES: 15-19, 1925

189   DECES: LA CAUSE: 21. BRONCHITE CHRONIQUE (Y COMPRIS LES BRONCHITES SANS EPITHETE,
             DE 5 ANS ET PLUS): SEXE MASCULIN: AGE EN ANNEES: 15-19, 1925

190   DECES: LA CAUSE: 22. PNEUMONIE: SEXE MASCULIN: AGE EN ANNEES: 15-19, 1925

191   DECES: LA CAUSE: 23. AUTRES AFFECTIONS DE L'APPAREIL RESPIRATOIRE (PHTISIE
             EXCEPTEE): SEXE MASCULIN: AGE EN ANNEES: 15-19, 1925

192   DECES: LA CAUSE: 24. AFFECTIONS DE L'ESTOMAC (CANCER EXCEPTE): SEXE MASCULIN: AGE
             EN ANNEES: 15-19, 1925

193   DECES: LA CAUSE: 25. DIARRHEE ET ENTERITE (AU-DESSOUS DE 2 ANS): SEXE MASCULIN:
             AGE EN ANNEES: 15-19, 1925

194   DECES: LA CAUSE: 26. APPENDICITE ET TYPHLITE: SEXE MASCULIN: AGE EN ANNEES:
             15-19, 1925

195   DECES: LA CAUSE: 27. HERNIE, OBSTRUCTION INTESTINALE: SEXE MASCULIN: AGE EN
             ANNEES: 15-19, 1925

196   DECES: LA CAUSE: 28. CIRRHOSE DU FOIE: SEXE MASCULIN: AGE EN ANNEES: 15-19, 1925

197   DECES: LA CAUSE: 29. NEPHRITE AIGUE OU CHRONIQUE: SEXE MASCULIN: AGE EN ANNEES:
             15-19, 1925

DATA SET 313: MOUVEMENT DE LA POPULATION 1925 (DEPARTEMENT)

NUMERO DE
LA VARIABLE   NOM DE LA VARIABLE

198   DECES: LA CAUSE: 30. TUMEURS NON CANCEREUSES ET AUTRES AFFECTIONS DES ORGANES
            GENITAUX DE LA FEMME: SEXE MASCULIN: AGE EN ANNEES: 15-19, 1925

199   DECES: LA CAUSE: 31. SEPTICEMIE PUERPERALE (FIEVRE, PERITONITE PUERPERALES): SEXE
            MASCULIN: AGE EN ANNEES: 15-19, 1925

200   DECES: LA CAUSE: 32. AUTRES ACCIDENTS PUERPERAUX DE LA GROSSESSE ET DE
            L'ACCOUCHEMENT: SEXE MASCULIN: AGE EN ANNEES: 15-19, 1925

201   DECES: LA CAUSE: 33. DEBILITE CONGENITALE ET VICES DE CONFORMATION: SEXE MASCULIN:
            AGE EN ANNEES: 15-19, 1925

202   DECES: LA CAUSE: 34. SENILITE: SEXE MASCULIN: AGE EN ANNEES: 15-19, 1925

203   DECES: LA CAUSE: 35. MORTS VIOLENTES (SUICIDE EXCEPTE): SEXE MASCULIN: AGE EN
            ANNEES: 15-19, 1925

204   DECES: LA CAUSE: 36. SUICIDE: SEXE MASCULIN: AGE EN ANNEES: 15-19, 1925

205   DECES: LA CAUSE: 37. AUTRES MALADIES: SEXE MASCULIN: AGE EN ANNEES: 15-19, 1925

206   DECES: LA CAUSE: 38. MALADIE NON SPECIFIEE OU MAL DEFINIE: SEXE MASCULIN: AGE EN
            ANNEES: 15-19, 1925

207   POPULATION EN 1921 (MILLIERS): SEXE MASCULIN: AGE EN ANNEES: 20-24

208   TOTAL DES DECES: SEXE MASCULIN: AGE EN ANNEES: 20-24, 1925

209   DECES: LA CAUSE: 1. FIEVRE TYPHOIDE (TYPHUS ABDOMINAL): AGE EN ANNEES: 20-24, 1925

210   DECES: LA CAUSE: 2. TYPHUS EXANTHEMATIQUE: SEXE MASCULIN: AGE EN ANNEES: 20-24,
            1925

211   DECES: LA CAUSE: 3. FIEVRE OU CACHEXIE PALUDEENNES: SEXE MASCULIN: AGE EN ANNEES:
            20-24, 1925

212   DECES: LA CAUSE: 4. VARIOLE: SEXE MASCULIN: AGE EN ANNEES: 20-24, 1925

213   DECES: LA CAUSE: 5. ROUGEOLE: SEXE MASCULIN: AGE EN ANNEES: 20-24, 1925

214   DECES: LA CAUSE: 6. SCARLATINE: SEXE MASCULIN: AGE EN ANNEES: 20-24, 1925

215   DECES: LA CAUSE: 7. COQUELUCHE: SEXE MASCULIN: AGE EN ANNEES: 20-24, 1925

216   DECES: LA CAUSE: 8. DIPHTERIE: SEXE MASCULIN: AGE EN ANNEES: 20-24, 1925

217   DECES: LA CAUSE: 9. GRIPPE: SEXE MASCULIN: AGE EN ANNEES: 20-24, 1925

218   DECES: LA CAUSE: 10. CHOLERA ASIATIQUE: SEXE MASCULIN: AGE EN ANNEES: 20-24, 1925

219   DECES: LA CAUSE: 11. ENTERITE CHOLERIFORME: SEXE MASCULIN: AGE EN ANNEES: 20-24,
            1925

220   DECES: LA CAUSE: 12. AUTRES MALADIES EPIDEMIQUES: SEXE MASCULIN: AGE EN ANNEES:
            20-24, 1925

221   DECES: LA CAUSE: 13. TUBERCULOSE DE L'APPAREIL RESPIRATOIRE: SEXE MASCULIN: AGE
            EN ANNEES: 20-24, 1925

222   DECES: LA CAUSE: 14. TUBERCULOSE DES MENINGES ET DU SYSTEME NERVEUX CENTRAL: SEXE
            MASCULIN: AGE EN ANNEES: 20-24, 1925

223   DECES: LA CAUSE: 15. AUTRES TUBERCULOSES: SEXE MASCULIN: AGE EN ANNEES: 20-24,
            1925

224   DECES: LA CAUSE: 16. CANCER ET AUTRES TUMEURS MALIGNES: SEXE MASCULIN: AGE EN
            ANNEES: 20-24, 1925

225   DECES: LA CAUSE: 17. MENINGITE SIMPLE: SEXE MASCULIN: AGE EN ANNEES: 20-24, 1925

DATA SET 313: MOUVEMENT DE LA POPULATION 1925 (DEPARTEMENT)

NUMERO DE LA VARIABLE	NOM DE LA VARIABLE
226	DECES: LA CAUSE: 18. HEMORRAGIE, APOPLEXIE ET RAMOLLISSEMENT DU CERVEAU: SEXE MASCULIN: AGE EN ANNEES: 20-24, 1925
227	DECES: LA CAUSE: 19. MALADIES DU COEUR: SEXE MASCULIN: AGE EN ANNEES: 20-24, 1925
228	DECES: LA CAUSE: 20. BRONCHITE AIGUE (Y COMPRIS LES BRONCHITES SANS EPITHETE, DE MOINS DE 5 ANS): SEXE MASCULIN: AGE EN ANNEES: 20-24, 1925
229	DECES: LA CAUSE: 21. BRONCHITE CHRONIQUE (Y COMPRIS LES BRONCHITES SANS EPITHETE, DE 5 ANS ET PLUS): SEXE MASCULIN: AGE EN ANNEES: 20-24, 1925
230	DECES: LA CAUSE: 22. PNEUMONIE: SEXE MASCULIN: AGE EN ANNEES: 20-24, 1925
231	DECES: LA CAUSE: 23. AUTRES AFFECTIONS DE L'APPAREIL RESPIRATOIRE (PHTISIE EXCEPTEE): SEXE MASCULIN: AGE EN ANNEES: 20-24, 1925
232	DECES: LA CAUSE: 24. AFFECTIONS DE L'ESTOMAC (CANCER EXCEPTE): SEXE MASCULIN: AGE EN ANNEES: 20-24, 1925
233	DECES: LA CAUSE: 25. DIARRHEE ET ENTERITE (AU-DESSOUS DE 2 ANS): SEXE MASCULIN: AGE EN ANNEES: 20-24, 1925
234	DECES: LA CAUSE: 26. APPENDICITE ET TYPHLITE: SEXE MASCULIN: AGE EN ANNEES: 20-24, 1925
235	DECES: LA CAUSE: 27. HERNIE, OBSTRUCTION INTESTINALE: SEXE MASCULIN: AGE EN ANNEES: 20-24, 1925
236	DECES: LA CAUSE: 28. CIRRHOSE DU FOIE: SEXE MASCULIN: AGE EN ANNEES: 20-24, 1925
237	DECES: LA CAUSE: 29. NEPHRITE AIGUE OU CHRONIQUE: SEXE MASCULIN: AGE EN ANNEES: 20-24, 1925
238	DECES: LA CAUSE: 30. TUMEURS NON CANCEREUSES ET AUTRES AFFECTIONS DES ORGANES GENITAUX DE LA FEMME: SEXE MASCULIN: AGE EN ANNEES: 20-24, 1925
239	DECES: LA CAUSE: 31. SEPTICEMIE PUERPERALE (FIEVRE, PERITONITE PUERPERALES): SEXE MASCULIN: AGE EN ANNEES: 20-24, 1925
240	DECES: LA CAUSE: 32. AUTRES ACCIDENTS PUERPERAUX DE LA GROSSESSE ET DE L'ACCOUCHEMENT: SEXE MASCULIN: AGE EN ANNEES: 20-24, 1925
241	DECES: LA CAUSE: 33. DEBILITE CONGENITALE ET VICES DE CONFORMATION: SEXE MASCULIN: AGE EN ANNEES: 20-24, 1925
242	DECES: LA CAUSE: 34. SENILITE: SEXE MASCULIN: AGE EN ANNEES: 20-24, 1925
243	DECES: LA CAUSE: 35. MORTS VIOLENTES (SUICIDE EXCEPTE): SEXE MASCULIN: AGE EN ANNEES: 20-24, 1925
244	DECES: LA CAUSE: 36. SUICIDE: SEXE MASCULIN: AGE EN ANNEES: 20-24, 1925
245	DECES: LA CAUSE: 37. AUTRES MALADIES: SEXE MASCULIN: AGE EN ANNEES: 20-24, 1925
246	DECES: LA CAUSE: 38. MALADIE NON SPECIFIEE OU MAL DEFINIE: SEXE MASCULIN: AGE EN ANNEES: 20-24, 1925
247	POPULATION EN 1921 (MILLIERS): SEXE MASCULIN: AGE EN ANNEES: 25-29
248	TOTAL DES DECES: SEXE MASCULIN: AGE EN ANNEES: 25-29, 1925
249	DECES: LA CAUSE: 1. FIEVRE TYPHOIDE (TYPHUSABDOMINAL) SEXE MASCULIN: AGE EN ANNEES: 25-29, 1925
250	DECES: LA CAUSE: 2. TYPHUS EXANTHEMATIQUE: SEXE MASCULIN: AGE EN ANNEES: 25-29, 1925
251	DECES: LA CAUSE: 3. FIEVRE OU CACHEXIE PALUDEENNES: SEXE MASCULIN: AGE EN ANNEES: 25-29, 1925
252	DECES: LA CAUSE: 4. VARIOLE: SEXE MASCULIN: AGE EN ANNEES: 25-29, 1925

DATA SET 313: MOUVEMENT DE LA POPULATION 1925 (DEPARTEMENT)

NUMERO DE
LA VARIABLE   NOM DE LA VARIABLE

253   DECES: LA CAUSE: 5. ROUGEOLE: SEXE MASCULIN: AGE EN ANNEES: 25-29, 1925

254   DECES: LA CAUSE: 6. SCARLATINE: SEXE MASCULIN: AGE EN ANNEES: 25-29, 1925

255   DECES: LA CAUSE: 7. COQUELUCHE: SEXE MASCULIN: AGE EN ANNEES: 25-29, 1925

256   DECES: LA CAUSE: 8. DIPHTERIE: SEXE MASCULIN: AGE EN ANNEES: 25-29, 1925

257   DECES: LA CAUSE: 9. GRIPPE: SEXE MASCULIN: AGE EN ANNEES: 25-29, 1925

258   DECES: LA CAUSE: 10. CHOLERA ASIATIQUE: SEXE MASCULIN: AGE EN ANNEES: 25-29, 1925

259   DECES: LA CAUSE: 11. ENTERITE CHOLERIFORME: SEXE MASCULIN: AGE EN ANNEES: 25-29, 1925

260   DECES: LA CAUSE: 12. AUTRES MALADIES EPIDEMIQUES: SEXE MASCULIN: AGE EN ANNEES: 25-29, 1925

261   DECES: LA CAUSE: 13. TUBERCULOSE DE L'APPAREIL RESPIRATOIRE: SEXE MASCULIN: AGE EN ANNEES: 25-29, 1925

262   DECES: LA CAUSE: 14. TUBERCULOSE DES MENINGES ET DU SYSTEME NERVEUX CENTRAL: SEXE MASCULIN: AGE EN ANNEES: 25-29, 1925

263   DECES: LA CAUSE: 15. AUTRES TUBERCULOSES: SEXE MASCULIN: AGE EN ANNEES: 25-29, 1925

264   DECES: LA CAUSE: 16. CANCER ET AUTRES TUMEURS MALIGNES: SEXE MASCULIN: AGE EN ANNEES: 25-29, 1925

265   DECES: LA CAUSE: 17. MENINGITE SIMPLE: SEXE MASCULIN: AGE EN ANNEES: 25-29, 1925

266   DECES: LA CAUSE: 18. HEMORRAGIE, APOPLEXIE ET RAMOLLISSEMENT DU CERVEAU: SEXE MASCULIN: AGE EN ANNEES: 25-29, 1925

267   DECES: LA CAUSE: 19. MALADIES DU COEUR: SEXE MASCULIN: AGE EN ANNEES: 25-29, 1925

268   DECES: LA CAUSE: 20. BRONCHITE AIGUE (Y COMPRIS LES BRONCHITES SANS EPITHETE, DE MOINS DE 5 ANS): SEXE MASCULIN: AGE EN ANNEES: 25-29, 1925

269   DECES: LA CAUSE: 21. BRONCHITE CHRONIQUE (Y COMPRIS LES BRONCHITES SANS EPITHETE, DE 5 ANS ET PLUS): SEXE MASCULIN: AGE EN ANNEES: 25-29, 1925

270   DECES: LA CAUSE: 22. PNEUMONIE: SEXE MASCULIN: AGE EN ANNEES: 25-29, 1925

271   DECES: LA CAUSE: 23. AUTRES AFFECTIONS DE L'APPAREIL RESPIRATOIRE (PHTISIE EXCEPTEE): SEXE MASCULIN: AGE EN ANNEES: 25-29, 1925

272   DECES: LA CAUSE: 24. AFFECTIONS DE L'ESTOMAC (CANCER EXCEPTE):   SEXE MASCULIN: AGE EN ANNEES: 25-29, 1925

273   DECES: LA CAUSE: 25. DIARRHEE ET ENTERITE (AU-DESSOUS DE 2 ANS):   SEXE MASCULIN: AGE EN ANNEES: 25-29, 1925

274   DECES: LA CAUSE: 26. APPENDICITE ET TYPHLITE: SEXE MASCULIN: AGE EN ANNEES: 25-29, 1925

275   DECES: LA CAUSE: 27. HERNIE, OBSTRUCTION INTESTINALE: SEXE MASCULIN: AGE EN ANNEES: 25-29, 1925

276   DECES: LA CAUSE: 28. CIRRHOSE DU FOIE: SEXE MASCULIN: AGE EN ANNEES: 25-29, 1925

277   DECES: LA CAUSE: 29. NEPHRITE AIGUE OU CHRONIQUE: SEXE MASCULIN: AGE EN ANNEES: 25-29, 1925

278   DECES: LA CAUSE: 30. TUMEURS NON CANCEREUSES ET AUTRES AFFECTIONS DES ORGANES GENITAUX DE LA FEMME: SEXE MASCULIN: AGE EN ANNEES: 25-29, 1925

279   DECES: LA CAUSE: 31. SEPTICEMIE PUERPERALE (FIEVRE, PERITONITE PUERPERALES DE LA FEMME): SEXE MASCULIN: AGE EN ANNEES: 25-29, 1925

DATA SET 313: MOUVEMENT DE LA POPULATION 1925 (DEPARTEMENT)

NUMERO DE
LA VARIABLE   NOM DE LA VARIABLE

280   DECES: LA CAUSE: 32. AUTRES ACCIDENTS PUERPERAUX DE LA GROSSESSE ET DE
           L'ACCOUCHEMENT: SEXE MASCULIN: AGE EN ANNEES: 25-29, 1925

281   DECES: LA CAUSE: 33. DEBILITE CONGENITALE ET VICES DE CONFORMATION: SEXE MASCULIN:
           AGE EN ANNEES: 25-29, 1925

282   DECES: LA CAUSE: 34. SENILITE: SEXE MASCULIN: AGE EN ANNEES: 25-29, 1925

283   DECES: LA CAUSE: 35. MORTS VIOLENTES (SUICIDE EXCEPTE): SEXE MASCULIN: AGE EN
           ANNEES: 25-29, 1925

284   DECES: LA CAUSE: 36. SUICIDE: SEXE MASCULIN: AGE EN ANNEES: 25-29, 1925

285   DECES: LA CAUSE: 37. AUTRES MALADIES: SEXE MASCULIN: AGE EN ANNEES: 25-29, 1925

286   DECES: LA CAUSE: 38. MALADIE NON SPECIFIEE OU MAL DEFINIE: SEXE MASCULIN: AGE EN
           ANNEES: 25-29, 1925

287   POPULATION EN 1921 (MILLIERS): SEXE MASCULIN: AGE EN ANNEES: 30-34

288   TOTAL DES DECES: SEXE MASCULIN: AGE EN ANNEES: 30-34, 1925

289   DECES: LA CAUSE: 1. FIEVRE TYPHOIDE (TYPHUSABDOMINAL) OU PARATYPHOIDE: SEXE
           MASCULIN: AGE EN ANNEES: 30-34, 1925

290   DECES: LA CAUSE: 2. TYPHUS EXANTHEMATIQUE: SEXE MASCULIN: AGE EN ANNEES: 30-34,
           1925

291   DECES: LA CAUSE: 3. FIEVRE OU CACHEXIE PALUDEENNES: SEXE MASCULIN: AGE EN ANNEES:
           30-34, 1925

292   DECES: LA CAUSE: 4. VARIOLE: SEXE MASCULIN: AGE EN ANNEES: 30-34, 1925

293   DECES: LA CAUSE: 5. ROUGEOLE: SEXE MASCULIN: AGE EN ANNEES: 30-34, 1925

294   DECES: LA CAUSE: 6. SCARLATINE: SEXE MASCULIN: AGE EN ANNEES: 30-34, 1925

295   DECES: LA CAUSE: 7. COQUELUCHE: SEXE MASCULIN: AGE EN ANNEES: 30-34, 1925

296   DECES: LA CAUSE: 8. DIPHTERIE: SEXE MASCULIN: AGE EN ANNEES: 30-34, 1925

297   DECES: LA CAUSE: 9. GRIPPE: SEXE MASCULIN: AGE EN ANNEES: 30-34, 1925

298   DECES: LA CAUSE: 10. CHOLERA ASIATIQUE: SEXE MASCULIN: AGE EN ANNEES: 30-34, 1925

299   DECES: LA CAUSE: 11. ENTERITE CHOLERIFORME: SEXE MASCULIN: AGE EN ANNEES: 30-34,
           1925

300   DECES: LA CAUSE: 12. AUTRES MALADIES EPIDEMIQUES: SEXE MASCULIN: AGE EN ANNEES:
           30-34, 1925

301   DECES: LA CAUSE: 13. TUBERCULOSE DE L'APPAREIL RESPIRATOIRE: SEXE MASCULIN: AGE
           EN ANNEES: 30-34, 1925

302   DECES: LA CAUSE: 14. TUBERCULOSE DES MENINGES ET DU SYSTEME NERVEUX CENTRAL: SEXE
           MASCULIN: AGE EN ANNEES: 30-34, 1925

303   DECES: LA CAUSE: 15. AUTRES TUBERCULOSES: SEXE MASCULIN: AGE EN ANNEES: 30-34,
           1925

304   DECES: LA CAUSE: 16. CANCER ET AUTRES TUMEURS MALIGNES: SEXE MASCULIN: AGE EN
           ANNEES: 30-34, 1925

305   DECES: LA CAUSE: 17. MENINGITE SIMPLE: SEXE MASCULIN: AGE EN ANNEES: 30-34, 1925

306   DECES: LA CAUSE: 18. HEMORRAGIE, APOPLEXIE ET RAMOLLISSEMENT DU CERVEAU: SEXE
           MASCULIN: AGE EN ANNEES: 30-34, 1925

307   DECES: LA CAUSE: 19. MALADIES DU COEUR: SEXE MASCULIN: AGE EN ANNEES: 30-34, 1925

DATA SET 313: MOUVEMENT DE LA POPULATION 1925 (DEPARTEMENT)

NUMERO DE
LA VARIABLE   NOM DE LA VARIABLE

308   DECES: LA CAUSE: 20. BRONCHITE AIGUE (Y COMPRIS LES BRONCHITES SANS EPITHETE, DE
           MOINS DE 5 ANS): SEXE MASCULIN: AGE EN ANNEES: 30-34, 1925

309   DECES: LA CAUSE: 21. BRONCHITE CHRONIQUE (Y COMPRIS LES BRONCHITES SANS EPITHETE,
           DE 5 ANS ET PLUS): SEXE MASCULIN: AGE EN ANNEES: 30-34, 1925

310   DECES: LA CAUSE: 22. PNEUMONIE: SEXE MASCULIN: AGE EN ANNEES: 30-34, 1925

311   DECES: LA CAUSE: 23. AUTRES AFFECTIONS DE L'APPAREIL RESPIRATOIRE (PHTISIE
           EXCEPTEE): SEXE MASCULIN: AGE EN ANNEES: 30-34, 1925

312   DECES: LA CAUSE: 24. AFFECTIONS DE L'ESTOMAC (CANCER EXCEPTE): SEXE MASCULIN: AGE
           EN ANNEES: 30-34, 1925

313   DECES: LA CAUSE: 25. DIARRHEE ET ENTERITE (AU-DESSOUS DE 2 ANS): SEXE MASCULIN:
           AGE EN ANNEES: 30-34, 1925

314   DECES: LA CAUSE: 26. APPENDICITE ET TYPHLITE: SEXE MASCULIN: AGE EN ANNEES:
           30-34, 1925

315   DECES: LA CAUSE: 27. HERNIE, OBSTRUCTION INTESTINALE: SEXE MASCULIN: AGE EN
           ANNEES: 30-34, 1925

316   DECES: LA CAUSE: 28. CIRRHOSE DU FOIE: SEXE MASCULIN: AGE EN ANNEES: 30-34, 1925

317   DECES: LA CAUSE: 29. NEPHRITE AIGUE OU CHRONIQUE: SEXE MASCULIN: AGE EN ANNEES:
           30-34, 1925

318   DECES: LA CAUSE: 30. TUMEURS NON CANCEREUSES ET AUTRES AFFECTIONS DES ORGANES
           GENITAUX DE LA FEMME: SEXE MASCULIN: AGE EN ANNEES: 30-34, 1925

319   DECES: LA CAUSE: 31. SEPTICEMIE PUERPERALE (FIEVRE, PERITONITE PUERPERALES DE LA
           FEMME): SEXE MASCULIN: AGE EN ANNEES: 30-34, 1925

320   DECES: LA CAUSE: 32. AUTRES ACCIDENTS PUERPERAUX DE LA GROSSESSE ET DE
           L'ACCOUCHEMENT: SEXE MASCULIN: AGE EN ANNEES: 30-34, 1925

321   DECES: LA CAUSE: 33. DEBILITE CONGENITALE ET VICES DE CONFORMATION: SEXE MASCULIN:
           AGE EN ANNEES: 30-34, 1925

322   DECES: LA CAUSE: 34. SENILITE: SEXE MASCULIN: AGE EN ANNEES: 30-34, 1925

323   DECES: LA CAUSE: 35. MORTS VIOLENTES (SUICIDE EXCEPTE): SEXE MASCULIN: AGE EN
           ANNEES: 30-34, 1925

324   DECES: LA CAUSE: 36. SUICIDE: SEXE MASCULIN: AGE EN ANNEES: 30-34, 1925

325   DECES: LA CAUSE: 37. AUTRES MALADIES: SEXE MASCULIN: AGE EN ANNEES: 30-34, 1925

326   DECES: LA CAUSE: 38. MALADIE NON SPECIFIEE OU MAL DEFINIE: SEXE MASCULIN: AGE EN
           ANNEES: 30-34, 1925

DATA SET 314: MOUVEMENT DE LA POPULATION 1925 (DEPARTEMENT)

SOURCE: STATISTIQUE GENERALE DE LA FRANCE, STATISTIQUE DU
MOUVEMENT DE LA POPULATION, ANNEE 1925, NOUVELLE
SERIE, TOME V, DEUXIEME PARTIE (PARIS, 1925)

VARIABLES 7-326:   PAGES 1-183

NUMERO DE
LA VARIABLE   NOM DE LA VARIABLE

7   POPULATION EN 1921 (MILLIERS): SEXE MASCULIN: AGE EN ANNEES: 35-39

8   TOTAL DES DECES: SEXE MASCULIN: AGE EN ANNEES: 35-39, 1925

9   DECES: LA CAUSE: 1. FIEVRE TYPHOIDE (TYPHUSABDOMINAL) OU PARATYPHOIDE: SEXE
         MASCULIN: AGE EN ANNEES: 35-39, 1925

10   DECES: LA CAUSE: 2. TYPHUS EXANTHEMATIQUE: SEXE MASCULIN: AGE EN ANNEES: 35-39,
         1925

11   DECES: LA CAUSE: 3. FIEVRE OU CACHEXIE PALUDEENNES: SEXE MASCULIN: AGE EN ANNEES:
         35-39, 1925

12   DECES: LA CAUSE: 4. VARIOLE: SEXE MASCULIN: AGE EN ANNEES: 35-39, 1925

13   DECES: LA CAUSE: 5. ROUGEOLE: SEXE MASCULIN: AGE EN ANNEES: 35-39, 1925

14   DECES: LA CAUSE: 6. SCARLATINE: SEXE MASCULIN: AGE EN ANNEES: 35-39, 1925

15   DECES: LA CAUSE: 7. COQUELUCHE: SEXE MASCULIN: AGE EN ANNEES: 35-39, 1925

16   DECES: LA CAUSE: 8. DIPHTERIE: SEXE MASCULIN: AGE EN ANNEES: 35-39, 1925

17   DECES: LA CAUSE: 9. GRIPPE: SEXE MASCULIN: AGE EN ANNEES: 35-39, 1925

18   DECES: LA CAUSE: 10. CHOLERA ASIATIQUE: SEXE MASCULIN: AGE EN ANNEES: 35-39, 1925

19   DECES: LA CAUSE: 11. ENTERITE CHOLERIFORME: SEXE MASCULIN: AGE EN ANNEES: 35-39,
         1925

20   DECES: LA CAUSE: 12. AUTRES MALADIES EPIDEMIQUES: SEXE MASCULIN: AGE EN ANNEES:
         35-39, 1925

21   DECES: LA CAUSE: 13. TUBERCULOSE DE L'APPAREIL RESPIRATOIRE: SEXE MASCULIN: AGE
         EN ANNEES: 35-39, 1925

22   DECES: LA CAUSE: 14. TUBERCULOSE DES MENINGES ET DU SYSTEME NERVEUX CENTRAL: SEXE
         MASCULIN: AGE EN ANNEES: 35-39, 1925

23   DECES: LA CAUSE: 15. AUTRES TUBERCULOSES: SEXE MASCULIN: AGE EN ANNEES: 35-39,
         1925

24   DECES: LA CAUSE: 16. CANCER ET AUTRES TUMEURS MALIGNES: SEXE MASCULIN: AGE EN
         ANNEES: 35-39, 1925

25   DECES: LA CAUSE: 17. MENINGITE SIMPLE: SEXE MASCULIN: AGE EN ANNEES: 35-39, 1925

26   DECES: LA CAUSE: 18. HEMORRAGIE, APOPLEXIE ET RAMOLLISSEMENT DU CERVEAU: SEXE
         MASCULIN: AGE EN ANNEES: 35-39, 1925

27   DECES: LA CAUSE: 19. MALADIES DU COEUR: SEXE MASCULIN: AGE EN ANNEES: 35-39, 1925

28   DECES: LA CAUSE: 20. BRONCHITE AIGUE (Y COMPRIS LES BRONCHITES SANS EPITHETE DE
         MOINS DE 5 ANS): SEXE MASCULIN: AGE EN ANNEES: 35-39, 1925

29   DECES: LA CAUSE: 21. BRONCHITE CHRONIQUE (Y COMPRIS LES BRONCHITES SANS EPITHETE,
         DE 5 ANS ET PLUS): SEXE MASCULIN: AGE EN ANNEES: 35-39, 1925

30   DECES: LA CAUSE: 22. PNEUMONIE: SEXE MASCULIN: AGE EN ANNEES: 35-39, 1925

31   DECES: LA CAUSE: 23. AUTRES AFFECTIONS DE L'APPAREIL RESPIRATOIRE (PHTISIE
         EXCEPTEE): SEXE MASCULIN: AGE EN ANNEES: 35-39, 1925

DATA SET 314: MOUVEMENT DE LA POPULATION 1925 (DEPARTEMENT)

NUMERO DE
LA VARIABLE   NOM DE LA VARIABLE

32   DECES: LA CAUSE: 24. AFFECTIONS DE L'ESTOMAC (CANCER EXCEPTE): SEXE MASCULIN: AGE EN ANNEES: 35-39, 1925

33   DECES: LA CAUSE: 25. DIARRHEE ET ENTERITE (AU-DESSOUS DE 2 ANS): SEXE MASCULIN: AGE EN ANNEES: 35-39, 1925

34   DECES: LA CAUSE: 26. APPENDICITE ET TYPHLITE: SEXE MASCULIN: AGE EN ANNEES: 35-39, 1925

35   DECES: LA CAUSE: 27. HERNIE, OBSTRUCTION INTESTINALE: SEXE MASCULIN: AGE EN ANNEES: 35-39, 1925

36   DECES: LA CAUSE: 28. CIRRHOSE DU FOIE: SEXE MASCULIN: AGE EN ANNEES: 35-39, 1925

37   DECES: LA CAUSE: 29. NEPHRITE AIGUE OU CHRONIQUE: SEXE MASCULIN: AGE EN ANNEES: 35-39, 1925

38   DECES: LA CAUSE: 30. TUMEURS NON CANCEREUSES ET AUTRES AFFECTIONS DES ORGANES GENITAUX DE LA FEMME: SEXE MASCULIN: AGE EN ANNEES: 35-39, 1925

39   DECES: LA CAUSE: 31. SEPTICEMIE PUERPERALE (FIEVRE, PERITONITE PUERPERALES): SEXE MASCULIN: AGE EN ANNEES: 35-39, 1925

40   DECES: LA CAUSE: 32. AUTRES ACCIDENTS PUERPERAUX DE LA GROSSESSE ET DE L'ACCOUCHEMENT: SEXE MASCULIN: AGE EN ANNEES: 35-39, 1925

41   DECES: LA CAUSE: 33. DEBILITE CONGENITALE ET VICES DE CONFORMATION: SEXE MASCULIN: AGE EN ANNEES: 35-39, 1925

42   DECES: LA CAUSE: 34. SENILITE: SEXE MASCULIN: AGE EN ANNEES: 35-39, 1925

43   DECES: LA CAUSE: 35. MORTS VIOLENTES (SUICIDE EXCEPTE): SEXE MASCULIN: AGE EN ANNEES: 35-39, 1925

44   DECES: LA CAUSE: 36. SUICIDE: SEXE MASCULIN: AGE EN ANNEES: 35-39, 1925

45   DECES: LA CAUSE: 37. AUTRES MALADIES: SEXE MASCULIN: AGE EN ANNEES: 35-39, 1925

46   DECES: LA CAUSE: 38. MALADIE NON SPECIFIEE OU MAL DEFINIE: SEXE MASCULIN: AGE EN ANNEES: 35-39, 1925

47   POPULATION EN 1921 (MILLIERS): SEXE MASCULIN: AGE EN ANNEES: 40-44

48   TOTAL DES DECES: SEXE MASCULIN: AGE EN ANNEES: 40-44, 1925

49   DECES: LA CAUSE: 1. FIEVRE TYPHOIDE (TYPHUSABDOMINAL) OU PARATYPHOIDE: SEXE MASCULIN: AGE EN ANNEES: 40-44, 1925

50   DECES: LA CAUSE: 2. TYPHUS EXANTHEMATIQUE: SEXE MASCULIN: AGE EN ANNEES: 40-44, 1925

51   DECES: LA CAUSE: 3. FIEVRE OU CACHEXIE PALUDEENNES: SEXE MASCULIN: AGE EN ANNEES: 40-44, 1925

52   DECES: LA CAUSE: 4. VARIOLE: SEXE MASCULIN: AGE EN ANNEES: 40-44, 1925

53   DECES: LA CAUSE: 5. ROUGEOLE: SEXE MASCULIN: AGE EN ANNEES: 40-44, 1925

54   DECES: LA CAUSE: 6. SCARLATINE: SEXE MASCULIN: AGE EN ANNEES: 40-44, 1925

55   DECES: LA CAUSE: 7. COQUELUCHE: SEXE MASCULIN: AGE EN ANNEES: 40-44, 1925

56   DECES: LA CAUSE: 8. DIPHTERIE: SEXE MASCULIN: AGE EN ANNEES: 40-44, 1925

57   DECES: LA CAUSE: 9. GRIPPE: SEXE MASCULIN: AGE EN ANNEES: 40-44, 1925

58   DECES: LA CAUSE: 10. CHOLERA ASIATIQUE: SEXE MASCULIN: AGE EN ANNEES: 40-44, 1925

59   DECES: LA CAUSE: 11. ENTERITE CHOLERIFORME: SEXE MASCULIN: AGE EN ANNEES: 40-44, 1925

DATA SET 314: MOUVEMENT DE LA POPULATION 1925 (DEPARTEMENT)

NUMERO DE
LA VARIABLE   NOM DE LA VARIABLE

60   DECES: LA CAUSE: 12. AUTRES MALADIES EPIDEMIQUES: SEXE MASCULIN: AGE EN ANNEES:
            40-44, 1925

61   DECES: LA CAUSE: 13. TUBERCULOSE DE L'APPAREIL RESPIRATOIRE: SEXE MASCULIN: AGE
            EN ANNEES: 40-44, 1925

62   DECES: LA CAUSE: 14. TUBERCULOSE DES MENINGES ET DU SYSTEME NERVEUX CENTRAL: SEXE
            MASCULIN: AGE EN ANNEES: 40-44, 1925

63   DECES: LA CAUSE: 15. AUTRES TUBERCULOSES: SEXE MASCULIN: AGE EN ANNEES: 40-44,
            1925

64   DECES: LA CAUSE: 16. CANCER ET AUTRES TUMEURS MALIGNES: SEXE MASCULIN: AGE EN
            ANNEES: 40-44, 1925

65   DECES: LA CAUSE: 17. MENINGITE SIMPLE: SEXE MASCULIN: AGE EN ANNEES: 40-44, 1925

66   DECES: LA CAUSE: 18. HEMORRAGIE, APOPLEXIE ET RAMOLLISSEMENT DU CERVEAU: SEXE
            MASCULIN: AGE EN ANNEES: 40-44, 1925

67   DECES: LA CAUSE: 19. MALADIES DU COEUR: SEXE MASCULIN: AGE EN ANNEES: 40-44, 1925

68   DECES: LA CAUSE: 20. BRONCHITE AIGUE (Y COMPRIS LES BRONCHITES SANS EPITHETE DE
            MOINS DE 5 ANS): SEXE MASCULIN: AGE EN ANNEES: 40-44, 1925

69   DECES: LA CAUSE: 21. BRONCHITE CHRONIQUE (Y COMPRIS LES BRONCHITES SANS EPITHETE DE
            5 ANS ET PLUS): SEXE MASCULIN: AGE EN ANNEES: 40-44, 1925

70   DECES: LA CAUSE: 22. PNEUMONIE: SEXE MASCULIN: AGE EN ANNEES: 40-44, 1925

71   DECES: LA CAUSE: 23. AUTRES AFFECTIONS DE L'APPAREIL RESPIRATOIRE (PHTISIE
            EXCEPTEE): SEXE MASCULIN: AGE EN ANNEES: 40-44, 1925

72   DECES: LA CAUSE: 24. AFFECTIONS DE L'ESTOMAC (CANCER EXCEPTE): SEXE MASCULIN: AGE
            EN ANNEES: 40-44, 1925

73   DECES: LA CAUSE: 25. DIARRHEE ET ENTERITE (AU-DESSOUS DE 2 ANS): SEXE MASCULIN:
            AGE EN ANNEES: 40-44, 1925

74   DECES: LA CAUSE: 26. APPENDICITE ET TYPHLITE: SEXE MASCULIN: AGE EN ANNEES:
            40-44, 1925

75   DECES: LA CAUSE: 27. HERNIE ET OBSTRUCTION INTESTINALE: SEXE MASCULIN: AGE EN
            ANNEES: 40-44, 1925

76   DECES: LA CAUSE: 28. CIRRHOSE DU FOIE: SEXE MASCULIN: AGE EN ANNEES: 40-44, 1925

77   DECES: LA CAUSE: 29. NEPHRITE AIGUE OU CHRONIQUE: SEXE MASCULIN: AGE EN ANNEES:
            40-44, 1925

78   DECES: LA CAUSE: 30. TUMEURS NON CANCEREUSES ET AUTRES AFFECTIONS DES ORGANES
            GENITAUX DE LA FEMME: SEXE MASCULIN: AGE EN ANNEES: 40-44, 1925

79   DECES: LA CAUSE: 31. SEPTICEMIE PUERPERALE (FIEVRE, PERITONITE PUERPERALES): SEXE
            MASCULIN: AGE EN ANNEES: 40-44, 1925

80   DECES: LA CAUSE: 32. AUTRES ACCIDENTS PUERPERAUX DE LA GROSSESSE ET DE
            L'ACCOUCHEMENT: SEXE MASCULIN: AGE EN ANNEES: 40-44, 1925

81   DECES: LA CAUSE: 33. DEBILITE CONGENITALE ET VICES DE CONFORMATION: SEXE MASCULIN:
            AGE EN ANNEES: 40-44, 1925

82   DECES: LA CAUSE: 34. SENILITE: SEXE MASCULIN: AGE EN ANNEES: 40-44, 1925

83   DECES: LA CAUSE: 35. MORTS VIOLENTES (SUICIDE EXCEPTE): SEXE MASCULIN: AGE EN
            ANNEES: 40-44, 1925

84   DECES: LA CAUSE: 36. SUICIDE: SEXE MASCULIN: AGE EN ANNEES: 40-44, 1925

85   DECES: LA CAUSE: 37. AUTRES MALADIES: SEXE MASCULIN: AGE EN ANNEES: 40-44, 1925

DATA SET 314: MOUVEMENT DE LA POPULATION 1925 (DEPARTEMENT)

NUMERO DE
LA VARIABLE   NOM DE LA VARIABLE

86   DECES: LA CAUSE: 38. MALADIE NON SPECIFIEE OU MAL DEFINIE: SEXE MASCULIN: AGE EN
            ANNEES: 40-44, 1925

87   POPULATION EN 1921 (MILLIERS): SEXE MASCULIN: AGE EN ANNEES: 45-49

88   TOTAL DES DECES: SEXE MASCULIN: AGE EN ANNEES: 45-49, 1925

89   DECES: LA CAUSE: 1. FIEVRE TYPHOIDE (TYPHUSABDOMINAL) OU PARATYPHOIDE: SEXE
            MASCULIN: AGE EN ANNEES: 45-49, 1925

90   DECES: LA CAUSE: 2. TYPHUS EXANTHEMATIQUE: SEXE MASCULIN: AGE EN ANNEES: 45-49,
            1925

91   DECES: LA CAUSE: 3. FIEVRE OU CACHEXIE PALUDEENNES: SEXE MASCULIN: AGE EN ANNEES:
            45-49, 1925

92   DECES: LA CAUSE: 4. VARIOLE: SEXE MASCULIN: AGE EN ANNEES: 45-49, 1925

93   DECES: LA CAUSE: 5. ROUGEOLE: SEXE MASCULIN: AGE EN ANNEES: 45-49, 1925

94   DECES: LA CAUSE: 6. SCARLATINE: SEXE MASCULIN: AGE EN ANNEES: 45-49, 1925

95   DECES: LA CAUSE: 7. COQUELUCHE: SEXE MASCULIN: AGE EN ANNEES: 45-49, 1925

96   DECES: LA CAUSE: 8. DIPTHERIE: SEXE MASCULIN: AGE EN ANNEES: 45-49, 1925

97   DECES: LA CAUSE: 9. GRIPPE: SEXE MASCULIN: AGE EN ANNEES: 45-49, 1925

98   DECES: LA CAUSE: 10. CHOLERA ASIATIQUE: SEXE MASCULIN: AGE EN ANNEES: 45-49, 1925

99   DECES: LA CAUSE: 11. ENTERITE CHOLERIFORME: SEXE MASCULIN: AGE EN ANNEES: 45-49,
            1925

100   DECES: LA CAUSE: 12. AUTRES MALADIES EPIDEMIQUES: SEXE MASCULIN: AGE EN ANNEES:
            45-49, 1925

101   DECES: LA CAUSE: 13. TUBERCULOSE DE L'APPAREIL RESPIRATOIRE: SEXE MASCULIN: AGE
            EN ANNEES: 45-49, 1925

102   DECES: LA CAUSE: 14. TUBERCULOSE DES MENINGES ET DU SYSTEME NERVEUX CENTRAL: SEXE
            MASCULIN: AGE EN ANNEES: 45-49, 1925

103   DECES: LA CAUSE: 15. AUTRES TUBERCULOSES: SEXE MASCULIN: AGE EN ANNEES: 45-49,
            1925

104   DECES: LA CAUSE: 16. CANCER ET AUTRES TUMEURS MALIGNES: SEXE MASCULIN: AGE EN
            ANNEES: 45-49, 1925

105   DECES: LA CAUSE: 17. MENINGITE SIMPLE: SEXE MASCULIN: AGE EN ANNEES: 45-49, 1925

106   DECES: LA CAUSE: 18. HEMORRAGIE, APOPLEXIE ET RAMOLLISSEMENT DU CERVEAU: SEXE
            MASCULIN: AGE EN ANNEES: 45-49, 1925

107   DECES: LA CAUSE: 19. MALADIES DU COEUR: SEXE MASCULIN: AGE EN ANNEES: 45-49, 1925

108   DECES: LA CAUSE: 20. BRONCHITE AIGUE (Y COMPRIS LES BRONCHITES SANS EPITHETE DE
            MOINS DE 5 ANS): SEXE MASCULIN: AGE EN ANNEES: 45-49, 1925

109   DECES: LA CAUSE: 21. BRONCHITE CHRONIQUE (Y COMPRIS LES BRONCHITES SANS EPITHETE DE
            5 ANS ET PLUS): SEXE MASCULIN: AGE EN ANNEES: 45-49, 1925

110   DECES: LA CAUSE: 22. PNEUMONIE: SEXE MASCULIN: AGE EN ANNEES: 45-49, 1925

111   DECES: LA CAUSE: 23. AUTRES AFFECTIONS DE L'APPAREIL RESPIRATOIRE (PHTISIE
            EXCEPTEE): SEXE MASCULIN: AGE EN ANNEES: 45-49, 1925

112   DECES: LA CAUSE: 24. AFFECTIONS DE L'ESTOMAC (CANCER EXCEPTE): SEXE MASCULIN: AGE
            EN ANNEES: 45-49, 1925

113   DECES: LA CAUSE: 25. DIARRHEE ET ENTERITE (AU-DESSOUS DE 2 ANS): SEXE MASCULIN:
            AGE EN ANNEES: 45-49, 1925

DATA SET 314: MOUVEMENT DE LA POPULATION 1925 (DEPARTEMENT)

NUMERO DE
LA VARIABLE   NOM DE LA VARIABLE

114   DECES: LA CAUSE: 26. APPENDICITE ET TYPHLITE: SEXE MASCULIN: AGE EN ANNEES:
           45-49, 1925

115   DECES: LA CAUSE: 27. HERNIE, OBSTRUCTION INTESTINALE: SEXE MASCULIN: AGE EN
           ANNEES: 45-49, 1925

116   DECES: LA CAUSE: 28. CIRRHOSE DU FOIE: SEXE MASCULIN: AGE EN ANNEES: 45-49, 1925

117   DECES: LA CAUSE: 29. NEPHRITE AIGUE OU CHRONIQUE: SEXE MASCULIN: AGE EN ANNEES:
           45-49, 1925

118   DECES: LA CAUSE: 30. TUMEURS NON CANCEREUSES ET AUTRES AFFECTIONS DES ORGANES
           GENITAUX DE LA FEMME: SEXE MASCULIN: AGE EN ANNEES: 45-49, 1925

119   DECES: LA CAUSE: 31. SEPTICEMIE PUERPERALE (FIEVRE, PERITONITE PUERPERALES): SEXE
           MASCULIN: AGE EN ANNEES: 45-49, 1925

120   DECES: LA CAUSE: 32. AUTRES ACCIDENTS PUERPERAUX DE LA GROSSESSE ET DE
           L'ACCOUCHEMENT: SEXE MASCULIN: AGE EN ANNEES: 45-49, 1925

121   DECES: LA CAUSE: 33. DEBILITE CONGENITALE ET VICES DE CONFORMATION: SEXE MASCULIN:
           AGE EN ANNEES: 45-49, 1925

122   DECES: LA CAUSE: 34. SENILITE: SEXE MASCULIN: AGE EN ANNEES: 45-49, 1925

123   DECES: LA CAUSE: 35. MORTS VIOLENTES (SUICIDE EXCEPTE): SEXE MASCULIN: AGE EN
           ANNEES: 45-49, 1925

124   DECES: LA CAUSE: 36. SUICIDE: SEXE MASCULIN: AGE EN ANNEES: 45-49, 1925

125   DECES: LA CAUSE: 37. AUTRES MALADIES: SEXE MASCULIN: AGE EN ANNEES: 45-49, 1925

126   DECES: LA CAUSE: 38. MALADIE NON SPECIFIEE OU MAL DEFINIE: SEXE MASCULIN: AGE EN
           ANNEES: 45-49, 1925

127   POPULATION EN 1921 (MILLIERS): SEXE MASCULIN: AGE EN ANNEES: 50-54, 1925

128   TOTAL DES DECES: SEXE MASCULIN: AGE EN ANNEES: 50-54, 1925

129   DECES: LA CAUSE: 1. FIEVRE TYPHOIDE (TYPHUSABDOMINAL) OU PARATYPHOIDE: SEXE
           MASCULIN: AGE EN ANNEES: 50-54, 1925

130   DECES: LA CAUSE: 2. TYPHUS EXANTHEMATIQUE: SEXE MASCULIN: AGE EN ANNEES: 50-54,
           1925

131   DECES: LA CAUSE: 3. FIEVRE OU CACHEXIE PALUDEENNES: SEXE MASCULIN: AGE EN ANNEES:
           50-54, 1925

132   DECES: LA CAUSE: 4. VARIOLE: SEXE MASCULIN: AGE EN ANNEES: 50-54, 1925

133   DECES: LA CAUSE: 5. ROUGEOLE: SEXE MASCULIN: AGE EN ANNEES: 50-54, 1925

134   DECES: LA CAUSE: 6. SCARLATINE: SEXE MASCULIN: AGE EN ANNEES: 50-54, 1925

135   DECES: LA CAUSE: 7. COQUELUCHE: SEXE MASCULIN: AGE EN ANNEES: 50-54, 1925

136   DECES: LA CAUSE: 8. DIPHTERIE: SEXE MASCULIN: AGE EN ANNEES: 50-54, 1925

137   DECES: LA CAUSE: 9. GRIPPE: SEXE MASCULIN: AGE EN ANNEES: 50-54, 1925

138   DECES: LA CAUSE: 10. CHOLERA ASIATIQUE: SEXE MASCULIN: AGE EN ANNEES: 50-54, 1925

139   DECES: LA CAUSE: 11. ENTERITE CHOLERIFORME: SEXE MASCULIN: AGE EN ANNEES: 50-54,
           1925

140   DECES: LA CAUSE: 12. AUTRES MALADIES EPIDEMIQUES: SEXE MASCULIN: AGE EN ANNEES:
           50-54, 1925

141   DECES: LA CAUSE: 13. TUBERCULOSE DE L'APPAREIL RESPIRATOIRE: SEXE MASCULIN: AGE
           EN ANNEES: 50-54, 1925

DATA SET 314: MOUVEMENT DE La POPULATION 1925 (DEPARTEMENT)

NUMERO DE
LA VARIABLE   NOM DE LA VARIABLE

142   DECES: LA CAUSE: 14. TUBERCULOSE DES MENINGES ET DU SYSTEME NERVEUX CENTRAL: SEXE
           MASCULIN: AGE EN ANNEES: 50-54, 1925

143   DECES: LA CAUSE: 15. AUTRES TUBERCULOSES: SEXE MASCULIN: AGE EN ANNEES: 50-54,
           1925

144   DECES: LA CAUSE: 16. CANCER ET AUTRES TUMEURS MALIGNES: SEXE MASCULIN: AGE EN
           ANNEES: 50-54, 1925

145   DECES: LA CAUSE: 17. MENINGITE SIMPLE: SEXE MASCULIN: AGE EN ANNEES: 50-54, 1925

146   DECES: LA CAUSE: 18. HEMORRAGIE, APOPLEXIE ET RAMOLLISSEMENT DU CERVEAU: SEXE
           MASCULIN: AGE EN ANNEES: 50-54, 1925

147   DECES: LA CAUSE: 19. MALADIES DU COEUR: SEXE MASCULIN: AGE EN ANNEES: 50-54, 1925

148   DECES: LA CAUSE: 20. BRONCHITE AIGUE (Y COMPRIS LES BRONCHITES SANS EPITHETE DE
           MOINS DE 5 ANS): SEXE MASCULIN: AGE EN ANNEES: 50-54, 1925

149   DECES: LA CAUSE: 21. BRONCHITE CHRONIQUE (Y COMPRIS LES BRONCHITES SANS EPITHETE DE
           5 ANS ET PLUS): SEXE MASCULIN: AGE EN ANNEES: 50-54, 1925

150   DECES: LA CAUSE: 22. PNEUMONIE: SEXE MASCULIN: AGE EN ANNEES: 50-54, 1925

151   DECES: LA CAUSE: 23. AUTRES AFFECTIONS DE L'APPAREIL RESPIRATOIRE (PHTISIE
           EXCEPTEE): SEXE MASCULIN: AGE EN ANNEES: 50-54, 1925

152   DECES: LA CAUSE: 24. AFFECTIONS DE L'ESTOMAC (CANCER EXCEPTE): SEXE MASCULIN: AGE
           EN ANNEES: 50-54, 1925

153   DECES: LA CAUSE: 25. DIARRHEE ET ENTERITE (AU-DESSOUS DE 2 ANS): SEXE MASCULIN:
           AGE EN ANNEES: 50-54, 1925

154   DECES: LA CAUSE: 26. APPENDICITE ET TYPHLITE: SEXE MASCULIN: AGE EN ANNEES:
           50-54, 1925

155   DECES: LA CAUSE: 27. HERNIE, OBSTRUCTION INTESTINALE: SEXE MASCULIN: AGE EN
           ANNEES: 50-54, 1925

156   DECES: LA CAUSE: 28. CIRRHOSE DU FOIE: SEXE MASCULIN: AGE EN ANNEES: 50-54, 1925

157   DECES: LA CAUSE: 29. NEPHRITE AIGUE OU CHRONIQUE: SEXE MASCULIN: AGE EN ANNEES:
           50-54, 1925

158   DECES: LA CAUSE: 30. TUMEURS NON CANCEREUSES ET AUTRES AFFECTIONS DES ORGANES
           GENITAUX DE LA FEMME: SEXE MASCULIN: AGE EN ANNEES: 50-54, 1925

159   DECES: LA CAUSE: 31. SEPTICEMIE PUERPERALE (FIEVRE, PERITONITE PUERPERALES): SEXE
           MASCULIN: AGE EN ANNEES: 50-54, 1925

160   DECES: LA CAUSE: 32. AUTRES ACCIDENTS PUERPERAUX DE LA GROSSESSE ET DE
           L'ACCOUCHEMENT: SEXE MASCULIN: AGE EN ANNEES: 50-54, 1925

161   DECES: LA CAUSE: 33. DEBILITE CONGENITALE ET VICES DE CONFORMATION: SEXE MASCULIN:
           AGE EN ANNEES: 50-54, 1925

162   DECES: LA CAUSE: 34. SENILITE: SEXE MASCULIN: AGE EN ANNEES: 50-54, 1925

163   DECES: LA CAUSE: 35. MORTS VIOLENTES (SUICIDE EXCEPTE): SEXE MASCULIN: AGE EN
           ANNEES: 50-54, 1925

164   DECES: LA CAUSE: 36. SUICIDE: SEXE MASCULIN: AGE EN ANNEES: 50-54, 1925

165   DECES: LA CAUSE: 37. AUTRES MALADIES: SEXE MASCULIN: AGE EN ANNEES: 50-54, 1925

166   DECES: LA CAUSE: 38. MALADIE NON SPECIFIEE OU MAL DEFINIE: SEXE MASCULIN: AGE EN
           ANNEES: 50-54, 1925

167   POPULATION EN 1921 (MILLIERS): SEXE MASCULIN: AGE EN ANNEES: 55-59

168   TOTAL DES DECES: SEXE MASCULIN: AGE EN ANNEES: 55-59, 1925

DATA SET 314: MOUVEMENT DE LA POPULATION 1925 (DEPARTEMENT)

NUMERO DE
LA VARIABLE   NOM DE LA VARIABLE

169   DECES: LA CAUSE: 1. FIEVRE TYPHOIDE (TYPHUS ABDOMINAL) OU PARATYPHOIDE: SEXE
           MASCULIN: AGE EN ANNEES: 55-59, 1925

170   DECES: LA CAUSE: 2. TYPHUS EXANTHEMATIQUE: SEXE MASCULIN: AGE EN ANNEES: 55-59,
           1925

171   DECES: LA CAUSE: 3. FIEVRE OU CACHEXIE PALUDEENNES: SEXE MASCULIN: AGE EN ANNEES:
           55-59, 1925

172   DECES: LA CAUSE: 4. VARIOLE: SEXE MASCULIN: AGE EN ANNEES: 55-59, 1925

173   DECES: LA CAUSE: 5. ROUGEOLE: SEXE MASCULIN: AGE EN ANNEES: 55-59, 1925

174   DECES: LA CAUSE: 6. SCARLATINE: SEXE MASCULIN: AGE EN ANNEES: 55-59, 1925

175   DECES: LA CAUSE: 7. COQUELUCHE: SEXE MASCULIN: AGE EN ANNEES: 55-59, 1925

176   DECES: LA CAUSE: 8. DIPHTERIE: SEXE MASCULIN: AGE EN ANNEES: 55-59, 1925

177   DECES: LA CAUSE: 9. GRIPPE: SEXE MASCULIN: AGE EN ANNEES: 55-59, 1925

178   DECES: LA CAUSE: 10. CHOLERA ASIATIQUE: SEXE MASCULIN: AGE EN ANNEES: 55-59, 1925

179   DECES: LA CAUSE: 11. ENTERITE CHOLERIFORME: SEXE MASCULIN: AGE EN ANNEES: 55-59,
           1925

180   DECES: LA CAUSE: 12. AUTRES MALADIES EPIDEMIQUES: SEXE MASCULIN: AGE EN ANNEES:
           55-59, 1925

181   DECES: LA CAUSE: 13. TUBERCULOSE DE L'APPAREIL RESPIRATOIRE: SEXE MASCULIN: AGE
           EN ANNEES: 55-59, 1925

182   DECES: LA CAUSE: 14. TUBERCULOSE DES MENINGES ET DU SYSTEME NERVEUX CENTRAL: SEXE
           MASCULIN: AGE EN ANNEES: 55-59, 1925

183   DECES: LA CAUSE: 15. AUTRES TUBERCULOSES: SEXE MASCULIN: AGE EN ANNEES: 55-59,
           1925

184   DECES: LA CAUSE: 16. CANCER ET AUTRES TUMEURS MALIGNES: SEXE MASCULIN: AGE EN
           ANNEES: 55-59, 1925

185   DECES: LA CAUSE: 17. MENINGITE SIMPLE: SEXE MASCULIN: AGE EN ANNEES: 55-59, 1925

186   DECES: LA CAUSE: 18. HEMORRAGIE, APOPLEXIE ET RAMOLLISSEMENT DU CERVEAU: SEXE
           MASCULIN: AGE EN ANNEES: 55-59, 1925

187   DECES: LA CAUSE: 19. MALADIES DU COEUR: SEXE MASCULIN: AGE EN ANNEES: 55-59, 1925

188   DECES: LA CAUSE: 20. BRONCHITE AIGUE (Y COMPRIS LES BRONCHITES SANS EPITHETE DE
           MOINS DE 5 ANS): SEXE MASCULIN: AGE EN ANNEES: 55-59, 1925

189   DECES: LA CAUSE: 21. BRONCHITE CHRONIQUE (Y COMPRIS LES BRONCHITES SANS EPITHETE DE
           5 ANS ET PLUS): SEXE MASCULIN: AGE EN ANNEES: 55-59, 1925

190   DECES: LA CAUSE: 22. PNEUMONIE: SEXE MASCULIN: AGE EN ANNEES: 55-59, 1925

191   DECES: LA CAUSE: 23. AUTRES AFFECTIONS DE L'APPAREIL RESPIRATOIRE (PHTISIE
           EXCEPTEE): SEXE MASCULIN: AGE EN ANNEES: 55-59, 1925

192   DECES: LA CAUSE: 24. AFFECTIONS DE L'ESTOMAC (CANCER EXCEPTE): SEXE MASCULIN: AGE
           EN ANNEES: 55-59, 1925

193   DECES: LA CAUSE: 25. DIARRHEE ET ENTERITE (AU-DESSOUS DE 2 ANS): SEXE MASCULIN:
           AGE EN ANNEES: 55-59, 1925

194   DECES: LA CAUSE: 26. APPENDICITE ET TYPHLITE: SEXE MASCULIN: AGE EN ANNEES:
           55-59, 1925

195   DECES: LA CAUSE: 27. HERNIE, OBSTRUCTION INTESTINALE: SEXE MASCULIN: AGE EN
           ANNEES: 55-59, 1925

DATA SET 314: MOUVEMENT DE LA POPULATION 1925 (DEPARTEMENT)

NUMERO DE
LA VARIABLE   NOM DE LA VARIABLE

196   DECES: LA CAUSE: 28. CIRRHOSE DU FOIE: SEXE MASCULIN: AGE EN ANNEES: 55-59, 1925

197   DECES: LA CAUSE: 29. NEPHRITE AIGUE OU CHRONIQUE: SEXE MASCULIN: AGE EN ANNEES:
          55-59, 1925

198   DECES: LA CAUSE: 30. TUMEURS NON CANCEREUSES ET AUTRES AFFECTIONS DES ORGANES
          GENITAUX DE LA FEMME: SEXE MASCULIN: AGE EN ANNEES: 55-59, 1925

199   DECES: LA CAUSE: 31. SEPTICEMIE PUERPERALE (FIEVRE, PERITONITE PUERPERALES): SEXE
          MASCULIN: AGE EN ANNEES: 55-59, 1925

200   DECES: LA CAUSE: 32. AUTRES ACCIDENTS PUERPERAUX DE LA GROSSESSE ET DE
          L'ACCOUCHEMENT: SEXE MASCULIN: AGE EN ANNEES: 55-59, 1925

201   DECES: LA CAUSE: 33. DEBILITE CONGENITALE ET VICES DE CONFORMATION: SEXE MASCULIN:
          AGE EN ANNEES: 55-59, 1925

202   DECES: LA CAUSE: 34. SENILITE: SEXE MASCULIN: AGE EN ANNEES: 55-59, 1925

203   DECES: LA CAUSE: 35. MORTS VIOLENTES (SUICIDE EXCEPTE): SEXE MASCULIN: AGE EN
          ANNEES: 55-59, 1925

204   DECES: LA CAUSE: 36. SUICIDE: SEXE MASCULIN: AGE EN ANNEES: 55-59, 1925

205   DECES: LA CAUSE: 37. AUTRES MALADIES: SEXE MASCULIN: AGE EN ANNEES: 55-59, 1925

206   DECES: LA CAUSE: 38. MALADIE NON SPECIFIEE OU MAL DEFINIE: SEXE MASCULIN: AGE EN
          ANNEES: 55-59, 1925

207   POPULATION EN 1921 (MILLIERS): SEXE MASCULIN: AGE EN ANNEES: 60-64

208   TOTAL DES DECES: SEXE MASCULIN: AGE EN ANNEES: 60-64, 1925

209   DECES: LA CAUSE: 1. FIEVRE TYPHOIDE (TYPHUS ABDOMINAL) OU PARATYPHOIDE: SEXE
          MASCULIN: AGE EN ANNEES: 60-64, 1925

210   DECES: LA CAUSE: 2. TYPHUS EXANTHEMATIQUE: SEXE MASCULIN: AGE EN ANNEES: 60-64,
          1925

211   DECES: LA CAUSE: 3. FIEVRE OU CACHEXIE PALUDEENNES: SEXE MASCULIN: AGE EN ANNEES:
          60-64, 1925

212   DECES: LA CAUSE: 4. VARIOLE: SEXE MASCULIN: AGE EN ANNEES: 60-64, 1925

213   DECES: LA CAUSE: 5. ROUGEOLE: SEXE MASCULIN: AGE EN ANNEES: 60-64, 1925

214   DECES: LA CAUSE: 6. SCARLATINE: SEXE MASCULIN: AGE EN ANNEES: 60-64, 1925

215   DECES: LA CAUSE: 7. COQUELUCHE: SEXE MASCULIN: AGE EN ANNEES: 60-64, 1925

216   DECES: LA CAUSE: 8. DIPHTERIE: SEXE MASCULIN: AGE EN ANNEES: 60-64, 1925

217   DECES: LA CAUSE: 9. GRIPPE: SEXE MASCULIN: AGE EN ANNEES: 60-64, 1925

218   DECES: LA CAUSE: 10. CHOLERA ASIATIQUE: SEXE MASCULIN: AGE EN ANNEES: 60-64, 1925

219   DECES: LA CAUSE: 11. ENTERITE CHOLERIFORME: SEXE MASCULIN: AGE EN ANNEES: 60-64,
          1925

220   DECES: LA CAUSE: 12. AUTRES MALADIES EPIDEMIQUES: SEXE MASCULIN: AGE EN ANNEES:
          60-64, 1925

221   DECES: LA CAUSE: 13. TUBERCULOSE DE L'APPAREIL RESPIRATOIRE: SEXE MASCULIN: AGE
          EN ANNEES: 60-64, 1925

222   DECES: LA CAUSE: 14. TUBERCULOSE DES MENINGES ET DU SYSTEME NERVEUX CENTRAL: SEXE
          MASCULIN: AGE EN ANNEES: 60-64, 1925

223   DECES: LA CAUSE: 15. AUTRES TUBERCULOSES: SEXE MASCULIN: AGE EN ANNEES: 60-64,
          1925

DATA SET 314: MOUVEMENT DE LA POPULATION 1925 (DEPARTEMENT)

NUMERO DE
LA VARIABLE

NOM DE LA VARIABLE

224   DECES: LA CAUSE: 16. CANCER ET AUTRES TUMEURS MALIGNES: SEXE MASCULIN: AGE EN ANNEES: 60-64, 1925

225   DECES: LA CAUSE: 17. MENINGITE SIMPLE: SEXE MASCULIN: AGE EN ANNEES: 60-64, 1925

226   DECES: LA CAUSE: 18. HEMORRAGIE, APOPLEXIE ET RAMOLLISSEMENT DU CERVEAU: SEXE MASCULIN: AGE EN ANNEES: 60-64, 1925

227   DECES: LA CAUSE: 19. MALADIES DU COEUR: SEXE MASCULIN: AGE EN ANNEES: 60-64, 1925

228   DECES: LA CAUSE: 20. BRONCHITE AIGUE (Y COMPRIS LES BRONCHITES SANS EPITHETE DE MOINS DE 5 ANS): SEXE MASCULIN: AGE EN ANNEES: 60-64, 1925

229   DECES: LA CAUSE: 21. BRONCHITE CHRONIQUE (Y COMPRIS LES BRONCHITES SANS EPITHETE DE 5 ANS ET PLUS): SEXE MASCULIN: AGE EN ANNEES: 60-64, 1925

230   DECES: LA CAUSE: 22. PNEUMONIE: SEXE MASCULIN: AGE EN ANNEES: 60-64, 1925

231   DECES: LA CAUSE: 23. AUTRES AFFECTIONS DE L'APPAREIL RESPIRATOIRE (PHTISIE EXCEPTEE): SEXE MASCULIN: AGE EN ANNEES: 60-64, 1925

232   DECES: LA CAUSE: 24. AFFECTIONS DE L'ESTOMAC (CANCER EXCEPTE): SEXE MASCULIN: AGE EN ANNEES: 60-64, 1925

233   DECES: LA CAUSE: 25. DIARRHEE ET ENTERITE (AU-DESSOUS DE 2 ANS): SEXE MASCULIN: AGE EN ANNEES: 60-64, 1925

234   DECES: LA CAUSE: 26. APPENDICITE ET TYPHLITE: SEXE MASCULIN: AGE EN ANNEES: 60-64, 1925

235   DECES: LA CAUSE: 27. HERNIE, OBSTRUCTION INTESTINALE: SEXE MASCULIN: AGE EN ANNEES: 60-64, 1925

236   DECES: LA CAUSE: 28. CIRRHOSE DU FOIE: SEXE MASCULIN: AGE EN ANNEES: 60-64, 1925

237   DECES: LA CAUSE: 29. NEPHRITE AIGUE OU CHRONIQUE: SEXE MASCULIN: AGE EN ANNEES: 60-64, 1925

238   DECES: LA CAUSE: 30. TUMEURS NON CANCEREUSES ET AUTRES AFFECTIONS DES ORGANES GENITAUX DE LA FEMME: SEXE MASCULIN: AGE EN ANNEES: 60-64, 1925

239   DECES: LA CAUSE: 31. SEPTICEMIE PUERPERALE (FIEVRE, PERITONITE PUERPERALES): SEXE MASCULIN: AGE EN ANNEES: 60-64, 1925

240   DECES: LA CAUSE: 32. AUTRES ACCIDENTS PUERPERAUX DE LA GROSSESSE ET DE L'ACCOUCHEMENT: SEXE MASCULIN: AGE EN ANNEES: 60-64, 1925

241   DECES: LA CAUSE: 33. DEBILITE CONGENITALE ET VICES DE CONFORMATION: SEXE MASCULIN: AGE EN ANNEES: 60-64, 1925

242   DECES: LA CAUSE: 34. SENILITE: SEXE MASCULIN: AGE EN ANNEES: 60-64, 1925

243   DECES: LA CAUSE: 35. MORTS VIOLENTES (SUICIDE EXCEPTE): SEXE MASCULIN: AGE EN ANNEES: 60-64, 1925

244   DECES: LA CAUSE: 36. SUICIDE: SEXE MASCULIN: AGE EN ANNEES: 60-64, 1925

245   DECES: LA CAUSE: 37. AUTRES MALADIES: SEXE MASCULIN: AGE EN ANNEES: 60-64, 1925

246   DECES: LA CAUSE: 38. MALADIE NON SPECIFIEE OU MAL DEFINIE: SEXE MASCULIN: AGE EN ANNEES: 60-64, 1925

247   POPULATION EN 1921 (MILLIERS): SEXE MASCULIN: AGE EN ANNEES: 65-69

248   TOTAL DES DECES: SEXE MASCULIN: AGE EN ANNEES: 65-69, 1925

249   DECES: LA CAUSE: 1. FIEVRE TYPHOIDE (TYPHUSABDOMINAL) OU PARATYPHOIDE: SEXE MASCULIN: AGE EN ANNEES: 65-69, 1925

250   DECES: LA CAUSE: 2. TYPHUS EXANTHEMATIQUE: SEXE MASCULIN: AGE EN ANNEES: 65-69, 1925

DATA SET 314: MOUVEMENT DE LA POPULATION 1925 (DEPARTEMENT)

NUMERO DE LA VARIABLE	NOM DE LA VARIABLE
251	DECES: LA CAUSE: 3. FIEVRE OU CACHEXIE PALUDEENNES: SEXE MASCULIN: AGE EN ANNEES: 65-69, 1925
252	DECES: LA CAUSE: 4. VARIOLE: SEXE MASCULIN: AGE EN ANNEES: 65-69, 1925
253	DECES: LA CAUSE: 5. ROUGEOLE: SEXE MASCULIN: AGE EN ANNEES: 65-69, 1925
254	DECES: LA CAUSE: 6. SCARLATINE: SEXE MASCULIN: AGE EN ANNEES: 65-69, 1925
255	DECES: LA CAUSE: 7. COQUELUCHE: SEXE MASCULIN: AGE EN ANNEES: 65-69, 1925
256	DECES: LA CAUSE: 8. DIPHTERIE: SEXE MASCULIN: AGE EN ANNEES: 65-69, 1925
257	DECES: LA CAUSE: 9. GRIPPE: SEXE MASCULIN: AGE EN ANNEES: 65-69, 1925
258	DECES: LA CAUSE: 10. CHOLERA ASIATIQUE: SEXE MASCULIN: AGE EN ANNEES: 65-69, 1925
259	DECES: LA CAUSE: 11. ENTERITE CHOLERIFORME: SEXE MASCULIN: AGE EN ANNEES: 65-69, 1925
260	DECES: LA CAUSE: 12. AUTRES MALADIES EPIDEMIQUES: SEXE MASCULIN: AGE EN ANNEES: 65-69, 1925
261	DECES: LA CAUSE: 13. TUBERCULOSE DE L'APPAREIL RESPIRATOIRE: SEXE MASCULIN: AGE EN ANNEES: 65-69, 1925
262	DECES: LA CAUSE: 14. TUBERCULOSE DES MENINGES ET DU SYSTEME NERVEUX CENTRAL: SEXE MASCULIN: AGE EN ANNEES: 65-69, 1925
263	DECES: LA CAUSE: 15. AUTRES TUBERCULOSES: SEXE MASCULIN: AGE EN ANNEES: 65-69, 1925
264	DECES: LA CAUSE: 16. CANCER ET AUTRES TUMEURS MALIGNES: SEXE MASCULIN: AGE EN ANNEES: 65-69, 1925
265	DECES: LA CAUSE: 17. MENINGITE SIMPLE: SEXE MASCULIN: AGE EN ANNEES: 65-69, 1925
266	DECES: LA CAUSE: 18. HEMORRAGIE, APOPLEXIE ET RAMOLLISSEMENT DU CERVEAU: SEXE MASCULIN: AGE EN ANNEES: 65-69, 1925
267	DECES: LA CAUSE: 19. MALADIES DU COEUR: SEXE MASCULIN: AGE EN ANNEES: 65-69, 1925
268	DECES: LA CAUSE: 20. BRONCHITE AIGUE (Y COMPRIS LES BRONCHITES SANS EPITHETE DE MOINS DE 5 ANS): SEXE MASCULIN: AGE EN ANNEES: 65-69, 1925
269	DECES: LA CAUSE: 21. BRONCHITE CHRONIQUE (Y COMPRIS LES BRONCHITES SANS EPITHETE DE 5 ANS ET PLUS): SEXE MASCULIN: AGE EN ANNEES: 65-69, 1925
270	DECES: LA CAUSE: 22. PNEUMONIE: SEXE MASCULIN: AGE EN ANNEES: 65-69, 1925
271	DECES: LA CAUSE: 23. AUTRES AFFECTIONS DE L'APPAREIL RESPIRATOIRE (PHTISIE EXCEPTEE): SEXE MASCULIN: AGE EN ANNEES: 65-69, 1925
272	DECES: LA CAUSE: 24. AFFECTIONS DE L'ESTOMAC (CANCER EXCEPTE): SEXE MASCULIN: AGE EN ANNEES: 65-69, 1925
273	DECES: LA CAUSE: 25. DIARRHEE ET ENTERITE (AU-DESSOUS DE 2 ANS): SEXE MASCULIN: AGE EN ANNEES: 65-69, 1925
274	DECES: LA CAUSE: 26. APPENDICITE ET TYPHLITE: SEXE MASCULIN: AGE EN ANNEES: 65-69, 1925
275	DECES: LA CAUSE: 27. HERNIE, OBSTRUCTION INTESTINALE: SEXE MASCULIN: AGE EN ANNEES: 65-69, 1925
276	DECES: LA CAUSE: 28. CIRRHOSE DU FOIE: SEXE MASCULIN: AGE EN ANNEES: 65-69, 1925
277	DECES: LA CAUSE: 29. NEPHRITE AIGUE OU CHRONIQUE: SEXE MASCULIN: AGE EN ANNEES: 65-69, 1925

DATA SET 314: MOUVEMENT DE LA POPULATION 1925 (DEPARTEMENT)

NUMERO DE
LA VARIABLE   NOM DE LA VARIABLE

278   DECES: LA CAUSE: 30. TUMEURS NON CANCEREUSES ET AUTRES AFFECTIONS DES ORGANES
       GENITAUX DE LA FEMME: SEXE MASCULIN: AGE EN ANNEES: 65-69, 1925

279   DECES: LA CAUSE: 31. SEPTICEMIE PUERPERALE (FIEVRE, PERITONITE PUERPERALES): SEXE
       MASCULIN: AGE EN ANNEES: 65-69, 1925

280   DECES: LA CAUSE: 32. AUTRES ACCIDENTS PUERPERAUX DE LA GROSSESSE ET DE
       L'ACCOUCHEMENT: SEXE MASCULIN: AGE EN ANNEES: 65-69, 1925

281   DECES: LA CAUSE: 33. DEBILITE CONGENITALE ET VICES DE CONFORMATION: SEXE MASCULIN:
       AGE EN ANNEES: 65-69, 1925

282   DECES: LA CAUSE: 34. SENILITE: SEXE MASCULIN: AGE EN ANNEES: 65-69, 1925

283   DECES: LA CAUSE: 35. MORTS VIOLENTES (SUICIDE EXCEPTE): SEXE MASCULIN: AGE EN
       ANNEES: 65-69, 1925

284   DECES: LA CAUSE: 36. SUICIDE: SEXE MASCULIN: AGE EN ANNEES: 65-69, 1925

285   DECES: LA CAUSE: 37. AUTRES MALADIES: SEXE MASCULIN: AGE EN ANNEES: 65-69, 1925

286   DECES: LA CAUSE: 38. MALADIE NON SPECIFIEE OU MAL DEFINIE: SEXE MASCULIN: AGE EN
       ANNEES: 65-69, 1925

287   POPULATION EN 1921 (MILLIERS): SEXE MASCULIN: AGE EN ANNEES: 70-74

288   TOTAL DES DECES: SEXE MASCULIN: AGE EN ANNEES: 70-74, 1925

289   DECES: LA CAUSE: 1. FIEVRE TYPHOIDE (TYPHUSABDOMINAL) OU PARATYPHOIDE: SEXE
       MASCULIN: AGE EN ANNEES: 70-74, 1925

290   DECES: LA CAUSE: 2. TYPHUS EXANTHEMATIQUE: SEXE MASCULIN: AGE EN ANNEES: 70-74,
       1925

291   DECES: LA CAUSE: 3. FIEVRE OU CACHEXIE PALUDEENNES: SEXE MASCULIN: AGE EN ANNEES:
       70-74, 1925

292   DECES: LA CAUSE: 4. VARIOLE: SEXE MASCULIN: AGE EN ANNEES: 70-74, 1925

293   DECES: LA CAUSE: 5. ROUGEOLE: SEXE MASCULIN: AGE EN ANNEES: 70-74, 1925

294   DECES: LA CAUSE: 6. SCARLATINE: SEXE MASCULIN: AGE EN ANNEES: 70-74, 1925

295   DECES: LA CAUSE: 7. COQUELUCHE: SEXE MASCULIN: AGE EN ANNEES: 70-74, 1925

296   DECES: LA CAUSE: 8. DIPHTERIE: SEXE MASCULIN: AGE EN ANNEES: 70-74, 1925

297   DECES: LA CAUSE: 9. GRIPPE: SEXE MASCULIN: AGE EN ANNEES: 70-74, 1925

298   DECES: LA CAUSE: 10. CHOLERA ASIATIQUE: SEXE MASCULIN: AGE EN ANNEES: 70-74, 1925

299   DECES: LA CAUSE: 11. ENTERITE CHOLERIFORME: SEXE MASCULIN: AGE EN ANNEES: 70-74,
       1925

300   DECES: LA CAUSE: 12. AUTRES MALADIES EPIDEMIQUES: SEXE MASCULIN: AGE EN ANNEES:
       70-74, 1925

301   DECES: LA CAUSE: 13. TUBERCULOSE DE L'APPAREIL RESPIRATOIRE: SEXE MASCULIN: AGE
       EN ANNEES: 70-74, 1925

302   DECES: LA CAUSE: 14. TUBERCULOSE DES MENINGES ET DU SYSTEME NERVEUX CENTRAL: SEXE
       MASCULIN: AGE EN ANNEES: 70-74, 1925

303   DECES: LA CAUSE: 15. AUTRES TUBERCULOSES: SEXE MASCULIN: AGE EN ANNEES: 70-74,
       1925

304   DECES: LA CAUSE: 16. CANCER ET AUTRES TUMEURS MALIGNES: SEXE MASCULIN: AGE EN
       ANNEES: 70-74, 1925

305   DECES: LA CAUSE: 17. MENINGITE SIMPLE: SEXE MASCULIN: AGE EN ANNEES: 70-74, 1925

326

DATA SET 314: MOUVEMENT DE LA POPULATION 1925 (DEPARTEMENT)

NUMERO DE
LA VARIABLE   NOM DE LA VARIABLE

306   DECES: LA CAUSE: 18. HEMORRAGIE, APOPLEXIE ET RAMOLLISSEMENT DU CERVEAU: SEXE
           MASCULIN: AGE EN ANNEES: 70-74, 1925

307   DECES: LA CAUSE: 19. MALADIES DU COEUR: SEXE MASCULIN: AGE EN ANNEES: 70-74, 1925

308   DECES: LA CAUSE: 20. BRONCHITE AIGUE (Y COMPRIS LES BRONCHITES SANS EPITHETE DE
           MOINS DE 5 ANS): SEXE MASCULIN: AGE EN ANNEES: 70-74, 1925

309   DECES: LA CAUSE: 21. BRONCHITE CHRONIQUE (Y COMPRIS LES BRONCHITES SANS EPITHETE DE
           5 ANS ET PLUS): SEXE MASCULIN: AGE EN ANNEES: 70-74, 1925

310   DECES: LA CAUSE: 22. PNEUMONIE: SEXE MASCULIN: AGE EN ANNEES: 70-74, 1925

311   DECES: LA CAUSE: 23. AUTRES AFFECTIONS DE L'APPAREIL RESPIRATOIRE (PHTISIE
           EXCEPTEE): SEXE MASCULIN: AGE EN ANNEES: 70-74, 1925

312   DECES: LA CAUSE: 24. AFFECTIONS DE L'ESTOMAC (CANCER EXCEPTE): SEXE MASCULIN: AGE
           EN ANNEES: 70-74, 1925

313   DECES: LA CAUSE: 25. DIARRHEE ET ENTERITE (AU-DESSOUS DE 2 ANS): SEXE MASCULIN:
           AGE EN ANNEES: 70-74, 1925

314   DECES: LA CAUSE: 26. APPENDICITE ET TYPHLITE: SEXE MASCULIN: AGE EN ANNEES:
           70-74, 1925

315   DECES: LA CAUSE: 27. HERNIE, OBSTRUCTION INTESTINALE: SEXE MASCULIN: AGE EN
           ANNEES: 70-74, 1925

316   DECES: LA CAUSE: 28. CIRRHOSE DU FOIE: SEXE MASCULIN: AGE EN ANNEES: 70-74, 1925

317   DECES: LA CAUSE: 29. NEPHRITE AIGUE OU CHRONIQUE: SEXE MASCULIN: AGE EN ANNEES:
           70-74, 1925

318   DECES: LA CAUSE: 30. TUMEURS NON CANCEREUSES ET AUTRES AFFECTIONS DES ORGANES
           GENITAUX DE LA FEMME: SEXE MASCULIN: AGE EN ANNEES: 70-74, 1925

319   DECES: LA CAUSE: 31. SEPTICEMIE PUERPERALE (FIEVRE, PERITONITE PUERPERALES): SEXE
           MASCULIN: AGE EN ANNEES: 70-74, 1925

320   DECES: LA CAUSE: 32. AUTRES ACCIDENTS PUERPERAUX DE LA GROSSESSE ET DE
           L'ACCOUCHEMENT: SEXE MASCULIN: AGE EN ANNEES: 70-74, 1925

321   DECES: LA CAUSE: 33. DEBILITE CONGENITALE ET VICES DE CONFORMATION: SEXE MASCULIN:
           AGE EN ANNEES: 70-74, 1925

322   DECES: LA CAUSE: 34. SENILITE: SEXE MASCULIN: AGE EN ANNEES: 70-74, 1925

323   DECES: LA CAUSE: 35. MORTS VIOLENTES (SUICIDE EXCEPTE): SEXE MASCULIN: AGE EN
           ANNEES: 70-74, 1925

324   DECES: LA CAUSE: 36. SUICIDE: SEXE MASCULIN: AGE EN ANNEES: 70-74, 1925

325   DECES: LA CAUSE: 37. AUTRES MALADIES: SEXE MASCULIN: AGE EN ANNEES: 70-74, 1925

326   DECES: LA CAUSE: 38. MALADIE NON SPECIFIEE OU MAL DEFINIE: SEXE MASCULIN: AGE EN
           ANNEES: 70-74, 1925

DATA SET 315:   MOUVEMENT DE LA POPULATION 1925 (DEPARTEMENT)

SOURCE: STATISTIQUE GENERALE DE LA FRANCE, STATISTIQUE DU
          MOUVEMENT DE LA POPULATION, ANNEE 1925, NOUVELLE
          SERIE, TOME V, DEUXIEME PARTIE (PARIS, 1925)

VARIABLES 7-322:   PAGES 1-183

NUMERO DE
LA VARIABLE   NOM DE LA VARIABLE

7   POPULATION EN 1921 (MILLIERS): SEXE MASCULIN: AGE EN ANNEES: 75-79.

8   TOTAL DES DECES: SEXE MASCULIN: AGE EN ANNEES: 75-79, 1925

9   DECES: LA CAUSE: 1. FIEVRE TYPHOIDE (TYPHUSABDOMINAL) OU PARATYPHOIDE: SEXE
         MASCULIN: AGE EN ANNEES: 75-79, 1925

10   DECES: LA CAUSE: 2. TYPHUS EXANTHEMATIQUE: SEXE MASCULIN: AGE EN ANNEES: 75-79,
         1925

11   DECES: LA CAUSE: 3. FIEVRE OU CACHEXIE PALUDEENNES: SEXE MASCULIN: AGE EN ANNEES:
         75-79, 1925

12   DECES: LA CAUSE: 4. VARIOLE: SEXE MASCULIN: AGE EN ANNEES: 75-79, 1925

13   DECES: LA CAUSE: 5. ROUGEOLE: SEXE MASCULIN: AGE EN ANNEES: 75-79, 1925

14   DECES: LA CAUSE: 6. SCARLATINE: SEXE MASCULIN: AGE EN ANNEES: 75-79, 1925

15   DECES: LA CAUSE: 7. COQUELUCHE: SEXE MASCULIN: AGE EN ANNEES: 75-79, 1925

16   DECES: LA CAUSE: 8. DIPHTERIE: SEXE MASCULIN: AGE EN ANNEES: 75-79, 1925

17   DECES: LA CAUSE: 9. GRIPPE: SEXE MASCULIN: AGE EN ANNEES: 75-79, 1925

18   DECES: LA CAUSE: 10. CHOLERA ASIATIQUE: SEXE MASCULIN: AGE EN ANNEES: 75-79, 1925

19   DECES: LA CAUSE: 11. ENTERITE CHOLERIFORME: SEXE MASCULIN: AGE EN ANNEES: 75-79,
         1925

20   DECES: LA CAUSE: 12. AUTRES MALADIES EPIDEMIQUES: SEXE MASCULIN: AGE EN ANNEES:
         75-79, 1925

21   DECES: LA CAUSE: 13. TUBERCULOSE DE L'APPAREIL RESPIRATOIRE: SEXE MASCULIN: AGE
         EN ANNEES: 75-79, 1925

22   DECES: LA CAUSE: 14. TUBERCULOSE DES MENINGES ET DU SYSTEME NERVEUX CENTRAL: SEXE
         MASCULIN: AGE EN ANNEES: 75-79, 1925

23   DECES: LA CAUSE: 15. AUTRES TUBERCULOSES: SEXE MASCULIN: AGE EN ANNEES: 75-79,
         1925

24   DECES: LA CAUSE: 16. CANCER ET AUTRES TUMEURS MALIGNES: SEXE MASCULIN: AGE EN
         ANNEES: 75-79, 1925

25   DECES: LA CAUSE: 17. MENINGITE SIMPLE: SEXE MASCULIN: AGE EN ANNEES: 75-79, 1925

26   DECES: LA CAUSE: 18. HEMORRAGIE, APOPLEXIE ET RAMOLLISSEMENT DU CERVEAU: SEXE
         MASCULIN: AGE EN ANNEES: 75-79, 1925

27   DECES: LA CAUSE: 19. MALADIES DU COEUR: SEXE MASCULIN: AGE EN ANNEES: 75-79, 1925

28   DECES: LA CAUSE: 20. BRONCHITE AIGUE (Y COMPRIS LES BRONCHITES SANS EPITHETE DE
         MOINS DE 5 ANS): SEXE MASCULIN: AGE EN ANNEES: 75-79, 1925

29   DECES: LA CAUSE: 21. BRONCHITE CHRONIQUE (Y COMPRIS LES BRONCHITES SANS EPITHETE DE
         5 ANS ET PLUS): SEXE MASCULIN: AGE EN ANNEES: 75-79, 1925

30   DECES: LA CAUSE: 22. PNEUMONIE: SEXE MASCULIN: AGE EN ANNEES: 75-79, 1925

31   DECES: LA CAUSE: 23. AUTRES AFFECTIONS DE L'APPAREIL RESPIRATOIRE (PHTISIE
         EXCEPTEE): SEXE MASCULIN: AGE EN ANNEES: 75-79, 1925

DATA SET 315: MOUVEMENT DE LA POPULATION 1925 (DEPARTEMENT)

NUMERO DE LA VARIABLE	NOM DE LA VARIABLE
32	DECES: LA CAUSE: 24. AFFECTIONS DE L'ESTOMAC (CANCER EXCEPTE): SEXE MASCULIN: AGE EN ANNEES: 75-79, 1925
33	DECES: LA CAUSE: 25. DIARRHEE ET ENTERITE (AU-DESSOUS DE 2 ANS): SEXE MASCULIN: AGE EN ANNEES: 75-79, 1925
34	DECES: LA CAUSE: 26. APPENDICITE ET TYPHLITE: SEXE MASCULIN: AGE EN ANNEES: 75-79, 1925
35	DECES: LA CAUSE: 27. HERNIE, OBSTRUCTION INTESTINALE: SEXE MASCULIN: AGE EN ANNEES: 75-79, 1925
36	DECES: LA CAUSE: 28. CIRRHOSE DU FOIE: SEXE MASCULIN: AGE EN ANNEES: 75-79, 1925
37	DECES: LA CAUSE: 29. NEPHRITE AIGUE OU CHRONIQUE: SEXE MASCULIN: AGE EN ANNEES: 75-79, 1925
38	DECES: LA CAUSE: 30. TUMEURS NON CANCEREUSES ET AUTRES AFFECTIONS DES ORGANES GENITAUX DE LA FEMME: SEXE MASCULIN: AGE EN ANNEES: 75-79, 1925
39	DECES: LA CAUSE: 31. SEPTICEMIE PUERPERALE (FIEVRE, PERITONITE PUERPERALES): SEXE MASCULIN: AGE EN ANNEES: 75-79, 1925
40	DECES: LA CAUSE: 32. AUTRES ACCIDENTS PUERPERAUX DE LA GROSSESSE ET DE L'ACCOUCHEMENT: SEXE MASCULIN: AGE EN ANNEES: 75-79, 1925
41	DECES: LA CAUSE: 33. DEBILITE CONGENITALE ET VICES DE CONFORMATION: SEXE MASCULIN: AGE EN ANNEES: 75-79, 1925
42	DECES: LA CAUSE: 34. SENILITE: SEXE MASCULIN: AGE EN ANNEES: 75-79, 1925
43	DECES: LA CAUSE: 35. MORTS VIOLENTES (SUICIDE EXCEPTE): SEXE MASCULIN: AGE EN ANNEES: 75-79, 1925
44	DECES: LA CAUSE: 36. SUICIDE: SEXE MASCULIN: AGE EN ANNEES: 75-79, 1925
45	DECES: LA CAUSE: 37. AUTRES MALADIES: SEXE MASCULIN: AGE EN ANNEES: 75-79, 1925
46	DECES: LA CAUSE: 38. MALADIES NON SPECIFIEE OU MAL DEFINIE: SEXE MASCULIN: AGE EN ANNEES: 75-79, 1925
47	POPULATION EN 1921 (MILLIERS): SEXE MASCULIN: AGE EN ANNEES: 80-100.
48	TOTAL DES DECES: SEXE MASCULIN: AGE EN ANNEES: 80-84, 1925
49	DECES: LA CAUSE: 1. FIEVRE TYPHOIDE (TYPHUS ABDOMINAL) OU PARATYPHOIDE: SEXE MASCULIN: AGE EN ANNEES: 80-84, 1925
50	DECES: LA CAUSE: 2. TYPHUS EXANTHEMATIQUE: SEXE MASCULIN: AGE EN ANNEES: 80-84, 1925
51	DECES: LA CAUSE: 3. FIEVRE OU CACHEXIE PALUDEENNES: SEXE MASCULIN: AGE EN ANNEES: 80-84, 1925
52	DECES: LA CAUSE: 4. VARIOLE: SEXE MASCULIN: AGE EN ANNEES: 80-84, 1925
53	DECES: LA CAUSE: 5. ROUGEOLE: SEXE MASCULIN: AGE EN ANNEES: 80-84, 1925
54	DECES: LA CAUSE: 6. SCARLATINE: SEXE MASCULIN: AGE EN ANNEES: 80-84, 1925
55	DECES: LA CAUSE: 7. COQUELUCHE: SEXE MASCULIN: AGE EN ANNEES: 80-84, 1925
56	DECES: LA CAUSE: 8. DIPHTERIE: SEXE MASCULIN: AGE EN ANNEES: 80-84, 1925
57	DECES: LA CAUSE: 9. GRIPPE: SEXE MASCULIN: AGE EN ANNEES: 80-84, 1925
58	DECES: LA CAUSE: 10. CHOLERA ASIATIQUE: SEXE MASCULIN: AGE EN ANNEES: 80-84, 1925
59	DECES: LA CAUSE: 11. ENTERITE CHOLERIFORME: SEXE MASCULIN: AGE EN ANNEES: 80-84, 1925

DATA SET 315: MOUVEMENT DE LA POPULATION 1925 (DEPARTEMENT)

NUMERO DE LA VARIABLE	NOM DE LA VARIABLE
60	DECES: LA CAUSE: 12. AUTRES MALADIES EPIDEMIQUES: SEXE MASCULIN: AGE EN ANNEES: 80-84, 1925
61	DECES: LA CAUSE: 13. TUBERCULOSE DE L'APPAREIL RESPIRATOIRE: SEXE MASCULIN: AGE EN ANNEES: 80-84, 1925
62	DECES: LA CAUSE: 14. TUBERCULOSE DES MENINGES ET DU SYSTEME NERVEUX CENTRAL: SEXE MASCULIN: AGE EN ANNEES: 80-84, 1925
63	DECES: LA CAUSE: 15. AUTRES TUBERCULOSES: SEXE MASCULIN: AGE EN ANNEES: 80-84, 1925
64	DECES: LA CAUSE: 16. CANCER ET AUTRES TUMEURS MALIGNES: SEXE MASCULIN: AGE EN ANNEES: 80-84, 1925
65	DECES: LA CAUSE: 17. MENINGITE SIMPLE: SEXE MASCULIN: AGE EN ANNEES: 80-84, 1925
66	DECES: LA CAUSE: 18. HEMORRAGIE, APOPLEXIE ET RAMOLLISSEMENT DU CERVEAU: SEXE MASCULIN: AGE EN ANNEES: 80-84, 1925
67	DECES: LA CAUSE: 19. MALADIES DU COEUR: SEXE MASCULIN: AGE EN ANNEES: 80-84, 1925
68	DECES: LA CAUSE: 20. BRONCHITE AIGUE (Y COMPRIS LES BRONCHITES SANS EPITHETE DE MOINS DE 5 ANS): SEXE MASCULIN: AGE EN ANNEES: 80-84, 1925
69	DECES: LA CAUSE: 21. BRONCHITE CHRONIQUE (Y COMPRIS LES BRONCHITES SANS EPITHETE DE 5 ANS ET PLUS): SEXE MASCULIN: AGE EN ANNEES: 80-84, 1925
70	DECES: LA CAUSE: 22. PNEUMONIE: SEXE MASCULIN: AGE EN ANNEES: 80-84, 1925
71	DECES: LA CAUSE: 23. AUTRES AFFECTIONS DE L'APPAREIL RESPIRATOIRE (PHTISIE EXCEPTEE): SEXE MASCULIN: AGE EN ANNEES: 80-84, 1925
72	DECES: LA CAUSE: 24. AFFECTIONS DE L'ESTOMAC (CANCER EXCEPTE): SEXE MASCULIN: AGE EN ANNEES: 80-84, 1925
73	DECES: LA CAUSE: 25. DIARRHEE ET ENTERITE (AU-DESSOUS DE 2 ANS): SEXE MASCULIN: AGE EN ANNEES: 80-84, 1925
74	DECES: LA CAUSE: 26. APPENDICITE ET TYPHLITE: SEXE MASCULIN: AGE EN ANNEES: 80-84, 1925
75	DECES: LA CAUSE: 27. HERNIE ET OBSTRUCTION INTESTINALE: SEXE MASCULIN: AGE EN ANNEES: 80-84, 1925
76	DECES: LA CAUSE: 28. CIRRHOSE DU FOIE: SEXE MASCULIN: AGE EN ANNEES: 80-84, 1925
77	DECES: LA CAUSE: 29. NEPHRITE AIGUE OU CHRONIQUE: SEXE MASCULIN: AGE EN ANNEES: 80-84, 1925
78	DECES: LA CAUSE: 30. TUMEURS NON CANCEREUSES ET AUTRES AFFECTIONS DES ORGANES GENITAUX DE LA FEMME: SEXE MASCULIN: AGE EN ANNEES: 80-84, 1925
79	DECES: LA CAUSE: 31. SEPTICEMIE PUERPERALE (FIEVRE, PERITONITE PUERPERALES): SEXE MASCULIN: AGE EN ANNEES: 80-84, 1925
80	DECES: LA CAUSE: 32. AUTRES ACCIDENTS PUERPERAUX DE LA GROSSESSE ET DE L'ACCOUCHEMENT: SEXE MASCULIN: AGE EN ANNEES: 80-84, 1925
81	DECES: LA CAUSE: 33. DEBILITE CONGENITALE ET VICES DE CONFORMATION: SEXE MASCULIN: AGE EN ANNEES: 80-84, 1925
82	DECES: LA CAUSE: 34. SENILITE: SEXE MASCULIN: AGE EN ANNEES: 80-84, 1925
83	DECES: LA CAUSE: 35. MORTS VIOLENTES (SUICIDE EXCEPTE): SEXE MASCULIN: AGE EN ANNEES: 80-84, 1925
84	DECES: LA CAUSE: 36. SUICIDE: SEXE MASCULIN: AGE EN ANNEES: 80-84, 1925
85	DECES: LA CAUSE: 37. AUTRES MALADIES: SEXE MASCULIN: AGE EN ANNEES: 80-84, 1925

DATA SET 315: MOUVEMENT DE LA POPULATION 1925 (DEPARTEMENT)

NUMERO DE
LA VARIABLE   NOM DE LA VARIABLE

86   DECES: LA CAUSE: 38. MALADIE NON SPECIFIEE OU MAL DEFINIE: SEXE MASCULIN: AGE EN
          ANNEES: 80-84, 1925

87   TOTAL DES DECES: SEXE MASCULIN: AGE EN ANNEES: 85-89, 1925

88   DECES: LA CAUSE: 1. FIEVRE TYPHOIDE (TYPHUSABDOMINAL) OU PARATYPHOIDE: SEXE
          MASCULIN: AGE EN ANNEES: 85-89, 1925

89   DECES: LA CAUSE: 2. TYPHUS EXANTHEMATIQUE: SEXE MASCULIN: AGE EN ANNEES: 85-89,
          1925

90   DECES: LA CAUSE: 3. FIEVRE OU CACHEXIE PALUDEENNES: SEXE MASCULIN: AGE EN ANNEES:
          85-89, 1925

91   DECES: LA CAUSE: 4. VARIOLE: SEXE MASCULIN: AGE EN ANNEES: 85-89, 1925

92   DECES: LA CAUSE: 5. ROUGEOLE: SEXE MASCULIN: AGE EN ANNEES: 85-89, 1925

93   DECES: LA CAUSE: 6. SCARLATINE: SEXE MASCULIN: AGE EN ANNEES: 85-89, 1925

94   DECES: LA CAUSE: 7. COQUELUCHE: SEXE MASCULIN: AGE EN ANNEES: 85-89, 1925

95   DECES: LA CAUSE: 8. DIPHTERIE: SEXE MASCULIN: AGE EN ANNEES: 85-89, 1925

96   DECES: LA CAUSE: 9. GRIPPE: SEXE MASCULIN: AGE EN ANNEES: 85-89, 1925

97   DECES: LA CAUSE: 10. CHOLERA ASIATIQUE: SEXE MASCULIN: AGE EN ANNEES: 85-89, 1925

98   DECES: LA CAUSE: 11. ENTERITE CHOLERIFORME: SEXE MASCULIN: AGE EN ANNEES: 85-89,
          1925

99   DECES: LA CAUSE: 12. AUTRES MALADIES EPIDEMIQUES: SEXE MASCULIN: AGE EN ANNEES:
          85-89, 1925

100   DECES: LA CAUSE: 13. TUBERCULOSE DE L'APPAREIL RESPIRATOIRE: SEXE MASCULIN: AGE
          EN ANNEES: 85-89, 1925

101   DECES: LA CAUSE: 14. TUBERCULOSE DES MENINGES ET DU SYSTEME NERVEUX CENTRAL: SEXE
          MASCULIN: AGE EN ANNEES: 85-89, 1925

102   DECES: LA CAUSE: 15. AUTRES TUBERCULOSES: SEXE MASCULIN: AGE EN ANNEES: 85-89,
          1925

103   DECES: LA CAUSE: 16. CANCER ET AUTRES TUMEURS MALIGNES: SEXE MASCULIN: AGE EN
          ANNEES: 85-89, 1925

104   DECES: LA CAUSE: 17. MENINGITE SIMPLE: SEXE MASCULIN: AGE EN ANNEES: 85-89, 1925

105   DECES: LA CAUSE: 18. HEMORRAGIE, APOPLEXIE ET RAMOLLISSEMENT DU CERVEAU: SEXE
          MASCULIN: AGE EN ANNEES: 85-89, 1925

106   DECES: LA CAUSE: 19. MALADIES DU COEUR: SEXE MASCULIN: AGE EN ANNEES: 85-89, 1925

107   DECES: LA CAUSE: 20. BRONCHITE AIGUE (Y COMPRIS LES BRONCHITES SANS EPITHETE DE
          MOINS DE 5 ANS): SEXE MASCULIN: AGE EN ANNEES: 85-89, 1925

108   DECES: LA CAUSE: 21. BRONCHITE CHRONIQUE (Y COMPRIS LES BRONCHITES SANS EPITHETE DE
          5 ANS ET PLUS): SEXE MASCULIN: AGE EN ANNEES: 85-89, 1925

109   DECES: LA CAUSE: 22. PNEUMONIE: SEXE MASCULIN: AGE EN ANNEES: 85-89, 1925

110   DECES: LA CAUSE: 23. AUTRES AFFECTIONS DE L'APPAREIL RESPIRATOIRE (PHTISIE
          EXCEPTEE): SEXE MASCULIN: AGE EN ANNEES: 85-89, 1925

111   DECES: LA CAUSE: 24. AFFECTIONS DE L'ESTOMAC (CANCER EXCEPTE): SEXE MASCULIN: AGE
          EN ANNEES: 85-59, 1925

112   DECES: LA CAUSE: 25. DIARRHEE ET ENTERITE (AU-DESSOUS DE 2 ANS): SEXE MASCULIN:
          AGE EN ANNEES: 85-89, 1925

113   DECES: LA CAUSE: 26. APPENDICITE ET TYPHLITE: SEXE MASCULIN: AGE EN ANNEES:
          85-89, 1925

DATA SET 315:   MOUVEMENT DE LA POPULATION 1925 (DEPARTEMENT)

NUMERO DE
LA VARIABLE   NOM DE LA VARIABLE

114   DECES: LA CAUSE: 27. HERNIE, OBSTRUCTION INTESTINALE: SEXE MASCULIN: AGE EN
           ANNEES: 85-89, 1925

115   DECES: LA CAUSE: 28. CIRRHOSE DU FOIE: SEXE MASCULIN: AGE EN ANNEES: 85-89, 1925

116   DECES: LA CAUSE: 29. NEPHRITE AIGUE OU CHRONIQUE: SEXE MASCULIN: AGE EN ANNEES:
           85-89, 1925

117   DECES: LA CAUSE: 30. TUMEURS NON CANCEREUSES ET AUTRES AFFECTIONS DES ORGANES
           GENITAUX DE LA FEMME: SEXE MASCULIN: AGE EN ANNEES: 85-89, 1925

118   DECES: LA CAUSE: 31. SEPTICEMIE PUERPERALE (FIEVRE, PERITONITE PUERPERALES): SEXE
           MASCULIN: AGE EN ANNEES: 85-89, 1925

119   DECES: LA CAUSE: 32. AUTRES ACCIDENTS PUERPERAUX DE LA GROSSESSE ET DE
           L'ACCOUCHEMENT: SEXE MASCULIN: AGE EN ANNEES: 85-89, 1925

120   DECES: LA CAUSE: 33. DEBILITE CONGENITALE ET VICES DE CONFORMATION: SEXE MASCULIN:
           AGE EN ANNEES: 85-89, 1925

121   DECES: LA CAUSE: 34. SENILITE: SEXE MASCULIN: AGE EN ANNEES: 85-89, 1925

122   DECES: LA CAUSE: 35. MORTS VIOLENTES (SUICIDE EXCEPTE): SEXE MASCULIN: AGE EN
           ANNEES: 85-89, 1925

123   DECES: LA CAUSE: 36. SUICIDE: SEXE MASCULIN: AGE EN ANNEES: 85-89, 1925

124   DECES: LA CAUSE: 37. AUTRES MALADIES: SEXE MASCULIN: AGE EN ANNEES: 85-89, 1925

125   DECES: LA CAUSE: 38. MALADIE NON SPECIFIEE OU MAL DEFINIE: SEXE MASCULIN: AGE EN
           ANNEES: 85-89, 1925

126   TOTAL DES DECES: SEXE MASCULIN: AGE EN ANNEES: 90-94, 1925

127   DECES: LA CAUSE: 1. FIEVRE TYPHOIDE (TYPHUSABDOMINAL) OU PARATYPHOIDE: SEXE
           MASCULIN: AGE EN ANNEES: 90-94, 1925

128   DECES: LA CAUSE: 2. TYPHUS EXANTHEMATIQUE: SEXE MASCULIN: AGE EN ANNEES: 90-94,
           1925

129   DECES: LA CAUSE: 3. FIEVRE OU CACHEXIE PALUDEENNES: SEXE MASCULIN: AGE EN ANNEES:
           90-94, 1925

130   DECES: LA CAUSE: 4. VARIOLE: SEXE MASCULIN: AGE EN ANNEES: 90-94, 1925

131   DECES: LA CAUSE: 5. ROUGEOLE: SEXE MASCULIN: AGE EN ANNEES: 90-94, 1925

132   DECES: LA CAUSE: 6. SCARLATINE: SEXE MASCULIN: AGE EN ANNEES: 90-94, 1925

133   DECES: LA CAUSE: 7. COQUELUCHE: SEXE MASCULIN: AGE EN ANNEES: 90-94, 1925

134   DECES: LA CAUSE: 8. DIPHTERIE: SEXE MASCULIN: AGE EN ANNEES: 90-94, 1925

135   DECES: LA CAUSE: 9. GRIPPE: SEXE MASCULIN: AGE EN ANNEES: 90-94, 1925

136   DECES: LA CAUSE: 10. CHOLERA ASIATIQUE: SEXE MASCULIN: AGE EN ANNEES: 90-94, 1925

137   DECES: LA CAUSE: 11. ENTERITE CHOLERIFORME: SEXE MASCULIN: AGE EN ANNEES: 90-94,
           1925

138   DECES: LA CAUSE: 12. AUTRES MALADIES EPIDEMIQUES: SEXE MASCULIN: AGE EN ANNEES:
           90-94, 1925

139   DECES: LA CAUSE: 13. TUBERCULOSE DE L'APPAREIL RESPIRATOIRE: SEXE MASCULIN: AGE
           EN ANNEES: 90-94, 1925

140   DECES: LA CAUSE: 14. TUBERCULOSE DES MENINGES ET DU SYSTEME NERVEUX CENTRAL: SEXE
           MASCULIN: AGE EN ANNEES: 90-94, 1925

141   DECES: LA CAUSE: 15. AUTRES TUBERCULOSES: SEXE MASCULIN: AGE EN ANNEES: 90-94,
           1925

DATA SET 315: MOUVEMENT DE LA POPULATION 1925 (DEPARTEMENT)

NUMERO DE
LA VARIABLE   NOM DE LA VARIABLE

142   DECES: LA CAUSE: 16. CANCER ET AUTRES TUMEURS MALIGNES: SEXE MASCULIN: AGE EN
           ANNEES: 90-94, 1925

143   DECES: LA CAUSE: 17. MENINGITE SIMPLE: SEXE MASCULIN: AGE EN ANNEES: 90-94, 1925

144   DECES: LA CAUSE: 18. HEMORRAGIE, APOPLEXIE ET RAMOLLISSEMENT DU CERVEAU: SEXE
           MASCULIN: AGE EN ANNEES: 90-94, 1925

145   DECES: LA CAUSE: 19. MALADIES DU COEUR: SEXE MASCULIN: AGE EN ANNEES: 90-94, 1925

146   DECES: LA CAUSE: 20. BRONCHITE AIGUE (Y COMPRIS LES BRONCHITES SANS EPITHETE DE
           MOINS DE 5 ANS): SEXE MASCULIN: AGE EN ANNEES: 90-94, 1925

147   DECES: LA CAUSE: 21. BRONCHITE CHRONIQUE (Y COMPRIS LES BRONCHITES SANS EPITHETE DE
           5 ANS ET PLUS): SEXE MASCULIN: AGE EN ANNEES: 90-94, 1925

148   DECES: LA CAUSE: 22. PNEUMONIE: SEXE MASCULIN: AGE EN ANNEES: 90-94, 1925

149   DECES: LA CAUSE: 23. AUTRES AFFECTIONS DE L'APPAREIL RESPIRATOIRE (PHTISIE
           EXCEPTEE): SEXE MASCULIN: AGE EN ANNEES: 90-94, 1925

150   DECES: LA CAUSE: 24. AFFECTIONS DE L'ESTOMAC (CANCER EXCEPTE): SEXE MASCULIN: AGE
           EN ANNEES: 90-94, 1925

151   DECES: LA CAUSE: 25. DIARRHEE ET ENTERITE (AU-DESSOUS DE 2 ANS): SEXE MASCULIN:
           AGE EN ANNEES: 90-94, 1925

152   DECES: LA CAUSE: 26. APPENDICITE ET TYPHLITE: SEXE MASCULIN: AGE EN ANNEES:
           90-94, 1925

153   DECES: LA CAUSE: 27. HERNIE, OBSTRUCTION INTESTINALE: SEXE MASCULIN: AGE EN
           ANNEES: 90-94, 1925

154   DECES: LA CAUSE: 28. CIRRHOSE DU FOIE: SEXE MASCULIN: AGE EN ANNEES: 90-94, 1925

155   DECES: LA CAUSE: 29. NEPHRITE AIGUE OU CHRONIQUE: SEXE MASCULIN: AGE EN ANNEES:
           90-94, 1925

156   DECES: LA CAUSE: 30. TUMEURS NON CANCEREUSES ET AUTRES AFFECTIONS DES ORGANES
           GENITAUX DE LA FEMME: SEXE MASCULIN: AGE EN ANNEES: 90-94, 1925

157   DECES: LA CAUSE: 31. SEPTICEMIE PUERPERALE (FIEVRE, PERITONITE PUERPERALES): SEXE
           MASCULIN: AGE EN ANNEES: 90-94, 1925

158   DECES: LA CAUSE: 32. AUTRES ACCIDENTS PUERPERAUX DE LA GROSSESSE ET DE
           L'ACCOUCHEMENT: SEXE MASCULIN: AGE EN ANNEES: 90-94, 1925

159   DECES: LA CAUSE: 33. DEBILITE CONGENITALE ET VICES DE CONFORMATION: SEXE MASCULIN:
           AGE EN ANNEES: 90-94, 1925

160   DECES: LA CAUSE: 34. SENILITE: SEXE MASCULIN: AGE EN ANNEES: 90-94, 1925

161   DECES: LA CAUSE: 35. MORTS VIOLENTES (SUICIDE EXCEPTE): SEXE MASCULIN: AGE EN
           ANNEES: 90-94, 1925

162   DECES: LA CAUSE: 36. SUICIDE: SEXE MASCULIN: AGE EN ANNEES: 90-94, 1925

163   DECES: LA CAUSE: 37. AUTRES MALADIES: SEXE MASCULIN: AGE EN ANNEES: 90-94, 1925

164   DECES: LA CAUSE: 38. MALADIE NON SPECIFIEE OU MAL DEFINIE: SEXE MASCULIN: AGE EN
           ANNEES: 90-94, 1925

165   TOTAL DES DECES: SEXE MASCULIN: AGE EN ANNEES: 95-99, 1925

166   DECES: LA CAUSE: 1. FIEVRE TYPHOIDE (TYPHUSABDOMINAL) OU PARATYPHOIDE: SEXE
           MASCULIN: AGE EN ANNEES: 95-99, 1925

167   DECES: LA CAUSE: 2. TYPHUS EXANTHEMATIQUE: SEXE MASCULIN: AGE EN ANNEES: 95-99,
           1925

168   DECES: LA CAUSE: 3. FIEVRE OU CACHEXIE PALUDEENNES: SEXE MASCULIN: AGE EN ANNEES:
           95-99, 1925

333

DATA SET 315:   MOUVEMENT DE LA POPULATION 1925 (DEPARTEMENT)

NUMERO DE
LA VARIABLE   NOM DE LA VARIABLE

169   DECES: LA CAUSE: 4. VARIOLE: SEXE MASCULIN: AGE EN ANNEES: 95-99, 1925

170   DECES: LA CAUSE: 5. ROUGEOLE: SEXE MASCULIN: AGE EN ANNEES: 95-99, 1925

171   DECES: LA CAUSE: 6. SCARLATINE: SEXE MASCULIN: AGE EN ANNEES: 95-99, 1925

172   DECES: LA CAUSE: 7. COQUELUCHE: SEXE MASCULIN: AGE EN ANNEES: 95-99, 1925

173   DECES: LA CAUSE: 8. DIPHTERIE: SEXE MASCULIN: AGE EN ANNEES: 95-99, 1925

174   DECES: LA CAUSE: 9. GRIPPE: SEXE MASCULIN: AGE EN ANNEES: 95-99, 1925

175   DECES: LA CAUSE: 10. CHOLERA ASIATIQUE: SEXE MASCULIN: AGE EN ANNEES: 95-99, 1925

176   DECES: LA CAUSE: 11. ENTERITE CHOLERIFORME: SEXE MASCULIN: AGE EN ANNEES: 95-99, 1925

177   DECES: LA CAUSE: 12. AUTRES MALADIES EPIDEMIQUES: SEXE MASCULIN: AGE EN ANNEES: 95-99, 1925

178   DECES: LA CAUSE: 13. TUBERCULOSE DE L'APPAREIL RESPIRATOIRE: SEXE MASCULIN: AGE EN ANNEES: 95-99, 1925

179   DECES: LA CAUSE: 14. TUBERCULOSE DES MENINGES ET DU SYSTEME NERVEUX CENTRAL: SEXE MASCULIN: AGE EN ANNEES: 95-99, 1925

180   DECES: LA CAUSE: 15. AUTRES TUBERCULOSES: SEXE MASCULIN: AGE EN ANNEES: 95-99, 1925

181   DECES: LA CAUSE: 16. CANCER ET AUTRES TUMEURS MALIGNES: SEXE MASCULIN: AGE EN ANNEES: 95-99, 1925

182   DECES: LA CAUSE: 17. MENINGITE SIMPLE: SEXE MASCULIN: AGE EN ANNEES: 95-99, 1925

183   DECES: LA CAUSE: 18. HEMORRAGIE, APOPLEXIE ET RAMOLLISSEMENT DU CERVEAU: SEXE MASCULIN: AGE EN ANNEES: 95-99, 1925

184   DECES: LA CAUSE: 19. MALADIES DU COEUR: SEXE MASCULIN: AGE EN ANNEES: 95-99, 1925

185   DECES: LA CAUSE: 20. BRONCHITE AIGUE (Y COMPRIS LES BRONCHITES SANS EPITHETE DE MOINS DE 5 ANS): SEXE MASCULIN: AGE EN ANNEES: 95-99, 1925

186   DECES: LA CAUSE: 21. BRONCHITE CHRONIQUE (Y COMPRIS LES BRONCHITES SANS EPITHETE DE 5 ANS ET PLUS): SEXE MASCULIN: AGE EN ANNEES: 95-99, 1925

187   DECES: LA CAUSE: 22. PNEUMONIE: SEXE MASCULIN: AGE EN ANNEES: 95-99, 1925

188   DECES: LA CAUSE: 23. AUTRES AFFECTIONS DE L'APPAREIL RESPIRATOIRE (PHTISIE EXCEPTEE): SEXE MASCULIN: AGE EN ANNEES: 95-99, 1925

189   DECES: LA CAUSE: 24. AFFECTIONS DE L'ESTOMAC (CANCER EXCEPTE): SEXE MASCULIN: AGE EN ANNEES: 95-99, 1925

190   DECES: LA CAUSE: 25. DIARRHEE ET ENTERITE (AU-DESSOUS DE 2 ANS): SEXE MASCULIN: AGE EN ANNEES: 95-99, 1925

191   DECES: LA CAUSE: 26. APPENDICITE ET TYPHLITE: SEXE MASCULIN: AGE EN ANNEES: 95-99, 1925

192   DECES: LA CAUSE: 27. HERNIE, OBSTRUCTION INTESTINALE: SEXE MASCULIN: AGE EN ANNEES: 95-99, 1925

193   DECES: LA CAUSE: 28. CIRRHOSE DU FOIE: SEXE MASCULIN: AGE EN ANNEES: 95-99, 1925

194   DECES: LA CAUSE: 29. NEPHRITE AIGUE OU CHRONIQUE: SEXE MASCULIN: AGE EN ANNEES: 95-99, 1925

195   DECES: LA CAUSE: 30. TUMEURS NON CANCEREUSES ET AUTRES AFFECTIONS DES ORGANES GENITAUX DE LA FEMME: SEXE MASCULIN: AGE EN ANNEES: 95-99, 1925

DATA SET 315: MOUVEMENT DE LA POPULATION 1925 (DEPARTEMENT)

NUMERO DE LA VARIABLE	NOM DE LA VARIABLE
196	DECES: LA CAUSE: 31. SEPTICEMIE PUERPERALE (FIEVRE, PERITONITE PUERPERALES): SEXE MASCULIN: AGE EN ANNEES: 95-99, 1925
197	DECES: LA CAUSE: 32. AUTRES ACCIDENTS PUERPERAUX DE LA GROSSESSE ET DE L'ACCOUCHEMENT: SEXE MASCULIN: AGE EN ANNEES: 95-99, 1925
198	DECES: LA CAUSE: 33. DEBILITE CONGENITALE ET VICES DE CONFORMATION: SEXE MASCULIN: AGE EN ANNEES: 95-99, 1925
199	DECES: LA CAUSE: 34. SENILITE: SEXE MASCULIN: AGE EN ANNEES: 95-99, 1925
200	DECES: LA CAUSE: 35. MORTS VIOLENTES (SUICIDE EXCEPTE): SEXE MASCULIN: AGE EN ANNEES: 95-99, 1925
201	DECES: LA CAUSE: 36. SUICIDE: SEXE MASCULIN: AGE EN ANNEES: 95-99, 1925
202	DECES: LA CAUSE: 37. AUTRES MALADIES: SEXE MASCULIN: AGE EN ANNEES: 95-99, 1925
203	DECES: LA CAUSE: 38. MALADIE NON SPECIFIEE OU MAL DEFINIE: SEXE MASCULIN: AGE EN ANNEES: 95-99, 1925
204	TOTAL DES DECES: SEXE MASCULIN: AGE EN ANNEES: 100, 1925
205	DECES: LA CAUSE: 1. FIEVRE TYPHOIDE (TYPHUSABDOMINAL) OU PARATYPHOIDE: SEXE MASCULIN: AGE EN ANNEES: 100, 1925
206	DECES: LA CAUSE: 2. TYPHUS EXANTHEMATIQUE: SEXE MASCULIN: AGE EN ANNEES: 100, 1925
207	DECES: LA CAUSE: 3. FIEVRE OU CACHEXIE PALUDEENNES: SEXE MASCULIN: AGE EN ANNEES: 100, 1925
208	DECES: LA CAUSE: 4. VARIOLE: SEXE MASCULIN: AGE EN ANNEES: 100, 1925
209	DECES: LA CAUSE: 5. ROUGEOLE: SEXE MASCULIN: AGE EN ANNEES: 100, 1925
210	DECES: LA CAUSE: 6. SCARLATINE: SEXE MASCULIN: AGE EN ANNEES: 100, 1925
211	DECES: LA CAUSE: 7. COQUELUCHE: SEXE MASCULIN: AGE EN ANNEES: 100, 1925
212	DECES: LA CAUSE: 8. DIPHTERIE: SEXE MASCULIN: AGE EN ANNEES: 100, 1925
213	DECES: LA CAUSE: 9. GRIPPE: SEXE MASCULIN: AGE EN ANNEES: 100, 1925
214	DECES: LA CAUSE: 10. CHOLERA ASIATIQUE: SEXE MASCULIN: AGE EN ANNEES: 100, 1925
215	DECES: LA CAUSE: 11. ENTERITE CHOLERIFORME: SEXE MASCULIN: AGE EN ANNEES: 100, 1925
216	DECES: LA CAUSE: 12. AUTRES MALADIES EPIDEMIQUES: SEXE MASCULIN: AGE EN ANNEES: 100, 1925
217	DECES: LA CAUSE: 13. TUBERCULOSE DE L'APPAREIL RESPIRATOIRE: SEXE MASCULIN: AGE EN ANNEES: 100, 1925
218	DECES: LA CAUSE: 14. TUBERCULOSE DES MENINGES ET DU SYSTEME NERVEUX CENTRAL: SEXE MASCULIN: AGE EN ANNEES: 100, 1925
219	DECES: LA CAUSE: 15. AUTRES TUBERCULOSES: SEXE MASCULIN: AGE EN ANNEES: 100, 1925
220	DECES: LA CAUSE: 16. CANCER ET AUTRES TUMEURS MALIGNES: SEXE MASCULIN: AGE EN ANNEES: 100, 1925
221	DECES: LA CAUSE: 17. MENINGITE SIMPLE: SEXE MASCULIN: AGE EN ANNEES: 100, 1925
222	DECES: LA CAUSE: 18. HEMORRAGIE, APOPLEXIE ET RAMOLLISSEMENT DU CERVEAU: SEXE MASCULIN: AGE EN ANNEES: 100, 1925
223	DECES: LA CAUSE: 19. MALADIES DU COEUR: SEXE MASCULIN: AGE EN ANNEES: 100, 1925
224	DECES: LA CAUSE: 20. BRONCHITE AIGUE (Y COMPRIS LES BRONCHITES SANS EPITHETE DE MOINS DE 5 ANS): SEXE MASCULIN: AGE EN ANNEES: 100, 1925

DATA SET 315: MOUVEMENT DE LA POPULATION 1925 (DEPARTEMENT)

NUMERO DE
LA VARIABLE   NOM DE LA VARIABLE

225   DECES: LA CAUSE: 21. BRONCHITE CHRONIQUE (Y COMPRIS LES BRONCHITES SANS EPITHETE DE
           5 ANS ET PLUS): SEXE MASCULIN: AGE EN ANNEES: 100, 1925

226   DECES: LA CAUSE: 22. PNEUMONIE: SEXE MASCULIN: AGE EN ANNEES: 100, 1925

227   DECES: LA CAUSE: 23. AUTRES AFFECTIONS DE L'APPAREIL RESPIRATOIRE (PHTISIE
           EXCEPTEE): SEXE MASCULIN: AGE EN ANNEES: 100, 1925

228   DECES: LA CAUSE: 24. AFFECTIONS DE L'ESTOMAC (CANCER EXCEPTE): SEXE MASCULIN: AGE
           EN ANNEES: 100, 1925

229   DECES: LA CAUSE: 25. DIARRHEE ET ENTERITE (AU-DESSOUS DE 2 ANS): SEXE MASCULIN:
           AGE EN ANNEES: 100, 1925

230   DECES: LA CAUSE: 26. APPENDICITE ET TYPHLITE: SEXE MASCULIN: AGE EN ANNEES: 100,
           1925

231   DECES: LA CAUSE: 27. HERNIE, OBSTRUCTION INTESTINALE: SEXE MASCULIN: AGE EN
           ANNEES: 100, 1925

232   DECES: LA CAUSE: 28. CIRRHOSE DU FOIE: SEXE MASCULIN: AGE EN ANNEES: 100, 1925

233   DECES: LA CAUSE: 29. NEPHRITE AIGUE OU CHRONIQUE: SEXE MASCULIN: AGE EN ANNEES:
           100, 1925

234   DECES: LA CAUSE: 30. TUMEURS NON CANCEREUSES ET AUTRES AFFECTIONS DES ORGANES
           GENITAUX DE LA FEMME: SEXE MASCULIN: AGE EN ANNEES: 100, 1925

235   DECES: LA CAUSE: 31. SEPTICEMIE PUERPERALE (FIEVRE, PERITONITE PUERPERALES): SEXE
           MASCULIN: AGE EN ANNEES: 100, 1925

236   DECES: LA CAUSE: 32. AUTRES ACCIDENTS PUERPERAUX DE LA GROSSESSE ET DE
           L'ACCOUCHEMENT: SEXE MASCULIN: AGE EN ANNEES: 100, 1925

237   DECES: LA CAUSE: 33. DEBILITE CONGENITALE ET VICES DE CONFORMATION: SEXE MASCULIN:
           AGE EN ANNEES: 100, 1925

238   DECES: LA CAUSE: 34. SENILITE: SEXE MASCULIN: AGE EN ANNEES: 100, 1925

239   DECES: LA CAUSE: 35. MORTS VIOLENTES (SUICIDE EXCEPTE): SEXE MASCULIN: AGE EN
           ANNEES: 100, 1925

240   DECES: LA CAUSE: 36. SUICIDE: SEXE MASCULIN: AGE EN ANNEES: 100, 1925

241   DECES: LA CAUSE: 37. AUTRES MALADIES: SEXE MASCULIN: AGE EN ANNEES: 100, 1925

242   DECES: LA CAUSE: 38. MALADIE NON SPECIFIEE OU MAL DEFINIE: SEXE MASCULIN: AGE EN
           ANNEES: 100, 1925

243   POPULATION EN 1921 (MILLIERS): SEXE MASCULIN: AGE EN ANNEES: NON DECLARE

244   TOTAL DES DECES: SEXE MASCULIN: AGE EN ANNEES: NON DECLARE, 1925

245   DECES: LA CAUSE: 1. FIEVRE TYPHOIDE (TYPHUS ABDOMINAL) OU PARATYPHOIDE: SEXE
           MASCULIN: AGE EN ANNEES: NON DECLARE, 1925

246   DECES: LA CAUSE: 2. TYPHUS EXANTHEMATIQUE: SEXE MASCULIN: AGE EN ANNEES: NON
           DECLARE, 1925

247   DECES: LA CAUSE: 3. FIEVRE OU CACHEXIE PALUDEENNES: SEXE MASCULIN: AGE EN ANNEES:
           NON DECLARE, 1925

248   DECES: LA CAUSE: 4. VARIOLE: SEXE MASCULIN: AGE EN ANNEES: NON DECLARE, 1925

249   DECES: LA CAUSE: 5. ROUGEOLE: SEXE MASCULIN: AGE EN ANNEES: NON DECLARE, 1925

250   DECES: LA CAUSE: 6. SCARLATINE: SEXE MASCULIN: AGE EN ANNEES: NON DECLARE, 1925

251   DECES: LA CAUSE: 7. COQUELUCHE: SEXE MASCULIN: AGE EN ANNEES: NON DECLARE, 1925

252   DECES: LA CAUSE: 8. DIPHTERIE: SEXE MASCULIN: AGE EN ANNEES: NON DECLARE, 1925

336

DATA SET 315: MOUVEMENT DE LA POPULATION 1925 (DEPARTEMENT)

NUMERO DE
LA VARIABLE   NOM DE LA VARIABLE

253   DECES: LA CAUSE: 9. GRIPPE: SEXE MASCULIN: AGE EN ANNEES: NON DECLARE, 1925

254   DECES: LA CAUSE: 10. CHOLERA ASIATIQUE: SEXE MASCULIN: AGE EN ANNEES: NON
       DECLARE, 1925

255   DECES: LA CAUSE: 11. ENTERITE CHOLERIFORME: SEXE MASCULIN: AGE EN ANNEES: NON
       DECLARE, 1925

256   DECES: LA CAUSE: 12. AUTRES MALADIES EPIDEMIQUES: SEXE MASCULIN: AGE EN ANNEES:
       NON DECLARE, 1925

257   DECES: LA CAUSE: 13. TUBERCULOSE DE L'APPAREIL RESPIRATOIRE: SEXE MASCULIN: AGE
       EN ANNEES: NON DECLARE, 1925

258   DECES: LA CAUSE: 14. TUBERCULOSE DES MENINGES ET DU SYSTEME NERVEUX CENTRAL: SEXE
       MASCULIN: AGE EN ANNEES: NON DECLARE, 1925

259   DECES: LA CAUSE: 15. AUTRES TUBERCULOSES: SEXE MASCULIN: AGE EN ANNEES: NON
       DECLARE, 1925

260   DECES: LA CAUSE: 16. CANCER ET AUTRES TUMEURS MALIGNES: SEXE MASCULIN: AGE EN
       ANNEES: NON DECLARE, 1925

261   DECES: LA CAUSE: 17. MENINGITE SIMPLE: SEXE MASCULIN: AGE EN ANNEES: NON DECLARE,
       1925

262   DECES: LA CAUSE: 18. HEMORRAGIE, APOPLEXIE ET RAMOLLISSEMENT DU CERVEAU: SEXE
       MASCULIN: AGE EN ANNEES: NON DECLARE, 1925

263   DECES: LA CAUSE: 19. MALADIES DU COEUR: SEXE MASCULIN: AGE EN ANNEES: NON
       DECLARE, 1925

264   DECES: LA CAUSE: 20. BRONCHITE AIGUE (Y COMPRIS LES BRONCHITES SANS EPITHETE DE
       MOINS DE 5 ANS): SEXE MASCULIN: AGE EN ANNEES: NON DECLARE, 1925

265   DECES: LA CAUSE: 21. BRONCHITE CHRONIQUE (Y COMPRIS LES BRONCHITES SANS EPITHETE DE
       5 ANS ET PLUS): SEXE MASCULIN: AGE EN ANNEES: NON DECLARE, 1925

266   DECES: LA CAUSE: 22. PNEUMONIE: SEXE MASCULIN: AGE EN ANNEES: NON DECLARE, 1925

267   DECES: LA CAUSE: 23. AUTRES AFFECTIONS DE L'APPAREIL RESPIRATOIRE (PHTISIE
       EXCEPTEE): SEXE MASCULIN: AGE EN ANNEES: NON DECLARE, 1925

268   DECES: LA CAUSE: 24. AFFECTIONS DE L'ESTOMAC (CANCER EXCEPTE): SEXE MASCULIN: AGE
       EN ANNEES: NON DECLARE, 1925

269   DECES: LA CAUSE: 25. DIARRHEE ET ENTERITE (AU-DESSOUS DE 2 ANS): SEXE MASCULIN:
       AGE EN ANNEES: NON DECLARE, 1925

270   DECES: LA CAUSE: 26. APPENDICITE ET TYPHLITE: SEXE MASCULIN: AGE EN ANNEES: NON
       DECLARE, 1925

271   DECES: LA CAUSE: 27. HERNIE, OBSTRUCTION INTESTINALE: SEXE MASCULIN: AGE EN
       ANNEES: NON DECLARE, 1925

272   DECES: LA CAUSE: 28. CIRRHOSE DU FOIE: SEXE MASCULIN: AGE EN ANNEES: NON DECLARE,
       1925

273   DECES: LA CAUSE: 29. NEPHRITE AIGUE OU CHRONIQUE: SEXE MASCULIN: AGE EN ANNEES:
       NON DECLARE, 1925

274   DECES: LA CAUSE: 30. TUMEURS NON CANCEREUSES ET AUTRES AFFECTIONS DES ORGANES
       GENITAUX DE LA FEMME: SEXE MASCULIN: AGE EN ANNEES: NON DECLARE, 1925

275   DECES: LA CAUSE: 31. SEPTICEMIE PUERPERALE (FIEVRE, PERITONITE PUERPERALES): SEXE
       MASCULIN: AGE EN ANNEES: NON DECLARE, 1925

276   DECES: LA CAUSE: 32. AUTRES ACCIDENTS PUERPERAUX DE LA GROSSESSE ET DE
       L'ACCOUCHEMENT: SEXE MASCULIN: AGE EN ANNEES: NON DECLARE, 1925

DATA SET 315: MOUVEMENT DE LA POPULATION 1925 (DEPARTEMENT)

NUMERO DE
LA VARIABLE   NOM DE LA VARIABLE

277   DECES: LA CAUSE: 33. DEBILITE CONGENITALE ET VICES DE CONFORMATION: SEXE MASCULIN:
           AGE EN ANNEES: NON DECLARE, 1925

278   DECES: LA CAUSE: 34. SENILITE: SEXE MASCULIN: AGE EN ANNEES: NON DECLARE, 1925

279   DECES: LA CAUSE: 35. MORTS VIOLENTES (SUICIDE EXCEPTE): SEXE MASCULIN: AGE EN
           ANNEES: NON DECLARE, 1925

280   DECES: LA CAUSE: 36. SUICIDE: SEXE MASCULIN: AGE EN ANNEES: NON DECLARE, 1925

281   DECES: LA CAUSE: 37. AUTRES MALADIES: SEXE MASCULIN: AGE EN ANNEES: NON DECLARE,
           1925

282   DECES: LA CAUSE: 38. MALADIE NON SPECIFIEE OU MAL DEFINIE: SEXE MASCULIN: AGE EN
           ANNEES: NON DECLARE, 1925

283   POPULATION EN 1921 (MILLIERS): SEXE MASCULIN: AGE EN ANNEES: TOTAL.

284   TOTAL DES DECES: SEXE MASCULIN: AGE EN ANNEES: TOTAL, 1925

285   DECES: LA CAUSE: 1. FIEVRE TYPHOIDE (TYPHUSABDOMINAL) OU PARATYPHOIDE: SEXE
           MASCULIN: AGE EN ANNEES: TOTAL, 1925

286   DECES: LA CAUSE: 2. TYPHUS EXANTHEMATIQUE: SEXE MASCULIN: AGE EN ANNEES: TOTAL,
           1925

287   DECES: LA CAUSE: 3. FIEVRE OU CACHEXIE PALUDEENNES: SEXE MASCULIN: AGE EN ANNEES:
           TOTAL, 1925

288   DECES: LA CAUSE: 4. VARIOLE: SEXE MASCULIN: AGE EN ANNEES: TOTAL, 1925

289   DECES: LA CAUSE: 5. ROUGEOLE: SEXE MASCULIN: AGE EN ANNEES: TOTAL, 1925

290   DECES: LA CAUSE: 6. SCARLATINE: SEXE MASCULIN: AGE EN ANNEES: TOTAL, 1925

291   DECES: LA CAUSE: 7. COQUELUCHE: SEXE MASCULIN: AGE EN ANNEES: TOTAL, 1925

292   DECES: LA CAUSE: 8. DIPHTERIE: SEXE MASCULIN: AGE EN ANNEES: TOTAL, 1925

293   DECES: LA CAUSE: 9. GRIPPE: SEXE MASCULIN: AGE EN ANNEES: TOTAL, 1925

294   DECES: LA CAUSE: 10. CHOLERA ASIATIQUE: SEXE MASCULIN: AGE EN ANNEES: TOTAL, 1925

295   DECES: LA CAUSE: 11. ENTERITE CHOLERIFORME: SEXE MASCULIN: AGE EN ANNEES: TOTAL,
           1925

296   DECES: LA CAUSE: 12. AUTRES MALADIES EPIDEMIQUES: SEXE MASCULIN: AGE EN ANNEES:
           TOTAL, 1925

297   DECES: LA CAUSE: 13. TUBERCULOSE DE L'APPAREIL RESPIRATOIRE: SEXE MASCULIN: AGE
           EN ANNEES: TOTAL, 1925

298   DECES: LA CAUSE: 14. TUBERCULOSE DES MENINGES ET DU SYSTEME NERVEUX CENTRAL: SEXE
           MASCULIN: AGE EN ANNEES: TOTAL, 1925

299   DECES: LA CAUSE: 15. AUTRES TUBERCULOSES: SEXE MASCULIN: AGE EN ANNEES: TOTAL,
           1925

300   DECES: LA CAUSE: 16. CANCER ET AUTRES TUMEURS MALIGNES: SEXE MASCULIN: AGE EN
           ANNEES: TOTAL, 1925

301   DECES: LA CAUSE: 17. MENINGITE SIMPLE: SEXE MASCULIN: AGE EN ANNEES: TOTAL, 1925

302   DECES: LA CAUSE: 18. HEMORRAGIE, APOPLEXIE ET RAMOLLISSEMENT DU CERVEAU: SEXE
           MASCULIN: AGE EN ANNEES: TOTAL, 1925

303   DECES: LA CAUSE: 19. MALADIES DU COEUR: SEXE MASCULIN: AGE EN ANNEES: TOTAL, 1925

304   DECES: LA CAUSE: 20. BRONCHITE AIGUE (Y COMPRIS LES BRONCHITES SANS EPITHETE DE
           MOINS DE 5 ANS): SEXE MASCULIN: AGE EN ANNEES: TOTAL, 1925

DATA SET 315:   MOUVEMENT DE LA POPULATION 1925 (DEPARTEMENT)

NUMERO DE
LA VARIABLE   NOM DE LA VARIABLE

305   DECES: LA CAUSE: 21. BRONCHITE CHRONIQUE (Y COMPRIS LES BRONCHITES SANS EPITHETE DE
            5 ANS ET PLUS): SEXE MASCULIN: AGE EN ANNEES: TOTAL, 1925

306   DECES: LA CAUSE: 22. PNEUMONIE: SEXE MASCULIN: AGE EN ANNEES: TOTAL, 1925

307   DECES: LA CAUSE: 23. AUTRES AFFECTIONS DE L'APPAREIL RESPIRATOIRE (PHTISIE
            EXCEPTEE): SEXE MASCULIN: AGE EN ANNEES: TOTAL, 1925

308   DECES: LA CAUSE: 24. AFFECTIONS DE L'ESTOMAC (CANCER EXCEPTE): SEXE MASCULIN: AGE
            EN ANNEES: TOTAL, 1925

309   DECES: LA CAUSE: 25. DIARRHEE ET ENTERITE (AU-DESSOUS DE 2 ANS): SEXE MASCULIN:
            AGE EN ANNEES: TOTAL, 1925

310   DECES: LA CAUSE: 26. APPENDICITE ET TYPHLITE: SEXE MASCULIN: AGE EN ANNEES:
            TOTAL, 1925

311   DECES: LA CAUSE: 27. HERNIE, OBSTRUCTION INTESTINALE: SEXE MASCULIN: AGE EN
            ANNEES: TOTAL, 1925

312   DECES: LA CAUSE: 28. CIRRHOSE DU FOIE: SEXE MASCULIN: AGE EN ANNEES: TOTAL, 1925

313   DECES: LA CAUSE: 29. NEPHRITE AIGUE OU CHRONIQUE: SEXE MASCULIN: AGE EN ANNEES:
            TOTAL, 1925

314   DECES: LA CAUSE: 30. TUMEURS NON CANCEREUSES ET AUTRES AFFECTIONS DES ORGANES
            GENITAUX DE LA FEMME: SEXE MASCULIN: AGE EN ANNEES: TOTAL, 1925

315   DECES: LA CAUSE: 31. SEPTICEMIE PUERPERALE (FIEVRE, PERITONITE PUERPERALES): SEXE
            MASCULIN: AGE EN ANNEES: TOTAL, 1925

316   DECES: LA CAUSE: 32. AUTRES ACCIDENTS PUERPERAUX DE LA GROSSESSE ET DE
            L'ACCOUCHEMENT: SEXE MASCULIN: AGE EN ANNEES: TOTAL, 1925

317   DECES: LA CAUSE: 33. DEBILITE CONGENITALE ET VICES DE CONFORMATION: SEXE MASCULIN:
            AGE EN ANNEES: TOTAL, 1925

318   DECES: LA CAUSE: 34. SENILITE: SEXE MASCULIN: AGE EN ANNEES: TOTAL, 1925

319   DECES: LA CAUSE: 35. MORTS VIOLENTES (SUICIDE EXCEPTE): SEXE MASCULIN: AGE EN
            ANNEES: TOTAL, 1925

320   DECES: LA CAUSE: 36. SUICIDE: SEXE MASCULIN: AGE EN ANNEES: TOTAL, 1925

321   DECES: LA CAUSE: 37. AUTRES MALADIES: SEXE MASCULIN: AGE EN ANNEES: TOTAL, 1925

322   DECES: LA CAUSE: 38. MALADIE NON SPECIFIEE OU MAL DEFINIE: SEXE MASCULIN: AGE EN
            ANNEES: TOTAL, 1925

DATA SET 316: MOUVEMENT DE LA POPULATION 1925 (DEPARTEMENT)

SOURCE: STATISTIQUE GENERALE DE LA FRANCE, STATISTIQUE DU
MOUVEMENT DE LA POPULATION, ANNEE 1925, NOUVELLE
SERIE, TOME V, DEUXIEME PARTIE (PARIS, 1925)

VARIABLES 7-326:   PAGES 1-183

NUMERO DE
LA VARIABLE   NOM DE LA VARIABLE

7   DECES SUIVANT LA CAUSE, LE SEXE ET L'AGE. POPULATION EN 1921 (MILLIERS). SEXE
         FEMININ. AGE EN ANNEES: 0 A 1.

8   DECES SUIVANT LA CAUSE, LE SEXE ET L'AGE. TOTAL DES DECES. SEXE FEMININ. AGE EN
         ANNEES: 0 A 1, 1925

9   DECES SUIVANT LA CAUSE, LE SEXE ET L'AGE. (1) FIEVRE TYPHOIDE (TYPHUSABDOMINAL) OU
         PARATYPHOIDE. SEXE FEMININ. AGE EN ANNEES: 0 A 1, 1925

10   DECES SUIVANT LA CAUSE, LE SEXE ET L'AGE. (2) TYPHUS EXANTHEMATIQUE. SEXE FEMININ.
         AGE EN ANNEES: 0 A 1, 1925

11   DECES SUIVANT LA CAUSE, LE SEXE ET L'AGE. (3) FIEVRE OU CACHEXIE PALUDEENNES. SEXE
         FEMININ. AGE EN ANNEES: 0 A 1, 1925

12   DECES SUIVANT LA CAUSE, LE SEXE ET L'AGE. (4) VARIOLE. SEXE FEMININ. AGE EN ANNEES:
         0 A 1, 1925

13   DECES SUIVANT LA CAUSE, LE SEXE ET L'AGE. (5) ROUGEOLE. SEXE FEMININ. AGE EN
         ANNEES: 0 A 1, 1925

14   DECES SUIVANT LA CAUSE, LE SEXE ET L'AGE. (6) SCARLATINE. SEXE FEMININ. AGE EN
         ANNEES: 0 A 1, 1925

15   DECES SUIVANT LA CAUSE, LE SEXE ET L'AGE. (7) COQUELUCHE. SEXE FEMININ. AGE EN
         ANNEES: 0 A 1, 1925

16   DECES SUIVANT LA CAUSE, LE SEXE ET L'AGE. (8) DIPHTERIE. SEXE FEMININ. AGE EN
         ANNEES: 0 A 1, 1925

17   DECES SUIVANT LA CAUSE, LE SEXE ET L'AGE. (9) GRIPPE. SEXE FEMININ. AGE EN ANNEES:
         0 A 1, 1925

18   DECES SUIVANT LA CAUSE, LE SEXE ET L'AGE. (10) CHOLERA ASIATIQUE. SEXE FEMININ.
         AGE EN ANNEES: 0 A 1, 1925

19   DECES SUIVANT LA CAUSE, LE SEXE ET L'AGE. (11) ENTERITE CHOLERIFORME. SEXE FEMININ.
         AGE EN ANNEES: 0 A 1, 1925

20   DECES SUIVANT LA CAUSE, LE SEXE ET L'AGE. (12) AUTRES MALADIES EPIDEMIQUES. SEXE
         FEMININ. AGE EN ANNEES: 0 A 1, 1925

21   DECES SUIVANT LA CAUSE, LE SEXE ET L'AGE. (13) TUBERCULOSE DE L'APPAREIL
         RESPIRATOIRE. SEXE FEMININ. AGE EN ANNEES: 0 A 1, 1925

22   DECES SUIVANT LA CAUSE, LE SEXE ET L'AGE. (14) TUBERCULOSE DES MENINGES ET DU SYSTEME
         NERVEUX CENTRAL. SEXE FEMININ. AGE EN ANNEES: 0 A 1, 1925

23   DECES SUIVANT LA CAUSE, LE SEXE ET L'AGE. (15) AUTRES TUBERCULOSES. SEXE FEMININ.
         AGE EN ANNEES: 0 A 1, 1925

24   DECES SUIVANT LA CAUSE, LE SEXE ET L'AGE. (16) CANCER ET AUTRES TUMEURS MALIGNES.
         SEXE FEMININ. AGE EN ANNEES: 0 A 1, 1925

25   DECES SUIVANT LA CAUSE, LE SEXE ET L'AGE. (17) MENINGITE SIMPLE. SEXE FEMININ. AGE
         EN ANNEES: 0 A 1, 1925

26   DECES SUIVANT LA CAUSE, LE SEXE ET L'AGE. (18) HEMORRAGIE, APOPLEXIE ET
         RAMOLLISSEMENT DU CERVEAU. SEXE FEMININ. AGE EN ANNEES: 0 A 1, 1925

27   DECES SUIVANT LA CAUSE, LE SEXE ET L'AGE. (19) MALADIES DU COEUR. SEXE FEMININ.
         AGE EN ANNEES: 0 A 1, 1925

DATA SET 316:   MOUVEMENT DE LA POPULATION 1925 (DEPARTEMENT)

NUMERO DE
LA VARIABLE   NOM DE LA VARIABLE

28   DECES SUIVANT LA CAUSE, LE SEXE ET L'AGE. (20) BRONCHITE AIGUE (Y COMPRIS LES
            BRONCHITES SANS EPITHETE, DE MOINS DE 5 ANS). SEXE FEMININ. AGE EN ANNEES: 0 A 1,
            1925

29   DECES SUIVANT LA CAUSE, LE SEXE ET L'AGE. (21) BRONCHITE CHRONIQUE (Y COMPRIS LES
            BRONCHITES SANS EPITHETE, DE 5 ANS ET PLUS). SEXE FEMININ. AGE EN ANNEES: 0 A 1,
            1925

30   DECES SUIVANT LA CAUSE, LE SEXE ET L'AGE. (22) PNEUMONIE. SEXE FEMININ. AGE EN
            ANNEES: 0 A 1, 1925

31   DECES SUIVANT LA CAUSE, LE SEXE ET L'AGE. (23) AUTRES AFFECTIONS DE L'APPAREIL
            RESPIRATOIRE (PHTISIE EXCEPTEE). SEXE FEMININ. AGE EN ANNEES: 0 A 1, 1925

32   DECES SUIVANT LA CAUSE, LE SEXE ET L'AGE. (24) AFFECTIONS DE L'ESTOMAC (CANCER
            EXCEPTE). SEXE FEMININ. AGE EN ANNEES: 0 A 1, 1925

33   DECES SUIVANT LA CAUSE, LE SEXE ET L'AGE. (25) DIARRHEE ET ENTERITE (AU-DESSOUS DE 2
            ANS). SEXE FEMININ. AGE EN ANNEES: 0 A 1, 1925

34   DECES SUIVANT LA CAUSE, LE SEXE ET L'AGE. (26) APPENDICITE ET TYPHLITE. SEXE
            FEMININ. AGE EN ANNEES: 0 A 1, 1925

35   DECES SUIVANT LA CAUSE, LE SEXE ET L'AGE. (27) HERNIE, OBSTRUCTION INTESTINALE.
            SEXE FEMININ. AGE EN ANNEES: 0 A 1, 1925

36   DECES SUIVANT LA CAUSE, LE SEXE ET L'AGE. (28) CIRRHOSE DU FOIE. SEXE FEMININ. AGE
            EN ANNEES: 0 A 1, 1925

37   DECES SUIVANT LA CAUSE, LE SEXE ET L'AGE. (29) NEPHRITE AIGUE OU CHRONIQUE. SEXE
            FEMININ. AGE EN ANNEES: 0 A 1, 1925

38   DECES SUIVANT LA CAUSE, LE SEXE ET L'AGE. (30) TUMEURS NON CANCEREUSES ET AUTRES
            AFFECTIONS DES ORGANES GENITAUX DE LA FEMME. SEXE FEMININ. AGE EN ANNEES: 0 A 1,
            1925

39   DECES SUIVANT LA CAUSE, LE SEXE ET L'AGE. (31) SEPTICEMIE PUERPERALE (FIEVRE,
            PERITONITE PUERPERALES). SEXE FEMININ. AGE EN ANNEES: 0 A 1, 1925

40   DECES SUIVANT LA CAUSE, LE SEXE ET L'AGE. (32) AUTRES ACCIDENTS PUERPERAUX DE LA
            GROSSESSE ET DE L'ACCOUCHEMENT. SEXE FEMININ. AGE EN ANNEES: 0 A 1, 1925

41   DECES SUIVANT LA CAUSE, LE SEXE ET L'AGE.   (33) DEBILITE CONGENITALE ET VICES DE
            CONFORMATION. SEXE FEMININ. AGE EN ANNEES: 0 A 1, 1925

42   DECES SUIVANT LA CAUSE, LE SEXE ET L'AGE. (34) SENILITE. SEXE FEMININ. AGE EN
            ANNEES: 0 A 1, 1925

43   DECES SUIVANT LA CAUSE, LE SEXE ET L'AGE. (35) MORTS VIOLENTES (SUICIDE EXCEPTE).
            SEXE FEMININ. AGE EN ANNEES: 0 A 1, 1925

44   DECES SUIVANT LA CAUSE, LE SEXE ET L'AGE. (36) SUICIDE. SEXE FEMININ. AGE EN
            ANNEES: 0 A 1, 1925

45   DECES SUIVANT LA CAUSE, LE SEXE ET L'AGE. (37) AUTRES MALADIES. SEXE FEMININ. AGE
            EN ANNEES: 0 A 1, 1925

46   DECES SUIVANT LA CAUSE, LE SEXE ET L'AGE. (38) MALADIE NON SPECIFIEE OU MAL DEFINIE.
            SEXE FEMININ. AGE EN ANNEES: 0 A 1, 1925

47   DECES SUIVANT LA CAUSE, LE SEXE ET L'AGE. POPULATION EN 1921 (MILLIERS). SEXE
            FEMININ: AGE EN ANNEES: 1-4.

48   DECES SUIVANT LA CAUSE, LE SEXE ET L'AGE. TOTAL DES DECES. SEXE FEMININ. AGE EN
            ANNEES: 1 A 4, 1925

49   DECES SUIVANT LA CAUSE, LE SEXE ET L'AGE. (1) FIEVRE TYPHOIDE (TYPHUSABDOMINAL) OU
            PARATYPHOIDE. SEXE FEMININ. AGE EN ANNEES: 1 A 4, 1925

50   DECES SUIVANT LA CAUSE, LE SEXE ET L'AGE. (2) TYPHUS EXANTHEMATIQUE. SEXE FEMININ.
            AGE EN ANNEES: 1 A 4, 1925

DATA SET 316: MOUVEMENT DE LA POPULATION 1925 (DEPARTEMENT)

NUMERO DE
LA VARIABLE   NOM DE LA VARIABLE

51   DECES SUIVANT LA CAUSE, LE SEXE ET L'AGE. (3) FIEVRE OU CACHEXIE PALUDEENNES. SEXE
            FEMININ. AGE EN ANNEES: 1 A 4, 1925

52   DECES SUIVANT LA CAUSE, LE SEXE ET L'AGE. (4) VARIOLE. SEXE FEMININ. AGE EN ANNEES:
            1 A 4, 1925

53   DECES SUIVANT LA CAUSE, LE SEXE ET L'AGE. (5) ROUGEOLE. SEXE FEMININ. AGE EN
            ANNEES: 1 A 4, 1925

54   DECES SUIVANT LA CAUSE, LE SEXE ET L'AGE. (6) SCARLATINE. SEXE FEMININ. AGE EN
            ANNEES: 1 A 4, 1925

55   DECES SUIVANT LA CAUSE, LE SEXE ET L'AGE. (7) COQUELUCHE. SEXE FEMININ. AGE EN
            ANNEES: 1 A 4, 1925

56   DECES SUIVANT LA CAUSE, LE SEXE ET L'AGE. (8) DIPHTERIE. SEXE FEMININ. AGE EN
            ANNEES: 1 A 4, 1925

57   DECES SUIVANT LA CAUSE, LE SEXE ET L'AGE. (9) GRIPPE. SEXE FEMININ. AGE EN ANNEES:
            1 A 4, 1925

58   DECES SUIVANT LA CAUSE, LE SEXE ET L'AGE. (10) CHOLERA ASIATIQUE. SEXE FEMININ.
            AGE EN ANNEES: 1 A 4, 1925

59   DECES SUIVANT LA CAUSE, LE SEXE ET L'AGE. (11) ENTERITE CHOLERIFORME. SEXE FEMININ.
            AGE EN ANNEES: 1 A 4, 1925

60   DECES SUIVANT LA CAUSE, LE SEXE ET L'AGE. (12) AUTRES MALADIES EPIDEMIQUES. SEXE
            FEMININ. AGE EN ANNEES: 1 A 4, 1925

61   DECES SUIVANT LA CAUSE, LE SEXE ET L'AGE. (13) TUBERCULOSE DE L'APPAREIL
            RESPIRATOIRE. SEXE FEMININ. AGE EN ANNEES: 1 A 4, 1925

62   DECES SUIVANT LA CAUSE, LE SEXE ET L'AGE. (14) TUBERCULOSE DES MENINGES ET DU SYSTEME
            NERVEUX CENTRAL. SEXE FEMININ. AGE EN ANNEES: 1 A 4, 1925

63   DECES SUIVANT LA CAUSE, LE SEXE ET L'AGE. (15) AUTRES TUBERCULOSES. SEXE FEMININ.
            AGE EN ANNEES: 1 A 4, 1925

64   DECES SUIVANT LA CAUSE, LE SEXE ET L'AGE. (16) CANCER ET AUTRES TUMEURS MALIGNES.
            SEXE FEMININ. AGE EN ANNEES: 1 A 4, 1925

65   DECES SUIVANT LA CAUSE, LE SEXE ET L'AGE. (17) MENINGITE SIMPLE. SEXE FEMININ. AGE
            EN ANNEES: 1 A 4, 1925

66   DECES SUIVANT LA CAUSE, LE SEXE ET L'AGE. (18) HEMORRAGIE, APOPLEXIE ET
            RAMOLLISSEMENT DU CERVEAU. SEXE FEMININ. AGE EN ANNEES: 1 A 4, 1925

67   DECES SUIVANT LA CAUSE, LE SEXE ET L'AGE. (19) MALADIES DU COEUR. SEXE FEMININ.
            AGE EN ANNEES: 1 A 4, 1925

68   DECES SUIVANT LA CAUSE, LE SEXE ET L'AGE. (20) BRONCHITE AIGUE (Y COMPRIS LES
            BRONCHITES SANS EPITHETE, DE MOINS DE 5 ANS). SEXE FEMININ. AGE EN ANNEES: 1 A 4,
            1925

69   DECES SUIVANT LA CAUSE, LE SEXE ET L'AGE. (21) BRONCHITE CHRONIQUE (Y COMPRIS LES
            BRONCHITES SANS EPITHETE, DE 5 ANS ET PLUS). SEXE FEMININ. AGE EN ANNEES: 1 A 4,
            1925

70   DECES SUIVANT LA CAUSE, LE SEXE ET L'AGE. (22) PNEUMONIE. SEXE FEMININ. AGE EN
            ANNEES: 1 A 4, 1925

71   DECES SUIVANT LA CAUSE, LE SEXE ET L'AGE. (23) AUTRES AFFECTIONS DE L'APPAREIL
            RESPIRATOIRE (PHTISIE EXCEPTEE). SEXE FEMININ. AGE EN ANNEES: 1 A 4, 1925

72   DECES SUIVANT LA CAUSE, LE SEXE ET L'AGE. (24) AFFECTIONS DE L'ESTOMAC (CANCER
            EXCEPTE). SEXE FEMININ. AGE EN ANNEES: 1 A 4, 1925

73   DECES SUIVANT LA CAUSE, LE SEXE ET L'AGE. (25) DIARRHEE ET ENTERITE (AU-DESSOUS DE 2
            ANS). SEXE FEMININ. AGE EN ANNEES: 1 A 4, 1925

DATA SET 316: MOUVEMENT DE LA POPULATION 1925 (DEPARTEMENT)

NUMERO DE LA VARIABLE	NOM DE LA VARIABLE
74	DECES SUIVANT LA CAUSE, LE SEXE ET L'AGE. (26) APPENDICITE ET TYPHLITE. SEXE FEMININ. AGE EN ANNEES: 1 A 4, 1925
75	DECES SUIVANT LA CAUSE, LE SEXE ET L'AGE. (27) HERNIE, OBSTRUCTION INTESTINALE. SEXE FEMININ. AGE EN ANNEES: 1 A 4, 1925
76	DECES SUIVANT LA CAUSE, LE SEXE ET L'AGE. (28) CIRRHOSE DU FOIE. SEXE FEMININ. AGE EN ANNEES: 1 A 4, 1925
77	DECES SUIVANT LA CAUSE, LE SEXE ET L'AGE. (29) NEPHRITE AIGUE OU CHRONIQUE. SEXE FEMININ. AGE EN ANNEES: 1 A 4, 1925
78	DECES SUIVANT LA CAUSE, LE SEXE ET L'AGE. (30) TUMEURS NON CANCEREUSES ET AUTRES AFFECTIONS DES ORGANES GENITAUX DE LA FEMME. SEXE FEMININ. AGE EN ANNEES: 1 A 4, 1925
79	DECES SUIVANT LA CAUSE, LE SEXE ET L'AGE. (31) SEPTICEMIE PUERPERALE (FIEVRE, PERITONITE PUERPERALES). SEXE FEMININ. AGE EN ANNEES: 1 A 4, 1925
80	DECES SUIVANT LA CAUSE, LE SEXE ET L'AGE. (32) AUTRES ACCIDENTS PUERPERAUX DE LA GROSSESSE ET DE L'ACCOUCHEMENT. SEXE FEMININ. AGE EN ANNEES: 1 A 4, 1925
81	DECES SUIVANT LA CAUSE, LE SEXE ET L'AGE. (33) DEBILITE CONGENITALE ET VICES DE CONFORMATION. SEXE FEMININ. AGE EN ANNEES: 1 A 4, 1925
82	DECES SUIVANT LA CAUSE, LE SEXE ET L'AGE. (34) SENILITE. SEXE FEMININ. AGE EN ANNEES: 1 A 4, 1925
83	DECES SUIVANT LA CAUSE, LE SEXE ET L'AGE. (35) MORTS VIOLENTES (SUICIDE EXCEPTE). SEXE FEMININ. AGE EN ANNEES: 1 A 4, 1925
84	DECES SUIVANT LA CAUSE, LE SEXE ET L'AGE. (36) SUICIDE. SEXE FEMININ. AGE EN ANNEES: 1 A 4, 1925
85	DECES SUIVANT LA CAUSE, LE SEXE ET L'AGE. (37) AUTRES MALADIES. SEXE FEMININ. AGE EN ANNEES: 1 A 4, 1925
86	DECES SUIVANT LA CAUSE, LE SEXE ET L'AGE. (38) MALADIE NON SPECIFIEE OU MAL DEFINIE. SEXE FEMININ. AGE EN ANNEES: 1 A 4, 1925
87	DECES SUIVANT LA CAUSE, LE SEXE ET L'AGE. POPULATION EN 1921 (MILLIERS). SEXE FEMININ. AGE EN ANNEES: 5 A 9.
88	DECES SUIVANT LA CAUSE, LE SEXE ET L'AGE. TOTAL DES DECES. SEXE FEMININ. AGE EN ANNEES: 5 A 9, 1925
89	DECES SUIVANT LA CAUSE, LE SEXE ET L'AGE. (1) FIEVRE TYPHOIDE (TYPHUSABDOMINAL) OU PARATYPHOIDE. SEXE FEMININ. AGE EN ANNEES: 5 A 9, 1925
90	DECES SUIVANT LA CAUSE, LE SEXE ET L'AGE. (2) TYPHUS EXANTHEMATIQUE. SEXE FEMININ. AGE EN ANNEES: 5 A 9, 1925
91	DECES SUIVANT LA CAUSE, LE SEXE ET L'AGE. (3) FIEVRE OU CACHEXIE PALUDEENNES. SEXE FEMININ. AGE EN ANNEES: 5 A 9, 1925
92	DECES SUIVANT LA CAUSE, LE SEXE ET L'AGE. (4) VARIOLE. SEXE FEMININ. AGE EN ANNEES: 5 A 9, 1925
93	DECES SUIVANT LA CAUSE, LE SEXE ET L'AGE. (5) ROUGEOLE. SEXE FEMININ. AGE EN ANNEES: 5 A 9, 1925
94	DECES SUIVANT LA CAUSE, LE SEXE ET L'AGE. (6) SCARLATINE. SEXE FEMININ. AGE EN ANNEES: 5 A 9, 1925
95	DECES SUIVANT LA CAUSE, LE SEXE ET L'AGE. (7) COQUELUCHE. SEXE FEMININ. AGE EN ANNEES: 5 A 9, 1925
96	DECES SUIVANT LA CAUSE, LE SEXE ET L'AGE. (8) DIPHTERIE. SEXE FEMININ. AGE EN ANNEES: 5 A 9, 1925
97	DECES SUIVANT LA CAUSE, LE SEXE ET L'AGE. (9) GRIPPE. SEXE FEMININ. AGE EN ANNEES: 5 A 9, 1925

DATA SET 316:   MOUVEMENT DE LA POPULATION 1925 (DEPARTEMENT)

NUMERO DE
LA VARIABLE   NOM DE LA VARIABLE

98   DECES SUIVANT LA CAUSE, LE SEXE ET L'AGE.   (10) CHOLERA ASIATIQUE. SEXE FEMININ.
          AGE EN ANNEES: 5 A 9, 1925

99   DECES SUIVANT LA CAUSE, LE SEXE ET L'AGE.   (11) ENTERITE CHOLERIFORME. SEXE FEMININ.
          AGE EN ANNEES: 5 A 9, 1925

100   DECES SUIVANT LA CAUSE, LE SEXE ET L'AGE.   (12) AUTRES MALADIES EPIDEMIQUES. SEXE
          FEMININ. AGE EN ANNEES: 5 A 9, 1925

101   DECES SUIVANT LA CAUSE, LE SEXE ET L'AGE.   (13) TUBERCULOSE DE L'APPAREIL
          RESPIRATOIRE. SEXE FEMININ. AGE EN ANNEES: 5 A 9, 1925

102   DECES SUIVANT LA CAUSE, LE SEXE ET L'AGE. (14) TUBERCULOSE DES MENINGES ET DU SYSTEME
          NERVEUX CENTRAL. SEXE FEMININ. AGE EN ANNEES: 5 A 9, 1925

103   DECES SUIVANT LA CAUSE, LE SEXE ET L'AGE.   (15) AUTRES TUBERCULOSES. SEXE FEMININ.
          AGE EN ANNEES: 5 A 9, 1925

104   DECES SUIVANT LA CAUSE, LE SEXE ET L'AGE. (16) CANCER ET AUTRES TUMEURS MALIGNES.
          SEXE FEMININ. AGE EN ANNEES: 5 A 9, 1925

105   DECES SUIVANT LA CAUSE, LE SEXE ET L'AGE.   (17) MENINGITE SIMPLE. SEXE FEMININ. AGE
          EN ANNEES: 5 A 9, 1925

106   DECES SUIVANT LA CAUSE, LE SEXE ET L'AGE. (18) HEMORRAGIE, APOPLEXIE ET
          RAMOLLISSEMENT DU CERVEAU. SEXE FEMININ. AGE EN ANNEES: 5 A 9, 1925

107   DECES SUIVANT LA CAUSE, LE SEXE ET L'AGE.   (19) MALADIES DU COEUR. SEXE FEMININ.
          AGE EN ANNEES: 5 A 9, 1925

108   DECES SUIVANT LA CAUSE, LE SEXE ET L'AGE.   (20) BRONCHITE AIGUE (Y COMPRIS LES
          BRONCHITES SANS EPITHETE, DE MOINS DE 5 ANS). SEXE FEMININ. AGE EN ANNEES: 5 A 9,
          1925

109   DECES SUIVANT LA CAUSE, LE SEXE ET L'AGE.   (21) BRONCHITE CHRONIQUE (Y COMPRIS LES
          BRONCHITES SANS EPITHETE, DE 5 ANS ET PLUS). SEXE FEMININ. AGE EN ANNEES: 5 A 9,
          1925

110   DECES SUIVANT LA CAUSE, LE SEXE ET L'AGE.   (22) PNEUMONIE. SEXE FEMININ. AGE EN
          ANNEES: 5 A 9, 1925

111   DECES SUIVANT LA CAUSE, LE SEXE ET L'AGE. (23) AUTRES AFFECTIONS DE L'APPAREIL
          RESPIRATOIRE (PHTISIE EXCEPTEE). SEXE FEMININ. AGE EN ANNEES: 5 A 9, 1925

112   DECES SUIVANT LA CAUSE, LE SEXE ET L'AGE. (24) AFFECTIONS DE L'ESTOMAC (CANCER
          EXCEPTE). SEXE FEMININ. AGE EN ANNEES: 5 A 9, 1925

113   DECES SUIVANT LA CAUSE, LE SEXE ET L'AGE. (25) DIARRHEE ET ENTERITE (AU-DESSOUS DE 2
          ANS). SEXE FEMININ. AGE EN ANNEES: 5 A 9, 1925

114   DECES SUIVANT LA CAUSE, LE SEXE ET L'AGE.   (26) APPENDICITE ET TYPHLITE. SEXE
          FEMININ. AGE EN ANNEES: 5 A 9, 1925

115   DECES SUIVANT LA CAUSE, LE SEXE ET L'AGE.   (27) HERNIE, OBSTRUCTION INTESTINALE.
          SEXE FEMININ. AGE EN ANNEES: 5 A 9, 1925

116   DECES SUIVANT LA CAUSE, LE SEXE ET L'AGE.   (28) CIRRHOSE DU FOIE. SEXE FEMININ. AGE
          EN ANNEES: 5 A 9, 1925

117   DECES SUIVANT LA CAUSE, LE SEXE ET L'AGE.   (29) NEPHRITE AIGUE OU CHRONIQUE. SEXE
          FEMININ. AGE EN ANNEES: 5 A 9, 1925

118   DECES SUIVANT LA CAUSE, LE SEXE ET L'AGE.   (30) TUMEURS NON CANCEREUSES ET AUTRES
          AFFECTIONS DES ORGANES GENITAUX DE LA FEMME. SEXE FEMININ. AGE EN ANNEES: 5 A 9,
          1925

119   DECES SUIVANT LA CAUSE, LE SEXE ET L'AGE. (31) SEPTICEMIE PUERPERALE (FIEVRE,
          PERITONITE PUERPERALES). SEXE FEMININ. AGE EN ANNEES: 5 A 9, 1925

120   DECES SUIVANT LA CAUSE, LE SEXE ET L'AGE.   (32) AUTRES ACCIDENTS PUERPERAUX DE LA
          GROSSESSE ET DE L'ACCOUCHEMENT. SEXE FEMININ. AGE EN ANNEES: 5 A 9, 1925

DATA SET 316: MOUVEMENT DE LA POPULATION 1925 (DEPARTEMENT)

NUMERO DE
LA VARIABLE   NOM DE LA VARIABLE

121   DECES SUIVANT LA CAUSE, LE SEXE ET L'AGE. (33) DEBILITE CONGENITALE ET VICES DE
           CONFORMATION. SEXE FEMININ. AGE EN ANNEES: 5 A 9, 1925

122   DECES SUIVANT LA CAUSE, LE SEXE ET L'AGE. (34) SENILITE. SEXE FEMININ. AGE EN
           ANNEES: 5 A 9, 1925

123   DECES SUIVANT LA CAUSE, LE SEXE ET L'AGE. (35) MORTS VIOLENTES (SUICIDE EXCEPTE).
           SEXE FEMININ. AGE EN ANNEES: 5 A 9, 1925

124   DECES SUIVANT LA CAUSE, LE SEXE ET L'AGE. (36) SUICIDE. SEXE FEMININ. AGE EN
           ANNEES: 5 A 9, 1925

125   DECES SUIVANT LA CAUSE, LE SEXE ET L'AGE. (37) AUTRES MALADIES. SEXE FEMININ. AGE
           EN ANNEES: 5 A 9, 1925

126   DECES SUIVANT LA CAUSE, LE SEXE ET L'AGE. (38) MALADIE NON SPECIFIEE OU MAL DEFINIE.
           SEXE FEMININ. AGE EN ANNEES: 5 A 9, 1925

127   DECES SUIVANT LA CAUSE, LE SEXE ET L'AGE. POPULATION EN 1921 (MILLIERS). SEXE
           FEMININ. AGE EN ANNEES: 10 A 14.

128   DECES SUIVANT LA CAUSE, LE SEXE ET L'AGE. TOTAL DES DECES. SEXE FEMININ. AGE EN
           ANNEES: 10 A 14, 1925

129   DECES SUIVANT LA CAUSE, LE SEXE ET L'AGE. (1) FIEVRE TYPHOIDE (TYPHUSABDOMINAL) OU
           PARATYPHOIDE. SEXE FEMININ. AGE EN ANNEES: 10 A 14, 1925

130   DECES SUIVANT LA CAUSE, LE SEXE ET L'AGE. (2) TYPHUS EXANTHEMATIQUE. SEXE FEMININ.
           AGE EN ANNEES: 10 A 14, 1925

131   DECES SUIVANT LA CAUSE, LE SEXE ET L'AGE. (3) FIEVRE OU CACHEXIE PALUDEENNES. SEXE
           FEMININ. AGE EN ANNEES: 10 A 14, 1925

132   DECES SUIVANT LA CAUSE, LE SEXE ET L'AGE. (4) VARIOLE. SEXE FEMININ. AGE EN ANNEES:
           10 A 14, 1925

133   DECES SUIVANT LA CAUSE, LE SEXE ET L'AGE. (5) ROUGEOLE. SEXE FEMININ. AGE EN
           ANNEES: 10 A 14, 1925

134   DECES SUIVANT LA CAUSE, LE SEXE ET L'AGE. (6) SCARLATINE. SEXE FEMININ. AGE EN
           ANNEES: 10 A 14, 1925

135   DECES SUIVANT LA CAUSE, LE SEXE ET L'AGE. (7) COQUELUCHE. SEXE FEMININ. AGE EN
           ANNEES: 10 A 14, 1925

136   DECES SUIVANT LA CAUSE, LE SEXE ET L'AGE. (8) DIPHTERIE. SEXE FEMININ. AGE EN
           ANNEES: 10 A 14, 1925

137   DECES SUIVANT LA CAUSE, LE SEXE ET L'AGE. (9) GRIPPE. SEXE FEMININ. AGE EN ANNEES:
           10 A 14, 1925

138   DECES SUIVANT LA CAUSE, LE SEXE ET L'AGE. (10) CHOLERA ASIATIQUE. SEXE FEMININ.
           AGE EN ANNEES: 10 A 14, 1925

139   DECES SUIVANT LA CAUSE, LE SEXE ET L'AGE. (11) ENTERITE CHOLERIFORME. SEXE FEMININ.
           AGE EN ANNEES: 10 A 14, 1925

140   DECES SUIVANT LA CAUSE, LE SEXE ET L'AGE. (12) AUTRES MALADIES EPIDEMIQUES. SEXE
           FEMININ. AGE EN ANNEES: 10 A 14, 1925

141   DECES SUIVANT LA CAUSE, LE SEXE ET L'AGE. (13) TUBERCULOSE DE L'APPAREIL
           RESPIRATOIRE. SEXE FEMININ. AGE EN ANNEES: 10 A 14, 1925

142   DECES SUIVANT LA CAUSE, LE SEXE ET L'AGE. (14) TUBERCULOSE DES MENINGES ET DU SYSTEME
           NERVEUX CENTRAL. SEXE FEMININ. AGE EN ANNEES: 10 A 14, 1925

143   DECES SUIVANT LA CAUSE, LE SEXE ET L'AGE. (15) AUTRES TUBERCULOSES. SEXE FEMININ.
           AGE EN ANNEES: 10 A 14, 1925

144   DECES SUIVANT LA CAUSE, LE SEXE ET L'AGE. (16) CANCER ET AUTRES TUMEURS MALIGNES.
           SEXE FEMININ. AGE EN ANNEES: 10 A 14, 1925

DATA SET 316:   MOUVEMENT DE LA POPULATION 1925 (DEPARTEMENT)

NUMERO DE
LA VARIABLE   NOM DE LA VARIABLE

145   DECES SUIVANT LA CAUSE, LE SEXE ET L'AGE.   (17) MENINGITE SIMPLE.   SEXE FEMININ.   AGE
             EN ANNEES: 10 A 14, 1925

146   DECES SUIVANT LA CAUSE, LE SEXE ET L'AGE. (18) HEMORRAGIE, APOPLEXIE ET
             RAMOLLISSEMENT DU CERVEAU. SEXE FEMININ. AGE EN ANNEES: 10 A 14, 1925

147   DECES SUIVANT LA CAUSE, LE SEXE ET L'AGE.   (19) MALADIES DU COEUR. SEXE FEMININ.
             AGE EN ANNEES: 10 A 14, 1925

148   DECES SUIVANT LA CAUSE, LE SEXE ET L'AGE.   (20) BRONCHITE AIGUE (Y COMPRIS LES
             BRONCHITES SANS EPITHETE, DE MOINS DE 5 ANS). SEXE FEMININ. AGE EN ANNEES: 10 A
             14, 1925

149   DECES SUIVANT LA CAUSE, LE SEXE ET L'AGE.   (21) BRONCHITE CHRONIQUE (Y COMPRIS LES
             BRONCHITES SANS EPITHETE, DE 5 ANS ET PLUS). SEXE FEMININ. AGE EN ANNEES: 10 A 14,
             1925

150   DECES SUIVANT LA CAUSE, LE SEXE ET L'AGE.   (22) PNEUMONIE. SEXE FEMININ. AGE EN
             ANNEES: 10 A 14, 1925

151   DECES SUIVANT LA CAUSE, LE SEXE ET L'AGE. (23) AUTRES AFFECTIONS DE L'APPAREIL
             RESPIRATOIRE (PHTISIE EXCEPTEE). SEXE FEMININ. AGE EN ANNEES: 10 A 14, 1925

152   DECES SUIVANT LA CAUSE, LE SEXE ET L'AGE. (24) AFFECTIONS DE L'ESTOMAC (CANCER
             EXCEPTE). SEXE FEMININ. AGE EN ANNEES: 10 A 14, 1925

153   DECES SUIVANT LA CAUSE, LE SEXE ET L'AGE. (25) DIARRHEE ET ENTERITE (AU-DESSOUS DE 2
             ANS). SEXE FEMININ. AGE EN ANNEES: 10 A 14, 1925

154   DECES SUIVANT LA CAUSE, LE SEXE ET L'AGE.   (26) APPENDICITE ET TYPHLITE. SEXE
             FEMININ. AGE EN ANNEES: 10 A 14, 1925

155   DECES SUIVANT LA CAUSE, LE SEXE ET L'AGE.   (27) HERNIE, OBSTRUCTION INTESTINALE.
             SEXE FEMININ. AGE EN ANNEES: 10 A 14, 1925

156   DECES SUIVANT LA CAUSE, LE SEXE ET L'AGE.   (28) CIRRHOSE DU FOIE. SEXE FEMININ. AGE
             EN ANNEES: 10 A 14, 1925

157   DECES SUIVANT LA CAUSE, LE SEXE ET L'AGE.   (29) NEPHRITE AIGUE OU CHRONIQUE. SEXE
             FEMININ. AGE EN ANNEES: 10 A 14, 1925

158   DECES SUIVANT LA CAUSE, LE SEXE ET L'AGE.   (30) TUMEURS NON CANCEREUSES ET AUTRES
             AFFECTIONS DES ORGANES GENITAUX DE LA FEMME. SEXE FEMININ. AGE EN ANNEES: 10 A 14,
             1925

159   DECES SUIVANT LA CAUSE, LE SEXE ET L'AGE. (31) SEPTICEMIE PUERPERALE (FIEVRE,
             PERITONITE PUERPERALES). SEXE FEMININ. AGE EN ANNEES: 10 A 14, 1925

160   DECES SUIVANT LA CAUSE, LE SEXE ET L'AGE. (32) AUTRES ACCIDENTS PUERPERAUX DE LA
             GROSSESSE ET DE L'ACCOUCHEMENT. SEXE FEMININ. AGE EN ANNEES: 10 A 14, 1925

161   DECES SUIVANT LA CAUSE, LE SEXE ET L'AGE.   (33) DEBILITE CONGENITALE ET VICES DE
             CONFORMATION. SEXE FEMININ. AGE EN ANNEES: 10 A 14, 1925

162   DECES SUIVANT LA CAUSE, LE SEXE ET L'AGE.   (34) SENILITE. SEXE FEMININ. AGE EN
             ANNEES: 10 A 14, 1925

163   DECES SUIVANT LA CAUSE, LE SEXE ET L'AGE.   (35) MORTS VIOLENTES (SUICIDE EXCEPTE).
             SEXE FEMININ. AGE EN ANNEES: 10 A 14, 1925

164   DECES SUIVANT LA CAUSE, LE SEXE ET L'AGE.   (36) SUICIDE. SEXE FEMININ. AGE EN
             ANNEES: 10 A 14, 1925

165   DECES SUIVANT LA CAUSE, LE SEXE ET L'AGE.   (37) AUTRES MALADIES. SEXE FEMININ. AGE
             EN ANNEES: 10 A 14, 1925

166   DECES SUIVANT LA CAUSE, LE SEXE ET L'AGE.   (38) MALADIE NON SPECIFIEE OU MAL DEFINIE.
             SEXE FEMININ. AGE EN ANNEES: 10 A 14, 1925

167   DECES SUIVANT LA CAUSE, LE SEXE ET L'AGE. POPULATION EN 1921 (MILLIERS). SEXE
             FEMININ. AGE EN ANNEES: 15 A 19.

DATA SET 316: MOUVEMENT DE LA POPULATION 1925 (DEPARTEMENT)

NUMERO DE
LA VARIABLE   NOM DE LA VARIABLE

168   DECES SUIVANT LA CAUSE, LE SEXE ET L'AGE. TOTAL DES DECES. SEXE FEMININ. AGE EN
        ANNEES: 15 A 19, 1925

169   DECES SUIVANT LA CAUSE, LE SEXE ET L'AGE. (1) FIEVRE TYPHOIDE (TYPHUSABDOMINAL) OU
        PARATYPHOIDE. SEXE FEMININ. AGE EN ANNEES: 15 A 19, 1925

170   DECES SUIVANT LA CAUSE, LE SEXE ET L'AGE. (2) TYPHUS EXANTHEMATIQUE. SEXE FEMININ.
        AGE EN ANNEES: 15 A 19, 1925

171   DECES SUIVANT LA CAUSE, LE SEXE ET L'AGE. (3) FIEVRE OU CACHEXIE PALUDEENNES. SEXE
        FEMININ. AGE EN ANNEES: 15 A 19, 1925

172   DECES SUIVANT LA CAUSE, LE SEXE ET L'AGE. (4) VARIOLE. SEXE FEMININ. AGE EN ANNEES:
        15 A 19, 1925

173   DECES SUIVANT LA CAUSE, LE SEXE ET L'AGE. (5) ROUGEOLE. SEXE FEMININ. AGE EN
        ANNEES: 15 A 19, 1925

174   DECES SUIVANT LA CAUSE, LE SEXE ET L'AGE. (6) SCARLATINE. SEXE FEMININ. AGE EN
        ANNEES: 15 A 19, 1925

175   DECES SUIVANT LA CAUSE, LE SEXE ET L'AGE. (7) COQUELUCHE. SEXE FEMININ. AGE EN
        ANNEES: 15 A 19, 1925

176   DECES SUIVANT LA CAUSE, LE SEXE ET L'AGE. (8) DIPHTERIE. SEXE FEMININ. AGE EN
        ANNEES: 15 A 19, 1925

177   DECES SUIVANT LA CAUSE, LE SEXE ET L'AGE. (9) GRIPPE. SEXE FEMININ. AGE EN ANNEES:
        15 A 19, 1925

178   DECES SUIVANT LA CAUSE, LE SEXE ET L'AGE. (10) CHOLERA ASIATIQUE. SEXE FEMININ.
        AGE EN ANNEES: 15 A 19, 1925

179   DECES SUIVANT LA CAUSE, LE SEXE ET L'AGE. (11) ENTERITE CHOLERIFORME. SEXE FEMININ.
        AGE EN ANNEES: 15 A 19, 1925

180   DECES SUIVANT LA CAUSE, LE SEXE ET L'AGE. (12) AUTRES MALADIES EPIDEMIQUES. SEXE
        FEMININ. AGE EN ANNEES: 15 A 19, 1925

181   DECES SUIVANT LA CAUSE, LE SEXE ET L'AGE. (13) TUBERCULOSE DE L'APPAREIL
        RESPIRATOIRE. SEXE FEMININ. AGE EN ANNEES: 15 A 19, 1925

182   DECES SUIVANT LA CAUSE, LE SEXE ET L'AGE. (14) TUBERCULOSE DES MENINGES ET DU SYSTEME
        NERVEUX CENTRAL. SEXE FEMININ. AGE EN ANNEES: 15 A 19, 1925

183   DECES SUIVANT LA CAUSE, LE SEXE ET L'AGE. (15) AUTRES TUBERCULOSES. SEXE FEMININ.
        AGE EN ANNEES: 15 A 19, 1925

184   DECES SUIVANT LA CAUSE, LE SEXE ET L'AGE. (16) CANCER ET AUTRES TUMEURS MALIGNES.
        SEXE FEMININ. AGE EN ANNEES: 15 A 19, 1925

185   DECES SUIVANT LA CAUSE, LE SEXE ET L'AGE. (17) MENINGITE SIMPLE. SEXE FEMININ. AGE
        EN ANNEES: 15 A 19, 1925

186   DECES SUIVANT LA CAUSE, LE SEXE ET L'AGE. (18) HEMORRAGIE, APOPLEXIE ET
        RAMOLLISSEMENT DU CERVEAU. SEXE FEMININ. AGE EN ANNEES: 15 A 19, 1925

187   DECES SUIVANT LA CAUSE, LE SEXE ET L'AGE. (19) MALADIES DU COEUR. SEXE FEMININ.
        AGE EN ANNEES: 15 A 19, 1925

188   DECES SUIVANT LA CAUSE, LE SEXE ET L'AGE. (20) BRONCHITE AIGUE (Y COMPRIS LES
        BRONCHITES SANS EPITHETE, DE MOINS DE 5 ANS). SEXE FEMININ. AGE EN ANNEES: 15 A
        19, 1925

189   DECES SUIVANT LA CAUSE, LE SEXE ET L'AGE. (21) BRONCHITE CHRONIQUE (Y COMPRIS LES
        BRONCHITES SANS EPITHETE, DE 5 ANS ET PLUS). SEXE FEMININ. AGE EN ANNEES: 15 A 19,
        1925

190   DECES SUIVANT LA CAUSE, LE SEXE ET L'AGE. (22) PNEUMONIE. SEXE FEMININ. AGE EN
        ANNEES: 15 A 19, 1925

DATA SET 316: MOUVEMENT DE LA POPULATION 1925 (DEPARTEMENT)

NUMERO DE
LA VARIABLE   NOM DE LA VARIABLE

191   DECES SUIVANT LA CAUSE, LE SEXE ET L'AGE. (23) AUTRES AFFECTIONS DE L'APPAREIL
            RESPIRATOIRE (PHTISIE EXCEPTEE). SEXE FEMININ. AGE EN ANNEES: 15 A 19, 1925

192   DECES SUIVANT LA CAUSE, LE SEXE ET L'AGE. (24) AFFECTIONS DE L'ESTOMAC (CANCER
            EXCEPTE). SEXE FEMININ. AGE EN ANNEES: 15 A 19, 1925

193   DECES SUIVANT LA CAUSE, LE SEXE ET L'AGE. (25) DIARRHEE ET ENTERITE (AU-DESSOUS DE 2
            ANS). SEXE FEMININ. AGE EN ANNEES: 15 A 19, 1925

194   DECES SUIVANT LA CAUSE, LE SEXE ET L'AGE. (26) APPENDICITE ET TYPHLITE. SEXE
            FEMININ. AGE EN ANNEES: 15 A 19, 1925

195   DECES SUIVANT LA CAUSE, LE SEXE ET L'AGE. (27) HERNIE, OBSTRUCTION INTESTINALE.
            SEXE FEMININ. AGE EN ANNEES: 15 A 19, 1925

196   DECES SUIVANT LA CAUSE, LE SEXE ET L'AGE. (28) CIRRHOSE DU FOIE. SEXE FEMININ. AGE
            EN ANNEES: 15 A 19, 1925

197   DECES SUIVANT LA CAUSE, LE SEXE ET L'AGE. (29) NEPHRITE AIGUE OU CHRONIQUE. SEXE
            FEMININ. AGE EN ANNEES: 15 A 19, 1925

198   DECES SUIVANT LA CAUSE, LE SEXE ET L'AGE. (30) TUMEURS NON CANCEREUSES ET AUTRES
            AFFECTIONS DES ORGANES GENITAUX DE LA FEMME. SEXE FEMININ. AGE EN ANNEES: 15 A 19,
            1925

199   DECES SUIVANT LA CAUSE, LE SEXE ET L'AGE. (31) SEPTICEMIE PUERPERALE (FIEVRE,
            PERITONITE PUERPERALES). SEXE FEMININ. AGE EN ANNEES: 15 A 19, 1925

200   DECES SUIVANT LA CAUSE, LE SEXE ET L'AGE. (32) AUTRES ACCIDENTS PUERPERAUX DE LA
            GROSSESSE ET DE L'ACCOUCHEMENT. SEXE FEMININ. AGE EN ANNEES: 15 A 19, 1925

201   DECES SUIVANT LA CAUSE, LE SEXE ET L'AGE. (33) DEBILITE CONGENITALE ET VICES DE
            CONFORMATION. SEXE FEMININ. AGE EN ANNEES: 15 A 19, 1925

202   DECES SUIVANT LA CAUSE, LE SEXE ET L'AGE. (34) SENILITE. SEXE FEMININ. AGE EN
            ANNEES: 15 A 19, 1925

203   DECES SUIVANT LA CAUSE, LE SEXE ET L'AGE. (35) MORTS VIOLENTES (SUICIDE EXCEPTE).
            SEXE FEMININ. AGE EN ANNEES: 15 A 19, 1925

204   DECES SUIVANT LA CAUSE, LE SEXE ET L'AGE. (36) SUICIDE. SEXE FEMININ. AGE EN
            ANNEES: 15 A 19, 1925

205   DECES SUIVANT LA CAUSE, LE SEXE ET L'AGE. (37) AUTRES MALADIES. SEXE FEMININ. AGE
            EN ANNEES: 15 A 19, 1925

206   DECES SUIVANT LA CAUSE, LE SEXE ET L'AGE. (38) MALADIE NON SPECIFIEE OU MAL DEFINIE.
            SEXE FEMININ. AGE EN ANNEES: 15 A 19, 1925

207   DECES SUIVANT LA CAUSE, LE SEXE ET L'AGE. POPULATION EN 1921 (MILLIERS). SEXE
            FEMININ. AGE EN ANNEES: 20 A 24.

208   DECES SUIVANT LA CAUSE, LE SEXE ET L'AGE. TOTAL DES DECES. SEXE FEMININ. AGE EN
            ANNEES: 20 A 24, 1925

209   DECES SUIVANT LA CAUSE, LE SEXE ET L'AGE. (1) FIEVRE TYPHOIDE (TYPHUSABDOMINAL) OU
            PARATYPHOIDE. SEXE FEMININ. AGE EN ANNEES: 20 A 24, 1925

210   DECES SUIVANT LA CAUSE, LE SEXE ET L'AGE. (2) TYPHUS EXANTHEMATIQUE. SEXE FEMININ.
            AGE EN ANNEES: 20 A 24, 1925

211   DECES SUIVANT LA CAUSE, LE SEXE ET L'AGE. (3) FIEVRE OU CACHEXIE PALUDEENNES. SEXE
            FEMININ. AGE EN ANNEES: 20 A 24, 1925

212   DECES SUIVANT LA CAUSE, LE SEXE ET L'AGE. (4) VARIOLE. SEXE FEMININ. AGE EN ANNEES:
            20 A 24, 1925

213   DECES SUIVANT LA CAUSE, LE SEXE ET L'AGE. (5) ROUGEOLE. SEXE FEMININ. AGE EN
            ANNEES: 20 A 24, 1925

DATA SET 316: MOUVEMENT DE LA POPULATION 1925 (DEPARTEMENT)

214   DECES SUIVANT LA CAUSE, LE SEXE ET L'AGE.   (6) SCARLATINE. SEXE FEMININ.   AGE EN
           ANNEES: 20 A 24, 1925

215   DECES SUIVANT LA CAUSE, LE SEXE ET L'AGE.   (7) COQUELUCHE. SEXE FEMININ.   AGE EN
           ANNEES: 20 A 24, 1925

216   DECES SUIVANT LA CAUSE, LE SEXE ET L'AGE.   (8) DIPHTERIE. SEXE FEMININ.   AGE EN
           ANNEES: 20 A 24, 1925

217   DECES SUIVANT LA CAUSE, LE SEXE ET L'AGE.   (9) GRIPPE. SEXE FEMININ.   AGE EN ANNEES:
           20 A 24, 1925

218   DECES SUIVANT LA CAUSE, LE SEXE ET L'AGE.   (10) CHOLERA ASIATIQUE.   SEXE FEMININ.
           AGE EN ANNEES: 20 A 24, 1925

219   DECES SUIVANT LA CAUSE, LE SEXE ET L'AGE.   (11) ENTERITE CHOLERIFORME. SEXE FEMININ.
           AGE EN ANNEES: 20 A 24, 1925

220   DECES SUIVANT LA CAUSE, LE SEXE ET L'AGE.   (12) AUTRES MALADIES EPIDEMIQUES.   SEXE
           FEMININ. AGE EN ANNEES: 20 A 24, 1925

221   DECES SUIVANT LA CAUSE, LE SEXE ET L'AGE. (13) TUBERCULOSE DE L'APPAREIL
           RESPIRATOIRE. SEXE FEMININ. AGE EN ANNEES: 20 A 24, 1925

222   DECES SUIVANT LA CAUSE, LE SEXE ET L'AGE. (14) TUBERCULOSE DES MENINGES ET DU SYSTEME
           NERVEUX CENTRAL. SEXE FEMININ. AGE EN ANNEES: 20 A 24, 1925

223   DECES SUIVANT LA CAUSE, LE SEXE ET L'AGE. (15) AUTRES TUBERCULOSES. SEXE FEMININ.
           AGE EN ANNEES: 20 A 24, 1925

224   DECES SUIVANT LA CAUSE, LE SEXE ET L'AGE. (16) CANCER ET AUTRES TUMEURS MALIGNES.
           SEXE FEMININ. AGE EN ANNEES: 20 A 24, 1925

225   DECES SUIVANT LA CAUSE, LE SEXE ET L'AGE.   (17) MENINGITE SIMPLE. SEXE FEMININ. AGE
           EN ANNEES: 20 A 24, 1925

226   DECES SUIVANT LA CAUSE, LE SEXE ET L'AGE. (18) HEMORRAGIE, APOPLEXIE ET
           RAMOLLISSEMENT DU CERVEAU. SEXE FEMININ. AGE EN ANNEES: 20 A 24, 1925

227   DECES SUIVANT LA CAUSE, LE SEXE ET L'AGE.   (19) MALADIES DU COEUR. SEXE FEMININ.
           AGE EN ANNEES: 20 A 24, 1925

228   DECES SUIVANT LA CAUSE, LE SEXE ET L'AGE.   (20) BRONCHITE AIGUE (Y COMPRIS LES
           BRONCHITES SANS EPITHETE, DE MOINS DE 5 ANS). SEXE FEMININ. AGE EN ANNEES: 20 A
           24, 1925

229   DECES SUIVANT LA CAUSE, LE SEXE ET L'AGE.   (21) BRONCHITE CHRONIQUE (Y COMPRIS LES
           BRONCHITES SANS EPITHETE, DE 5 ANS ET PLUS). SEXE FEMININ. AGE EN ANNEES: 20 A 24,
           1925

230   DECES SUIVANT LA CAUSE, LE SEXE ET L'AGE.   (22) PNEUMONIE. SEXE FEMININ.   AGE EN
           ANNEES: 20 A 24, 1925

231   DECES SUIVANT LA CAUSE, LE SEXE ET L'AGE.   (23) AUTRES AFFECTIONS DE L'APPAREIL
           RESPIRATOIRE (PHTISIE EXCEPTEE). SEXE FEMININ. AGE EN ANNEES: 20 A 24, 1925

232   DECES SUIVANT LA CAUSE, LE SEXE ET L'AGE.   (24) AFFECTIONS DE L'ESTOMAC (CANCER
           EXCEPTE). SEXE FEMININ. AGE EN ANNEES: 20 A 24, 1925

233   DECES SUIVANT LA CAUSE, LE SEXE ET L'AGE. (25) DIARRHEE ET ENTERITE (AU-DESSOUS DE 2
           ANS). SEXE FEMININ. AGE EN ANNEES: 20 A 24, 1925

234   DECES SUIVANT LA CAUSE, LE SEXE ET L'AGE. (26) APPENDICITE ET TYPHLITE. SEXE
           FEMININ. AGE EN ANNEES: 20 A 24, 1925

235   DECES SUIVANT LA CAUSE, LE SEXE ET L'AGE.   (27) HERNIE, OBSTRUCTION INTESTINALE.
           SEXE FEMININ. AGE EN ANNEES: 20 A 24, 1925

236   DECES SUIVANT LA CAUSE, LE SEXE ET L'AGE. (28) CIRRHOSE DU FOIE. SEXE FEMININ. AGE
           EN ANNEES: 20 A 24, 1925

DATA SET 316: MOUVEMENT DE LA POPULATION 1925 (DEPARTEMENT)

NUMERO DE
LA VARIABLE   NOM DE LA VARIABLE

237   DECES SUIVANT LA CAUSE, LE SEXE ET L'AGE. (29) NEPHRITE AIGUE OU CHRONIQUE. SEXE
           FEMININ. AGE EN ANNEES: 20 A 24, 1925

238   DECES SUIVANT LA CAUSE, LE SEXE ET L'AGE. (30) TUMEURS NON CANCEREUSES ET AUTRES
           AFFECTIONS DES ORGANES GENITAUX DE LA FEMME. SEXE FEMININ. AGE EN ANNEES: 20 A 24,
           1925

239   DECES SUIVANT LA CAUSE, LE SEXE ET L'AGE. (31) SEPTICEMIE PUERPERALE (FIEVRE,
           PERITONITE PUERPERALES). SEXE FEMININ. AGE EN ANNEES: 20 A 24, 1925

240   DECES SUIVANT LA CAUSE, LE SEXE ET L'AGE. (32) AUTRES ACCIDENTS PUERPERAUX DE LA
           GROSSESSE ET DE L'ACCOUCHEMENT. SEXE FEMININ. AGE EN ANNEES: 20 A 24, 1925

241   DECES SUIVANT LA CAUSE, LE SEXE ET L'AGE. (33) DEBILITE CONGENITALE ET VICES DE
           CONFORMATION. SEXE FEMININ. AGE EN ANNEES: 20 A 24, 1925

242   DECES SUIVANT LA CAUSE, LE SEXE ET L'AGE. (34) SENILITE. SEXE FEMININ. AGE EN
           ANNEES: 20 A 24, 1925

243   DECES SUIVANT LA CAUSE, LE SEXE ET L'AGE. (35) MORTS VIOLENTES (SUICIDE EXCEPTE).
           SEXE FEMININ. AGE EN ANNEES: 20 A 24, 1925

244   DECES SUIVANT LA CAUSE, LE SEXE ET L'AGE. (36) SUICIDE. SEXE FEMININ. AGE EN
           ANNEES: 20 A 24, 1925

245   DECES SUIVANT LA CAUSE, LE SEXE ET L'AGE. (37) AUTRES MALADIES. SEXE FEMININ. AGE
           EN ANNEES: 20 A 24, 1925

246   DECES SUIVANT LA CAUSE, LE SEXE ET L'AGE. (38) MALADIE NON SPECIFIEE OU MAL DEFINIE.
           SEXE FEMININ. AGE EN ANNEES: 20 A 24, 1925

247   DECES SUIVANT LA CAUSE, LE SEXE ET L'AGE. POPULATION EN 1921 (MILLIERS). SEXE
           FEMININ. AGE EN ANNEES: 25 A 29.

248   DECES SUIVANT LA CAUSE, LE SEXE ET L'AGE. TOTAL DES DECES. SEXE FEMININ. AGE EN
           ANNEES: 25 A 29, 1925

249   DECES SUIVANT LA CAUSE, LE SEXE ET L'AGE. (1) FIEVRE TYPHOIDE (TYPHUSABDOMINAL) OU
           PARATYPHOIDE. SEXE FEMININ. AGE EN ANNEES: 25 A 29, 1925

250   DECES SUIVANT LA CAUSE, LE SEXE ET L'AGE. (2) TYPHUS EXANTHEMATIQUE. SEXE FEMININ.
           AGE EN ANNEES: 25 A 29, 1925

251   DECES SUIVANT LA CAUSE, LE SEXE ET L'AGE. (3) FIEVRE OU CACHEXIE PALUDEENNES. SEXE
           FEMININ. AGE EN ANNEES: 25 A 29, 1925

252   DECES SUIVANT LA CAUSE, LE SEXE ET L'AGE. (4) VARIOLE. SEXE FEMININ. AGE EN ANNEES:
           25 A 29, 1925

253   DECES SUIVANT LA CAUSE, LE SEXE ET L'AGE. (5) ROUGEOLE. SEXE FEMININ. AGE EN
           ANNEES: 25 A 29, 1925

254   DECES SUIVANT LA CAUSE, LE SEXE ET L'AGE. (6) SCARLATINE. SEXE FEMININ. AGE EN
           ANNEES: 25 A 29, 1925

255   DECES SUIVANT LA CAUSE, LE SEXE ET L'AGE. (7) COQUELUCHE. SEXE FEMININ. AGE EN
           ANNEES: 25 A 29, 1925

256   DECES SUIVANT LA CAUSE, LE SEXE ET L'AGE. (8) DIPHTERIE. SEXE FEMININ. AGE EN
           ANNEES: 25 A 29, 1925

257   DECES SUIVANT LA CAUSE, LE SEXE ET L'AGE. (9) GRIPPE. SEXE FEMININ. AGE EN ANNEES:
           25 A 29, 1925

258   DECES SUIVANT LA CAUSE, LE SEXE ET L'AGE. (10) CHOLERA ASIATIQUE. SEXE FEMININ.
           AGE EN ANNEES: 25 A 29, 1925

259   DECES SUIVANT LA CAUSE, LE SEXE ET L'AGE. (11) ENTERITE CHOLERIFORME. SEXE FEMININ.
           AGE EN ANNEES: 25 A 29, 1925

350

DATA SET 316:   MOUVEMENT DE LA POPULATION 1925 (DEPARTEMENT)

NUMERO DE
LA VARIABLE   NOM DE LA VARIABLE

260   DECES SUIVANT LA CAUSE, LE SEXE ET L'AGE. (12) AUTRES MALADIES EPIDEMIQUES. SEXE
           FEMININ. AGE EN ANNEES: 25 A 29, 1925

261   DECES SUIVANT LA CAUSE, LE SEXE ET L'AGE. (13) TUBERCULOSE DE L'APPAREIL
           RESPIRATOIRE. SEXE FEMININ. AGE EN ANNEES: 25 A 29, 1925

262   DECES SUIVANT LA CAUSE, LE SEXE ET L'AGE. (14) TUBERCULOSE DES MENINGES ET DU SYSTEME
           NERVEUX CENTRAL. SEXE FEMININ. AGE EN ANNEES: 25 A 29, 1925

263   DECES SUIVANT LA CAUSE, LE SEXE ET L'AGE. (15) AUTRES TUBERCULOSES. SEXE FEMININ.
           AGE EN ANNEES: 25 A 29, 1925

264   DECES SUIVANT LA CAUSE, LE SEXE ET L'AGE. (16) CANCER ET AUTRES TUMEURS MALIGNES.
           SEXE FEMININ. AGE EN ANNEES: 25 A 29, 1925

265   DECES SUIVANT LA CAUSE, LE SEXE ET L'AGE. (17) MENINGITE SIMPLE. SEXE FEMININ. AGE
           EN ANNEES: 25 A 29, 1925

266   DECES SUIVANT LA CAUSE, LE SEXE ET L'AGE. (18) HEMORRAGIE, APOPLEXIE ET
           RAMOLLISSEMENT DU CERVEAU. SEXE FEMININ. AGE EN ANNEES: 25 A 29, 1925

267   DECES SUIVANT LA CAUSE, LE SEXE ET L'AGE. (19) MALADIES DU COEUR. SEXE FEMININ.
           AGE EN ANNEES: 25 A 29, 1925

268   DECES SUIVANT LA CAUSE, LE SEXE ET L'AGE. (20) BRONCHITE AIGUE (Y COMPRIS LES
           BRONCHITES SANS EPITHETE, DE MOINS DE 5 ANS). SEXE FEMININ. AGE EN ANNEES: 25 A
           29, 1925

269   DECES SUIVANT LA CAUSE, LE SEXE ET L'AGE. (21) BRONCHITE CHRONIQUE (Y COMPRIS LES
           BRONCHITES SANS EPITHETE, DE 5 ANS ET PLUS). SEXE FEMININ. AGE EN ANNEES: 25 A 29,
           1925

270   DECES SUIVANT LA CAUSE, LE SEXE ET L'AGE. (22) PNEUMONIE. SEXE FEMININ. AGE EN
           ANNEES: 25 A 29, 1925

271   DECES SUIVANT LA CAUSE, LE SEXE ET L'AGE. (23) AUTRES AFFECTIONS DE L'APPAREIL
           RESPIRATOIRE (PHTISIE EXCEPTEE). SEXE FEMININ. AGE EN ANNEES: 25 A 29, 1925

272   DECES SUIVANT LA CAUSE, LE SEXE ET L'AGE. (24) AFFECTIONS DE L'ESTOMAC (CANCER
           EXCEPTE). SEXE FEMININ. AGE EN ANNEES: 25 A 29, 1925

273   DECES SUIVANT LA CAUSE, LE SEXE ET L'AGE. (25) DIARRHEE ET ENTERITE (AU-DESSOUS DE 2
           ANS). SEXE FEMININ. AGE EN ANNEES: 25 A 29, 1925

274   DECES SUIVANT LA CAUSE, LE SEXE ET L'AGE. (26) APPENDICITE ET TYPHLITE. SEXE
           FEMININ. AGE EN ANNEES: 25 A 29, 1925

275   DECES SUIVANT LA CAUSE, LE SEXE ET L'AGE. (27) HERNIE, OBSTRUCTION INTESTINALE.
           SEXE FEMININ. AGE EN ANNEES: 25 A 29, 1925

276   DECES SUIVANT LA CAUSE, LE SEXE ET L'AGE. (28) CIRRHOSE DU FOIE. SEXE FEMININ. AGE
           EN ANNEES: 25 A 29, 1925

277   DECES SUIVANT LA CAUSE, LE SEXE ET L'AGE. (29) NEPHRITE AIGUE OU CHRONIQUE. SEXE
           FEMININ. AGE EN ANNEES: 25 A 29, 1925

278   DECES SUIVANT LA CAUSE, LE SEXE ET L'AGE. (30) TUMEURS NON CANCEREUSES ET AUTRES
           AFFECTIONS DES ORGANES GENITAUX DE LA FEMME. SEXE FEMININ. AGE EN ANNEES: 25 A 29,
           1925

279   DECES SUIVANT LA CAUSE, LE SEXE ET L'AGE. (31) SEPTICEMIE PUERPERALE (FIEVRE,
           PERITONITE PUERPERALES). SEXE FEMININ. AGE EN ANNEES: 25 A 29, 1925

280   DECES SUIVANT LA CAUSE, LE SEXE ET L'AGE. (32) AUTRES ACCIDENTS PUERPERAUX DE LA
           GROSSESSE ET DE L'ACCOUCHEMENT. SEXE FEMININ. AGE EN ANNEES: 25 A 29, 1925

281   DECES SUIVANT LA CAUSE, LE SEXE ET L'AGE. (33) DEBILITE CONGENITALE ET VICES DE
           CONFORMATION. SEXE FEMININ. AGE EN ANNEES: 25 A 29, 1925

282   DECES SUIVANT LA CAUSE, LE SEXE ET L'AGE. (34) SENILITE. SEXE FEMININ. AGE EN
           ANNEES: 25 A 29, 1925

DATA SET 316:   MOUVEMENT DE LA POPULATION 1925 (DEPARTEMENT)

NUMERO DE
LA VARIABLE   NOM DE LA VARIABLE

283   DECES SUIVANT LA CAUSE, LE SEXE ET L'AGE.   (35) MORTS VIOLENTES (SUICIDE EXCEPTE).
           SEXE FEMININ. AGE EN ANNEES: 25 A 29, 1925

284   DECES SUIVANT LA CAUSE, LE SEXE ET L'AGE.   (36) SUICIDE. SEXE FEMININ. AGE EN
           ANNEES: 25 A 29, 1925

285   DECES SUIVANT LA CAUSE, LE SEXE ET L'AGE.   (37) AUTRES MALADIES. SEXE FEMININ. AGE
           EN ANNEES: 25 A 29, 1925

286   DECES SUIVANT LA CAUSE, LE SEXE ET L'AGE.   (38) MALADIE NON SPECIFIEE OU MAL DEFINIE.
           SEXE FEMININ. AGE EN ANNEES: 25 A 29, 1925

287   DECES SUIVANT LA CAUSE, LE SEXE ET L'AGE.   POPULATION EN 1921 (MILLIERS). SEXE
           FEMININ. AGE EN ANNEES: 30 A 34.

288   DECES SUIVANT LA CAUSE, LE SEXE ET L'AGE.   TOTAL DES DECES. SEXE FEMININ. AGE EN
           ANNEES: 30 A 34, 1925

289   DECES SUIVANT LA CAUSE, LE SEXE ET L'AGE.   (1) FIEVRE TYPHOIDE (TYPHUSABDOMINAL) OU
           PARATYPHOIDE. SEXE FEMININ. AGE EN ANNEES: 30 A 34, 1925

290   DECES SUIVANT LA CAUSE, LE SEXE ET L'AGE.   (2) TYPHUS EXANTHEMATIQUE. SEXE FEMININ.
           AGE EN ANNEES: 30 A 34, 1925

291   DECES SUIVANT LA CAUSE, LE SEXE ET L'AGE.   (3) FIEVRE OU CACHEXIE PALUDEENNES. SEXE
           FEMININ. AGE EN ANNEES: 30 A 34, 1925

292   DECES SUIVANT LA CAUSE, LE SEXE ET L'AGE.   (4) VARIOLE. SEXE FEMININ. AGE EN ANNEES:
           30 A 34, 1925

293   DECES SUIVANT LA CAUSE, LE SEXE ET L'AGE.   (5) ROUGEOLE. SEXE FEMININ. AGE EN
           ANNEES: 30 A 34, 1925

294   DECES SUIVANT LA CAUSE, LE SEXE ET L'AGE.   (6) SCARLATINE. SEXE FEMININ. AGE EN
           ANNEES: 30 A 34, 1925

295   DECES SUIVANT LA CAUSE, LE SEXE ET L'AGE.   (7) COQUELUCHE. SEXE FEMININ. AGE EN
           ANNEES: 30 A 34, 1925

296   DECES SUIVANT LA CAUSE, LE SEXE ET L'AGE.   (8) DIPHTERIE. SEXE FEMININ. AGE EN
           ANNEES: 30 A 34, 1925

297   DECES SUIVANT LA CAUSE, LE SEXE ET L'AGE.   (9) GRIPPE. SEXE FEMININ. AGE EN ANNEES:
           30 A 34, 1925

298   DECES SUIVANT LA CAUSE, LE SEXE ET L'AGE.   (10) CHOLERA ASIATIQUE. SEXE FEMININ.
           AGE EN ANNEES: 30 A 34, 1925

299   DECES SUIVANT LA CAUSE, LE SEXE ET L'AGE.   (11) ENTERITE CHOLERIFORME. SEXE FEMININ.
           AGE EN ANNEES: 30 A 34, 1925

300   DECES SUIVANT LA CAUSE, LE SEXE ET L'AGE.   (12) AUTRES MALADIES EPIDEMIQUES. SEXE
           FEMININ. AGE EN ANNEES: 30 A 34, 1925

301   DECES SUIVANT LA CAUSE, LE SEXE ET L'AGE. (13) TUBERCULOSE DE L'APPAREIL
           RESPIRATOIRE. SEXE FEMININ. AGE EN ANNEES: 30 A 34, 1925

302   DECES SUIVANT LA CAUSE, LE SEXE ET L'AGE. (14) TUBERCULOSE DES MENINGES ET DU SYSTEME
           NERVEUX CENTRAL. SEXE FEMININ. AGE EN ANNEES: 30 A 34, 1925

303   DECES SUIVANT LA CAUSE, LE SEXE ET L'AGE.   (15) AUTRES TUBERCULOSES. SEXE FEMININ.
           AGE EN ANNEES: 30 A 34, 1925

304   DECES SUIVANT LA CAUSE, LE SEXE ET L'AGE. (16) CANCER ET AUTRES TUMEURS MALIGNES.
           SEXE FEMININ. AGE EN ANNEES: 30 A 34, 1925

305   DECES SUIVANT LA CAUSE, LE SEXE ET L'AGE.   (17) MENINGITE SIMPLE. SEXE FEMININ. AGE
           EN ANNEES: 30 A 34, 1925

306   DECES SUIVANT LA CAUSE, LE SEXE ET L'AGE. (18) HEMORRAGIE, APOPLEXIE ET
           RAMOLLISSEMENT DU CERVEAU. SEXE FEMININ. AGE EN ANNEES: 30 A 34, 1925

DATA SET 316:   MOUVEMENT DE LA POPULATION 1925 (DEPARTEMENT)

NUMERO DE LA VARIABLE	NOM DE LA VARIABLE
307	DECES SUIVANT LA CAUSE, LE SEXE ET L'AGE. (19) MALADIES DU COEUR. SEXE FEMININ. AGE EN ANNEES: 30 A 34, 1925
308	DECES SUIVANT LA CAUSE, LE SEXE ET L'AGE. (20) BRONCHITE AIGUE (Y COMPRIS LES BRONCHITES SANS EPITHETE, DE MOINS DE 5 ANS). SEXE FEMININ. AGE EN ANNEES: 30 A 34, 1925
309	DECES SUIVANT LA CAUSE, LE SEXE ET L'AGE. (21) BRONCHITE CHRONIQUE (Y COMPRIS LES BRONCHITES SANS EPITHETE, DE 5 ANS ET PLUS). SEXE FEMININ. AGE EN ANNEES: 30 A 34, 1925
310	DECES SUIVANT LA CAUSE, LE SEXE ET L'AGE. (22) PNEUMONIE. SEXE FEMININ. AGE EN ANNEES: 30 A 34, 1925
311	DECES SUIVANT LA CAUSE, LE SEXE ET L'AGE. (23) AUTRES AFFECTIONS DE L'APPAREIL RESPIRATOIRE (PHTISIE EXCEPTEE). SEXE FEMININ. AGE EN ANNEES: 30 A 34, 1925
312	DECES SUIVANT LA CAUSE, LE SEXE ET L'AGE. (24) AFFECTIONS DE L'ESTOMAC (CANCER EXCEPTE). SEXE FEMININ. AGE EN ANNEES: 30 A 34, 1925
313	DECES SUIVANT LA CAUSE, LE SEXE ET L'AGE. (25) DIARRHEE ET ENTERITE (AU-DESSOUS DE 2 ANS). SEXE FEMININ. AGE EN ANNEES: 30 A 34, 1925
314	DECES SUIVANT LA CAUSE, LE SEXE ET L'AGE. (26) APPENDICITE ET TYPHLITE. SEXE FEMININ. AGE EN ANNEES: 30 A 34, 1925
315	DECES SUIVANT LA CAUSE, LE SEXE ET L'AGE. (27) HERNIE, OBSTRUCTION INTESTINALE. SEXE FEMININ. AGE EN ANNEES: 30 A 34, 1925
316	DECES SUIVANT LA CAUSE, LE SEXE ET L'AGE. (28) CIRRHOSE DU FOIE. SEXE FEMININ. AGE EN ANNEES: 30 A 34, 1925
317	DECES SUIVANT LA CAUSE, LE SEXE ET L'AGE. (29) NEPHRITE AIGUE OU CHRONIQUE. SEXE FEMININ. AGE EN ANNEES: 30 A 34, 1925
318	DECES SUIVANT LA CAUSE, LE SEXE ET L'AGE. (30) TUMEURS NON CANCEREUSES ET AUTRES AFFECTIONS DES ORGANES GENITAUX DE LA FEMME. SEXE FEMININ. AGE EN ANNEES: 30 A 34, 1925
319	DECES SUIVANT LA CAUSE, LE SEXE ET L'AGE. (31) SEPTICEMIE PUERPERALE (FIEVRE, PERITONITE PUERPERALES). SEXE FEMININ. AGE EN ANNEES: 30 A 34, 1925
320	DECES SUIVANT LA CAUSE, LE SEXE ET L'AGE. (32) AUTRES ACCIDENTS PUERPERAUX DE LA GROSSESSE ET DE L'ACCOUCHEMENT. SEXE FEMININ. AGE EN ANNEES: 30 A 34, 1925
321	DECES SUIVANT LA CAUSE, LE SEXE ET L'AGE. (33) DEBILITE CONGENITALE ET VICES DE CONFORMATION. SEXE FEMININ. AGE EN ANNEES: 30 A 34, 1925
322	DECES SUIVANT LA CAUSE, LE SEXE ET L'AGE. (34) SENILITE. SEXE FEMININ. AGE EN ANNEES: 30 A 34, 1925
323	DECES SUIVANT LA CAUSE, LE SEXE ET L'AGE. (35) MORTS VIOLENTES (SUICIDE EXCEPTE). SEXE FEMININ. AGE EN ANNEES: 30 A 34, 1925
324	DECES SUIVANT LA CAUSE, LE SEXE ET L'AGE. (36) SUICIDE. SEXE FEMININ. AGE EN ANNEES: 30 A 34, 1925
325	DECES SUIVANT LA CAUSE, LE SEXE ET L'AGE. (37) AUTRES MALADIES. SEXE FEMININ. AGE EN ANNEES: 30 A 34, 1925
326	DECES SUIVANT LA CAUSE, LE SEXE ET L'AGE. (38) MALADIE NON SPECIFIEE OU MAL DEFINIE. SEXE FEMININ. AGE EN ANNEES: 30 A 34, 1925

353

DATA SET 317: MOUVEMENT DE LA POPULATION 1925 (DEPARTEMENT)

SOURCE: STATISTIQUE GENERALE DE LA FRANCE, STATISTIQUE DU
MOUVEMENT DE LA POPULATION, ANNEE 1925, NOUVELLE
SERIE, TOME V, DEUXIEME PARTIE (PARIS, 1925)

VARIABLES 7-326:   PAGES 1-183

NUMERO DE
LA VARIABLE   NOM DE LA VARIABLE

7   DECES SUIVANT LA CAUSE, LE SEXE ET L'AGE. POPULATION EN 1921 (MILLIERS). SEXE
         FEMININ. AGE EN ANNEES: 35 A 39

8   DECES SUIVANT LA CAUSE, LE SEXE ET L'AGE. TOTAL DES DECES. SEXE FEMININ. AGE EN
         ANNEES: 35 A 39, 1925

9   DECES SUIVANT LA CAUSE, LE SEXE ET L'AGE. (1) FIEVRE TYPHOIDE (TYPHUSABDOMINAL) OU
         PARATYPHOIDE. SEXE FEMININ. AGE EN ANNEES: 35 A 39, 1925

10   DECES SUIVANT LA CAUSE, LE SEXE ET L'AGE. (2) TYPHUS EXANTHEMATIQUE. SEXE FEMININ.
         AGE EN ANNEES: 35 A 39, 1925

11   DECES SUIVANT LA CAUSE, LE SEXE ET L'AGE. (3) FIEVRE OU CACHEXIE PALUDEENNES. SEXE
         FEMININ. AGE EN ANNEES: 35 A 39, 1925

12   DECES SUIVANT LA CAUSE, LE SEXE ET L'AGE. (4) VARIOLE. SEXE FEMININ. AGE EN ANNEES:
         35 A 39, 1925

13   DECES SUIVANT LA CAUSE, LE SEXE ET L'AGE. (5) ROUGEOLE. SEXE FEMININ. AGE EN
         ANNEES: 35 A 39, 1925

14   DECES SUIVANT LA CAUSE, LE SEXE ET L'AGE. (6) SCARLATINE. SEXE FEMININ. AGE EN
         ANNEES: 35 A 39, 1925

15   DECES SUIVANT LA CAUSE, LE SEXE ET L'AGE. (7) COQUELUCHE. SEXE FEMININ. AGE EN
         ANNEES: 35 A 39, 1925

16   DECES SUIVANT LA CAUSE, LE SEXE ET L'AGE. (8) DIPHTERIE. SEXE FEMININ. AGE EN
         ANNEES: 35 A 39, 1925

17   DECES SUIVANT LA CAUSE, LE SEXE ET L'AGE. (9) GRIPPE. SEXE FEMININ. AGE EN ANNEES:
         35 A 39, 1925

18   DECES SUIVANT LA CAUSE, LE SEXE ET L'AGE. (10) CHOLERA ASIATIQUE. SEXE FEMININ.
         AGE EN ANNEES: 35 A 39, 1925

19   DECES SUIVANT LA CAUSE, LE SEXE ET L'AGE. (11) ENTERITE CHOLERIFORME. SEXE FEMININ.
         AGE EN ANNEES: 35 A 39, 1925

20   DECES SUIVANT LA CAUSE, LE SEXE ET L'AGE. (12) AUTRES MALADIES EPIDEMIQUES. SEXE
         FEMININ. AGE EN ANNEES: 35 A 39, 1925

21   DECES SUIVANT LA CAUSE, LE SEXE ET L'AGE. (13) TUBERCULOSE DE L'APPAREIL
         RESPIRATOIRE. SEXE FEMININ. AGE EN ANNEES: 35 A 39, 1925

22   DECES SUIVANT LA CAUSE, LE SEXE ET L'AGE. (14) TUBERCULOSE DES MENINGES ET DU SYSTEME
         NERVEUX CENTRAL. SEXE FEMININ. AGE EN ANNEES: 35 A 39, 1925

23   DECES SUIVANT LA CAUSE, LE SEXE ET L'AGE. (15) AUTRES TUBERCULOSES. SEXE FEMININ.
         AGE EN ANNEES: 35 A 39, 1925

24   DECES SUIVANT LA CAUSE, LE SEXE ET L'AGE. (16) CANCER ET AUTRES TUMEURS MALIGNES.
         SEXE FEMININ. AGE EN ANNEES: 35 A 39, 1925

25   DECES SUIVANT LA CAUSE, LE SEXE ET L'AGE. (17) MENINGITE SIMPLE. SEXE FEMININ. AGE
         EN ANNEES: 35 A 39, 1925

26   DECES SUIVANT LA CAUSE, LE SEXE ET L'AGE. (18) HEMORRAGIE, APOPLEXIE ET
         RAMOLLISSEMENT DU CERVEAU. SEXE FEMININ. AGE EN ANNEES: 35 A 39, 1925

27   DECES SUIVANT LA CAUSE, LE SEXE ET L'AGE. (19) MALADIES DU COEUR. SEXE FEMININ.
         AGE EN ANNEES: 35 A 39, 1925

DATA SET 317: MOUVEMENT DE LA POPULATION 1925 (DEPARTEMENT)

NUMERO DE LA VARIABLE	NOM DE LA VARIABLE
28	DECES SUIVANT LA CAUSE, LE SEXE ET L'AGE. (20) BRONCHITE AIGUE (Y COMPRIS LES BRONCHITES SANS EPITHETE, DE MOINS DE 5 ANS). SEXE FEMININ. AGE EN ANNEES: 35 A 39, 1925
29	DECES SUIVANT LA CAUSE, LE SEXE ET L'AGE. (21) BRONCHITE CHRONIQUE (Y COMPRIS LES BRONCHITES SANS EPITHETE, DE 5 ANS ET PLUS). SEXE FEMININ. AGE EN ANNEES: 35 A 39, 1925
30	DECES SUIVANT LA CAUSE, LE SEXE ET L'AGE. (22) PNEUMONIE. SEXE FEMININ. AGE EN ANNEES: 35 A 39, 1925
31	DECES SUIVANT LA CAUSE, LE SEXE ET L'AGE. (23) AUTRES AFFECTIONS DE L'APPAREIL RESPIRATOIRE (PHTISIE EXCEPTEE). SEXE FEMININ. AGE EN ANNEES: 35 A 39, 1925
32	DECES SUIVANT LA CAUSE, LE SEXE ET L'AGE. (24) AFFECTIONS DE L'ESTOMAC (CANCER EXCEPTE). SEXE FEMININ. AGE EN ANNEES: 35 A 39, 1925
33	DECES SUIVANT LA CAUSE, LE SEXE ET L'AGE. (25) DIARRHEE ET ENTERITE (AU-DESSOUS DE 2 ANS). SEXE FEMININ. AGE EN ANNEES: 35 A 39, 1925
34	DECES SUIVANT LA CAUSE, LE SEXE ET L'AGE. (26) APPENDICITE ET TYPHLITE. SEXE FEMININ. AGE EN ANNEES: 35 A 39, 1925
35	DECES SUIVANT LA CAUSE, LE SEXE ET L'AGE. (27) HERNIE, OBSTRUCTION INTESTINALE. SEXE FEMININ. AGE EN ANNEES: 35 A 39, 1925
36	DECES SUIVANT LA CAUSE, LE SEXE ET L'AGE. (28) CIRRHOSE DU FOIE. SEXE FEMININ. AGE EN ANNEES: 35 A 39, 1925
37	DECES SUIVANT LA CAUSE, LE SEXE ET L'AGE. (29) NEPHRITE AIGUE OU CHRONIQUE. SEXE FEMININ. AGE EN ANNEES: 35 A 39, 1925
38	DECES SUIVANT LA CAUSE, LE SEXE ET L'AGE. (30) TUMEURS NON CANCEREUSES ET AUTRES AFFECTIONS DES ORGANES GENITAUX DE LA FEMME. SEXE FEMININ. AGE EN ANNEES: 35 A 39, 1925
39	DECES SUIVANT LA CAUSE, LE SEXE ET L'AGE. (31) SEPTICEMIE PUERPERALE (FIEVRE, PERITONITE PUERPERALES). SEXE FEMININ. AGE EN ANNEES: 35 A 39, 1925
40	DECES SUIVANT LA CAUSE, LE SEXE ET L'AGE. (32) AUTRES ACCIDENTS PUERPERAUX DE LA GROSSESSE ET DE L'ACCOUCHEMENT. SEXE FEMININ. AGE EN ANNEES: 35 A 39, 1925
41	DECES SUIVANT LA CAUSE, LE SEXE ET L'AGE. (33) DEBILITE CONGENITALE ET VICES DE CONFORMATION. SEXE FEMININ. AGE EN ANNEES: 35 A 39, 1925
42	DECES SUIVANT LA CAUSE, LE SEXE ET L'AGE. (34) SENILITE. SEXE FEMININ. AGE EN ANNEES: 35 A 39, 1925
43	DECES SUIVANT LA CAUSE, LE SEXE ET L'AGE. (35) MORTS VIOLENTES (SUICIDE EXCEPTE). SEXE FEMININ. AGE EN ANNEES: 35 A 39, 1925
44	DECES SUIVANT LA CAUSE, LE SEXE ET L'AGE. (36) SUICIDE. SEXE FEMININ. AGE EN ANNEES: 35 A 39
45	DECES SUIVANT LA CAUSE, LE SEXE ET L'AGE. (37) AUTRES MALADIES. SEXE FEMININ. AGE EN ANNEES: 35 A 39, 1925
46	DECES SUIVANT LA CAUSE, LE SEXE ET L'AGE. (38) MALADIE NON SPECIFIEE OU MAL DEFINIE. SEXE FEMININ. AGE EN ANNEES: 35 A 39, 1925
47	DECES SUIVANT LA CAUSE, LE SEXE ET L'AGE. POPULATION EN 1921 (MILLIERS). SEXE FEMININ. AGE EN ANNEES: 40 A 44
48	DECES SUIVANT LA CAUSE, LE SEXE ET L'AGE. TOTAL DES DECES. SEXE FEMININ. AGE EN ANNEES: 40 A 44, 1925
49	DECES SUIVANT LA CAUSE, LE SEXE ET L'AGE. (1) FIEVRE TYPHOIDE (TYPHUSABDOMINAL) OU PARATYPHOIDE. SEXE FEMININ. AGE EN ANNEES: 40 A 44, 1925
50	DECES SUIVANT LA CAUSE, LE SEXE ET L'AGE. (2) TYPHUS EXANTHEMATIQUE. SEXE FEMININ. AGE EN ANNEES: 40 A 44, 1925

DATA SET 317:   MOUVEMENT DE LA POPULATION 1925 (DEPARTEMENT)

NUMERO DE
LA VARIABLE   NOM DE LA VARIABLE

51   DECES SUIVANT LA CAUSE, LE SEXE ET L'AGE.   (3) FIEVRE OU CACHEXIE PALUDEENNES.   SEXE
            FEMININ. AGE EN ANNEES: 40 A 44, 1925

52   DECES SUIVANT LA CAUSE, LE SEXE ET L'AGE.   (4) VARIOLE. SEXE FEMININ.   AGE EN ANNEES:
            40 A 44, 1925

53   DECES SUIVANT LA CAUSE, LE SEXE ET L'AGE.   (5) ROUGEOLE. SEXE FEMININ.   AGE EN
            ANNEES: 40 A 44, 1925

54   DECES SUIVANT LA CAUSE, LE SEXE ET L'AGE.   (6) SCARLATINE. SEXE FEMININ.   AGE EN
            ANNEES: 40 A 44, 1925

55   DECES SUIVANT LA CAUSE, LE SEXE ET L'AGE.   (7) COQUELUCHE. SEXE FEMININ.   AGE EN
            ANNEES: 40 A 44, 1925

56   DECES SUIVANT LA CAUSE, LE SEXE ET L'AGE.   (8) DIPHTERIE. SEXE FEMININ.   AGE EN
            ANNEES: 40 A 44, 1925

57   DECES SUIVANT LA CAUSE, LE SEXE ET L'AGE.   (9) GRIPPE. SEXE FEMININ.   AGE EN ANNEES:
            40 A 44, 1925

58   DECES SUIVANT LA CAUSE, LE SEXE ET L'AGE.   (10) CHOLERA ASIATIQUE.   SEXE FEMININ.
            AGE EN ANNEES: 40 A 44, 1925

59   DECES SUIVANT LA CAUSE, LE SEXE ET L'AGE.   (11) ENTERITE CHOLERIFORME.   SEXE FEMININ.
            AGE EN ANNEES: 40 A 44, 1925

60   DECES SUIVANT LA CAUSE, LE SEXE ET L'AGE.   (12) AUTRES MALADIES EPIDEMIQUES.   SEXE
            FEMININ. AGE EN ANNEES: 40 A 44, 1925

61   DECES SUIVANT LA CAUSE, LE SEXE ET L'AGE. (13) TUBERCULOSE DE L'APPAREIL
            RESPIRATOIRE. SEXE FEMININ.   AGE EN ANNEES: 40 A 44, 1925

62   DECES SUIVANT LA CAUSE, LE SEXE ET L'AGE. (14) TUBERCULOSE DES MENINGES ET DU SYSTEME
            NERVEUX CENTRAL. SEXE FEMININ.   AGE EN ANNEES: 40 A 44, 1925

63   DECES SUIVANT LA CAUSE, LE SEXE ET L'AGE.   (15) AUTRES TUBERCULOSES. SEXE FEMININ.
            AGE EN ANNEES: 40 A 44, 1925

64   DECES SUIVANT LA CAUSE, LE SEXE ET L'AGE.   (16) CANCER ET AUTRES TUMEURS MALIGNES.
            SEXE FEMININ. AGE EN ANNEES: 40 A 44, 1925

65   DECES SUIVANT LA CAUSE, LE SEXE ET L'AGE.   (17) MENINGITE SIMPLE. SEXE FEMININ. AGE
            EN ANNEES: 40 A 44, 1925

66   DECES SUIVANT LA CAUSE, LE SEXE ET L'AGE. (18) HEMORRAGIE, APOPLEXIE ET
            RAMOLLISSEMENT DU CERVEAU. SEXE FEMININ. AGE EN ANNEES: 40 A 44, 1925

67   DECES SUIVANT LA CAUSE, LE SEXE ET L'AGE.   (19) MALADIES DU COEUR. SEXE FEMININ.
            AGE EN ANNEES: 40 A 44, 1925

68   DECES SUIVANT LA CAUSE, LE SEXE ET L'AGE.   (20) BRONCHITE AIGUE (Y COMPRIS LES
            BRONCHITES SANS EPITHETE, DE MOINS DE 5 ANS). SEXE FEMININ. AGE EN ANNEES: 40 A
            44, 1925

69   DECES SUIVANT LA CAUSE, LE SEXE ET L'AGE.   (21) BRONCHITE CHRONIQUE (Y COMPRIS LES
            BRONCHITES SANS EPITHETE, DE 5 ANS ET PLUS). SEXE FEMININ. AGE EN ANNEES: 40 A 44,
            1925

70   DECES SUIVANT LA CAUSE, LE SEXE ET L'AGE.   (22) PNEUMONIE. SEXE FEMININ. AGE EN
            ANNEES: 40 A 44, 1925

71   DECES SUIVANT LA CAUSE, LE SEXE ET L'AGE. (23) AUTRES AFFECTIONS DE L'APPAREIL
            RESPIRATOIRE (PHTISIE EXCEPTEE). SEXE FEMININ. AGE EN ANNEES: 40 A 44, 1925

72   DECES SUIVANT LA CAUSE, LE SEXE ET L'AGE. (24) AFFECTIONS DE L'ESTOMAC (CANCER
            EXCEPTE). SEXE FEMININ. AGE EN ANNEES: 40 A 44, 1925

73   DECES SUIVANT LA CAUSE, LE SEXE ET L'AGE. (25) DIARRHEE ET ENTERITE (AU-DESSOUS DE 2
            ANS). SEXE FEMININ. AGE EN ANNEES: 40 A 44, 1925

DATA SET 317: MOUVEMENT DE LA POPULATION 1925 (DEPARTEMENT)

NUMERO DE
LA VARIABLE   NOM DE LA VARIABLE

74   DECES SUIVANT LA CAUSE, LE SEXE ET L'AGE. (26) APPENDICITE ET TYPHLITE. SEXE
        FEMININ. AGE EN ANNEES: 40 A 44, 1925

75   DECES SUIVANT LA CAUSE, LE SEXE ET L'AGE. (27) HERNIE, OBSTRUCTION INTESTINALE.
        SEXE FEMININ. AGE EN ANNEES: 40 A 44, 1925

76   DECES SUIVANT LA CAUSE, LE SEXE ET L'AGE. (28) CIRRHOSE DU FOIE. SEXE FEMININ. AGE
        EN ANNEES: 40 A 44, 1925

77   DECES SUIVANT LA CAUSE, LE SEXE ET L'AGE. (29) NEPHRITE AIGUE OU CHRONIQUE. SEXE
        FEMININ. AGE EN ANNEES: 40 A 44, 1925

78   DECES SUIVANT LA CAUSE, LE SEXE ET L'AGE. (30) TUMEURS NON CANCEREUSES ET AUTRES
        AFFECTIONS DES ORGANES GENITAUX DE LA FEMME. SEXE FEMININ. AGE EN ANNEES: 40 A 44,
        1925

79   DECES SUIVANT LA CAUSE, LE SEXE ET L'AGE. (31) SEPTICEMIE PUERPERALE (FIEVRE,
        PERITONITE PUERPERALES). SEXE FEMININ. AGE EN ANNEES: 40 A 44, 1925

80   DECES SUIVANT LA CAUSE, LE SEXE ET L'AGE. (32) AUTRES ACCIDENTS PUERPERAUX DE LA
        GROSSESSE ET DE L'ACCOUCHEMENT. SEXE FEMININ. AGE EN ANNEES: 40 A 44, 1925

81   DECES SUIVANT LA CAUSE, LE SEXE ET L'AGE. (33) DEBILITE CONGENITALE ET VICES DE
        CONFORMATION. SEXE FEMININ. AGE EN ANNEES: 40 A 44, 1925

82   DECES SUIVANT LA CAUSE, LE SEXE ET L'AGE. (34) SENILITE. SEXE FEMININ. AGE EN
        ANNEES: 40 A 44, 1925

83   DECES SUIVANT LA CAUSE, LE SEXE ET L'AGE. (35) MORTS VIOLENTES (SUICIDE EXCEPTE).
        SEXE FEMININ. AGE EN ANNEES: 40 A 44, 1925

84   DECES SUIVANT LA CAUSE, LE SEXE ET L'AGE. (36) SUICIDE. SEXE FEMININ. AGE EN
        ANNEES: 40 A 44, 1925

85   DECES SUIVANT LA CAUSE, LE SEXE ET L'AGE. (37) AUTRES MALADIES. SEXE FEMININ. AGE
        EN ANNEES: 40 A 44, 1925

86   DECES SUIVANT LA CAUSE, LE SEXE ET L'AGE. (38) MALADIE NON SPECIFIEE OU MAL DEFINIE.
        SEXE FEMININ. AGE EN ANNEES: 40 A 44, 1925

87   DECES SUIVANT LA CAUSE, LE SEXE ET L'AGE. POPULATION EN 1921 (MILLIERS). SEXE
        FEMININ. AGE EN ANNEES: 45 A 49

88   DECES SUIVANT LA CAUSE, LE SEXE ET L'AGE. TOTAL DES DECES. SEXE FEMININ. AGE EN
        ANNEES: 45 A 49, 1925

89   DECES SUIVANT LA CAUSE, LE SEXE ET L'AGE. (1) FIEVRE TYPHOIDE (TYPHUSABDOMINAL) OU
        PARATYPHOIDE. SEXE FEMININ. AGE EN ANNEES: 45 A 49, 1925

90   DECES SUIVANT LA CAUSE, LE SEXE ET L'AGE. (2) TYPHUS EXANTHEMATIQUE. SEXE FEMININ.
        AGE EN ANNEES: 45 A 49, 1925

91   DECES SUIVANT LA CAUSE, LE SEXE ET L'AGE. (3) FIEVRE OU CACHEXIE PALUDEENNES. SEXE
        FEMININ. AGE EN ANNEES: 45 A 49, 1925

92   DECES SUIVANT LA CAUSE, LE SEXE ET L'AGE. (4) VARIOLE. SEXE FEMININ. AGE EN ANNEES:
        45 A 49, 1925

93   DECES SUIVANT LA CAUSE, LE SEXE ET L'AGE. (5) ROUGEOLE. SEXE FEMININ. AGE EN
        ANNEES: 45 A 49, 1925

94   DECES SUIVANT LA CAUSE, LE SEXE ET L'AGE. (6) SCARLATINE. SEXE FEMININ. AGE EN
        ANNEES: 45 A 49, 1925

95   DECES SUIVANT LA CAUSE, LE SEXE ET L'AGE. (7) COQUELUCHE. SEXE FEMININ. AGE EN
        ANNEES: 45 A 49, 1925

96   DECES SUIVANT LA CAUSE, LE SEXE ET L'AGE. (8) DIPHTERIE. SEXE FEMININ. AGE EN
        ANNEES: 45 A 49, 1925

97   DECES SUIVANT LA CAUSE, LE SEXE ET L'AGE. (9) GRIPPE. SEXE FEMININ. AGE EN ANNEES:
        45 A 49, 1925

357

DATA SET 317:   MOUVEMENT DE LA POPULATION 1925 (DEPARTEMENT)

NUMERO DE
LA VARIABLE   NOM DE LA VARIABLE

98   DECES SUIVANT LA CAUSE, LE SEXE ET L'AGE. (10) CHOLERA ASIATIQUE. SEXE FEMININ.
          AGE EN ANNEES: 45 A 49, 1925

99   DECES SUIVANT LA CAUSE, LE SEXE ET L'AGE. (11) ENTERITE CHOLERIFORME. SEXE FEMININ.
          AGE EN ANNEES: 45 A 49, 1925

100   DECES SUIVANT LA CAUSE, LE SEXE ET L'AGE. (12) AUTRES MALADIES EPIDEMIQUES. SEXE
          FEMININ. AGE EN ANNEES: 45 A 49, 1925

101   DECES SUIVANT LA CAUSE, LE SEXE ET L'AGE. (13) TUBERCULOSE DE L'APPAREIL
          RESPIRATOIRE. SEXE FEMININ. AGE EN ANNEES: 45 A 49, 1925

102   DECES SUIVANT LA CAUSE, LE SEXE ET L'AGE. (14) TUBERCULOSE DES MENINGES ET DU SYSTEME
          NERVEUX CENTRAL. SEXE FEMININ. AGE EN ANNEES: 45 A 49, 1925

103   DECES SUIVANT LA CAUSE, LE SEXE ET L'AGE. (15) AUTRES TUBERCULOSES. SEXE FEMININ.
          AGE EN ANNEES: 45 A 49, 1925

104   DECES SUIVANT LA CAUSE, LE SEXE ET L'AGE. (16) CANCER ET AUTRES TUMEURS MALIGNES.
          SEXE FEMININ. AGE EN ANNEES: 45 A 49, 1925

105   DECES SUIVANT LA CAUSE, LE SEXE ET L'AGE. (17) MENINGITE SIMPLE. SEXE FEMININ. AGE
          EN ANNEES: 45 A 49, 1925

106   DECES SUIVANT LA CAUSE, LE SEXE ET L'AGE. (18) HEMORRAGIE, APOPLEXIE ET
          RAMOLLISSEMENT DU CERVEAU. SEXE FEMININ. AGE EN ANNEES: 45 A 49, 1925

107   DECES SUIVANT LA CAUSE, LE SEXE ET L'AGE. (19) MALADIES DU COEUR. SEXE FEMININ.
          AGE EN ANNEES: 45 A 49, 1925

108   DECES SUIVANT LA CAUSE, LE SEXE ET L'AGE. (20) BRONCHITE AIGUE (Y COMPRIS LES
          BRONCHITES SANS EPITHETE, DE MOINS DE 5 ANS). SEXE FEMININ. AGE EN ANNEES: 45 A
          49, 1925

109   DECES SUIVANT LA CAUSE, LE SEXE ET L'AGE. (21) BRONCHITE CHRONIQUE (Y COMPRIS LES
          BRONCHITES SANS EPITHETE, DE 5 ANS ET PLUS). SEXE FEMININ. AGE EN ANNEES: 45 A 49,
          1925

110   DECES SUIVANT LA CAUSE, LE SEXE ET L'AGE. (22) PNEUMONIE. SEXE FEMININ. AGE EN
          ANNEES: 45 A 49, 1925

111   DECES SUIVANT LA CAUSE, LE SEXE ET L'AGE. (23) AUTRES AFFECTIONS DE L'APPAREIL
          RESPIRATOIRE (PHTISIE EXCEPTEE). SEXE FEMININ. AGE EN ANNEES: 45 A 49, 1925

112   DECES SUIVANT LA CAUSE, LE SEXE ET L'AGE. (24) AFFECTIONS DE L'ESTOMAC (CANCER
          EXCEPTE). SEXE FEMININ. AGE EN ANNEES: 45 A 49, 1925

113   DECES SUIVANT LA CAUSE, LE SEXE ET L'AGE. (25) DIARRHEE ET ENTERITE (AU-DESSOUS DE 2
          ANS). SEXE FEMININ. AGE EN ANNEES: 45 A 49, 1925

114   DECES SUIVANT LA CAUSE, LE SEXE ET L'AGE. (26) APPENDICITE ET TYPHLITE. SEXE
          FEMININ. AGE EN ANNEES: 45 A 49, 1925

115   DECES SUIVANT LA CAUSE, LE SEXE ET L'AGE. (27) HERNIE, OBSTRUCTION INTESTINALE.
          SEXE FEMININ. AGE EN ANNEES: 45 A 49, 1925

116   DECES SUIVANT LA CAUSE, LE SEXE ET L'AGE. (28) CIRRHOSE DU FOIE. SEXE FEMININ. AGE
          EN ANNEES: 45 A 49, 1925

117   DECES SUIVANT LA CAUSE, LE SEXE ET L'AGE. (29) NEPHRITE AIGUE OU CHRONIQUE. SEXE
          FEMININ. AGE EN ANNEES: 45 A 49, 1925

118   DECES SUIVANT LA CAUSE, LE SEXE ET L'AGE. (30) TUMEURS NON CANCEREUSES ET AUTRES
          AFFECTIONS DES ORGANES GENITAUX DE LA FEMME. SEXE FEMININ. AGE EN ANNEES: 45 A 49,
          1925

119   DECES SUIVANT LA CAUSE, LE SEXE ET L'AGE. (31) SEPTICEMIE PUERPERALE (FIEVRE,
          PERITONITE PUERPERALES). SEXE FEMININ. AGE EN ANNEES: 45 A 49, 1925

120   DECES SUIVANT LA CAUSE, LE SEXE ET L'AGE. (32) AUTRES ACCIDENTS PUERPERAUX DE LA
          GROSSESSE ET DE L'ACCOUCHEMENT. SEXE FEMININ. AGE EN ANNEES: 45 A 49, 1925

DATA SET 317:   MOUVEMENT DE LA POPULATION 1925 (DEPARTEMENT)

NUMERO DE
LA VARIABLE   NOM DE LA VARIABLE

121   DECES SUIVANT LA CAUSE, LE SEXE ET L'AGE. (33) DEBILITE CONGENITALE ET VICES DE
           CONFORMATION. SEXE FEMININ. AGE EN ANNEES: 45 A 49, 1925

122   DECES SUIVANT LA CAUSE, LE SEXE ET L'AGE. (34) SENILITE. SEXE FEMININ. AGE EN
           ANNEES: 45 A 49, 1925

123   DECES SUIVANT LA CAUSE, LE SEXE ET L'AGE. (35) MORTS VIOLENTES (SUICIDE EXCEPTE).
           SEXE FEMININ. AGE EN ANNEES: 45 A 49, 1925

124   DECES SUIVANT LA CAUSE, LE SEXE ET L'AGE. (36) SUICIDE. SEXE FEMININ. AGE EN
           ANNEES: 45 A 49, 1925

125   DECES SUIVANT LA CAUSE, LE SEXE ET L'AGE. (37) AUTRES MALADIES. SEXE FEMININ. AGE
           EN ANNEES: 45 A 49, 1925

126   DECES SUIVANT LA CAUSE, LE SEXE ET L'AGE. (38) MALADIE NON SPECIFIEE OU MAL DEFINIE.
           SEXE FEMININ. AGE EN ANNEES: 45 A 49, 1925

127   DECES SUIVANT LA CAUSE, LE SEXE ET L'AGE. POPULATION EN 1921 (MILLIERS). SEXE
           FEMININ. AGE EN ANNEES: 50 A 54

128   DECES SUIVANT LA CAUSE, LE SEXE ET L'AGE. TOTAL DES DECES. SEXE FEMININ. AGE EN
           ANNEES: 50 A 54, 1925

129   DECES SUIVANT LA CAUSE, LE SEXE ET L'AGE. (1) FIEVRE TYPHOIDE (TYPHUSABDOMINAL) OU
           PARATYPHOIDE. SEXE FEMININ. AGE EN ANNEES: 50 A 54, 1925

130   DECES SUIVANT LA CAUSE, LE SEXE ET L'AGE. (2) TYPHUS EXANTHEMATIQUE. SEXE FEMININ.
           AGE EN ANNEES: 50 A 54, 1925

131   DECES SUIVANT LA CAUSE, LE SEXE ET L'AGE. (3) FIEVRE OU CACHEXIE PALUDEENNES. SEXE
           FEMININ. AGE EN ANNEES: 50 A 54, 1925

132   DECES SUIVANT LA CAUSE, LE SEXE ET L'AGE. (4) VARIOLE. SEXE FEMININ. AGE EN ANNEES:
           50 A 54, 1925

133   DECES SUIVANT LA CAUSE, LE SEXE ET L'AGE. (5) ROUGEOLE. SEXE FEMININ. AGE EN
           ANNEES: 50 A 54, 1925

134   DECES SUIVANT LA CAUSE, LE SEXE ET L'AGE. (6) SCARLATINE. SEXE FEMININ. AGE EN
           ANNEES: 50 A 54, 1925

135   DECES SUIVANT LA CAUSE, LE SEXE ET L'AGE. (7) COQUELUCHE. SEXE FEMININ. AGE EN
           ANNEES: 50 A 54, 1925

136   DECES SUIVANT LA CAUSE, LE SEXE ET L'AGE. (8) DIPHTERIE. SEXE FEMININ. AGE EN
           ANNEES: 50 A 54, 1925

137   DECES SUIVANT LA CAUSE, LE SEXE ET L'AGE. (9) GRIPPE. SEXE FEMININ. AGE EN ANNEES:
           50 A 54, 1925

138   DECES SUIVANT LA CAUSE, LE SEXE ET L'AGE. (10) CHOLERA ASIATIQUE. SEXE FEMININ.
           AGE EN ANNEES: 50 A 54, 1925

139   DECES SUIVANT LA CAUSE, LE SEXE ET L'AGE. (11) ENTERITE CHOLERIFORME. SEXE FEMININ.
           AGE EN ANNEES: 50 A 54, 1925

140   DECES SUIVANT LA CAUSE, LE SEXE ET L'AGE. (12) AUTRES MALADIES EPIDEMIQUES. SEXE
           FEMININ. AGE EN ANNEES: 50 A 54, 1925

141   DECES SUIVANT LA CAUSE, LE SEXE ET L'AGE. (13) TUBERCULOSE DE L'APPAREIL
           RESPIRATOIRE. SEXE FEMININ. AGE EN ANNEES: 50 A 54, 1925

142   DECES SUIVANT LA CAUSE, LE SEXE ET L'AGE. (14) TUBERCULOSE DES MENINGES ET DU SYSTEME
           NERVEUX CENTRAL. SEXE FEMININ. AGE EN ANNEES: 50 A 54, 1925

143   DECES SUIVANT LA CAUSE, LE SEXE ET L'AGE. (15) AUTRES TUBERCULOSES. SEXE FEMININ.
           AGE EN ANNEES: 50 A 54, 1925

144   DECES SUIVANT LA CAUSE, LE SEXE ET L'AGE. (16) CANCER ET AUTRES TUMEURS MALIGNES.
           SEXE FEMININ. AGE EN ANNEES: 50 A 54, 1925

359

DATA SET 317:   MOUVEMENT DE LA POPULATION 1925 (DEPARTEMENT)

NUMERO DE
LA VARIABLE   NOM DE LA VARIABLE

145   DECES SUIVANT LA CAUSE, LE SEXE ET L'AGE.   (17) MENINGITE SIMPLE. SEXE FEMININ. AGE
            EN ANNEES: 50 A 54, 1925

146   DECES SUIVANT LA CAUSE, LE SEXE ET L'AGE.   (18) HEMORRAGIE, APOPLEXIE ET
            RAMOLLISSEMENT DU CERVEAU. SEXE FEMININ. AGE EN ANNEES: 50 A 54, 1925

147   DECES SUIVANT LA CAUSE, LE SEXE ET L'AGE.   (19) MALADIES DU COEUR. SEXE FEMININ.
            AGE EN ANNEES: 50 A 54, 1925

148   DECES SUIVANT LA CAUSE, LE SEXE ET L'AGE.   (20) BRONCHITE AIGUE (Y COMPRIS LES
            BRONCHITES SANS EPITHETE, DE MOINS DE 5 ANS). SEXE FEMININ. AGE EN ANNEES: 50 A
            54, 1925

149   DECES SUIVANT LA CAUSE, LE SEXE ET L'AGE.   (21) BRONCHITE CHRONIQUE (Y COMPRIS LES
            BRONCHITES SANS EPITHETE, DE 5 ANS ET PLUS). SEXE FEMININ. AGE EN ANNEES: 50 A 54,
            1925

150   DECES SUIVANT LA CAUSE, LE SEXE ET L'AGE.   (22) PNEUMONIE. SEXE FEMININ. AGE EN
            ANNEES: 50 A 54, 1925

151   DECES SUIVANT LA CAUSE, LE SEXE ET L'AGE. (23) AUTRES AFFECTIONS DE L'APPAREIL
            RESPIRATOIRE (PHTISIE EXCEPTEE). SEXE FEMININ. AGE EN ANNEES: 50 A 54, 1925

152   DECES SUIVANT LA CAUSE, LE SEXE ET L'AGE. (24) AFFECTIONS DE L'ESTOMAC (CANCER
            EXCEPTE). SEXE FEMININ. AGE EN ANNEES: 50 A 54, 1925

153   DECES SUIVANT LA CAUSE, LE SEXE ET L'AGE. (25) DIARRHEE ET ENTERITE (AU-DESSOUS DE 2
            ANS). SEXE FEMININ. AGE EN ANNEES: 50 A 54, 1925

154   DECES SUIVANT LA CAUSE, LE SEXE ET L'AGE.   (26) APPENDICITE ET TYPHLITE. SEXE
            FEMININ. AGE EN ANNEES: 50 A 54, 1925

155   DECES SUIVANT LA CAUSE, LE SEXE ET L'AGE.   (27) HERNIE, OBSTRUCTION INTESTINALE.
            SEXE FEMININ. AGE EN ANNEES: 50 A 54, 1925

156   DECES SUIVANT LA CAUSE, LE SEXE ET L'AGE.   (28) CIRRHOSE DU FOIE. SEXE FEMININ. AGE
            EN ANNEES: 50 A 54, 1925

157   DECES SUIVANT LA CAUSE, LE SEXE ET L'AGE.   (29) NEPHRITE AIGUE OU CHRONIQUE. SEXE
            FEMININ. AGE EN ANNEES: 50 A 54, 1925

158   DECES SUIVANT LA CAUSE, LE SEXE ET L'AGE.   (30) TUMEURS NON CANCEREUSES ET AUTRES
            AFFECTIONS DES ORGANES GENITAUX DE LA FEMME. SEXE FEMININ. AGE EN ANNEES: 50 A 54,
            1925

159   DECES SUIVANT LA CAUSE, LE SEXE ET L'AGE. (31) SEPTICEMIE PUERPERALE (FIEVRE,
            PERITONITE PUERPERALES). SEXE FEMININ. AGE EN ANNEES: 50 A 54, 1925

160   DECES SUIVANT LA CAUSE, LE SEXE ET L'AGE.   (32) AUTRES ACCIDENTS PUERPERAUX DE LA
            GROSSESSE ET DE L'ACCOUCHEMENT. SEXE FEMININ. AGE EN ANNEES: 50 A 54, 1925

161   DECES SUIVANT LA CAUSE, LE SEXE ET L'AGE.   (33) DEBILITE CONGENITALE ET VICES DE
            CONFORMATION. SEXE FEMININ. AGE EN ANNEES: 50 A 54, 1925

162   DECES SUIVANT LA CAUSE, LE SEXE ET L'AGE.   (34) SENILITE. SEXE FEMININ. AGE EN
            ANNEES: 50 A 54, 1925

163   DECES SUIVANT LA CAUSE, LE SEXE ET L'AGE.   (35) MORTS VIOLENTES (SUICIDE EXCEPTE).
            SEXE FEMININ. AGE EN ANNEES: 50 A 54, 1925

164   DECES SUIVANT LA CAUSE, LE SEXE ET L'AGE.   (36) SUICIDE. SEXE FEMININ. AGE EN
            ANNEES: 50 A 54, 1925

165   DECES SUIVANT LA CAUSE, LE SEXE ET L'AGE.   (37) AUTRES MALADIES. SEXE FEMININ. AGE
            EN ANNEES: 50 A 54, 1925

166   DECES SUIVANT LA CAUSE, LE SEXE ET L'AGE.   (38) MALADIE NON SPECIFIEE OU MAL DEFINIE.
            SEXE FEMININ. AGE EN ANNEES: 50 A 54, 1925

167   DECES SUIVANT LA CAUSE, LE SEXE ET L'AGE. POPULATION EN 1921 (MILLIERS). SEXE
            FEMININ. AGE EN ANNEES: 55 A 59

DATA SET 317: MOUVEMENT DE LA POPULATION 1925 (DEPARTEMENT)

NUMERO DE LA VARIABLE	NOM DE LA VARIABLE

168   DECES SUIVANT LA CAUSE, LE SEXE ET L'AGE. TOTAL DES DECES. SEXE FEMININ. AGE EN ANNEES: 55 A 59, 1925

169   DECES SUIVANT LA CAUSE, LE SEXE ET L'AGE. (1) FIEVRE TYPHOIDE (TYPHUSABDOMINAL) OU PARATYPHOIDE. SEXE FEMININ. AGE EN ANNEES: 55 A 59, 1925

170   DECES SUIVANT LA CAUSE, LE SEXE ET L'AGE. (2) TYPHUS EXANTHEMATIQUE. SEXE FEMININ. AGE EN ANNEES: 55 A 59, 1925

171   DECES SUIVANT LA CAUSE, LE SEXE ET L'AGE. (3) FIEVRE OU CACHEXIE PALUDEENNES. SEXE FEMININ. AGE EN ANNEES: 55 A 59, 1925

172   DECES SUIVANT LA CAUSE, LE SEXE ET L'AGE. (4) VARIOLE. SEXE FEMININ. AGE EN ANNEES: 55 A 59, 1925

173   DECES SUIVANT LA CAUSE, LE SEXE ET L'AGE. (5) ROUGEOLE. SEXE FEMININ. AGE EN ANNEES: 55 A 59, 1925

174   DECES SUIVANT LA CAUSE, LE SEXE ET L'AGE. (6) SCARLATINE. SEXE FEMININ. AGE EN ANNEES: 55 A 59, 1925

175   DECES SUIVANT LA CAUSE, LE SEXE ET L'AGE. (7) COQUELUCHE. SEXE FEMININ. AGE EN ANNEES: 55 A 59, 1925

176   DECES SUIVANT LA CAUSE, LE SEXE ET L'AGE. (8) DIPHTERIE. SEXE FEMININ. AGE EN ANNEES: 55 A 59, 1925

177   DECES SUIVANT LA CAUSE, LE SEXE ET L'AGE. (9) GRIPPE. SEXE FEMININ. AGE EN ANNEES: 55 A 59, 1925

178   DECES SUIVANT LA CAUSE, LE SEXE ET L'AGE. (10) CHOLERA ASIATIQUE. SEXE FEMININ. AGE EN ANNEES: 55 A 59, 1925

179   DECES SUIVANT LA CAUSE, LE SEXE ET L'AGE. (11) ENTERITE CHOLERIFORME. SEXE FEMININ. AGE EN ANNEES: 55 A 59, 1925

180   DECES SUIVANT LA CAUSE, LE SEXE ET L'AGE. (12) AUTRES MALADIES EPIDEMIQUES. SEXE FEMININ. AGE EN ANNEES: 55 A 59, 1925

181   DECES SUIVANT LA CAUSE, LE SEXE ET L'AGE. (13) TUBERCULOSE DE L'APPAREIL RESPIRATOIRE. SEXE FEMININ. AGE EN ANNEES: 55 A 59, 1925

182   DECES SUIVANT LA CAUSE, LE SEXE ET L'AGE. (14) TUBERCULOSE DES MENINGES ET DU SYSTEME NERVEUX CENTRAL. SEXE FEMININ. AGE EN ANNEES: 55 A 59, 1925

183   DECES SUIVANT LA CAUSE, LE SEXE ET L'AGE. (15) AUTRES TUBERCULOSES. SEXE FEMININ. AGE EN ANNEES: 55 A 59, 1925

184   DECES SUIVANT LA CAUSE, LE SEXE ET L'AGE. (16) CANCER ET AUTRES TUMEURS MALIGNES. SEXE FEMININ. AGE EN ANNEES: 55 A 59, 1925

185   DECES SUIVANT LA CAUSE, LE SEXE ET L'AGE. (17) MENINGITE SIMPLE. SEXE FEMININ. AGE EN ANNEES: 55 A 59, 1925

186   DECES SUIVANT LA CAUSE, LE SEXE ET L'AGE. (18) HEMORRAGIE, APOPLEXIE ET RAMOLLISSEMENT DU CERVEAU. SEXE FEMININ. AGE EN ANNEES: 55 A 59, 1925

187   DECES SUIVANT LA CAUSE, LE SEXE ET L'AGE. (19) MALADIES DU COEUR. SEXE FEMININ. AGE EN ANNEES: 55 A 59, 1925

188   DECES SUIVANT LA CAUSE, LE SEXE ET L'AGE. (20) BRONCHITE AIGUE (Y COMPRIS LES BRONCHITES SANS EPITHETE, DE MOINS DE 5 ANS). SEXE FEMININ. AGE EN ANNEES: 55 A 59, 1925

189   DECES SUIVANT LA CAUSE, LE SEXE ET L'AGE. (21) BRONCHITE CHRONIQUE (Y COMPRIS LES BRONCHITES SANS EPITHETE, DE 5 ANS ET PLUS). SEXE FEMININ. AGE EN ANNEES: 55 A 59, 1925

190   DECES SUIVANT LA CAUSE, LE SEXE ET L'AGE. (22) PNEUMONIE. SEXE FEMININ. AGE EN ANNEES: 55 A 59, 1925

DATA SET 317: MOUVEMENT DE LA POPULATION 1925 (DEPARTEMENT)

NUMERO DE
LA VARIABLE   NOM DE LA VARIABLE

191   DECES SUIVANT LA CAUSE, LE SEXE ET L'AGE. (23) AUTRES AFFECTIONS DE L'APPAREIL
             RESPIRATOIRE (PHTISIE EXCEPTEE). SEXE FEMININ. AGE EN ANNEES: 55 A 59, 1925

192   DECES SUIVANT LA CAUSE, LE SEXE ET L'AGE. (24) AFFECTIONS DE L'ESTOMAC (CANCER
             EXCEPTE). SEXE FEMININ. AGE EN ANNEES: 55 A 59, 1925

193   DECES SUIVANT LA CAUSE, LE SEXE ET L'AGE. (25) DIARRHEE ET ENTERITE (AU-DESSOUS DE 2
             ANS). SEXE FEMININ. AGE EN ANNEES: 55 A 59, 1925

194   DECES SUIVANT LA CAUSE, LE SEXE ET L'AGE. (26) APPENDICITE ET TYPHLITE. SEXE
             FEMININ. AGE EN ANNEES: 55 A 59, 1925

195   DECES SUIVANT LA CAUSE, LE SEXE ET L'AGE. (27) HERNIE, OBSTRUCTION INTESTINALE.
             SEXE FEMININ. AGE EN ANNEES: 55 A 59, 1925

196   DECES SUIVANT LA CAUSE, LE SEXE ET L'AGE. (28) CIRRHOSE DU FOIE. SEXE FEMININ. AGE
             EN ANNEES: 55 A 59, 1925

197   DECES SUIVANT LA CAUSE, LE SEXE ET L'AGE. (29) NEPHRITE AIGUE OU CHRONIQUE. SEXE
             FEMININ. AGE EN ANNEES: 55 A 59, 1925

198   DECES SUIVANT LA CAUSE, LE SEXE ET L'AGE. (30) TUMEURS NON CANCEREUSES ET AUTRES
             AFFECTIONS DES ORGANES GENITAUX DE LA FEMME. SEXE FEMININ. AGE EN ANNEES: 55 A 59,
             1925

199   DECES SUIVANT LA CAUSE, LE SEXE ET L'AGE. (31) SEPTICEMIE PUERPERALE (FIEVRE,
             PERITONITE PUERPERALES). SEXE FEMININ. AGE EN ANNEES: 55 A 59, 1925

200   DECES SUIVANT LA CAUSE, LE SEXE ET L'AGE. (32) AUTRES ACCIDENTS PUERPERAUX DE LA
             GROSSESSE ET DE L'ACCOUCHEMENT. SEXE FEMININ. AGE EN ANNEES: 55 A 59, 1925

201   DECES SUIVANT LA CAUSE, LE SEXE ET L'AGE. (33) DEBILITE CONGENITALE ET VICES DE
             CONFORMATION. SEXE FEMININ. AGE EN ANNEES: 55 A 59, 1925

202   DECES SUIVANT LA CAUSE, LE SEXE ET L'AGE. (34) SENILITE. SEXE FEMININ. AGE EN
             ANNEES: 55 A 59, 1925

203   DECES SUIVANT LA CAUSE, LE SEXE ET L'AGE. (35) MORTS VIOLENTES (SUICIDE EXCEPTE).
             SEXE FEMININ. AGE EN ANNEES: 55 A 59, 1925

204   DECES SUIVANT LA CAUSE, LE SEXE ET L'AGE. (36) SUICIDE. SEXE FEMININ. AGE EN
             ANNEES: 55 A 59, 1925

205   DECES SUIVANT LA CAUSE, LE SEXE ET L'AGE. (37) AUTRES MALADIES. SEXE FEMININ. AGE
             EN ANNEES: 55 A 59, 1925

206   DECES SUIVANT LA CAUSE, LE SEXE ET L'AGE. (38) MALADIE NON SPECIFIEE OU MAL DEFINIE.
             SEXE FEMININ. AGE EN ANNEES: 55 A 59, 1925

207   DECES SUIVANT LA CAUSE, LE SEXE ET L'AGE. POPULATION EN 1921 (MILLIERS). SEXE
             FEMININ. AGE EN ANNEES: 60 A 64

208   DECES SUIVANT LA CAUSE, LE SEXE ET L'AGE. TOTAL DES DECES. SEXE FEMININ. AGE EN
             ANNEES: 60 A 64, 1925

209   DECES SUIVANT LA CAUSE, LE SEXE ET L'AGE. (1) FIEVRE TYPHOIDE (TYPHUSABDOMINAL) OU
             PARATYPHOIDE. SEXE FEMININ. AGE EN ANNEES: 60 A 64, 1925

210   DECES SUIVANT LA CAUSE, LE SEXE ET L'AGE. (2) TYPHUS EXANTHEMATIQUE. SEXE FEMININ.
             AGE EN ANNEES: 60 A 64, 1925

211   DECES SUIVANT LA CAUSE, LE SEXE ET L'AGE. (3) FIEVRE OU CACHEXIE PALUDEENNES. SEXE
             FEMININ. AGE EN ANNEES: 60 A 64, 1925

212   DECES SUIVANT LA CAUSE, LE SEXE ET L'AGE. (4) VARIOLE. SEXE FEMININ. AGE EN ANNEES:
             60 A 64, 1925

213   DECES SUIVANT LA CAUSE, LE SEXE ET L'AGE. (5) ROUGEOLE. SEXE FEMININ. AGE EN
             ANNEES: 60 A 64, 1925

DATA SET 317: MOUVEMENT DE LA POPULATION 1925 (DEPARTEMENT)

NUMERO DE LA VARIABLE	NOM DE LA VARIABLE
214	DECES SUIVANT LA CAUSE, LE SEXE ET L'AGE. (6) SCARLATINE. SEXE FEMININ. AGE EN ANNEES: 60 A 64, 1925
215	DECES SUIVANT LA CAUSE, LE SEXE ET L'AGE. (7) COQUELUCHE. SEXE FEMININ. AGE EN ANNEES: 60 A 64, 1925
216	DECES SUIVANT LA CAUSE, LE SEXE ET L'AGE. (8) DIPHTERIE. SEXE FEMININ. AGE EN ANNEES: 60 A 64, 1925
217	DECES SUIVANT LA CAUSE, LE SEXE ET L'AGE. (9) GRIPPE. SEXE FEMININ. AGE EN ANNEES: 60 A 64, 1925
218	DECES SUIVANT LA CAUSE, LE SEXE ET L'AGE. (10) CHOLERA ASIATIQUE. SEXE FEMININ. AGE EN ANNEES: 60 A 64, 1925
219	DECES SUIVANT LA CAUSE, LE SEXE ET L'AGE. (11) ENTERITE CHOLERIFORME. SEXE FEMININ. AGE EN ANNEES: 60 A 64, 1925
220	DECES SUIVANT LA CAUSE, LE SEXE ET L'AGE. (12) AUTRES MALADIES EPIDEMIQUES. SEXE FEMININ. AGE EN ANNEES: 60 A 64, 1925
221	DECES SUIVANT LA CAUSE, LE SEXE ET L'AGE. (13) TUBERCULOSE DE L'APPAREIL RESPIRATOIRE. SEXE FEMININ. AGE EN ANNEES: 60 A 64, 1925
222	DECES SUIVANT LA CAUSE, LE SEXE ET L'AGE. (14) TUBERCULOSE DES MENINGES ET DU SYSTEME NERVEUX CENTRAL. SEXE FEMININ. AGE EN ANNEES: 60 A 64, 1925
223	DECES SUIVANT LA CAUSE, LE SEXE ET L'AGE. (15) AUTRES TUBERCULOSES. SEXE FEMININ. AGE EN ANNEES: 60 A 64, 1925
224	DECES SUIVANT LA CAUSE, LE SEXE ET L'AGE. (16) CANCER ET AUTRES TUMEURS MALIGNES. SEXE FEMININ. AGE EN ANNEES: 60 A 64, 1925
225	DECES SUIVANT LA CAUSE, LE SEXE ET L'AGE. (17) MENINGITE SIMPLE. SEXE FEMININ. AGE EN ANNEES: 60 A 64, 1925
226	DECES SUIVANT LA CAUSE, LE SEXE ET L'AGE. (18) HEMORRAGIE, APOPLEXIE ET RAMOLLISSEMENT DU CERVEAU. SEXE FEMININ. AGE EN ANNEES: 60 A 64, 1925
227	DECES SUIVANT LA CAUSE, LE SEXE ET L'AGE. (19) MALADIES DU COEUR. SEXE FEMININ. AGE EN ANNEES: 60 A 64, 1925
228	DECES SUIVANT LA CAUSE, LE SEXE ET L'AGE. (20) BRONCHITE AIGUE (Y COMPRIS LES BRONCHITES SANS EPITHETE, DE MOINS DE 5 ANS). SEXE FEMININ. AGE EN ANNEES: 60 A 64, 1925
229	DECES SUIVANT LA CAUSE, LE SEXE ET L'AGE. (21) BRONCHITE CHRONIQUE (Y COMPRIS LES BRONCHITES SANS EPITHETE, DE 5 ANS ET PLUS). SEXE FEMININ. AGE EN ANNEES: 60 A 64, 1925
230	DECES SUIVANT LA CAUSE, LE SEXE ET L'AGE. (22) PNEUMONIE. SEXE FEMININ. AGE EN ANNEES: 60 A 64, 1925
231	DECES SUIVANT LA CAUSE, LE SEXE ET L'AGE. (23) AUTRES AFFECTIONS DE L'APPAREIL RESPIRATOIRE (PHTISIE EXCEPTEE). SEXE FEMININ. AGE EN ANNEES: 60 A 64, 1925
232	DECES SUIVANT LA CAUSE, LE SEXE ET L'AGE. (24) AFFECTIONS DE L'ESTOMAC (CANCER EXCEPTE). SEXE FEMININ. AGE EN ANNEES: 60 A 64, 1925
233	DECES SUIVANT LA CAUSE, LE SEXE ET L'AGE. (25) DIARRHEE ET ENTERITE (AU-DESSOUS DE 2 ANS). SEXE FEMININ. AGE EN ANNEES: 60 A 64, 1925
234	DECES SUIVANT LA CAUSE, LE SEXE ET L'AGE. (26) APPENDICITE ET TYPHLITE. SEXE FEMININ. AGE EN ANNEES: 60 A 64, 1925
235	DECES SUIVANT LA CAUSE, LE SEXE ET L'AGE. (27) HERNIE, OBSTRUCTION INTESTINALE. SEXE FEMININ. AGE EN ANNEES: 60 A 64, 1925
236	DECES SUIVANT LA CAUSE, LE SEXE ET L'AGE. (28) CIRRHOSE DU FOIE. SEXE FEMININ. AGE EN ANNEES: 60 A 64, 1925

DATA SET 317: MOUVEMENT DE LA POPULATION 1925 (DEPARTEMENT)

NUMERO DE
LA VARIABLE   NOM DE LA VARIABLE

237   DECES SUIVANT LA CAUSE, LE SEXE ET L'AGE. (29) NEPHRITE AIGUE OU CHRONIQUE. SEXE
           FEMININ. AGE EN ANNEES: 60 A 64, 1925

238   DECES SUIVANT LA CAUSE, LE SEXE ET L'AGE. (30) TUMEURS NON CANCEREUSES ET AUTRES
           AFFECTIONS DES ORGANES GENITAUX DE LA FEMME. SEXE FEMININ. AGE EN ANNEES: 60 A 64,
           1925

239   DECES SUIVANT LA CAUSE, LE SEXE ET L'AGE. (31) SEPTICEMIE PUERPERALE (FIEVRE,
           PERITONITE PUERPERALES). SEXE FEMININ. AGE EN ANNEES: 60 A 64, 1925

240   DECES SUIVANT LA CAUSE, LE SEXE ET L'AGE. (32) AUTRES ACCIDENTS PUERPERAUX DE LA
           GROSSESSE ET DE L'ACCOUCHEMENT. SEXE FEMININ. AGE EN ANNEES: 60 A 64, 1925

241   DECES SUIVANT LA CAUSE, LE SEXE ET L'AGE. (33) DEBILITE CONGENITALE ET VICES DE
           CONFORMATION. SEXE FEMININ. AGE EN ANNEES: 60 A 64, 1925

242   DECES SUIVANT LA CAUSE, LE SEXE ET L'AGE. (34) SENILITE. SEXE FEMININ. AGE EN
           ANNEES: 60 A 64, 1925

243   DECES SUIVANT LA CAUSE, LE SEXE ET L'AGE. (35) MORTS VIOLENTES (SUICIDE EXCEPTE).
           SEXE FEMININ. AGE EN ANNEES: 60 A 64, 1925

244   DECES SUIVANT LA CAUSE, LE SEXE ET L'AGE. (36) SUICIDE. SEXE FEMININ. AGE EN
           ANNEES: 60 A 64, 1925

245   DECES SUIVANT LA CAUSE, LE SEXE ET L'AGE. (37) AUTRES MALADIES. SEXE FEMININ. AGE
           EN ANNEES: 60 A 64, 1925

246   DECES SUIVANT LA CAUSE, LE SEXE ET L'AGE. (38) MALADIE NON SPECIFIEE OU MAL DEFINIE.
           SEXE FEMININ. AGE EN ANNEES: 60 A 64, 1925

247   DECES SUIVANT LA CAUSE, LE SEXE ET L'AGE. POPULATION EN 1921 (MILLIERS). SEXE
           FEMININ. AGE EN ANNEES: 65 A 69

248   DECES SUIVANT LA CAUSE, LE SEXE ET L'AGE. TOTAL DES DECES. SEXE FEMININ. AGE EN
           ANNEES: 65 A 69, 1925

249   DECES SUIVANT LA CAUSE, LE SEXE ET L'AGE. (1) FIEVRE TYPHOIDE (TYPHUSABDOMINAL) OU
           PARATYPHOIDE. SEXE FEMININ. AGE EN ANNEES: 65 A 69, 1925

250   DECES SUIVANT LA CAUSE, LE SEXE ET L'AGE. (2) TYPHUS EXANTHEMATIQUE. SEXE FEMININ.
           AGE EN ANNEES: 65 A 69, 1925

251   DECES SUIVANT LA CAUSE, LE SEXE ET L'AGE. (3) FIEVRE OU CACHEXIE PALUDEENNES. SEXE
           FEMININ. AGE EN ANNEES: 65 A 69, 1925

252   DECES SUIVANT LA CAUSE, LE SEXE ET L'AGE. (4) VARIOLE. SEXE FEMININ. AGE EN ANNEES:
           65 A 69, 1925

253   DECES SUIVANT LA CAUSE, LE SEXE ET L'AGE. (5) ROUGEOLE. SEXE FEMININ. AGE EN
           ANNEES: 65 A 69, 1925

254   DECES SUIVANT LA CAUSE, LE SEXE ET L'AGE. (6) SCARLATINE. SEXE FEMININ. AGE EN
           ANNEES: 65 A 69, 1925

255   DECES SUIVANT LA CAUSE, LE SEXE ET L'AGE. (7) COQUELUCHE. SEXE FEMININ. AGE EN
           ANNEES: 65 A 69, 1925

256   DECES SUIVANT LA CAUSE, LE SEXE ET L'AGE. (8) DIPHTERIE. SEXE FEMININ. AGE EN
           ANNEES: 65 A 69, 1925

257   DECES SUIVANT LA CAUSE, LE SEXE ET L'AGE. (9) GRIPPE. SEXE FEMININ. AGE EN ANNEES:
           65 A 69, 1925

258   DECES SUIVANT LA CAUSE, LE SEXE ET L'AGE. (10) CHOLERA ASIATIQUE. SEXE FEMININ.
           AGE EN ANNEES: 65 A 69, 1925

259   DECES SUIVANT LA CAUSE, LE SEXE ET L'AGE. (11) ENTERITE CHOLERIFORME. SEXE FEMININ.
           AGE EN ANNEES: 65 A 69, 1925

DATA SET 317:   MOUVEMENT DE LA POPULATION 1925 (DEPARTEMENT)

NUMERO DE
LA VARIABLE   NOM DE LA VARIABLE

260   DECES SUIVANT LA CAUSE, LE SEXE ET L'AGE.   (12) AUTRES MALADIES EPIDEMIQUES.   SEXE
            FEMININ.   AGE EN ANNEES: 65 A 69, 1925

261   DECES SUIVANT LA CAUSE, LE SEXE ET L'AGE. (13) TUBERCULOSE DE L'APPAREIL
            RESPIRATOIRE. SEXE FEMININ.   AGE EN ANNEES: 65 A 69, 1925

262   DECES SUIVANT LA CAUSE, LE SEXE ET L'AGE. (14) TUBERCULOSE DES MENINGES ET DU SYSTEME
            NERVEUX CENTRAL. SEXE FEMININ.   AGE EN ANNEES: 65 A 69, 1925

263   DECES SUIVANT LA CAUSE, LE SEXE ET L'AGE.   (15) AUTRES TUBERCULOSES. SEXE FEMININ.
            AGE EN ANNEES: 65 A 69, 1925

264   DECES SUIVANT LA CAUSE, LE SEXE ET L'AGE. (16) CANCER ET AUTRES TUMEURS MALIGNES.
            SEXE FEMININ.   AGE EN ANNEES: 65 A 69, 1925

265   DECES SUIVANT LA CAUSE, LE SEXE ET L'AGE.   (17) MENINGITE SIMPLE. SEXE FEMININ.   AGE
            EN ANNEES: 65 A 69, 1925

266   DECES SUIVANT LA CAUSE, LE SEXE ET L'AGE. (18) HEMORRAGIE, APOPLEXIE ET
            RAMOLLISSEMENT DU CERVEAU. SEXE FEMININ.   AGE EN ANNEES: 65 A 69, 1925

267   DECES SUIVANT LA CAUSE, LE SEXE ET L'AGE.   (19) MALADIES DU COEUR. SEXE FEMININ.
            AGE EN ANNEES: 65 A 69, 1925

268   DECES SUIVANT LA CAUSE, LE SEXE ET L'AGE.   (20) BRONCHITE AIGUE (Y COMPRIS LES
            BRONCHITES SANS EPITHETE, DE MOINS DE 5 ANS). SEXE FEMININ.   AGE EN ANNEES: 65 A
            69, 1925

269   DECES SUIVANT LA CAUSE, LE SEXE ET L'AGE.   (21) BRONCHITE CHRONIQUE (Y COMPRIS LES
            BRONCHITES SANS EPITHETE, DE 5 ANS ET PLUS). SEXE FEMININ.   AGE EN ANNEES: 65 A 69,
            1925

270   DECES SUIVANT LA CAUSE, LE SEXE ET L'AGE.   (22) PNEUMONIE. SEXE FEMININ.   AGE EN
            ANNEES: 65 A 69, 1925

271   DECES SUIVANT LA CAUSE, LE SEXE ET L'AGE. (23) AUTRES AFFECTIONS DE L'APPAREIL
            RESPIRATOIRE (PHTISIE EXCEPTEE). SEXE FEMININ.   AGE EN ANNEES: 65 A 69, 1925

272   DECES SUIVANT LA CAUSE, LE SEXE ET L'AGE. (24) AFFECTIONS DE L'ESTOMAC (CANCER
            EXCEPTE). SEXE FEMININ.   AGE EN ANNEES: 65 A 69, 1925

273   DECES SUIVANT LA CAUSE, LE SEXE ET L'AGE. (25) DIARRHEE ET ENTERITE (AU-DESSOUS DE 2
            ANS). SEXE FEMININ.   AGE EN ANNEES: 65 A 69, 1925

274   DECES SUIVANT LA CAUSE, LE SEXE ET L'AGE.   (26) APPENDICITE ET TYPHLITE. SEXE
            FEMININ.   AGE EN ANNEES: 65 A 69, 1925

275   DECES SUIVANT LA CAUSE, LE SEXE ET L'AGE.   (27) HERNIE, OBSTRUCTION INTESTINALE.
            SEXE FEMININ.   AGE EN ANNEES: 65 A 69, 1925

276   DECES SUIVANT LA CAUSE, LE SEXE ET L'AGE.   (28) CIRRHOSE DU FOIE. SEXE FEMININ.   AGE
            EN ANNEES: 65 A 69, 1925

277   DECES SUIVANT LA CAUSE, LE SEXE ET L'AGE.   (29) NEPHRITE AIGUE OU CHRONIQUE. SEXE
            FEMININ.   AGE EN ANNEES: 65 A 69, 1925

278   DECES SUIVANT LA CAUSE, LE SEXE ET L'AGE.   (30) TUMEURS NON CANCEREUSES ET AUTRES
            AFFECTIONS DES ORGANES GENITAUX DE LA FEMME. SEXE FEMININ.   AGE EN ANNEES: 65 A 69,
            1925

279   DECES SUIVANT LA CAUSE, LE SEXE ET L'AGE. (31) SEPTICEMIE PUERPERALE (FIEVRE,
            PERITONITE PUERPERALES). SEXE FEMININ.   AGE EN ANNEES: 65 A 69, 1925

280   DECES SUIVANT LA CAUSE, LE SEXE ET L'AGE.   (32) AUTRES ACCIDENTS PUERPERAUX DE LA
            GROSSESSE ET DE L'ACCOUCHEMENT. SEXE FEMININ. AGE EN ANNEES: 65 A 69, 1925

281   DECES SUIVANT LA CAUSE, LE SEXE ET L'AGE. (33) DEBILITE CONGENITALE ET VICES DE
            CONFORMATION. SEXE FEMININ.   AGE EN ANNEES: 65 A 69, 1925

282   DECES SUIVANT LA CAUSE, LE SEXE ET L'AGE. (34) SENILITE. SEXE FEMININ.   AGE EN
            ANNEES: 65 A 69, 1925

DATA SET 317:   MOUVEMENT DE LA POPULATION 1925 (DEPARTEMENT)

NUMERO DE
LA VARIABLE   NOM DE LA VARIABLE

283   DECES SUIVANT LA CAUSE, LE SEXE ET L'AGE.   (35) MORTS VIOLENTES (SUICIDE EXCEPTE).
            SEXE FEMININ. AGE EN ANNEES: 65 A 69, 1925

284   DECES SUIVANT LA CAUSE, LE SEXE ET L'AGE.   (36) SUICIDE. SEXE FEMININ. AGE EN
            ANNEES: 65 A 69, 1925

285   DECES SUIVANT LA CAUSE, LE SEXE ET L'AGE.   (37) AUTRES MALADIES. SEXE FEMININ. AGE
            EN ANNEES: 65 A 69, 1925

286   DECES SUIVANT LA CAUSE, LE SEXE ET L'AGE.   (38) MALADIE NON SPECIFIEE OU MAL DEFINIE.
            SEXE FEMININ. AGE EN ANNEES: 65 A 69, 1925

287   DECES SUIVANT LA CAUSE, LE SEXE ET L'AGE.   POPULATION EN 1921 (MILLIERS). SEXE
            FEMININ. AGE EN ANNEES: 70 A 74

288   DECES SUIVANT LA CAUSE, LE SEXE ET L'AGE.   TOTAL DES DECES. SEXE FEMININ. AGE EN
            ANNEES: 70 A 74, 1925

289   DECES SUIVANT LA CAUSE, LE SEXE ET L'AGE.   (1) FIEVRE TYPHOIDE (TYPHUSABDOMINAL) OU
            PARATYPHOIDE. SEXE FEMININ. AGE EN ANNEES: 70 A 74, 1925

290   DECES SUIVANT LA CAUSE, LE SEXE ET L'AGE.   (2) TYPHUS EXANTHEMATIQUE. SEXE FEMININ.
            AGE EN ANNEES: 70 A 74, 1925

291   DECES SUIVANT LA CAUSE, LE SEXE ET L'AGE.   (3) FIEVRE OU CACHEXIE PALUDEENNES. SEXE
            FEMININ. AGE EN ANNEES: 70 A 74, 1925

292   DECES SUIVANT LA CAUSE, LE SEXE ET L'AGE.   (4) VARIOLE. SEXE FEMININ. AGE EN ANNEES:
            70 A 74, 1925

293   DECES SUIVANT LA CAUSE, LE SEXE ET L'AGE.   (5) ROUGEOLE. SEXE FEMININ. AGE EN
            ANNEES: 70 A 74, 1925

294   DECES SUIVANT LA CAUSE, LE SEXE ET L'AGE.   (6) SCARLATINE. SEXE FEMININ. AGE EN
            ANNEES: 70 A 74, 1925

295   DECES SUIVANT LA CAUSE, LE SEXE ET L'AGE.   (7) COQUELUCHE. SEXE FEMININ. AGE EN
            ANNEES: 70 A 74, 1925

296   DECES SUIVANT LA CAUSE, LE SEXE ET L'AGE.   (8) DIPHTERIE. SEXE FEMININ. AGE EN
            ANNEES: 70 A 74, 1925

297   DECES SUIVANT LA CAUSE, LE SEXE ET L'AGE.   (9) GRIPPE. SEXE FEMININ. AGE EN ANNEES:
            70 A 74, 1925

298   DECES SUIVANT LA CAUSE, LE SEXE ET L'AGE.   (10) CHOLERA ASIATIQUE. SEXE FEMININ.
            AGE EN ANNEES: 70 A 74, 1925

299   DECES SUIVANT LA CAUSE, LE SEXE ET L'AGE.   (11) ENTERITE CHOLERIFORME. SEXE FEMININ.
            AGE EN ANNEES: 70 A 74, 1925

300   DECES SUIVANT LA CAUSE, LE SEXE ET L'AGE.   (12) AUTRES MALADIES EPIDEMIQUES. SEXE
            FEMININ. AGE EN ANNEES: 70 A 74, 1925

301   DECES SUIVANT LA CAUSE, LE SEXE ET L'AGE.   (13) TUBERCULOSE DE L'APPAREIL
            RESPIRATOIRE. SEXE FEMININ. AGE EN ANNEES: 70 A 74, 1925

302   DECES SUIVANT LA CAUSE, LE SEXE ET L'AGE. (14) TUBERCULOSE DES MENINGES ET DU SYSTEME
            NERVEUX CENTRAL. SEXE FEMININ. AGE EN ANNEES: 70 A 74, 1925

303   DECES SUIVANT LA CAUSE, LE SEXE ET L'AGE.   (15) AUTRES TUBERCULOSES. SEXE FEMININ.
            AGE EN ANNEES: 70 A 74, 1925

304   DECES SUIVANT LA CAUSE, LE SEXE ET L'AGE. (16) CANCER ET AUTRES TUMEURS MALIGNES.
            SEXE FEMININ. AGE EN ANNEES: 70 A 74, 1925

305   DECES SUIVANT LA CAUSE, LE SEXE ET L'AGE.   (17) MENINGITE SIMPLE. SEXE FEMININ. AGE
            EN ANNEES: 70 A 74, 1925

306   DECES SUIVANT LA CAUSE, LE SEXE ET L'AGE. (18) HEMORRAGIE, APOPLEXIE ET
            RAMOLLISSEMENT DU CERVEAU. SEXE FEMININ. AGE EN ANNEES: 70 A 74, 1925

DATA SET 317:   MOUVEMENT DE LA POPULATION 1925 (DEPARTEMENT)

NUMERO DE
LA VARIABLE   NOM DE LA VARIABLE

307   DECES SUIVANT LA CAUSE, LE SEXE ET L'AGE. (19) MALADIES DU COEUR. SEXE FEMININ.
           AGE EN ANNEES: 70 A 74, 1925

308   DECES SUIVANT LA CAUSE, LE SEXE ET L'AGE. (20) BRONCHITE AIGUE (Y COMPRIS LES
           BRONCHITES SANS EPITHETE, DE MOINS DE 5 ANS). SEXE FEMININ. AGE EN ANNEES: 70 A
           74, 1925

309   DECES SUIVANT LA CAUSE, LE SEXE ET L'AGE. (21) BRONCHITE CHRONIQUE (Y COMPRIS LES
           BRONCHITES SANS EPITHETE, DE 5 ANS ET PLUS). SEXE FEMININ. AGE EN ANNEES: 70 A 74,
           1925

310   DECES SUIVANT LA CAUSE, LE SEXE ET L'AGE. (22) PNEUMONIE. SEXE FEMININ. AGE EN
           ANNEES: 70 A 74, 1925

311   DECES SUIVANT LA CAUSE, LE SEXE ET L'AGE. (23) AUTRES AFFECTIONS DE L'APPAREIL
           RESPIRATOIRE (PHTISIE EXCEPTEE). SEXE FEMININ. AGE EN ANNEES: 70 A 74, 1925

312   DECES SUIVANT LA CAUSE, LE SEXE ET L'AGE. (24) AFFECTIONS DE L'ESTOMAC (CANCER
           EXCEPTE). SEXE FEMININ. AGE EN ANNEES: 70 A 74, 1925

313   DECES SUIVANT LA CAUSE, LE SEXE ET L'AGE. (25) DIARRHEE ET ENTERITE (AU-DESSOUS DE 2
           ANS). SEXE FEMININ. AGE EN ANNEES: 70 A 74, 1925

314   DECES SUIVANT LA CAUSE, LE SEXE ET L'AGE. (26) APPENDICITE ET TYPHLITE. SEXE
           FEMININ. AGE EN ANNEES: 70 A 74, 1925

315   DECES SUIVANT LA CAUSE, LE SEXE ET L'AGE. (27) HERNIE, OBSTRUCTION INTESTINALE.
           SEXE FEMININ. AGE EN ANNEES: 70 A 74, 1925

316   DECES SUIVANT LA CAUSE, LE SEXE ET L'AGE. (28) CIRRHOSE DU FOIE. SEXE FEMININ. AGE
           EN ANNEES: 70 A 74, 1925

317   DECES SUIVANT LA CAUSE, LE SEXE ET L'AGE. (29) NEPHRITE AIGUE OU CHRONIQUE. SEXE
           FEMININ. AGE EN ANNEES: 70 A 74, 1925

318   DECES SUIVANT LA CAUSE, LE SEXE ET L'AGE. (30) TUMEURS NON CANCEREUSES ET AUTRES
           AFFECTIONS DES ORGANES GENITAUX DE LA FEMME. SEXE FEMININ. AGE EN ANNEES: 70 A 74,
           1925

319   DECES SUIVANT LA CAUSE, LE SEXE ET L'AGE. (31) SEPTICEMIE PUERPERALE (FIEVRE,
           PERITONITE PUERPERALES). SEXE FEMININ. AGE EN ANNEES: 70 A 74, 1925

320   DECES SUIVANT LA CAUSE, LE SEXE ET L'AGE. (32) AUTRES ACCIDENTS PUERPERAUX DE LA
           GROSSESSE ET DE L'ACCOUCHEMENT. SEXE FEMININ. AGE EN ANNEES: 70 A 74, 1925

321   DECES SUIVANT LA CAUSE, LE SEXE ET L'AGE. (33) DEBILITE CONGENITALE ET VICES DE
           CONFORMATION. SEXE FEMININ. AGE EN ANNEES: 70 A 74, 1925

322   DECES SUIVANT LA CAUSE, LE SEXE ET L'AGE. (34) SENILITE. SEXE FEMININ. AGE EN
           ANNEES: 70 A 74, 1925

323   DECES SUIVANT LA CAUSE, LE SEXE ET L'AGE. (35) MORTS VIOLENTES (SUICIDE EXCEPTE).
           SEXE FEMININ. AGE EN ANNEES: 70 A 74, 1925

324   DECES SUIVANT LA CAUSE, LE SEXE ET L'AGE. (36) SUICIDE. SEXE FEMININ. AGE EN
           ANNEES: 70 A 74, 1925

325   DECES SUIVANT LA CAUSE, LE SEXE ET L'AGE. (37) AUTRES MALADIES. SEXE FEMININ. AGE
           EN ANNEES: 70 A 74, 1925

326   DECES SUIVANT LA CAUSE, LE SEXE ET L'AGE. (38) MALADIE NON SPECIFIEE OU MAL DEFINIE.
           SEXE FEMININ. AGE EN ANNEES: 70 A 74, 1925

DATA SET 318: MOUVEMENT DE LA POPULATION 1925 (DEPARTEMENT)

SOURCE: STATISTIQUE GENERALE DE LA FRANCE, STATISTIQUE DU
MOUVEMENT DE LA POPULATION, ANNEE 1925, NOUVELLE
SERIE, TOME V, DEUXIEME PARTIE (PARIS, 1925)

VARIABLES 7-322:   PAGES 1-183

NUMERO DE LA VARIABLE	NOM DE LA VARIABLE
7	DECES SUIVANT LA CAUSE, LE SEXE ET L'AGE. POPULATION EN 1921 (MILLIERS). SEXE FEMININ. AGE EN ANNEES: 75 A 79.
8	DECES SUIVANT LA CAUSE, LE SEXE ET L'AGE. TOTAL DES DECES. SEXE FEMININ. AGE EN ANNEES: 75 A 79, 1925
9	DECES SUIVANT LA CAUSE, LE SEXE ET L'AGE. (1) FIEVRE TYPHOIDE (TYPHUSABDOMINAL) OU PARATYPHOIDE. SEXE FEMININ. AGE EN ANNEES: 75 A 79, 1925
10	DECES SUIVANT LA CAUSE, LE SEXE ET L'AGE. (2) TYPHUS EXANTHEMATIQUE. SEXE FEMININ. AGE EN ANNEES: 75 A 79, 1925
11	DECES SUIVANT LA CAUSE, LE SEXE ET L'AGE. (3) FIEVRE OU CACHEXIE PALUDEENNES. SEXE FEMININ. AGE EN ANNEES: 75 A 79, 1925
12	DECES SUIVANT LA CAUSE, LE SEXE ET L'AGE. (4) VARIOLE. SEXE FEMININ. AGE EN ANNEES: 75 A 79, 1925
13	DECES SUIVANT LA CAUSE, LE SEXE ET L'AGE. (5) ROUGEOLE. SEXE FEMININ. AGE EN ANNEES: 75 A 79, 1925
14	DECES SUIVANT LA CAUSE, LE SEXE ET L'AGE. (6) SCARLATINE. SEXE FEMININ. AGE EN ANNEES: 75 A 79, 1925
15	DECES SUIVANT LA CAUSE, LE SEXE ET L'AGE. (7) COQUELUCHE. SEXE FEMININ. AGE EN ANNEES: 75 A 79, 1925
16	DECES SUIVANT LA CAUSE, LE SEXE ET L'AGE. (8) DIPHTERIE. SEXE FEMININ. AGE EN ANNEES: 75 A 79, 1925
17	DECES SUIVANT LA CAUSE, LE SEXE ET L'AGE. (9) GRIPPE. SEXE FEMININ. AGE EN ANNEES: 75 A 79, 1925
18	DECES SUIVANT LA CAUSE, LE SEXE ET L'AGE. (10) CHOLERA ASIATIQUE. SEXE FEMININ. AGE EN ANNEES: 75 A 79, 1925
19	DECES SUIVANT LA CAUSE, LE SEXE ET L'AGE. (11) ENTERITE CHOLERIFORME. SEXE FEMININ. AGE EN ANNEES: 75 A 79, 1925
20	DECES SUIVANT LA CAUSE, LE SEXE ET L'AGE. (12) AUTRES MALADIES EPIDEMIQUES. SEXE FEMININ. AGE EN ANNEES: 75 A 79, 1925
21	DECES SUIVANT LA CAUSE, LE SEXE ET L'AGE. (13) TUBERCULOSE DE L'APPAREIL RESPIRATOIRE. SEXE FEMININ. AGE EN ANNEES: 75 A 79, 1925
22	DECES SUIVANT LA CAUSE, LE SEXE ET L'AGE. (14) TUBERCULOSE DES MENINGES ET DU SYSTEME NERVEUX CENTRAL. SEXE FEMININ. AGE EN ANNEES: 75 A 79, 1925
23	DECES SUIVANT LA CAUSE, LE SEXE ET L'AGE. (15) AUTRES TUBERCULOSES. SEXE FEMININ. AGE EN ANNEES: 75 A 79, 1925
24	DECES SUIVANT LA CAUSE, LE SEXE ET L'AGE. (16) CANCER ET AUTRES TUMEURS MALIGNES. SEXE FEMININ. AGE EN ANNEES: 75 A 79, 1925
25	DECES SUIVANT LA CAUSE, LE SEXE ET L'AGE. (17) MENINGITE SIMPLE. SEXE FEMININ. AGE EN ANNEES: 75 A 79, 1925
26	DECES SUIVANT LA CAUSE, LE SEXE ET L'AGE. (18) HEMORRAGIE, APOPLEXIE ET RAMOLLISSEMENT DU CERVEAU. SEXE FEMININ. AGE EN ANNEES: 75 A 79, 1925
27	DECES SUIVANT LA CAUSE, LE SEXE ET L'AGE. (19) MALADIES DU COEUR. SEXE FEMININ. AGE EN ANNEES: 35 A 39, 1925

368

DATA SET 318:   MOUVEMENT DE LA POPULATION 1925 (DEPARTEMENT)

| NUMERO DE LA VARIABLE | NOM DE LA VARIABLE |

28 DECES SUIVANT LA CAUSE, LE SEXE ET L'AGE.   (20) BRONCHITE AIGUE (Y COMPRIS LES BRONCHITES SANS EPITHETE, DE MOINS DE 5 ANS). SEXE FEMININ. AGE EN ANNEES: 75 A 79, 1925

29 DECES SUIVANT LA CAUSE, LE SEXE ET L'AGE.   (21) BRONCHITE CHRONIQUE (Y COMPRIS LES BRONCHITES SANS EPITHETE, DE 5 ANS ET PLUS). SEXE FEMININ. AGE EN ANNEES: 75 A 79, 1925

30 DECES SUIVANT LA CAUSE, LE SEXE ET L'AGE.   (22) PNEUMONIE. SEXE FEMININ. AGE EN ANNEES: 75 A 79, 1925

31 DECES SUIVANT LA CAUSE, LE SEXE ET L'AGE. (23) AUTRES AFFECTIONS DE L'APPAREIL RESPIRATOIRE (PHTISIE EXCEPTEE). SEXE FEMININ. AGE EN ANNEES: 75 A 79, 1925

32 DECES SUIVANT LA CAUSE, LE SEXE ET L'AGE. (24) AFFECTIONS DE L'ESTOMAC (CANCER EXCEPTE). SEXE FEMININ. AGE EN ANNEES: 75 A 79, 1925

33 DECES SUIVANT LA CAUSE, LE SEXE ET L'AGE. (25) DIARRHEE ET ENTERITE (AU-DESSOUS DE 2 ANS). SEXE FEMININ. AGE EN ANNEES: 75 A 79, 1925

34 DECES SUIVANT LA CAUSE, LE SEXE ET L'AGE.   (26) APPENDICITE ET TYPHLITE. SEXE FEMININ. AGE EN ANNEES: 75 A 79, 1925

35 DECES SUIVANT LA CAUSE, LE SEXE ET L'AGE.   (27) HERNIE, OBSTRUCTION INTESTINALE. SEXE FEMININ. AGE EN ANNEES: 75 A 79, 1925

36 DECES SUIVANT LA CAUSE, LE SEXE ET L'AGE.   (28) CIRRHOSE DU FOIE. SEXE FEMININ. AGE EN ANNEES: 75 A 79, 1925

37 DECES SUIVANT LA CAUSE, LE SEXE ET L'AGE.   (29) NEPHRITE AIGUE OU CHRONIQUE. SEXE FEMININ. AGE EN ANNEES: 75 A 79, 1925

38 DECES SUIVANT LA CAUSE, LE SEXE ET L'AGE.   (30) TUMEURS NON CANCEREUSES ET AUTRES AFFECTIONS DES ORGANES GENITAUX DE LA FEMME. SEXE FEMININ. AGE EN ANNEES: 75 A 79, 1925

39 DECES SUIVANT LA CAUSE, LE SEXE ET L'AGE. (31) SEPTICEMIE PUERPERALE (FIEVRE, PERITONITE PUERPERALES). SEXE FEMININ. AGE EN ANNEES: 75 A 79, 1925

40 DECES SUIVANT LA CAUSE, LE SEXE ET L'AGE.   (32) AUTRES ACCIDENTS PUERPERAUX DE LA GROSSESSE ET DE L'ACCOUCHEMENT. SEXE FEMININ. AGE EN ANNEES: 75 A 79, 1925

41 DECES SUIVANT LA CAUSE, LE SEXE ET L'AGE.   (33) DEBILITE CONGENITALE ET VICES DE CONFORMATION. SEXE FEMININ. AGE EN ANNEES: 75 A 79, 1925

42 DECES SUIVANT LA CAUSE, LE SEXE ET L'AGE.   (34) SENILITE. SEXE FEMININ. AGE EN ANNEES: 75 A 79, 1925

43 DECES SUIVANT LA CAUSE, LE SEXE ET L'AGE.   (35) MORTS VIOLENTES (SUICIDE EXCEPTE). SEXE FEMININ. AGE EN ANNEES: 75 A 79, 1925

44 DECES SUIVANT LA CAUSE, LE SEXE ET L'AGE.   (36) SUICIDE. SEXE FEMININ. AGE EN ANNEES: 75 A 79, 1925

45 DECES SUIVANT LA CAUSE, LE SEXE ET L'AGE.   (37) AUTRES MALADIES. SEXE FEMININ. AGE EN ANNEES: 75 A 79, 1925

46 DECES SUIVANT LA CAUSE, LE SEXE ET L'AGE.   (38) MALADIE NON SPECIFIEE OU MAL DEFINIE. SEXE FEMININ. AGE EN ANNEES: 75 A 79, 1925

47 DECES SUIVANT LA CAUSE, LE SEXE ET L'AGE.   POPULATION EN 1921 (MILLIERS). SEXE FEMININ. AGE EN ANNEES: 80 A 100.

48 DECES SUIVANT LA CAUSE, LE SEXE ET L'AGE.   TOTAL DES DECES. SEXE FEMININ. AGE EN ANNEES: 80 A 84, 1925

49 DECES SUIVANT LA CAUSE, LE SEXE ET L'AGE.   (1) FIEVRE TYPHOIDE (TYPHUSABDOMINAL) OU PARATYPHOIDE. SEXE FEMININ. AGE EN ANNEES: 80 A 84, 1925

50 DECES SUIVANT LA CAUSE, LE SEXE ET L'AGE.   (2) TYPHUS EXANTHEMATIQUE. SEXE FEMININ. AGE EN ANNEES: 80 A 84, 1925

DATA SET 318: MOUVEMENT DE LA POPULATION 1925 (DEPARTEMENT)

NUMERO DE
LA VARIABLE   NOM DE LA VARIABLE

51   DECES SUIVANT LA CAUSE, LE SEXE ET L'AGE. (3) FIEVRE OU CACHEXIE PALUDEENNES. SEXE
          FEMININ. AGE EN ANNEES: 80 A 84, 1925

52   DECES SUIVANT LA CAUSE, LE SEXE ET L'AGE. (4) VARIOLE. SEXE FEMININ. AGE EN ANNEES:
          80 A 84, 1925

53   DECES SUIVANT LA CAUSE, LE SEXE ET L'AGE. (5) ROUGEOLE. SEXE FEMININ. AGE EN
          ANNEES: 80 A 84, 1925

54   DECES SUIVANT LA CAUSE, LE SEXE ET L'AGE. (6) SCARLATINE. SEXE FEMININ. AGE EN
          ANNEES: 80 A 84, 1925

55   DECES SUIVANT LA CAUSE, LE SEXE ET L'AGE. (7) COQUELUCHE. SEXE FEMININ. AGE EN
          ANNEES: 80 A 84, 1925

56   DECES SUIVANT LA CAUSE, LE SEXE ET L'AGE. (8) DIPHTERIE. SEXE FEMININ. AGE EN
          ANNEES: 80 A 84, 1925

57   DECES SUIVANT LA CAUSE, LE SEXE ET L'AGE. (9) GRIPPE. SEXE FEMININ. AGE EN ANNEES:
          80 A 84, 1925

58   DECES SUIVANT LA CAUSE, LE SEXE ET L'AGE. (10) CHOLERA ASIATIQUE. SEXE FEMININ.
          AGE EN ANNEES: 80 A 84, 1925

59   DECES SUIVANT LA CAUSE, LE SEXE ET L'AGE. (11) ENTERITE CHOLERIFORME. SEXE FEMININ.
          AGE EN ANNEES: 80 A 84, 1925

60   DECES SUIVANT LA CAUSE, LE SEXE ET L'AGE. (12) AUTRES MALADIES EPIDEMIQUES. SEXE
          FEMININ. AGE EN ANNEES: 80 A 84, 1925

61   DECES SUIVANT LA CAUSE, LE SEXE ET L'AGE. (13) TUBERCULOSE DE L'APPAREIL
          RESPIRATOIRE. SEXE FEMININ. AGE EN ANNEES: 80 A 84, 1925

62   DECES SUIVANT LA CAUSE, LE SEXE ET L'AGE. (14) TUBERCULOSE DES MENINGES ET DU SYSTEME
          NERVEUX CENTRAL. SEXE FEMININ. AGE EN ANNEES: 80 A 84, 1925

63   DECES SUIVANT LA CAUSE, LE SEXE ET L'AGE. (15) AUTRES TUBERCULOSES. SEXE FEMININ.
          AGE EN ANNEES: 80 A 84, 1925

64   DECES SUIVANT LA CAUSE, LE SEXE ET L'AGE. (16) CANCER ET AUTRES TUMEURS MALIGNES.
          SEXE FEMININ. AGE EN ANNEES: 80 A 84, 1925

65   DECES SUIVANT LA CAUSE, LE SEXE ET L'AGE. (17) MENINGITE SIMPLE. SEXE FEMININ. AGE
          EN ANNEES: 80 A 84, 1925

66   DECES SUIVANT LA CAUSE, LE SEXE ET L'AGE. (18) HEMORRAGIE, APOPLEXIE ET
          RAMOLLISSEMENT DU CERVEAU. SEXE FEMININ. AGE EN ANNEES: 80 A 84, 1925

67   DECES SUIVANT LA CAUSE, LE SEXE ET L'AGE. (19) MALADIES DU COEUR. SEXE FEMININ.
          AGE EN ANNEES: 80 A 84, 1925

68   DECES SUIVANT LA CAUSE, LE SEXE ET L'AGE. (20) BRONCHITE AIGUE (Y COMPRIS LES
          BRONCHITES SANS EPITHETE, DE MOINS DE 5 ANS). SEXE FEMININ. AGE EN ANNEES: 80 A
          84, 1925

69   DECES SUIVANT LA CAUSE, LE SEXE ET L'AGE. (21) BRONCHITE CHRONIQUE (Y COMPRIS LES
          BRONCHITES SANS EPITHETE, DE 5 ANS ET PLUS). SEXE FEMININ. AGE EN ANNEES: 80 A 84,
          1925

70   DECES SUIVANT LA CAUSE, LE SEXE ET L'AGE. (22) PNEUMONIE. SEXE FEMININ. AGE EN
          ANNEES: 80 A 84, 1925

71   DECES SUIVANT LA CAUSE, LE SEXE ET L'AGE. (23) AUTRES AFFECTIONS DE L'APPAREIL
          RESPIRATOIRE (PHTISIE EXCEPTEE). SEXE FEMININ. AGE EN ANNEES: 80 A 84, 1925

72   DECES SUIVANT LA CAUSE, LE SEXE ET L'AGE. (24) AFFECTIONS DE L'ESTOMAC (CANCER
          EXCEPTE). SEXE FEMININ. AGE EN ANNEES: 80 A 84, 1925

73   DECES SUIVANT LA CAUSE, LE SEXE ET L'AGE. (25) DIARRHEE ET ENTERITE (AU-DESSOUS DE 2
          ANS). SEXE FEMININ. AGE EN ANNEES: 80 A 84, 1925

DATA SET 318: MOUVEMENT DE LA POPULATION 1925 (DEPARTEMENT)

NUMERO DE
LA VARIABLE   NOM DE LA VARIABLE

74   DECES SUIVANT LA CAUSE, LE SEXE ET L'AGE.   (26) APPENDICITE ET TYPHLITE.   SEXE
            FEMININ. AGE EN ANNEES: 80 A 84, 1925

75   DECES SUIVANT LA CAUSE, LE SEXE ET L'AGE.   (27) HERNIE, OBSTRUCTION INTESTINALE.
            SEXE FEMININ. AGE EN ANNEES: 80 A 84, 1925

76   DECES SUIVANT LA CAUSE, LE SEXE ET L'AGE.   (28) CIRRHOSE DU FOIE. SEXE FEMININ. AGE
            EN ANNEES: 80 A 84, 1925

77   DECES SUIVANT LA CAUSE, LE SEXE ET L'AGE.   (29) NEPHRITE AIGUE OU CHRONIQUE. SEXE
            FEMININ. AGE EN ANNEES: 80 A 84, 1925

78   DECES SUIVANT LA CAUSE, LE SEXE ET L'AGE.   (30) TUMEURS NON CANCEREUSES ET AUTRES
            AFFECTIONS DES ORGANES GENITAUX DE LA FEMME. SEXE FEMININ. AGE EN ANNEES: 80 A 84,
            1925

79   DECES SUIVANT LA CAUSE, LE SEXE ET L'AGE. (31) SEPTICEMIE PUERPERALE (FIEVRE,
            PERITONITE PUERPERALES). SEXE FEMININ. AGE EN ANNEES: 80 A 84, 1925

80   DECES SUIVANT LA CAUSE, LE SEXE ET L'AGE.   (32) AUTRES ACCIDENTS PUERPERAUX DE LA
            GROSSESSE ET DE L'ACCOUCHEMENT. SEXE FEMININ. AGE EN ANNEES: 80 A 84, 1925

81   DECES SUIVANT LA CAUSE, LE SEXE ET L'AGE.   (33) DEBILITE CONGENITALE ET VICES DE
            CONFORMATION. SEXE FEMININ. AGE EN ANNEES: 80 A 84, 1925

82   DECES SUIVANT LA CAUSE, LE SEXE ET L'AGE.   (34) SENILITE. SEXE FEMININ. AGE EN
            ANNEES: 80 A 84, 1925

83   DECES SUIVANT LA CAUSE, LE SEXE ET L'AGE.   (35) MORTS VIOLENTES (SUICIDE EXCEPTE).
            SEXE FEMININ. AGE EN ANNEES: 80 A 84, 1925

84   DECES SUIVANT LA CAUSE, LE SEXE ET L'AGE.   (36) SUICIDE. SEXE FEMININ. AGE EN
            ANNEES: 80 A 84, 1925

85   DECES SUIVANT LA CAUSE, LE SEXE ET L'AGE.   (37) AUTRES MALADIES. SEXE FEMININ. AGE
            EN ANNEES: 80 A 84, 1925

86   DECES SUIVANT LA CAUSE, LE SEXE ET L'AGE.   (38) MALADIE NON SPECIFIEE OU MAL DEFINIE.
            SEXE FEMININ. AGE EN ANNEES: 80 A 84, 1925

87   DECES SUIVANT LA CAUSE, LE SEXE ET L'AGE.   TOTAL DES DECES. SEXE FEMININ. AGE EN
            ANNEES: 85 A 89, 1925

88   DECES SUIVANT LA CAUSE, LE SEXE ET L'AGE.   (1) FIEVRE TYPHOIDE (TYPHUSABDOMINAL) OU
            PARATYPHOIDE. SEXE FEMININ. AGE EN ANNEES: 85 A 89, 1925

89   DECES SUIVANT LA CAUSE, LE SEXE ET L'AGE.   (2) TYPHUS EXANTHEMATIQUE. SEXE FEMININ.
            AGE EN ANNEES: 85 A 89, 1925

90   DECES SUIVANT LA CAUSE, LE SEXE ET L'AGE.   (3) FIEVRE OU CACHEXIE PALUDEENNES. SEXE
            FEMININ. AGE EN ANNEES: 85 A 89, 1925

91   DECES SUIVANT LA CAUSE, LE SEXE ET L'AGE.   (4) VARIOLE. SEXE FEMININ. AGE EN ANNEES:
            85 A 89, 1925

92   DECES SUIVANT LA CAUSE, LE SEXE ET L'AGE.   (5) ROUGEOLE. SEXE FEMININ. AGE EN
            ANNEES: 85 A 89, 1925

93   DECES SUIVANT LA CAUSE, LE SEXE ET L'AGE.   (6) SCARLATINE. SEXE FEMININ. AGE EN
            ANNEES: 85 A 89, 1925

94   DECES SUIVANT LA CAUSE, LE SEXE ET L'AGE.   (7) COQUELUCHE. SEXE FEMININ. AGE EN
            ANNEES: 85 A 89, 1925

95   DECES SUIVANT LA CAUSE, LE SEXE ET L'AGE.   (8) DIPHTERIE. SEXE FEMININ. AGE EN
            ANNEES: 85 A 89, 1925

96   DECES SUIVANT LA CAUSE, LE SEXE ET L'AGE.   (9) GRIPPE. SEXE FEMININ. AGE EN ANNEES:
            85 A 89, 1925

DATA SET 318: MOUVEMENT DE LA POPULATION 1925 (DEPARTEMENT)

NUMERO DE
LA VARIABLE   NOM DE LA VARIABLE

97   DECES SUIVANT LA CAUSE, LE SEXE ET L'AGE. (10) CHOLERA ASIATIQUE. SEXE FEMININ.
            AGE EN ANNEES: 85 A 89, 1925

98   DECES SUIVANT LA CAUSE, LE SEXE ET L'AGE. (11) ENTERITE CHOLERIFORME. SEXE FEMININ.
            AGE EN ANNEES: 85 A 89, 1925

99   DECES SUIVANT LA CAUSE, LE SEXE ET L'AGE. (12) AUTRES MALADIES EPIDEMIQUES. SEXE
            FEMININ. AGE EN ANNEES: 85 A 89, 1925

100   DECES SUIVANT LA CAUSE, LE SEXE ET L'AGE. (13) TUBERCULOSE DE L'APPAREIL
            RESPIRATOIRE. SEXE FEMININ. AGE EN ANNEES: 85 A 89, 1925

101   DECES SUIVANT LA CAUSE, LE SEXE ET L'AGE. (14) TUBERCULOSE DES MENINGES ET DU SYSTEME
            NERVEUX CENTRAL. SEXE FEMININ. AGE EN ANNEES: 85 A 89, 1925

102   DECES SUIVANT LA CAUSE, LE SEXE ET L'AGE. (15) AUTRES TUBERCULOSES. SEXE FEMININ.
            AGE EN ANNEES: 85 A 89, 1925

103   DECES SUIVANT LA CAUSE, LE SEXE ET L'AGE. (16) CANCER ET AUTRES TUMEURS MALIGNES.
            SEXE FEMININ. AGE EN ANNEES: 85 A 89, 1925

104   DECES SUIVANT LA CAUSE, LE SEXE ET L'AGE. (17) MENINGITE SIMPLE. SEXE FEMININ. AGE
            EN ANNEES: 85 A 89, 1925

105   DECES SUIVANT LA CAUSE, LE SEXE ET L'AGE. (18) HEMORRAGIE, APOPLEXIE ET
            RAMOLLISSEMENT DU CERVEAU. SEXE FEMININ. AGE EN ANNEES: 85 A 89, 1925

106   DECES SUIVANT LA CAUSE, LE SEXE ET L'AGE. (19) MALADIES DU COEUR. SEXE FEMININ.
            AGE EN ANNEES: 85 A 89, 1925

107   DECES SUIVANT LA CAUSE, LE SEXE ET L'AGE. (20) BRONCHITE AIGUE (Y COMPRIS LES
            BRONCHITES SANS EPITHETE, DE MOINS DE 5 ANS). SEXE FEMININ. AGE EN ANNEES: 85 A
            89, 1925

108   DECES SUIVANT LA CAUSE, LE SEXE ET L'AGE. (21) BRONCHITE CHRONIQUE (Y COMPRIS LES
            BRONCHITES SANS EPITHETE, DE 5 ANS ET PLUS). SEXE FEMININ. AGE EN ANNEES: 85 A 89,
            1925

109   DECES SUIVANT LA CAUSE, LE SEXE ET L'AGE. (22) PNEUMONIE. SEXE FEMININ. AGE EN
            ANNEES: 85 A 89, 1925

110   DECES SUIVANT LA CAUSE, LE SEXE ET L'AGE. (23) AUTRES AFFECTIONS DE L'APPAREIL
            RESPIRATOIRE (PHTISIE EXCEPTEE). SEXE FEMININ. AGE EN ANNEES: 85 A 89, 1925

111   DECES SUIVANT LA CAUSE, LE SEXE ET L'AGE. (24) AFFECTIONS DE L'ESTOMAC (CANCER
            EXCEPTE). SEXE FEMININ. AGE EN ANNEES: 85 A 89, 1925

112   DECES SUIVANT LA CAUSE, LE SEXE ET L'AGE. (25) DIARRHEE ET ENTERITE (AU-DESSOUS DE 2
            ANS). SEXE FEMININ. AGE EN ANNEES: 85 A 89, 1925

113   DECES SUIVANT LA CAUSE, LE SEXE ET L'AGE. (26) APPENDICITE ET TYPHLITE. SEXE
            FEMININ. AGE EN ANNEES: 85 A 89, 1925

114   DECES SUIVANT LA CAUSE, LE SEXE ET L'AGE. (27) HERNIE, OBSTRUCTION INTESTINALE.
            SEXE FEMININ. AGE EN ANNEES: 85 A 89, 1925

115   DECES SUIVANT LA CAUSE, LE SEXE ET L'AGE. (28) CIRRHOSE DU FOIE. SEXE FEMININ. AGE
            EN ANNEES: 85 A 89, 1925

116   DECES SUIVANT LA CAUSE, LE SEXE ET L'AGE. (29) NEPHRITE AIGUE OU CHRONIQUE. SEXE
            FEMININ. AGE EN ANNEES: 85 A 89, 1925

117   DECES SUIVANT LA CAUSE, LE SEXE ET L'AGE. (30) TUMEURS NON CANCEREUSES ET AUTRES
            AFFECTIONS DES ORGANES GENITAUX DE LA FEMME. SEXE FEMININ. AGE EN ANNEES: 85 A 89,
            1925

118   DECES SUIVANT LA CAUSE, LE SEXE ET L'AGE. (31) SEPTICEMIE PUERPERALE (FIEVRE,
            PERITONITE PUERPERALES). SEXE FEMININ. AGE EN ANNEES: 85 A 89, 1925

119   DECES SUIVANT LA CAUSE, LE SEXE ET L'AGE. (32) AUTRES ACCIDENTS PUERPERAUX DE LA
            GROSSESSE ET DE L'ACCOUCHEMENT. SEXE FEMININ. AGE EN ANNEES: 85 A 89, 1925

DATA SET 318: MOUVEMENT DE LA POPULATION 1925 (DEPARTEMENT)

NUMERO DE
LA VARIABLE   NOM DE LA VARIABLE

120   DECES SUIVANT LA CAUSE, LE SEXE ET L'AGE. (33) DEBILITE CONGENITALE ET VICES DE
           CONFORMATION. SEXE FEMININ. AGE EN ANNEES: 85 A 89, 1925

121   DECES SUIVANT LA CAUSE, LE SEXE ET L'AGE. (34) SENILITE. SEXE FEMININ. AGE EN
           ANNEES: 85 A 89, 1925

122   DECES SUIVANT LA CAUSE, LE SEXE ET L'AGE. (35) MORTS VIOLENTES (SUICIDE EXCEPTE).
           SEXE FEMININ. AGE EN ANNEES: 85 A 89, 1925

123   DECES SUIVANT LA CAUSE, LE SEXE ET L'AGE. (36) SUICIDE. SEXE FEMININ. AGE EN
           ANNEES: 85 A 89, 1925

124   DECES SUIVANT LA CAUSE, LE SEXE ET L'AGE. (37) AUTRES MALADIES. SEXE FEMININ. AGE
           EN ANNEES: 85 A 89, 1925

125   DECES SUIVANT LA CAUSE, LE SEXE ET L'AGE. (38) MALADIE NON SPECIFIEE OU MAL DEFINIE.
           SEXE FEMININ. AGE EN ANNEES: 85 A 89, 1925

126   DECES SUIVANT LA CAUSE, LE SEXE ET L'AGE. TOTAL DES DECES. SEXE FEMININ. AGE EN
           ANNEES: 90 A 94, 1925

127   DECES SUIVANT LA CAUSE, LE SEXE ET L'AGE. (1) FIEVRE TYPHOIDE (TYPHUSABDOMINAL) OU
           PARATYPHOIDE. SEXE FEMININ. AGE EN ANNEES: 90 A 94, 1925

128   DECES SUIVANT LA CAUSE, LE SEXE ET L'AGE. (2) TYPHUS EXANTHEMATIQUE. SEXE FEMININ.
           AGE EN ANNEES: 90 A 94, 1925

129   DECES SUIVANT LA CAUSE, LE SEXE ET L'AGE. (3) FIEVRE OU CACHEXIE PALUDEENNES. SEXE
           FEMININ. AGE EN ANNEES: 90 A 94, 1925

130   DECES SUIVANT LA CAUSE, LE SEXE ET L'AGE. (4) VARIOLE. SEXE FEMININ. AGE EN ANNEES:
           90 A 94, 1925

131   DECES SUIVANT LA CAUSE, LE SEXE ET L'AGE. (5) ROUGEOLE. SEXE FEMININ. AGE EN
           ANNEES: 90 A 94, 1925

132   DECES SUIVANT LA CAUSE, LE SEXE ET L'AGE. (6) SCARLATINE. SEXE FEMININ. AGE EN
           ANNEES: 90 A 94, 1925

133   DECES SUIVANT LA CAUSE, LE SEXE ET L'AGE. (7) COQUELUCHE. SEXE FEMININ. AGE EN
           ANNEES: 90 A 94, 1925

134   DECES SUIVANT LA CAUSE, LE SEXE ET L'AGE. (8) DIPHTERIE. SEXE FEMININ. AGE EN
           ANNEES: 90 A 94, 1925

135   DECES SUIVANT LA CAUSE, LE SEXE ET L'AGE. (9) GRIPPE. SEXE FEMININ. AGE EN ANNEES:
           90 A 94, 1925

136   DECES SUIVANT LA CAUSE, LE SEXE ET L'AGE. (10) CHOLERA ASIATIQUE. SEXE FEMININ.
           AGE EN ANNEES: 90 A 94, 1925

137   DECES SUIVANT LA CAUSE, LE SEXE ET L'AGE. (11) ENTERITE CHOLERIFORME. SEXE FEMININ.
           AGE EN ANNEES: 90 A 94, 1925

138   DECES SUIVANT LA CAUSE, LE SEXE ET L'AGE. (12) AUTRES MALADIES EPIDEMIQUES. SEXE
           FEMININ. AGE EN ANNEES: 90 A 94, 1925

139   DECES SUIVANT LA CAUSE, LE SEXE ET L'AGE. (13) TUBERCULOSE DE L'APPAREIL
           RESPIRATOIRE. SEXE FEMININ. AGE EN ANNEES: 90 A 94, 1925

140   DECES SUIVANT LA CAUSE, LE SEXE ET L'AGE. (14) TUBERCULOSE DES MENINGES ET DU SYSTEME
           NERVEUX CENTRAL. SEXE FEMININ. AGE EN ANNEES: 90 A 94, 1925

141   DECES SUIVANT LA CAUSE, LE SEXE ET L'AGE. (15) AUTRES TUBERCULOSES. SEXE FEMININ.
           AGE EN ANNEES: 90 A 94, 1925

142   DECES SUIVANT LA CAUSE, LE SEXE ET L'AGE. (16) CANCER ET AUTRES TUMEURS MALIGNES.
           SEXE FEMININ. AGE EN ANNEES: 90 A 94, 1925

143   DECES SUIVANT LA CAUSE, LE SEXE ET L'AGE. (17) MENINGITE SIMPLE. SEXE FEMININ. AGE
           EN ANNEES: 90 A 94, 1925

DATA SET 318:   MOUVEMENT DE LA POPULATION 1925 (DEPARTEMENT)

NUMERO DE
LA VARIABLE   NOM DE LA VARIABLE

144   DECES SUIVANT LA CAUSE, LE SEXE ET L'AGE. (18) HEMORRAGIE, APOPLEXIE ET
             RAMOLLISSEMENT DU CERVEAU. SEXE FEMININ. AGE EN ANNEES: 90 A 94, 1925

145   DECES SUIVANT LA CAUSE, LE SEXE ET L'AGE. (19) MALADIES DU COEUR. SEXE FEMININ.
             AGE EN ANNEES: 90 A 94, 1925

146   DECES SUIVANT LA CAUSE, LE SEXE ET L'AGE. (20) BRONCHITE AIGUE (Y COMPRIS LES
             BRONCHITES SANS EPITHETE, DE MOINS DE 5 ANS). SEXE FEMININ. AGE EN ANNEES: 90 A
             94, 1925

147   DECES SUIVANT LA CAUSE, LE SEXE ET L'AGE. (21) BRONCHITE CHRONIQUE (Y COMPRIS LES
             BRONCHITES SANS EPITHETE, DE 5 ANS ET PLUS). SEXE FEMININ. AGE EN ANNEES: 90 A 94,
             1925

148   DECES SUIVANT LA CAUSE, LE SEXE ET L'AGE. (22) PNEUMONIE. SEXE FEMININ. AGE EN
             ANNEES: 90 A 94, 1925

149   DECES SUIVANT LA CAUSE, LE SEXE ET L'AGE. (23) AUTRES AFFECTIONS DE L'APPAREIL
             RESPIRATOIRE (PHTISIE EXCEPTEE). SEXE FEMININ. AGE EN ANNEES: 90 A 94, 1925

150   DECES SUIVANT LA CAUSE, LE SEXE ET L'AGE. (24) AFFECTIONS DE L'ESTOMAC (CANCER
             EXCEPTE). SEXE FEMININ. AGE EN ANNEES: 90 A 94, 1925

151   DECES SUIVANT LA CAUSE, LE SEXE ET L'AGE. (25) DIARRHEE ET ENTERITE (AU-DESSOUS DE 2
             ANS). SEXE FEMININ. AGE EN ANNEES: 90 A 94, 1925

152   DECES SUIVANT LA CAUSE, LE SEXE ET L'AGE. (26) APPENDICITE ET TYPHLITE. SEXE
             FEMININ. AGE EN ANNEES: 90 A 94, 1925

153   DECES SUIVANT LA CAUSE, LE SEXE ET L'AGE. (27) HERNIE, OBSTRUCTION INTESTINALE.
             SEXE FEMININ. AGE EN ANNEES: 90 A 94, 1925

154   DECES SUIVANT LA CAUSE, LE SEXE ET L'AGE. (28) CIRRHOSE DU FOIE. SEXE FEMININ. AGE
             EN ANNEES: 90 A 94, 1925

155   DECES SUIVANT LA CAUSE, LE SEXE ET L'AGE. (29) NEPHRITE AIGUE OU CHRONIQUE. SEXE
             FEMININ. AGE EN ANNEES: 90 A 94, 1925

156   DECES SUIVANT LA CAUSE, LE SEXE ET L'AGE. (30) TUMEURS NON CANCEREUSES ET AUTRES
             AFFECTIONS DES ORGANES GENITAUX DE LA FEMME. SEXE FEMININ. AGE EN ANNEES: 90 A 94,
             1925

157   DECES SUIVANT LA CAUSE, LE SEXE ET L'AGE. (31) SEPTICEMIE PUERPERALE (FIEVRE,
             PERITONITE PUERPERALES). SEXE FEMININ. AGE EN ANNEES: 90 A 94, 1925

158   DECES SUIVANT LA CAUSE, LE SEXE ET L'AGE. (32) AUTRES ACCIDENTS PUERPERAUX DE LA
             GROSSESSE ET DE L'ACCOUCHEMENT. SEXE FEMININ. AGE EN ANNEES: 90 A 94, 1925

159   DECES SUIVANT LA CAUSE, LE SEXE ET L'AGE. (33) DEBILITE CONGENITALE ET VICES DE
             CONFORMATION. SEXE FEMININ. AGE EN ANNEES: 90 A 94, 1925

160   DECES SUIVANT LA CAUSE, LE SEXE ET L'AGE. (34) SENILITE. SEXE FEMININ. AGE EN
             ANNEES: 90 A 94, 1925

161   DECES SUIVANT LA CAUSE, LE SEXE ET L'AGE. (35) MORTS VIOLENTES (SUICIDE EXCEPTE).
             SEXE FEMININ. AGE EN ANNEES: 90 A 94, 1925

162   DECES SUIVANT LA CAUSE, LE SEXE ET L'AGE. (36) SUICIDE. SEXE FEMININ. AGE EN
             ANNEES: 90 A 94, 1925

163   DECES SUIVANT LA CAUSE, LE SEXE ET L'AGE. (37) AUTRES MALADIES. SEXE FEMININ. AGE
             EN ANNEES: 90 A 94, 1925

164   DECES SUIVANT LA CAUSE, LE SEXE ET L'AGE. (38) MALADIE NON SPECIFIEE OU MAL DEFINIE.
             SEXE FEMININ. AGE EN ANNEES: 90 A 94, 1925

165   DECES SUIVANT LA CAUSE, LE SEXE ET L'AGE. TOTAL DES DECES. SEXE FEMININ. AGE EN
             ANNEES: 95 A 99, 1925

166   DECES SUIVANT LA CAUSE, LE SEXE ET L'AGE. (1) FIEVRE TYPHOIDE (TYPHUSABDOMINAL) OU
             PARATYPHOIDE. SEXE FEMININ. AGE EN ANNEES: 95 A 99, 1925

DATA SET 318: MOUVEMENT DE LA POPULATION 1925 (DEPARTEMENT)

NUMERO DE LA VARIABLE	NOM DE LA VARIABLE
167	DECES SUIVANT LA CAUSE, LE SEXE ET L'AGE. (2) TYPHUS EXANTHEMATIQUE. SEXE FEMININ. AGE EN ANNEES: 95 A 99, 1925
168	DECES SUIVANT LA CAUSE, LE SEXE ET L'AGE. (3) FIEVRE OU CACHEXIE PALUDEENNES. SEXE FEMININ. AGE EN ANNEES: 95 A 99, 1925
169	DECES SUIVANT LA CAUSE, LE SEXE ET L'AGE. (4) VARIOLE. SEXE FEMININ. AGE EN ANNEES: 95 A 99, 1925
170	DECES SUIVANT LA CAUSE, LE SEXE ET L'AGE. (5) ROUGEOLE. SEXE FEMININ. AGE EN ANNEES: 95 A 99, 1925
171	DECES SUIVANT LA CAUSE, LE SEXE ET L'AGE. (6) SCARLATINE. SEXE FEMININ. AGE EN ANNEES: 95 A 99, 1925
172	DECES SUIVANT LA CAUSE, LE SEXE ET L'AGE. (7) COQUELUCHE. SEXE FEMININ. AGE EN ANNEES: 95 A 99, 1925
173	DECES SUIVANT LA CAUSE, LE SEXE ET L'AGE. (8) DIPHTERIE. SEXE FEMININ. AGE EN ANNEES: 95 A 99, 1925
174	DECES SUIVANT LA CAUSE, LE SEXE ET L'AGE. (9) GRIPPE. SEXE FEMININ. AGE EN ANNEES: 95 A 99, 1925
175	DECES SUIVANT LA CAUSE, LE SEXE ET L'AGE. (10) CHOLERA ASIATIQUE. SEXE FEMININ. AGE EN ANNEES: 95 A 99, 1925
176	DECES SUIVANT LA CAUSE, LE SEXE ET L'AGE. (11) ENTERITE CHOLERIFORME. SEXE FEMININ. AGE EN ANNEES: 95 A 99, 1925
177	DECES SUIVANT LA CAUSE, LE SEXE ET L'AGE. (12) AUTRES MALADIES EPIDEMIQUES. SEXE FEMININ. AGE EN ANNEES: 95 A 99, 1925
178	DECES SUIVANT LA CAUSE, LE SEXE ET L'AGE. (13) TUBERCULOSE DE L'APPAREIL RESPIRATOIRE. SEXE FEMININ. AGE EN ANNEES: 95 A 99, 1925
179	DECES SUIVANT LA CAUSE, LE SEXE ET L'AGE. (14) TUBERCULOSE DES MENINGES ET DU SYSTEME NERVEUX CENTRAL. SEXE FEMININ. AGE EN ANNEES: 95 A 99, 1925
180	DECES SUIVANT LA CAUSE, LE SEXE ET L'AGE. (15) AUTRES TUBERCULOSES. SEXE FEMININ. AGE EN ANNEES: 95 A 99, 1925
181	DECES SUIVANT LA CAUSE, LE SEXE ET L'AGE. (16) CANCER ET AUTRES TUMEURS MALIGNES. SEXE FEMININ. AGE EN ANNEES: 95 A 99, 1925
182	DECES SUIVANT LA CAUSE, LE SEXE ET L'AGE. (17) MENINGITE SIMPLE. SEXE FEMININ. AGE EN ANNEES: 95 A 99, 1925
183	DECES SUIVANT LA CAUSE, LE SEXE ET L'AGE. (18) HEMORRAGIE, APOPLEXIE ET RAMOLLISSEMENT DU CERVEAU. SEXE FEMININ. AGE EN ANNEES: 95 A 99, 1925
184	DECES SUIVANT LA CAUSE, LE SEXE ET L'AGE. (19) MALADIES DU COEUR. SEXE FEMININ. AGE EN ANNEES: 95 A 99, 1925
185	DECES SUIVANT LA CAUSE, LE SEXE ET L'AGE. (20) BRONCHITE AIGUE (Y COMPRIS LES BRONCHITES SANS EPITHETE, DE MOINS DE 5 ANS). SEXE FEMININ. AGE EN ANNEES: 95 A 99, 1925
186	DECES SUIVANT LA CAUSE, LE SEXE ET L'AGE. (21) BRONCHITE CHRONIQUE (Y COMPRIS LES BRONCHITES SANS EPITHETE, DE 5 ANS ET PLUS). SEXE FEMININ. AGE EN ANNEES: 95 A 99, 1925
187	DECES SUIVANT LA CAUSE, LE SEXE ET L'AGE. (22) PNEUMONIE. SEXE FEMININ. AGE EN ANNEES: 95 A 99, 1925
188	DECES SUIVANT LA CAUSE, LE SEXE ET L'AGE. (23) AUTRES AFFECTIONS DE L'APPAREIL RESPIRATOIRE (PHTISIE EXCEPTEE). SEXE FEMININ. AGE EN ANNEES: 95 A 99, 1925
189	DECES SUIVANT LA CAUSE, LE SEXE ET L'AGE. (24) AFFECTIONS DE L'ESTOMAC (CANCER EXCEPTE). SEXE FEMININ. AGE EN ANNEES: 95 A 99, 1925

375

DATA SET 318:   MOUVEMENT DE LA POPULATION 1925 (DEPARTEMENT)

NUMERO DE
LA VARIABLE   NOM DE LA VARIABLE

190   DECES SUIVANT LA CAUSE, LE SEXE ET L'AGE. (25) DIARRHEE ET ENTERITE (AU-DESSOUS DE 2
           ANS). SEXE FEMININ.   AGE EN ANNEES: 95 A 99, 1925

191   DECES SUIVANT LA CAUSE, LE SEXE ET L'AGE. (26) APPENDICITE ET TYPHLITE. SEXE
           FEMININ. AGE EN ANNEES: 95 A 99, 1925

192   DECES SUIVANT LA CAUSE, LE SEXE ET L'AGE. (27) HERNIE, OBSTRUCTION INTESTINALE.
           SEXE FEMININ.   AGE EN ANNEES: 95 A 99, 1925

193   DECES SUIVANT LA CAUSE, LE SEXE ET L'AGE. (28) CIRRHOSE DU FOIE. SEXE FEMININ. AGE
           EN ANNEES: 95 A 99, 1925

194   DECES SUIVANT LA CAUSE, LE SEXE ET L'AGE. (29) NEPHRITE AIGUE OU CHRONIQUE. SEXE
           FEMININ. AGE EN ANNEES: 95 A 99, 1925

195   DECES SUIVANT LA CAUSE, LE SEXE ET L'AGE. (30) TUMEURS NON CANCEREUSES ET AUTRES
           AFFECTIONS DES ORGANES GENITAUX DE LA FEMME. SEXE FEMININ.   AGE EN ANNEES: 95 A 99,
           1925

196   DECES SUIVANT LA CAUSE, LE SEXE ET L'AGE. (31) SEPTICEMIE PUERPERALE (FIEVRE,
           PERITONITE PUERPERALES). SEXE FEMININ. AGE EN ANNEES: 95 A 99, 1925

197   DECES SUIVANT LA CAUSE, LE SEXE ET L'AGE. (32) AUTRES ACCIDENTS PUERPERAUX DE LA
           GROSSESSE ET DE L'ACCOUCHEMENT. SEXE FEMININ. AGE EN ANNEES: 95 A 99, 1925

198   DECES SUIVANT LA CAUSE, LE SEXE ET L'AGE. (33) DEBILITE CONGENITALE ET VICES DE
           CONFORMATION. SEXE FEMININ. AGE EN ANNEES: 95 A 99, 1925

199   DECES SUIVANT LA CAUSE, LE SEXE ET L'AGE. (34) SENILITE. SEXE FEMININ. AGE EN
           ANNEES: 95 A 99, 1925

200   DECES SUIVANT LA CAUSE, LE SEXE ET L'AGE. (35) MORTS VIOLENTES (SUICIDE EXCEPTE).
           SEXE FEMININ. AGE EN ANNEES: 95 A 99, 1925

201   DECES SUIVANT LA CAUSE, LE SEXE ET L'AGE. (36) SUICIDE. SEXE FEMININ. AGE EN
           ANNEES: 95 A 99, 1925

202   DECES SUIVANT LA CAUSE, LE SEXE ET L'AGE. (37) AUTRES MALADIES. SEXE FEMININ. AGE
           EN ANNEES: 95 A 99, 1925

203   DECES SUIVANT LA CAUSE, LE SEXE ET L'AGE. (38) MALADIE NON SPECIFIEE OU MAL DEFINIE.
           SEXE FEMININ. AGE EN ANNEES: 95 A 99, 1925

204   DECES SUIVANT LA CAUSE, LE SEXE ET L'AGE. TOTAL DES DECES. SEXE FEMININ. AGE EN
           ANNEES: 100 ET PLUS, 1925

205   DECES SUIVANT LA CAUSE, LE SEXE ET L'AGE. (1) FIEVRE TYPHOIDE (TYPHUSABDOMINAL) OU
           PARATYPHOIDE. SEXE FEMININ. AGE EN ANNEES: 100 ET PLUS, 1925

206   DECES SUIVANT LA CAUSE, LE SEXE ET L'AGE. (2) TYPHUS EXANTHEMATIQUE. SEXE FEMININ.
           AGE EN ANNEES: 100 ET PLUS, 1925

207   DECES SUIVANT LA CAUSE, LE SEXE ET L'AGE. (3) FIEVRE OU CACHEXIE PALUDEENNES. SEXE
           FEMININ. AGE EN ANNEES: 100 ET PLUS, 1925

208   DECES SUIVANT LA CAUSE, LE SEXE ET L'AGE. (4) VARIOLE. SEXE FEMININ. AGE EN ANNEES:
           100 ET PLUS, 1925

209   DECES SUIVANT LA CAUSE, LE SEXE ET L'AGE. (5) ROUGEOLE. SEXE FEMININ. AGE EN
           ANNEES: 100 ET PLUS, 1925

210   DECES SUIVANT LA CAUSE, LE SEXE ET L'AGE. (6) SCARLATINE. SEXE FEMININ. AGE EN
           ANNEES: 100 ET PLUS, 1925

211   DECES SUIVANT LA CAUSE, LE SEXE ET L'AGE. (7) COQUELUCHE. SEXE FEMININ. AGE EN
           ANNEES: 100 ET PLUS, 1925

212   DECES SUIVANT LA CAUSE, LE SEXE ET L'AGE. (8) DIPHTERIE. SEXE FEMININ. AGE EN
           ANNEES: 100 ET PLUS, 1925

DATA SET 318: MOUVEMENT DE LA POPULATION 1925 (DEPARTEMENT)

NUMERO DE
LA VARIABLE   NOM DE LA VARIABLE

213   DECES SUIVANT LA CAUSE, LE SEXE ET L'AGE.   (9) GRIPPE. SEXE FEMININ. AGE EN ANNEES:
           100 ET PLUS, 1925

214   DECES SUIVANT LA CAUSE, LE SEXE ET L'AGE.   (10) CHOLERA ASIATIQUE. SEXE FEMININ.
           AGE EN ANNEES: 100 ET PLUS, 1925

215   DECES SUIVANT LA CAUSE, LE SEXE ET L'AGE.   (11) ENTERITE CHOLERIFORME. SEXE FEMININ.
           AGE EN ANNEES: 100 ET PLUS, 1925

216   DECES SUIVANT LA CAUSE, LE SEXE ET L'AGE.   (12) AUTRES MALADIES EPIDEMIQUES. SEXE
           FEMININ. AGE EN ANNEES: 100 ET PLUS, 1925

217   DECES SUIVANT LA CAUSE, LE SEXE ET L'AGE. (13) TUBERCULOSE DE L'APPAREIL
           RESPIRATOIRE. SEXE FEMININ. AGE EN ANNEES: 100 ET PLUS, 1925

218   DECES SUIVANT LA CAUSE, LE SEXE ET L'AGE. (14) TUBERCULOSE DES MENINGES ET DU SYSTEME
           NERVEUX CENTRAL. SEXE FEMININ. AGE EN ANNEES: 100 ET PLUS, 1925

219   DECES SUIVANT LA CAUSE, LE SEXE ET L'AGE. (15) AUTRES TUBERCULOSES. SEXE FEMININ.
           AGE EN ANNEES: 100 ET PLUS, 1925

220   DECES SUIVANT LA CAUSE, LE SEXE ET L'AGE. (16) CANCER ET AUTRES TUMEURS MALIGNES.
           SEXE FEMININ. AGE EN ANNEES: 100 ET PLUS, 1925

221   DECES SUIVANT LA CAUSE, LE SEXE ET L'AGE. (17) MENINGITE SIMPLE. SEXE FEMININ. AGE
           EN ANNEES: 100 ET PLUS, 1925

222   DECES SUIVANT LA CAUSE, LE SEXE ET L'AGE. (18) HEMORRAGIE, APOPLEXIE ET
           RAMOLLISSEMENT DU CERVEAU. SEXE FEMININ. AGE EN ANNEES: 100 ET PLUS, 1925

223   DECES SUIVANT LA CAUSE, LE SEXE ET L'AGE. (19) MALADIES DU COEUR. SEXE FEMININ.
           AGE EN ANNEES: 100 ET PLUS, 1925

224   DECES SUIVANT LA CAUSE, LE SEXE ET L'AGE. (20) BRONCHITE AIGUE (Y COMPRIS LES
           BRONCHITES SANS EPITHETE, DE MOINS DE 5 ANS). SEXE FEMININ. AGE EN ANNEES: 100 ET
           PLUS, 1925

225   DECES SUIVANT LA CAUSE, LE SEXE ET L'AGE. (21) BRONCHITE CHRONIQUE (Y COMPRIS LES
           BRONCHITES SANS EPITHETE, DE 5 ANS ET PLUS). SEXE FEMININ. AGE EN ANNEES: 100 ET
           PLUS, 1925

226   DECES SUIVANT LA CAUSE, LE SEXE ET L'AGE. (22) PNEUMONIE. SEXE FEMININ. AGE EN
           ANNEES: 100 ET PLUS, 1925

227   DECES SUIVANT LA CAUSE, LE SEXE ET L'AGE. (23) AUTRES AFFECTIONS DE L'APPAREIL
           RESPIRATOIRE (PHTISIE EXCEPTEE). SEXE FEMININ. AGE EN ANNEES: 100 ET PLUS, 1925

228   DECES SUIVANT LA CAUSE, LE SEXE ET L'AGE. (24) AFFECTIONS DE L'ESTOMAC (CANCER
           EXCEPTE). SEXE FEMININ. AGE EN ANNEES: 100 ET PLUS, 1925

229   DECES SUIVANT LA CAUSE, LE SEXE ET L'AGE. (25) DIARRHEE ET ENTERITE (AU-DESSOUS DE 2
           ANS). SEXE FEMININ. AGE EN ANNEES: 100 ET PLUS, 1925

230   DECES SUIVANT LA CAUSE, LE SEXE ET L'AGE.   (26) APPENDICITE ET TYPHLITE. SEXE
           FEMININ. AGE EN ANNEES: 100 ET PLUS, 1925

231   DECES SUIVANT LA CAUSE, LE SEXE ET L'AGE.   (27) HERNIE, OBSTRUCTION INTESTINALE.
           SEXE FEMININ. AGE EN ANNEES: 100 ET PLUS, 1925

232   DECES SUIVANT LA CAUSE, LE SEXE ET L'AGE.   (28) CIRRHOSE DU FOIE. SEXE FEMININ. AGE
           EN ANNEES: 100 ET PLUS, 1925

233   DECES SUIVANT LA CAUSE, LE SEXE ET L'AGE.   (29) NEPHRITE AIGUE OU CHRONIQUE. SEXE
           FEMININ. AGE EN ANNEES: 100 ET PLUS, 1925

234   DECES SUIVANT LA CAUSE, LE SEXE ET L'AGE.   (30) TUMEURS NON CANCEREUSES ET AUTRES
           AFFECTIONS DES ORGANES GENITAUX DE LA FEMME. SEXE FEMININ. AGE EN ANNEES: 100 ET
           PLUS, 1925

235   DECES SUIVANT LA CAUSE, LE SEXE ET L'AGE. (31) SEPTICEMIE PUERPERALE (FIEVRE,
           PERITONITE PUERPERALES). SEXE FEMININ. AGE EN ANNEES: 100 ET PLUS, 1925

DATA SET 318: MOUVEMENT DE LA POPULATION 1925 (DEPARTEMENT)

NUMERO DE
LA VARIABLE   NOM DE LA VARIABLE

236   DECES SUIVANT LA CAUSE, LE SEXE ET L'AGE. (32) AUTRES ACCIDENTS PUERPERAUX DE LA
           GROSSESSE ET DE L'ACCOUCHEMENT. SEXE FEMININ. AGE EN ANNEES: 100 ET PLUS, 1925

237   DECES SUIVANT LA CAUSE, LE SEXE ET L'AGE. (33) DEBILITE CONGENITALE ET VICES DE
           CONFORMATION. SEXE FEMININ. AGE EN ANNEES: 100 ET PLUS, 1925

238   DECES SUIVANT LA CAUSE, LE SEXE ET L'AGE. (34) SENILITE. SEXE FEMININ. AGE EN
           ANNEES: 100 ET PLUS, 1925

239   DECES SUIVANT LA CAUSE, LE SEXE ET L'AGE. (35) MORTS VIOLENTES (SUICIDE EXCEPTE).
           SEXE FEMININ. AGE EN ANNEES: 100 ET PLUS, 1925

240   DECES SUIVANT LA CAUSE, LE SEXE ET L'AGE. (36) SUICIDE. SEXE FEMININ. AGE EN
           ANNEES: 100 ET PLUS, 1925

241   DECES SUIVANT LA CAUSE, LE SEXE ET L'AGE. (37) AUTRES MALADIES. SEXE FEMININ. AGE
           EN ANNEES: 100 ET PLUS, 1925

242   DECES SUIVANT LA CAUSE, LE SEXE ET L'AGE. (38) MALADIE NON SPECIFIEE OU MAL DEFINIE.
           SEXE FEMININ. AGE EN ANNEES: 100 ET PLUS, 1925

243   DECES SUIVANT LA CAUSE, LE SEXE ET L'AGE. POPULATION EN 1921 (MILLIERS). SEXE
           FEMININ. AGE EN ANNEES: NON DECLARE.

244   DECES SUIVANT LA CAUSE, LE SEXE ET L'AGE. TOTAL DES DECES. SEXE FEMININ. AGE EN
           ANNEES: NON DECLARE, 1925

245   DECES SUIVANT LA CAUSE, LE SEXE ET L'AGE. (1) FIEVRE TYPHOIDE (TYPHUSABDOMINAL) OU
           PARATYPHOIDE. SEXE FEMININ. AGE EN ANNEES: NON DECLARE, 1925

246   DECES SUIVANT LA CAUSE, LE SEXE ET L'AGE. (2) TYPHUS EXANTHEMATIQUE. SEXE FEMININ.
           AGE EN ANNEES: NON DECLARE, 1925

247   DECES SUIVANT LA CAUSE, LE SEXE ET L'AGE. (3) FIEVRE OU CACHEXIE PALUDEENNES. SEXE
           FEMININ. AGE EN ANNEES: NON DECLARE, 1925

248   DECES SUIVANT LA CAUSE, LE SEXE ET L'AGE. (4) VARIOLE. SEXE FEMININ. AGE EN ANNEES:
           NON DECLARE, 1925

249   DECES SUIVANT LA CAUSE, LE SEXE ET L'AGE. (5) ROUGEOLE. SEXE FEMININ. AGE EN
           ANNEES: NON DECLARE, 1925

250   DECES SUIVANT LA CAUSE, LE SEXE ET L'AGE. (6) SCARLATINE. SEXE FEMININ. AGE EN
           ANNEES: NON DECLARE, 1925

251   DECES SUIVANT LA CAUSE, LE SEXE ET L'AGE. (7) COQUELUCHE. SEXE FEMININ. AGE EN
           ANNEES: NON DECLARE, 1925

252   DECES SUIVANT LA CAUSE, LE SEXE ET L'AGE. (8) DIPHTERIE. SEXE FEMININ. AGE EN
           ANNEES: NON DECLARE, 1925

253   DECES SUIVANT LA CAUSE, LE SEXE ET L'AGE. (9) GRIPPE. SEXE FEMININ. AGE EN ANNEES:
           NON DECLARE, 1925

254   DECES SUIVANT LA CAUSE, LE SEXE ET L'AGE. (10) CHOLERA ASIATIQUE. SEXE FEMININ.
           AGE EN ANNEES: NON DECLARE, 1925

255   DECES SUIVANT LA CAUSE, LE SEXE ET L'AGE. (11) ENTERITE CHOLERIFORME. SEXE FEMININ.
           AGE EN ANNEES: NON DECLARE, 1925

256   DECES SUIVANT LA CAUSE, LE SEXE ET L'AGE. (12) AUTRES MALADIES EPIDEMIQUES. SEXE
           FEMININ. AGE EN ANNEES: NON DECLARE, 1925

257   DECES SUIVANT LA CAUSE, LE SEXE ET L'AGE. (13) TUBERCULOSE DE L'APPAREIL
           RESPIRATOIRE. SEXE FEMININ. AGE EN ANNEES: NON DECLARE, 1925

258   DECES SUIVANT LA CAUSE, LE SEXE ET L'AGE. (14) TUBERCULOSE DES MENINGES ET DU SYSTEME
           NERVEUX CENTRAL. SEXE FEMININ. AGE EN ANNEES: NON DECLARE, 1925

259   DECES SUIVANT LA CAUSE, LE SEXE ET L'AGE. (15) AUTRES TUBERCULOSES. SEXE FEMININ.
           AGE EN ANNEES: NON DECLARE, 1925

378

DATA SET 318: MOUVEMENT DE LA POPULATION 1925 (DEPARTEMENT)

NUMERO DE
LA VARIABLE   NOM DE LA VARIABLE

260   DECES SUIVANT LA CAUSE, LE SEXE ET L'AGE. (16) CANCER ET AUTRES TUMEURS MALIGNES.
         SEXE FEMININ. AGE EN ANNEES: NON DECLARE, 1925

261   DECES SUIVANT LA CAUSE, LE SEXE ET L'AGE. (17) MENINGITE SIMPLE. SEXE FEMININ. AGE
         EN ANNEES: NON DECLARE, 1925

262   DECES SUIVANT LA CAUSE, LE SEXE ET L'AGE. (18) HEMORRAGIE, APOPLEXIE ET
         RAMOLLISSEMENT DU CERVEAU. SEXE FEMININ. AGE EN ANNEES: NON DECLARE, 1925

263   DECES SUIVANT LA CAUSE, LE SEXE ET L'AGE. (19) MALADIES DU COEUR. SEXE FEMININ.
         AGE EN ANNEES: NON DECLARE, 1925

264   DECES SUIVANT LA CAUSE, LE SEXE ET L'AGE. (20) BRONCHITE AIGUE (Y COMPRIS LES
         BRONCHITES SANS EPITHETE, DE MOINS DE 5 ANS). SEXE FEMININ. AGE EN ANNEES: NON
         DECLARE, 1925

265   DECES SUIVANT LA CAUSE, LE SEXE ET L'AGE. (21) BRONCHITE CHRONIQUE (Y COMPRIS LES
         BRONCHITES SANS EPITHETE, DE 5 ANS ET PLUS). SEXE FEMININ. AGE EN ANNEES: NON
         DECLARE, 1925

266   DECES SUIVANT LA CAUSE, LE SEXE ET L'AGE. (22) PNEUMONIE. SEXE FEMININ. AGE EN
         ANNEES: NON DECLARE, 1925

267   DECES SUIVANT LA CAUSE, LE SEXE ET L'AGE. (23) AUTRES AFFECTIONS DE L'APPAREIL
         RESPIRATOIRE (PHTISIE EXCEPTEE). SEXE FEMININ. AGE EN ANNEES: NON DECLARE, 1925

268   DECES SUIVANT LA CAUSE, LE SEXE ET L'AGE. (24) AFFECTIONS DE L'ESTOMAC (CANCER
         EXCEPTE). SEXE FEMININ. AGE EN ANNEES: NON DECLARE, 1925

269   DECES SUIVANT LA CAUSE, LE SEXE ET L'AGE. (25) DIARRHEE ET ENTERITE (AU-DESSOUS DE 2
         ANS). SEXE FEMININ. AGE EN ANNEES: NON DECLARE, 1925

270   DECES SUIVANT LA CAUSE, LE SEXE ET L'AGE. (26) APPENDICITE ET TYPHLITE. SEXE
         FEMININ. AGE EN ANNEES: NON DECLARE, 1925

271   DECES SUIVANT LA CAUSE, LE SEXE ET L'AGE. (27) HERNIE, OBSTRUCTION INTESTINALE.
         SEXE FEMININ. AGE EN ANNEES: NON DECLARE, 1925

272   DECES SUIVANT LA CAUSE, LE SEXE ET L'AGE. (28) CIRRHOSE DU FOIE. SEXE FEMININ. AGE
         EN ANNEES: NON DECLARE, 1925

273   DECES SUIVANT LA CAUSE, LE SEXE ET L'AGE. (29) NEPHRITE AIGUE OU CHRONIQUE. SEXE
         FEMININ. AGE EN ANNEES: NON DECLARE, 1925

274   DECES SUIVANT LA CAUSE, LE SEXE ET L'AGE. (30) TUMEURS NON CANCEREUSES ET AUTRES
         AFFECTIONS DES ORGANES GENITAUX DE LA FEMME. SEXE FEMININ. AGE EN ANNEES: NON
         DECLARE, 1925

275   DECES SUIVANT LA CAUSE, LE SEXE ET L'AGE. (31) SEPTICEMIE PUERPERALE (FIEVRE,
         PERITONITE PUERPERALES). SEXE FEMININ. AGE EN ANNEES: NON DECLARE, 1925

276   DECES SUIVANT LA CAUSE, LE SEXE ET L'AGE. (32) AUTRES ACCIDENTS PUERPERAUX DE LA
         GROSSESSE ET DE L'ACCOUCHEMENT. SEXE FEMININ. AGE EN ANNEES: NON DECLARE, 1925

277   DECES SUIVANT LA CAUSE, LE SEXE ET L'AGE. (33) DEBILITE CONGENITALE ET VICES DE
         CONFORMATION. SEXE FEMININ. AGE EN ANNEES: NON DECLARE, U925

278   DECES SUIVANT LA CAUSE, LE SEXE ET L'AGE. (34) SENILITE. SEXE FEMININ. AGE EN
         ANNEES: NON DECLARE, 1925

279   DECES SUIVANT LA CAUSE, LE SEXE ET L'AGE. (35) MORTS VIOLENTES (SUICIDE EXCEPTE).
         SEXE FEMININ. AGE EN ANNEES: NON DECLARE, 1925

280   DECES SUIVANT LA CAUSE, LE SEXE ET L'AGE. (36) SUICIDE. SEXE FEMININ. AGE EN
         ANNEES: NON DECLARE, 1925

281   DECES SUIVANT LA CAUSE, LE SEXE ET L'AGE. (37) AUTRES MALADIES. SEXE FEMININ. AGE
         EN ANNEES: NON DECLARE, 1925

282   DECES SUIVANT LA CAUSE, LE SEXE ET L'AGE. (38) MALADIE NON SPECIFIEE OU MAL DEFINIE.
         SEXE FEMININ. AGE EN ANNEES: NON DECLARE, 1925

DATA SET 318:   MOUVEMENT DE LA POPULATION 1925 (DEPARTEMENT)

NUMERO DE
LA VARIABLE   NOM DE LA VARIABLE

283   DECES SUIVANT LA CAUSE, LE SEXE ET L'AGE. POPULATION EN 1921 (MILLIERS). SEXE
           FEMININ. AGE EN ANNEES: TOTAL.

284   DECES SUIVANT LA CAUSE, LE SEXE ET L'AGE. TOTAL DES DECES. SEXE FEMININ. AGE EN
           ANNEES: TOTAL, 1925

285   DECES SUIVANT LA CAUSE, LE SEXE ET L'AGE. (1) FIEVRE TYPHOIDE (TYPHUSABDOMINAL) OU
           PARATYPHOIDE. SEXE FEMININ. AGE EN ANNEES: TOTAL, 1925

286   DECES SUIVANT LA CAUSE, LE SEXE ET L'AGE. (2) TYPHUS EXANTHEMATIQUE. SEXE FEMININ.
           AGE EN ANNEES: TOTAL, 1925 1925

287   DECES SUIVANT LA CAUSE, LE SEXE ET L'AGE. (3) FIEVRE OU CACHEXIE PALUDEENNES. SEXE
           FEMININ. AGE EN ANNEES: TOTAL, 1925

288   DECES SUIVANT LA CAUSE, LE SEXE ET L'AGE. (4) VARIOLE. SEXE FEMININ. AGE EN ANNEES:
           TOTAL, 1925

289   DECES SUIVANT LA CAUSE, LE SEXE ET L'AGE. (5) ROUGEOLE. SEXE FEMININ. AGE EN
           ANNEES: TOTAL, 1925

290   DECES SUIVANT LA CAUSE, LE SEXE ET L'AGE. (6) SCARLATINE. SEXE FEMININ. AGE EN
           ANNEES: TOTAL, 1925

291   DECES SUIVANT LA CAUSE, LE SEXE ET L'AGE. (7) COQUELUCHE. SEXE FEMININ. AGE EN
           ANNEES: TOTAL, 1925

292   DECES SUIVANT LA CAUSE, LE SEXE ET L'AGE. (8) DIPHTERIE. SEXE FEMININ. AGE EN
           ANNEES: TOTAL, 1925

293   DECES SUIVANT LA CAUSE, LE SEXE ET L'AGE. (9) GRIPPE. SEXE FEMININ. AGE EN ANNEES:
           TOTAL, 1925

294   DECES SUIVANT LA CAUSE, LE SEXE ET L'AGE. (10) CHOLERA ASIATIQUE. SEXE FEMININ.
           AGE EN ANNEES: TOTAL, 1925,

295   DECES SUIVANT LA CAUSE, LE SEXE ET L'AGE. (11) ENTERITE CHOLERIFORME. SEXE FEMININ.
           AGE EN ANNEES: TOTAL, 1925

296   DECES SUIVANT LA CAUSE, LE SEXE ET L'AGE. (12) AUTRES MALADIES EPIDEMIQUES. SEXE
           FEMININ. AGE EN ANNEES: TOTAL, 1925

297   DECES SUIVANT LA CAUSE, LE SEXE ET L'AGE. (13) TUBERCULOSE DE L'APPAREIL
           RESPIRATOIRE. SEXE FEMININ. AGE EN ANNEES: TOTAL, 1925

298   DECES SUIVANT LA CAUSE, LE SEXE ET L'AGE. (14) TUBERCULOSE DES MENINGES ET DU SYSTEME
           NERVEUX CENTRAL. SEXE FEMININ. AGE EN ANNEES: TOTAL, 1925

299   DECES SUIVANT LA CAUSE, LE SEXE ET L'AGE. (15) AUTRES TUBERCULOSES. SEXE FEMININ.
           AGE EN ANNEES: TOTAL, 1925

300   DECES SUIVANT LA CAUSE, LE SEXE ET L'AGE. (16) CANCER ET AUTRES TUMEURS MALIGNES.
           SEXE FEMININ. AGE EN ANNEES: TOTAL, 1925

301   DECES SUIVANT LA CAUSE, LE SEXE ET L'AGE. (17) MENINGITE SIMPLE. SEXE FEMININ. AGE
           EN ANNEES: TOTAL, 1925

302   DECES SUIVANT LA CAUSE, LE SEXE ET L'AGE. (18) HEMORRAGIE, APOPLEXIE ET
           RAMOLLISSEMENT DU CERVEAU. SEXE FEMININ. AGE EN ANNEES: TOTAL, 1925

303   DECES SUIVANT LA CAUSE, LE SEXE ET L'AGE. (19) MALADIES DU COEUR. SEXE FEMININ.
           AGE EN ANNEES: TOTAL, 1925

304   DECES SUIVANT LA CAUSE, LE SEXE ET L'AGE. (20) BRONCHITE AIGUE (Y COMPRIS LES
           BRONCHITES SANS EPITHETE, DE MOINS DE 5 ANS). SEXE FEMININ. AGE EN ANNEES: TOTAL,
           1925

305   DECES SUIVANT LA CAUSE, LE SEXE ET L'AGE. (21) BRONCHITE CHRONIQUE (Y COMPRIS LES
           BRONCHITES SANS EPITHETE, DE 5 ANS ET PLUS). SEXE FEMININ. AGE EN ANNEES: TOTAL,
           1925

380

DATA SET 318: MOUVEMENT DE LA POPULATION 1925 (DEPARTEMENT)

NUMERO DE
LA VARIABLE   NOM DE LA VARIABLE

306   DECES SUIVANT LA CAUSE, LE SEXE ET L'AGE. (22) PNEUMONIE. SEXE FEMININ. AGE EN
         ANNEES: TOTAL, 1925

307   DECES SUIVANT LA CAUSE, LE SEXE ET L'AGE. (23) AUTRES AFFECTIONS DE L'APPAREIL
         RESPIRATOIRE (PHTISIE EXCEPTEE). SEXE FEMININ. AGE EN ANNEES: TOTAL, 1925

308   DECES SUIVANT LA CAUSE, LE SEXE ET L'AGE. (24) AFFECTIONS DE L'ESTOMAC (CANCER
         EXCEPTE). SEXE FEMININ. AGE EN ANNEES: TOTAL, 1925

309   DECES SUIVANT LA CAUSE, LE SEXE ET L'AGE. (25) DIARRHEE ET ENTERITE (AU-DESSOUS DE 2
         ANS). SEXE FEMININ. AGE EN ANNEES: TOTAL, 1925

310   DECES SUIVANT LA CAUSE, LE SEXE ET L'AGE. (26) APPENDICITE ET TYPHLITE. SEXE
         FEMININ. AGE EN ANNEES: TOTAL, 1925

311   DECES SUIVANT LA CAUSE, LE SEXE ET L'AGE. (27) HERNIE, OBSTRUCTION INTESTINALE.
         SEXE FEMININ. AGE EN ANNEES: TOTAL, 1925

312   DECES SUIVANT LA CAUSE, LE SEXE ET L'AGE. (28) CIRRHOSE DU FOIE. SEXE FEMININ. AGE
         EN ANNEES: TOTAL, 1925

313   DECES SUIVANT LA CAUSE, LE SEXE ET L'AGE. (29) NEPHRITE AIGUE OU CHRONIQUE. SEXE
         FEMININ. AGE EN ANNEES: TOTAL, 1925

314   DECES SUIVANT LA CAUSE, LE SEXE ET L'AGE. (30) TUMEURS NON CANCEREUSES ET AUTRES
         AFFECTIONS DES ORGANES GENITAUX DE LA FEMME. SEXE FEMININ. AGE EN ANNEES: TOTAL,
         1925

315   DECES SUIVANT LA CAUSE, LE SEXE ET L'AGE. (31) SEPTICEMIE PUERPERALE (FIEVRE,
         PERITONITE PUERPERALES). SEXE FEMININ. AGE EN ANNEES: TOTAL, 1925

316   DECES SUIVANT LA CAUSE, LE SEXE ET L'AGE. (32) AUTRES ACCIDENTS PUERPERAUX DE LA
         GROSSESSE ET DE L'ACCOUCHEMENT. SEXE FEMININ. AGE EN ANNEES: TOTAL, 1925

317   DECES SUIVANT LA CAUSE, LE SEXE ET L'AGE. (33) DEBILITE CONGENITALE ET VICES DE
         CONFORMATION. SEXE FEMININ. AGE EN ANNEES: TOTAL, 1925

318   DECES SUIVANT LA CAUSE, LE SEXE ET L'AGE. (34) SENILITE. SEXE FEMININ. AGE EN
         ANNEES: TOTAL, 1925

319   DECES SUIVANT LA CAUSE, LE SEXE ET L'AGE. (35) MORTS VIOLENTES (SUICIDE EXCEPTE).
         SEXE FEMININ. AGE EN ANNEES: TOTAL, 1925

320   DECES SUIVANT LA CAUSE, LE SEXE ET L'AGE. (36) SUICIDE. SEXE FEMININ. AGE EN
         ANNEES: TOTAL, 1925

321   DECES SUIVANT LA CAUSE, LE SEXE ET L'AGE. (37) AUTRES MALADIES. SEXE FEMININ. AGE
         EN ANNEES: TOTAL, 1925

322   DECES SUIVANT LA CAUSE, LE SEXE ET L'AGE. (38) MALADIE NON SPECIFIEE OU MAL DEFINIE.
         SEXE FEMININ. AGE EN ANNEES: TOTAL, 1925

381

DATA SET 319:   MOUVEMENT DE LA POPULATION 1925 (DEPARTEMENT)

SOURCE: STATISTIQUE GENERALE DE LA FRANCE, STATISTIQUE DU
          MOUVEMENT DE LA POPULATION, ANNEE 1925, NOUVELLE
          SERIE, TOME V, DEUXIEME PARTIE (PARIS, 1925)

          VARIABLES 7-46:   PAGES 1-183

NUMERO DE
LA VARIABLE   NOM DE LA VARIABLE

   7   DECES SUIVANT LA CAUSE, LE SEXE ET L'AGE. POPULATION EN 1921 (MILLIERS). LES DEUX
            SEXES REUNIS. AGE EN ANNEES: TOTAL.

   8   DECES SUIVANT LA CAUSE, LE SEXE ET L'AGE. TOTAL DES DECES. LES DEUX SEXES REUNIS.
            AGE EN ANNEES: TOTAL, 1925

   9   DECES SUIVANT LA CAUSE, LE SEXE ET L'AGE. (1) FIEVRE TYPHOIDE (TYPHUSABDOMINAL) OU
            PARATYPHOIDE. LES DEUX SEXES REUNIS. AGE EN ANNEES: TOTAL, 1925

  10   DECES SUIVANT LA CAUSE, LE SEXE ET L'AGE. (2) TYPHUS EXANTHEMATIQUE. LES DEUX SEXES
            REUNIS. AGE EN ANNEES: TOTAL, 1925

  11   DECES SUIVANT LA CAUSE, LE SEXE ET L'AGE. (3) FIEVRE OU CACHEXIE PALUDEENNES. LES
            DEUX SEXES REUNIS. AGE EN ANNEES: TOTAL, 1925

  12   DECES SUIVANT LA CAUSE, LE SEXE ET L'AGE. (4) VARIOLE. LES DEUX SEXES REUNIS. AGE
            EN ANNEES: TOTAL, 1925

  13   DECES SUIVANT LA CAUSE, LE SEXE ET L'AGE. (5) ROUGEOLE. LES DEUX SEXES REUNIS. AGE
            EN ANNEES: TOTAL, 1925

  14   DECES SUIVANT LA CAUSE, LE SEXE ET L'AGE. (6) SCARLATINE. LES DEUX SEXES REUNIS.
            AGE EN ANNEES: TOTAL, 1925

  15   DECES SUIVANT LA CAUSE, LE SEXE ET L'AGE. (7) COQUELUCHE. LES DEUX SEXES REUNIS.
            AGE EN ANNEES: TOTAL, 1925

  16   DECES SUIVANT LA CAUSE, LE SEXE ET L'AGE. (8) DIPHTERIE. LES DEUX SEXES REUNIS. AGE
            EN ANNEES: TOTAL, 1925

  17   DECES SUIVANT LA CAUSE, LE SEXE ET L'AGE. (9) GRIPPE. LES DEUX SEXES REUNIS. AGE EN
            ANNEES: TOTAL, 1925

  18   DECES SUIVANT LA CAUSE, LE SEXE ET L'AGE. (10) CHOLERA ASIATIQUE. LES DEUX SEXES
            REUNIS. AGE EN ANNEES: TOTAL, 1925

  19   DECES SUIVANT LA CAUSE, LE SEXE ET L'AGE. (11) ENTERITE CHOLERIFORME. LES DEUX
            SEXES REUNIS. AGE EN ANNEES: TOTAL, 1925

  20   DECES SUIVANT LA CAUSE, LE SEXE ET L'AGE. (12) AUTRES MALADIES EPIDEMIQUES. LES
            DEUX SEXES REUNIS. AGE EN ANNEES: TOTAL, 1925

  21   DECES SUIVANT LA CAUSE, LE SEXE ET L'AGE. (13) TUBERCULOSE DE L'APPAREIL
            RESPIRATOIRE. LES DEUX SEXES REUNIS. AGE EN ANNEES: TOTAL, 1925

  22   DECES SUIVANT LA CAUSE, LE SEXE ET L'AGE. (14) TUBERCULOSE DES MENINGES ET DU
            SYSTEME NERVEUX CENTRAL. LES DEUX SEXES REUNIS. AGE EN ANNEES: TOTAL, 1925

  23   DECES SUIVANT LA CAUSE, LE SEXE ET L'AGE. (15) AUTRES TUBERCULOSES. LES DEUX SEXES
            REUNIS. AGE EN ANNEES: TOTAL, 1925

  24   DECES SUIVANT LA CAUSE, LE SEXE ET L'AGE. (16) CANCER ET AUTRES TUMEURS MALIGNES.
            LES DEUX SEXES REUNIS. AGE EN ANNEES: TOTAL, 1925

  25   DECES SUIVANT LA CAUSE, LE SEXE ET L'AGE. (17) MENINGITE SIMPLE. LES DEUX SEXES
            REUNIS. AGE EN ANNEES: TOTAL, 1925

  26   DECES SUIVANT LA CAUSE, LE SEXE ET L'AGE. (18) HEMORRAGIE, APOPLEXIE ET
            RAMOLLISSEMENT DU CERVEAU. LES DEUX SEXES REUNIS. AGE EN ANNEES: TOTAL, 1925

  27   DECES SUIVANT LA CAUSE, LE SEXE ET L'AGE. (19) MALADIES DU COEUR. LES DEUX SEXES
            REUNIS. AGE EN ANNEES: TOTAL, 1925

DATA SET 319: MOUVEMENT DE LA POPULATION 1925 (DEPARTEMENT)

NUMERO DE LA VARIABLE	NOM DE LA VARIABLE
28	DECES SUIVANT LA CAUSE, LE SEXE ET L'AGE. (20) BRONCHITE AIGUE (Y COMPRIS LES BRONCHITES SANS EPITHETE, DE MOINS DE 5 ANS). LES DEUX SEXES REUNIS. AGE EN ANNEES: TOTAL, 1925
29	DECES SUIVANT LA CAUSE, LE SEXE ET L'AGE. (21) BRONCHITE CHRONIQUE (Y COMPRIS LES BRONCHITES SANS EPITHETE, DE 5 ANS ET PLUS). LES DEUX SEXES REUNIS. AGE EN ANNEES: TOTAL, 1925
30	DECES SUIVANT LA CAUSE, LE SEXE ET L'AGE. (22) PNEUMONIE. LES DEUX SEXES REUNIS. AGE EN ANNEES: TOTAL, 1925
31	DECES SUIVANT LA CAUSE, LE SEXE ET L'AGE. (23) AUTRES AFFECTIONS DE L'APPAREIL RESPIRATOIRE (PHTISIE EXCEPTEE). LES DEUX SEXES REUNIS. AGE EN ANNEES: TOTAL, 1925
32	DECES SUIVANT LA CAUSE, LE SEXE ET L'AGE. (24) AFFECTIONS DE L'ESTOMAC (CANCER EXCEPTE). LES DEUX SEXES REUNIS. AGE EN ANNEES: TOTAL, 1925
33	DECES SUIVANT LA CAUSE, LE SEXE ET L'AGE. (25) DIARRHEE ET ENTERITE (AU-DESSOUS DE 2 ANS). LES DEUX SEXES REUNIS. AGE EN ANNEES: TOTAL, 1925
34	DECES SUIVANT LA CAUSE, LE SEXE ET L'AGE. (26) APPENDICITE ET TYPHLITE. LES DEUX SEXES REUNIS. AGE EN ANNEES: TOTAL, 1925
35	DECES SUIVANT LA CAUSE, LE SEXE ET L'AGE. (27) HERNIE, OBSTRUCTION INTESTINALE. LES DEUX SEXES REUNIS. AGE EN ANNEES: TOTAL, 1925
36	DECES SUIVANT LA CAUSE, LE SEXE ET L'AGE. (28) CIRRHOSE DU FOIE. LES DEUX SEXES REUNIS. AGE EN ANNEES: TOTAL, 1925
37	DECES SUIVANT LA CAUSE, LE SEXE ET L'AGE. (29) NEPHRITE AIGUE OU CHRONIQUE. LES DEUX SEXES REUNIS. AGE EN ANNEES: TOTAL, 1925
38	DECES SUIVANT LA CAUSE, LE SEXE ET L'AGE. (30) TUMEURS NON CANCEREUSES ET AUTRES AFFECTIONS DES ORGANES GENITAUX DE LA FEMME. LES DEUX SEXES REUNIS. AGE EN ANNEES: TOTAL, 1925
39	DECES SUIVANT LA CAUSE, LE SEXE ET L'AGE. (31) SEPTICEMIE PUERPERALE (FIEVRE, PERITONITE PUERPERALES). LES DEUX SEXES REUNIS. AGE EN ANNEES: TOTAL, 1925
40	DECES SUIVANT LA CAUSE, LE SEXE ET L'AGE. (32) AUTRES ACCIDENTS PUERPERAUX DE LA GROSSESSE ET DE L'ACCOUCHEMENT. LES DEUX SEXES REUNIS. AGE EN ANNEES: TOTAL, 1925
41	DECES SUIVANT LA CAUSE, LE SEXE ET L'AGE. (33) DEBILITE CONGENITALE ET VICES DE CONFORMATION. LES DEUX SEXES REUNIS. AGE EN ANNEES: TOTAL, 1925
42	DECES SUIVANT LA CAUSE, LE SEXE ET L'AGE. (34) SENILITE. LES DEUX SEXES REUNIS. AGE EN ANNEES: TOTAL, 1925
43	DECES SUIVANT LA CAUSE, LE SEXE ET L'AGE. (35) MORTS VIOLENTES (SUICIDE EXCEPTE). LES DEUX SEXES REUNIS. AGE EN ANNEES: TOTAL, 1925
44	DECES SUIVANT LA CAUSE, LE SEXE ET L'AGE. (36) SUICIDE. LES DEUX SEXES REUNIS. AGE EN ANNEES: TOTAL, 1925
45	DECES SUIVANT LA CAUSE, LE SEXE ET L'AGE. (37) AUTRES MALADIES. LES DEUX SEXES REUNIS. AGE EN ANNEES: TOTAL, 1925
46	DECES SUIVANT LA CAUSE, LE SEXE ET L'AGE. (38) MALADIE NON SPECIFIEE OU MAL-DEFINIE. LES DEUX SEXES REUNIS. AGE EN ANNEES: TOTAL, 1925

DATA SET 273:   MOUVEMENT DE LA POPULATION 1911-1913 (DEPARTEMENT)

SOURCE: STATISTIQUE GENERALE DE LA FRANCE, STATISTIQUE DU
          MOUVEMENT DE LA POPULATION, ANNEES 1911, 1912, ET
          1913, NOUVELLE SERIE, TOME II (PARIS, 1917)

          VARIABLES 7-17:   TABLEAU XXXVIII
          VARIABLES 18-30:   TABLEAU XXXIX
          VARIABLES 31-64:   TABLEAU XL
          VARIABLES 65-73:   TABLEAU XLI
          VARIABLES 74-103:   TABLEAU XLV
          VARIABLES 104-121:   TABLEAU XLVI
          VARIABLES 122-131:   TABLEAU LIII

NUMERO DE
LA VARIABLE   NOM DE LA VARIABLE

   7   MARIAGES: ENSEMBLE DES ANNEES 1911, 1912, ET 1913: DOMICILE DES EPOUX: MEME COMMUNE

   8   MARIAGES: ENSEMBLE DES ANNEES 1911, 1912, ET 1913: DOMICILE DES EPOUX: COMMUNES
          DIFFERENTES

   9   MARIAGES: ENSEMBLE DES ANNEES 1911, 1912, ET 1913: LIEU DE NAISSANCE: EPOUX NE DANS
          LE DEPARTEMENT: L'EPOUSE EST NEE DANS LE DEPARTEMENT

  10   MARIAGES: ENSEMBLE DES ANNEES 1911, 1912, ET 1913: LIEU DE NAISSANCE: EPOUX NE DANS
          LE DEPARTEMENT: L'EPOUSE EST NEE HORS DU DEPARTEMENT

  11   MARIAGES: ENSEMBLE DES ANNEES 1911, 1912, ET 1913: LIEU DE NAISSANCE: EPOUX NE HORS
          DU DEPARTEMENT: L'EPOUSE EST NEE DANS LE DEPARTEMENT

  12   MARIAGES: ENSEMBLE DES ANNEES 1911, 1912, ET 1913: LIEU DE NAISSANCE: EPOUX NE HORS
          DU DEPARTEMENT: L'EPOUSE EST NEE HORS DU DEPARTEMENT

  13   MARIAGES: ENSEMBLE DES ANNEES 1911, 1912, ET 1913: NATIONALITE: EPOUX: FRANCAIS OU
          NATURALISE

  14   MARIAGES: ENSEMBLE DES ANNEES 1911, 1912, ET 1913: NATIONALITE: EPOUX: ETRANGER

  15   MARIAGES: ENSEMBLE DES ANNEES 1911, 1912, ET 1913: NATIONALITE: EPOUSE: FRANCAISE
          OU NATURALISEE

  16   MARIAGES: ENSEMBLE DES ANNEES 1911, 1912, ET 1913: NATIONALITE: EPOUSE: ETRANGERE

  17   MARIAGES: ENSEMBLE DES ANNEES 1911, 1912, ET 1913: TOTAL DES MARIAGES

  18   MARIAGES: ENSEMBLE DES ANNEES 1911, 1912, ET 1913: DIFFERENCE D'AGE DES EPOUX:
          ENSEMBLE DES MARIAGES

  19   MARIAGES: ENSEMBLE DES ANNEES 1911, 1912, ET 1913: DIFFERENCE D'AGE DES EPOUX:
          EPOUX PLUS AGE QUE L'EPOUSE: TOTAL

  20   MARIAGES: ENSEMBLE DES ANNEES 1911, 1912, ET 1913: DIFFERENCE D'AGE DES EPOUX:
          EPOUX PLUS AGE QUE L'EPOUSE: DIFFERENCE D'AGE: 0 A 4 ANS

  21   MARIAGES: ENSEMBLE DES ANNEES 1911, 1912, ET 1913: DIFFERENCE D'AGE DES EPOUX:
          EPOUX PLUS AGE QUE L'EPOUSE: DIFFERENCE D'AGE: 5 A 9 ANS

  22   MARIAGES: ENSEMBLE DES ANNEES 1911, 1912, ET 1913: DIFFERENCE D'AGE DES EPOUX:
          EPOUX PLUS AGE QUE L'EPOUSE: DIFFERENCE D'AGE: 10 A 14 ANS

  23   MARIAGES: ENSEMBLE DES ANNEES 1911, 1912, ET 1913: DIFFERENCE D'AGE DES EPOUX:
          EPOUX PLUS AGE QUE L'EPOUSE: DIFFERENCE D'AGE: 15 A 19

  24   MARIAGES: ENSEMBLE DES ANNEES 1911, 1912, ET 1913: DIFFERENCE D'AGE DES EPOUX:
          EPOUX PLUS AGE QUE L'EPOUSE: DIFFERENCE D'AGE: 20 ANS ET PLUS

  25   MARIAGES: ENSEMBLE DES ANNEES 1911, 1912, ET 1913: DIFFERENCE D'AGE DES EPOUX:
          EPOUX MOINS AGE QUE L'EPOUSE: TOTAL

  26   MARIAGES: ENSEMBLE DES ANNEES 1911, 1912, ET 1913: DIFFERENCE D'AGE DES EPOUX:
          EPOUX MOINS AGE QUE L'EPOUSE: DIFFERENCE D'AGE: 0 A 4 ANS

  27   MARIAGES: ENSEMBLE DES ANNEES 1911, 1912, ET 1913: DIFFERENCE D'AGE DES EPOUX:
          EPOUX MOINS AGE QUE L'EPOUSE: DIFFERENCE D'AGE: 5 A 9 ANS

DATA SET 273: MOUVEMENT DE LA POPULATION 1911-1913 (DEPARTEMENT)

NUMERO DE LA VARIABLE	NOM DE LA VARIABLE
28	MARIAGES: ENSEMBLE DES ANNEES 1911, 1912, ET 1913: DIFFERENCE D'AGE DES EPOUX: EPOUX MOINS AGE QUE L'EPOUSE: DIFFERENCE D'AGE: 10 A 14 ANS
29	MARIAGES: ENSEMBLE DES ANNEES 1911, 1912, ET 1913: DIFFERENCE D'AGE DES EPOUX: EPOUX MOINS AGE QUE L'EPOUSE: DIFFERENCE D'AGE: 15 A 19 ANS
30	MARIAGES: ENSEMBLE DES ANNEES 1911, 1912, ET 1913: DIFFERENCE D'AGE DES EPOUX: EPOUX MOINS AGE QUE L'EPOUSE: DIFFERENCE D'AGE: 20 ANS ET PLUS
31	MARIAGES: ENSEMBLE DES ANNEES 1911, 1912, ET 1913: NOMBRE DES EPOUX NE SACHANT NI LIRE NI ECRIRE: HOMMES
32	MARIAGES: ENSEMBLE DES ANNEES 1911, 1912, ET 1913: NOMBRE DES EPOUX NE SACHANT NI LIRE NI ECRIRE: FEMMES
33	MARIAGES: ENSEMBLE DES ANNEES 1911, 1912, ET 1913: MARIAGES AYANT DONNE LIEU A OPPOSITION
34	MARIAGES: ENSEMBLE DES ANNEES 1911, 1912, ET 1913: MARIAGES AYANT DONNE LIEU A NOTIFICATION
35	MARIAGES: ENSEMBLE DES ANNEES 1911, 1912, ET 1913: MARIAGES AYANT DONNE LIEU A CONTRAT
36	MARIAGES: ENSEMBLE DES ANNEES 1911, 1912, ET 1913: DEGRE DE PARENTE: BEAU-FRERE ET BELLE-SOEUR
37	MARIAGES: ENSEMBLE DES ANNEES 1911, 1912, ET 1913: DEGRE DE PARENTE: NEVEU ET TANTE
38	MARIAGES: ENSEMBLE DES ANNEES 1911, 1912, ET 1913: DEGRE DE PARENTE: ONCLE ET NIECE
39	MARIAGES: ENSEMBLE DES ANNEES 1911, 1912, ET 1913: DEGRE DE PARENTE: COUSINS GERMAINS
40	MARIAGES: ENSEMBLE DES ANNEES 1911, 1912, ET 1913: MARIAGES AYANT LEGITIME DES ENFANTS
41	MARIAGES: ENSEMBLE DES ANNEES 1911, 1912, ET 1913: NOMBRE ET AGE DES ENFANTS LEGITIMES: GARCONS
42	MARIAGES: ENSEMBLE DES ANNEES 1911, 1912, ET 1913: NOMBRE ET AGE DES ENFANTS LEGITIMES: FILLES
43	MARIAGES: ENSEMBLE DES ANNEES 1911, 1912, ET 1913: NOMBRE ET AGE DES ENFANTS LEGITIMES: ENFANTS RECONNUS ANTERIEUREMENT PAR LE PERE: PAR LE PERE SEUL
44	MARIAGES: ENSEMBLE DES ANNEES 1911, 1912, ET 1913: NOMBRE ET AGE DES ENFANTS LEGITIMES: ENFANTS RECONNUS ANTERIEUREMENT PAR LE PERE: PAR LE PERE ET LA MERE
45	MARIAGES: ENSEMBLE DES ANNEES 1911, 1912, ET 1913: NOMBRE ET AGE DES ENFANTS LEGITIMES: ENFANTS RECONNUS ANTERIEUREMENT PAR LE PERE: AGE DE L'ENFANT: 0 A 30 JOURS
46	MARIAGES: ENSEMBLE DES ANNEES 1911, 1912, ET 1913: NOMBRE ET AGE DES ENFANTS LEGITIMES: ENFANTS RECONNUS ANTERIEUREMENT PAR LE PERE: AGE DE L'ENFANT: 31 A 90 JOURS
47	MARIAGES: ENSEMBLE DES ANNEES 1911, 1912, ET 1913: NOMBRE ET AGE DES ENFANTS LEGITIMES: ENFANTS RECONNUS ANTERIEUREMENT PAR LE PERE: AGE DE L'ENFANT: 91 A 180 JOURS
48	MARIAGES: ENSEMBLE DES ANNEES 1911, 1912, ET 1913: NOMBRE ET AGE DES ENFANTS LEGITIMES: ENFANTS RECONNUS ANTERIEUREMENT PAR LE PERE: AGE DE L'ENFANT: 181 A 364 JOURS
49	MARIAGES: ENSEMBLE DES ANNEES 1911, 1912, ET 1913: NOMBRE ET AGE DES ENFANTS LEGITIMES: ENFANTS RECONNUS ANTERIEUREMENT PAR LE PERE: AGE DE L'ENFANT: 1 A 4 ANS
50	MARIAGES: ENSEMBLE DES ANNEES 1911, 1912, ET 1913: NOMBRE ET AGE DES ENFANTS LEGITIMES: ENFANTS RECONNUS ANTERIEUREMENT PAR LE PERE: AGE DE L'ENFANT: 5 A 19 ANS

DATA SET 273: MOUVEMENT DE LA POPULATION 1911-1913 (DEPARTEMENT)

NUMERO DE
LA VARIABLE   NOM DE LA VARIABLE

51   MARIAGES: ENSEMBLE DES ANNEES 1911, 1912, ET 1913: NOMBRE ET AGE DES ENFANTS
            LEGITIMES: ENFANTS RECONNUS ANTERIEUREMENT PAR LE PERE: AGE DE L'ENFANT: 20 ANS ET
            PLUS

52   MARIAGES: ENSEMBLE DES ANNEES 1911, 1912, ET 1913: NOMBRE ET AGE DES ENFANTS
            LEGITIMES: ENFANTS RECONNUS ANTERIEUREMENT PAR LE PERE: AGE DE L'ENFANT: NON
            DECLARE

53   MARIAGES: ENSEMBLE DES ANNEES 1911, 1912, ET 1913: NOMBRE ET AGE DES ENFANTS
            LEGITIMES: ENFANTS RECONNUS ANTERIEUREMENT PAR LE PERE: AGE DE L'ENFANT: TOTAL

54   MARIAGES: ENSEMBLE DES ANNEES 1911, 1912, ET 1913: NOMBRE ET AGE DES ENFANTS
            LEGITIMES: ENFANTS NON RECONNUS ANTERIEUREMENT PAR LE PERE: RECONNUS PAR LA MERE
            SEULE

55   MARIAGES: ENSEMBLE DES ANNEES 1911, 1912, ET 1913: NOMBRE ET AGE DES ENFANTS
            LEGITIMES: ENFANTS NON RECONNUS ANTERIEUREMENT PAR LE PERE: NON RECONNUS

56   MARIAGES: ENSEMBLE DES ANNEES 1911, 1912, ET 1913: NOMBRE ET AGE DES ENFANTS
            LEGITIMES: ENFANTS NON RECONNUS ANTERIEUREMENT PAR LE PERE: AGE DE L'ENFANT: 0 A
            30 JOURS

57   MARIAGES: ENSEMBLE DES ANNEES 1911, 1912, ET 1913: NOMBRE ET AGE DES ENFANTS
            LEGITIMES: ENFANTS NON RECONNUS ANTERIEUREMENT PAR LE PERE: AGE DE L'ENFANT: 31 A
            90 JOURS

58   MARIAGES: ENSEMBLE DES ANNEES 1911, 1912, ET 1913: NOMBRE ET AGE DES ENFANTS
            LEGITIMES: ENFANTS NON RECONNUS ANTERIEUREMENT PAR LE PERE: AGE DE L'ENFANT: 91 A
            180 JOURS

59   MARIAGES: ENSEMBLE DES ANNEES 1911, 1912, ET 1913: NOMBRE ET AGE DES ENFANTS
            LEGITIMES: ENFANTS NON RECONNUS ANTERIEUREMENT PAR LE PERE: AGE DE L'ENFANT: 181 A
            364 JOURS

60   MARIAGES: ENSEMBLE DES ANNEES 1911, 1912, ET 1913: NOMBRE ET AGE DES ENFANTS
            LEGITIMES: ENFANTS NON RECONNUS ANTERIEUREMENT PAR LE PERE: AGE DE L'ENFANT: 1 A 4
            ANS

61   MARIAGES: ENSEMBLE DES ANNEES 1911, 1912, ET 1913: NOMBRE ET AGE DES ENFANTS
            LEGITIMES: ENFANTS NON RECONNUS ANTERIEUREMENT PAR LE PERE: AGE DE L'ENFANT: 5 A
            19 ANS

62   MARIAGES: ENSEMBLE DES ANNEES 1911, 1912, ET 1913: NOMBRE ET AGE DES ENFANTS
            LEGITIMES: ENFANTS NON RECONNUS ANTERIEUREMENT PAR LE PERE: AGE DE L'ENFANT: 20
            ANS ET PLUS

63   MARIAGES: ENSEMBLE DES ANNEES 1911, 1912, ET 1913: NOMBRE ET AGE DES ENFANTS
            LEGITIMES: ENFANTS NON RECONNUS ANTERIEUREMENT PAR LE PERE: AGE DE L'ENFANT: NON
            DECLARE

64   MARIAGES: ENSEMBLE DES ANNEES 1911, 1912, ET 1913: NOMBRE ET AGE DES ENFANTS
            LEGITIMES: ENFANTS NON RECONNUS ANTERIEUREMENT PAR LE PERE: AGE DE L'ENFANT: TOTAL

65   NOMBRE DES DIVORCES ENREGISTRES: POPULATION URBAINE, 1911

66   NOMBRE DES DIVORCES ENREGISTRES: POPULATION RURALE, 1911

67   NOMBRE DES DIVORCES ENREGISTRES: ENSEMBLE, 1911

68   NOMBRE DES DIVORCES ENREGISTRES: POPULATION URBAINE, 1912

69   NOMBRE DES DIVORCES ENREGISTRES: POPULATION RURALE, 1912

70   NOMBRE DES DIVORCES ENREGISTRES: ENSEMBLE, 1912

71   NOMBRE DES DIVORCES ENREGISTRES: POPULATION URBAINE, 1913

72   NOMBRE DES DIVORCES ENREGISTRES: POPULATION RURALE, 1913

73   NOMBRE DES DIVORCES ENREGISTRES: ENSEMBLE, 1913

DATA SET 273: MOUVEMENT DE LA POPULATION 1911-1913 (DEPARTEMENT)

NUMERO DE
LA VARIABLE   NOM DE LA VARIABLE

74   NAISSANCES: ENSEMBLE DES ANNEES 1911, 1912, 1913: ENFANTS DECLARES VIVANTS: TOTAL

75   NAISSANCES: ENSEMBLE DES ANNEES 1911, 1912, 1913: ENFANTS DECLARES VIVANTS: DUREE
            DE LA GESTATION: MOINS DE 8 MOIS

76   NAISSANCES: ENSEMBLE DES ANNEES 1911, 1912, 1913: ENFANTS DECLARES VIVANTS: DUREE
            DE LA GESTATION: 8 MOIS

77   NAISSANCES: ENSEMBLE DES ANNEES 1911, 1912, 1913: ENFANTS DECLARES VIVANTS: DUREE
            DE LA GESTATION: 9 MOIS 1911

78   NAISSANCES: ENSEMBLE DES ANNEES 1911, 1912, 1913: ENFANTS DECLARES VIVANTS: DUREE
            DE LA GESTATION: NON DECLARE

79   NAISSANCES: ENSEMBLE DES ANNEES 1911, 1912, 1913: ENFANTS DECLARES VIVANTS: LIEU
            D'ACCOUCHEMENT: DOMICILE: LEGITIMES

80   NAISSANCES: ENSEMBLE DES ANNEES 1911, 1912, 1913: ENFANTS DECLARES VIVANTS: LIEU
            D'ACCOUCHEMENT: DOMICILE: ILLEGITIMES

81   NAISSANCES: ENSEMBLE DES ANNEES 1911, 1912, 1913: ENFANTS DECLARES VIVANTS: LIEU
            D'ACCOUCHEMENT: DANS UN ETABLISSEMENT, HOPITAL, CHEZ UNE SAGE-FEMME: LEGITIMES 1911

82   NAISSANCES: ENSEMBLE DES ANNEES 1911, 1912, 1913: ENFANTS DECLARES VIVANTS: LIEU
            D'ACCOUCHEMENT: DANS UN ETABLISSEMENT, HOPITAL, CHEZ UNE SAGE-FEMME: ILLEGITIMES
            1911

83   NAISSANCES: ENSEMBLE DES ANNEES 1911, 1912, 1913: ENFANTS DECLARES VIVANTS: LIEU
            D'ACCOUCHEMENT: NON DECLARE: LEGITIMES

84   NAISSANCES: ENSEMBLE DES ANNEES 1911, 1912, 1913: ENFANTS DECLARES VIVANTS: LIEU
            D'ACCOUCHEMENT: NON DECLARE: ILLEGITIMES

85   NAISSANCES: ENSEMBLE DES ANNEES 1911, 1912, 1913: ENFANTS DECLARES VIVANTS:
            ASSISTANCE MEDICALE RECUE PAR LA MERE: MEDECIN

86   NAISSANCES: ENSEMBLE DES ANNEES 1911, 1912, 1913: ENFANTS DECLARES VIVANTS:
            ASSISTANCE MEDICALE RECUE PAR LA MERE: SAGE-FEMME

87   NAISSANCES: ENSEMBLE DES ANNEES 1911, 1912, 1913: ENFANTS DECLARES VIVANTS:
            ASSISTANCE MEDICALE RECUE PAR LA MERE: NON DECLARE

88   NAISSANCES: ENSEMBLE DES ANNEES 1911, 1912, 1913: MORT-NES ET ENFANTS MORTS AVANT LA
            DECLARATION DE NAISSANCE: TOTAL

89   NAISSANCES: ENSEMBLE DES ANNEES 1911, 1912, 1913: MORT-NES ET ENFANTS MORTS AVANT LA
            DECLARATION DE NAISSANCE: DUREE DE LA GESTATION: MOINS DE 8 MOIS

90   NAISSANCES: ENSEMBLE DES ANNEES 1911, 1912, 1913: MORT-NES ET ENFANTS MORTS AVANT LA
            DECLARATION DE NAISSANCE: DUREE DE LA GESTATION: 8 MOIS

91   NAISSANCES: ENSEMBLE DES ANNEES 1911, 1912, 1913: MORT-NES ET ENFANTS MORTS AVANT LA
            DECLARATION DE NAISSANCE: DUREE DE LA GESTATION: 9 MOIS

92   NAISSANCES: ENSEMBLE DES ANNEES 1911, 1912, 1913: MORT-NES ET ENFANTS MORTS AVANT LA
            DECLARATION DE NAISSANCE: DUREE DE LA GESTATION: NON DECLARE

93   NAISSANCES: ENSEMBLE DES ANNEES 1911, 1912, 1913: MORT-NES ET ENFANTS MORTS AVANT LA
            DECLARATION DE NAISSANCE: LIEU D'ACCOUCHEMENT: DOMICILE: LEGITIMES

94   NAISSANCES: ENSEMBLE DES ANNEES 1911, 1912, 1913: MORT-NES ET ENFANTS MORTS AVANT LA
            DECLARATION DE NAISSANCE: LIEU D'ACCOUCHEMENT: DOMICILE: ILLEGITIMES

95   NAISSANCES: ENSEMBLE DES ANNEES 1911, 1912, 1913: MORT-NES ET ENFANTS MORTS AVANT LA
            DECLARATION DE NAISSANCE: LIEU D'ACCOUCHEMENT: DANS UN ETABLISSEMENT, HOPITAL, CHEZ
            UNE SAGE-FEMME: LEGITIMES

96   NAISSANCES: ENSEMBLE DES ANNEES 1911, 1912, 1913: MORT-NES ET ENFANTS MORTS AVANT LA
            DECLARATION DE NAISSANCE: LIEU D'ACCOUCHEMENT: DANS UN ETABLISSEMENT, HOPITAL, CHEZ
            UNE SAGE-FEMME: ILLEGITIMES

DATA SET 273: MOUVEMENT DE LA POPULATION 1911-1913 (DEPARTEMENT)

NUMERO DE
LA VARIABLE   NOM DE LA VARIABLE

97   NAISSANCES: ENSEMBLE DES ANNEES 1911, 1912, 1913: MORT-NES ET ENFANTS MORTS AVANT LA
      DECLARATION DE NAISSANCE: LIEU D'ACCOUCHEMENT: NON DECLARE: LEGITIMES

98   NAISSANCES: ENSEMBLE DES ANNEES 1911, 1912, 1913: MORT-NES ET ENFANTS MORTS AVANT LA
      DECLARATION DE NAISSANCE: LIEU D'ACCOUCHEMENT: NON DECLARE: ILLEGITIMES

99   NAISSANCES: ENSEMBLE DES ANNEES 1911, 1912, 1913: MORT-NES ET ENFANTS MORTS AVANT LA
      DECLARATION DE NAISSANCE: ASSISTANCE MEDICALE RECUE PAR LA MERE: MEDECIN

100   NAISSANCES: ENSEMBLE DES ANNEES 1911, 1912, 1913: MORT-NES ET ENFANTS MORTS AVANT LA
      DECLARATION DE NAISSANCE: ASSISTANCE MEDICALE RECUE PAR LA MERE: SAGE-FEMME

101   NAISSANCES: ENSEMBLE DES ANNEES 1911, 1912, 1913: MORT-NES ET ENFANTS MORTS AVANT LA
      DECLARATION DE NAISSANCE: ASSISTANCE MEDICALE RECUE PAR LA MERE: NON DECLARE

102   NAISSANCES: ENSEMBLE DES ANNEES 1911, 1912, 1913: MORT-NES ET ENFANTS MORTS AVANT LA
      DECLARATION DE NAISSANCE: L'ENFANT A-T-IL RESPIRE? OUI

103   NAISSANCES: ENSEMBLE DES ANNEES 1911, 1912, 1913: MORT-NES ET ENFANTS MORTS AVANT LA
      DECLARATION DE NAISSANCE: L'ENFANT A-T-IL RESPIRE? NON

104   NAISSANCES: ENSEMBLE DES ANNEES 1911, 1912, 1913: NOMBRE DES ACCOUCHEMENTS DOUBLES
      AYANT PRODUIT: 2 GARCONS: 2 VIVANTS

105   NAISSANCES: ENSEMBLE DES ANNEES 1911, 1912, 1913: NOMBRE DES ACCOUCHEMENTS DOUBLES
      AYANT PRODUIT: 2 GARCONS: 1 VIVANT ET 1 MORT

106   NAISSANCES: ENSEMBLE DES ANNEES 1911, 1912, 1913: NOMBRE DES ACCOUCHEMENTS DOUBLES
      AYANT PRODUIT: 2 GARCONS: 2 MORTS

107   NAISSANCES: ENSEMBLE DES ANNEES 1911, 1912, 1913: NOMBRE DES ACCOUCHEMENTS DOUBLES
      AYANT PRODUIT: 1 GARCON ET 1 FILLE: GARCON VIVANT: FILLE VIVANTE

108   NAISSANCES: ENSEMBLE DES ANNEES 1911, 1912, 1913: NOMBRE DES ACCOUCHEMENTS DOUBLES
      AYANT PRODUIT: 1 GARCON ET 1 FILLE: GARCON VIVANT: FILLE MORTE

109   NAISSANCES: ENSEMBLE DES ANNEES 1911, 1912, 1913: NOMBRE DES ACCOUCHEMENTS DOUBLES
      AYANT PRODUIT: 1 GARCON ET 1 FILLE: GARCON MORT: FILLE VIVANTE

110   NAISSANCES: ENSEMBLE DES ANNEES 1911, 1912, 1913: NOMBRE DES ACCOUCHEMENTS DOUBLES
      AYANT PRODUIT: 1 GARCON ET 1 FILLE: GARCON MORT: FILLE MORTE

111   NAISSANCES: ENSEMBLE DES ANNEES 1911, 1912, 1913: NOMBRE DES ACCOUCHEMENTS DOUBLES
      AYANT PRODUIT: 2 FILLES: 2 VIVANTES

112   NAISSANCES: ENSEMBLE DES ANNEES 1911, 1912, 1913: NOMBRE DES ACCOUCHEMENTS DOUBLES
      AYANT PRODUIT: 2 FILLES: 1 VIVANTE ET 1 MORTE

113   NAISSANCES: ENSEMBLE DES ANNEES 1911, 1912, 1913: NOMBRE DES ACCOUCHEMENTS DOUBLES
      AYANT PRODUIT: 2 FILLES: 2 MORTES

114   NAISSANCES: ENSEMBLE DES ANNEES 1911, 1912, 1913: TOTAL DES ACCOUCHEMENTS DOUBLES

115   NAISSANCES: ENSEMBLE DES ANNEES 1911, 1912, 1913: NOMBRE D'ENFANTS ISSUS DES
      ACCOUCHEMENTS DOUBLES: GARCONS: VIVANTS

116   NAISSANCES: ENSEMBLE DES ANNEES 1911, 1912, 1913: NOMBRE D'ENFANTS ISSUS DES
      ACCOUCHEMENTS DOUBLES: GARCONS: MORTS

117   NAISSANCES: ENSEMBLE DES ANNEES 1911, 1912, 1913: NOMBRE D'ENFANTS ISSUS DES
      ACCOUCHEMENTS DOUBLES: FILLES: VIVANTES

118   NAISSANCES: ENSEMBLE DES ANNEES 1911, 1912, 1913: NOMBRE D'ENFANTS ISSUS DES
      ACCOUCHEMENTS DOUBLES: FILLES: MORTES

119   NAISSANCES: ENSEMBLE DES ANNEES 1911, 1912, 1913: NOMBRE D'ENFANTS ISSUS DES
      ACCOUCHEMENTS DOUBLES: ENSEMBLE: VIVANTS

120   NAISSANCES: ENSEMBLE DES ANNEES 1911, 1912, 1913: NOMBRE D'ENFANTS ISSUS DES
      ACCOUCHEMENTS DOUBLES: ENSEMBLE: MORTS

388

DATA SET 273: MOUVEMENT DE LA POPULATION 1911-1913 (DEPARTEMENT)

NUMERO DE
LA VARIABLE   NOM DE LA VARIABLE

121   NAISSANCES: ENSEMBLE DES ANNEES 1911, 1912, 1913: NOMBRE D'ENFANTS ISSUS DES
           ACCOUCHEMENTS DOUBLES: TOTAL

122   DECES AU COURS DE LA PREMIERE ANNEE: ENSEMBLE DES ANNEES 1911, 1912, 1913: SEXE
           MASCULIN: TOTAL

123   DECES AU COURS DE LA PREMIERE ANNEE: ENSEMBLE DES ANNEES 1911, 1912, 1913: SEXE
           MASCULIN: MODE D'ALLAITEMENT: AU SEIN

124   DECES AU COURS DE LA PREMIERE ANNEE: ENSEMBLE DES ANNEES 1911, 1912, 1913: SEXE
           MASCULIN: MODE D'ALLAITEMENT: AU BIBERON

125   DECES AU COURS DE LA PREMIERE ANNEE: ENSEMBLE DES ANNEES 1911, 1912, 1913: SEXE
           MASCULIN: MODE D'ALLAITEMENT: MIXTE

126   DECES AU COURS DE LA PREMIERE ANNEE: ENSEMBLE DES ANNEES 1911, 1912, 1913: SEXE
           MASCULIN: MODE D'ALLAITEMENT: SANS RENSEIGNEMENT

127   DECES AU COURS DE LA PREMIERE ANNEE: ENSEMBLE DES ANNEES 1911, 1912, 1913: SEXE
           FEMININ: TOTAL

128   DECES AU COURS DE LA PREMIERE ANNEE: ENSEMBLE DES ANNEES 1911, 1912, 1913: SEXE
           FEMININ: MODE D'ALLAITEMENT: AU SEIN

129   DECES AU COURS DE LA PREMIERE ANNEE: ENSEMBLE DES ANNEES 1911, 1912, 1913: SEXE
           FEMININ: MODE D'ALLAITEMENT: AU BIBERON

130   DECES AU COURS DE LA PREMIERE ANNEE: ENSEMBLE DES ANNEES 1911, 1912, 1913: SEXE
           FEMININ: MODE D'ALLAITEMENT: MIXTE

131   DECES AU COURS DE LA PREMIERE ANNEE: ENSEMBLE DES ANNEES 1911, 1912, 1913: SEXE
           FEMININ: MODE D'ALLAITEMENT: SANS RENSEIGNEMENT

DATA SET 335: MOUVEMENT DE LA POPULATION 1907-1924 (DEPARTEMENT)

SOURCE: STATISTIQUE GENERALE DE LA FRANCE, STATISTIQUE DU
MOUVEMENT DE LA POPULATION, 1907-1910, NOUVELLE SERIE,
TOME I (PARIS, 1912)

VARIABLES 7-17:	TABLEAU XXXVIII
VARIABLES 18-30:	TABLEAU XXXIX
VARIABLES 31-64:	TABLEAU XL
VARIABLES 65-76:	TABLEAU XLI
VARIABLES 77-106:	TABLEAU XLV
VARIABLES 107-124:	TABLEAU XLVI
VARIABLES 125-134:	TABLEAU LII

SOURCE: STATISTIQUE GENERALE DE LA FRANCE, STATISTIQUE DU MOUVEMENT
DE LA POPULATION, ANNEES 1914 A 1919, NOUVELLE SERIE,
TOME III (PARIS, 1922)

VARIABLES 135-136:	PAGE XXIII
VARIABLES 137-140:	PAGE XXX
VARIABLES 141-145:	PAGE XLV
VARIABLES 146-149:	PAGE LX
VARIABLES 150-154:	PAGE LXXXI
VARIABLES 155-167:	PAGE CXII
VARIABLES 168-191:	TABLEAU XXVII
VARIABLES 192-221:	TABLEAU XXX

SOURCE: STATISTIQUE GENERALE DE LA FRANCE, STATISTIQUE DU MOUVEMENT
DE LA POPULATION, ANNEES 1920 A 1924, NOUVELLE SERIE,
TOME IV (PARIS, 1928)

VARIABLES 222-231:	PAGES CIII-CIV
VARIABLES 232-265:	PAGES XC-XCIII
VARIABLE 266:	PAGE XLXXXIX
VARIABLES 267-269:	PAGE LXXXV
VARIABLES 270-273:	PAGE LXVI
VARIABLES 274-278:	PAGE XLIX
VARIABLES 279-290:	TABLEAU XXVII
VARIABLES 291-305:	TABLEAU XXX
VARIABLES 306-311:	PAGE XXXVII

NUMERO DE LA VARIABLE	NOM DE LA VARIABLE
7	MARIAGES: DOMICILE DES EPOUX: MEME COMMUNE, ENSEMBLE DES ANNEES 1907, 1908, 1909 ET 1910 (POUR LES VARIABLES 7-17, NON COMPRIS 3,819 MARIAGES PROVENANT DES VILLES CI-APRES: ANGOULEME(1907-1910), LILLE(1908), RENNES (1907))
8	MARIAGES: DOMICILE DES EPOUX: COMMUNES DIFFERENTES, ENSEMBLE DES ANNEES 1907, 1908, 1909 ET 1910
9	MARIAGES: LIEU DE NAISSANCE: EPOUX NE DANS LE DEPARTEMENT, L'EPOUSE EST NEE DANS LE DEPARTEMENT, ENSEMBLE DES ANNEES 1907, 1908, 1909 ET 1910
10	MARIAGES: LIEU DE NAISSANCE: EPOUX NE DANS LE DEPARTEMENT, L'EPOUSE EST NEE HORS DU DEPARTEMENT, ENSEMBLE DES ANNEES 1907, 1908, 1909 ET 1910
11	MARIAGES: LIEU DE NAISSANCE: EPOUX NE HORS DU DEPARTEMENT, L'EPOUSE EST NEE DANS LE DEPARTEMENT, ENSEMBLE DES ANNEES 1907, 1908, 1909 ET 1910
12	MARIAGES: LIEU DE NAISSANCE: EPOUX NE HORS DU DEPARTEMENT, L'EPOUSE EST NEE HORS DU DEPARTEMENT, ENSEMBLE DES ANNEES 1907, 1908, 1909 ET 1910
13	MARIAGES: NATIONALITE: EPOUX: FRANCAIS OU NATURALISE, ENSEMBLE DES ANNEES 1907, 1908, 1909 ET 1910
14	MARIAGES: NATIONALITE: EPOUX: ETRANGER, ENSEMBLE DES ANNEES 1907, 1908, 1909 ET 1910
15	MARIAGES: NATIONALITE: EPOUSE: FRANCAISE OU NATURALISEE, ENSEMBLE DES ANNEES 1907, 1908, 1909 ET 1910
16	MARIAGES: NATIONALITE: EPOUSE: ETRANGERE, ENSEMBLE DES ANNEES 1907, 1908, 1909 ET 1910

DATA SET 335: MOUVEMENT DE LA POPULATION 1907-1924 (DEPARTEMENT)

NUMERO DE
LA VARIABLE   NOM DE LA VARIABLE

17   MARIAGES: TOTAL, SUIVANT LE LIEU DE NAISSANCE, LA NATIONALITE ET LE DOMICILE DES
          EPOUX, ENSEMBLE DES ANNEES 1907, 1908, 1909 ET 1910

18   ENSEMBLE DES MARIAGES, ENSEMBLE DES ANNEES 1907, 1908, 1909 ET 1910 (POUR LES
          VARIABLES 18-30, NON COMPRIS 3,819 MARIAGES PROVENANT DES VILLES CI-APRES:
          ANGOULEME(1907-1910), LILLE(1908), RENNES(1907))

19   MARIAGES: EPOUX PLUS AGE QUE L'EPOUSE: TOTAL, ENSEMBLE DES ANNEES 1907, 1908, 1909
          ET 1910

20   MARIAGES: EPOUX PLUS AGE QUE L'EPOUSE: DIFFERENCE D'AGE, 0 A 4 ANS, ENSEMBLE DES
          ANNEES 1907, 1908, 1909 ET 1910

21   MARIAGES: EPOUX PLUS AGE QUE L'EPOUSE: DIFFERENCE D'AGE, 5 A 9 ANS, ENSEMBLE DES
          ANNEES 1907, 1908, 1909 ET 1910

22   MARIAGES: EPOUX PLUS AGE QUE L'EPOUSE: DIFFERENCE D'AGE, 10 A 14 ANS, ENSEMBLE DES
          ANNEES 1907, 1908, 1909 ET 1910

23   MARIAGES: EPOUX PLUS AGE QUE L'EPOUSE: DIFFERENCE D'AGE, 15 A 19 ANS, ENSEMBLE DES
          ANNEES 1907, 1908, 1909 ET 1910

24   MARIAGES: EPOUX PLUS AGE QUE L'EPOUSE: DIFFERENCE D'AGE, 20 ANS ET PLUS, ENSEMBLE
          DES ANNEES 1907, 1908, 1909 ET 1910

25   MARIAGES: EPOUX MOINS AGE QUE L'EPOUSE: TOTAL, ENSEMBLE DES ANNEES 1907, 1908, 1909
          ET 1910

26   MARIAGES: EPOUX MOINS AGE QUE L'EPOUSE: DIFFERENCE D'AGE, 0 A 4 ANS, ENSEMBLE DES
          ANNEES 1907, 1908, 1909 ET 1910

27   MARIAGES: EPOUX MOINS AGE QUE L'EPOUSE: DIFFERENCE D'AGE, 5 A 9 ANS, ENSEMBLE DES
          ANNEES 1907, 1908, 1909 ET 1910

28   MARIAGES: EPOUX MOINS AGE QUE L'EPOUSE: DIFFERENCE D'AGE, 10 A 14 ANS, ENSEMBLE DES
          ANNEES 1907, 1908, 1909 ET 1910

29   MARIAGES: EPOUX MOINS AGE QUE L'EPOUSE: DIFFERENCE D'AGE, 15 A 19 ANS, ENSEMBLE DES
          ANNEES 1907, 1908, 1909 ET 1910

30   MARIAGES: EPOUX MOINS AGE QUE L'EPOUSE: DIFFERENCE D'AGE, 20 ANS ET PLUS, ENSEMBLE
          DES ANNEES 1907, 1908, 1909 ET 1910

31   DETAILS DIVERS SUR LES MARIAGES: NOMBRE DES EPOUX NE SACHANT NI LIRE NI ECRIRE:
          HOMMES, ENSEMBLE DES ANNEES 1907, 1908, 1909 ET 1910

32   DETAILS DIVERS SUR LES MARIAGES: NOMBRE DES EPOUX NE SACHANT NI LIRE NI ECRIRE:
          FEMMES, ENSEMBLE DES ANNEES 1907, 1908, 1909 ET 1910

33   DETAILS DIVERS SUR LES MARIAGES: MARIAGES AYANT DONNE LIEU A OPPOSITION, ENSEMBLE
          DES ANNEES 1907, 1908, 1909 ET 1910

34   DETAILS DIVERS SUR LES MARIAGES: MARIAGES AYANT DONNE LIEU A NOTIFICATION, ENSEMBLE
          DES ANNEES 1907, 1908, 1909 ET 1910

35   DETAILS DIVERS SUR LES MARIAGES: MARIAGES AYANT DONNE LIEU A CONTRAT, ENSEMBLE DES
          ANNEES 1907, 1908, 1909 ET 1910

36   DETAILS DIVERS SUR LES MARIAGES: DEGRE DE PARENTE: BEAU- FRERE ET BELLE-SOEUR,
          ENSEMBLE DES ANNEES 1907, 1908, 1909 ET 1910

37   DETAILS DIVERS SUR LES MARIAGES: DEGRE DE PARENTE: NEVEU ET TANTE, ENSEMBLE DES
          ANNEES 1907, 1908, 1909 ET 1910

38   DETAILS DIVERS SUR LES MARIAGES: DEGRE DE PARENTE: ONCLE ET NIECE, ENSEMBLE DES
          ANNEES 1907, 1908, 1909 ET 1910

39   DETAILS DIVERS SUR LES MARIAGES: DEGRE DE PARENTE: COUSINS GERMAINS, ENSEMBLE DES
          ANNEES 1907, 1908, 1909 ET 1910

DATA SET 335: MOUVEMENT DE LA POPULATION 1907-1924 (DEPARTEMENT)

NUMERO DE
LA VARIABLE   NOM DE LA VARIABLE

40   MARIAGES AYANT LEGITIME DES ENFANTS (NON COMPRIS LES VILLES CI-APRES: ANGOULEME POUR
          LES ANNEES 1907 A 1910, LILLE POUR L'ANNEE 1908, RENNES POUR L'ANNEE 1909), ENSEMBLE
          DES ANNEES 1907, 1908, 1909 ET 1910

41   NOMBRE ET AGE DES ENFANTS LEGITIMES: (NON COMPRIS LES VILLES CI-APRES POUR LES
          VARIABLES 41 A 64: ANGOULEME POUR LES ANNEES 1907 A 1910, LILLE POUR L'ANNEE 1908,
          RENNES POUR L'ANNEE 1909) GARCONS, ENSEMBLE DES ANNEES 1907, 1908, 1909 ET 1910

42   NOMBRE ET AGE DES ENFANTS LEGITIMES: FILLES, ENSEMBLE DES ANNEES 1907, 1908, 1909 ET
          1910

43   NOMBRE ET AGE DES ENFANTS LEGITIMES: ENFANTS RECONNUS ANTERIEUREMENT PAR LE PERE:
          PAR LE PERE SEUL, ENSEMBLE DES ANNEES 1907, 1908, 1909 ET 1910

44   NOMBRE ET AGE DES ENFANTS LEGITIMES: ENFANTS RECONNUS ANTERIEUREMENT PAR LE PERE:
          PAR LE PERE ET LA MERE, ENSEMBLE DES ANNEES 1907, 1908, 1909 ET 1910

45   NOMBRE ET AGE DES ENFANTS LEGITIMES: ENFANTS RECONNUS ANTERIEUREMENT PAR LE PERE:
          AGE DE L'ENFANT: 0 A 30 JOURS, ENSEMBLE DES ANNEES 1907, 1908, 1909 ET 1910

46   NOMBRE ET AGE DES ENFANTS LEGITIMES: ENFANTS RECONNUS ANTERIEUREMENT PAR LE PERE:
          AGE DE L'ENFANT: 31 A 90 JOURS, ENSEMBLE DES ANNEES 1907, 1908, 1909 ET 1910

47   NOMBRE ET AGE DES ENFANTS LEGITIMES: ENFANTS RECONNUS ANTERIEUREMENT PAR LE PERE:
          AGE DE L'ENFANT: 91 A 180 JOURS, ENSEMBLE DES ANNEES 1907, 1908, 1909 ET 1910

48   NOMBRE ET AGE DES ENFANTS LEGITIMES: ENFANTS RECONNUS ANTERIEUREMENT PAR LE PERE:
          AGE DE L'ENFANT: 181 A 364 JOURS, ENSEMBLE DES ANNEES 1907, 1908, 1909 ET 1910

49   NOMBRE ET AGE DES ENFANTS LEGITIMES: ENFANTS RECONNUS ANTERIEUREMENT PAR LE PERE:
          AGE DE L'ENFANT: 1 A 4 ANS, ENSEMBLE DES ANNEES 1907, 1908, 1909 ET 1910

50   NOMBRE ET AGE DES ENFANTS LEGITIMES: ENFANTS RECONNUS ANTERIEUREMENT PAR LE PERE:
          AGE DE L'ENFANT: 5 A 19 ANS, ENSEMBLE DES ANNEES 1907, 1908, 1909 ET 1910

51   NOMBRE ET AGE DES ENFANTS LEGITIMES: ENFANTS RECONNUS ANTERIEUREMENT PAR LE PERE:
          AGE DE L'ENFANT: 20 ANS ET PLUS, ENSEMBLE DES ANNEES 1907, 1908, 1909 ET 1910

52   NOMBRE ET AGE DES ENFANTS LEGITIMES: ENFANTS RECONNUS ANTERIEUREMENT PAR LE PERE:
          AGE DE L'ENFANT: NON DECLARE, ENSEMBLE DES ANNEES 1907, 1908, 1909 ET 1910

53   NOMBRE ET AGE DES ENFANTS LEGITIMES: ENFANTS RECONNUS ANTERIEUREMENT PAR LE PERE:
          AGE DE L'ENFANT: TOTAL, ENSEMBLE DES ANNEES 1907, 1908, 1909 ET 1910

54   NOMBRE ET AGE DES ENFANTS LEGITIMES: ENFANTS NON RECONNUS ANTERIEUREMENT PAR LE
          PERE: RECONNUS PAR LA MERE SEULE, ENSEMBLE DES ANNEES 1907, 1908, 1909 ET 1910

55   NOMBRE ET AGE DES ENFANTS LEGITIMES: ENFANTS NON RECONNUS ANTERIEUREMENT PAR LE
          PERE: NON RECONNUS, ENSEMBLE DES ANNEES 1907, 1908, 1909 ET 1910

56   NOMBRE ET AGE DES ENFANTS LEGITIMES: ENFANTS NON RECONNUS ANTERIEUREMENT PAR LE
          PERE: AGE DE L'ENFANT: 0 A 30 JOURS, ENSEMBLE DES ANNEES 1907, 1908, 1909 ET 1910

57   NOMBRE ET AGE DES ENFANTS LEGITIMES: ENFANTS NON RECONNUS ANTERIEUREMENT PAR LE
          PERE: AGE DE L'ENFANT: 31 A 90 JOURS, ENSEMBLE DES ANNEES 1907, 1908, 1909 ET 1910

58   NOMBRE ET AGE DES ENFANTS LEGITIMES: ENFANTS NON RECONNUS ANTERIEUREMENT PAR LE
          PERE: AGE DE L'ENFANT: 91 A 180 JOURS, ENSEMBLE DES ANNEES 1907, 1908, 1909 ET 1910

59   NOMBRE ET AGE DES ENFANTS LEGITIMES: ENFANTS NON RECONNUS ANTERIEUREMENT PAR LE
          PERE: AGE DE L'ENFANT: 181 A 364 JOURS, ENSEMBLE DES ANNEES 1907, 1908, 1909 ET 1910

60   NOMBRE ET AGE DES ENFANTS LEGITIMES: ENFANTS NON RECONNUS ANTERIEUREMENT PAR LE
          PERE: AGE DE L'ENFANT: 1 A 4 ANS, ENSEMBLE DES ANNEES 1907, 1908, 1909 ET 1910

61   NOMBRE ET AGE DES ENFANTS LEGITIMES: ENFANTS NON RECONNUS ANTERIEUREMENT PAR LE
          PERE: AGE DE L'ENFANT: 5 A 19 ANS, ENSEMBLE DES ANNEES 1907, 1908, 1909 ET 1910

62   NOMBRE ET AGE DES ENFANTS LEGITIMES: ENFANTS NON RECONNUS ANTERIEUREMENT PAR LE
          PERE: AGE DE L'ENFANT: 20 ANS ET PLUS, ENSEMBLE DES ANNEES 1907, 1908, 1909 ET 1910

DATA SET 335:   MOUVEMENT DE LA POPULATION 1907-1924 (DEPARTEMENT)

NUMERO DE
LA VARIABLE   NOM DE LA VARIABLE

63   NOMBRE ET AGE DES ENFANTS LEGITIMES: ENFANTS NON RECONNUS ANTERIEUREMENT PAR LE
            PERE: AGE DE L'ENFANT: NON DECLARE, ENSEMBLE DES ANNEES 1907, 1908, 1909 ET 1910

64   NOMBRE ET AGE DES ENFANTS LEGITIMES: ENFANTS NON RECONNUS ANTERIEUREMENT PAR LE
            PERE: AGE DE L'ENFANT: TOTAL, ENSEMBLE DES ANNEES 1907, 1908, 1909 ET 1910

65   NOMBRE DES DIVORCES ENREGISTRES: 1907, POPULATION URBAINE

66   NOMBRE DES DIVORCES ENREGISTRES: 1907, POPULATION RURALE

67   NOMBRE DES DIVORCES ENREGISTRES: 1907, ENSEMBLE

68   NOMBRE DES DIVORCES ENREGISTRES: 1908, POPULATION URBAINE

69   NOMBRE DES DIVORCES ENREGISTRES: 1908, POPULATION RURALE

70   NOMBRE DES DIVORCES ENREGISTRES: 1908, ENSEMBLE

71   NOMBRE DES DIVORCES ENREGISTRES: 1909, POPULATION URBAINE

72   NOMBRE DES DIVORCES ENREGISTRES: 1909, POPULATION RURALE

73   NOMBRE DES DIVORCES ENREGISTRES: 1909, ENSEMBLE

74   NOMBRE DES DIVORCES ENREGISTRES: 1910, POPULATION URBAINE

75   NOMBRE DES DIVORCES ENREGISTRES: 1910, POPULATION RURALE

76   NOMBRE DES DIVORCES ENREGISTRES: 1910, ENSEMBLE

77   NAISSANCES SUIVANT LA DUREE DE GESTATION, LE LIEU D'ACCOUCHEMENT, L'ASSISTANCE
            MEDICALE RECUE PAR LA MERE: ENFANTS DECLARES VIVANTS: TOTAL, ENSEMBLE DES ANNEES
            1907, 1908, 1909 ET 1910

78   NAISSANCES: ENFANTS DECLARES VIVANTS: DUREE DE LA GESTATION: MOINS DE 8 MOIS,
            ENSEMBLE DES ANNEES 1907, 1908, 1909 ET 1910

79   NAISSANCES: ENFANTS DECLARES VIVANTS: DUREE DE LA GESTATION: 8 MOIS, ENSEMBLE DES
            ANNEES 1907, 1908, 1909 ET 1910

80   NAISSANCES: ENFANTS DECLARES VIVANTS: DUREE DE LA GESTATION: 9 MOIS, ENSEMBLE DES
            ANNEES 1907, 1908, 1909 ET 1910

81   NAISSANCES: ENFANTS DECLARES VIVANTS: DUREE DE LA GESTATION: NON DECLAREE,
            ENSEMBLE DES ANNEES 1907, 1908, ET 1910

82   NAISSANCES: ENFANTS DECLARES VIVANTS: LIEU D'ACCOUCHEMENT: DOMICILE: LEGITIMES,
            ENSEMBLE DES ANNEES 1907, 1908, 1909 ET 1910

83   NAISSANCES: ENFANTS DECLARES VIVANTS: LIEU D'ACCOUCHEMENT: DOMICILE: ILLEGITIMES,
            ENSEMBLE DES ANNEES 1907, 1908, 1909 ET 1910

84   NAISSANCES: ENFANTS DECLARES VIVANTS: LIEU D'ACCOUCHEMENT: DANS UN ETABLISSEMENT,
            HOPITAL, CHEZ UNE SAGE-FEMME: LEGITIMES, ENSEMBLE DES ANNES 1907, 1908, 1909 ET 1910

85   NAISSANCES: ENFANTS DECLARES VIVANTS: LIEU D'ACCOUCHEMENT: DANS UN ETABLISSEMENT,
            HOPITAL, CHEZ UNE SAGE-FEMME: ILLEGITIMES, ENSEMBLE DES ANNEES 1907, 1908, 1909 ET
            1910

86   NAISSANCES: ENFANTS DECLARES VIVANTS: LIEU D'ACCOUCHEMENT: NON DECLARE: LEGITIMES,
            ENSEMBLE DES ANNEES 1907, 1908, 1909 ET 1910

87   NAISSANCES: ENFANTS DECLARES VIVANTS: LIEU D'ACCOUCHEMENT: NON DECLARE:
            ILLEGITIMES, ENSEMBLE DES ANNEES 1907, 1908, 1909 ET 1910

88   NAISSANCES: ENFANTS DECLARES VIVANTS: ASSISTANCE MEDICALE RECUE PAR LA MERE:
            MEDECIN, ENSEMBLE DES ANNEES 1907, 1908 1909 ET 1910

89   NAISSANCES: ENFANTS DECLARES VIVANTS: ASSISTANCE MEDICALE RECUE PAR LA MERE:
            SAGE-FEMME, ENSEMBLE DES ANNEES 1907, 1908, 1909 ET 1910

DATA SET 335: MOUVEMENT DE LA POPULATION 1907-1924 (DEPARTEMENT)

NUMERO DE
LA VARIABLE   NOM DE LA VARIABLE

90   NAISSANCES: ENFANTS DECLARES VIVANTS: ASSISTANCE MEDICALE RECUE PAR LA MERE: NON
          DECLAREE, ENSEMBLE DES ANNEES 1907, 1908, 1909 ET 1910

91   NAISSANCES SUIVANT LA DUREE DE GESTATION, LE LIEU D'ACCOUCHEMENT, L'ASSISTANCE
          MEDICALE RECUE PAR LA MERE: MORT-NES ET ENFANTS MORTS AVANT LA DECLARATION DE
          NAISSANCE: TOTAL, ENSEMBLE DES ANNEES 1907, 1908, 1909 ET 1910

92   NAISSANCES: MORT-NES ET ENFANTS MORTS AVANT LA DECLARATION DE NAISSANCE: DUREE DE
          GESTATION: MOINS DE 8 MOIS, ENSEMBLE DES ANNEES 1907, 1908, 1909 ET 1910

93   NAISSANCES: MORT-NES ET ENFANTS MORTS AVANT LA DECLARATION DE NAISSANCE: DUREE DE
          GESTATION: 8 MOIS, ENSEMBLE DES ANNEES 1907, 1908, 1909 ET 1910

94   NAISSANCES: MORT-NES ET ENFANTS MORTS AVANT LA DECLARATION DE NAISSANCE: DUREE DE
          GESTATION: 9 MOIS, ENSEMBLE DES ANNEES 1907, 1908, 1909 ET 1910

95   NAISSANCES: MORT-NES ET ENFANTS MORTS AVANT LA DECLARATION DE NAISSANCE: DUREE DE
          GESTATION: NON DECLAREE, ENSEMBLE DES ANNEES 1907, 1908, 1909 ET 1910

96   NAISSANCES: MORT-NES ET ENFANTS MORTS AVANT LA DECLARATION DE NAISSANCE: LIEU
          D'ACCOUCHEMENT: DOMICILE: LEGITIMES, ENSEMBLE DES ANNEES 1907, 1908, 1909 ET 1910

97   NAISSANCES: MORT-NES ET ENFANTS MORTS AVANT LA DECLARATION DE NAISSANCE: LIEU
          D'ACCOUCHEMENT: DOMICILE: ILLEGITIMES, ENSEMBLE DES ANNEES 1907, 1908, 1909 ET 1910

98   NAISSANCES: MORT-NES ET ENFANTS MORTS AVANT LA DECLARATION DE NAISSANCE: LIEU
          D'ACCOUCHEMENT: DANS UN ETABLISSEMENT, UN HOPITAL, CHEZ UNE SAGE-FEMME: LEGITIMES,
          ENSEMBLE DES ANNEES 1907, 1908, 1909 ET 1910

99   NAISSANCES: MORT-NES ET ENFANTS MORTS AVANT LA DECLARATION DE NAISSANCE: LIEU
          D'ACCOUCHEMENT: DANS UN ETABLISSEMENT, UN HOPITAL, CHEZ UNE SAGE-FEMME:
          ILLEGITIMES, ENSEMBLE DES ANNEES 1907, 1908, 1909 ET 1910

100   NAISSANCES: MORT-NES ET ENFANTS MORTS AVANT LA DECLARATION DE NAISSANCE: LIEU
          D'ACCOUCHEMENT: NON DECLARE: LEGITIMES, ENSEMBLE DES ANNEES 1907, 1908, 1909 ET 1910

101   NAISSANCES: MORT-NES ET ENFANTS MORTS AVANT LA DECLARATION DE NAISSANCE: LIEU
          D'ACCOUCHEMENT: NON DECLARE: ILLEGITIMES, ENSEMBLE DES ANNEES 1907, 1908, 1909 ET
          1910

102   NAISSANCES: MORT-NES ET ENFANTS MORTS AVANT LA DECLARATION DE NAISSANCE: ASSISTANCE
          MEDICALE RECUE PAR LA MERE: MEDECIN, ENSEMBLE DES ANNEES 1907, 1908, 1909 ET 1910

103   NAISSANCES: MORT-NES ET ENFANTS MORTS AVANT LA DECLARATION DE NAISSANCE: ASSISTANCE
          MEDICALE RECUE PAR LA MERE: SAGE-FEMME, ENSEMBLE DES ANNEES 1907, 1908, 1909 ET 1910

104   NAISSANCES: MORT-NES ET ENFANTS MORTS AVANT LA DECLARATION DE NAISSANCE: ASSISTANCE
          MEDICALE RECUE PAR LA MERE: NON DECLAREE, ENSEMBLE DES ANNEES 1907, 1908, 1909 ET 1910

105   NAISSANCES: MORT-NES ET ENFANTS MORTS AVANT LA DECLARATION DE NAISSANCE: L'ENFANT
          A-T-IL RESPIRE? OUI, ENSEMBLE DES ANNEES 1907, 1908, 1909 ET 1910

106   NAISSANCES: MORT-NES ET ENFANTS MORTS AVANT LA DECLARATION DE NAISSANCE: L'ENFANT
          A-T-IL RESPIRE? NON, ENSEMBLE DES ANNEES 1907, 1908, 1909 ET 1910

107   NAISSANCES: NOMBRE DES ACCOUCHEMENTS DOUBLES AYANT PRODUIT 2 GARCONS: 2 VIVANTS,
          ENSEMBLE DES ANNEES 1907, 1908, 1909 ET 1910

108   NAISSANCES: NOMBRE DES ACCOUCHEMENTS DOUBLES AYANT PRODUIT 2 GARCONS: 1 VIVANT ET 1
          MORT, ENSEMBLE DES ANNEES 1907, 1908, 1909 ET 1910

109   NAISSANCES: NOMBRE DES ACCOUCHEMENTS DOUBLES AYANT PRODUIT 2 GARCONS: 2 MORTS,
          ENSEMBLE DES ANNEES 1907, 1908, 1909 ET 1910

110   NAISSANCES: NOMBRE DES ACCOUCHEMENTS DOUBLES AYANT PRODUIT 1 GARCON ET 1 FILLE:
          GARCON VIVANT, FILLE VIVANTE, ENSEMBLE DES ANNEES 1907, 1908, 1909 ET 1910

111   NAISSANCES: NOMBRE DES ACCOUCHEMENTS DOUBLES AYANT PRODUIT 1 GARCON ET 1 FILLE:
          GARCON VIVANT, FILLE MORTE, ENSEMBLE DES ANNEES 1907, 1908, 1909 ET 1910

DATA SET 335:   MOUVEMENT DE LA POPULATION 1907-1924 (DEPARTEMENT)

NUMERO DE
LA VARIABLE   NOM DE LA VARIABLE

112   NAISSANCES: NOMBRE DES ACCOUCHEMENTS DOUBLES AYANT PRODUIT 1 GARCON ET 1 FILLE:
           GARCON MORT, FILLE VIVANTE, ENSEMBLE DES ANNEES 1907, 1908, 1909 ET 1910

113   NAISSANCES: NOMBRE DES ACCOUCHEMENTS DOUBLES AYANT PRODUIT 1 GARCON ET 1 FILLE:
           GARCON MORT, FILLE MORTE, ENSEMBLE DES ANNEES 1907, 1908, 1909 ET 1910

114   NAISSANCES: NOMBRE DES ACCOUCHEMENTS DOUBLES AYANT PRODUIT 2 FILLES: 2 VIVANTES,
           ENSEMBLE DES ANNEES 1907, 1908, 1909 ET 1910

115   NAISSANCES: NOMBRE DES ACCOUCHEMENTS DOUBLES AYANT PRODUIT 2 FILLES: 1 VIVANTE ET 1
           MORTE, ENSEMBLE DES ANNEES 1907, 1908, 1909 ET 1910

116   NAISSANCES: NOMBRE DES ACCOUCHEMENTS DOUBLES AYANT PRODUIT 2 FILLES: 2 MORTES,
           ENSEMBLE DES ANNEES 1907, 1908, 1909 ET 1910

117   NAISSANCES: TOTAL DES ACCOUCHEMENTS DOUBLES, ENSEMBLE DES ANNEES 1907, 1908, 1909 ET
           1910

118   NAISSANCES: NOMBRE D'ENFANTS ISSUES D'ACCOUCHEMENTS DOUBLES: GARCONS VIVANTS,
           ENSEMBLE DES ANNEES 1907, 1908, 1909 ET 1910

119   NAISSANCES: NOMBRE D'ENFANTS ISSUES D'ACCOUCHEMENTS DOUBLES: GARCONS MORTS,
           ENSEMBLE DES ANNEES 1907, 1908, 1909 ET 1910

120   NAISSANCES: NOMBRE D'ENFANTS ISSUES D'ACCOUCHEMENTS DOUBLES: FILLES VIVANTES,
           ENSEMBLE DES ANNEES 1907, 1908, 1909 ET 1910

121   NAISSANCES: NOMBRE D'ENFANTS ISSUES D'ACCOUCHEMENTS DOUBLES: FILLES MORTES,
           ENSEMBLE DES ANNEES 1907, 1908, 1909 ET 1910

122   NAISSANCES: NOMBRE D'ENFANTS ISSUES D'ACCOUCHEMENTS DOUBLES: ENSEMBLE: VIVANTS,
           ENSEMBLE DES ANNEES 1907, 1908, 1909 ET 1910

123   NAISSANCES: NOMBRE D'ENFANTS ISSUES D'ACCOUCHEMENTS DOUBLES: ENSEMBLE: MORTS,
           ENSEMBLE DES ANNEES 1907, 1908, 1909 ET 1910

124   NAISSANCES: NOMBRE D'ENFANTS ISSUES D'ACCOUCHEMENTS DOUBLES: ENSEMBLE: TOTAL,
           ENSEMBLE DES ANNEES 1907, 1908, 1909 ET 1910

125   DECES AU COURS DE LA PREMIERE ANNEE: SEXE MASCULIN: TOTAL, SUIVANT LE MODE
           D'ALLAITEMENT, ENSEMBLE DES ANNEES 1907, 1908, 1909 ET 1910

126   DECES AU COURS DE LA PREMIERE ANNEE: SEXE MASCULIN: MODE D'ALLAITEMENT: AU SEIN,
           ENSEMBLE DES ANNEES 1907, 1908, 1909 ET 1910

127   DECES AU COURS DE LA PREMIERE ANNEE: SEXE MASCULIN: MODE D'ALLAITEMENT: AU BIBERON,
           ENSEMBLE DES ANNEES 1907, 1908, 1909 ET 1910

128   DECES AU COURS DE LA PREMIERE ANNEE: SEXE MASCULIN: MODE D'ALLAITEMENT: MIXTE,
           ENSEMBLE DES ANNEES 1907, 1908, 1909 ET 1910

129   DECES AU COURS DE LA PREMIERE ANNEE: SEXE MASCULIN: MODE D'ALLAITEMENT: SANS
           RENSEIGNEMENT, ENSEMBLE DES ANNEES 1907, 1908, 1909 ET 1910

130   DECES AU COURS DE LA PREMIERE ANNEE: SEXE FEMININ: TOTAL, SUIVANT LE MODE
           D'ALLAITEMENT, ENSEMBLE DES ANNEES 1907, 1908, 1909 ET 1910

131   DECES AU COURS DE LA PREMIERE ANNEE: SEXE FEMININ: MODE D'ALLAITEMENT: AU SEIN,
           ENSEMBLE DES ANNEES 1907, 1908, 1909 ET 1910

132   DECES AU COURS DE LA PREMIERE ANNEE: SEXE FEMININ: MODE D'ALLAITEMENT: AU BIBERON,
           ENSEMBLE DES ANNEES 1907, 1908, 1909 ET 1910

133   DECES AU COURS DE LA PREMIERE ANNEE: SEXE FEMININ: MODE D'ALLAITEMENT: MIXTE,
           ENSEMBLE DES ANNEES 1907, 1908, 1909 ET 1910

134   DECES AU COURS DE LA PREMIERE ANNEE: SEXE FEMININ: MODE D'ALLAITEMENT: SANS
           RENSEIGNEMENT, ENSEMBLE DES ANNEES 1907, 1908, 1909 ET 1910

135   EXCEDENTS ANNUELS MOYENS DE DECES (NAISSANCES POUR LE DEPARTEMENT DE FINISTERE):
           POPULATION CIVILE, 1914 A 1919

DATA SET 335:   MOUVEMENT DE LA POPULATION 1907-1924 (DEPARTEMENT)

NUMERO DE
LA VARIABLE   NOM DE LA VARIABLE

136   PROPORTIONS POUR 10,000 HABITANTS DE DECES (NAISSANCES POUR LE DEPARTEMENT DE
            FINISTERE) :   POPULATION CIVILE, 1914 A 1919

137   FREQUENCE MOYENNE DES MARIAGES (POPULATION CIVILE): NOMBRE ANNUEL MOYEN DE MARIAGES,
            1914 A 1919

138   FREQUENCE MOYENNE DES MARIAGES (POPULATION CIVILE): NOMBRE MOYEN DE FEMMES MARIABLES
            EN MILLIERS (FILLES DE PLUS DE 15 ANS, VEUVES ET DIVORCEES), 1914 A 1919

139   FREQUENCE MOYENNE DES MARIAGES (POPULATION CIVILE): PROPORTION ANNUELLE MOYENNE DE
            MARIAGES POUR 10,000 FEMMES MARIABLES, 1914 A 1919

140   FREQUENCE MOYENNE DES MARIAGES (POPULATION CIVILE): PROPORTION ANNUELLE MOYENNE DE
            NOUVEAUX MARIES POUR 10,000 HABITANTS (LE POPULATION MOYENNE AYANT SERVI DE BASE AU
            CALCUL DES PROPORTIONS EST INDIQUEE VARIABLE 142), 1914 A 1919

141   FREQUENCE MOYENNE DE DIVORCES (POPULATION CIVILE): NOMBRE ANNUEL MOYEN DE DIVORCES,
            1914 A 1919

142   FREQUENCE MOYENNE DE DIVORCES (POPULATION CIVILE): POPULATION MOYENNE (EN MILLIERS),
            1914 A 1919

143   FREQUENCE MOYENNE DE DIVORCES (POPULATION CIVILE): NOMBRE MOYEN DE FEMMES MARIEES EN
            MILLIERS, 1914 A 1919

144   FREQUENCE MOYENNE DE DIVORCES (POPULATION CIVILE): PROPORTION ANNUELLE MOYENNE DE
            NOUVEAUX DIVORCES POUR 1 MILLION D'HABITANTS, 1914 A 1919

145   FREQUENCE MOYENNE DE DIVORCES (POPULATION CIVILE): PROPORTION ANNUELLE MOYENNE DE
            DIVORCES POUR 1 MILLION DE FEMMES MARIEES, 1914 A 1919

146   FREQUENCE DES NAISSANCES D'ENFANTS DECLARES VIVANTS (POPULATION CIVILE): NOMBRE
            ANNUEL MOYEN D'ENFANTS DECLARES VIVANTS, 1914 A 1919

147   FREQUENCE DES NAISSANCES D'ENFANTS DECLARES VIVANTS (POPULATION CIVILE): NOMBRE
            MOYEN DE FEMMES DE 15 A 49 ANS (EN MILLIERS), 1914 A 1919

148   FREQUENCE DES NAISSANCES D'ENFANTS DECLARES VIVANTS (POPULATION CIVILE): PROPORTION
            ANNUELLE MOYENNE D'ENFANTS DECLARES VIVANTS POUR 10,000 HABITANTS (LA POPULATION
            MOYENNE AYANT SERVI DE BASE AU CALCUL DES PROPORTIONS EST INDIQUE VARIABLE 142), 1914
            A 1919

149   FREQUENCE DES NAISSANCES D'ENFANTS DECLARES VIVANTS (POPULATION CIVILE): PROPORTION
            ANNUELLE MOYENNE D'ENFANTS DECLARES VIVANTS POUR 10,000 FEMMES DE 15 A 49 ANS, 1914 A
            1919

150   FREQUENCE MOYENNE DES DECES DANS LA POPULATION CIVILE: POPULATION CIVILE MOYENNE EN
            MILLIERS, 1914 A 1919

151   FREQUENCE MOYENNE DES DECES DANS LA POPULATION CIVILE: NOMBRE ANNUEL MOYEN DE DECES,
            1914 A 1919

152   FREQUENCE MOYENNE DES DECES DANS LA POPULATION CIVILE: PROPORTION ANNUELLE MOYENNE DE
            DECES POUR 10,000 HABITANTS: 1914-1919

153   FREQUENCE MOYENNE DES DECES DANS LA POPULATION CIVILE: PROPORTION ANNUELLE MOYENNE DE
            DECES POUR 10,000 HABITANTS: 1908-1913

154   FREQUENCE MOYENNE DES DECES DANS LA POPULATION CIVILE: INDICE EN 1914-1919 POUR 100
            EN 1908-1913

155   MILITAIRES FRANCAIS ET ETRANGERS DECEDES DE 1914 A 1918: TOTAL: ENSEMBLE

156   MILITAIRES FRANCAIS ET ETRANGERS DECEDES DE 1914 A 1918: TOTAL: FRANCAIS

157   MILITAIRES FRANCAIS ET ETRANGERS DECEDES DE 1914 A 1918: TOTAL: ETRANGERS

158   MILITAIRES FRANCAIS ET ETRANGERS DECEDES DE 1914 A 1918: AOUT - DECEMBRE 1914:
            FRANCAIS

159   MILITAIRES FRANCAIS ET ETRANGERS DECEDES DE 1914 A 1918: AOUT - DECEMBRE 1914:
            ETRANGERS

DATA SET 335: MOUVEMENT DE LA POPULATION 1907-1924 (DEPARTEMENT)

NUMERO DE
LA VARIABLE   NOM DE LA VARIABLE

160   MILITAIRES FRANCAIS ET ETRANGERS DECEDES DE 1914 A 1918: 1915: FRANCAIS

161   MILITAIRES FRANCAIS ET ETRANGERS DECEDES DE 1914 A 1918: 1915: ETRANGERS

162   MILITAIRES FRANCAIS ET ETRANGERS DECEDES DE 1914 A 1918: 1916: FRANCAIS

163   MILITAIRES FRANCAIS ET ETRANGERS DECEDES DE 1914 A 1918: 1916: ETRANGERS

164   MILITAIRES FRANCAIS ET ETRANGERS DECEDES DE 1914 A 1918: 1917: FRANCAIS

165   MILITAIRES FRANCAIS ET ETRANGERS DECEDES DE 1914 A 1918: 1917: ETRANGERS

166   MILITAIRES FRANCAIS ET ETRANGERS DECEDES DE 1914 A 1918: 1918: FRANCAIS

167   MILITAIRES FRANCAIS ET ETRANGERS DECEDES DE 1914 A 1918: 1918: ETRANGERS

168   ANNEE 1914: ENFANTS DECLARES VIVANTS: POPULATION URBAINE

169   ANNEE 1914: ENFANTS DECLARES VIVANTS: POPULATION RURALE

170   ANNEE 1914: DECES: POPULATION URBAINE

171   ANNEE 1914: DECES: POPULATION RURALE

172   ANNEE 1915: ENFANTS DECLARES VIVANTS: POPULATION URBAINE

173   ANNEE 1915: ENFANTS DECLARES VIVANTS: POPULATION RURALE

174   ANNEE 1915: DECES: POPULATION URBAINE

175   ANNEE 1915: DECES: POPULATION RURALE

176   ANNEE 1916: ENFANTS DECLARES VIVANTS: POPULATION URBAINE

177   ANNEE 1916: ENFANTS DECLARES VIVANTS: POPULATION RURALE

178   ANNEE 1916: DECES: POPULATION URBAINE

179   ANNEE 1916: DECES: POPULATION RURALE

180   ANNEE 1917: ENFANTS DECLARES VIVANTS: POPULATION URBAINE

181   ANNEE 1917: ENFANTS DECLARES VIVANTS: POPULATION RURALE

182   ANNEE 1917: DECES: POPULATION URBAINE

183   ANNEE 1917: DECES: POPULATION RURALE

184   ANNEE 1918: ENFANTS DECLARES VIVANTS: POPULATION URBAINE

185   ANNEE 1918: ENFANTS DECLARES VIVANTS: POPULATION RURALE

186   ANNEE 1918: DECES: POPULATION URBAINE

187   ANNEE 1918: DECES: POPULATION RURALE

188   ANNEE 1919: ENFANTS DECLARES VIVANTS: POPULATION URBAINE

189   ANNEE 1919: ENFANTS DECLARES VIVANTS: POPULATION RURALE

190   ANNEE 1919: DECES: POPULATION URBAINE

191   ANNEE 1919: DECES: POPULATION RURALE

192   ACCOUCHEMENTS DOUBLES: ANNEE 1914: NOMBRE DES ACCOUCHEMENTS DOUBLES

193   ACCOUCHEMENTS DOUBLES: ANNEE 1914: ENFANTS ISSUS DE CES ACCOUCHEMENTS: GARCONS:
         VIVANTS

194   ACCOUCHEMENTS DOUBLES: ANNEE 1914: ENFANTS ISSUS DE CES ACCOUCHEMENTS: GARCONS:
         MORTS

DATA SET 335: MOUVEMENT DE LA POPULATION 1907-1924 (DEPARTEMENT)

NUMERO DE
LA VARIABLE   NOM DE LA VARIABLE

195   ACCOUCHEMENTS DOUBLES: ANNEE 1914: ENFANTS ISSUS DE CES ACCOUCHEMENTS: FILLES:
         VIVANTES

196   ACCOUCHEMENTS DOUBLES: ANNEE 1914: ENFANTS ISSUS DE CES ACCOUCHEMENTS: FILLES:
         MORTES

197   ACCOUCHEMENTS DOUBLES: ANNEE 1915: NOMBRE DES ACCOUCHEMENTS DOUBLES

198   ACCOUCHEMENTS DOUBLES: ANNEE 1915: ENFANTS ISSUS DE CES ACCOUCHEMENTS: GARCONS:
         VIVANTS

199   ACCOUCHEMENTS DOUBLES: ANNEE 1915: ENFANTS ISSUS DE CES ACCOUCHEMENTS: GARCONS:
         MORTS

200   ACCOUCHEMENTS DOUBLES: ANNEE 1915: ENFANTS ISSUS DE CES ACCOUCHEMENTS: FILLES:
         VIVANTES

201   ACCOUCHEMENTS DOUBLES: ANNEE 1915: ENFANTS ISSUS DE CES ACCOUCHEMENTS: FILLES:
         MORTES

202   ACCOUCHEMENTS DOUBLES: ANNEE 1916: NOMBRE DES ACCOUCHEMENTS DOUBLES

203   ACCOUCHEMENTS DOUBLES: ANNEE 1916: ENFANTS ISSUS DE CES ACCOUCHEMENTS: GARCONS:
         VIVANTS

204   ACCOUCHEMENTS DOUBLES: ANNEE 1916: ENFANTS ISSUS DE CES ACCOUCHEMENTS: GARCONS:
         MORTS

205   ACCOUCHEMENTS DOUBLES: ANNEE 1916: ENFANTS ISSUS DE CES ACCOUCHEMENTS: FILLES:
         VIVANTES

206   ACCOUCHEMENTS DOUBLES: ANNEE 1916: ENFANTS ISSUS DE CES ACCOUCHEMENTS: FILLES
         MORTES

207   ACCOUCHEMENTS DOUBLES: ANNEE 1917: NOMBRE DES ACCOUCHEMENTS DOUBLES

208   ACCOUCHEMENTS DOUBLES: ANNEE 1917: ENFANTS ISSUS DE CES ACCOUCHEMENTS: GARCONS:
         VIVANTS

209   ACCOUCHEMENTS DOUBLES: ANNEE 1917: ENFANTS ISSUS DE CES ACCOUCHEMENTS: GARCONS:
         MORTS

210   ACCOUCHEMENTS DOUBLES: ANNEE 1917: ENFANTS ISSUS DE CES ACCOUCHEMENTS: FILLES:
         VIVANTES

211   ACCOUCHEMENTS DOUBLES: ANNEE 1917: ENFANTS ISSUS DE CES ACCOUCHEMENTS: FILLES:
         MORTES

212   ACCOUCHEMENTS DOUBLES: ANNEE 1918: NOMBRE DES ACCOUCHEMENTS DOUBLES

213   ACCOUCHEMENTS DOUBLES: ANNEE 1918: ENFANTS ISSUS DE CES ACCOUCHEMENTS: GARCONS:
         VIVANTS

214   ACCOUCHEMENTS DOUBLES: ANNEE 1918: ENFANTS ISSUS DE CES ACCOUCHEMENTS: GARCONS:
         MORTS

215   ACCOUCHEMENTS DOUBLES: ANNEE 1918: ENFANTS ISSUS DE CES ACCOUCHEMENTS: FILLES:
         VIVANTES

216   ACCOUCHEMENTS DOUBLES: ANNEE 1918: ENFANTS ISSUS DE CES ACCOUCHEMENTS: FILLES:
         MORTES

217   ACCOUCHEMENTS DOUBLES: ANNEE 1919: NOMBRE DES ACCOUCHEMENTS DOUBLES

218   ACCOUCHEMENTS DOUBLES: ANNEE 1919: ENFANTS ISSUS DE CES ACCOUCHEMENTS: GARCONS:
         VIVANTS

219   ACCOUCHEMENTS DOUBLES: ANNEE 1919: ENFANTS ISSUS DE CES ACCOUCHEMENTS: GARCONS:
         MORTS

220   ACCOUCHEMENTS DOUBLES: ANNEE 1919: ENFANTS ISSUS DE CES ACCOUCHEMENTS: FILLES:
         VIVANTES

DATA SET 335:   MOUVEMENT DE LA POPULATION 1907-1924 (DEPARTEMENT)

NUMERO DE LA VARIABLE	NOM DE LA VARIABLE
221	ACCOUCHEMENTS DOUBLES: ANNEE 1919: ENFANTS ISSUS DE CES ACCOUCHEMENTS: FILLES: MORTES
222	TAUX DE MORTALITE DE 0 A 1 AN POUR 1,000 ENFANTS DECLARES VIVANTS: 1920: BRUTS (POUR LES VARIABLES 222-231, TAUX BRUT: DECES DE 0 A 1 ANS ENREGISTRES DANS LE DEPARTEMENT POUR 1,000 ENFANTS DECLARES VIVANTS DANS LE DEPARTEMENT)
223	TAUX DE MORTALITE DE 0 A 1 AN POUR 1,000 ENFANTS DECLARES VIVANTS: 1920: RECTIFIES (POUR LES VARIABLES 222-231, TAUX RECTIFIE: DECES D'ENFANTS DE 0 A 1 AN NES DANS LE DEPARTEMENT (QUEL QUE SOIT LE DEPARTEMENT OU LE DECES A ETE ENREGISTRE) POUR 1,000 ENFANTS DECLARES VIVANTS DANS LE DEPARTEMENT)
224	TAUX DE MORTALITE DE 0 A 1 AN POUR 1,000 ENFANTS DECLARES VIVANTS: 1921: BRUTS
225	TAUX DE MORTALITE DE 0 A 1 AN POUR 1,000 ENFANTS DECLARES VIVANTS: 1921: RECTIFIES
226	TAUX DE MORTALITE DE 0 A 1 AN POUR 1,000 ENFANTS DECLARES VIVANTS: 1922: BRUTS
227	TAUX DE MORTALITE DE 0 A 1 AN POUR 1,000 ENFANTS DECLARES VIVANTS: 1922: RECTIFIES
228	TAUX DE MORTALITE DE 0 A 1 AN POUR 1,000 ENFANTS DECLARES VIVANTS: 1923: BRUTS
229	TAUX DE MORTALITE DE 0 A 1 AN POUR 1,000 ENFANTS DECLARES VIVANTS: 1923: RECTIFIES
230	TAUX DE MORTALITE DE 0 A 1 AN POUR 1,000 ENFANTS DECLARES VIVANTS: 1924: BRUTS
231	TAUX DE MORTALITE DE 0 A 1 AN POUR 1,000 ENFANTS DECLARES VIVANTS: 1924: RECTIFIES
232	TAUX MOYENS DES DECES POUR 10,000 HABITANTS (PERIODE 1920- 1922): SEXE MASCULIN: 0 A 1 AN
233	TAUX MOYENS DES DECES POUR 10,000 HABITANTS (PERIODE 1920- 1922): SEXE MASCULIN: 1 A 4 ANS
234	TAUX MOYENS DES DECES POUR 10,000 HABITANTS (PERIODE 1920- 1922): SEXE MASCULIN: 5 A 9 ANS
235	TAUX MOYENS DES DECES POUR 10,000 HABITANTS (PERIODE 1920- 1922): SEXE MASCULIN: 10 A 14 ANS
236	TAUX MOYENS DES DECES POUR 10,000 HABITANTS (PERIODE 1920- 1922): SEXE MASCULIN: 15 A 19 ANS
237	TAUX MOYENS DES DECES POUR 10,000 HABITANTS (PERIODE 1920- 1922): SEXE MASCULIN: 20 A 24 ANS
238	TAUX MOYENS DES DECES POUR 10,000 HABITANTS (PERIODE 1920- 1922): SEXE MASCULIN: 25 A 29 ANS
239	TAUX MOYENS DES DECES POUR 10,000 HABITANTS (PERIODE 1920- 1922): SEXE MASCULIN: 30 A 34 ANS
240	TAUX MOYENS DES DECES POUR 10,000 HABITANTS (PERIODE 1920- 1922): SEXE MASCULIN: 35 A 39 ANS
241	TAUX MOYENS DES DECES POUR 10,000 HABITANTS (PERIODE 1920- 1922): SEXE MASCULIN: 40 A 44 ANS
242	TAUX MOYENS DES DECES POUR 10,000 HABITANTS (PERIODE 1920- 1922): SEXE MASCULIN: 45 A 49 ANS
243	TAUX MOYENS DES DECES POUR 10,000 HABITANTS (PERIODE 1920- 1922): SEXE MASCULIN: 50 A 54 ANS
244	TAUX MOYENS DES DECES POUR 10,000 HABITANTS (PERIODE 1920- 1922): SEXE MASCULIN: 55 A 59 ANS
245	TAUX MOYENS DES DECES POUR 10,000 HABITANTS (PERIODE 1920- 1922): SEXE MASCULIN: 60 A 64 ANS
246	TAUX MOYENS DES DECES POUR 10,000 HABITANTS (PERIODE 1920- 1922): SEXE MASCULIN: 65 A 69 ANS

DATA SET 335: MOUVEMENT DE LA POPULATION 1907-1924 (DEPARTEMENT)

NUMERO DE
LA VARIABLE   NOM DE LA VARIABLE

247   TAUX MOYENS DES DECES POUR 10,000 HABITANTS (PERIODE 1920- 1922): SEXE MASCULIN: 70
           A 79 ANS

248   TAUX MOYENS DES DECES POUR 10,000 HABITANTS (PERIODE 1920- 1922): SEXE MASCULIN: 80
           ANS ET PLUS

249   TAUX MOYENS DES DECES POUR 10,000 HABITANTS (PERIODE 1920- 1922): SEXE FEMININ: 0 A
           1 AN

250   TAUX MOYENS DES DECES POUR 10,000 HABITANTS (PERIODE 1920- 1922): SEXE FEMININ: 1 A
           4 ANS

251   TAUX MOYENS DES DECES POUR 10,000 HABITANTS (PERIODE 1920- 1922): SEXE FEMININ: 5 A
           9 ANS

252   TAUX MOYENS DES DECES POUR 10,000 HABITANTS (PERIODE 1920- 1922): SEXE FEMININ: 10
           A 14 ANS

253   TAUX MOYENS DES DECES POUR 10,000 HABITANTS (PERIODE 1920- 1922): SEXE FEMININ: 15
           A 19 ANS

254   TAUX MOYENS DES DECES POUR 10,000 HABITANTS (PERIODE 1920- 1922): SEXE FEMININ: 20
           A 24 ANS

255   TAUX MOYENS DES DECES POUR 10,000 HABITANTS (PERIODE 1920- 1922): SEXE FEMININ: 25
           A 29 ANS

256   TAUX MOYENS DES DECES POUR 10,000 HABITANTS (PERIODE 1920- 1922): SEXE FEMININ: 30
           A 34 ANS

257   TAUX MOYENS DES DECES POUR 10,000 HABITANTS (PERIODE 1920- 1922): SEXE FEMININ: 35
           A 39 ANS

258   TAUX MOYENS DES DECES POUR 10,000 HABITANTS (PERIODE 1920- 1922): SEXE FEMININ: 40
           A 44 ANS

259   TAUX MOYENS DES DECES POUR 10,000 HABITANTS (PERIODE 1920- 1922): SEXE FEMININ: 45
           A 49 ANS

260   TAUX MOYENS DES DECES POUR 10,000 HABITANTS (PERIODE 1920- 1922): SEXE FEMININ: 50
           A 54 ANS

261   TAUX MOYENS DES DECES POUR 10,000 HABITANTS (PERIODE 1920- 1922): SEXE FEMININ: 55
           A 59 ANS

262   TAUX MOYENS DES DECES POUR 10,000 HABITANTS (PERIODE 1920- 1922): SEXE FEMININ: 60
           A 64 ANS

263   TAUX MOYENS DES DECES POUR 10,000 HABITANTS (PERIODE 1920- 1922): SEXE FEMININ: 65
           A 69 ANS

264   TAUX MOYENS DES DECES POUR 10,000 HABITANTS (PERIODE 1920- 1922): SEXE FEMININ: 70
           A 79 ANS

265   TAUX MOYENS DES DECES POUR 10,000 HABITANTS (PERIODE 1920- 1922): SEXE FEMININ: 80
           ANS ET PLUS

266   TAUX RECTIFIES DE MORTALITE POUR 10,000 HABITANTS EN 1920- 1922 CALCULES POUR UNE
           POPULATION TYPE

267   FREQUENCE MOYENNE DES DECES: NOMBRE MOYEN DES HABITANTS RECENSES EN 1921 ET 1926
           (MILLIERS)

268   FREQUENCE MOYENNE DES DECES: NOMBRE MOYEN DES DECES EN 1920-1924

269   FREQUENCE MOYENNE DES DECES: NOMBRE MOYEN DES DECES POUR 10,000 HABITANTS, 1920-1924

270   FREQUENCE DES NAISSANCES D'ENFANTS DECLARES VIVANTS DE 1920 A 1924: NOMBRE ANNUEL
           MOYEN DES ENFANTS DECLARES VIVANTS

DATA SET 335: MOUVEMENT DE LA POPULATION 1907-1924 (DEPARTEMENT)

NUMERO DE
LA VARIABLE   NOM DE LA VARIABLE

271   FREQUENCE DES NAISSANCES D'ENFANTS DECLARES VIVANTS DE 1920 A 1924:   NOMBRE DE
         FEMMES AGES DE 15 A 49 ANS EN 1921, EN MILLIERS (LES FEMMES D'AGE ET D'ETAT
         MATRIMONIAL NON DECLARES N'AYANT PAS ETE REPARTIES)

272   FREQUENCE DES NAISSANCES D'ENFANTS DECLARES VIVANTS DE 1920 A 1924:   PROPORTION
         ANNUELLE MOYENNE DES ENFANTS DECLARES VIVANTS POUR 10,000 HABITANTS

273   FREQUENCE DES NAISSANCES D'ENFANTS DECLARES VIVANTS DE 1920 A 1924:   PROPORTION
         ANNUELLE MOYENNE DES ENFANTS DECLARES VIVANTS POUR 1,000 FEMMES DE 15 A 49 ANS

274   FREQUENCE MOYENNE DES DIVORCES DE 1920 A 1924: NOMBRE ANNUEL MOYEN DES DIVORCES

275   FREQUENCE MOYENNE DES DIVORCES DE 1920 A 1924: POPULATION MOYENNE RECENSEE EN
         1921-1926 (MILLIERS)

276   FREQUENCE MOYENNE DES DIVORCES DE 1920 A 1924: NOMBRE MOYENNE DE FEMMES MARIEES EN
         1921, EN MILLIERS (POPULATION D'ETAT MATRIMONIAL INCONNU NON REPARTIE.)

277   FREQUENCE MOYENNE DES DIVORCES DE 1920 A 1924: PROPORTION ANNUELLE MOYENNE DES
         NOUVEAUX DIVORCES POUR 1 MILLION D'HABITANTS

278   FREQUENCE MOYENNE DES DIVORCES DE 1920 A 1924: PROPORTION ANNUELLE MOYENNE DES
         NOUVEAUX DIVORCES POUR 1 MILLION DE FEMMES MARIEES

279   ANNEE 1922: ENFANTS DECLARES VIVANTS: POPULATION URBAINE

280   ANNEE 1922: ENFANTS DECLARES VIVANTS: POPULATION RURALE

281   ANNEE 1922: DECES: POPULATION URBAINE

282   ANNEE 1922: DECES: POPULATION RURALE

283   ANNEE 1923: ENFANTS DECLARES VIVANTS: POPULATION URBAINE

284   ANNEE 1923: ENFANTS DECLARES VIVANTS: POPULATION RURALE

285   ANNEE 1923: DECES: POPULATION URBAINE

286   ANNEE 1923: DECES: POPULATION RURALE

287   ANNEE 1924: ENFANTS DECLARES VIVANTS: POPULATION URBAINE

288   ANNEE 1924: ENFANTS DECLARES VIVANTS: POPULATION RURALE

289   ANNEE 1924: DECES: POPULATION URBAINE

290   ANNEE 1924: DECES: POPULATION RURALE

291   ACCOUCHEMENTS DOUBLES: ANNEE 1922: NOMBRE DES ACCOUCHEMENTS DOUBLES

292   ACCOUCHEMENTS DOUBLES: ANNEE 1922: ENFANTS ISSUS DE CES ACCOUCHEMENTS: GARCONS:
         VIVANTS

293   ACCOUCHEMENTS DOUBLES: ANNEE 1922: ENFANTS ISSUS DE CES ACCOUCHEMENTS: GARCONS:
         MORTS

294   ACCOUCHEMENTS DOUBLES: ANNEE 1922: ENFANTS ISSUS DE CES ACCOUCHEMENTS: FILLES:
         VIVANTES

295   ACCOUCHEMENTS DOUBLES: ANNEE 1922: ENFANTS ISSUS DE CES ACCOUCHEMENTS: FILLES:
         MORTES

296   ACCOUCHEMENTS DOUBLES: ANNEE 1923: NOMBRE DES ACCOUCHEMENTS DOUBLES

297   ACCOUCHEMENTS DOUBLES: ANNEE 1923: ENFANTS ISSUS DE CES ACCOUCHEMENTS: GARCONS:
         VIVANTS

298   ACCOUCHEMENTS DOUBLES: ANNEE 1923: ENFANTS ISSUS DE CES ACCOUCHEMENTS: GARCONS:
         MORTS

299   ACCOUCHEMENTS DOUBLES: ANNEE 1923: ENFANTS ISSUS DE CES ACCOUCHEMENTS: FILLES:
         VIVANTES

DATA SET 335: MOUVEMENT DE LA POPULATION 1907-1924 (DEPARTEMENT)

NUMERO DE LA VARIABLE	NOM DE LA VARIABLE
300	ACCOUCHEMENTS DOUBLES: ANNEE 1923: ENFANTS ISSUS DE CES ACCOUCHEMENTS: FILLES: MORTES
301	ACCOUCHEMENTS DOUBLES: ANNEE 1924: NOMBRE DES ACCOUCHEMENTS DOUBLES
302	ACCOUCHEMENTS DOUBLES: ANNEE 1924: ENFANTS ISSUS DE CES ACCOUCHEMENTS: GARCONS: VIVANTS
303	ACCOUCHEMENTS DOUBLES: ANNEE 1924: ENFANTS ISSUS DE CES ACCOUCHEMENTS: GARCONS: MORTS
304	ACCOUCHEMENTS DOUBLES: ANNEE 1924: ENFANTS ISSUS DE CES ACCOUCHEMENTS: FILLES: VIVANTES
305	ACCOUCHEMENTS DOUBLES: ANNEE 1924: ENFANTS ISSUS DE CES ACCOUCHEMENTS: FILLES: MORTES
306	FREQUENCE MOYENNE DES MARIAGES DANS LA PERIODE 1920-1924: NOMBRE ANNUEL MOYEN DE MARIAGES
307	FREQUENCE MOYENNE DES MARIAGES DANS LA PERIODE 1920-1924: NOMBRE MOYEN DE PERSONNES MARIABLES (MILLIERS): HOMMES
308	FREQUENCE MOYENNE DES MARIAGES DANS LA PERIODE 1920-1924: NOMBRE MOYEN DE PERSONNES MARIABLES (MILLIERS): FEMMES
309	FREQUENCE MOYENNE DES MARIAGES DANS LA PERIODE 1920-1924: PROPORTION ANNUELLE MOYENNE DES NOUVEAUX MARIES POUR 10,000 PERSONNES MARIABLES: HOMMES
310	FREQUENCE MOYENNE DES MARIAGES DANS LA PERIODE 1920-1924: PROPORTION ANNUELLE MOYENNE DES NOUVEAUX MARIES POUR 10,000 PERSONNES MARIABLES: FEMMES
311	FREQUENCE MOYENNE DES MARIAGES DANS LA PERIODE 1920-1924: PROPORTION ANNUELLE MOYENNE DES NOUVEAUX MARIES POUR 10,000 HABITANTS

125

402